《魏書》〈釋老志〉
釋部撰述原因研究

阮忠仁著

蘭臺出版社

《魏書》〈釋老志〉釋部撰述原因研究

自　序

　　《魏書》〈釋老志〉撰著原因為何呢？迄今猶未有專題研究問世，所常見的解釋，均出於泛觀之泛說，都一致歸諸於北朝當時佛教、道教之鼎盛。這個觀點沒錯，卻僅觸及時代大背景而已，實不夠深入與周全。作者不揣淺陋，對〈釋老志〉素來有著濃厚的研究興趣，乃試圖進行探討，因考慮時間、精力、篇幅之緣故，目前暫先從〈釋老志〉「釋部」著手，至於「老部」，則有待將來予以進行。

　　從史料可以發現，北齊文宣帝天保元年八月十三日（550.9.9），文宣帝頒佈的〈修史詔〉，規範兼修魏史、北齊國史，並把魏、齊佛教載入魏、齊史，以「弘嗣」魏天命正統。這就是追尋《魏書》〈釋老志〉撰著原因的關鍵線索，本書依循此一線索，採用歷史事件因果關係研究法，探究那些因訴形成了〈修史詔〉內容及頒布（因），進而促成了〈釋老志〉釋部的撰著（果），然後從因果之間所聯結的元素，去歸納整理出該志釋部撰著原因。

　　作者淺陋，全書之論述，錯漏必定難免，敬祈博雅君子，不恪惠予賜正，以便修訂，不勝感激。

阮忠仁謹序

2010 年 12 月 7 日

目　次

第一章 緒論

本書之宗旨，是在探討《魏書》〈釋老志〉釋部撰述原因。下文就來說明其緣起及相關事項。

第一節 既有研究之回顧

北齊文宣帝天保二年至五年間（551-554），魏收等人撰成了《魏書》，以紀、傳、志構成紀傳體裁，志分十篇，有〈釋老志〉，內容分成兩部：「釋」部，專載佛教史事；「老」部，專記道教史事。在現存廿五史諸志中，此志之體例和內容，是屬獨一無二的，[1]因後世所撰《元史》，縱著意模仿，卻改作〈釋老傳〉了。[2]

《魏書》〈釋老志〉既具有上述之獨特性，那它是以何原因而撰著的呢？依各方家所說，都一致歸因於當時佛、道教之鼎盛。只是所說場合有所不同，而可分為兩類：

第一類，是因該志很特殊，學界談到《魏書》之際，常會提及，並說明撰著原因。例如，周一良（1913-2001）先生說：

〈釋老志〉之作，尤為卓見。考《魏書》七二〈陽尼傳〉云「奏〔奏〕佛道宜在史錄」。是伯起之前已有人創議矣。後人之詆〈釋老志〉，皆出於儒家排抵佛老異端之心，其言每兔固陋可哂。如《史通》〈書志篇〉及皮日休《文藪》八〈題後魏書釋老志〉一文，其著者也。既不從修史著眼，宜收之真知灼見不為此輩所解矣！《魏書》以前，裴松之注《三國志》，以佛家事附於〈東夷傳〉，沈約《宋書》附於〈夷蠻傳〉。然其時佛教未盛，猶

---

[1] 世界書局編輯部，《廿五史述要》（台北市：世界書局，1977 年 4 月五版），〈廿五史中各志表〉，頁 336-338。此處所謂廿五史係指：史記、漢書、後漢書、三國志、晉書、宋書、南齊書、梁書、陳書、魏書、北齊書、周書、南史、北史、隋書、舊唐書、新唐書、舊五代史、五代書記、宋史、遼史、金史、元史、新元史、明史。

[2] 《同前書》，〈廿五史中各志表〉，頁 339-341。

可說也。魏收以後，佛教日盛行，修史者猶不肯為立志。《晉書》
以之入〈藝術傳〉，《唐書》以降入〈方伎傳〉，皆勉強比附，終
屬未安。至近世柯紹忞修《新元史》，始毅然仿《魏書》立〈釋
老志〉（按：應是〈釋老傳〉）焉。[3]

高敏先生也說：

> 這是《史記》、《漢書》所沒有的篇目，其為創新是很明顯的。
> 魏收之所以能有此創新，說到底，是當時代的時代特徵決定的。
> 因為佛教在北魏十分盛行，佛教徒的政治勢力也頗為強大；道教
> 在北魏取得了國教的地位，而且與佛教的鬥爭很激烈，這種鬥爭
> 帶有很濃厚的政治色彩。總之，由於佛、道二教的傳播，不僅對
> 當時的思想意識、文化藝術和風俗習慣產生了重大影響，而且使
> 當時的階級關係也增添了新的內涵；甚至對當時的社會經濟也帶
> 來了巨大影響，以寺院形式出現的土地所有制，成了當時地主土
> 地所有制的一個重要表現形式。在這樣的情況下，魏收在其《魏
> 書》中撰寫〈釋老志〉，實屬勢所必然。[4]

上兩文都同樣認為，北朝佛教、道教鼎盛，影響巨大，是以〈釋老志〉
之撰著，自當「實屬勢所必然」。其他學者的看法，亦是如此。如崔曙
庭先生說：「這是由於佛教和道教的傳播，在北魏得到進一步發展，兩
教之間，鬥爭也很尖銳，〈釋老志〉就是反映這一歷史情況的」。[5]瞿林
東先生以為，其志之作是因：「崇佛教，這是當時南北朝共同的社會風
尚和歷史特點」。[6]或謂「〈釋老志〉，蓋因魏晉以後，釋教盛行，特記佛

---

[3] 周一良，〈魏收之史學〉，收入氏著，《周一良全集》（瀋陽市：遼寧教育出版社，1998
年8月初版一刷），頁332-333。

[4] 高敏，〈魏書說略〉，收入劉起釪等著，《經史說略：二十五史說略》（北京市：北京
燕山出版社，2002年10月初版一刷），頁187。

[5] 崔曙庭，〈魏書〉，收入張舜徽主編，《中國史學名著解題》（1992年2月初版八刷），
頁107。

[6] 白壽彝主編，瞿林東著，《中國史學史（三）：魏晉南北朝隋唐時期》（上海市：上海
人民出版社，2006年12月初版一刷），頁115。

教之盛衰，朝制之崇抑，以及名僧、道士，亦可以覘教化」。[7]

　　第二類，是研就是志之專著，以塚本善隆先生所撰《魏書釋老志の研究》一書為代表。此書宗旨，是在對〈釋老志〉漢文原典，進行和譯並予以註釋。據 1974 年 1 月 30 日發行版，全書篇幅份量之分配是：「解說篇」計有頁 3-62，「譯註篇」計有頁 64-339。解說篇之第一項題為〈釋老志の撰述について〉，內容說明了該志撰著之原因，依然是導向當時佛、道教之鼎盛：

> 　　魏收的主張，至少在北魏、東魏的歷史編纂上是妥當之說。……拓跋氏統治時代，是佛教驀進於全盛之時代。而時或有道教皇帝出來把全盛佛教全部破壞掉。再者，……佛教全盛之中，從朝廷貴族至庶民生活都是營造於當中。其間，在受前道教皇帝（案：指道武帝）規定下的北魏皇帝，即位要登道壇受符籙的儀式，亦成為不變之恒常慣例。
>
> 　　魏收的生存時代，尤其是撰述〈釋老志〉時，乃是宮廷、官界、民間奉佛特別興盛時的社會。僧界學匠輩出，新北齊之帝都的鄴城，寺院內佛教經典講席充滿佛堂而大量的聽眾競相聚集。他立足於現實編纂北魏歷史帝紀、列傳，以「當今之重」看待《魏書》，追加編述佛、道二教，是適切而當然的事。[8]

以上觀點，是說北魏、東魏、北齊佛、道教興盛，兩教相互鬥爭，是魏收撰著該志的原因。所以塚本先生又特別只針對佛教，費大篇幅的描述其盛況，以及說明魏收正置身於佛教盛況的情形，最後總結說：「像這樣的（佛教興盛）情形，是志作者魏收晚年所見」，[9]意指魏收見到了佛、

---

[7] 世界書局編輯部，《廿五史述要》，頁 120。

[8] 塚本善隆，《魏書釋老の研究》，收入塚本善隆著作全集第一卷（東京市：大東出版社，1974 年 1 月），頁 5-6。

[9] 塚本善隆，《魏書釋老の研究》，頁 11-62。

道教之盛況，便撰述了〈釋老志〉。此說廣爲學界所接受，[10]而對照前舉諸學者所說，實無二致。

綜觀上述，關於〈釋老志〉撰著原因之問題，值得特別注意者有兩點：一迄今尚無專門研究其撰著原因的作品問世。二迄今可見之說，均爲泛觀、泛論，所說固屬正確，卻只觸及該志撰著之時代大背景，究實是看不到任何具體的原因。由此，這方面的研究，其實還處於荒蕪狀態，有待拓墾，所以本書乃有志於此一工作之努力。

第二節 研究問題之提出

〈釋老志〉撰著原因的研究，將如何去進行呢？塚本塚本善隆先生提供了一點線索，他曾據北齊文宣帝天保元年（520）頒布的修史詔書，進行解釋說，此詔書是在朝廷所保存的既有史料以外，又要官、民、「僧徒」也要提供史料，於是天保二年（551）就敕令魏收撰《魏書》了；在搜集史料過程中，「僧徒」廁身行列，未見道士，從而可見，北齊宗教界是「佛教的繁榮，道教的不遇」，以致〈釋老志〉大部分篇幅都記載著外來的佛教。[11]可惜，先生忽略了此份詔書是〈釋老志〉撰著的促動者，即探索其志撰著原因之關鍵線索，以致停止了後續的研究。

本書以〈釋老志〉撰著原因之角度來解讀。那道詔書，是天保元年八月十三日（550.9.9）所頒布，內容全在規定修史事宜，乃將之稱作〈修史詔〉，其修史宗旨在「弘嗣」魏天命正統，實現宗旨的方式，是兼修魏、齊史，並將魏、齊佛教載入魏、齊史。至天保二年詔撰《魏書》，其書就撰著出〈釋老志〉。這情形顯示了，〈修史詔〉規定魏佛教必須載於魏史，始是《魏書》撰著〈釋老志〉的原因（見第二至四章）。試想，

---

[10] 鎌田茂雄著，關世謙譯，《中國佛教通史》，第三卷（高雄市：佛光出版社，1986年12月初版），頁422-425；葛兆光，〈《魏書·釋老志》與初期中國佛教史的研究方法〉，《世界宗教》，2009年第2期，頁25-38。

[11] 塚本善隆，《魏書釋老志の研究》，頁23。

《魏書》是朝廷官修史書，必然要受朝廷管控，若無〈修史詔〉之動力，魏收等人縱使認為佛、道興盛而值得記載入史，豈敢擅改官修史書體裁，自製古來所無的〈釋老志〉，以書寫鼎盛的佛、道教。這個狀況，幾乎完全迥異於前述諸學者的看法，

不過，如果把〈修史詔〉當成〈釋老志〉撰述的終極原因、唯一原因或全部原因，便停止了探討，顯然也是極其嚴重的錯誤。蓋從歷史事件的因果關係來看，那詔書與〈釋老志〉撰著之因果關係，應是：「那些因素→形成了〈修史詔〉之內容及頒布（原因）－→促成《魏書》〈釋老志〉之撰述」（結果）。依此因果關係，縱已知〈修史詔〉做為原因，而形成詔書的那層原因沒有究明之前，促成該志撰著的終極真實原因，依然隱而不明，問題猶然存在，故不能草率的認定，詔書就是該志撰著的終極原因本身，還須繼續深入探索：那些因素形成了〈修史詔〉之內容及頒布，進而促使《魏書》撰述〈釋老志〉。

上述研究，若要深入進行，宜先從〈釋老志〉「釋部」之撰述原因著手，何以言之呢？理由有三：（1）如前所述，最初〈修史詔〉僅只規定，魏史、北齊國史必須承載佛教，道教沒有列入應承載之列。可是《魏書》實際撰成的，並非釋志或釋教志，而是〈釋老志〉，多出「老部」以記載道教史事。由此一現象可知，道教之載入〈釋老志〉，不是如佛教般的直接，而是必有一番曲折歷程，即天保元年頒布〈修史詔〉以後，天保二年再詔撰《魏書》，在該書於天保二年至五年的纂修過程中，曾蘊釀出重大因素，以促成道教一併載入該志。因此，探討〈釋老志〉撰著原因，切忌囫圇吞，把釋部、老部混雜同論，必須釋部、老部分途研究。（2）這個分途探究，必須依照〈釋老志〉撰著的先釋後老次序，始能次序分明的探索、釐清它的撰著原因。（3）佛、道分途研究，設如合併為一個整體研究，問題過於龐雜，工作過於沉重，篇幅過於冗長，都非一時可負擔得了，故本書乃決定先研究

《魏書》〈釋老志〉釋部撰著原因。

綜合前述，本書研究主題《魏書》〈釋老志〉釋部撰著原因，所要研究的問題是：那些因素形成了〈修史詔〉之內容及頒布，進而促使《魏書》〈釋老志〉釋部之撰述。

第三節　研究之方法及架構

如前節所說，本書之研究問題是：那些因素形成了〈修史詔〉之內容及頒布，進而促使《魏書》撰述〈釋老志〉釋部。這個問題之本質，是屬於歷史事件因果關係之範疇，最適當的研究方法，是因果關係之探討，即把〈釋老志〉釋部之誕生，視爲一個從因到果的過程：「那些因素──→形成了〈修史詔〉之內容及頒布【因】──→促成《魏書》〈釋老志〉釋部之撰述【果】」；然後，運用歸納、分析、解釋、綜合等方法，揭露出在因果之間扮演兩造連繫的各種元素，再加以歸納整理出〈釋老志〉釋部撰著原因。

依照上述研究方法，對〈釋老志〉釋部撰述原因之考察，在研究架構上，可分爲如下四個層面：

第一個層面，針對「那些因素→形成了〈修史詔〉之內容及頒布」，先探討〈修史詔〉頒布的原因。即它是以何原因爲文宣帝所頒布呢？這是第二章所負擔的工作。

第二個層面，針對「那些因素→形成了〈修史詔〉之內容及頒布」，再探討〈修史詔〉的內容。第三章分析其宗旨在「嗣弘」魏天命正統，第四章說明實現宗旨的方式：兼修魏、齊史，把魏、齊佛教載於魏、齊史。

第三個層面，針對「那些因素→形成了〈修史詔〉之內容及頒布」，持續探討〈修史詔〉內容形成的原因。這部分所涉問題廣泛，分成兩大方面：（1）〈修史詔〉「嗣弘」魏天命正統宗旨之形成原因，第五、六章

爲政治文化原因，第七至十一章爲佛教原因。（2）〈修史詔〉實現宗旨之方式的形成原因，一是主張兼修魏、齊史的史學原因，此爲第十二章；二是主張把魏、齊佛教載於魏、齊史的史學原因，此爲第十三章。

第四個層面，針對「〈修史詔〉之內容及頒布→進而促使《魏書》撰述〈釋老志〉釋部」，探討〈修史詔〉之實踐。這是考察：經由上面所說因素形成〈修史詔〉內容以及頒布後，詔書之內容是否照章實踐呢？這可分從三個方面來看：（1）是遵照修史宗旨，纂修《魏書》以「嗣」魏天命正統，纂修齊國史以「弘」魏天命正統。這是第十四章所述者。（2）是遵照修史宗旨，將魏、齊佛教載於魏、齊史。此爲第十五章之說明。（3）在上述過程，《魏書》撰述了〈釋老志〉釋部，由釋部反映出，它依照了修史宗旨，亦表達出齊王朝之「嗣」魏天命正統。其內容敘於第十六、十七章。

經由上述四個層面之探討後，就可以歸納整理出《魏書》〈釋老志〉釋部撰述原因，此爲第十八章結論之工作。

第四節 文獻運用及其他

本書研究過程，所運用的文獻，包含五大類：（一）正史類，本書研究對象之本質，屬於佛教史，而其關鍵環節在王朝帝王所頒〈修史詔〉，環繞其佛教史本質之周邊，是以帝王及王朝爲中心所展開的事務，由此延展出來的研究問題，內容之實際成分非止於純粹佛教史而已，自多關涉當時世俗環境與事件，有著很濃厚的、極多的佛教與世俗之交涉，要將之釐清，務須倚重王朝史之正史的地方，必然是相當的多。（二）輯佚史書，本書之論題，亦緊扣著史書撰述之問題，必須有史學史層次的考察，在這方面，現存正史之內容所涵蓋的範圍，或猶嫌有不足之處，須以輯佚史來補充。（三）佛教典籍，本研究既屬於佛教史課題，必須多所參證佛教典籍，自屬當然之事。（四）考古遺存，在全書論述所涉

問提中，若其史事已有出土考古遺存者，則參證以考古報告，或學者之考古學研究成果，以期證據儘量齊備。（五）學者研究成果，如本章第一節所說，本書之研究問題迄尚無專題研究，罕有類同的學者著作，可供作參考引證。惟在全書論述過程，所涉各類相關問題眾多，其中若已具有研究成果者，就加以吸收，俾利論述順利的展開。

　　本書的全部論述，所涉問題既多，時或必須加以設限，茲對牽涉及於全書之界限者，先於此處說明如下：

　　一、本書論題在《魏書》〈釋老志〉，惟〈修史詔〉內容均衡涉及魏、齊史，以及齊、魏載入魏、齊史，為了完成〈修史詔〉的整體性、全程性之研究，齊史、齊佛教載齊史部分，決無法視為枝節，更不可視為能排之於研究範圍之外，務必同時擔負起來，方為盡責的完整論述。

　　二、佛教背史背景之處理：如前第一節所說，佛教、道教之鼎盛，是〈釋老志〉撰述的時代背景。本書既探討〈釋老志〉釋部撰述原因，似須如一般用白描法敘述佛教鼎盛之狀況，以為背景。可是本書並不採用此種方法，理由有三：（1）此種作法，是在重複踏襲本章第一節所述諸學者之觀點，而且流於泛觀、泛論，全無學術研究價值。（2）當時佛教鼎盛之狀況，一般佛教史之討論，為數已相當眾多，[12]幾乎已為佛教史之常識，若再予重複敘述，不僅為贅論之弊，亦毫無學術研究價值。（3）用白描法敘述當時佛教盛行狀況，將流於宛若散彈打鳥，不可能

---

[12] 鎌田茂雄著，鄭彭年譯，《簡明中國佛教史》（台北縣：谷風出版社，1987 年 7 月），第一至七章；鎌田茂雄著，關世謙譯，《中國佛教通史》，第一卷（高雄市：佛光出版社，1985 年 9 月初版）；鎌田茂雄著，關世謙譯，《中國佛教通史》，第二卷（高雄市：佛光出版社，1986 年 4 月初版）；鎌田茂雄著，關世謙譯，《中國佛教通史》，第三卷；鎌田茂雄著，關世謙譯，《中國佛教通史》第四卷（新竹市：獅子吼雜誌社，1991 年 8 月初版）中村元等著，《中國佛教發展史》（台北市：天華出版公司，1984 年 5 月），第一至五章；任繼愈主編，《中國佛教史》，第一卷（台北縣：谷風出版社，1987 年 4 月）；任繼愈主編，《中國佛教史》，第二卷（北京市：中國社會科學出版社，1985 年 11 月初版一刷）；任繼愈主編，《中國佛教史》，第三卷（北京市：中國社會科學出版社，1997 年 12 月初版二刷）；湯用彤，《漢魏晉南北朝佛教史》（台北市：鼎文書局，1976 年 12 月再版）。

每顆子彈都射中鳥身，所以未知那個佛教史之事件關乎〈釋老志〉之撰述。換句話說，佛教鼎盛狀況，並非全體都牽涉到〈釋老志〉釋部撰述原因，若勉強闢專篇敘述，只是徒增贅文而已，無助於問題之釐清。基於前述理由，本書採取的方法，是選擇涉及〈釋老志〉釋部撰述原因之佛教史事，放在相關章節中加以詳細說明。

第二章 高氏禪代曲折下之頒修史詔

本章之目的，在探討〈修史詔〉頒布的原因。從背景上來看，高洋之禪代東魏政權，建立北齊王朝，實歷經高歡（第一節）、高澄（第二節）之禪代失敗後，至高洋始禪代成功，而高洋的禪代過程同樣多所阻礙（第三節）。在高氏禪代的曲折歷程下，高洋受禪以後，展開了一系列的攏絡人心之措施，天保元年八月十三日文宣帝即頒布〈修史詔〉，即是眾多攏絡人心之措的一個環節（第四節）。

第一節 高歡崛興而無禪代時機

高歡（496-547）從普泰二年（532）四月到武定五年正月初八日（547.2.13）過世爲止，長期專制朝政，其間心懷禪代，曾發露其心意與行跡，而終因客觀環境之限制，以及個人未得長壽以待禪代良機，受禪目標終究沒達成。

高歡，字賀六渾。原籍渤海蓨縣（今河北景縣南）。祖高謐曾任北魏侍御史，後因犯法舉家徙於懷朔鎮（今內蒙古固陽縣西南），此後世居於此。到了北魏末年，高歡擔任「隊主」的小軍官，後來陞遷爲「函使」，掌理公文遞送，前後六年。[1]

---

[1] 唐‧李百藥撰，《北齊書》（台北市：鼎文書局，1978年11月再版，新校點本），卷1，〈神武帝紀上〉，頁1-2。

高歡既爲函使，須送公文到洛陽，在京師頗細心觀察時事，體會出乘勢崛起之道。史載：

> 及自洛陽還，傾產以結客，親故怪問之。答曰：「吾至洛陽，宿衛羽林相率焚領軍張彝宅，朝廷懼其亂而不問，為政若此，事可知也。財物豈可常守邪？」自是乃有澄清天下之志。[2]

他所觀察到的張彝事件，是孝明帝初，彝時任光祿大夫、征西將軍、冀州大中正，第二子仲瑀奏請「銓別選格，排抑武人，不使預在清品」。引發眾人忿怒，滿街痛罵，還「立榜大巷，剋期會集，屠害其家」。彝卻「殊無畏避之意，父子安然」，絲毫無防範措施。神龜二年（519）二月庚午，京師羽林、虎賁等禁衛軍帶領了近千人，至尚書省詬罵，要抓彝長子尚書郎始均，沒有找到他，就「以瓦石擊打公門」，時眾人畏懼而不敢阻止。禁衛軍便持火把，搶得路中薪蒿，以杖石爲兵器，直搗張彝住宅，把彝拖到堂下，「捶辱極意，唱呼嗸嗸，焚其屋宇」。始均、仲瑀踰過住宅北面牆而逃。後來始均返家救父，人跪叩請求饒了父命，禁衛軍先毆擊始均，再把他活生生的投入烟火中燒死，「及得尸骸，不復可識，唯以髻中小釵爲驗」。仲瑀傷重逃走，倖免喪命。彝「僅有餘命」，旋告死亡。面對近千名禁衛軍之不法行爲，朝廷懼怕他們起來叛亂，未敢確實依法懲罰，只由「官爲收掩羽林凶強者八人斬之，不能窮誅羣豎，即爲大赦以安眾心」。故當時之「有識者，知國紀之將墜矣」。[3]由此可見，高歡所謂「朝廷懼其亂而不問，爲政若此，事可知也」的看法，正相同於當時之有識者，都洞識到了天下將大亂。歡亦深知，自己只是一個函使小軍官，要有可能崛起，契機就在動亂形成之際，所以預先籌謀著：天下一旦動亂，處處燒殺劫掠，「財物豈可常守邪？」不如趁今趕緊「傾產以結客」，以廣布人脈，爲趁勢崛起先奠定有利基礎。

---

[2] 《北齊書》，卷1，〈神武帝紀上〉，頁2。

[3] 北齊·魏收撰，《魏書》（台北市：鼎文書局，1979年2月再版，新校點本），卷64，〈張彝傳〉，頁1432-1433；卷9，〈肅宗紀〉，頁228-229。

動亂的環境形勢，終於發生了。時值「魏自宣武已後，政綱不張。
肅宗沖齡統業，靈后婦人專制，委用非人，賞罰乖舛。於是釁起四方，
禍延畿甸」。[4]即北魏延昌四年，宣武帝元恪（483-515,在位499-515）去
世，孝明帝元詡（510-528,在位515-528年）即位，年纔六歲，由靈太后
胡氏（？-528）執政，先是重用妹夫元叉、宦官劉騰，後則寵任鄭儼、
徐紇等人，不僅朝政紊亂，地方吏治及社會亦隨腐化。[5]正光五年（524）
三月，六鎮最西端之沃野鎮（今內蒙古五原縣東北烏加河北），有鎮民
破落汗拔陵（或稱破六韓拔陵、破六汗拔陵）聚眾叛變，號真王元年，
揭開了魏末六鎮叛變的序幕，「諸鎮相應」。至孝昌元年（525）六月，
在柔然阿那瓌率軍討伐，及魏軍夾擊下，終被消滅。[6]由之引發的大
規模叛變，遍及了沿邊六鎮、河北、山東（今河北省太行山以東）、關
隴等地區；小規模的叛變，亦在其他地區紛起。[7]隨著北魏末年叛亂的
蔓延，高歡就逐步的走上政治舞臺。

最初，高歡是加入杜洛周叛亂集團。孝明帝孝昌元年八月，柔玄鎮
（今內蒙古興和縣西北）兵杜洛周率領六鎮降戶，於上谷（今河北省懷
來東南）叛變，「號年真王」。[8]高歡在孝昌元年「與同志從之」，旋因「醜
其行事，私與尉景、段榮、蔡儁圖之，不果而逃」。[9]歡之「醜」杜洛周

---

[4]《魏書》，卷9，〈肅宗紀〉「史臣曰」，頁249。

[5] 李永康，〈試論北魏後期的吏治腐敗與社會腐敗〉，《北朝研究》，1997年2期，
頁49-53；王永平，〈略論北魏後期的奢侈風氣〉，《北朝研究》，1993年1期，
頁28-40。

[6]《魏書》，卷9，〈肅宗紀〉，頁235-241；卷103，〈蠕蠕傳〉，2302-2303。

[7] 此處所述叛亂，詳見：王仲犖，《魏晉南北朝史》（台灣影印本，未刊出版資料），下
冊，頁563-579；呂思勉，《兩晉南北朝史》（台北市：開明書店，1977年6月台五
版），上冊，頁560-571。另參：
車軍社，〈略探北魏末年各族人民大起義對民族融合的促進作用〉，《北朝研究》，
1993年3期，頁19-20；谷川道雄，〈北魏末的內亂與城民〉，收入劉俊文主編，
《日本學者研究中國論著選譯》（北京市：中華書局，1993年8月一版二刷），第
四卷，頁134-171。

[8]《魏書》，卷9，〈肅宗紀〉，頁241-249。

[9]《北齊書》，卷1，〈神武帝紀上〉，頁2。

「行事」，係因其徒以「逆賊杜洛周侵亂州界」爲能事，縱攻下州城，「殘掠州境」，[10]「以掠人穀」；[11]更因「洛周僭竊，特無綱紀，至於市，令驛帥咸以爲王，呼曰市王、驛王」；[12]劣質充分曝露，不成大器，故至孝明帝武泰元年（528）二月「杜洛周爲葛榮所并」。[13]無怪乎，高歡想取而代之。

高歡繼而加入葛榮集團。歡從杜洛周集團逃出，「爲其騎所追」。一起逃命者，有歡妻子、長子高澄及長女，還有歡伙伴段榮等人。兒女由妻騎在牛上一抱一背，澄屢次掉落牛下，歡彎起弓要射殺以放棄，妻呼叫段榮求救，榮往下抱起，澄方得倖免。最後，歡「遂奔葛榮」。[14]葛榮集團之起源，是孝昌二年（526）正月，沃野鎮五原（今內蒙古五原縣）降戶鮮于脩禮反於定州（今河北省保定市所轄之定州市），號魯興元年。八月，脩禮爲其帥元洪業所殺，洪業向朝廷請降，又爲同黨葛榮殺死。到了九月，葛榮軍事屢勝，乃自稱天子，以「齊」爲國號，年號廣安，[15]企圖成立新王朝，而事實卻無此恢宏才器。史載「葛榮反於河北，所在殘害」，[16]各地若「葛榮充斥，民多逃散」，[17]如葛榮攻陷滄州（治饒安，今河北省鹽山縣西南）「居民死者十八九」。[18]趙郡（治平棘縣，今河北省趙縣城南三里處）「經葛榮離亂之後，民戶喪亡，六畜無遺，斗粟乃至數縑，民皆賣鬻兒女」。[19]故至孝莊帝建義元年（528）九月，葛榮兵敗，爲爾朱榮擒於滏口（今河北省武安縣和磁縣之間的滏山隘道，

---

[10] 《魏書》，卷 58，〈楊津傳〉，頁 1298。
[11] 《魏書》，卷 82，〈常景傳〉，頁 1805。
[12] 《魏書》，卷 36，〈李裔傳〉，頁 843。
[13] 《魏書》，卷 9，〈肅宗紀〉，頁 249。
[14] 《北齊書》，卷 1，〈神武帝紀上〉，頁 2。
[15] 《魏書》，卷 9，〈肅宗紀〉，頁 243-245。
[16] 《魏書》，卷 49，〈李謹傳〉，頁 1098。
[17] 《魏書》，卷 58，〈李神傳〉，頁 1561。
[18] 《魏書》，卷 9，〈肅宗紀〉，頁 249。
[19] 《魏書》，卷 57，〈崔孝暐傳〉，頁 1270。

位於今河北省邯鄲市峰峰礦區）被擒。[20]由此可見，葛榮集團有難以成就大業的嚴重缺陷，高歡才未久留，另謀去路。

高歡離開葛榮集團後，旋「亡歸爾朱榮於秀容」，[21]成爲生涯轉捩的關鍵點。正如《北齊書》卷十九〈侯莫陳悅傳〉之史臣曰：「高祖（高歡）世居雲代，以英雄見知。後遇爾朱，武功漸振」。[22]爾朱榮（493-530），字天寶，北秀容（今山西省朔縣西北）人。其先居於爾朱川（或稱北秀容川，今山西省西北部經神池、五寨、保德縣之朱家川），以之爲姓氏。[23]本爲羯族人，又稱羯胡或契胡。[24]榮之家族，祖先都統領部落，世爲酋帥，復受北魏之官職與封爵。榮襲爵後，除直寢、游擊將軍。自孝明帝正光年間至孝昌三年十月，屢平叛亂，晉爵至博陵郡公，職任車騎將軍、右光祿大夫，進位儀同三司。[25]關於他的興衰，學者已有研究，可以參閱，[26]此處只說與高歡崛起部分。

高歡投效爾朱榮集團後，便隨著集團的轉變，逐步崛起。起初是在爾朱榮處，高歡受到賞識。當時，透過榮之部屬劉貴之引薦，歡隨榮到馬廄，廄內有惡馬，榮命歡翦毛，歡「不加羈絆而翦，竟不蹄齧」，榮說：「御惡人亦如此馬矣」。經過此事後，榮遂與歡談論時事，歡說：「方今天子愚弱，太后淫亂，孽寵擅命，朝政不行，以明公雄武，乘時奮發，討鄭儼、徐紇而清帝側，霸業可舉鞭而成。此賀六渾之意也」。榮大爲

---

[20] 《魏書》，卷 10，〈孝莊紀〉，頁 260。

[21] 《北齊書》，卷 1，〈神武帝紀上〉，頁 3。

[22] 《北齊書》，卷 19，〈侯莫陳悅傳〉「史臣曰」，頁 264。

[23] 《魏書》，卷 74，〈爾朱榮傳〉，頁 1643。

[24] 姚薇元，《北朝胡姓考》（北京市：中華書局，1962 年 10 月新一版一刷），頁 360-362；陳連慶，《中國少數民族姓氏研究》（長春市：吉林文史出版社，1993 年 6 月初版一刷），頁 387-388。

[25] 《魏書》，卷 74，〈爾朱榮傳〉，頁 1643-1646；卷 9，〈肅宗紀〉，頁 243-247。

[26] 蘇小華，〈試論爾朱氏集團的興亡〉，《晉陽學刊》，2005 年第 3 期，頁 67-70；李文才、王婷琳，〈爾朱氏興衰的政治與文化考察〉，《南京曉莊學院學報》，2007 年第 4 期，頁 25-34；王延武，〈北魏末的文化模式與爾朱榮的敗亡〉，《中南民族大學學報（人文社會科學版）》，2003 年第 6 期，頁 105-109。

心悅，從日中長談至夜半，歡「自是每參軍謀」。後隨榮到并州，歡被任命爲「親信都督」。[27]

　　高歡既受爾朱榮賞識，便伴隨進入爾朱榮專制朝政的局面。是時，孝明帝在靈太后、鄭儼、徐紇鉗制下，未敢制裁和整頓朝政亂局，就「私使榮舉兵內向，榮以神武爲前鋒」。至上黨郡（治屯留，今山西省長子縣），孝明帝又私詔停止，「及帝暴崩，榮遂入洛」，[28]蘊釀了河陰之禍，或稱河陰之變。[29]因武泰元年二月二十五日，靈太后鴆殺孝明帝，將帝之潘充華所生女，「詐以爲男」，「祕言皇子」，於二十六日先讓「皇子即位」。二十七日，「見人心已安，始言潘嬪本實生女，今宜更擇嗣君」。遂立臨洮王子元釗爲「主」，復使「幼主即位」，年齡只三歲，「天下愕然」。[30]爾朱榮「聞之大怒」，抗表說：「今海內草草，異口一言，皆云大行皇帝，鴆毒致禍」，「復皇后女生，稱爲儲兩，疑惑朝野」。聲言決定「赴闕」，問「帝崩之由」，以「雪同天之恥」，推戴新帝，以「改承寶祚」。遂向洛陽進軍，四月九日，先由親信在洛陽選定新帝人選，即宗室元子攸（507-530）；是夜，子攸與兄弟渡黃河北上；十日，與榮相會於河陽（今河南省孟州市）；十一日，一起南渡黃河，元子攸（在位528-530）即帝位，爲孝莊帝。十二日，召洛陽城內百官皆來河橋（今河南省孟津縣南），「朝於行宮」，奉迎新帝。十三日，「車駕巡河」，西至河陰之陶渚（今河南省孟津縣東），有武衛將軍費穆提出大誅殺建議，爾朱榮遂假藉要舉行祭天，把迎帝駕之百官引至行宮西北處，等朝士全部聚集後，便命騎士把他們圍遶起來，譴責帝暴崩而天下喪亂，都是「此等貪虐，不相匡弼所致」。接著，縱兵任意屠殺，王公卿士「皆斂手就

---

27 《北齊書》，卷1，〈神武帝紀上〉，頁3。
28 《北齊書》，卷1，〈神武帝紀上〉，頁3。
29 詳參：陳爽，〈河陰之變考論〉，《中國社會科學院歷史研究所學刊》，第4集（2007年8月），頁309-344。
30 《魏書》，卷9，〈肅宗紀〉，頁249；卷13，〈宣武靈皇后胡氏傳〉，頁340。

戮」。史載死者人數，或一千三百餘人，或二千餘人，或三千餘人。[31]至於靈太后，在爾朱榮稱兵渡河之際，就盡召孝明帝六宮「皆令入道，太后亦自落髮」。榮派騎兵拘送太后及幼主到河陰。太后「對榮多所陳說，榮拂衣而起，太后及幼主並沉於河」。[32]十四日，孝莊帝「車駕入宮，御太極殿」，[33]朝政進入了爾朱榮專制局面。

　　高歡既側身於爾朱榮的專制之列，政治事業亦隨之成長。(1) 河陰之變，實起於「榮以兵權在己，遂有異志」，[34]想當皇帝。武泰元年四月十三日當天夜裡，榮就著手即帝位之事，「因將篡位」，以鑄金像占卜不成；再經高歡、劉善助、司馬子如等「切諫，陳不可之理」，榮乃取消篡位，「還奉莊帝」。[35]帝以高歡「定策勳，封銅鞮伯」。[36] (2) 孝莊帝建義元年七月，榮討伐葛榮，令高歡招降葛氏屬下別帥稱王者七人，[37]歡於鄴城成功招撫七位別帥，有萬餘人投降。[38]建義元年八月，泰山郡太守羊侃，勾引蕭梁將軍王辯攻兗州。十月，派遣侍中、鎮南將軍、太原郡開國公于暉兼尚書左僕射，為行臺，與高歡共討羊侃。十一月，高歡、于暉，與徐兗行臺崔孝芬、大都督刁宣，大破羊侃於瑕丘（今山東省滋陽縣），侃奔蕭梁，平定了兗州。[39]不久，高歡又與元天穆破刑杲于

---

[31] 《魏書》，卷 10，〈孝莊紀〉，頁 255-256；卷 74，〈爾朱榮傳〉，頁 1643-1648；范祥雍，《洛陽伽藍記校注》（臺北市：華正書局，1980 年 4 月），卷 1，〈永寧寺〉，頁 5-7。

[32] 《魏書》，卷 13，〈宣武靈皇后胡氏傳〉，頁 340。

[33] 《魏書》，卷 10，〈孝莊紀〉，頁 256。

[34] 《魏書》，卷 10，〈孝莊紀〉，頁 256。

[35] 《魏書》，卷 74，〈爾朱榮傳〉，頁 1648。

[36] 《北齊書》，卷 1，〈神武帝紀上〉，頁 3。

[37] 《北齊書》，卷 1，〈神武帝紀上〉，頁 3。

[38] 《魏書》，卷 10，〈孝莊紀〉，頁 259。

[39] 其事詳見《北齊書》，卷 1，〈神武帝紀上〉，頁 3；《魏書》，卷 10，〈孝莊紀〉，頁 260，270，271；卷 57，〈崔孝芬傳〉，頁 1268；卷 58，〈楊昱傳〉，頁 1293；卷 77，〈羊深傳〉，頁 1703；卷 83 下，〈外戚傳・于暉〉，頁 1833；卷 93，〈恩倖傳・徐紇〉，頁 2008-2009；唐・魏徵，唐・姚思廉撰，《梁書》，卷 39，〈羊侃傳〉，頁 557-558。

濟南。累遷第三鎮人酋長。[40]

　　高歡正在崛起之際，他的雄才野心，卻爲爾朱榮所深忌。榮曾問左右說：「一日無我，誰可主軍？」諸人答覆一致，說是「爾朱兆」。榮不表同意而說：「此（爾朱兆）正可統三千騎以還，堪代我主眾者唯賀六渾（高歡）耳」。同時，勸誡兆說：「爾非其匹，終當爲其穿鼻」。因此，遂派高歡去擔任晉州（治在今山西臨汾市）刺史，歡亦知招忌於爾朱榮，爲鞏固地位，「於是大聚斂，因劉貴貨榮下要人，盡得其意」。[41]

　　不久，爾朱榮的死亡，就使高歡持續升騰的契機，不虞斷絕。永安三年（530）九月，孝莊帝因不堪榮專制朝政之跋扈，將他誘殺於洛陽。榮從子爾朱兆（？-533），聞訊而欲報仇，從晉陽舉兵，與爾朱世隆聯合，先立長廣王元曄爲帝，改元建明，十二月兵入洛陽，殺了孝莊帝。[42]建明二年（531）二月，元曄禪位於節閔帝元恭，改元普泰，[43]由兆專制北魏朝政。

　　爾朱兆之專政，反而爲高歡帶來再發展的機會，因兩人間本有嫌隙，進而反目，造成歡圖謀消滅爾朱兆。起初的嫌隙，是來自前述爾朱榮之忌高歡的雄才。至孝莊帝永安三年起，歡、兆之間開始反目，因榮死時，兆將自晉陽舉兵赴洛陽報仇，召歡一起舉兵，歡派長史孫騰去推辭，藉口是絳蜀、汾胡將叛變，「不可委去」，惹得「兆殊不悅」，「兆恨焉」。歡也認爲：「兆等猖狂，舉兵犯上，吾今不同，猜忌成矣，勢不可反事爾朱」。故高歡「自是始有圖兆計」，而如史稱「時高祖（高歡）雖內有遠圖，而外跡未見」。當時，歡擬訂了計策，只是一時間難獲成功，諸如：（1）依歡估計，兆軍屬南行，莊帝必列兵黃河阻拒，「兆進不能渡，退不得還。吾乘山東下，出其不意，此徒可以一舉而擒」。可惜此

[40] 《北齊書》，卷1，〈神武帝紀上〉，頁3。

[41] 《北齊書》，卷1，〈神武帝紀上〉，頁4。

[42] 《魏書》，卷10，〈孝莊紀〉，頁265-268。

[43] 《魏書》，卷11，〈廢出三帝紀‧前廢帝廣陵王〉，頁273-274。

一形勢未發生。（2）永安三年十二月，兆進入洛陽，擒執莊帝向北去，歡密探帝之踪跡，「將劫以舉義」，「唱大義於天下」，同樣「不果」。接著，就寫信給兆，說「不宜執天子以受惡名於海內」。「兆怒不納」，還是「殺帝」。（3）當孝莊帝圖殺爾朱榮之時，料想爾朱氏必行報復，密敕河西費也頭紇豆陵步藩率兵襲擊秀容，以斷爾朱氏發兵之路。十二月兆入洛陽時，步藩進逼兆的晉陽之地盤，兆徵高歡支援。歡聽從賀拔焉過兒「請緩行以弊之」的建議，故意途中逗遛，藉口「河無橋不得渡」，終使「兆敗走」，卻未戰死。此時，兆既戰敗，乃又求救於歡，歡雖「內圖兆」，卻「復慮步藩後之難除」，乃又改採聯好策略，與兆悉合力破之，步藩死。兆「深德神武，誓爲兄弟」。[44]

　　高歡與爾朱兆和好，只是一時之計，其圖滅爾朱兆之志猶存而益彰，逐乃乘有利客觀形勢，建立山東（今太行山以東的河北省地區）地盤，準備與兆決戰。當時，「葛榮眾流入并、肆者二十餘萬，爲契胡陵暴，皆不聊生，大小二十六反，誅夷者半，猶草竊不止」。成爲「兆患之」的難題，乃「問計」於歡，歡便趁機用計謀，擔起處理六鎮流民之任務，建議「以并、肆頻歲霜旱，降戶掘黃鼠而食之，皆面無穀色，徒污人國土，請令就食山東，待溫飽而處分之」，獲「兆從其議」。高歡便率六鎮流民，往山東而去。普泰元年（531）二月，據有冀州，四月抵達山東，在整個過程中，「自向山東，養士繕甲，禁侵掠，百姓歸心」。山東，成爲高歡的地盤，養成了堅強的實力。到了普泰元年四月，高歡僞作文書，說是「爾朱兆將以六鎮人配契胡爲部曲」，引發「眾皆愁怨」。另又僞造「并州符」，說將「徵兵討步落稽，發萬人」。藉此刺激六鎮流民醒悟已置身死地：「直向西已當死，後軍期又當死，配國人又當死」；

---

44 《北齊書》，卷1，〈神武帝紀上〉，頁3-5；卷21，〈高乾傳〉，頁291；《魏書》，卷75，〈爾朱兆傳〉，頁1662-1663。按上述步藩之事，前書所記，與後書及其他資料，有所出入（見：呂思勉，《兩晉南北朝史》，頁605-608），惟實情難辨，此處只能依據前書以言。

求生之道,「眾曰:唯有反耳」,即「討爾朱之意」;眾人乃共推高歡為「主」。[45]如此,六鎮流民就凝聚成反爾朱兆的強大兵力。

高歡終於戰勝爾朱兆,關鍵戰爭即是韓陵(今河南省安陽市東北)之役。普泰元年六月,歡內部雖「建義」於信都(今河北省邢郡市西南),對外卻「尚未顯背爾朱氏」,等到李元忠與高乾平殷州(治廣阿,今河北省隆堯縣東),斬鎮守殷州的爾朱羽生之首,來歸附歡,高歡便曰:「今日反,決矣」,乃任命元忠為殷州刺史。「是時兵威既振,乃抗表罪狀爾朱氏」。八月,爾朱兆攻陷殷州,李元忠奔回。孫騰「以為朝廷隔絕,不權立天子,則眾望無所係」。十月,奉章武王融子渤海太守元朗為皇帝,年號中興(元年,531),是為廢帝,以示「齊獻武王起義兵,將誅暴逆」。接著,歡發兵敗兆於廣阿。十一月,進攻鄴城(今河北省臨漳縣西),至中興二年(532)春,拔下鄴城。到了閏三月,爾朱兆自并州(今山西省),爾朱榮的從子兄子爾朱天光(496-532)自長安(今陝西省西安市),榮從父弟爾朱度律(?-532)自洛陽,榮從弟爾朱仲遠自東郡(治滑臺,今河南省滑縣),率兵同會於鄴城附近,兵眾號稱二十萬(或說十萬),駐洹水(今安陽河,或稱洹河)兩岸。當時,高歡軍隊「馬不滿二千,步兵不至三萬,眾寡不敵」,會戰於韓陵,歡軍大勝。

高歡於韓陵之役獲勝,便瓦解了爾朱氏勢力,兆逃亡晉陽。[46]天光、度律兩人都被執送洛陽,「斬之都市」。[48]世隆,則因韓陵戰敗,斛斯[47]

---

[45] 《北齊書》,卷1,〈神武帝紀上〉,頁4-7。

[46] 以上詳見:《北齊書》,卷1,〈神武帝紀上〉,頁7-8;卷22,〈李元忠傳〉,頁314-318;《魏書》,卷11,〈廢出三帝紀・後廢帝安定王〉,頁278-280,以及下引爾朱氏、斛斯椿各傳。又按,前書謂高歡拔鄴城於孝武帝永熙元年正月,實屬錯誤,其書之〈校勘記〉未加修訂;呂思勉先生從前書而謂:「十一月,神武攻鄴,明年,〔小字注:梁中大通四年,梁中大通四年,魏孝武帝元年。〕正月,拔之。二月後廢帝如鄴」(氏著,《兩晉南北朝史》,上冊,頁609);而實際上,後廢帝即位於前,孝武帝即位於後,此說豈不矛盾呢?今據《魏書》改正。

[47] 《魏書》,卷75,〈爾朱天光傳〉,頁1673,1677。

[48] 《魏書》,卷75,〈爾朱度律傳〉,頁1672。

椿與都督賈顯智懼遭高歡誅殺，相約「倍道兼行」回到洛陽，椿「收爾朱部曲盡殺之」；長孫稚、賈顯智等率數百騎襲擊世隆、彥伯兄弟，「斬於閶闔門外」，「懸世隆兄弟首於其門樹」。[49]仲遠，則來奔降於蕭梁，梁武帝命爲定洛將軍，封河南王，使之北侵，「隨所剋土，使自封建」，[50]終亦無功而「死於江南」。[51]至孝武帝永熙元年七月，高歡自鄴進軍晉陽，討爾朱兆，兆遂走於秀容，歡續追擊，度赤洪嶺（今山西省離石縣西南，又稱離石山），又敗兆軍，兵眾投降或潰散。永熙二（533）年正月，高歡遣竇泰再追戰，兆先敗逃，後竄入深山，「殺所乘馬，自縊於樹」。[52]

　　高歡既消滅爾朱氏勢力，乃代之而起，專制北魏朝政。事實上，中興二年閏三月韓陵之役勝利後，四月，高歡就進駐洛陽，廢節閔帝元恭，又廢後廢帝，另立孝武帝元脩，改元太昌元年，十二月改元永興，旋復因「以太宗號，尋改爲永熙元年」。[53]至永熙元年正月，廢帝晉陞歡任大丞相、柱國大將軍、太師。孝武既即位，授歡大丞相、天柱大將軍、太師、世襲定州刺史，增封並前十五萬戶。高歡辭天柱，減戶五萬。[54]

　　高歡專制朝權的機制，就是魏晉南朝所謂的「霸府」，[55]係指權臣將所屬公府幕府化並予擴大，成立龐大的組織，藉以契入接筍朝廷行政系

---

[49] 《魏書》，卷 80，〈斛斯椿傳〉，頁 1773。

[50] 唐‧李延壽撰，《南史》（台北市：鼎文書局，1985 年 3 月四版，新校點本），卷 7，〈梁本紀中〉，頁 209。

[51] 唐‧李延壽撰，《北史》（台北市：鼎文書局，1979 年 3 月再版，新校點本），卷 48，〈爾朱仲遠傳〉，頁 1769。

[52] 《魏書》，卷 75，〈爾朱兆傳〉，頁 1664。

[53] 《魏書》，卷 75，〈爾朱兆傳〉，頁 1664；《北齊書》，卷 1，〈神武帝紀上〉，頁 9；《魏書》，卷 11，〈廢出三帝紀‧前廢帝廣陵王〉，頁 278；〈廢出三帝紀‧後廢帝安定王〉，頁 281；〈廢出三帝紀‧出帝平陽王〉，頁 281-282；參照：何德彰，〈北魏末帝位異動與東西魏的政治走向〉，《魏晉南北朝隋唐史資料》，2001 年刊，頁 105-109。

[54] 《北齊書》，卷 1，〈神武帝紀上〉，頁 9。

[55] 以下對霸府的定義描述，是綜據以下資料：柳春新，〈曹操霸府述論〉，《史學月刊》，2002 年第 8 期，頁 44-53；張軍，〈曹魏時期司馬氏霸府的形成與機構設置考論〉，《蘭州大學學報（社會科學版）》，2004 年第 4 期，頁 42-47；張軍，〈曹操霸府的制度淵源與軍事參謀機構考論：兼論漢末公府的幕府化過程〉，《石家莊學院學報》，2006 年第 5 期，頁 67-74；以及下文引用的有關霸府的資料。

統，掌控超越本身官職之權力及現任皇帝的權力，成爲把持朝廷政務的機構。就霸府主人來說，他個人的權力，不只在王朝群臣之上，還有左右皇帝之實力，此種政治事業，即所謂「霸業」、「霸朝」。霸府的霸業，最終目的與功能，就是以禪讓方式，進行王朝政權轉移，篡奪帝位，完成改朝換代。這種霸府，自東漢建安年間（196-219）起曹操首先設置，藉以挾天子以令諸侯，曹操一死，曹丕就藉霸府基礎，順利禪代了東漢（25-220）政權，建立曹魏（220-265）王朝。往後，晉、劉宋、蕭齊、蕭梁之政權禪代，都以霸府爲基礎，做爲政權轉移之過渡媒介。在高歡平定爾朱氏的過程中，高歡專制朝權的霸府及其霸業，就漸告形成了，即從節閔帝普泰元年（531）六月發兵討爾朱氏，經過孝武帝永熙二年（532）正月消滅爾朱兆，霸府乃告形成，後延續於東魏，至武定五年（547）高歡過世。往後，則繼續傳承於高澄、高洋，至東魏孝靜帝武定八年（550）禪代爲止，歷時 19 年。

　　以「霸府」爲基礎，乃形成了高氏禪代魏政權的形勢，而由高歡肇發動機。高歡原本就懷有禪代魏帝之心，早於普泰元年（531）初，起便開始進行自身的帝命及建立王朝之天命的探尋，二月取得信都，佔有河北省地盤後，便大力招攬術士爲館客或部屬。此等活動，至少一直延續到東魏孝靜帝武定四年六月（以上見第九章）。元象初，高歡徵杜弼爲大丞相府法曹行參軍，署記室事，轉大行臺郎中，尋加鎮南將軍。歡又引弼「典掌機密，甚見信待」。因此，「弼嘗承間密勸高祖受魏禪，高祖舉杖擊走之」；[56]同樣顯示，其奪取皇帝位之心跡，早就暗中付諸於行動了。高歡既擁霸府及霸業，前述心跡及暗中活動，自不免俟機而明顯化，在永熙二年至三年的二、四月間，於高歡與孝武帝之間的衝突中揭露出來：[57]

---

[56]《北齊書》，卷 24，〈杜弼傳〉，頁 347。
[57]《北齊書》，卷 1，〈神武帝紀上〉，頁 9-10；卷 2，〈神武帝紀下〉，頁 13-14；《北史》，卷 6，〈齊本紀〉，頁 218。

　　第一件，是爾朱仲遠部下都督橋寧、張子期，前來投誠，高歡「以其助亂，且數反覆，皆斬之」。引起斛斯椿「由是內不自安」，乃聯合南陽王寶炬、武衛將軍元毗、魏光、王思政等人，「搆神武於魏帝」。由此，「帝為斛斯椿、元毗、王思政、魏光等諂佞間阻，貳於齊獻武王」。[58]

　　第二件，是舍人元士弼「又奏神武受敕大不敬」，等於是說高歡確有叛跡。

　　第三件，是孝明之時，洛陽有「以兩拔相擊，謠言曰：銅拔打鐵拔，元家世將末。好事者以二拔謂拓拔、賀拔，言俱將衰敗之兆」，亦即有孝武帝將失帝位亡國之兆，當引起孝武帝更心懷猜忌。

　　第四件，高歡所親信之高家兄弟，遭孝武帝追殺。此事起於司空高乾，「密啓神武，言魏帝之貳，神武封呈」。孝武帝卻殺死高乾，後又遣東徐州（治下邳，今江蘇省邳州市）刺史潘紹業密敕長樂（今山東省高青縣高城鎮高城村西北）太守龐蒼鷹，「令殺其弟昂」。高昂先知其兄死，遂預為埋伏壯士，「執紹業於路，得敕書於袍領」，投奔高歡，「神武抱其首，哭曰：天子枉害司空」，遂使「以白武幡勞其家屬」。此時高乾次弟高慎在光州（治掖城，今山東省萊州市萊州鎮掖城），「為政嚴猛，又縱部下取納，魏帝使代之」。高慎聽聞家難，「乃弊衣推鹿車歸渤海，逢使者，亦來奔」高歡，「於是魏帝與神武隙矣」。經由以上事件，高歡已明瞭「魏帝既有異圖」。到了永熙三年二月以後，高歡與孝武帝之間，衝突事件再度發生，即如下所述第五、六件事。

　　第五件，是侍中封隆之對孫騰私下說：「隆之喪妻，魏帝欲妻以妹」。騰不相信其言，卻因「心害隆之」，故意洩其話給斛斯椿，讓椿去「以白魏帝」。同時，孫騰「帶仗入省，擅殺御史」。這些事件後，孫騰便逃亡來投靠高歡，向高歡說：「魏帝摑舍人梁續於前，光祿少卿元子幹攘臂擊之，謂騰曰：語爾高王，元家兒拳正如此」。

---

[58]《魏書》，卷11，〈廢出三帝紀・出帝平陽王〉，頁250。

第六件，是高歡與孝武帝連續互爭人事安排權力。高歡親信領軍婁昭，以疾辭官，回到晉陽。孝武帝就以斛斯椿兼領軍，「分置督將及河南、關西諸刺史」。相對的，時宗室華山王元鷙在徐州（治彭城，今江蘇省徐州市），高歡「使邸珍奪其管籥」。孝武帝又回擊，以建州（治高都城，今山西省晉城市）刺史韓賢、濟州（治盧縣，今山東省茌平縣西南 20.5 公里韓集鄉高垣墻村）刺史蔡儁，「皆神武同義，魏帝忌之」，先「省建州以去賢」，接著，使御史中尉綦儁「察儁罪，以開府賈顯智為濟州。儁拒之」。

經由上面衝突，「魏帝逾怒」，於永熙三年五月，不惜「託討蕭衍，盛暑徵發河南諸州之兵，天下怪惡之」。[59]六月，故意下密詔給高歡，說宇文泰（507-556）「多求非分，脫有變詐」，此次調兵，屬「進討事涉匆匆，遂召群臣，議其可否。僉言假稱南伐，內外戒嚴，一則防黑獺不虞，二則可威吳楚」。其實調兵，是「魏帝將伐神武，神武部署將帥，慮疑，故有此詔」。高歡亦上表回覆說：「荊州綰接蠻左，密邇畿服，關隴悍遠，將有逆圖，臣今潛勒兵馬」；即南方有蕭梁，西方有西魏宇文泰，都蠢蠢欲動，晉陽也正在調動軍隊，其狀況是：第一路，以兵三萬，從黃河東渡。第二路，遣恒州（治平城，今山西省大同市東北）刺史庫狄干、瀛州（治趙都軍城，今河北省河間市）刺史郭瓊、汾州（治西河，今山西汾陽縣治）刺史斛律金、前武衛將軍彭樂，「擬兵四萬，從其來違津渡」；第三路，遣領軍將軍婁昭、相州（治鄴）刺史竇泰、前瀛州刺史堯雄、并州刺史高隆之，「擬兵五萬，以討荊州」；第四路，遣冀州（治信都縣）刺史尉景、前冀州刺史高敖曹、濟州（治碻磝城，今山東茌平縣西南）刺史蔡儁、前侍中封隆之，「擬山東兵七萬、突騎五萬，以征江左」。接獲高歡上表說明後，「魏帝知覺其變」，明白高歡集兵向洛陽，逼其禪位，「乃出神武表，命群官議之，欲止神武諸軍」。高歡同

---

59 《魏書》，卷 11，〈廢出三帝紀·出帝平陽王〉，頁 250。

樣「乃集在州僚佐，令其博議，還以表聞。仍以信誓自明忠款曰：臣爲變佞所間，陛下一旦賜疑，今猖狂之罪，爾朱時討。臣若不盡誠竭節，敢負陛下，則使身受天殃，子孫殄絕。陛下若垂信赤心，使干戈不動，佞臣一二人願斟量廢出」。其後，孝武帝「復錄在京文武議意以答神武」。於是使舍人溫子昇草敕，當時子昇「逡巡未敢作，帝據胡床，拔劍作色。子昇乃爲敕」。[60]

此時，孝武帝前後發給高歡兩道敕書，均明指高歡叛心已露。第一道敕說：

> 王雖啟圖西去，而四道俱進，或欲南度洛陽，或欲東臨江左，言之者猶應自怪，聞之者寧能不疑。王若守誠不貳，晏然居北，在此雖有百萬之眾，終無圖彼之心。王脫信邪棄義，舉旗南指，縱無匹馬隻輪，猶欲奮空拳而爭死。朕本寡德，王已立之，百姓無知，或謂實可。若為他所圖，則彰朕之惡，假令還為王殺，幽辱韲粉，了無遺恨。[61]

第二道敕說：

> 王若厭伏人情，杜絕物議，唯有歸河東之兵，罷建興之戍。……止戈散馬，各事家業，脫須糧廩，別遣轉輸，則讒人結舌，疑悔不生。王高枕太原，朕垂拱京洛，終不舉足渡河，以干戈相指。王若馬首南向，問鼎輕重，朕雖無武，欲止不能，必為社稷宗廟出萬死之策。決在於王，非朕能定，為山止簣，相為惜之。[62]

上文顯示，孝武帝於第一敕已直指高歡叛跡，諸如指摘高歡不能「事君盡誠」，沒有「守誠不貳」，更是「脫信邪棄義，舉旗南指」，自料以皇帝之身「還爲王殺，幽辱韲粉」。第二敕則更具體說，高歡實欲「以干戈相指」，「馬首南向，問鼎輕重」。孝武帝實無可如何，只能動之以「了

---

[60] 《北齊書》，卷2，〈神武帝紀下〉，頁14；《北史》，卷6，〈齊本紀〉，頁219-220。
[61] 《北齊書》，卷2，〈神武帝紀下〉，頁14-15。
[62] 《北齊書》，卷2，〈神武帝紀下〉，頁16。

無遺恨」之情，或表現「必為社稷宗廟出萬死之策」的犧牲精神，目的都在期望高歡「歸河東之兵，罷建興之戍」。

　　高歡並未退兵，孝武帝「乃敕文武官北來者任去留，下詔罪狀神武，為北伐經營」。高歡亦勒馬宣告說：「孤遇爾朱擅權，舉大義於四海，奉戴主上，義貫幽明」，今因「橫為斛斯椿讒構」，欲「誅君側惡人。今者南邁，誅椿而已」。以高昂為前鋒。孝武帝則「徵兵關右」，召賀拔勝赴帝之「行在所」，遣大行臺長孫承業、大都督潁川王斌之、斛斯椿，「共鎮武牢」（今河南省滎陽縣西北氾水鎮），汝陽王暹「鎮石濟」（今河南省衛輝市東黃河渡口），行臺長孫子彥率前恒農太守元洪略，「鎮陝」（陝縣，今河南省三門峽市），賈顯智率豫州刺史斛斯元壽，征伐蔡雋。高歡使竇泰與左廂大都督莫多婁貸文，征賈顯智，韓賢征王暹。結果，孝武帝軍隊大敗，斛斯元壽軍投降，賈顯智戰敗，求增援部隊，孝武帝遣大都督侯幾紹赴援，結果顯智以軍隊降，紹戰而死之。到了七月，孝武帝親率軍隊，與高歡對峙。　高歡「再遣口申誠款，魏帝不報」。歡就「引軍渡河」，兵逼洛陽。孝武帝「問計於群臣，或云南依賀拔勝，或云西就關中，或云守洛口死戰。未決」。有元斌之騙孝武帝說「神武兵至」，「即日，魏帝遜於長安」。[63]

　　在此事件中，孝武帝指高歡有禪代之心，實有其證據。在兩軍對峙中，高歡曾對高乾說：「若用司空言，豈有今日之舉」；[64]此話之原委是：當高歡與孝武帝衝突生起，「武帝將貳於高祖，望乾為己用，曾於華林園譴罷，獨留乾」，對乾說：「司空奕世忠良，今日復建殊効，相與雖則君臣，實亦義同兄弟，宜共立盟約以敦情契」。由於帝「殷勤逼之」。乾就答說：「臣世奉朝廷，遇荷殊寵，以身許國，何敢有貳」。此時，「乾雖有此對，然非其本心」，特別是「事出倉卒，又不謂武帝便有異圖，

---

[63]《北齊書》，卷2，〈神武帝紀下〉，頁16-17；《北史》，卷6，〈齊本紀〉，頁222-223。
[64]《北齊書》，卷2，〈神武帝紀下〉，頁16。

遂不固辭，而不啓高祖」。後來，「及武帝置部曲」，乾始察覺情況有異，
乃私下對親信說：「主上不親勳賢，而招集羣豎。數遣元士弼、王思政
往來關西，與賀拔岳計議。又出賀拔勝爲荆州刺史，外示疏忌，實欲樹
黨，令其兄弟相近，冀據有西方。禍難將作，必及於我」；遂把孝武帝
動，向「密啓高祖」。不久，高歡召乾至并州，兩人「面論時事，乾因
勸高祖以受魏禪」。歡「以袖掩其口」說：「勿妄言。今啓司空復爲侍中，
門下之事，一以相委」。歡即「屢啓，詔書竟不施行」。[65]

　　高歡於東魏期間，行禪代之心，猶然續存。孝靜帝天平四年，高歡
到汾陽之天池，於池邊獲得一石，上有隱起之文字「六王三川」。高歡
特於帳中向陽休之詢問：「此文字何義」。休之回答說：「此乃大王符瑞
受命之徵，……天意命王也，吉不可言」。高歡說：「世人無事常道我欲
反，今聞此，更致紛紜，慎莫妄言也」。[66]從「世人無事常道我欲反」一
語，可知高歡禪代之心，已形同路人皆知狀態。

　　高歡有禪代之心，而卻始終究沒有禪代東魏政權，主要有兩大原因：

　　第一個原因，是受客觀環境牽制，高歡難覓禪代之適當時機。太昌
元年（532），賀拔岳任關西大行臺，以宇文泰（507-556）爲左丞，領
岳府司馬，加散騎常侍。「事無巨細，皆委決焉」。待高歡「既破爾朱，
遂專朝政」，宇文泰與歡不和，對岳說：「高歡非人臣也，逆謀所以未發
者」。岳復遣泰「詣闕請事，密陳其狀。魏（孝武）帝深納之」，加泰武
衛將軍，還令報說於岳，以爲互相聯結一氣。至永熙三年二月，高歡所
親之侯莫陳悅，殺死賀拔岳。孝武帝詔泰說：「賀拔岳既殞，士衆未有
所歸，卿可爲大都督，即相統領」。由此，宇文泰遂取得關中大權，事
實上是「時齊神武（高歡）已有異志，故魏帝深仗太祖（宇文泰）」。[67]宇

[65]《北齊書》，卷21，〈高乾傳〉，頁291-292。

[66]《北齊書》，卷42，〈陽休之傳〉，頁561-562。

[67]唐・令狐德棻撰，《周書》（台北市：鼎文書局，1978年11月再版，新校點本），卷
　　1，〈文帝紀上〉，頁3-10。

文泰的關右勢力，便爲孝武帝之後盾。永熙三年五月，帝對高歡塗飾說：
「近慮宇文爲亂，賀拔勝應之，故纂嚴，欲與王俱爲聲援。宇文今日使
者相望，觀其所爲，更無異跡」，「君若欲分討，何以爲辭」，[68]意在不使
高歡有可出兵之藉口，更不願高歡去征討關右。另一方面，孝武帝又說，
蕭梁在「東南不賓，爲日已久」，「未宜窮兵極武」；[69]這卻是事實，蕭梁
的存在，多少限制了高歡禪代的實行。到了永熙三年七月，孝武帝奔往
長安，依宇文泰勢力，成立西魏政權，客觀形勢，變成爲東魏、西魏、
蕭梁之三方鼎峙，更爲複雜，東魏孝靜帝天平三年至武定四年（西魏文
帝大統二年至十二年，536-546），東、西魏之間，發生了一連串戰爭，
[70]史稱「自關、河分隔，年將四紀。以高祖霸王之期，屬宇文草創之日，
出軍薄伐，屢挫兵鋒」。[71]在連續戰爭的動盪中，高歡當自難有行禪代之
機會。

第二個原因，是受個人壽命不夠長之限制，高歡無法等待適合禪代
的良機。武定四年十月，高歡親率大軍十餘萬人，與西魏作戰，不幸發
生重病，遂行退兵，回到晉陽後，病情愈惡化，到武定五年正月初八日
（547.2.13）便過世了，當正月初一日（2.6），「日蝕，神武曰：日蝕其
爲我耶，死亦何恨」。[72]何以如此呢？日蝕之天象，自先秦以來，就被視
爲象徵王朝、帝王天命存在危機，是屬凶徵。[73]由此顯示，高歡直至死
前，猶以帝王天命凶兆，來做爲自我生命終了之象徵，可能是藉之證明
自己確有帝王之命，進而聊慰生平未完成的帝王之志；也可能在自我婉
惜：生命將告終結，禪代帝位永無機會了。

---

[68] 《北齊書》，卷 2，〈神武帝紀下〉，頁 15。

[69] 《北齊書》，卷 2，〈神武帝紀下〉，頁 15。

[70] 王仲犖，《魏晉南北朝史》，下冊，頁 587-590。

[71] 《北齊書》，卷 32，〈斛律金傳〉「史臣曰」，頁 229。

[72] 《北齊書》，卷 2，〈神武帝紀下〉，頁 23-24。

[73] 關增建，〈日蝕觀念與古代中國社會述要〉，收入鄭州大學歷史研究所編，《高敏先
生七十華誕紀念文集》（鄭州市：中州古籍出版社，2001 年 1 月初版一刷），頁
100-116。

第二節　高澄遭刺而禪代未遂

高歡去世後，高澄（521-549）繼續專制朝政，依然進行禪代計畫，一直到武定七年八月初八日（549.9.15），高澄遭刺死亡，禪代同樣沒有成功。

高歡的霸府之霸業，在武定五年正月初八日過世以後，立即由高澄接手執政，依然專制朝政，武定五年七月初三日（547.8.14），高澄正式擔任大丞相與大行臺，是依禮守父喪後的補敍而已。他雖已再規劃禪代東魏政權，不料，到武定七年八月初八日（549.9.15），遭刺死亡，禪代終成泡影。

高澄為了達成禪代，對東魏政權，向採嚴密監控。有關鄴都朝廷與晉陽霸府之間，在政務的通訊上，鄴都方面都稱「靜帝報答霸朝」。[74]此外，還對孝靜帝之生活舉動，進行嚴密監控。史稱孝靜帝文武皆備，武的方面「力能挾石師子以踰牆，射無不中」；文的方面，「好文學，美容儀」，「嘉辰宴會，多命群臣賦詩，從容沉雅，有孝文風」。此種才能表現，引起想篡位的「齊文襄王嗣事，甚忌焉，以大將軍中兵參軍崔季舒為中書黃門侍郎，令監察動靜，小大皆令季舒知」。[75]這個監察分兩個部分：一是有關孝靜帝的決策動向，高澄任「中書監，移門下機事總歸中書」，掌握決策及執行樞紐，在運作上，於高澄與孝靜帝之間，由崔季舒扮演媒介功能，「文襄每進書魏帝，有所諫請，或文辭繁雜，季舒輒修飾通之，得申勸戒而已。靜帝報答霸朝，恒與季舒論之」。經由此媒介功能，孝靜帝對崔氏產生充分信任而說：「崔中書是我姊母」；崔氏便可「雖跡在魏朝，而心歸霸府，密謀大計，皆得預聞」，為高澄刺探孝靜帝的密議。一是有關孝靜帝的生活動向，「季舒善音樂，故內伎亦通

---

[74]《北齊書》，卷39，〈崔暹傳〉，頁511。
[75]《魏書》，卷12，〈孝靜帝紀〉，頁313。

隸焉,內伎屬中書,自季舒始也」;經由內伎,季舒便得知孝靜帝在內宮的生活動靜。[76]

高澄的前述布局,無非是要禪代東魏政權,所以他也踵繼高歡的腳步,尋求天命靈跡(見第九章),已有禪代之心,也因此便跋扈起來,對孝靜帝,極為輕蔑,除了前述之監控外,還因羞辱孝靜帝過甚,一度引來暗殺危機。《魏書》〈孝靜帝紀〉載云:

> 令監察動靜,小大皆令季舒知。文襄與季舒書曰:「癡人(孝靜帝)復何似?癡勢小差未?」
>
> 帝嘗與獵於鄴東,馳逐如飛。監衛都督烏那羅受工伐從後呼帝曰:「天子莫走馬,大將軍(高澄)怒。」
>
> 文襄嘗侍飲,大舉觴曰:「臣澄勸陛下酒。」帝不悅,曰:「自古無不亡之國,朕亦何用此活!」文襄怒曰:「朕!朕!狗腳朕!」文襄使季舒毆帝三拳,奮衣而出。明日,文襄使季舒勞帝,帝亦謝焉。賜絹,季舒未敢受,以啟文襄,文襄使取一段。帝束百匹以與之,曰:「亦一段耳!」
>
> 帝不堪憂辱,詠謝靈運詩曰:「韓亡子房奮,秦帝魯連恥。本自江海人,忠義動君子。」常侍侍講荀濟知帝意,乃與華山王大器、元瑾密謀,於宮內為山,而作地道向北城。至千秋門,門者覺地下響動,以告文襄。文襄勒兵入宮,曰:「陛下何意反邪!臣父子功存社稷,何負陛下邪!」將殺諸妃嬪。帝正色曰:「王自欲反,何關於我。我尚不惜身,何況妃嬪!」文襄下床叩頭,大啼謝罪。於是酣飲,夜久乃出。居三日,幽帝於含章堂,大器、瑾等皆見烹於市。[77]

上文顯示,高澄喚孝靜帝為「癡人」,凡其生活舉動謂之「癡勢」。甚至當面罵他「狗腳朕」,竟使崔季舒當場毆辱孝靜帝三拳。「帝不堪憂辱」,遂以謝靈運詩意傳訊,與魏宗室、大臣聯合,用挖地道方式,要掘出暗殺高澄之通道。不幸,地道挖至千秋門,為守門者「覺地下響

---

[76] 《北齊書》,卷 39,〈崔季舒傳〉,頁 511-512。
[77] 《魏書》,卷 12,〈孝靜帝紀〉,頁 313-314。

動」，告知高澄。澄帶兵入宮，先是斥喝且欲殺諸嬪妃，為帝所阻。過
了三天，「幽帝於含章堂」。其他人遭到死刑，元瑾，是太武帝後裔，其
實際刑罰是：「謀殺齊文襄，事洩，合門伏法」。[78]元大器，為平文皇帝
後裔，襲爵晉陽男，「與元瑾謀害齊文襄王，見害」。[79]事實上，宗室參
與暗殺者，不止如此，如元宣洪，是道武帝後裔，歷任諫議大夫、光祿
少卿，亦於「武定中，與元瑾謀反，誅，國除」。[80]

　　孝靜帝既敵不過高澄，到了武定七年八月辛卯日（初八日，
519.9.15），高澄便決定「將欲受禪」，不料遭刺身與死，功竟未成。高
澄被刺死之日，是正在「與陳元康、崔季舒等屏斥左右，署擬百官」。[81]
即「屬世宗（高澄）將受魏禪，（陳）元康與楊愔、崔季舒並在世宗坐，
將大遷除朝士，共品藻之」。[82]由此可見，與高澄密謀篡位的心腹，有陳
元康、崔季舒、楊愔等三人。先是有蕭梁俘虜蘭京，被配為廚工，要求
贖身，高澄不許，還命人對他「杖之」，蘭京遂「與其黨六人謀作亂」。
當高澄與三人密議時，蘭京置刀於羹盤下，假意要端食物給高澄，近身
時抽刀刺中高澄，澄遂喪命。在蘭京拔刀刺高澄之際，陳元康「以身扞
蔽，被刺傷重，至夜而終」；侍衛庫真紇奚舍樂亦「扞賊死」；楊愔急忙
從室內「狼狽走出」，保住性命；崔季舒暫時「逃匿於廁」，亦獲全命。
[83]禪代之事，於此中斷。

　　高澄給蘭京刺死，學者或深抱懷疑，提出「臆說」，以為這個事件
的背後主謀，就是高洋；此說從人物動向，漢族與鮮卑勢力交替，政治
趨勢轉變等多方向，為「高洋主謀殺了高澄」事，替「高洋找到足夠的
理由」。[84]值得參考，惟以本書主題無涉，此處不予深論。

---

[78] 《魏書》，卷18，〈廣陽王建傳〉附元瑾，頁434。

[79] 《魏書》，卷14，〈元鷙傳附元大器〉，頁350-351。

[80] 《魏書》，卷16，〈陽平王元宣洪傳〉，頁393。

[81] 《北齊書》，卷3，〈文襄帝紀〉，頁37。

[82] 《北齊書》，卷39，〈崔季舒傳〉，頁511-512。

[83] 《北齊書》，卷24，〈陳元康傳〉，頁345。

[84] 何德章，〈高澄之死臆說〉，《魏晉南北朝隋唐史資料》，1998年刊，頁50-56。

陳元康既死，高澄禪代之助手，已去其一。接著，高澄等既死，導致崔季舒的態度轉變了，似因險遭刺殺，不願再參與禪代之謀。武定七年八月間，高洋要離開鄴都，返回晉陽，黃門郎陽休之「勸季舒從行」，季舒卻以「性愛聲色，心在閑放，遂不請行，欲恣其行樂」。此時，適逢當「時勳貴多不法，文襄無所縱捨，外議以季舒及崔暹等所爲，甚被怨疾」；在眾怨兩人向高澄打報告之下，恰好司馬子如「緣宿憾，及尙食典御陳山提等共列其過狀，由是季舒及暹各鞭二百，徙北邊」。關於季舒，要直到「天保初，文宣知其無罪，追爲將作大匠，再遷侍中」。[85]

經此變化，在武定七年八月以後，繫於崔季舒監察孝靜帝的系統及功能，便告崩潰了。高澄禪代的助手成員，只剩楊愔一人了。

第三節 高洋禪代過程遭遇阻礙

武定七年八月初八日，高澄遭刺死亡高澄遇刺以後，即由高洋（529-559）「親總庶政」，[86]一直到武定八年五月初十日，終於實現了禪代。關於此事，呂思勉先生曾簡要的指出：高洋禪代之舉，「史言婁太后及勳貴多弗順，然篡勢已成，必無人能阻之者」。[87]呂先生之說，係出於以泛觀立論，未曾有過深入討論，今從史料檢證，可知其論點顯然是從後世眼光來看，即以高洋禪代既然畢竟成功，那麼當時禪代之情勢必

[85]《北齊書》，卷39，〈崔季舒傳〉，頁512。關於崔暹，《同前書》，卷39，〈崔暹傳〉云：「顯祖初嗣霸業，司馬子如等挾舊怨，言暹罪重，謂宜罰之。高隆之亦言宜寬政網，去苛察法官，黜崔暹，則得遠近人意。顯祖從之。及踐祚，譖毀之者猶不息。帝乃令都督陳山提等搜暹家，甚貧匱，唯得高祖、世宗與暹書千餘紙，多論軍國大事。帝嗟賞之。仍不免眾口，乃流暹於馬城，晝則負土供役，夜則置地牢。歲餘，奴告暹謀反，鎖赴晉陽，無實，釋而勞之」（頁405-406）。關於司馬子如事，《同前書》，卷19，〈司馬子如傳〉云：「子如義旗之始，身不參預，直以高祖故舊，遂當委重，意氣甚高，聚斂不息。時世宗入輔朝政，內稍嫌之，尋以贓賄爲御史中尉崔暹所劾，禁止於尙書省。詔免其大罪，削官爵。未幾，起行冀州事。子如能自厲改，甚有聲譽，發摘姦僞，僚吏畏伏之。轉行并州事。詔復官爵，別封野王縣男，邑二百戶」（240）。
[86]《北齊書》，卷4，〈文宣帝紀〉，頁44。
[87]呂思勉，《兩晉南北朝史》，上冊，頁701。

然如是順利流暢，應該沒有甚麼阻礙。可是史料顯示，高洋禪代之過程，實際是有不少阻礙存在，決非「篡勢已成，必無人能阻之者」的順暢。所阻礙者，乃天命與人事兩方面，關於天命方面，將留待第六章詳說，此處只先論人事方面的阻礙。

高澄遇刺之際，高洋同在鄴都，亦被蘭京列為刺殺對象。按其原計畫，在刺殺高澄的同時，有名叫阿改的僕人，本是高洋的侍從，「常執刀隨從」，約定「若聞東齋叫聲」，即刻刺殺高洋。當天，恰好東魏孝靜帝舉行立太子典禮，高洋前去參加。事後，高洋「別有所之，未還而難作」，逃過刺殺之厄。[88]當時「世宗遇害，事出倉卒，內外震駭」。面對變局，高洋先處死凶手，「自攣斬群賊而漆其頭」。為穩定眾心，「祕不發喪」，宣布澄只「奴反，大將軍被傷，無大苦也」。[89]接著，返回晉陽，「親總庶政」，[90]以穩定大局。至武定八年正月十一日（550.2.12），始發高澄之喪，由「魏帝為世宗舉哀於東堂」。[91]後更積極準備澄未完成的禪代計畫，於武定八年五月初十日（6.9）實現禪代。

高洋禪代東魏政權前後，歷經了五個阻礙方告完成。

第一個阻礙，是武定八年（550）三至四月間第一次行禪代在晉陽的阻礙：高洋接替高澄掌控東魏權後，到了武定八年三月十二日（550.4.13），晉封齊王，[92]對禪代一事，仍有進退之憂疑，故由此至四月間，續受各種天命靈異鼓動，始決定受禪（見第六章第一節）。不過，大臣多所反對，「乃議於太后（高歡妻婁太妃）前」，太妃表示不同意。[93]惟因高德政「又披心固請」，高洋才決定進行，高德政乃至鄴都聯繫楊

---

[88]《北齊書》，卷 24，〈陳元康傳〉，頁 345。

[89]《北齊書》，卷 3，〈文襄帝紀〉，頁 38。

[90]《北齊書》，卷 4，〈文宣帝紀〉，頁 44。

[91]《北齊書》，卷 4，〈文宣帝紀〉，頁 44。

[92]《北齊書》，卷 4，〈文宣帝紀〉，頁 44。

[93]《北史》，卷 7，〈齊本紀中〉，頁 258。依據司馬光等撰，《資治通鑑》（台北市：建宏書局，1977 年，新校點本），卷 156，〈梁紀〉簡文帝大寶元年條，高洋聞天命說後，先是「洋以告婁太妃」，後又「洋與諸貴議於太妃前」（頁 5042），與《北史》

憍配合。[94]

第二個阻礙,是武定八年三至四月間第一次行禪代在平都城之時:當「德政還未至,帝便發晉陽」,[95]蓋高洋急於禪代,只以「意決,乃整兵而東」,[96]途中駐於平都城(今山西省西和縣西北儀城),便遭遇了大臣「眾人意未協」,「於是乃旋晉陽」。[97]

第三個阻礙,是武定八年五月初進行第二次禪代成功而仍有不順遂:首次禪代不成,高洋忿極而殺人宣洩。[98]回到晉陽,「自是居常不悅」,[99]不甘放棄,持續佈署,待至五月初,復從晉陽往鄴都,[100]採用強硬手段布局,「令左右曰:『異言者斬』」。[101]鄴都方面,「眾人以事勢已決,無敢異言」。[102]至五月初三日(6.2)高洋進相國之位,五月初八日(6.7)孝靜帝下禪讓詔,五月初十日(6.9)即皇帝位。[103]此間亦非完全順暢,仍有所顧忌與人心不協。

第四個阻礙,是北齊天保元年禪代之後,依然有不服者(見第十一章第二節)。

第五個阻礙,是高洋禪代的整個過程,無不擔憂西魏政權的反對與出兵(見第六章第三節)

高洋禪代遭遇了上述阻礙,是意味著他能否合法禪代魏政權的危機,其關鍵問題如下:

不同。此處依後者之順序述之。

[94] 《北齊書》,卷30,〈高德政傳〉,頁407。

[95] 《北齊書》,卷30,〈高德政傳〉,頁407。

[96] 《北史》,卷7,〈齊本紀中〉,頁258。

[97] 《北齊書》,卷30,〈高德政傳〉,頁407-408。

[98] 《北史》,卷7,〈齊本紀中〉載「帝欲還(晉陽),尚食丞李集曰:『此行事非小,而言還?』帝偽言使向東門殺之,而別令賜絹十疋」(頁258-259)。李氏之言,正挑中高洋的忿憤處,遂以殺之洩忿。

[99] 《北齊書》,卷30,〈高德政傳〉,頁408。

[100] 《北齊書》,卷30,〈高德政傳〉,頁407-408。

[101] 《北史》,卷7,〈齊本紀中〉,頁259。

[102] 《北齊書》,卷30,〈高德政傳〉,頁408。

[103] 《北齊書》,卷4,〈文宣帝紀〉,頁45-50。

　　第一是高洋的才能是否可信任之問題。高澄遇刺後，「勳將等以纘戎事重，勸帝早赴晉陽，帝亦回遑不能自決」，經召楊愔等商議，「始定策焉」，反回晉陽。[104]高洋之「回遑」，是因他於晉陽素不孚眾望。首先，高歡時代，眾人多襃高澄而貶高洋，在晉陽「文襄（高澄）年長英秀，神武特所愛重，百僚承風，莫不震懼」。相對的，高洋「言不出口，恒自貶退，言咸順從，故深見輕，雖家人亦以爲不及（高澄）」。其次，高澄對高洋亦多所貶侮，例如，澄以洋「貌若不足」，譏笑他說：「此人亦得富貴，相法亦何由可解？」尤其「文襄嗣業，帝以次長見猜嫌」，高澄之猜忌，爲不可避免之事。平時，則因洋妻「李氏色美，每預宴會，容貌遠過靖德皇后，文襄彌不平焉」，乃至洋「每爲后私營服翫，小佳，文襄即令逼取」。[105]因此，當高澄遭刺身亡，由高洋返回晉陽總庶政初，就出現了眾心不服之現象。史載「帝內雖明察，外若不了，老臣宿將皆輕帝」。於是高洋「推誠接下，務從寬厚，事有不便者，咸蠲省焉，群情始服」。[106]即經由「慰諭將士，措辭款實，眾皆欣然，曰：『誰謂左僕射翻不減令公。』令公即指文襄也」。[107]由此，高洋在晉陽的威望，始可比擬於高澄。

　　在上述狀況下，高洋的才能，依然未獲眾人肯定。第一次禪代發動之際，在晉陽商議中，母親婁太妃便對高洋說：「汝父如龍，汝兄如虎，尚以人臣終，汝何容欲行舜、禹事？此亦非汝意，正是高德政教汝」。[108]太妃是直說，高歡及高澄才能勝過高洋，都未能禪代，高洋怎可能成功呢？這話頗有影響，當徐之才又向洋「盛陳宜受禪」，洋說：「先父亡兄，功德如此，尚終北面，吾又何敢當？」徐氏說：「正爲不及父兄，須早

---

[104] 《北齊書》，卷30，〈高德政傳〉，頁407。
[105] 《北史》，卷7，〈齊本紀中〉，頁257；《北齊書》，卷4，〈文宣帝紀〉，頁43。
[106] 《北史》，卷7，〈齊本紀中〉，頁244。
[107] 《北史》，卷7，〈齊本紀中〉，頁258。
[108] 《北齊書》，卷30，〈高德政傳〉，頁408。

升九五，如其不作，人將生心」。[109]當第一次禪代在平都城遭到眾人反對時，高洋想起「先得太后旨云」自己才能，乃成為返回晉陽的主要原因，[110]故史載：「文宣將受魏禪，后固執不許，帝所以終止」。[111]由此顯示，無論高洋實際才能如何，在婁太妃、他人、自己看來，都有個疑慮：是否有可合法禪代魏政權的才能呢？

第二是文武大臣是否願意支持禪代之問題。這個問題，很明顯呈現在第一次禪代的過程中，依時間順序，文武大臣之嚴重阻礙有三次。（1）最初，在晉陽商議禪代時，不僅婁太妃向「諸貴」說：「我兒獷直，必自無此意，直高德政樂禍，教之耳」。[112]大臣也多不贊成的，如高洋「使段韶問斛律金於肆州，金來朝，深言不可，以鎧曹宋景業首陳符命，請殺之」。[113]（2）接著，高洋欲從晉陽出發至鄴都行禪代之前，由高德政已先帶著高洋手書，親赴鄴都聯繫禪代事宜。[114]據《北史》所載，「高德正（政）之鄴，諷喻公卿，莫有應者」，[115]顯示文武大臣，大多數反對高洋禪代，而且是公開反對者，故史載高洋「將受魏禪，大臣咸言未可」；其中，更有重臣如「（高）隆之又在其中」，[116]「司馬子如逆帝於遼陽，固言未可」。[117]在此狀況下，高德政在鄴都遊說禪代，僅能「唯與愔言，愔方相應和」。[118]（3）由於上述，高洋前往鄴都行禪代，途中

---

[109] 《北史》，卷7，〈齊本紀中〉，頁258。

[110] 《北齊書》，卷30，〈高德政傳〉云「帝以眾人意未協，先得太后旨云：『汝父如龍，汝兄如虎，尚以人臣終，汝何容欲行舜、禹事？此亦非汝意，正是高德政教汝。』」……於是乃旋晉陽」（頁408）。

[111] 《北齊書》，卷9，〈神武婁后傳〉，頁124。

[112] 《北史》，卷7，〈齊本紀中〉，頁258。依據《資治通鑑》，卷156，〈梁紀·簡文帝大寶元年〉，高洋聞天命說後，先是「洋以告婁太妃」，後又「洋與諸貴議於太妃前」（頁5042），與《北史》不同。此處依後者之順序述之。

[113] 《北史》，卷7，〈齊本紀中〉，頁258。

[114] 《北齊書》，卷30，〈高德政傳〉，頁407。

[115] 《北史》，卷7，〈齊本紀中〉，頁258。

[116] 《北齊書》，卷18，〈高隆之傳〉，頁237。

[117] 《北史》，卷7，〈齊本紀中〉，頁258。

[118] 《北齊書》，卷30，〈高德政傳〉，頁407；《北史》，卷31，〈高德政傳〉，頁1137。

到了平都城，便在文武大臣反對禪代聲中，被迫取消禪代，返回晉陽，史載其事云：

> 帝便發晉陽，至平都城，（子）召諸勳將入，告以禪讓之事。諸將等忽聞，皆愕然，莫敢答者。……帝已遣馳驛向鄴，書與太尉高岳、尚書令高隆之、領軍婁叡、侍中張亮、黃門趙彥深、楊愔等。岳等馳傳至高陽驛。帝使約曰：「知諸貴等意，不須來。」唯楊愔見，高岳等並還。帝以眾人意未協，……是乃旋晉陽。[119]

「諸勳將」的「愕然」沉默，究實是贊成禪代或反對禪代呢？以及將會採取何種行動呢？是無法預料其想法的。至於從鄴都來的大臣，高洋「唯楊愔見，高岳等並還」，顯示諸臣中，為高洋所信任的確定支持者，可能只有楊愔一人。這種窘狀，實出於鄴都文武大臣的反對禪代。由此可知，第一次行禪代之際，武將和大臣，絕大多數仍忠心於東魏政權，對高洋禪代的合法性，不予贊成與支持，才會在平都城發生阻難，而如史載：「高德政、徐之才並勸顯祖應天受禪，乃之鄴，至平城都〔平都城〕，諸大臣沮計」。[120]

　　第三是第二次禪代固然成功而過程仍有不順暢之問題。先是，在第一次禪代受阻後，高洋從平都城「且還并州，恐漏泄，仍斷行人。（陽）休之性疏放，使還，遂說其事，鄴中悉知。於後高德政以聞，顯祖忿之而未發」。[121]接著，高洋於禪代之事，仍有所顧忌，而且人心猶是不協：（1）顧忌元魏宗室：高洋從晉陽出發之際，先令陳山提「馳驛齎事條並密書與楊愔」，於五月初一日（5.31）至初五日（6.4），先行「防察魏室諸王」。五月初六日至初十日（6.5-9），「魏太傅咸陽王坦等總集，引入北宮，留于東齋，受禪後，乃放還宅」，結果沒有任何騷動。[122]（2）猶有大臣反對：高洋進入鄴都後，正準備受禪祭天即位用的圓丘，反對

---

[119]《北齊書》，卷 30，〈高德政傳〉，頁 407。

[120]《北齊書》，卷 49，〈藝術傳・宋景業〉，頁 675。

[121]《北齊書》，卷 42，〈陽休之傳〉，頁 562。

[122]《北齊書》，卷 30，〈高德政傳〉，頁 406。

禪代的高隆之，似故意的「進謁曰：『用此何爲？』帝作色曰：『我自作事，若欲族滅耶！』隆之謝而退。於是乃作圓丘，備法物，草禪讓事」。[123]由此顯示，高洋第二次禪代成功，其過程仍未圓滿取得禪代的合法性。

綜合前文，高洋禪代東魏前後，有關禪代之正統的合法性問題，是高洋的長期隱憂，面對禪代所引生的合法性危機，亦是高洋一直想克服的問題。爲了克服危機，下一節所要討論的〈修史詔〉之兼修魏、齊史，以嗣弘魏天命正統，即是其重大措施之一。

第四節 頒修史詔以攏絡人心

一般都依據《北齊書》或《北史》的〈魏收傳〉，認爲是因北齊文宣帝天保二年（551）下詔撰修《魏書》。[124]此說是正確的，不過，這只是《魏書》實際修纂的時間，沒有觸及到北齊爲何修《魏書》呢？若以此問題爲出發點，則此書之修撰，最早發端於天保元年文宣帝所頒佈的〈修史詔〉。

東魏武定八年五月初八日（550.6.7），孝靜帝下禪讓詔，五月初十日（6.9）高洋即皇帝位。當天，文宣帝下詔：「改武定八年爲天保元年」。[125]到了天保元年八月十三日（550.9.9），文宣帝頒佈一道有關修史的詔書（以下稱〈修史詔〉），其云：

> 庚寅，詔曰：「（甲）朕以虛寡，嗣弘王業，思所以贊揚盛績，播之萬古。（乙）雖史官執筆，有聞無墜，猶恐緒言遺美，時或

---

[123] 《北史》，卷7，〈齊本紀中〉，頁259。

[124] 例如：周一良，〈魏收之史學〉，收入氏著，《周一良集》，第一卷，頁300-301；崔曙庭，〈魏書〉，收入張舜徽主編，《中國史學名著解題》，頁104-105；童超，〈魏收〉，收入陳清泉等編，《中國史學家評傳》（河南省鄭州市：中州古籍出版社，1985年3月初版一刷），頁262；王樹民，《史部要籍解題》（台北市：木鐸出版社，1983年9月），頁69；金毓黻，《中國史學史》（台北市：商務印書館，1972年5月臺四版），頁70；潘德深，《中國史學史》（台北市：五南圖書公司，1994年5月初版一殺），頁146；[124]白壽彝主編，瞿林東著，《中國史學史（三）：魏晉南北朝隋唐時期》，頁113-114；世界書局編輯部，《二十五史述要》，頁112-113。

[125] 《北齊書》，卷4，〈文宣帝紀〉，頁45-50。

> 未書。（丙）在位王公、文武大小，降及民庶，爰至僧徒，或親奉音旨，或承傳旁說，凡可載之文籍，悉宜條錄封上。」[126]

此詔之修史，不止限於修《魏書》，而是兼修魏、齊史及佛教入史，宗旨在嗣弘魏正統，藉以攏絡人心。這些將於第三章敘述。此處要先說明，此等修史宗旨及方式，依當時的現實環境而言，終歸是要在禪代後攏絡人心。

從時間次序來看，天保元年五月初十日禪代，五月初十日至八月十三日之間，文宣帝陸續頒布各項攏絡人心之措施，在八月十三日所頒〈修史詔〉，即是各項攏絡措施的一個環節。同時，五月初十日至八月十三日，各項攏絡措施之對象，大抵相同於〈修史詔〉（丙）文所提到的「在位王公、文武大小，降及民庶，爰至僧徒」之階層：

關於「王公」階層，分爲兩大類群：一類是魏王朝宗室及封爵之大臣，天保元年五月十一日（6.10），詔封東魏孝靜帝爲中山王，食邑萬戶；上書不稱臣，答不稱詔，載天子旌旗，行魏正朔，乘五時副車；封王諸子爲縣公，邑一千戶；奉絹萬匹，錢千萬，粟二萬石，奴婢二百人，水碾一具，田百頃，園一所。[127]五月十七日（6.16），「詔降魏朝封爵各有差」，[128]此即依照一般賜爵辦法，凡宗室及大臣及身所賜爵位，每逢朝代鼎革即降爵一等。這是承認，北魏、東魏期間，魏王朝宗室及曾封爵諸大臣的爵位，在禪代後皆屬合法有效，只是要依法降低一等爵而已。

另一類是齊王朝之高氏宗室，六月初一日（6.30），「詔封宗室」，高岳爲清河王，高隆之爲平原王，高歸彥爲平秦王，高思宗爲上洛王，高長弼爲廣武王，高普爲武興王，高子瑗爲平昌王，高顯國爲襄樂王，高叡爲趙郡王，高孝緒爲脩城王。六月初五日（7.4），「詔封（高洋）諸弟」青州刺史浚爲永安王，尚書左僕射淹爲平陽王，定州刺史湝爲彭

---

[126]《北齊書》，卷 4，〈文宣帝紀〉，頁 53。
[127]《北齊書》，卷 4，〈文宣帝紀〉，頁 51。
[128]《北齊書》，卷 4，〈文宣帝紀〉，頁 51。

城王，儀同三司演爲常山王，冀州剌史渙爲上黨王，儀同三司淯爲襄城王，儀同三司湛爲長廣王，湝爲任城王，湜爲高陽王，濟爲博陵王，凝爲新平王，潤爲馮翊王，洽爲漢陽王。[129]七月，詔尊文襄妃元氏爲文襄皇后，宮曰「靜德」。又詔封文襄皇帝子孝琬爲河間王，孝瑜爲河南王。[130]後陸續加封其他宗室成員。[131]

關於「文武大小」階層的攏絡，包含四類：第一類是全體官員，五月初十日即位當天，文宣帝立刻下詔：「其百官進階」。[132]八月又詔曰：「有能直言正諫，不避罪辜，謇謇若朱雲，謢謢若周舍，開朕意，沃朕心，弼于一人，利兼百姓者，必當寵以榮祿，待以不次」。[133]

第二類是五月十七日（6.16）詔特免降魏朝封爵一級云：「其信都從義及宣力霸朝者，及西來人並武定六年以來南來投化者，不在降限」。[134]這是對高歡首次起義於信都以來之部屬，其範圍包括；一是信都起義之元從而封爵者；二是高歡專制起，效力高氏父子「霸朝」而封爵者；三是東西魏分裂對峙後，自西魏投歸東魏而封爵者；四是自武定六年以來自蕭梁投歸東魏而封爵者；以上舊臣，不依朝代鼎革須降爵一等之慣例，均予以優遇，保留禪代前原有之爵位，無須降爵一等。[135]

第三類是已殁功臣，六月初一日（6.30）下詔，故太傅孫騰、故太保尉景、故大司馬婁昭、故司徒高昂、故尚書左僕射慕容紹宗、故領軍万俟干、故定州刺史段榮、故御史中尉劉貴、故御史中尉竇泰、故殷州

---

[129] 《北齊書》，卷4，〈文宣帝紀〉，頁52。

[130] 《北齊書》，卷4，〈文宣帝紀〉，頁53。

[131] 詳見：《北齊書》，卷10-14，高祖、文襄、文宣等諸王列傳；清·萬斯同撰，《北齊諸王世表》，收入二十五史補編（台北市：開明書店，1959年6月台一版，鉛印本），第四冊，頁4669-4670。

[132] 《北齊書》，卷4，〈文宣帝紀〉，頁50；有關將相大臣之高階官員，參見：萬斯同撰，《北齊將相大臣年表》，收入二十五史補編，第四冊，頁4673-4680。

[133] 《北齊書》，卷4，〈文宣帝紀〉，頁53。

[134] 《北齊書》，卷4，〈文宣帝紀〉，頁51。

[135] 以上可參照：萬斯同，《北齊異姓諸王世表》，收入二十五史補編，第四冊，頁4671-4672。

刺史劉豐、故濟州刺史蔡儁等，「並左右先帝，經贊皇基，或不幸早徂，或殞身王事，可遣使者就墓致祭，並撫問妻子，慰逮存亡」。[136]其情況有如，段榮（480-539）「少好曆術，專意星象」，初與高歡投奔六鎮叛變的領導者杜洛周，「後高祖建義山東，榮贊成大策」，樹立功勳，娶高歡姊為妻。[137]竇泰，先加入爾朱榮行伍，後歸高歡，天平四年（537），與西魏交戰，遇襲擊「眾盡沒，泰自殺」。「齊受禪，祭告其墓，皇建初，配享神武廟庭」。[138]尉景，娶高歡姊，魏末六鎮叛變，兩人一起投奔杜洛周，「以勳戚，每有軍事，與庫狄干常被委重」，東魏間任青州刺史「遇疾，薨於州」。「齊受禪，以景元勳，詔祭告其墓。皇建初，配享神武廟庭，追封長樂王」。[139]蔡儁，「豪爽有膽氣，高祖微時，深相親附」。去世「諡曰威武。齊受禪，詔祭告其墓。皇建初，配享高祖廟庭」。[140]劉貴，先「歷爾朱榮府」之官職騎兵參軍。「普泰初，轉行汾州事。高祖起義，貴棄城歸高祖於鄴」。去世「諡曰忠武。齊受禪，詔祭告其墓。皇建中，配享高祖廟庭」。[141]婁昭，父婁內干「有武力，未仕而卒」。子昭既貴，「魏朝贈司徒。齊受禪，追封太原王」。婁昭本人，以「弓馬冠世」，是高歡霸業「贊成大策」的得力戰將，於東魏期間過世。「齊受禪，詔祭告其墓，封太原王。皇建初，配享神武廟庭」。[142]

　　第四類是存世的文武大臣，六月初一日「詔封功臣」，庫狄干為章武王，斛律金為咸陽王，賀拔仁為安定王，韓軌為安德王，可朱渾道元為扶風王，彭樂為陳留王，潘相樂為河東王。[143]其狀況如，韓軌，高歡

---

[136]《北齊書》，卷4，〈文宣帝紀〉，頁52。
[137]《北齊書》，卷16，〈段榮傳〉，頁207-208。
[138]《北齊書》，卷15，〈竇泰傳〉，頁193-194。
[139]《北齊書》，卷15，〈尉景傳〉，頁194-195。
[140]《北齊書》，卷19，〈蔡儁傳〉，頁246-247。
[141]《北齊書》，卷19，〈劉貴傳〉，頁250-251。
[142]《北齊書》，卷15，〈婁昭傳〉，頁196。
[143]《北齊書》，卷4，〈文宣帝紀〉，頁52；並參萬斯同，《北齊異姓諸王世表》，收入二十五史補編，第四冊，頁4671-4672。。

納其妹爲妾，隨高歡時即「頻以軍功，進封安德郡公」；至「齊受禪，封安德郡王」。[144]潘相樂，《北齊書》本傳謂「潘樂，字相貴」，「相樂」應是名與字的錯置。他是追隨高歡起兵的武將，到了「齊受禪，樂進璽綬。進封河東郡王，遷司徒」。[145]斛律金經「顯祖受禪，封咸陽郡王，刺史如故」。[146]

　　此類功臣，後來有更廣泛的賜封爵位，或者陞遷官職。[147]諸如，高洋禪代的策劃者高德正，在高洋「受禪之日，除德政爲侍中，尋封藍田公」。[148]參與禪代執行者陽休之，至「齊受禪，除散騎常侍」。[149]崔肇師，在「天保初，以參定禪代禮儀，封襄城縣男，仍兼中書侍郎」。[150]另一禪代執行者司馬子如，初於「高祖入洛，子如遣使啓賀，仍敍平生舊恩，尋追赴京」，至「齊受禪，以有翼贊之功，別封須昌縣公，尋除司空」。[151]功臣段榮長子段韶，從建義初，即隨高歡「領親信都督」，至「顯祖（高洋）受禪，別封朝陵縣，又封霸城縣，加位特進」。段榮第二子孝言，東魏武定末年，起家司徒參軍事，到了「齊受禪，其兄韶以別封霸城縣侯授之」。[152]功臣斛律金家人，子斛律光於「齊受禪，加開府儀同三司，別封西安縣子」。子斛律羨於「顯祖受禪，封咸陽郡王」。金兄斛律平，當「顯祖受禪，別封羨陽侯」。[153]功臣婁昭侄婁叡，初「幼孤，被叔父昭所養，爲神武帳內都督，封掖縣子，累遷光州刺史，「在任貪縱，深爲文襄所責」，後改封九門縣公；至「齊受禪，得除領軍將軍，

---

[144] 《北齊書》，卷 15，〈韓軌傳〉，頁 200。
[145] 《北齊書》，卷 15，〈潘樂傳〉，頁 201。
[146] 《北齊書》，卷 17，〈斛律金傳〉，頁 220。
[147] 參見：萬斯同，《北齊將相大臣年表》，收入二十五史補編，第四冊，頁 4673-4680。
[148] 《北齊書》，卷 30，〈高德政傳〉，頁 409。
[149] 《北齊書》，卷 42，〈陽休之傳〉，頁 562。
[150] 《北史》，卷 44，〈崔肇師傳〉，頁 1635。
[151] 《北齊書》，卷 18，〈司馬子如傳〉，頁 238-239。
[152] 《北齊書》，卷 16，〈段孝言傳〉，頁 214。
[153] 《北齊書》，卷 17，〈斛律光傳〉，頁 221-229。

別封安定侯。叡無他器幹，以外戚貴幸，縱情財色」。爲瀛州刺史，聚斂無厭」。[154]庫狄盛，「初爲高祖（高歡）親信都督」，到了「齊受禪，改封華陽縣公。又除北朔州刺史，以華陽封邑在遠，隨例割并州之石艾縣、肆州之平寇縣、原平之馬邑縣各數十戶，合二百戶爲其食邑」。[155]薛孤延，初「隸高祖爲都督，仍從起義」，到了「齊受禪，別賜爵都昌縣公」。[156]張保洛，初於「高祖起義，保洛爲帳內」，高澄時除梁州刺史，至「顯祖受禪，仍爲刺史，所在聚斂爲務，民吏怨之」。[157]步大汗薩，原屬爾朱氏，待「兆敗，薩以所部降。高祖以爲第三領民酋長」，累遷官職，乃至進封行唐縣公，減勃海三百戶以增其封，仍授晉州刺史，別封安陵縣男，邑二百戶，加驃騎大將軍；到了「齊受禪，改封義陽郡公」。[158]東方老，當「魏末兵起，遂與（高）昂爲部曲。義旗建，仍從征討」，經「顯祖（高洋）受禪，別封陽平縣伯，遷南兗州刺史」。[159]崔昂，因高澄「廣開幕府，引爲記室參軍，委以腹心之任」，經「齊受禪，遷散騎常侍，兼太府卿、大司農卿」。[160]畢義雲，以「文宣受禪，除治書侍御史」。[161]李祖勳，以「顯祖（高洋）受禪，除祕書丞。及女爲濟南王妃，除侍中，封丹陽王」。[162]

關於「庶民」階層的攏絡，五月初十日即位當天，文宣帝立刻下詔：「男子賜爵，鰥寡六疾義夫節婦旌賞各有差」。五月二十三日（550.6.22）下詔「遣大使於四方，觀察風俗，問民疾苦」；[163]派廷尉少卿、兼給事黃

---

[154] 《北齊書》，卷 15，〈婁昭傳〉，頁 197。
[155] 《北齊書》，卷 19，〈庫狄盛傳〉，頁 225。
[156] 《北齊書》，卷 19，〈薛孤延傳〉，頁 255-256。
[157] 《北齊書》，卷 19，〈張保洛傳〉，頁 257。
[158] 《北齊書》，卷 20，〈步大汗薩傳〉，頁 278-279。
[159] 《北齊書》，卷 21，〈東方老傳〉，頁 299-300。
[160] 《北齊書》，卷 30，〈崔昂傳〉，頁 410-411。
[161] 《北齊書》，卷 47，〈酷吏傳·畢義雲〉，頁 658。
[162] 《北齊書》，卷 48，〈外戚傳·李祖勳〉，頁 671。
[163] 《北齊書》，卷 4，〈文宣帝紀〉，頁 51。

門侍郎封述等「八人充大使」，於「齊受禪」之時，「巡省方俗，問民疾苦」。[164]接著，整頓地方吏治：一是「嚴勒〔敕〕長吏，厲以廉平」；二是「興利除害，務存安靜」；三是「若法有不便於時，政有未盡於事者，具條得失，還以聞奏」。[165]八月又下詔：「諸牧民之官，仰專意農桑，勤心勸課，廣收天地之利，以備水旱之災」；[166]意在提升庶民的農業經濟生活。

關於佛教「僧徒」的攏絡，就是高洋即位後，所展開的各種崇佛活動。其相關事跡，在一般佛教史中，都已有詳細敘述，[167]自可參閱，此處不再贅述。

由此可見，高洋行禪代，為了強化受禪的合法性，即位後陸續舉辦各種攏絡人心的措施，〈修史詔〉是其措施之一。就這個意義來看，其〈修史詔〉（丙）文要求「在位王公、文武大小，降及民庶，爰至僧徒」等各階層提供史料，顯然是要引導他們參與弘嗣魏正統的修史活動：參與「嗣」魏正統之修《魏書》活動，參與「弘」魏正統之修北齊國史之活動。從觀念上，帶動齊境人心，共同承認齊王朝具有「嗣弘」魏正統」的合法性：經過齊禪代魏，王朝縱使遞嬗，而魏之統緒依然綿延不絕。

---

[164] 《北齊書》，卷 43，〈封述傳〉，頁 573，

[165] 《北齊書》，卷 4，〈文宣帝紀〉，頁 51。

[166] 《北齊書》，卷 4，〈文宣帝紀〉，頁 53。

[167] 其著作甚多，僅舉例：湯用彤，《漢魏晉南北朝佛教史》，頁 487-537；鎌田茂雄著，關世謙譯，《中國佛教通史》第三卷，頁 413-428；任繼愈主編，《中國佛教史》第三卷，頁 717-733；諏訪義純，《中國中世佛教史研究》，頁 223-293，303-314；山崎宏，《支那中世佛教の展開》（東京市：清水書店，1947 年 10 月再版），頁 503-507，517-537；方立天，《魏晉南北朝佛教史》，方立天文集第一卷（北京市：中國人民大學出版社，2006 年 10 月初版一刷）；劉淑芬，〈五至六世紀華北鄉村的佛教信仰〉，《中央研究院歷史語言研究所集刊》，第六十三本第三分（1993 年），頁 497-544。

第三章 〈修史詔〉宗旨在嗣弘魏天命正統

本章之目的，是針對〈修史詔〉之內容，探討修史宗旨，即從詔書所說：「朕以虛寡，嗣弘王業，思所以贊揚盛績，播之萬古」；分析出修史宗旨內涵：「嗣弘」魏天命正統。

蓋「王業」即皇帝功業，意指高洋所禪代的魏皇帝之功業（第一節）；「嗣弘王業」之「嗣弘」，是從繼承帝位正統角度去看禪代，「嗣弘王業」乃意指北齊既從「嗣」繼承魏帝位正統，亦將從「弘」發揚魏帝位正統；從而修史宗旨的輪廓是：嗣弘魏帝位正統（第二節）；進一步看，「嗣弘」魏帝位正統，是源自高洋遵天命禪代魏王朝，其「嗣弘」所依憑者為天命，故修史宗旨的最深層的完整涵義是：「嗣弘」魏天命正統（第三節）。

第一節 「王業」意指皇帝功業

為明了〈修史詔〉修史宗旨，須先理解「嗣弘王業」句中的「王業」之涵義。其「業」係指功業，亦可說是事業，[1]是淺顯易解的。難解的關鍵是「王」字，於此係指政治體制中的職位名稱，在語詞的性質上，當為專稱，不是泛稱。從專稱來看，此「王」所指為何呢？若說是皇帝之下的「王」爵，是錯誤的，應是指皇帝。「王業」即謂皇帝之功業，意指高洋所禪代的魏皇帝之功業。下文茲分三個層面來說明：

第一，應先澄清〈修史詔〉之「王業」，非指王爵功業。即若依照現代語意，「王業」之「王」字所指涉者，令人最先思考到的，當是解釋以皇帝之下的「王」爵。這樣的解釋，並不正確。

---

[1] 西漢‧司馬遷撰，《史記》（台北市：鼎文書局，1979年2月再版，新校標點本），卷24，〈樂書〉云：「王者功成作樂，治定制禮」，《集解》引鄭玄曰：「功成治定同時耳，功主于王業，治主于教民」（頁1193）；卷31，〈吳太伯世家〉載吳季扎至魯聽周樂「歌豳。曰：美哉，蕩蕩乎，樂而不淫，其周公之東乎？」《集解》引杜預曰：「周公遭管蔡之變，東征，為成王陳后稷先公不敢荒淫，以成王業，故言其周公東乎？」（頁1452）。劉宋‧范曄撰，《後漢書》（台北市：鼎文書局，1979年11月再版，新校點本），卷35，〈張奮傳〉載張奮上書云：「王者化定制禮，功成作樂」。李賢注云：「禮樂記之文也。功成化定同耳，功謂王業，化謂教人也」（1199）。

　　殷商（約前 1600-1046）、周代（西周，約前 1064-771；東周，前
771-221）至周赧王滅亡（前 256），[2]最高統治者以「王」爲尊號。秦王
政定「皇帝」尊號以後，「王」成爲皇帝所賜封之爵位。其演過程大略
如下：

　　殷墟卜辭之「帝」，是名詞，意指至上神之上帝。[3]「皇」，在卜辭
中尚無獨立字，或有謂如太陽上昇發光之形的字，即是皇；[4]或以爲卜
辭「王」上加冠形，便是皇字，王皇爲同一字；[5]而兩說迄未獲得公認。
到了周代，金文「光」字，讀音或說爲「皇」，[6]或照本字讀光；[7]同時，
再綜合其他金文及典籍之「皇」字，顯示其字原屬形容詞，原義指充實
而有光輝，即煌煌、光美，用來形容偉大之神和人，後來才衍生其他詞
義。[8]帝，仍是上帝。[9]

　　至於「皇帝」，已見於《尚書》〈周書・呂刑〉所云：「皇帝哀矜庶
戮之不辜」，「皇帝清問下民」；古釋爲君、帝，[10]，現代亦然，[11]均屬錯

---

[2] 楊寬，《戰國史》（台北縣：谷楓出版社，1986 年 9 月），下冊，頁 440。

[3] 趙誠，《甲古文簡明詞典》（北京市：中華書局，1999 年 11 月初版四刷），1-2；徐
中舒，《甲古字典》（成都市：四川辭書出版社，1990 年 9 月初版一刷），頁 7；更
詳細的說明，參見：陳夢家，《殷墟卜辭綜述》（北京市：中華書局，2004 年 4 月
初版二刷），頁 561-572，577-581。

[4] 即有「│」居底，上面有「日」，日之上又有三道光芒，像太陽剛從地面上昇，光燄
四射，即是皇字。此爲唐蘭先生之說（見：顧頡剛、楊向奎，〈三皇考〉，收入《古
史辨》，第 7 冊中編，頁 52-53）。

[5] 王、士、皇實同爲一字，三字均像人端坐之形。其不同者，王字所像之人，較之士
字，頭部特別大，而皇字則更於頭上戴著冠形（徐中舒，〈士、王、皇三字之探源〉，
《中央研究院歷史語言研究所集刊》，第 4 本第 4 分（1934），頁 441-446）。

[6] 李學勤，〈伯□青銅器與西周典祀〉，《古文字與古代史》，第一輯（2007），頁 179-190。

[7] 朱鳳瀚，〈衛簋和伯□諸器〉，《南開學報（哲學社會科學版）》，2008 年第 6 期，頁
1-7+141。

[8] 皇，又作副詞，「不皇出」爲「遑」義；又作名詞，如地名「皇澗」，人名「皇父」；
亦爲動詞，如「周公東征，四國是皇」，意爲匡正（顧頡剛、楊向奎，〈三皇考〉，收
入《古史辨》，第 7 冊中編，頁 53-59；楊寬，〈中國上古史導論〉，收入《古史辨》，
第 7 冊上編，頁 130-135）。

[9] 李杜，《中西哲學思想中的天道與上帝》（台北市：聯經出版公司，1978 年 11 月初
版），頁 9-34；

[10] 「皇帝，帝堯也」，或釋以「君，帝君，宜作皇字，帝堯也」，其「以君帝釋經_皇

誤；因西周金文有「肆皇帝」，「肆皇天」，合觀其義，皇字爲形容詞，帝爲名詞，指上帝，皇帝意謂「偉大之上帝」；[12]春秋以前，皇帝決無訓王、訓君者。[13]進入戰國時代（前 481-221），[14]皇字轉變爲名詞，指上帝，如上皇，亦指稱上古最高統治者之三皇。帝字轉變爲人格性之名詞，指稱人間最高統治者，如上古之五帝，戰國之東帝、西帝、中帝。皇帝，轉變爲人格性名詞之黃帝（見後文）。

秦王政二十六年（前 221），統一天下，議定「皇帝」尊號，其意義有：（1）初秦王說：「天下大定，今名號不更，無以稱成功，傳後世，其議帝號」。[15]是謂秦王既統一天下，權威已過戰國諸王、帝，它們都無法象徵天下最高統治者之權力，必須有更高的「帝」尊號。（2）其後，丞相王綰、御史大夫馮劫、廷尉李斯（前？-206）等上奏說：「臣等謹與博士議曰：『古有天皇，有地皇，有泰皇，泰皇最貴。』臣等昧死上尊號，王爲『泰皇』」。秦王說：「去『泰』，著『皇』，采上古『帝』位號，號曰『皇帝』」。[16]按泰皇之尊貴，超越天皇、地皇，有絕對神格性質，可比擬於於宇宙總根源之「泰一」（太一），秦王不好照原樣採用，於是去「泰」留「皇」，再加古「帝」，複合構成「皇帝」，令之具有雙重尊貴與權威：一以「皇」字，具有接近上帝的性質，二以「帝」字，表示超越「王」的人間最高統治者，皇帝，亦越過戰國使用的東帝、西

帝，以別於秦之所謂皇帝也，皇之爲君，自是常訓」（孔安國傳，孔穎達疏，《尚書注疏》，卷 19，〈周書·呂刑〉，頁 296 下）。
[11] 如周秉鈞先生說：「『皇帝哀矜庶戮之不辜』至『罔有降格』，皆說顓頊之事」（氏著，《尚書易解》，長沙市：岳麓書社，1984 年 11 月初版一刷，頁 291），意謂「皇帝」是「顓頊」。
[12] 屈萬里，《尚書集釋》（台北市：聯經出版公司，1983 年 2 月初版），〈周書·呂刑〉，頁 253-254。
[13] 楊寬，〈中國上古史導論〉，收入《古史辨》，第 7 冊上編，頁 135-136。
[14] 關於戰國時代的斷限，下限止於秦統一天下之公元前 221 年，爲一致所公認，上限則有四種不同年代：公元前 481、475、468、403 年，此處所採上限年代，係據：楊寬，《戰國史》，上冊，頁 4-6。
[15] 《史記》，卷 6，〈秦始皇本紀〉，頁 235-236。
[16] 《史記》，卷 6，〈秦始皇本紀〉，頁 236。

帝、中帝的地位。[17]（3）據王綰等上帝號所說：「今陛下興義兵，誅殘賊，平定天下，海內爲郡縣，法令由一統，自上古以來未嘗有，五帝所不及」。[18]皇帝一詞之構成，皇字取自三皇，帝字採自古帝，即五帝，是將上古三皇五帝尊號，意在超越三皇、五帝、殷周戰國諸王，而予以取代之。[19]（4）秦王所定皇帝之新尊號，歷經百年的與社會文化環境交互調整、適應，至漢武帝時，終於形成穩的皇帝制度，一直爲後世中國王朝所沿用。[20]相對而言，過去的「王」，地位下降爲爵位中的一個稱號，即西漢以來，所賜封的宗室同姓諸侯王，以及宗室外的異姓諸侯王。[21]

依照前面皇帝之下的「王」之語意，決不能指稱〈修史詔〉「王業」之「王」。因截至〈修史詔〉頒布時間天保元年八月十三日爲止，北齊在皇帝之下的王，計有三類，諸「王」政治事業，都不可能是文宣皇帝所要「嗣弘」的「王業」。

第一類之「王」，是天保元年五月初十日高洋即皇帝位以前，高氏父子受封的「王」爵。北魏節閔帝普泰元年三月，高歡（496-547）受封爲「渤海王」（渤海郡，治重合縣，今山東省臨淄市臨淄北）。[22]歡於東魏孝靜帝武五年（547）正月病重去世，七月詔贈假黃鉞、使持節、

---

[17] 西嶋定生，〈中國古代統一國家的特質：皇帝統治之出現〉，收入杜正勝編，《中國上古史論文選集》（台北市：華世出版社，1979 年 11 月初版），上冊，頁 732-733。

[18] 《史記》，卷 6，〈秦始皇本紀〉，頁 236。

[19] 顧頡剛、楊向奎，〈三皇考〉，收入《古史辨》，第 7 冊中編，頁 67-70；呂思勉，〈三皇五帝考〉，收入《同前書》，頁 341-345；林劍鳴，《秦史》（台北市：五南圖書公司，1992 年 11 月初版一刷），頁 553-554；韓復智等編著，《秦漢史》（台北縣：國立空中大學出版社，1998 年 1 月初版二刷），頁 35-36。

[20] 管東貴，〈從秦皇到漢武歷史急劇震盪的深層含義：論中國皇帝制度的生態〉，《燕京學報》，新 14 期（2003），頁 1-18。

[21] 西嶋定生，〈中國古代統一國家的特質：皇帝統治之出現〉，收入杜正勝編，《中國上古史論文選集》，上冊，頁 733，738-748；並參照《史記》，卷 17，〈漢興以來諸侯王年表〉，頁 801-876。

[22] 《北齊書》，卷 1，〈神武帝紀上〉，頁 6；《魏書》作「勃海王」（卷 11，〈廢出三帝紀·前廢帝〉，頁 275）；此處隨一般作「渤海」（史惟樂編，《中國歷史地名大辭典》，北京市：中國社會科學出版社，2005 年 3 月初版一刷，下冊，頁 2609），以下皆同。

相國、都督中外諸軍事、「齊王」璽紱，輼輬車、黃屋、左纛、前後羽葆、鼓吹、輕車介士，兼備九錫之禮，諡曰「獻武王」。[23]高澄（521-549）於北魏中興元年，立爲渤海王世子。武定五年七月，帝詔澄爲使持節、大丞相、都督中外諸軍、錄尚書事、大行臺、「渤海王」。澄「啓辭位，願停王爵」。八月帝詔曰：「既朝野攸憑，安危所繫，不得令遂本懷，須有權奪，可復前大將軍，餘如故」。[24]武定七年（549）四月，詔澄爲相國、「齊王」（齊郡，治臨淄縣，今山東省淄博市臨淄區齊都鎮），「綠綟綬，讚拜不名，入朝不趨，劍履上殿，食冀州之勃海、長樂、安德、武邑，瀛州之河間五郡，邑十五萬戶，餘如故」。[25]八月，高澄遭刺而死。八年正月，孝靜帝爲澄舉哀於東堂。詔贈齊文襄王假黃鉞、使持節、相國、都督中外諸軍事、齊王璽綬，輼輬車、黃屋、左纛、前後部羽葆、鼓吹、輕車介士，備九錫之禮，諡曰「文襄王」。[26]武定八年正月，孝靜帝詔進高洋位使持節、丞相、都督中外諸軍事、錄尚書事、大行臺、「齊郡王」，食邑一萬戶。武定八年三月，又進封「齊王」，食冀州之渤海長樂安德武邑、瀛州之河間五郡，邑十萬戶。[27]

此等政治事業，決非〈修史詔〉的「王業」，理由有二：一是天保元年五月初十日，高洋即位爲皇帝，決不可到了八月十三日，還以東魏孝靜帝屬下之「王」的姿態，頒布詔書要「嗣弘」人臣地位之「王業」。二是北魏末年至東魏，高歡開啓以「王」爵把持朝政，進而父子三人相繼，謂之「霸業」，不稱「王業」（見下文）。

第二類之「王」，是天保元年六月[28]起所封的宗室的諸王，[29]第三類

---

[23] 《北齊書》，卷2，〈神武帝紀〉，頁24；《魏書》，卷12，〈孝靜帝紀〉，頁310。
[24] 《北齊書》，卷3，〈文襄帝紀〉，頁31-32。
[25] 《魏書》，卷12，〈孝靜帝紀〉，頁311。
[26] 《魏書》，卷12，〈孝靜帝紀〉，頁311-312。
[27] 《北齊書》，卷4，〈文宣帝紀〉，頁44。
[28] 《北齊書》，卷4，〈文宣帝紀〉，頁51。
[29] 《北齊諸王世表》，二十五史補編，第四冊，頁4669-4670。

之「王」，是同月開始賜封的異姓諸王。[30]高洋以皇帝身份，自無需要、亦無必要、更不可能公然頒詔，要「嗣弘」位居皇帝臣下之王的「王業」，道理至爲明顯。

〈修史詔〉之「王業」，是皇帝功業。如前所說，〈修史詔〉所謂「王業」，「業」是指功業，「王」爲專稱，不指王爵；那麼，「王」當何所指呢？應指皇帝，「王業」即指皇帝之功業。其理由是：皇帝，同義於皇、帝、王、帝王、皇王、王，故「王業」之「王」指皇帝。茲說明如下：

春秋時代（前 771-481），諸侯逐漸脫離周天子之控制，獨立而相互競爭，遂有稱雄諸侯者出現，爲諸侯之長，稱爲「霸」，猶未敢僭沾周天子的「王」尊號。戰國時代，諸侯就僭稱「王」。帝，亦由稱上帝轉變爲指稱人間最高統治者，一是指戰國之一國最高統治者，如公元前 288 年，秦稱「西帝」，齊稱「東帝」；兩年之後，秦稱「西帝」，趙稱「中帝」，燕稱「北帝」。二是指遠古的最高統治者，即「五帝」，堯和舜亦單稱以「帝」號。皇，則往兩個方向演變：一是皇字的形容詞轉向神格性的名詞，指稱至上神之上帝，如「東皇太一」、「上皇」、「后皇」。二是皇字形容詞轉向人格性的名詞，指上古的最高統治者「三皇」。[31]至於意指上帝之「皇帝」，也開始人格化，而以皇、黃之聲相通，[32]加上古皇、黃字通用，乃經過字變而成爲「黃帝」，指上古人間的最高統治者。[33]

---

[30] 《北齊異姓諸王世表》，二十五史補編，第四冊，頁 4671-4672。

[31] 顧頡剛、楊向奎，〈三皇考〉，收入《古史辨》，第 7 冊中編，頁 59-67；呂思勉，〈三皇五帝考〉，收入《同前書》，頁 337-380；蒙文通、繆鳳林，〈三皇五帝探源〉，收入《同前書》，頁 314-336；楊寬，〈中國上古史導論〉，收入《同前書》上編，頁 175-188，246-269。

[32] 高亨、董治安，《古字通假會典》（濟南市：齊魯書社，1997 年 7 月初版二刷），頁 285-287。

[33] 丁山，〈由陳侯因銘黃帝論五帝〉，《中央研究院歷史語言研究所集刊》，第三本第四分（1933），頁 517-535；徐中舒，〈陳侯四器考釋〉，《中央研究院歷史語言研究所集刊》，第三本第四分（1933），頁 479-506；楊寬，〈中國上古史導論〉，收入《古史辨》，第 7 冊上編，頁 189-199。

在上述演變過程中，戰國期間，「王」號縱爲各國諸侯所僭稱，因周天子還虛位存在著，在字詞觀念上，「王」猶然維續殷周最高統治者之概念，並伴隨前述皇、皇帝、帝轉爲人格性名詞，衍生出複合名詞：一是當「皇」名詞化、人格化之際，便意指人間最高統治者，涵義便相同於殷周之「王」，兩者乃被複合，構成「皇王」。二是當「帝」人格化之際，就意謂人間最高統治者，亦和殷周之「王」同義，兩者同樣產生複合，構成「帝王」。在皇王、帝王概念下，「王」依然意指著天下最高統治者。相對於此等皇王、帝王、王，「霸」仍持續使用於政治地位之稱謂，同樣意指諸侯之長，以未達統治整天下，政治地位次低一級。此等統治者稱號之概念，演變到兩漢，就成爲定型，往後則延續不改。[34]

依照皇王、帝王、王、霸，來看《北齊書》的政治體制職稱語料，正好都完全相符，顯示〈修史詔〉「王業」之「王」，係指皇帝，王業意指皇帝功業。

關於「霸」，是指高歡父子以王爵所塑造的霸業。即從節閔帝普泰元年（531）六月發兵討爾朱氏，經過孝武帝永熙二年（532）正月消滅爾朱兆，完全瓦解爾朱氏勢力，在此過程中，就漸次以「渤海王」、「大丞相府」、「大行臺」之王爵及官位，組織丞相府，擴張權力，專制朝政，霸府乃告形成，最後設定在晉陽（今山西省太原市），往後延續於東魏。武定五年高歡死後，傳承於高澄，武定七年高澄死後，又由高洋嗣任，至武定八年禪代爲止，歷時 19 年。[35]所謂霸府，原即通行於東漢末、魏、晉、南朝，係指權臣將所屬公府幕府化並予擴大，成立龐大的組織，藉以接筍朝廷行政系統，掌控超越本身官職之權力，甚至擁有超越皇帝之

---

[34] 羅根澤，〈古代政治學中之皇、帝、王、霸〉，收入氏著，《管子探源》（台北市：里仁書局，1981 年 11 月），頁 247-272。

[35] 參照：陶賢都，〈高歡父子霸府述論〉，《青島大學師範學院學報》，2006 年第 1 期，頁 51-57；高歡霸府形成時間，此文說是在孝靜帝天平元年（534），東魏政權建立以後；與事實不符，惟此處無法詳細討論，待另擬專文探討和說明。

權力，成爲把持朝廷政務的機構；而霸府主人，終究沒有皇帝身份，故稱爲霸。霸府最終之目的與功能，就是以禪讓方式，霸府主人受禪前王朝政權，完成改朝換代。[36]

高歡父子三人主掌「霸府」，所成就的功業，史稱「霸業」：（1）晉陽之丞相府，稱爲「霸府」，如張雕（519-573）於「魏末，以明經召入霸府，高祖（高歡）令與諸子講讀，起家殄寇將軍」。[37]劉逖（525-573）同於「魏末徵詣霸府」。[38]盧懷道於東魏「元象初，行臺薛琡表行平州事，徵赴霸府」。[39]高歡之後，「及文襄（高澄）執政，遣中書侍郎李同軌就霸府，爲諸弟師」。[40]李稚廉（508-574）亦於「世宗（高澄）嗣事，召詣晉陽，除霸府掾」。[41]崔季舒（？-573）「雖迹在魏朝，而心歸霸府，密謀大計，皆得預聞」。[42]（2）霸府實際專政運作事務之狀態，稱作「霸朝」。史載「文襄（高澄）每進書魏帝」，「靜帝報答霸朝，恒與（崔）季舒論之，云：崔中書是我姊母」。[43]杜弼（491-559）「性質直，前在霸朝，多所匡正。及顯祖（高洋）作相，致位僚首」。[44]一直到後主天統初年，唐邕猶恃恃早年曾隨侍於高歡，遂使史載他「自恃從霸朝以來常典樞要，歷事六帝，恩遇甚重」。[45]（3）由此「霸府」所成就之

[36] 以下對霸府的定義描述，是綜據以下資料：柳春新，〈曹操霸府述論〉，《史學月刊》，2002年第8期，頁44-53；張軍，〈曹魏時期司馬氏霸府的形成與機構設置考論〉，《蘭州大學學報（社會科學版）》，2004年第4期，頁42-47；張軍，〈曹操霸府的制度淵源與軍事參謀機構考論：兼論漢末公府的幕府化過程〉，《石家莊學院學報》，2006年第5期，頁67-74；以及下文引用的有關霸府的資料。

[37] 《北齊書》，卷44，〈儒林傳·張雕〉，頁594。

[38] 《北齊書》，卷45，〈文苑傳·劉逖〉，頁615。

[39] 《北齊書》，卷22，〈盧懷道傳〉，頁322。

[40] 《北齊書》，卷6，〈孝昭帝紀〉，頁79。

[41] 《北齊書》，卷43，〈李稚廉傳〉，頁572。

[42] 《北齊書》，卷39，〈崔季舒傳〉，頁511。

[43] 《北齊書》，卷39，〈崔季舒傳〉，頁511。

[44] 《北齊書》，卷24，〈杜弼傳〉，頁353。

[45] 《北齊書》，卷40，〈唐邕傳〉，頁531-532。

功業，稱爲「霸業」。如說「神武（高歡）以雄傑之姿，始基霸業」。[46]當時功臣，如劉貴（？-542）、蔡儁（495-536），乃被譽稱：「有先見之明，霸業始基，義深匡贊，配饗清廟，豈徒然哉」；[47]又稱李廣於「顯祖（高洋）初嗣霸業，命掌書記」。[48]史籍把這個高氏創業階段，總稱作「霸王之期」。[49]

關於「皇王」。天保元年五月禪代冊命說：「然則皇王_統曆，深視高居，拱默垂衣，寄成師相，此則夏伯、殷尹竭其股肱，周成、漢昭無爲而治」。[50]

依此，皇王一詞，包含夏、商、周三代之王，乃至於漢代之皇帝。所以禪代冊書又說：「夫氣分形化，物繫君長，_皇王遞興，人非一姓」。[51]皇王的範圍，包含了有史以來不斷更迭的歷位最高統治者。由此，皇王，涵蓋三代的王，與後來的皇帝，而爲同義之稱號，都意指天下最高統治者。

關於「帝王」，東魏末，東郡太守陸士佩以黎陽關河形勝，欲「因山即墅」，建築公家苑囿。裴陽說：「古之帝王，亦有表山刊樹，未足盡其意」。[52]此帝王，指以前的最高統治者，可包含三代之王，及後世之皇帝。武定八年，宋景業鼓動齊王高洋舉行受禪，一時頓挫未成，拔仁等又云：「景業誤王，宜斬之以謝天下」。高洋說：「景業當爲帝王師，何可殺也」；[53]這是意味，禪代一旦成功，高洋即皇帝位以後，就命宋景業爲帝師，故此帝王即指皇帝。武成帝高湛（537-568,在位561-564）拿八字，爲隱匿身份，託人轉給魏寧推命，寧斷此人「極富貴，今年入墓」。

[46]《北齊書》，卷 8，〈幼主紀〉，頁 115。
[47]《北齊書》，卷 19，〈劉貴傳〉、〈蔡儁傳〉「史臣曰」，頁 260。
[48]《北齊書》，卷 45，〈文苑傳・李廣〉，頁 607。
[49]《北齊書》，卷 17，〈斛律金傳〉「史臣曰」，頁 229。
[50]《北齊書》，卷 4，〈文宣帝紀上〉，頁 45。
[51]《北齊書》，卷 4，〈文宣帝紀上〉，頁 48。
[52]《北齊書》，卷 42，〈裴陽傳〉，頁 554。
[53]《北齊書》，卷 49，〈方伎傳・宋景業〉，頁 676。

帝知而驚懼出面說：「是我」。寧當場「變辭」而宛轉曰：「若帝王自有
法」；[54]此帝王，是指當前之皇帝。和士開對武成帝說：「自古帝王，盡
爲灰燼，堯、舜、桀、紂，竟復何異」；[55]此帝王，指帝堯、帝舜、夏王
桀、商王紂。《北齊書》評曰：「武成風度高爽，經算弘長，文武之官，
俱盡其力，有帝王之量矣」；[56]此帝王，是指古來具有廣闊胸襟典範之皇
帝，以及當代之武成帝。裴澤對孝昭帝高演（535-561,在位560-561）說：
「陛下聰明至公，自可遠侔古昔，而有識之士，咸言傷細，帝王之度，
頗爲未弘」；[57]此帝王，包括了上古最高統治者之「王」，後來的皇帝，
以及當今之皇帝。北齊幼主高恆（570-578,在位577年1-3月）縱欲享受，
「承武成之奢麗，以爲帝王當然」；[58]此帝王，指當前皇帝自身。由是，
帝王，涵蓋上古之帝，三代之王、後來的皇帝、當前之皇帝，帝和王爲
同義語，都意指天下最高統治者。

　　依照上述，〈修史詔〉「王業」之「王」，是北齊「皇帝」的同義語。
東魏孝靜帝武定四年（546）杜弼對高歡說：「王者當王有天下」；[59]意指
高歡爲「王」者，足以登皇帝位「王」天下。武定六年（548），甘露降
於鄴都宮闕，文武百官同賀於顯陽殿。孝靜帝問其吉祥緣由，崔昂說：
「案符瑞圖，王者德致於天，則甘露降」；[60]此王者，是指孝靜皇帝。
武定八年五月，孝靜帝禪讓皇帝位詔云：「三才剖判，百王代興，治天
靜地，和神敬鬼，庇民造物」；[61]此王，指開天闢地遠古以來的一切最高
統治者，包含三皇、五帝、三代之王，義同皇帝。天保五年（554）正
月制詔問刑罰寬猛，樊遜答曰：「王者之治，務先禮樂，如有未從，刑

[54] 《北齊書》，卷 49，〈方伎傳・魏寧〉，頁 679。
[55] 《北齊書》，卷 50，〈恩倖傳・和士開〉，頁 687。
[56] 《北齊書》，卷 8，〈幼主紀〉，頁 114。
[57] 《北齊書》，卷 6，〈孝昭帝紀〉，頁 84。
[58] 《北齊書》，卷 6，〈後主・幼主紀〉，頁 113。
[59] 《北齊書》，卷 24，〈杜弼傳〉，頁 561。
[60] 《北齊書》，卷 30，〈崔昂傳〉，頁 410。
[61] 《北齊書》，卷 4，〈文宣帝紀〉，頁 47。

書乃用，寬猛兼設」。[62]天保七年（556）十一月，文宣帝下詔整頓齊境
州郡行政區劃說：「蒸民乃粒，司牧存焉。王者之制，沿革迭起，方割
成災，肇分十二，水土既平，還復九州。……殷因於夏，無所改作。逮
于秦政，鞭撻區宇，罷侯置守，天下爲家。洎兩漢承基，曹、馬屬統，
其間損益，難以勝言。魏自孝昌之季，數鍾澆否，……是使豪家大族，
鳩率鄉部，託迹勤王，規自署置」；[63]此「王」者，範圍總包立十二州的
帝堯、帝舜，立九州的夏王、殷王，立郡縣的秦代皇帝，以及兩漢、曹
魏、西晉、北魏、東魏諸皇帝；「勤王」之「王」，則指北魏孝明帝孝昌
以來諸位皇帝。如是，「王」，義同五帝之帝，三代之王，及以後之皇帝。
其觀念正符北魏末前廢帝普泰元年（531）詔書所云：「夫三皇稱皇，五
帝云帝，三代稱王，迭沖挹也。自秦之末，競爲皇帝，忘負乘之殃，垂
貪鄙於萬葉。予今稱帝，已爲褒矣！可普告令知」。[64]此話是說，
上古以來的皇、帝、王、皇帝，都是同樣爲天下最高統治者，不同之處，
乃在位者的精神，上古之皇、帝、王懷抱「沖挹」而謙虛的自我抑制；
秦以來的皇帝，多流於不顧戰禍的災難，只想把滿足貪欲延續至永久；
現今當了皇帝，內心已「爲褒」的過於滿足了，凡事都立足於公心立場，
可以全部公開讓人們知曉。

　　經由上面各語意之說明，得證〈修史詔〉之「王業」，是指王、帝、
皇、皇王、帝王、皇帝的功業，並非高氏王爵之功業。因此，就高氏政
治事業發展過程而言，「霸圖立肇，王業是因」；[65]霸業的形成與發展，
是後來成立帝王之業的基礎與淵源，所以助成霸業的功臣，亦稱「翼成
王業」，[66]故天保元年五月十二日，發詔宣示「其信都從義及宣力霸朝

---

[62] 《北齊書》，卷45，〈文苑傳·李廣〉，頁612。
[63] 《北齊書》，卷4，〈文宣帝紀〉，頁62。
[64] 《魏書》，卷11，〈廢出三帝紀·前廢帝〉，頁274。
[65] 《北齊書》，卷20，「史臣曰」及「贊」，頁283-284。
[66] 《北齊書》，卷32，〈斛律金傳〉「史臣曰：斛律金以高祖撥亂之始，翼成王業，忠
　　眾之至，成此大功」（頁229）。

者」，特別免受因改朝而須降爵的慣例之約束。[67]六月又頒詔：「冀州之渤海、長樂二郡，先帝始封之國，義旗初起之地。并州之太原、青州之齊郡，霸業所在，王命是基。君子有作，貴不忘本，思申恩洽，蠲復田租。齊郡、渤海可並復一年，長樂復二年，太原復三年」。[68]以此可證，東魏高氏霸業對北齊帝王之業來說，縱有「王業始基」的因果關係，[69]畢竟本質是不同的，所以天保元年禪代元魏皇帝位後，稱爲「王業」，意指帝王之業，如朱瑒說蕭梁之王琳效命北齊，是「洎王業光啓，鼎祚有歸，於是遠跡山東，寄命河北」；[70]故在北齊時，祖珽以項羽「霸王業」比喻高氏，文宣帝以失喻不當而大怒。[71]

　　綜合上述，天保元年五月初十日，高洋即帝位祭天，自稱「皇帝臣洋」；[72]到了八月〈修史詔〉，自稱要嗣弘的「王業」，決非王爵的王業，是皇帝之功業，意指高洋禪代的魏皇帝功業。另一方面，〈修史詔〉的實際工作，亦可資爲證，它是要纂修魏、齊王朝史，所以「王業」指涉的對象，都不可能專只針對皇帝之下「王」爵，包括北魏至東魏高歡父子三人之霸朝、霸業，北齊宗室及異姓王爵，而是指魏、齊王朝的皇帝事業，在此範圍內，自然把前面王爵事業囊括進去了；只是不能因此而說：〈修史詔〉「王業」之「王」，亦含王爵；因在政治體制中，其「王」爲專稱，經由前文討論，確定專指皇帝，決不可當作泛稱。同時，魏、齊兩部歷史，是兩個王朝事跡之遞嬗，因此，「王業」，是指在北齊王朝

---

[67]《北齊書》，卷 4，〈文宣帝紀〉，頁 51。

[68]《北齊書》，卷 4，〈文宣帝紀〉，頁 51-52。

[69]《北齊書》，卷 40，〈白建傳〉載白建最初任職於霸朝的大丞相府騎兵曹，天保年間始受重用，十年更兼中書舍人，故「史臣曰：建雖無他才，勤於在公，屬王業始基，戎寄爲重」（頁 533）。

[70]《北齊書》，卷 32，〈王琳傳〉，頁 434。

[71]《北齊書》，卷 39，〈祖珽傳〉載祖珽自比范增，文宣帝「怒曰：『爾自作范增，以我爲項羽邪！』」，珽又說項羽「但天命不至耳。項羽布衣，率烏合眾，五年而成霸王業。陛下藉父兄資，才得至此，臣以項羽未易可輕」，「帝愈恚，令以土塞其口」（頁 518）。

[72]《北齊書》，卷 4，〈文宣帝紀〉，頁 49。

的高洋之皇帝功業，乃是禪代自魏的皇帝功業。

第二節 「嗣弘」魏帝位正統

依照節之說明，〈修史詔〉「王業」意指皇帝功業。接著，解讀「嗣弘王業」之「嗣弘」，嗣弘的語意，是從帝位正統角度去看禪代，意指北齊既從「嗣」繼承魏帝位正統，亦將從「弘」發揚魏帝位正統。據此，就浮現了修史宗旨之輪廓：嗣弘魏帝位正統。

將「嗣」字連綴到「王業」，則意指繼承魏帝位之功業。這個觀念，即指「嗣」魏正統。關鍵在「嗣」字的涵義。《說文》謂「諸侯嗣國也」，段玉裁注（1735-1815）云：「引伸爲凡繼嗣之偁」。[73]可知「嗣」之原意是指繼承國統君位，後來引伸爲世代間親屬脈絡的繼承，成爲一般用語的繼承、接續。[74]

從君位繼嗣而言，「嗣」就有繼承君位正統之意。因自漢代來，正統一詞，有指「一姓本宗傳位之正統也」。[75]因此，嗣帝王之位，即爲正統。漢代「後昭帝崩，無子，徵昌邑王賀嗣位」，[76]「會昭帝崩，昌邑王嗣位，淫亂，霍將軍憂懼，與公卿議廢之」。[77]匡衡說：「昔者成王之嗣位，思述文武之道以養其心」。[78]韋賢說：「乃及夷王，克奉厥緒。咎命不永，唯王統祀」。顏師古注云：「夷王立四年而薨，戊乃嗣位，故言不永也」。[79]統祀，即一姓本宗之正統譜系相承，可知嗣位同爲正統。《北齊書》之「嗣」字，有用於諸侯之嗣位，如說高歡妻婁氏因「文襄

---

[73] 東漢・許慎撰，清・段玉裁注，《說文解字注》（台北市：天工書局，1987年9月再版，據經韻樓藏版影印），第二篇下，頁86上。

[74] 辭源編輯小組，《辭源》（台北市：遠流出版公司，1988年11月台灣二版），頁293。

[75] 饒宗頤，《中國史學上之正統論》（台北市：宗青圖書公司，1979年10月初版），頁5。

[76] 東漢・班固撰，《漢書》（台北市：鼎文書局，1979年11月再版，新校點本），卷27中之下，〈五行志〉，頁1412。

[77] 《漢書》，卷90，〈酷吏傳・田延年〉，頁3665。

[78] 《漢書》，卷81，〈匡衡傳〉，頁3338。

[79] 《漢書》，卷73，〈韋賢傳〉，頁3103。

嗣位，進爲太妃」。[80]「世宗嗣位，侯景作亂穎川，招引西魏」。[81]亦有用於帝王嗣位，如「至後主嗣位，趙郡王叡、婁定遠等謀出和士開」。[82]孝昭帝皇建二年詔曰：「朕嬰此暴疾，奄忽無逮。今嗣子沖眇，未閑政術」。[83]可見至齊朝，「嗣」仍意指一姓本宗傳承帝位正統。

齊朝既由禪代魏而成立，帝室從元姓（拓跋氏）轉換爲高姓，帝王已非一姓本宗血緣關係之相承，爲何〈修史詔〉猶以「嗣」字言帝位正統相承呢？這是由於曹魏至南朝間的禪代觀念：在不同姓的不同血緣之帝王轉換中，本朝帝王是以天命「嗣」前朝帝位正統。東漢獻帝下詔禪位，曹丕魏王爲表謙遜而上書，云：

> 今月壬戌璽書，重被聖命，伏聽冊告，肝膽戰悸，不知所措。天
> 下神器，禪代重事，故堯將禪舜，納于大麓，舜之命禹，玄圭告功；
> 烈風不迷，九州攸平，詢事考言。然後乃命，而猶執謙讓于德不嗣。
> 況臣頑固，質非二聖，乃應天統，受終明詔；敢守微節，歸志箕山，
> 不勝大願。謹拜表陳情，使并奉上璽綬。[84]

上文對禪位之事，是依照堯、舜、禹禪讓故事，須於扶治天下有大功德以後，始有資格應天命，繼承「天下神器」，而舜、禹都以謙讓態度回應，己德不足，不敢「嗣」君位；因此，曹丕照章故意裝作謙讓，表示己德不如舜、禹「二聖」，恐無能「應天統」以嗣帝位。據此，禪代以繼帝王之位，非憑一姓本宗血緣關係相承，而遵天命來帝位相承，對受禪者，依然使用「嗣」字，表達受禪者以天命「嗣」他姓之帝位正統。此種情況，亦見於南朝，劉裕禪代東晉時，東晉恭帝禪位策亦用「嗣」爲帝位之傳承，「唐虞弗得傳其嗣；符命來格，舜、禹不獲全其謙」。「漢

---

[80] 《北齊書》，卷 9，〈神武婁后傳〉，頁 124。

[81] 《北齊書》，卷 25，〈張纂傳〉，頁 360。

[82] 《北齊書》，卷 38，〈元文遙傳〉，頁 504。

[83] 《北齊書》，卷 6，〈孝昭帝紀〉，頁 83。

[84] 晉・陳壽撰，《三國志》（台北市：鼎文書局，1979 年 11 月再版，新校點本），卷 2，〈魏書・文帝紀〉裴注，頁 71-72。

既嗣德於放勛，魏亦方軌於重華。諒以協謀乎人鬼，而以百姓爲心者也」。[85]此言堯無一姓本宗「嗣」君位，因天命「符命來格」，舜、禹乃「不獲全其謙」的，遵天命「嗣」君位。漢遙承族祖堯帝之德，以「嗣」帝位，曹魏依族祖舜之德，嗣漢帝位，都是天命感應，人心歸趨的結果。劉宋順帝進行禪位過程，在冊封蕭道成爲齊公之際，於詔書說，劉宋「高祖之業已淪，（大）〔文〕、明之軌誰嗣？公遠稽殷、漢之義，近遵魏、晉之典，猥以眇身，入奉宗祧，七廟清謐，九區反政。此又公之功也」。[86]此言劉宋王朝衰微至極，劉姓本宗已無「嗣」位之人選，唯有具扶持劉宋有功之蕭道成得「嗣」。所謂「功」，意味有承應天命之資格，故於禪讓璽書說，劉宋「嗣君荒怠，敷虐萬方，神鼎將遷，寶策無主，實賴英聖，匡濟艱危。惟王體天則地，舍弘光大，明竝日月，惠均雲雨」。[87]

禪代之帝位相承，仍謂「嗣」帝位正統之觀念，更充分顯示於蕭梁武帝大同六年四月詔書，其云：

> 命世興王，嗣賢傳業，聲稱不朽，人代徂遷，二賓以位，三恪義在。，時事浸遠，宿草榛蕪，望古興懷，時事浸遠，宿草榛蕪，望古興懷，言念愴然。晉、宋、齊三代諸陵，有職司者勤加守護。勿令細民妄相侵毀。作兵有少，補使充足。前無守視，並可量給。[88]

此詔旨在善守梁以前三王朝帝陵。這是依據古來正統相承之二賓三恪禮制，即本朝對前兩代王朝後裔封爵賜邑，稱爲二賓，對前三代王朝後裔封爵賜邑，謂之三恪。[89]這種禮制，意在前後朝正統之相續，係謂「天

[85] 蕭齊・沈約撰，《宋書》（台北市：鼎文書局，1979 年 2 月再版，新校點本），卷 2，〈武帝紀〉，頁 46。

[86] 梁・蕭子顯撰，《南齊書》（台北市：鼎文書局，1978 年 11 月再版，新校點本），卷 1，〈高帝紀〉，頁 16-17。

[87] 《南齊書》，卷 1，〈高帝紀〉，頁 22。

[88] 《梁書》，卷 3，〈武帝紀下〉，頁 84。

[89] 關於二賓，又稱「二代」。《禮記》〈郊牲特〉「天子存二代之後，猶尊賢也，尊賢不過二代」。注疏云：「天子存二代者，天子繼世而立子孫，以不肖滅亡，見在子孫又無功德，仍須存之；所以存二代之後者，猶尚尊其往昔之賢所能法象」；「尊賢不過

子禮以祭其始祖，行其正朔，此謂通三統也。三恪者，敬其先聖，封其後而已，無殊異者也」；[90]即尊敬封前三朝，其義同於通三統，意義遂同於本朝祀始祖，都在「行其正朔」，使正統相續不絕。依照三恪禮制，梁武帝乃下詔善守「晉、宋、齊三代諸陵」，用意顯然是在梁正統繼承相續：晉→宋→齊→梁。而這個過程，均經由禪代而王朝改換，帝位由不同姓人相承，此稱作「命世興王，嗣賢傳業」，意指天命決定帝王崛興，人間依「賢」來「嗣」傳皇帝功「業」。故在帝位禪代場合裡，縱非一姓本宗血緣之帝位繼承，在天命貫聯下，「嗣」依然有繼承帝位正統。總之，禪代的慣例，是以天命為核心，前後朝天命相承（詳見第五章第二節），故禪代亦以「嗣」帝位來表達帝位正統之相承，上文所說可證，〈修史詔〉之「嗣」字，意指「嗣」魏帝位正統。當然，這個觀念之基礎，據高洋禪代之詔冊，同樣是遵天命進行帝位相承，因須較冗長的說明，此處暫擱不論，將敘於本章第三節。

關於〈修史詔〉之「弘」字，《說文》云：「弘，弓聲也」。段玉裁注云：「是弓聲之義」，「經傳多叚此篆為宏大字。宏者，屋深，故《爾雅》曰：宏，大也」。[91]如是，「假弘為宏」，可意言「其聲大而宏，大而宏者，其聲外大而中宏」；「蓋宏者，深廣其中，撗其外」。[92]意指事物內在深廣渾厚有力，而其力奪出顯現於外在。是為擴張、擴大、發揚之

二代者，所以尊賢之事取其法象。但代異時移今古不一」；後世「以通天三統之義」，「周家封夏殷二王之後以為上公，封黃帝、堯、舜之後謂之三恪」（東漢・鄭玄注，唐・孔穎達疏，《禮記注疏》，台北市：藝文印書館，1985 年 12 月，十三經注疏，阮元刊本，卷 25，〈郊牲特〉，頁 488 上）。

關於三恪，《左傳》〈襄公二十五年〉載子產說陳國淵源：「昔虞閼父為周陶正，以服事我先王，我先王賴其利器用也，與其神明之後也。庸以元女大姬。配胡公而封之陳，以備三恪。則我周之自出。至于今是賴」。注疏云：「周封夏殷之後為二王，後又封陳，并二王後為三恪」（西晉・杜預注，唐・孔穎達疏，《春秋左傳注疏》，台北市：藝文印書館，1985 年 12 月，十三經注疏，阮元刊本〈襄公二十五年〉，頁 622 下）。

[90] 《後漢書》，〈百官志〉，頁 3630。
[91] 《說文解字注》，第十二篇下，頁 641 上。
[92] 《說文解字注》，第七篇下，頁 339 上。

義。[93]依此〈修史詔〉之「弘」義，是正如詔文所說：「弘王業，思所以贊揚盛績，播之萬古」，將於齊朝發揚魏皇帝功業正統，綿延不絕。

綜合來說，〈修史詔〉的宗旨輪廓，是在「嗣弘王業」，意指齊是從「嗣」繼承了魏正統，北齊繼魏正統之後，將從「弘」加以發揚，「贊揚盛績，播之萬古」，意味經過王朝遞嬗而魏之統緒綿延不絕。合起來說，「嗣弘王業」是說：齊朝既從「嗣」繼承魏帝位正統，亦將從「弘」發揚魏帝位正統。

第三節 「嗣弘」魏天命正統

依照第一節所述，〈修史詔〉之「王業」，意指皇帝功業之。第二節又指出，「嗣弘王業」所意謂的修史宗旨之輪廓是：「嗣弘」魏帝位正統。為了從修史宗旨之輪廓，深掘其最深層涵義，就必須跨越「嗣弘」語意，去探究「嗣弘」的觀念意涵：即高洋依憑甚麼嗣弘魏帝位正統呢？依據高洋禪代之詔冊，揭示魏、齊之禪代，是依天命來異姓禪代轉換王朝之「嗣」，依此，〈修史詔〉「嗣弘王業」，是就天命而言「嗣弘」帝位正統，修史宗旨的最深層之完整意涵是：「嗣弘」魏天命正統。

何謂天命正統呢？中國自上古以來的信仰，相信天為宇宙的主宰，人間統治者之地位與權力，是由祂所任命與授予，此即是天之所命，亦即為天命，天命是統治者獲取政權的根源，是朝代政權合法性的理據。[94]換句話說，天命，是君權神授（the *Divine* Right of Kings）的根源；正統，是依憑天命，於人間創建王朝及成立統治權力，所具有的合法性或正當性（Legitimacy）。然則，如何證明天命呢？這幾乎全靠靈異途徑，以成為具體顯現政權正統的證據。為達此目的，就必須具備方法，從天命的靈異探知天的意志，於是先秦兩漢之間，就發展了各種陰陽術數，

---

[93]《辭源》，頁 564。
[94] 傅佩榮，《儒道天論發微》（台北市：學生書局，1988 年 8 月初版二刷），頁 40-52。

藉以知曉天命，傳達天數意志，建構天命的證明。是所謂傳天數，亦即傳天命。[95]

這種天命正統觀念，明顯的表露於高洋禪代之詔冊，此處就以之來分析。先看〈冊命齊王加九錫文〉之天命觀。東魏孝靜帝武定八年三月辛酉（十二日，550.3.13），高洋進封齊王，食邑五郡十萬戶。五月辛亥日（初三日，550.6,2），高洋至鄴鄴都。甲寅日（初六日，550.6.5），孝靜帝晉升高洋為相國，總轄百揆，增封食邑十郡二十萬戶。另行「加九錫，殊禮」，派遣兼太尉彭城王韶、司空潘相樂冊命曰：

> 於戲，敬聽朕命！夫惟天為大，列晷宿而垂象；謂地蓋厚，疏川岳以阜物。所以四時代序，萬類駢羅，庶品得性，羣形不夭。然則皇王統曆，深視高居，拱默垂衣，寄成師相，此則夏伯、殷尹竭其股肱，周成、漢昭無為而治。
>
> 頃者天下多難，國命如旒，則我建國之業將墜於地。齊獻武王奮迅風雲，大濟艱危，爰翼朕躬，國為再造，經營庶土，以至勤憂。
>
> 及文襄承構，愈廣前業，康邦夷難，道格穹蒼。王縱德應期，千齡一出，惟幾惟深，乃神乃聖，大崇霸德，實廣相猷。雖冥功妙實，藐絕言象，標聲示迹，典禮宜宣。今申後命，其敬虛受。
>
> 王摶風初舉，建旗上地，庇民立政，時雨滂流，下識廉恥，仁加水陸，移風易俗，自齊變魯。……王深重民天，唯本是務，……王深廣惠和，易調風化，……王風聲振赫，九域咸綏，遠人率俾，……王英圖猛概，抑揚千品，毅然之節，肅是非違，……王興亡所繫，制極幽顯，糾行天討，罪人咸得，……王孝悌之至，通於神明，率民興行，感達區宇。……其祇順往冊，保弼皇家，

---

[95] 王夢鷗，〈陰陽五行家與星曆占卜〉，《中央研究院歷史語言研究所集刊》（台北市：中央研究院歷史語言研究所），第四十九本第三分（1978 年 9 月），頁 489-532。

用終爾休德，對揚我太祖之顯命。[96]

上文所說王朝皇帝的天命原理是：天，廣袤無限，具有自然規律的秩序，排定在晷漏所測星宿運轉的時間系統景象；地，綿遠深廣，亦有自然規律的秩序，用大地暢流之江水而潤及山岳來繁榮萬物。因此，四季有秩序的前後更迭循環，萬物有秩序的並肩排列著，眾物都擁有各自的本質，眾物形體沒有不具盈盛樣態的。通過天地自然律，王朝就有著興衰的變化，古來帝王居天運時間系統之正朔以治世時，[97]都是深謀遠慮而安居，謹慎而不妄言妄作，成功的統治都依憑能輔導與協助帝王的大臣，此即夏代之伯益、商代之伊尹的盡其所能來統理國政，以及西周成王、西漢昭帝的無為而治。後來，這些王朝後來也都衰亂而亡，成為歷史了。

依照天命原理，高氏正嗣弘著魏王朝天命。在嗣天命方面，北魏末世以來，魏王朝天下多動亂之災難，國運有如旌旗、冕之擺垂旒般的動盪，[98]開國以來立國的基業向下沉淪，魏王朝的天命，走向衰微了。嗣此天命者，是高歡父子三人，因賴之前後傳承，發揚霸府、霸朝、霸業之「霸德」，天下局勢始告穩定，在天命上，高氏「保弼皇家，用終爾休德，對揚我太祖（道武帝）之顯命」，承續著魏王朝天命。由此，在弘天命方面，因天命的「冥功妙實，蔑絕言象，標聲示迹」，必須齊王增封「典禮宜宣，今申後命，其敬虛受」，使魏王朝天命之「後命」，得

---

[96]《北齊書》，卷4，〈文宣帝紀〉，頁45-47。

[97] 北魏李崇奏請興學云：「世宗（宣武帝）統曆，聿遵先緒」（《魏書》，卷66，〈李崇傳〉，頁1471）；北魏袁翻議修明堂辟雍云：「皇代既乘乾統曆，得一馭宸，自宜稽古則天，憲章文武」（《魏書》，卷69，〈李崇傳〉，頁1538）；北魏高閭議北魏正統云：「伏惟聖朝，德配天地，道被四海，承乾統曆，功侔百王。光格同於唐虞，享祚流於周漢」（《魏書》，卷108-1，〈禮志〉，頁2745）。

[98]「旒，旌旗之垂者也」（西漢·毛亨傳，東漢·鄭玄箋，唐·孔穎達疏，《毛詩注疏》，台北市：藝文印書館，1985年12月，十三經注疏，阮元刊本，卷20，〈商頌·長發〉注疏，頁802上）；「弁師掌五冕：袞冕十二旒，鷩冕九旒，毳冕七旒，絺冕五旒，玄冕三旒」（東漢·鄭玄注，唐·賈公彥疏《周禮注疏》，台北市：藝文印書館，1985年12月，十三經注疏，阮元刊本，卷6，〈天官冢宰·玉府〉注梳，頁96下）。

以延續弘傳。

接著，檢視孝靜帝〈禪讓詔〉的天命觀。武定八年五月丙辰（初八日，550.6.7）「魏帝以天人之望有歸」於高氏，就下詔曰：

> 三才剖判，百王代興，治天靜地，和神敬鬼，庇民造物，咸自靈符，非一人之大寶，實有道之神器。

> 昔我宗祖應運，奄一區宇，歷聖重光，暨於九葉。德之不嗣，仍離屯圮，盜名字者遍於九服，擅制命者非止三公，主殺朝危，人神靡繫，天下之大，將非魏有。

> 賴齊獻武王奮揚靈武，剋剪多難，重懸日月，更綴參辰，廟以掃除，國由再造，鴻勳巨業，無德而稱。

> 逮文襄承構，世業逾廣，邇安遠服，海內晏如，國命已康，生生得性。

> 迄相國齊王，緯文經武，統茲大業，盡叡窮幾，研深測化，思隨冥運，智與神行，恩比春天，威同夏日，坦至心於萬物，被大道於八方，故百僚師師，朝無秕政，網疏澤洽，率土歸心。外盡江淮，風靡屈膝，辟地懷人，百城奔走，關隴慕義而請好，瀚漠仰德而致誠。

> 伊所謂命世應期，實撫千載。禎符雜遝，異物同途，謳頌填委，殊方一致，代終之迹斯表，人靈之契已合，天道不遠，我不獨知？

> 朕入纂鴻休，將承世祀，籍援立之厚，延宗社之算。靜言大運，欣於避賢，遠惟唐、虞禪代之典，近想魏、晉揖讓之風，其可昧興替之禮，稽神祇之望？

> 今便遜於別宮，歸帝位於齊國，推聖與能，眇符前軌。主者宣布天下，以時施行。[99]

---

[99] 《北齊書》，卷4，〈文宣帝紀〉，頁47-48。

依照上引文，王朝皇帝的天命原理是：宇宙天地人三才開闢分別生成以來，帝王就不斷的相繼興起，經營天道與默守地道，使和順於天神旨意及崇敬大地鬼靈，以保祐人民而生產眾物，都自然會顯現靈妙的符驗徵兆，可知天下不是某人獨佔之寶物，是合於道之神靈寶物。

據天命原理觀察，魏王朝的天命，是從興盛轉向衰危了。魏之先祖，適逢天運，統一天下（實有中國北方），歷任正朔之皇帝持續發揚光大，總計有九世皇帝，而至孝明帝元詡（510-528,在位 515-528 年）。[100]往後，「德」運不能延續，叛變稱帝者，全國所在多有。權臣專制者多人，有爾朱榮（493-530）、爾朱兆（？-533）、爾朱天光（496-532）、爾朱度律（？-532）、爾朱世隆（？-532）、爾朱仲遠，而不只盤據「三公」之重權高位，還宰殺皇帝，使朝廷陷於崩解之危機，魏王朝勢將失去天下。

魏王朝天命衰微之際，嗣弘其天命者，正是高歡父子三人。以嗣天命而言，北末以來的王朝崩解危機，經過高氏父子之努力，局面才告穩定。此即顯證，高氏「命世應期」，憑天命立功以顯赫於當世，也到臨了應驗的時間契機，將可永久延續。高氏天命，具體呈現在「禎符雜遝，異物同途，謳頌填委，殊方一致」，正象徵著魏王朝「代終之迹斯表，人靈之契已合，天道不遠」。魏孝靜帝的因應之道，是默認天命「大運」，歡愉的「避賢」，遠效唐、虞禪讓制度，近法曹魏、西晉禪代風度，傳位給齊王高洋。以弘天命來說，高氏「命世應期，實撫千載」，其天命將有永恒的延續力，故魏帝「遜於別宮，歸帝位於齊國，推聖與能，

---

[100] 按此處所謂「德之不嗣」，是指孝明帝以後，而北魏至孝明帝為止，即位之皇帝有八位：道武帝、明元帝、太武帝、文成帝、獻文帝、孝文帝、宣武帝、孝明帝。所謂「曁於九葉」，是把太武帝太子拓跋晃也算進去。因晃未及即位而死，「高宗即位，追尊為景穆皇帝，廟號恭宗」（《魏書》，卷 4 下，〈世祖紀〉附恭宗紀，頁 109），乃正式列入北魏帝系。

又當宦官宗愛殺害太武帝後，「中常侍宗愛矯皇后令，殺東平王翰，迎南安王余入而立之，大赦，改元為永平」（《魏書》，卷 4 下，〈世祖紀〉，頁 106）；接著，南安王拓跋余「疑愛（宗愛）將謀變，奪其權，愛怒，因余祭廟，夜殺余。高宗葬以王禮，諡曰隱」（《魏書》，卷 18，〈世祖紀〉，頁 435）；故南安王未居北魏帝系。

眇符前軌」，符合天命演變的軌跡。

復次，有孝靜帝〈禪位冊〉的天命觀。武定八年五月初八日，孝靜帝先頒〈禪讓詔〉，後又下〈禪位冊〉，派遣兼太尉彭城王韶、兼司空敬顯儁奉冊於齊王曰：

> 咨爾相國齊王：夫氣分形化，物繫君長，皇王遞興，人非一姓。昔放勳馭世，沉璧屬子；重華握曆，持衡擁璇。所以英賢茂實，昭晰千古，豈盛衰有運，興廢在時，知命不得不授，畏天不可不受。……

> 我祖宗光宅，混一萬宇。迄於正光之末，奸孽乘權，厥政多僻，九域離盪。永安運窮，人靈殄瘁，羣逆滔天，割裂四海，國土臣民，行非魏有。

> 齊獻武王應期授手，鳳舉龍驤，舉廢極以立天，扶傾柱而鎮地，剪滅黎毒，匡我墜曆，有大德於魏室，被博利於蒼生。

> 及文襄繼軌，誕光前業，內勤凶權，外摧侵叛，遐邇肅晏，功格上玄。王神祇協德，舟梁一世，體文昭武，追變窮微。自舉跡藩旟，頌歌總集，入統機衡，風猷弘遠。及大承世業，扶國昌家，相德日躋，霸風愈邈，威靈斯暢則荒遠奔馳，聲略所播而隣敵順款。以富有之資，運英特之氣，顧盼之間，無思不服。圖諜潛蘊，千祀彰明，嘉禎幽祕，一朝紛委，以表代德之期，用啟興邦之迹，蒼蒼在上，照臨不遠。朕以虛昧，猶未遑巡，靜言愧之，坐而待旦。且時來運往，嬀舜不暇以當陽，世革命改，伯禹不容於北面，況於寡薄，而可踟躕。是以仰協穹昊，俯從百姓，敬以帝位式授於王。天祿永終，大命格矣。於戲！其祇承曆數，允執其中，對揚天休，斯年千萬，豈不盛歟！[101]

---

[101] 《北齊書》，卷4，〈文宣帝紀〉，頁48-49。

宇宙元始之氣，化生天、地、人及萬物之生態形狀後，[102]萬物皆統於帝王，帝王是持續演變崛起的，登即帝王之位的人，不止於一個姓氏家族。古代放勳即位爲帝堯，[103]當年老之際，以子丹朱不肖，不予傳位，命舜攝行天子之政，舜乃如使用璿璣玉衡之渾天儀觀天象般的態度，正確認知天道，治理天下的效果，就如「齊七政」之日、月、五星，一切事物都依序運作。[104]此種傳賢禪讓的千古理想典範，是基於天命的運行「盛衰有運，興廢在時，知命不得不授，畏天不可不受」。

依天命原理而論，魏王朝先世天命崛興普被，統一天下，至孝明帝正光末年，叛變紛起，朝政紊亂，全國動盪。到了節閔帝永安年間，天命已告「運窮」，將失天下。

在魏王朝天命運窮之際，起而嗣弘天命者，是高歡父子三人。其之嗣天命，顯示於他們的努力，使天下形勢告穩定，而有復興之跡象，爲在上天所明鑑。在這情況下，縱使是嬀氏舜，[105]也不會想越過武定八年

---

[102] 「道生一者，一則混元之氣，與大初、大始、大素同。又與易之大極，禮之大一，其義不殊，皆爲氣形之始也。一生二者，謂混元之氣分爲二，二則天地也。與易之兩儀，又與禮之大一，分而爲天地同也。二生三者，謂參之以人爲三才也。三生萬物者，謂天、地、人既定，萬物備生其間，分爲天地，說有多家形狀之殊」（《禮記注疏》，卷14，〈月令〉注疏，頁278上）。

[103] 古帝之傳承，有謂：黃帝爲有熊氏，少典之子，姬姓，在位一百年崩。子青陽代立是爲少昊，名摯字青陽姬姓。少昊在位八十四年而崩，爲黃帝之孫、昌意之子顓頊代立，在位七十八年而崩，少昊之孫蟜極之子代立，是爲帝嚳，帝嚳高辛氏，姬姓，在位七十年而崩。子帝摯立，在位九年，摯立不肖而崩，弟放勳代立是爲帝堯，帝堯陶唐氏（晉·韓康伯注，唐·孔穎達正義，，《周易注疏》，台北市：藝文印書館，1985年12月，十三經注疏，阮元刊本，卷8，〈繫辭下〉注疏，頁167下；又詳見於《史記》，卷1，〈五帝本紀〉，頁1-14）。

[104] 《史記》，卷1，〈五帝本紀〉云：「於是帝堯老，命舜攝行天子之政，以觀天命。舜乃在璿璣玉衡，以齊七政」（頁24）。《集解》引鄭玄曰：「璿璣，玉衡，渾天儀也。七政，日月五星也」。《正義》引說文云：「璿，赤玉也」。又說：「舜雖受堯命，猶不自安，更以璿璣玉衡以正天文。璣爲運轉，衡爲橫簫，運璣使動於下，以衡望之，是王者正天文器也，觀其齊與不齊。今七政齊，則已受禪爲是」。又引《尚書大傳》云：「政者，齊中也。謂春秋冬夏天文地理人道，所以爲政也，道正而萬事順成，故天道政之大也」（頁24）。

[105] 「瞽叟姓嬀。妻曰握登，見大虹意感而生舜於姚墟，故姓姚。目重瞳子，故曰重華」（《史記》，卷1，〈周本紀〉集解，頁31）；「嬀姓，虞舜之後」（《春秋左傳注疏》，

五月才要禪讓，因「世革命改」已形成定局，齊王是賢能有如伯益、大禹之人，不應該再北面稱臣，唯能「以帝位式授於王」。以弘天命來說，方是「祗承曆數」，得以「對揚天休」。

另外，看到高洋〈即皇帝位告天文〉的天命觀。武定八年五月初八日，孝靜帝又致璽書於齊王高洋，派遣兼太保彭城王韶、兼司空敬顯儁「奉皇帝璽綬」，進行「禪代之禮」。在典禮中，由尚書令高隆之「率百僚勸進」。到了五月戊午日（初十日，6.9），高洋乃即皇帝位於鄴都南郊，升壇柴燎告天，其〈即位告天冊〉曰：

> 皇帝臣洋敢用玄牡，昭告於皇皇后帝：否泰相沿，廢興迭用，至道無親，應運斯輔。上覽唐、虞，下稽魏、晉，莫不先天揖讓，考曆歸終。

> 魏氏多難，年將三十，孝昌已後，內外去之。世道橫流，蒼生塗炭。

> 賴我獻武，拯其將溺，三建元首，再立宗祧，掃絕羣凶，芟夷奸宄，德被黔黎，勳光宇宙。

> 文襄嗣武，克構鴻基，功浹寰宇，威稜海外，窮髮懷音，西寇納款，青丘保候，丹穴來庭，扶翼危機，重匡頹運，是則有大造於魏室也。

> 魏帝以卜世告終，上靈厭德，欽若昊天，允歸大命，以禪於臣洋。

> 夫四海至公，天下為一，總民宰世，樹之以君。既川岳啟符，人神效祉，羣公卿士，八方兆庶，僉曰皇極乃顧於上，魏朝推進於下，天位不可以暫虛。遂逼羣議，恭膺大典。狠以寡薄，託於兆民之上，雖天威在顏，咫尺無遠，循躬自省，實懷祗惕。

卷 3，〈隱公三年〉注疏，頁 53 下）。舜後裔遏父，爲周武王陶正，武王賴其製造器用，封其子嬀滿於陳，「陳國，舜後，嬀姓也」（《史記》，卷 4，〈周本紀〉集解，頁152）。

　　敬簡元辰，升壇受禪，肆類上帝，以答萬國之心，永隆嘉祉，保祐有齊，以被於無窮之祚。[106]

高洋即帝位祀天事畢，乃還宮中，至太極前殿頒布〈改元詔〉曰：

　　無德而稱，代刑以禮，不言而信，先春後秋。故知惻隱之化，天人一揆，弘宥之道，今古同風。朕以虛薄，功業無紀。

　　昔先獻武王值魏世不造，九鼎行出，乃驅御侯伯，大號燕、趙，拯厥顛墜，俾亡則存。

　　文襄王外挺武功，內資明德，纂戎先業，闢土服遠。年踰二紀，世歷兩都，獄訟有適，謳歌斯在。

　　故魏帝俯遵曆數，爰念褰裳，遠取唐、虞，終同脫屣。實幽憂未已，志在陽城，而羣公卿士誠守愈切，遂屬代終，居於民上，如涉深水，有眷終朝。

　　始發晉陽，九尾呈瑞，外壇告天，赤雀劾祉。惟爾文武不貳心之臣，股肱爪牙之將，左右先王，克隆大業，永言誠節，共斯休祉。思與億兆同始茲日，其大赦天下。改武定八年為天保元年。

　　其百官進階，男子賜爵，鰥寡六疾義夫節婦旌賞各有差。[107]

王朝的否泰相續，廢興交替，都因天道不講私情，公正的對有天命而「應運」者加以「輔」助。唐、虞、魏、晉諸王朝，都先於天命轉變之前，實施禪讓，而後才使自己王朝的天命結束。魏王朝多動亂，已近三十年了，尤其到了孝明帝孝昌年間以後，朝庭內外都崩潰了，由高歡父子三人，挽救危機，重整調正衰運，對魏王朝實有巨大貢獻。孝靜帝乃順天命興衰之轉變，「允歸大命，以禪於臣洋」，高洋就順天命而受禪帝位。

　　綜合上述，高洋禪代魏政權，是依憑天命力量；這個天命觀念，就構成了〈修史詔〉以「嗣弘王業」為宗旨，而體顯嗣弘魏王業（帝位）

---

[106] 《北齊書》，卷4，〈文宣帝紀〉，頁49-50。
[107] 《北齊書》，卷4，〈文宣帝紀〉，頁50。

之正統，是依賴所謂的天命。前述高洋的禪代天命觀念，實出自古代天
命說的君權神授思想，天命，是舊王朝衰微滅亡之終極原因，是獲取帝
位創立新王朝之終極動力，更是帝位合法性或正當性的「正統」之終極
理據；故〈修史詔〉言「嗣」言「弘」言「王業」，在語意的表層意涵
上，自可釋爲：「嗣弘」魏帝位正統，惟就其內在觀念的最深層義蘊來
說，應當解作：齊朝既從「嗣」繼承魏天命正統，亦將從「弘」發揚魏
天命正統，合起來說就是：「嗣弘」魏天命正統。

第四章　纂修魏、齊史及佛教入史以實現宗旨

　　本章之目的，是針對〈修史詔〉之內容，探討從修史實現宗旨的方
式，即分析詔書所說：「雖史官執筆，有聞無墜，猶恐緒言遺美，時或
未書。在位王公、文武大小，降及民庶，爰至僧徒，或親奉音旨，或承
傳旁說，凡可載之文籍，悉宜條錄封上」。此處這段詔文的分析，將分
兩個層次：

　　第一個層次，是先據高洋禪代詔冊，揭示出實現方式的觀念基礎：
魏天命正統爲齊所嗣弘之過程，與魏、齊王朝更迭的歷史之過程，是一
致的歷程。這個觀念，反映於〈修史詔〉的整個內涵，即修史宗旨及其
實現方式：以修史承載「嗣弘」魏天命正統（第一節）。

　　第二個層次，是在以修史承載「嗣弘」魏天命正統觀念下，前引〈修
史詔〉文，所要徵集史料來修史的方式是：兼修魏、齊史，並將魏、齊
佛教載入魏、齊史（第二、三節）。

第一節　以魏、齊史呈現嗣弘魏天命正統

　　〈修史詔〉之宗旨，既在嗣弘魏天命正統宗旨，則其宗旨之實現方
式，正如同詔書內所示的修史活動。然則，其原因爲何呢？此因嗣弘魏

天命正統之宗旨，其觀念之基礎是：天命正統與歷史正統之合一。這可透過高洋禪代詔冊而顯示出來。

關於「嗣」的層面，詔冊從「天命」的觀點，編織魏政權正統衰微而遞嬗給高氏父子三的「歷史」過程；換言之，魏王朝正統「天命」之由北齊王朝所「嗣」，是透過魏末「歷史」過程，顯現於魏政權轉移至高氏父子手裡。這種思想，顯示在禪代文書裡，而且具有一致性，茲列舉如下：

武定八年三月十二日〈冊命齊王加九錫文〉說：天命的本質及運作是「夫惟天爲大」，「謂地蓋厚」，「所以四時代序」「然則皇王統曆，深視高居，拱默垂衣，寄成師相」─→呈現爲歷史的演變是魏「天下多難，國命如旒，則我建國之業將墜於地」─→「齊獻武王奮迅風雲，大濟艱危，爰翼朕躬，國爲再造」─→「及文襄承構，愈廣前業，康邦夷難，道格穹蒼」─→「王縱德應期，千齡一出，惟幾惟深，乃神乃聖，大崇霸德，實廣相猷」。[1]

武定八年五月初八日〈禪讓詔〉說：天命的本質及運作是「三才剖判，百王代興」，「咸自靈符，非一人之大寶，實有道之神器」─→呈現爲歷史的演變是魏「宗祖應運，奄一區宇，歷聖重光，暨於九葉，德之不嗣」，「主殺朝微，人神靡繫，天下之大，將非魏有」─→「賴齊獻武王（高歡）奮揚靈武」而「國由再造」─→「逮文襄（高澄）承構，世業逾廣」─→「迄相國齊王（高洋）」，於是孝靜帝乃全悉「伊所謂命世應期」，「禎符雜遝」，「人靈之契已合，天道不遠，我不獨知」，「今便遜於別宮，歸帝位於齊國，推聖與能」。[2]

武定八年五月初八日，頒〈禪讓詔〉，後又下〈禪位冊〉說：天命本質及運作「盛衰有運，興廢在時，知命不得不授，畏天不可不受」─

---

[1]《北齊書》，卷4，〈文宣帝紀〉，頁45。
[2]《北齊書》，卷4，〈文宣帝紀〉，頁47-48。

→顯現爲歷史演變，是魏政權衰落轉移，「迄於正光之末，奸孽乘權⋯⋯
國土臣民，行非魏有」─→「齊獻武王應期授手」─→「及文襄繼軌，
誕光前業」─→「（齊）王神祇協德，舟梁一世」，「嘉禎幽祕，一朝紛
委，以表代德之期，用啓興邦之跡」，「世革命改」，「敬以帝位式授於王，
天祿永終，大命格矣」。[3]

　　武定八年五月初八日〈即皇帝位告天文〉說：天命本質及運作，是
「四海至公，天下爲一，總民宰世，樹之以君」，「欽若昊天，允歸大命」
─→顯現爲歷史演變，是魏政權衰落轉移，「魏氏多難，年將三十，孝
昌已後，內外去之。世道橫流，蒼生塗炭」─→「賴我獻武，拯其將溺，
三建元首，再立宗祧」「文襄嗣武，克構鴻基，功浹寰宇」，「是則有大
造於魏室也」─→「魏帝以卜世告終，上靈厭德」，「以禪於臣洋」。[4]

　　武定八年五月初八日〈改元詔〉說：天命本質及運作，「惻隱之化，
天人一揆，弘宥之道，今古同風」─→顯現爲歷史演變，是魏政權衰落
轉移，「值魏世不造，九鼎行出」─→「昔先獻武王」，「乃驅御侯伯，
大號燕、趙，拯厥顚墜，俾亡則存」─→「文襄王外挺武功，內資明德，
纂戎先業，闢土服遠」─→「魏帝俯遵曆數，爰念襄裳，遠取唐、虞，
終同脫屣」，高洋「遂屬代終，居於民上，如涉深水」。[5]

　　依照上引諸文，在天命轉移上，北齊「嗣」魏政權正統的過程是：

　　一、魏政權正統之天命的衰微：即「天下之大，將非魏有」的天命
衰微。起於孝明帝元（在位 516-528）「正光（520-524）末」及「孝昌
（525-527）以後」。蓋時值「肅宗（孝明帝）沖齡統業，靈后婦人專制，
委用非人，賞罰乖舛。於是釁起四方，禍延幾甸」。[6]起初是人民叛變

---

[3] 《北齊書》，卷4，〈文宣帝紀〉，頁48-49
[4] 《北齊書》，卷4，〈文宣帝紀〉，頁49-50。
[5] 《北齊書》，卷4，〈文宣帝紀〉，頁50。
[6] 《魏書》，卷9，〈肅宗紀〉「史臣曰」，頁249。

紛起。[7]所謂「正光末」，如正光五年（524）三月至孝昌元年（525）六月，破洛汗拔陵領導的六鎮叛變。[8]「孝昌以後」的情況，如孝昌元年八月至武泰元年（528）二月，杜洛周領導的叛變；[9]又如孝昌二年（526）正月至孝莊帝建義元年（528）九月，鮮于修禮及部將葛榮相繼的叛變。[10]往後，更有朝廷的嚴重失序，即武泰元年（528）四月爾朱氏入洛陽起，至普泰二年（532）四月高歡入洛陽止，爾朱榮與從子兆，先後掌控朝政。

　　二、高歡「應期授手」：意指高氏受天命繼承魏政權正統的起點，因他對魏能「拯其將溺」，「國由再造」等等，其實都屬溢美飾詞，際實是高歡霸業的崛起。高歡原僅為懷朔鎮（今內蒙古固陽縣西南）之「隊主」的小軍官，後來陞遷為「函使」，掌理公文遞送。[11]孝昌元年，他加入杜洛周陣營，旋因「醜其行事，私與尉景、段榮、蔡俊圖之，不果而逃」；接著，「遂奔葛榮」，葛榮未滅前，「又亡歸爾朱榮於秀容」。武泰元年，榮進兵洛陽，他任前鋒入洛，往後屢建功績而漸崛起，受封銅鞮伯，陞遷為第三鎮人酋長，授任晉州（治在今山西臨汾市）刺史等職。[12]至節閔帝普泰元年（531），因先後招忌於爾朱榮與兆父子，遂自請帶領六鎮叛亂兵敗流落山西的二十餘萬饑民，就食山東（太行山以東之今河北省地區），以建立地盤。[13]遂在普泰元年六月至孝武帝永熙二年（532）正月間，消滅了爾朱氏的勢力。[14]其間，高歡於普泰二年（532）四月入

7　此處所述叛亂，詳見：王仲犖，《魏晉南北朝史》，下冊，頁563-579；呂思勉，《兩晉南北朝史》，上冊，頁560-571。

8　《魏書》，卷9，〈肅宗紀〉，頁235-241。

9　《魏書》，卷9，〈肅宗紀〉，頁241-249。

10　《魏書》，卷9，〈肅宗紀〉，頁243-245；卷10，〈孝莊紀〉，頁260。

11　《北齊書》，卷1，〈神武帝紀上〉，頁1-2。

12　《北齊書》，卷1，〈神武帝紀上〉，頁2-4。

13　《北齊書》，卷1，〈神武帝紀上〉，頁4-7。

14　《北齊書》，卷1，〈神武帝紀上〉，頁2-10。

洛陽，另立孝武帝元脩，改元永熙。[15]至永熙三年（534），孝武帝不堪高歡專制，計畫誅除失敗，七月奔往長安，投靠宇文泰。十月，高歡於洛陽另立孝靜帝元善見，改元天平元年，旋遷都鄴城，魏政權分裂爲二：鄴城的東魏、長安的西魏。[16]高歡以大丞相及大行臺之職，一直掌控東魏政權，直到武定五年正月初八日（547.2.13）過世爲止。[17]

　　三、高澄「誕光前業」：這是指他能承續天命，對魏政權正統能「克構鴻基」、「世業逾廣」。此話亦爲溢美飾詞。高歡死後，高澄繼續控制東魏朝政，武定五年七月初三日（547.8.14），高澄繼任大丞相與大行臺，是守父喪後的補敍而已，至武定七年八月初八日（549.9.15）遭刺死亡。在執政兩年餘間，侯景的叛變，與他有直接關係。北魏廢帝中興元年（531），高澄立爲世襲高歡渤海郡王爵位的世子，「侯景素輕世子（高澄），嘗謂司馬子如曰：『王在，吾不敢有異，王無，吾不能與鮮卑小兒共事。』子如掩其口」。澄本身的條件，原不足以讓景服從。歡病重之際，澄表示「憂侯景叛」，歡說：「（景）顧我能養，豈爲汝駕御也」；一面交代已喪須密而不發，使景能聽命；[18]一面「乃爲書召景」，令景聽命遠離地盤，以利高洋解決之。此事卻被「景知之，慮及於禍」，[19]故當武定五年正月初八日高歡死，在「祕不發喪」情況下，正月十三日（2.18）「侯景反」依然發生。[20]由於侯景統領河南十三州，以諸地降於西魏，高澄固派兵追擊，而疆土被實際接收者，至少有七州十三鎮。[21]在此之外，他的主要心思，就放在篡位的計畫，至遭刺殺爲止。武定七年八月初八日（549.9.15），在鄴都，「將欲受禪，與陳元康、崔季舒等屏斥左

[15] 《魏書》，卷11，〈廢出三帝紀・出帝平陽王〉，頁281。
[16] 《北齊書》，卷2，〈神武帝紀下〉，頁13-18；《魏書》，卷11，〈廢出三帝紀・出帝平陽王〉，頁291。
[17] 《北齊書》，卷2，〈神武帝紀下〉，頁18-24；《魏書》，卷12，〈孝靜帝紀〉，頁291。
[18] 《北齊書》，卷2，〈神武帝紀下〉，頁23-24。
[19] 《梁書》，卷56，〈侯景傳〉，頁834。
[20] 《魏書》，卷12，〈孝靜帝紀〉，頁309。
[21] 王仲犖，《魏晉南北朝史》，上冊，頁446。

右，署擬百官」。先是梁朝俘虜蘭京被配爲廚工，澄不許贖身，還命人「杖之」，遂「與其黨六人謀作亂」。當澄密議時，京置刀於荼盤下，假意要端食給高澄，近身時抽刀進行刺殺，[22]陳元康「以身扞蔽，被刺傷重，至夜而終」；楊愔「狼狽走出」，崔季舒「逃匿於廁」，侍衛庫真紇奚舍樂「扞賊死」。[23]禪代之事，於此中斷。

四、高洋獲「帝位式授於王」：這是指魏齊間的政權正統天命的交替承傳，已至「命世應期」，魏帝「知命不得不授，畏天不可不受」，故天人「允歸大命，以禪於臣洋」。此說仍是溢美飾詞。高澄被刺，高洋立刻接下執政，更積極準備澄未完成的篡位計畫，於武定八年五月初十日實現禪代。

在「弘」的層面上，是〈修史詔〉（甲）文所示，欲兼修國史與《魏書》，是對魏齊間禪代的魏政權正統，「思所以贊揚盛績，播之萬古」，要弘揚北齊所禪代魏「王業」的政權正統。這也顯示在，一是孝靜帝〈禪位冊〉所說：「於戲！其祗承曆數，允執其中，對揚天休，斯年千萬，豈不盛歟」；[24]意味禪代符合天命運數流轉的中道，配合了偉大天命的旨意，國祚永綿。二是高洋〈即位告天冊〉所云：「敬簡元辰，升壇受禪，肆類上帝，以答萬國之心，永隆嘉祉，保祐有齊，以被於無窮之祚」；[25]即位祭天，祈祐國祚無窮。三是即位當是〈改元詔〉云：「惟爾文武不貳心之臣，股肱爪牙之將，左右先王，克隆大業，永言誠節，共斯休祉，思與億兆同始茲日」；[26]勉臣下今起誠心效命，使即帝位之日，成爲恆久

---

[22] 《北齊書》，卷3，〈文襄帝紀〉，頁37。其所載時間爲七月辛卯，而武定七年七月內無辛卯日（文源書局編輯部，《中西萬年曆兩千年對照表》，台北：文源書局，1995年9月初版，頁110），是屬錯誤。《北齊書》，卷3，〈文宣帝紀〉則云：「武定七年八月，世宗遇害」（頁44）；《北史》，卷6，〈齊本紀上〉武定七年條云：「八月辛卯，（文襄）遇盜而崩」（頁235）。

[23] 《北齊書》，卷24，〈陳元康傳〉，頁345。

[24] 《北齊書》，卷4，〈文宣帝紀〉，頁49。

[25] 《北齊書》，卷4，〈文宣帝紀〉，頁50。

[26] 《北齊書》，卷4，〈文宣帝紀〉，頁50。

國祚的起始點。當然,這只是禪代時的祈願,在實際上,北齊傳位至幼主承光元年(577),就被北周滅亡了。不過,在禪代之初,頒佈〈修史詔〉之際,卻代表著文宣帝兼修國史與《魏書》的目的:「弘」揚魏政權正統。

綜合來說,依照禪讓詔冊,北齊之嗣弘魏天命正統,在魏與齊之間,歷經北魏末高歡、澄、洋父子,有一個天命正統結合歷史正統的傳遞過程,其言固多屬溢美飾詞。其實這個過程是:一面是魏王朝天命正統,為齊王朝所「嗣弘」的天命轉換過程;一面是北魏末年衰微之際,政權轉移至高氏父子乃至北齊的歷史過程;換句話說,在禪代過程,北齊王朝的立場與觀點認為,魏天命正統為北齊所嗣弘之過程,與魏、齊王朝歷史轉換成北齊的歷史過程,是一致性的歷程;所以禪代之後,又將之立場與觀點反映於〈修史詔〉整個內涵,即規劃為修史宗旨及其實現方式:以修史承載「嗣弘」魏天命正統。

第二節 詔集纂修魏、齊史之史料

修史,既為嗣弘魏正統宗旨的實現方式,〈修史詔〉便具體展開搜集史料的規定:「雖史官執筆,有聞無墜,猶恐緒言遺美,時或未書。在位王公、文武大小,降及民庶,爰至僧徒,或親奉音旨,或承傳旁說,凡可載之文籍,悉宜條錄封上」。這段詔文之涵義,自來有兩種看法。清人嚴可均(1762-1843)將之題作〈國史詔〉。[27]國史意指當朝北齊歷史,嚴氏是意謂本詔是要修撰北齊國史。現代學者,亦有同樣的解讀。[28]另外,在第一章第一節已敘及,塚本善隆先生認為,此詔使魏收撰《魏書》,復因強調「僧徒」,不提見道士,顯示北齊佛盛而道不遇,以致〈釋

---

[27] 北齊文宣帝,〈國史詔〉,收入嚴可均輯,《全上古三代秦漢三國六朝文》(北京:中華書局,1999 年 6 月初版七刷,據光緒王玉藻校刻斷句本校訂影印),全北齊文,卷 1,頁 3827。

[28] 牛潤珍,〈北齊史館考辨〉,《南開學報》,1995 年第 4 期,頁 26-30。

老志〉內容多載佛教。此說亦為後來學者所接受。[29]其實〈修史詔〉是兼修魏史、齊國史，不必於魏、齊之間各拘泥一端而言之，兩種意見，只是代表一體兩面的看法，無任何衝突。

依照前引詔文，所令徵集之史料，可區分為兩大領域：一是王朝史，二是佛教史。後者將於下一節說明，此處先討論前者。

王朝史之史料領域，又分兩個部分：第一部分是「史官執筆，有聞無墜」，即指官修及所累積之史料，保存相當完備；是指至北齊文宣帝天保元年八月十三日，朝廷所典藏之「史官執筆」史料。第二部分是「在位王公、文武大小，降及民庶，爰至僧徒」等所私藏史料，是因官方史料固已達「有聞無墜」之完備性，卻「猶恐緒言遺美，時或未書」而有所遺漏；遂從天保元年八月十三日頒布〈修史詔〉起，由官方進行徵集。依此總計魏、齊王朝史料，至少計有如下四類：

第一類史料，是北魏以來所修之魏國史。[30]劉知幾（661-721）《史通》〈史官建置〉篇說：「元魏始於祕書置著作局，正郎二人，佐郎四人。普泰以後，別置修史局，其職有六人」。朱希祖（1879-1944）先生嘗予考證，知幾所說著作局，其名稱是始見於唐高祖武德四年（621），設「著作局，郎二人，佐郎二人」，可見「著作稱局，始於唐初」，知幾之說，正由此附會而來。事實上，北魏之史署稱作「著作省」，史官稱為「著作郎及著作佐郎，無所謂正郎也」；[31]北魏「稱史官為著作郎，史署為著

---

[29] 諏訪義純，〈北齊帝室と佛教（一）：文宣帝と佛教信仰〉，收入氏著，《中國中世佛教史研究》，頁227。

[30] 有關北魏國史纂修歷程，此處僅述概略：其史官制度，見劉知幾撰，浦起龍釋，《史通通釋》（台北：九思出版公司，1978年10月台一版，新校點本），卷3，〈史官建置〉，頁315-317；對其疏理者，參見呂思勉，《兩晉南北朝史》，下冊，頁1404-1406；反駁有史官之設者，見朱希祖，〈駁史通元魏著作局及修史局說〉，收入氏著，《朱希祖先生文集》（台北市：九思出版公司，1979年6月台一版），頁1054-1059。關於修史人物考列之詳備，見周一良，〈魏收之史學〉，收入氏著，《周一良全集》，第一卷，頁309-312。

[31] 朱希祖，〈駁史通元魏著作局及修史局說〉，收入氏著，《朱希祖先生文集》，第二冊，頁1055-1057。

作省」。[32]至於北魏節閔帝普泰以後之修史局,「因《魏書》〈官氏志〉無明文也」。「則更屬無稽」,所謂「其職有六人」,當緣據於「魏收撰《魏書》之史閣,及同修史之六人耳」。[33]北魏稱為史閣,即魏收在北齊撰《魏書》之事,其職有六人。[34]

　　無論如何,北魏以來至東魏所修國史,是《魏書》纂修之基礎。魏收在〈序傳〉敘《魏書》所依魏國史的基礎說:

> 始魏初,鄧淵撰《代記》十餘卷,其後崔浩典史,游雅、高允、程駿、李彪、崔光、李琰之世修其業。浩為編年體,彪始分作紀表志傳,書猶未出。[35]

　　北魏國史之始修,明確年代無可考,始於道武帝拓跋珪(371-409,在位398-409)定中原之際,詔鄧淵撰《國記》,總計十餘卷,其書的體裁是「惟次年月起居行事而已,未有體例」。[36]到了明元帝拓跋嗣(392-423,在位409-423),遂以鄧淵的《國記》「體例未成」,「廢而不述」。[37]接著,是進入「浩為編年體」的階段:至太武帝拓跋燾(408-452,在位423-452)時期,才恢復「詔集諸文人撰錄《國書》」,崔浩(381-450)開始就參與,後來更「至於損益褒貶,折中潤色,浩所總焉」。[38]此間高允亦受詔以本官領著作郎,「與司徒崔浩述成《國記》」。據高允對太武帝所說:「〈太祖記〉,前著作郎鄧淵所撰。先帝記及今記,臣與浩同作。然浩綜務處多,總裁而已。至於註疏,臣多於浩」;[39]且史載「崔浩、高允著述《國書》,編年序錄,為《春秋》之體」;[40]則可見魏收〈自序〉所說「浩為

---

[32] 朱希祖,〈改國史館為國史院議〉,收入氏著,《朱希祖先生文集》第二冊,頁1032。

[33] 朱希祖,〈駁史通元魏著作局及修史局說〉,收入氏著,《朱希祖先生文集》第二冊,頁1055,1057。

[34] 朱希祖,〈改國史館為國史院議〉,收入氏著,《朱希祖先生文集》,頁1032。

[35] 《魏書》,卷104,〈自序〉,頁2326。

[36] 《魏書》,卷24,〈鄧淵傳〉,頁635。

[37] 《魏書》,卷35,〈崔浩傳〉,頁815

[38] 《魏書》,卷35,頁815,823-824。

[39] 《魏書》,卷48,〈高允傳〉,頁1068,1070。

[40] 《魏書》,卷62,〈李彪傳〉,頁1381。

編年體」，是將鄧淵的《國記》加以體例化，確立為編年體。至於此間的游雅，雖受「徵為秘書監，委以國史之任。不勤著述，竟無所成」。[41]太平真君十一年（450）六月，崔浩被誅，高允繼之典國史，歷經文成帝拓跋濬（440-465,在位 452-465）、獻文帝拓跋弘（454-476,在位 465-471），乃至孝文帝元宏（467-499,在位 471-499）初年，其間「雖久典史事，然而不能專勤屬述」，時與校書郎劉模有所緝綴，「大較續崔浩故事，准《春秋》之體，而時有刊正」，同樣延續崔浩所訂立的編年體。[42]

〈序傳〉所謂「彪始分作紀表志傳」，是指北魏國史更革為紀傳體。孝文帝太和十一年（487）十二月，命李彪（443-500）與崔光典掌修史，[43]由「彪與秘書令高祐始奏從遷固之體，創為紀、傳、表、志之目焉」。[44]國史體裁改作紀傳體之見議，獲得孝文帝的同意，是月「詔祕書丞李彪、著作郎崔光改析國記，依紀傳之體」，[45]

自宣武帝至靈太后間，固有谷纂「為著作，又監國史，不能有所緝綴」；[46]不過，孝明帝時，崔謙於「孝昌中，解褐著作佐郎」。[47]孫搴「自檢校御史再遷國子助教。太保崔光引修國史」。[48]往後至孝莊帝建義元年（528）間，復有韓子熙「修國史」。[49]在孝莊帝年間（528-530），李同

---

[41] 《魏書》，卷 54，〈游雅傳〉，頁 1195。

[42] 《魏書》，卷 48，〈高允傳〉，頁 1086。

[43] 《魏書》，卷 7 下，〈高組紀〉，頁 163。

[44] 《魏書》，卷 62，〈李彪傳〉，頁 1381。

[45] 《魏書》，卷 7 下，〈高組紀〉，頁 163。

[46] 《魏書》，卷 33，〈谷纂傳〉，頁 782。按傳中未明谷纂時代，據「纂弟士恢，字紹達。少好琴書。初為世宗挽郎，除奉朝請。正光中，入侍，甚為肅宗寵待。元叉之出，靈太后反政，紹達預有力焉。……太后嬖幸鄭儼，懼紹達間構於帝，每因言次，導紹達為州。紹達耽寵，不願出外。太后誣其罪而殺之」（《魏書》，卷 33，〈谷纂傳〉，頁 782）。由此略定谷纂所處年代在宣武帝至靈太后之間。

[47] 《周書》，卷 35，〈崔謙傳〉，頁 612。

[48] 《北齊書》，卷 24，〈孫搴傳〉，頁 341。

[49] 《魏書》，卷 60，〈韓子熙傳〉，頁 1336。

軌（501-547）亦任「著作郎，典儀注，修國史」；[50]陽休之、魏收亦同「修國史」；[51]普泰中（531），陽休之任「太保長孫稚府屬。尋勅與魏收、李同軌等修國史」。[52]東魏成立以後，孝靜帝在位期間（535-550），先於天平年間（535-537），有宇文忠受「敕修國史」，至武定初年，「尚書右丞，仍修史」；[53]其間，猶有山偉以中書令「本官復領著作」。[54]司馬消難「微涉經史，好自矯飾，以求名譽，起家著作郎」。[55]陸卬「除中書侍郎，修國史」。[56]李廣「獨以才學兼御史，修國史」。[57]

起居注方面，北魏孝文帝太和十四年（490），始創起居注制，至北魏末孝莊帝年間（528-530），仍然持續，有辛賈「修起居注」。[58]溫子昇亦「修起居注」。[59]從孝莊帝至孝武帝之間（528-531），復有裴伯茂「典起居注」，[60]邢昕「修起居注」。[61]東魏期間，孝靜帝（在位535-550）的起居注，猶記之不輟，如天平年間（535-537），先後有山偉「監起居」，[62]陳元康於天平元年（534）「修起居注」。[63]還有盧元明亦「監起居」。[64]興和初年（539），有許絢（493-539）「修起居注」。[65]武定中（543-550），崔肇師「送梁使徐州。還，勅修起居注」。[66]

---

[50] 《魏書》，卷36，〈李同軌傳〉，頁848。
[51] 《北齊書》，卷42，〈陽休之傳〉，頁561。
[52] 《北齊書》，卷42，〈陽休之傳〉，頁561。
[53] 《北史》，卷50，〈宇文忠之傳〉，頁1386。
[54] 《北史》，卷50，〈山偉傳〉，頁1835。
[55] 《周書》，卷21，〈司馬消難傳〉，頁354。
[56] 《北齊書》，卷35，〈陸卬傳〉，頁469。
[57] 《北齊書》，卷45，〈文苑傳·李廣〉，頁607。
[58] 《魏書》，卷45，〈辛賈傳〉，頁1027。
[59] 《北史》，卷83，〈文苑·溫子昇傳〉，頁2784。
[60] 《北史》，卷38，〈裴伯茂傳〉，頁1381。
[61] 《北史》，卷43，〈邢昕傳〉，頁1585。
[62] 《北史》，卷50，〈山偉傳〉，頁1835。
[63] 《北齊書》，卷24，〈陳元康傳〉，頁342。
[64] 《魏書》，卷47，〈盧元明傳〉，頁1060。
[65] 《魏書》，卷46，〈許絢傳〉，頁1037-1038。
[66] 《北齊書》，卷23，〈崔肇師傳〉，頁338。

　　第二類史料，是北齊國史與魏國史交疊者，即天保元年五月禪代以前，高歡、高澄、高洋三人，長期專制北魏、東魏朝政，其有關史料，都包含在北魏末至東魏的國史中。這可以證諸二事：一是《魏書》中，頗多記載三人活動之史事。二到了北齊後主天統初年（565），魏收先撰述了《齊書》〈高祖本紀〉，起元自北魏節閔帝普泰二年（532）閏三月，高歡在韓陵（今河南省安陽市東北）大戰之「破四胡」，即大破爾朱兆、爾朱天光、爾朱度律、爾朱仲遠等四人聯軍二十萬〈第十四章第三、四節〉。

　　第三類史料，是獨屬北齊國史，即天保元年五月禪代至八月頒〈修史詔〉之間，北齊國史初步紀錄之史料。天保元年五月十日禪代後，在起居注方面，有陽休之（509-582）「齊受禪，除散騎常侍，修起居注」；[67]有關國史纂修，高隆之（494-554）於「齊受禪，進爵爲王，尋以本官錄尚書事，領大宗正卿，監國史」。[68]可見北齊受禪之際，已開始累積國史之史料了。

　　以上三種史料，都在史官記錄的範圍內，是如（乙）文所說的「有聞無墜」，具有完整性。

　　第四類史料，是私藏史料。由於官方典藏史料，「猶恐緖言遺美，時或未書」，不能肯定完全沒有闕漏寶貴的史料。因此，爲了補史官可能闕漏的史料，〈修史詔〉乃要求「在位王公、文武大小，降及民庶，爰至僧徒，或親奉音旨，或承傳旁說，凡可載之文籍，悉宜條錄封上」。其目的之一，是要在上述官方所藏王朝史料以外，搜集私藏史料。此事難見詳情，只知大略。如劉知幾（661-721）說，齊修魏史，「大徵百家譜狀，斟酌以成《魏書》」；[69]如眾所知，譜牒是當時士族社會之產物，

---

[67]《北齊書》，卷 42，〈陽休之傳〉，頁 562。
[68]《北齊書》，卷 18，〈高隆之傳〉，頁 237。
[69]《史通通釋》，卷 12，〈古今正史〉，頁 365。

爲社會上層階級史料，[70]《魏書》當徵集爲史料。另外，從「庶民」與
《魏書》類傳之關係，也可反映出，少部分社會較低階級之史料，亦在
徵集之列。該書〈孝感傳〉，有長孫慮、孫益德、董洛生、令狐仕兄弟
四人、董吐渾與兄養、吳悉達、王續生、李顯達、張昇、倉跋等人；[71]無
論家世、本身、子孫，都沒有當官紀錄，能登史傳，純粹是因至孝之德
行。〈節義傳〉石文德、趙令安、孟蘭彊、馬八龍、門文愛、邵洪哲、
孫道登、李几、蛭拔寅、王閭、劉興業、蓋儁等人，均爲庶人，在親族、
朋友、官民之間，特有高節及義行；[72]其〈列女傳〉所載，諸如平原鄃
縣（今山東省夏津縣之縣城）女子孫氏男玉、涇州（今甘肅省涇川縣）
貞女兒先氏、滎陽郡京縣（今河南省滎陽市東南）人張洪初妻劉氏、陳
留縣（今河南省開封市陳留縣）董景起妻張氏、滎陽（今河南省滎陽市）
史映周妻同郡耿氏女、河東（今山西省永濟縣東南）姚氏女字女勝、滎
陽刁思遵妻魯氏女等；[73]她們的父家、夫家，都無仕宦紀錄。〈逸士傳〉
人物，大多出身官宦之家，獨鄭脩，北海郡（治平壽縣，今山東省平度
縣西南）人。自「少隱於岐南几谷中」，依巖結宇，獨處淡然，「屏跡人
事，不交世俗，耕食水飲，皮冠草服，雅好經史，專意玄門。前後州將，
每徵不至」。岐州刺史魏蘭根頻遣致命，脩不得已，暫出見蘭根，尋還
山舍。蘭根申表薦脩，肅宗詔付雍州刺史蕭寶夤訪實以聞報。會寶夤叛
變，事擱未行。[74]

---

[70] 《隋書》，卷33，〈經籍志二〉云：「氏姓之書，其所由來遠矣。……周家小史定繫
世，辨昭穆，則亦史之職也。秦兼天下，剗除舊迹，公侯子孫，失其本繫。漢初，
得世本，敍黃帝已來祖世所出。而漢又有帝王年譜，後漢有鄧氏官譜。晉世，摯虞
作族姓昭穆記十卷，齊、梁之間，其書轉廣。後魏遷洛，有八氏十姓，咸出帝族。
又有三十六族，則諸國之從魏者；九十二姓，世爲部落大人者，並爲河南洛陽人。
其中國士人，則第其門閥，有四海大姓、郡姓、州姓、縣姓」（頁990）；高賢棟，〈北
朝宗族譜牒述論〉，《北方論叢》，2007年第5期，頁83-86。
[71] 《魏書》，卷86，〈孝感傳〉，頁1882-1886。
[72] 《魏書》，卷86，〈節義傳〉，頁1890-1896。
[73] 《魏書》，卷92，〈列女傳〉，頁1980-1983，1985。
[74] 《魏書》，卷90，〈逸士傳‧鄭脩〉，頁1939。

總之，〈修史詔〉所要搜集的史料，對魏、齊史無所偏頗，而是兼含兩者，顯示〈修史詔〉所要纂修之史籍，是齊國史與《魏書》，遂對兩者史料兼籌並徵。

第三節 詔集魏、齊佛教史料以載入魏、齊史

〈修史詔〉之搜集史料規定：「雖史官執筆，有聞無墜，猶恐緒言遺美，時或未書。在位王公、文武大小，降及民庶，爰至僧徒，或親奉音旨，或承傳旁說，凡可載之文籍，悉宜條錄封上」。在解讀上，「爰至僧徒」句，明確顯示詔文規定務必搜集佛教史料，惟不能把此句抽離出來，片面的解釋佛教史料之搜集，宜將詔文當做整體規範，來看詔文的徵集佛教史料，而務須注意者有三點：

第一，以詔文的整體內容來看，「僧徒」列為修魏、齊史之史料提供者，實意味他們一面可提供魏、齊王朝史料，一面可提供魏、齊佛教史料。換句話說，詔文是欲修魏、齊史，內容包含著魏、齊佛教史，亦即要將魏、齊佛教史載於魏、齊王朝史內，為其之一部分。

第二，從第一點來看，「史官」所代表的官史料之內，不只王朝史料，亦有佛教史。舉例來說，北魏以來諸帝多崇佛，其佛教活動多有紀錄。

北魏開國之君道武帝「頗覽佛經」。[75]至明元帝「又崇佛法」。[76]縱使毀佛的太武帝，即位初年，「世祖初即位，亦遵太祖、太宗之業，每引高德沙門，與共談論」。其後，漸至「雖歸宗佛法，敬重沙門，而未存覽經教，深求緣報之意」。最後，「及得寇謙之道，帝以清淨無為，有仙化之證，遂信行其術」。[77]獻文帝即位對佛教「敦信尤深，覽諸經論，

---

[75] 《魏書》，卷114，〈釋老志〉，頁3030。
[76] 《魏書》，卷114，〈釋老志〉，頁3030。
[77] 《魏書》，卷114，〈釋老志〉，頁3032，3033。

好老莊。每引諸沙門及能談玄之士，與論理要」。[78]直到東魏孝靜帝武定六年四月八日，「魏帝集名僧於顯陽殿講說佛理」。[79]其中最顯著者，是孝文帝。

史稱孝文帝「雅好讀書，手不釋卷。五經之義，覽之便講，學不師受，探其精奧。史傳百家，無不該涉。善談莊老，尤精釋義」。[80]他曾多招致僧人宣揚佛法。在京城方面，太和初年起，孝文帝便開始禮遇義學僧，如成實論師僧淵、慧記「並爲魏主元宏所重，馳名魏國」。[81]曇度從僧淵受成實論，「魏主元宏聞風餐挹，遣使徵請，既達平城，大開講席，宏致敬下筵，親管理味，於是停止。魏都法化相續，學徒自遠而至千有餘人」。[82]道登亦從僧淵「學究《成實論》」，「年造知命，譽動魏都，北土宗之，累信徵請」。[83]僧實「隨見孝文便蒙降禮」。[84]此外，還有僧逞「比唱法北京，德芬道俗」；[85]應統「徽綜玄範，沖猷是託」；[86]慧紀「光法彭方，聲懋華裔」。[87]禪學僧方面，天竺佛陀禪師「學務靜攝」，遊歷諸國，「遂至魏北臺之恒安焉。時值孝文敬隆誠至，別設禪林，鑿石爲龕結徒定念。國家資供，倍架餘部」。[88]僧達「宗軌毘尼」亦習禪，「爲

---

[78] 《魏書》，卷 114，〈釋老志〉，頁 3037。

[79] 《北齊書》，卷 24，〈杜弼傳〉，頁 350。

[80] 《魏書》，卷 7 下，〈高祖紀〉，頁 187。

[81] 梁·慧皎撰，《高僧傳》，卷 8，〈釋僧淵傳〉，大正藏第五十冊，頁 375 中。其又云「淵以僞太和五年卒，春秋六十有八，即齊建元三年也。」(同上)。依此則至遲到了太和五年，孝文帝已開始禮遇義學僧。不過，當時是文明太后臨朝，真正的崇禮者，應是太后。

[82] 《高僧傳》，卷 8，〈釋僧淵傳〉，大正藏第五十冊，頁 375 中。並云曇度「以僞太和十三年卒於魏國，即齊永明六年也」。

[83] 唐·道宣撰，《續高僧傳》，卷 6，〈釋道登傳〉，大正藏第五十冊，頁 471 下。

[84] 《續高僧傳》，卷 16，〈釋僧實傳〉，大正藏第五十冊，頁 557 下。

[85] 唐·道宣輯，《廣弘明集》，卷 24，〈贈徐州僧統幷設齋詔〉，大正藏第五十二冊，頁 272 下。

[86] 《廣弘明集》，卷 24，〈歲施道人應統帛詔〉，大正藏第五十一冊，頁 273 上。

[87] 《廣弘明集》，卷 24，〈帝爲慧紀法師亡施帛設齋詔〉，大正藏第五十一冊，頁 273 上。

[88] 《續高僧傳》，卷 16，〈佛陀禪師傳〉，大正藏第五十冊，頁 551 上。

魏孝文所重。邀延廟寺闡弘《四分》」。[89]在宮廷方面，他以「先朝之世，
經營六合，未遑內範」，遂使「皇庭闕高邈之容，紫闥簡超俗之儀，於
欽善之理福田之資，良為未足」，乃「將欲令懿德法師時來相見，進可
飡稟道味，退可飾光朝廷」，「其勅殿中聽一月三入」。[90]

在上述活動過程中，孝文帝多與僧人集論佛學，如裴宣「員外散騎
侍郎，舊令與吏部郎同班。高祖曾集沙門講佛經，因命宣論難，甚有理
詣，高祖稱善」。[91]當孝文帝集論佛學之際，多有進行文字記錄。《魏書》
〈韋纘傳〉云：

> 纘，字遵彥。年十三，補中書學生，聰敏明辯，為博士李彪
> 所稱。除祕書中散，遷侍御中散。高祖每與名德沙門談論往復，
> 纘掌綴錄，無所遺漏，頗見知賞。[92]

孝文帝崇佛熱烈，集論佛學之際，特別專派朝官擔任記錄工作。韋纘所
記還達到「無所遺漏」程度，可見記錄之謹慎細緻，而纘亦因之「頗見
知賞」，顯示孝文帝相當重視佛學集論之紀錄工作。在此背景下，孝文
帝朝，陽尼既「徵拜祕書著作郎」，擔任了史官，乃「奏佛道宜在史錄」。
[93]尤其太和十有四年二月，孝文帝「詔定起居注制」，[94]如此一來，帝王
的佛教活動記錄，當或有載於起居注者，存在史官典藏史料之內，宣武
帝的「內起居」，便是明證。《魏書》〈釋老志〉云：

> 世宗篤好佛理，每年常於禁中，親講經論，廣集名僧，標明
> 義旨。沙門條錄，為內起居焉。[95]

宣武帝在禁中集論佛學時，派遣沙門條錄論講內容，即稱為「內起居」。

---

[89]《續高僧傳》，卷 16，〈釋僧達傳〉，大正藏第五十冊，頁 552 下-553 上。

[90]《廣弘明集》，卷 24，〈帝聽諸法師一月三入殿詔〉，大正藏第五十二冊，頁 272 下；
《佛祖統紀》，卷 39，〈法運通塞志第十七之五〉，大正藏 49/355 上。

[91]《魏書》，卷 45，〈裴宣傳〉，頁 1023。

[92]《魏書》，卷 45，〈韋纘傳〉，頁 1014。

[93]《魏書》，卷 72，〈陽尼傳〉，頁 1601。

[94]《魏書》，卷 7 下，〈高祖紀下〉，頁 165。

[95]《魏書》，卷 114，〈釋老志〉，頁 3042。

所謂「內」，很可能是意指「內學」，即佛學，[96]「內起居」，即專記帝王佛學活動的起居注，既為起居注，當是史官所典藏之史料。

　　第三，魏、齊有僧官制度（見第十六章第五節），必典藏佛教事務檔案。另外，北魏孝文帝太和十五年（491）至十七年（493）密議遷都洛陽期間，就擬訂了營繕洛陽都城的法制，稱作《都城制》。約於太和十七年十月初一日開始繕洛陽宮室之際，加以頒布，由職掌全國營繕事宜之司空府負責執行。其內有洛陽都城營造佛寺之規定，因此，《都城制》所涉的絡陽佛寺營造檔案史料，應典藏於司空府。北魏孝明帝時，任城王元澄任司空，就曾依據府藏佛寺營造檔案，派員清查洛陽都城佛寺營造實況，查出許多違建案及其他違規案。[97]

　　第四，由上述可知，〈修史詔〉針對「僧徒」所要搜集的佛教史料，當非官方的，是民間所私藏的。蓋北魏道武帝天興元年，下詔肯定佛教有利於王朝統治，「夫佛法之興，其來遠矣，濟益之功，冥及存沒，神蹤遺軌，信可依憑」。開始建造五級佛圖、耆闍崛山及須彌山殿，「加以綵飾」。另「別構講堂、禪堂及沙門座，莫不嚴具焉」。用佛教來「敷導民俗」。到了明元帝即位，「遵太祖之業」，於「京邑四方，建立圖像，仍令沙門敷導民俗」。[98]佛教向民間深入展開。至孝文帝，針對地方民眾，他有時還特「勅諸州令此夏安居清眾」，「其各欽旌賢匠，良推叡德，勿致濫濁惰茲後進」，大州 300 百人，中州 200 百人，小州 100 百人，「任其數處講說」。所須經費，「皆僧祇粟供備，若粟尠徒寡不充此數者，可令昭玄量減還聞」。[99]在朝廷以僧人進行敷導民俗下，加上遊

[96]《宋書》〈西南夷傳〉敘劉宋佛教云：「外國沙門摩訶衍，苦節有精理，於京都多出新經，勝鬘經尤見重內學」（頁 2392）。

[97] 阮忠仁，〈北魏孝文帝之洛陽佛寺營造規制考〉，收入國立嘉義大學史地學系編，《歷史、地理與變遷學術研討會論文集》，嘉義縣：國立嘉義大學史地學系，2004 年 6 月初版，頁 101-116。

[98]《魏書》，卷 114，〈釋老志〉，頁 3030。

[99]《廣弘明集》，卷 24，〈帝令諸州眾僧安居講說詔〉，大正藏第五十二冊，頁 272 下。《佛祖統紀》，卷 39，〈法運通塞志第十七之五〉，大正藏第四十九冊，頁 355 中。

方僧傳教的活躍，以及佛教之異聞、靈驗記、庶民經典等通俗輔教書之傳播，魏、齊之民間的佛教信仰興盛，而見諸於各類造像活動。[1]〈修史詔〉期望自「僧徒」之手徵集到之史料，應數此類。

綜合上來所說，〈修史詔〉之史料搜集，一面是魏、齊王朝史料，一面是魏、齊佛教史料。其目的是修纂魏、齊史，而把魏、齊佛教史一起載入魏、齊史之內（見第十五章）。

第五章 嗣弘魏天命正統宗旨之政治文化原因（一）：符合禪代慣例

關於〈修史詔〉內容之形成的原因分析，所涉範圍龐雜，必須分多章進行。起先要探討的，是修史宗旨嗣弘魏天命正統的形成原因（第五至十一章），這又可分為兩大方面：政治文化（第五、六章）、佛教天命（第七至十一）。

本章是針對修史詔宗旨嗣弘魏天命正統的形成原因，去探究它的第一個政治文化因素：就北齊之禪代東魏的方式，遠取堯舜禪讓，王莽禪代西漢；近仿曹魏禪代東漢，西晉禪代曹魏；同時，亦依循劉宋禪代東晉，蕭齊禪代劉宋，蕭梁禪代蕭齊（第一節）。依照前述禪代的天命正統繼承慣例，必須受禪本朝與禪位前朝，綿密相銜相承前朝天命正統（第二節）；不似武力改朝模式，本朝天命正統，可以隔越前朝，遙接一個更古的朝代之天命正統（第三節）。北齊既依歷史悠長禪代傳統，以禪代東魏政權，天命正統的設定，必要符合禪代慣例，從禪位之魏王朝繼承其天命正統，此即是修史宗旨嗣弘魏天命正統的淵源之一。

---

[1] 侯旭東，《五、六世紀北方民眾佛教信仰》（北京：中國社會科學出版社，1998 年 10 月初版一刷）。

第一節 高氏所承襲之禪代傳統

遠古唐、虞之際，堯把帝位禪讓於舜，舜之帝位又禪讓給禹，是中國禪讓政治思想的源流。問題卻是不少，它是否爲歷史事實呢？或肯定或否定。是否真有禪讓呢？或肯定或否定。所謂禪讓，其內涵及本質爲何呢？則有多種的分歧觀點。無論如何，堯舜之禪讓，已爲前後朝的相承理據，建構於天命之上。

1930 年代以來，論堯舜禪讓者紛沓繁多，實都只論堯和舜，而不及於禹。歸納其觀點，不外有兩種角度：[2]一是疑古態度，以爲上古不曾發生過堯舜禪讓事件，是戰國時代墨家主尙賢，兼其組織領袖「巨子」（鉅子）用禪讓傳承，乃創作出堯舜故事，影響廣泛，魏惠王欲讓國於臣惠子，燕王噲以國禪讓於臣子之，還使儒家、道家，法家，無論反對或贊同，都在談論著堯舜禪讓。[3]再往前溯源，有謂禪讓源自古神話，堯、舜是神話中之上帝，兩人間的禪讓，是在天上演出的歷史劇。[4]二是釋古態度，說堯舜禪讓爲古代流傳下來的傳說，不能說全出於捏造，應有若干史實，可加以詮釋其內容狀況，而各有其說，或有以爲，禪讓是古代王位選舉制度，關若烏桓、鮮卑、契丹、蒙古等族的情形。[5]或有主張，堯舜禪讓說，是戰國政治哲學思想，是針對春秋戰國間政權轉移頻繁的實際狀況，提出君權應有的來源，以及政權轉移應有的方式。而後世亦衡諸實際政治形勢，依之進行禪讓，其內容也就不盡相同。[6]

往後至近年，諸說依然紛出，各有其見解，根本無法歸於一致，茲

---

[2] 關於堯舜禪讓的各種論述，楊希牧先生曾予歸納整理，卻仍不周全，原因是數量過多，見：楊希牧，〈再論堯舜禪讓傳說〉，收入氏著，《先秦文化史論集》（北京市：中國社會科學出版社，1995 年 8 月初版一刷），頁 838-852。

[3] 顧頡剛，〈禪讓傳說起於墨家考〉，收入《古史辨》，第七冊下編，頁 30-109。

[4] 楊寬，〈讀禪讓傳說起於墨家考〉，收入《古史辨》，第七冊下編，頁 110-117。

[5] 錢穆，〈唐虞禪讓說釋疑〉，收入《古史辨》，第七冊下編，頁 292-295。

[6] 馮友蘭，〈中國政治哲學與中國歷史中之實際政治〉，收入《古史辨》，第七冊下編，頁 296-310。

略爲舉隅如下：

一、堯、舜是存在的歷史時代，禪讓應爲歷史事實。郭店楚簡所載的禪讓說，有系統的論證了禪讓制度的實質、歷史依據、理論依據以及實施辦法，有意證明在三代以前古史傳說時代，禪讓是歷史事實。[7]換言之，堯舜禹禪讓的事跡，見諸於春秋以前之史籍，非出於戰國諸子的某家之言，孔子言堯舜禹禪讓，實際未嘗提倡實行，郭店簡《唐虞之道》與上博簡《容成氏》、《子羔》，皆爲戰國儒家後學作品，所說禪讓，是三代以前堯、舜、禹權力繼承制度的反映，不是戰國諸子宣揚一己之政治理想，編造故事來寄寓。[8]從母系社會之婚姻制度去看，禪讓，是堯舜時代部落聯盟民主選舉制度。蓋自帝嚳到堯、舜時代，還處于母系社會階段，爲多族部落聯盟，高辛部落居主導地位，其女首領是聯盟之女皇，堯、舜都因被女皇選作女婿而登上帝位，故禪讓制度，是部落聯盟民主選舉制度，本質是母系時代高辛部落女皇擇婿制度。[9]傳說中的堯舜禹禪讓并不是原始禪讓政治的常態。作爲原始禪讓政治的晚期形態，堯舜禹禪讓起著架構原始民主選舉制度、夏商周世襲制度的歷史作用，它所確立的禪讓政治原則成爲后世皇權專制制度下的封建禪讓政治的思想立法。[10]一般認爲，禪讓，是前國家階段政治情況的反映。其實，實行禪讓制度的堯舜時代，已具備與其後的夏商周三代相同的社會特徵，即當時已有方國，各方國內部，業已確立王位世襲制度，禪讓只是方國之間推舉聯盟首領的制度。這也顯示了，在國家型態上，堯舜禹時代的早期國家，有別於戰國以後的國家，而具有一些區別於後世的自己

---

[7] 劉寶才，〈《唐虞之道》的歷史與理念──兼論戰國中期的禪讓思潮〉，《人文雜志》，2000 年第 3 期，頁 106-110。

[8] 梁韋弦，〈郭店簡、上博簡中的禪讓學說與中國古史上的禪讓制〉，《史學集刊》，2006 年第 3 期，頁 3-7。

[9] 付希亮，〈中國禪讓制度是母系社會高辛女皇擇婿制度〉，《理論界》，2009 年第 1 期，頁 133-137。

[10] 楊永俊，〈論堯舜禹禪讓的政治原則與歷史形態〉，《信陽師範學院學報(哲學社會科學版)》，2005 年第 4 期，頁 109-113。

的特徵。[11]從考古來看，堯舜禹諸集團，位於中原地區，具體活動范圍及文化特徵不盡相同，且相互擁有較強的獨立性。這種特殊狀況，卻無法降低堯舜禪讓故事的可信度。因以龍山城址爲中心的扇形聚落群，正好構成了聚落群同盟等組織，而考古學亦證實，平等式聯盟，可能是堯舜禪讓事件發生的社會基礎。堯、舜之後，禪讓制的廢除，應是中國歷史進程步入新階段，早期國家及中原政治一體化出現的重要標誌。[12]

二、堯、舜時代，是存在的歷史時代，禪讓並非事實，禪讓之實質，是爾虞我詐的篡奪戰。[13]或從考古入手，山西襄汾陶寺出土的系列遺存，是學術界普遍認可的唐堯帝都遺址，據之可知，唐堯與虞舜之間的政權遞嬗，是通過革命式的暴力手段完成的。由此便可推測，堯舜之間的禪讓是不存在的。[14]參照考古資料，堯時代含在帝嚳時代之內，處於公元前 2550-2150 年晚期，舜時代爲公元前 2150-2100 年，[15]此時的社會型態，是早期的部落或部落聯盟，聯盟的主要目的，在維護共同利益，自衛以抵抗侵略，成員是完全平等的，堯、舜相繼擔任聯盟的首領，史稱其權位之傳遞，是依照禪讓制度；究實那時已發展到「你爭我奪的局面」，欲當首領唯憑實力，「舜的上台是用實力將堯逼下台的」。[16]

三、堯、舜時代是傳說，非歷史時代，屬於傳說時代，所謂禪讓，是戰國時期墨家提出的政治思想。不過，有學者以爲，墨家所言禪讓，是尚賢、尚同主義，爲選官治官制度，非君權禪讓說。相對的，儒家所盛贊堯舜及其禪讓，是從周公到孔子的思想傳統，以天命有德，做爲禪

---

[11] 王奇偉，〈由禪讓制度論及堯舜時代我國已進入中國早期國家階段〉，《安徽史學》，2008 年第 6 期，頁 20-24+14。

[12] 錢耀鵬，〈堯舜禪讓故事的考古學研究〉，《中原文物》，2002 年第 4 期，頁 14-19。

[13] 石柱君、趙雅習，〈從《天問》管窺禪讓說〉，《衡水學院學報》，2009 年第 3 期，頁 34-35。

[14] 王曉毅、丁金龍，〈從陶寺遺址的考古新發現看堯舜禪讓〉，《山西師大學報(社會科學版)》，2004 年第 3 期，頁 87-91。

[15] 許順湛，《五帝時代研究》（鄭州市：中州古籍出版社，2005 年 2 月初版一刷），頁 169。

[16] 許順湛，《五帝時代研究》，頁 500-512。

讓的理論基礎和前提。天命有德，可以包納儒家尊賢、墨家尚賢、五德終始等思想。因此，春秋戰國時期禪讓說的興起，與儒家有直接的關係。[17]

　　四、不論堯舜時代是否爲歷史時代，禪讓，總是春秋戰國的政治思想。「禪」的原始涵義，是祭祀天地。「禪」釋作君位傳遞，大概始於戰國時代中期。接著，把意指禮儀之「讓」德，與君位傳遞之「禪」結合起來，便使禮讓政治成爲禪讓政治，表示王朝更替。[18]戰國時代禪讓思想之勃然興起，是與當時的原始民主思潮相聯系的，和湯武革命論、君位可易論、擇賢立君論、立君爲民論等結合一起，形成了一種原始民主思潮。[19]依據考古出土的郭店楚簡《唐虞之道》，約成書於戰國前期，亦有儒家禪讓思想，可以瞭解孟子以前的禪讓思想。[20]若再以《唐虞之道》對照上博簡《容成氏》、《子羔》，則三篇竹書對禪讓思想內涵，有著不同的說法，顯示儒家內部的禪讓思想存在著分歧，曾經有過三派鼎立的局面，因禪讓說不符合統治階層維護既得利益之需求，積極鼓吹禪讓說的儒家派別漸趨衰亡。[21]由此可證，儒家竹簡書的禪讓論述，似非戰國中晚期思想家的關注焦點，甚至思想內容，亦不爲戰國後期諸子所及見。[22]而其書顯示，先秦禪讓說，以儒、墨兩家較早提出，論說較具系統，對後世亦較有深遠之影響。[23]

---

[17] 蔣重躍，〈歷數和尚賢與禪讓說的興起〉，《管子學刊》，2006 年第 3 期，頁 78-83。

[18] 楊永俊，〈禪、讓釋義及其在先秦、秦漢典籍中的運用〉，《井岡山學院學報》，2005 年第 2 期，頁 9-13。

[19] 李振宏，〈禪讓說思潮何以在戰國時代勃興：兼及中國原始民主思想之盛衰〉，《學術月刊》，2009 年第 12 期，頁 111-120。

[20] 彭邦本，〈楚簡《唐虞之道》與古代禪讓傳說〉，《學術月刊》，2003 年第 1 期，頁 50-56。

[21] 彭裕商，〈禪讓說源流及學派興衰：以竹書《唐虞之道》、《子羔》、《容成氏》爲中心〉，《歷史研究》，2009 年第 3 期，頁 4-15。

[22] 羅新慧，〈《容成氏》、《唐虞之道》與戰國時期禪讓學說〉，《齊魯學刊》，2003 年第 6 期，頁 50-56。

[23] 彭邦本，〈儒墨舉賢禪讓觀平議：讀《郭店楚墓竹簡》〉，《四川大學學報(哲學社會科學版)》，2000 年第 5 期，頁 119-128。

中國歷史上之禪讓，可以完全肯定是歷史事實者，是起於王莽受禪於西漢，往後歷魏晉南北朝。

此間，所謂禪讓，在外觀上，似有各種條件，諸如厭舊朝迎新朝之輿論的型塑，[24]授禪代者「九錫」，[25]制度文化之變革。[26]而禪讓內在的真正推動力量，其實是受禪者預先專制朝政爲基礎，朝權既操控在手，便能不經武力戰爭，迫使當朝皇帝願意「禪讓」帝位給受禪者，新王朝便於焉誕生。因此，以禪代方式所形成的政權轉移，究竟是「禪讓」呢？抑或是「篡位」呢？自古以來，就有不同的認定，形成兩種不同的政治原則及價值判斷，兩造之間亦由之而有高度的緊張關係。[27]

受禪者爲權臣的禪代方式，首見於王莽（公元前45-公元23）之禪代西漢王朝。莽字巨君，魏郡元城（今河省大名縣東）人，是漢元帝皇王政君之侄，后父及兄弟都享官爵之榮華。莽父王曼早死，未得封侯，家境窮困，只能「折節爲恭儉」，「勤身博學」，盡倫理的事母及寡嫂，乃至養孤兄子，同時「外交英俊，內事諸父，曲有禮意」。受大將軍王鳳賞識。鳳臨終之際，把莽託付給太后及帝，莽乃任官封爵，從陽朔三年（前22）拜爲黃門郎起。中經建平二年（前5）遭新得勢外戚丁明遣就國，隱居新野。元壽元年（前2），莽被召回長安，陪侍王太皇太后。元壽二年（前 1），漢哀帝死，王太皇太后（王政君）掌控朝局，命莽輔佐大司馬董賢，賢旋遭免職且自殺，王莽繼任大司馬，擔任輔政。他

---

[24] 史建剛，〈漢新禪代與厭漢輿論〉，《南都學壇》，2007 年第 4 期，頁 19-21。

[25] 朱子彥，〈九錫制度與漢魏禪代：兼論九錫在三國時期的特殊功能〉，《人文雜志》，2007 年第 1 期，頁 106-110。

[26] 禪代與學術文化之關係，詳參：徐復觀，《周官成立之時代及其思性格》（台北市：學生書局，1980 年 5 月初版）；錢穆，《兩漢經學今古文評議》（台北市：東大圖書公司，1978 年 7 月臺再版）；金春峰，《周官之成書及其反映的文化與時代新考》（台北市：東大圖書公司，1993 年 11 月初版）；柳春新，〈論魏晉禪代〉，《三峽大學學報（人文社會科學版）》，2007 年第 6 期，頁 54-57；李傳軍，〈魏晉禪代與鄭王之爭：政權更迭與儒學因應關系的一個歷史考察〉，《孔子研究》，2005 年第 2 期，頁 78-85。

[27] 王光松，〈篡漢與禪讓之間的緊張：關於王莽代漢及其歷史評價的研究〉，《廣東教育學院學報》，2009 年第 1 期，頁 81-85。

與太皇太后商立新君，由年僅九歲的中山王劉箕之子劉即位，是為平帝。平帝元始元年（公元 1 年），群臣建議依伊尹及周公故事，加莽「安漢公」，稱「宰衡」，總理朝政。元始五年（5）十二月，平帝突然去世，遂立廣戚侯劉顯之兒劉嬰即位，年齡二歲，即孺子嬰。群臣建請太皇太后下詔，依周公故事，進行攝政，由莽代行皇帝統治權力，朝儀皆同皇帝，莽自稱「假皇帝」，臣民尊稱為「攝皇帝」。到了初始元年（8 年）王莽接受孺子嬰禪讓後，正式即皇帝位，改國號為「新」，改長安為常安，是為建國元年（9 年）。在此歷程中，王莽從輔政到假皇帝，實際已完全掌握西漢朝權，塑造了禪讓形式，得以正式禪代帝位。[28]

　　曹魏之禪代東漢，在受禪者專制朝權上，發展出了一種「霸府」模式。這種霸府，自東漢建安年間（196-219）起，曹操已設置來挾天子以令諸侯，藉其基礎，曹丕就順利禪代了東漢（25-220）政權，建立曹魏（220-265）王朝。[29]後來，東晉（317-420）禪位於劉宋（420-479），劉宋禪位於蕭齊（479-502），蕭齊禪位於蕭梁（502-557），[30]全都經歷了霸府的模式。[31]其間，霸府之頻繁出現，原因有三：一是權臣、門閥士族勢力增強，皇權的削弱；二是戰爭頻繁，軍政業務擴大，公府機構幕府化的組織，高度膨脹；都督地方化和軍事化，遂使地方權重，加上地方行政區劃混亂，中央難以控制駕馭地方，形成內輕外重的政治格局。[32]

---

[28] 《漢書》，卷 99 上，〈王莽傳上〉，頁 4039-4096；韓復智等，《秦漢史》，頁 93-97；詳參：尚都著：《王莽篡漢》（石家莊市：河北人民出版社，1984 年 6 初版一刷）。

[29] 陶賢都，〈曹操霸府與曹丕代漢〉，《唐都學刊》，2005 年第 6 期，頁 24-29。

[30] 趙翼撰，杜維運編，《廿二史劄記及補編》（台北市：鼎文書局，1975 年 3 月初版，點句本），卷 7，〈禪代〉，頁 140-145。

[31] 陶賢都，〈魏晉禪代與司馬氏霸府〉，《遼寧大學學報（哲學社會科學版）》，2004 年第 4 期，頁 93-98；陶賢都，〈霸府與南朝王朝更替〉，《青海社會科學》，2006 年第 5 期，頁 99-101。

[32] 陶賢都、劉霞，〈魏晉南北朝時期霸府頻繁出現的原因探討〉，《魯東大學學報（哲學社會科學版）》，2006 年第 2 期，頁 30-32。

　　東魏孝靜帝武定八年五月初十日，把帝位「禪讓」給高洋，其「禪讓」所依據之傳統為何呢？這可分為兩個層面來看：

　　第一，是禪代的實力根源，同樣是透過「霸府」模式來完成禪代。當北魏中央權力崩潰後，在高歡崛起的過程中，亦以「大丞相府」與「大行臺」組織形成霸府，最後設定在晉陽（今山西省太原市），吸收各方人才，遙控魏的朝政，建立霸業；經由高澄，再傳高澄，便完成了禪代。[33]這就是說，以「霸府」為基礎，乃形成了高氏禪代魏政權的形勢和結局。

　　第二，是禪代的觀念文化基礎，是依據堯舜禪讓、王莽至南朝之受禪。這顯現於高洋禪代詔冊，孝靜帝〈禪讓詔〉說「遠惟唐、虞禪代之典，近想魏、晉揖讓之風」。[34]又於〈禪位冊〉說：「漢劉告否，當塗順民，曹歷不永，金行納禪」；「媯舜不暇以當陽，世革命改」。[35]高洋〈即位告天冊〉說：「上覽唐、虞，下稽魏、晉，莫不先天揖讓」。[36]於〈改元詔〉則說：「遠取唐、虞」。[37]至於禪代大典，《北齊書》說：「禪代之禮，一依唐、虞、漢、魏故事」；[38]綜觀以上資料可知，北齊之受禪，所依據的歷史典故，有四次禪讓前例：唐虞之際的堯舜禪讓，西漢與新朝之際的禪讓，東漢與曹魏之際的禪讓，曹魏與西晉之際的禪讓。不過，北齊受禪之時，正值梁簡文帝大寶元年（550）；至此，南方政權之遞嬗方式，都依循曹魏、西晉之禪讓，成為慣例：晉禪讓於劉宋，劉宋禪讓於蕭齊，蕭齊禪讓於蕭梁，也都是高洋禪代所模仿之對象，這充分的顯示於前述高氏「霸府」之運用，是承襲自魏晉南朝霸府之潮流。然則，北齊受禪文書既提及魏晉禪讓，為何不說南朝禪讓呢？主要係因南北對

[33] 陶賢都，〈高歡父子霸府述論〉，《青島大學師範學院學報》，2006 年第 1 期，頁 51-57。
[34] 《北齊書》，卷 4，〈文宣帝紀〉，頁 48。
[35] 《北齊書》，卷 4，〈文宣帝紀〉，頁 48，49。
[36] 《北齊書》，卷 4，〈文宣帝紀〉，頁 50。
[37] 《北齊書》，卷 4，〈文宣帝紀〉，頁 50。
[38] 《北齊書》，卷 4，〈文宣帝紀〉，頁 49。

峙且互爭正統，高氏雖仿其禪讓模式，當自隱而不表。

第二節 禪代天命正統前後朝相承之慣例

　　無論堯舜禪讓是實或虛，總是開啓了後世王朝帝位的禪讓。更重要的，它爲前後朝的相承之合法性或正當性，建立了「天命」的理據。

　　堯之成德而聖，遂都依天命行事。在位期間，《尚書》〈堯典〉說堯「欽若昊天，曆象日月星辰，敬授人時」。堯敬順廣袤的天，依天象製作曆法，慎重的教授人民耕種之自然時節。[39]堯之依天行事，係因他有合天之聖德，孔子說：「大哉！堯之爲君也，巍巍乎，唯天爲大，唯堯則之；蕩蕩乎，民無能名焉」。意思是說：「物之高大，莫有過於天者，而獨堯之德能與之準，故其德之廣遠，亦如天之不可以言語形容也」。[40]孔子又說堯「脩己以安百姓，堯舜其猶病諸」。亦意指堯德合天：「則天地自位，萬物自育，氣無不合」，「以此事天饗帝」。[41]

　　堯德及行事既都合天，堯禪位於舜之德，亦出於合天命而行。史載「帝堯老，命舜攝行天子之政，以觀天命」，「薦之於天」，「而卒授舜以天下」。[42]故《論語》載云：「堯曰：咨爾舜，天之曆數在爾躬，允執其中，四海困窮，天祿永終」。這就是說：「此堯命舜，而禪以帝位之辭」，所依是「曆數，帝王相繼之次第」，[43]天之曆數，即帝王天命。

　　舜之得堯受禪，是因其德合乎天命。他是天縱聖才，仍然須靠外在「聞」善言及「見」善行來啓迪，而使行爲合乎天命。史載「堯使舜入山林、川澤，暴風雷雨，舜行不迷，堯以爲聖」。[44]在山林川澤中，舜的

---

[39] 屈萬里，《尚書集釋》，〈虞下書‧堯典〉，頁 8-9。

[40] 南宋‧朱熹撰，《四書集注》（台北市：漢京文化公司，1987 初版，新校點本），論語卷 4，〈泰伯〉，頁 107。

[41] 《四書集注》，論語卷 8，〈憲問〉，頁 161-162。

[42] 《史記》，卷 1，〈五帝本紀〉，頁 22。

[43] 《四書集注》，論語卷 10，〈堯曰〉，頁 193。

[44] 《史記》，卷 1，〈五帝本紀〉，頁 22。

道德如何「不迷」而成「聖」呢？孟子說：「舜之居深山之中，與木石居，與鹿豕遊。其所以異於深山之野人者幾希？及其聞一善言，見一善行，若決江河沛然莫之能禦也」。其意是說：「謂耕歷山時也。蓋聖人之心，至虛至明，渾然之中，萬理畢具。一有感觸，則其應甚速，無所不通。非孟子造道之深，不能形容至此也」。[45]舜既修成聖德，便合乎天命，攝行天子事之際，便「肆類于上帝」，就舉行祭天。[46]因此，對於堯之禪位，「舜曰：天也！夫而後之中國踐天子位焉」。[47]

到了戰國時代，鄒衍據五德終始說，依金、木、水、火、土五行，解釋朝代政權轉移的天命。鄒衍書早已亡佚，由現存資料來看，其說是採五行相剋相勝原理，在前朝、後朝更迭中，不止五行相承，朝代亦綿密相銜，其間沒有隔代跳躍之情形：黃帝屬土，為夏代屬木所剋，故黃帝為夏所取代。夏代屬木，又為殷代屬金所剋，故夏代為殷代所伐滅。殷代既屬金，乃為周代屬火所征亡。故其五行朝代更迭是：黃帝（土），或虞舜（土）→夏（木）→殷（金）→周（火）。[48]至秦始皇統一天下，周王朝乃告滅亡，仍採相剋原理，以水剋火，將秦王朝天命繫屬於水德，在五行相剋系統中，王朝轉移歷程，依然是前後朝緊密相銜：黃帝（土）→夏（木）→殷（金）→周（火）→秦（水）。[49]

往後，五德終始，便成為王朝天命正統觀之主流。有關其說，學者論之已詳，[50]無須贅述。此處所關注者，是秦朝以後，直到南北朝為止，

---

[45] 《四書集注》，孟子卷 13，〈盡心上〉，頁 353。

[46] 屈萬里，《尚書集釋》，〈虞下書·堯典〉，頁 18-19。

[47] 《史記》，卷 1，〈五帝本紀〉，頁 22。

[48] 參照：饒宗頤，《中國歷史上之正統論》，頁 16。

[49] 顧頡剛，《中國上古史講義》（台北市：洪葉文化事業公司 ，1994 年 10 月初版），頁 178-179。《漢書》，卷 25 上，〈郊祀志上〉云：「秦始皇帝既即位，或曰：『黃帝得土德，黃龍地螾見。夏得木德，青龍止於郊，草木暢茂。殷得金德，銀自山溢。周得火德，有赤烏之符。今秦變周，水德之時。昔文公出〔臘〕〔獵〕，獲黑龍，此其水德之瑞。』於是秦更名河曰『德水』，以冬十月為年首，色尚黑，度以六為名，音上大呂，事統上法」（頁 1200-1201）。

[50] 梁啟超，〈陰陽五行的來歷〉，收入顧頡剛主編，《古史辨》，第五冊下編，頁 343-378；劉節，〈洪範疏證〉，收入顧頡剛主編，《同前書》，頁 388-403；還有同前書之有關

在五行更迭中，朝代間天命之相承，至少有兩種型態：一是在五行天命正統相銜循環過程中，前後朝代之關係，不一定緊密相銜，中間有隔代跳躍者，此見於武力征伐之朝代遞嬗。二是在五行天命正統相銜循環過程中，前後朝代之關係，必然前後朝綿密相銜接，此見於禪讓之朝代轉換。

　　王莽禪代西漢王朝，所依五行天命正統，是採用劉歆編撰的王朝五行天命正統德運系統，以西漢屬火德，新朝繼西漢而屬土德。西漢末年，劉向（約前 77-6）對鄒衍以來的五行相剋循環說，轉換成五行相生循環說：木生火，火生土，土生金，金生水，水生木。其子劉歆（約公元前 50-公元 23），或說是爲了幫王莽禪代，乃撰造《世經》，依五行相生循環，編定王朝代五行天命正統德運系統，[51]該書已佚，只留片段內容如下：

　　　　太昊帝，號曰炮犧氏：「繼天而王，爲百王先，首德始於木」。

　　　　炎帝，號曰神農氏：「炮犧氏沒，神農氏作」，「以火承木，故爲炎帝」。

　　　　黃帝，號曰軒轅氏：「神農氏沒，黃帝氏作」，「火生土，故爲土德」。

　　　　少昊帝，金天氏：「黃帝之子清陽也」，「土生金，故爲金德」。

　　　　顓頊帝，號曰號曰高陽氏：「少昊之衰，九黎亂德，顓頊受之」，「金生水，故爲水德」。

　　　　帝嚳，號曰高辛氏：「顓頊之所建，帝嚳受之」，「〔水〕生木（故），故爲木德」。

　　　　唐帝，號曰陶唐氏：「高辛氏衰，天下歸之。木生火，故爲

各篇論文；另外如李漢三，《先秦兩漢之陰陽五行學說》（台北市：維新書局，1981年 4 月再版）；孫廣德，《先秦兩漢陰陽五行說的政治思想》（台北市：商務印書館，1993 年 6 月初版一刷）。
51 顧頡剛，《中國上古史講義》，頁 182-222。

火德」。

> 虞帝，號曰有虞氏：「堯嬗以天下，火生土，故爲土德」。
>
> 伯禹，號曰夏后氏：「虞舜嬗以天下，土生金，故爲金德」。
>
> 成湯，號曰商，後曰殷：「湯伐夏桀。金生水，故爲水德」。
>
> 武王，號曰周室：「武王伐商紂。水生木，故爲木德」。
>
> 漢高祖皇帝，號曰漢：「伐秦繼周。木生火，故爲火德」。[52]

上引劉歆之說，在五行天命正統相銜循環過程中，有關西漢部分，顯示前後朝代之間，隔著秦代跳躍過去，遙接周之木德，以木生火，定西漢德屬火德。這是武力改朝隔代遙接天命正統（見本章第三節）。至於王莽新朝部分，則是緊接西漢火德，以火生土，新朝之天命正統屬土德。[53]

曹魏禪代東漢，事在東漢獻帝劉協（181-234,在位 189-220）延康元年（220），由曹丕（187-226）受東漢政權之禪讓，改元黃初元年，是爲文帝（在位 220-226）其情形之概略是：

> 漢帝以眾望在魏，乃召群公卿士，告祠高廟。使兼御史大夫張音持節奉璽綬禪位，冊曰：「昔者帝堯禪位於虞舜，舜亦以命禹，天命不于常，惟歸有德。漢道陵遲，……宇內顛覆。賴武王神武，拯茲難於四方，惟清區夏，以保綏我宗廟。……今王欽承前緒，……昭爾考之弘烈。皇靈降瑞，人神告徵，……僉曰：爾度克協于虞舜，用率我唐典，敬遜爾位。於戲！天之曆數在爾躬，允執其中，天祿永終；君其祗順大禮，饗茲萬國，以肅承天命」。[54]

> 魏王登壇受禪，公卿、列侯、諸將、匈奴單于、四夷朝者數萬人陪位，燎祭天地、五嶽、四瀆，曰：「皇帝臣丕敢用玄牡昭

---

[52] 《漢書》，卷 21 下，〈律曆志下〉，頁 1011-1023。

[53] 顧頡剛，《中國上古史講義》，頁 219-221；同氏著，《秦漢的方士與儒生》（台北市：里仁書局，1995 年 2 月初版三刷），頁 82-89。

[54] 《三國志》，卷 2，〈魏書·文帝紀〉，頁 62。

> 告于皇皇后帝：漢歷世二十有四，踐年四百二十有六，四海困窮，
> 三綱不立，五緯錯行，靈祥並見，……咸以為天之曆數，運終茲
> 世，凡諸嘉祥民神之意，比昭有漢數終之極，魏家受命之符。漢
> 主以神器宜授於臣，憲章有虞，致位于丕。……」。[55]

以上顯示，禪代所依理據，是上古帝位以「德」言帝位天命，即「夫命
運否泰，依德升降，三代卜年，著于春秋，是以天命不于常，帝王不一
姓，由來尚矣」。當朝天命之「德」存在與否，以王朝興或衰為判準，
而「漢道陵遲，為日已久，安、順已降，世失其序，沖、質短祚，三世
無嗣，皇綱肇虧，帝典頹沮」，「國統屢絕，桓、靈荒淫，祿去公室，此
乃天命去就，非一朝一 夕，其所由來久矣」。由此漢室必須禪讓出政權。
接受禪讓之禪代者，必須有天命之「德」，德之有無之判準有兩個層面，
一是依其對當朝之貢獻如何而定，而漢末「當斯之時，尺土非復漢有，
一夫豈復朕民？幸賴武王德膺符運，奮揚神武，芟夷兇暴，清定區夏，
保乂皇家」。二是各種天命徵兆，即受禪者須「以大聖之純懿，當天命
之曆數，觀天象則符瑞著明，考圖緯則文義煥炳，察人事則四海齊心，
稽前代則異世同歸」。綜合言之，此禪代乃「漢氏遵唐堯公天下之議，
陛下以聖德膺曆數之運，天人同歡，靡不得所」，[56] 是東漢到曹魏之政權
遞嬗，有著「德」之天命連續性。

曹魏既禪代東漢，以漢德屬火，火生土，魏德當屬土。當時，給事
中博士蘇林、董巴上表說：「魏之氏族，出自顓頊，與舜同祖，見于春
秋世家。舜以土德承堯之火，今魏亦以土德承漢之火，於行運，會于
堯舜授受之次」。[57] 侍中劉廙等奏曰：「伏惟陛下體有虞之上聖，承土德
之行運，當亢陽明夷之會，應漢氏祚終之數，合契皇極，同符兩儀」。[58]

---

[55] 《三國志》，卷2，〈魏書・文帝紀〉裴注引《獻帝傳》，頁75。
[56] 以上詳見：《三國志》，卷2，〈魏書・文帝紀〉裴注1-3，頁62-76。
[57] 《三國志》，卷2，〈魏書・文帝紀〉，頁70。
[58] 《三國志》，卷2，〈魏書・文帝紀〉，頁72。

魏文帝遂制詔三公：「今朕承帝王之緒，其以延康元年爲黃初元年，議改正朔，易服色，殊徽號，同律度量，承土行，大赦天下；自殊死以下，諸不當得赦，皆赦除之」。[59]由此可知，曹魏禪代五行天命，經過群臣研議後，遵循劉歆五行相生循環系統，以東漢屬火德，魏繼漢正統，以火生土，魏德屬土。

曹魏之禪代之天命繼承，在五行天命更迭過程上，一面採用劉歆說，五行相生相銜而循環；一面又避免劉歆的西漢隔秦代而遙接周德，同時避開東漢隔新朝而遙接西漢之德；遂產生一個正統相承模式：禪代，本朝直銜前朝德屬爲正統，即後朝直承前朝之五行天命正統。這個模式，一直到南朝爲止，都爲後來受禪者所遵行，發展成爲禪代慣例。

西晉受禪於曹魏，曹魏屬土德，以土生金，西晉便屬金德。司馬炎（236-220），字安世。魏嘉平中，封北平亭侯，歷給事中、奉車都尉、中壘將軍，加散騎常侍，累遷中護軍、假節。迎常道鄉公於東武陽，遷中撫軍，進封新昌鄉侯。及晉國建，立爲世子，拜撫軍大將軍，開府、副貳相國。曹魏元帝曹奐（246-302,在位 260-265）咸熙二年（265）五月，立爲晉王太子。八月辛卯，文帝崩，太子嗣相國、晉王位。十一月，「是時晉德既洽，四海宅心」，於是曹魏元帝「知曆數有在」，於咸熙二年冬十二月丙寅，設壇于南郊，由司馬炎受禪即帝位，祭天策文說：「魏帝稽協皇運，紹天明命以命炎。昔者唐堯，熙隆大道，禪位虞舜，舜又以禪禹，邁德垂訓。……晉之有大造于魏也，……祥瑞屢臻，天人協應，無思不服。肆予憲章三后，用集大命于茲」。[60]於是「接天人之覜，開典午之基，受終之禮，皆如唐虞故事」。在五行德運上，定「晉氏金行」，[61]改元泰始，是爲西晉武帝（在位 266-290）。故東晉穆帝永和十年（354），

---

[59]《三國志》，卷2，〈魏書・文帝紀〉，頁75。

[60] 唐・房玄齡撰，《晉書》（台北市：鼎文書局，1979年2月再版，新校點本），卷3，〈武帝紀〉，頁49-50。

[61]《晉書》，卷25，〈輿服志〉，頁752-753。

前涼張祚「納尉緝、趙長等議，僭稱帝位」，立宗廟，舞八佾，置百官，下詔書說：「昔金行失馭，戎狄亂華，胡、羯、氐、羌咸懷竊璽。……往受晉禪，天下所知，謙沖遜讓，四十年于茲矣」。[62]

　　東晉南遷，仍沿屬金德，孝武帝太元十六年（391）六月，有鵲巢在太極殿東頭鴟尾，又有巢在國子學堂西頭。十八年（393）東宮始建成，十九年（394）正月鵲又築巢其西門。此兆之占說：「學堂，風教之所聚；西頭，又金行之祥」，指金行當遭侵佔。其應驗是：孝武帝崩後，安帝嗣位，遭「桓玄遂篡，風教乃積，金行不競之象也」。[63]廢帝海西公太和年間，民間有百姓歌謠曰：「青青御路楊，白馬紫遊韁。汝非皇太子，那得甘露漿？」識者釋其意說：「白者，金行。馬者，國族。紫為奪正之色，明以紫間朱也」；果然，海西公尋遭奪廢，其三子並非海西公之子，皆「繼以馬韁」，他們「死之明日，南方獻甘露焉」。[64]

　　劉宋禪代東晉，以兩晉屬金德，金生水，宋乃繼東晉而屬水德。東晉恭帝司馬德文（386-421,在位418-420）元熙二年（420）六月，將禪位劉宋武帝劉裕（363-422,在位420-422）頒〈禪讓璽書〉說：「朕每敬惟道勛，永察符運，天之曆數，實在爾躬。……昔土德告沴，傳祚于我有晉。今曆運改卜，永終于茲，亦以金德而傳于宋」。[65]遂由宋武帝劉裕禪代，即帝位祭天策文說：「晉帝以卜世告終，歷數有歸，欽若景運，以命于裕」。[66]而所屬五行天命之水德，在受禪前以有瑞兆，諸如：東晉京城西明門地陷，有水涌出，毀壞門扉闑，兆示「西者，金鄉之門，為水所毀，此金德將衰，水德方興之象也」。[67]京師太社生薰樹於壇側，「薰

[62] 《晉書》，卷86，〈張祚傳〉，頁2246。
[63] 《晉書》，卷28，〈五行志中〉，頁864。
[64] 《晉書》，卷28，〈五行志中〉，頁847。
[65] 《宋書》，卷2，〈武帝紀〉，頁45，48。
[66] 《宋書》，卷3，〈武帝紀下〉，頁51-52。
[67] 《宋書》，卷27，〈符瑞志上〉，頁786。

於文尙黑，宋水德將王之符也」。[68]又有「四黑龍登天。易傳曰：『冬龍見，天子亡社稷，大人應天命之符』」，即黑屬水，「水，宋之德也」。[69]王朝成立後，明帝作〈皇業頌〉云：「皇業沿德建，帝運資勳融。胤唐重盛軌，胄楚載休風。堯帝兆深祥，元王衍遐慶。積善傳上業，祚福啓英聖。衰數隨金祿，登曆昌水命。維宋垂光烈，世美流舞咏」。所謂衰數隨「金祿」，指晉德屬金，登曆昌「水命」，指宋繼晉金德而屬水德，即「按五行，晉金德王，宋水德王，故上云金祿，下云水命」。[70]

蕭齊禪代劉宋，以宋屬木德，木生火，齊德屬火。劉宋順帝劉準（469-479,在位 477-479）昇明三年（479）四月，蕭齊高帝蕭道成（427-482,在位 479-482）禪代劉宋政權，即帝位祭天策文說：「宋帝陟鑒乾序，欽若明命，以命于道成。……天下惟公，命不于常。……水德既微，仍世多故，寔賴道成匡拯之功，以弘濟于厥艱。……誕惟天人，罔弗和會。乃仰協歸運，景屬與能，用集大命于茲」，[71]改元建元，五月「改元嘉曆爲建元曆，木德盛卯終未，以正月卯祖，十二月未臘」，[72]正式頒定齊德屬木。因此，柔然國相邢基祇羅迴奉表說：「臣雖荒遠，粗闚圖書，數難以來，星文改度，房心受變，虛危納祉，宋滅齊昌，此其驗也。水運遘屯，木德應運，子年垂刈，劉穆之記，嶠嶺有不衪之山，京房讖云『卯金十六，草蕭應王』。歷觀圖緯，休徵非一，皆云慶鍾蕭氏，代宋者齊」。[73]同推宋水齊木相更迭。所以《南齊書》史臣曰：「水德遷謝，其來久矣」，「受命之主，莫不乘淪亡之極，然後符樂推之運」。[74]亦謂宋之水德既衰，齊之木德應運而興。據說，在受禪以前，蕭道成即有木德之符應，他在

---

[68] 《宋書》，卷 32，〈五行志三〉，頁 941。

[69] 《宋書》，卷 27，〈符瑞志上〉，頁 785。

[70] 《宋書》，卷 22，〈樂志〉，頁 637。

[71] 《南齊書》，卷 2，〈高帝紀下〉，頁 31。

[72] 《南齊書》，卷 2，〈高帝紀〉，頁 33。

[73] 《南齊書》，卷 59，〈芮芮傳〉，頁 1024。

[74] 《宋書》，卷 10，〈順帝紀〉「史臣曰」，頁 200。

襄陽，夢見穿著桑屐，步行漸登太極殿階；當時有庾溫釋謂：「屐者，運應木也」。若按「桑字爲四十而二點，世祖年過此即帝位，謂著屐爲木行也。屐有兩齒有聲，是爲明兩之齒至四十二而行即真矣」。[75]

　　蕭梁禪代蕭齊，以木生火，齊德在木，梁繼之而屬火德。齊和帝蕭寶融（488-502,在位 501-502）中興二年（502）三月，齊帝禪位詔曰：「昔水政既微，木德升緒，天之曆數，寔有所歸，……今便敬禪于梁，即安姑孰，依唐虞、晉宋故事」。[76]禪讓璽書曰：「五運相遷，綠文赤字，徵河表洛，……昔水行告厭，我太祖既受命代終；在日天祿云謝，亦以木德而傳于梁」。[77]四月，蕭梁武帝蕭衍（464-549,在位 502-549）禪代齊政權，即帝位祭天策文說：「齊氏以曆運斯既，否終則亨，欽若天應，以命于衍。……天命不于常，帝王非一族。唐謝虞受，漢替魏升，爰及晉、宋，憲章在昔。……齊代云季，世主昏凶，狡焉群慝。……（衍）宰司邦國，濟民康世。……人神遠邇，罔不和會。……升壇受禪」。[78]如此，梁便繼承了齊之木德，以火爲德屬。因此，梁敬帝太平二年（557）禪位陳霸先，便於詔冊便說：「皇王非一族，昔木德既季，而傳祚于我有梁，天之曆數，允集明哲」。[79]其意是云：「昔者木運斯盡，予高祖受焉。今歷去炎精，神歸樞紐，敬以火德，傳于爾陳」。[80]陳武帝即位後，下璽書敕州郡說：「自梁氏將末，頻月亢陽，火運斯終，秋霖奄降。翌日成禮，圓丘宿設，埃雲晚霽，星象夜張」。[81]至陳文帝天嘉六年（565）八月詔書說：「江左肇基，王者攸宅，金行水位之主，木運火德之君，

---

[75] 《南齊書》，卷 18，〈祥瑞志〉，頁 354。
[76] 《梁書》，卷 1，〈武帝紀上〉，頁 26。
[77] 《梁書》，卷 1，〈武帝紀〉，頁 28-29。
[78] 唐・姚思廉撰，《梁書》（台北市：鼎文書局，1978 年 11 月再版，新校點本），卷 2，〈武帝紀中〉，頁 33-34。
[79] 《陳書》，卷 3，〈世祖紀〉，頁 59。
[80] 《陳書》，卷 1，〈高祖紀〉，頁 25。
[81] 《陳書》，卷 2，〈高祖紀〉，頁 33。

時更四代，歲逾二百」；[82]這個五行天命運歷是：晉（金）→宋（水）→齊（木）→梁（火）→陳（土）。

第三節　武力改朝或隔代遙接天命正統

堯、舜之後，夏代變成家天下，朝代政權轉移，端賴武力征伐，而武力征伐勝利者，亦被視為有賴天命之合法性、正當性。商之伐夏，即以天命為依憑《尚書》〈商書·湯誓〉，本篇是商湯伐夏桀時的誓辭，直指「有夏多罪，天命殛之」，「夏氏有罪，予畏上帝，不敢不正」。夏之罪即是行暴政之惡，失去育民善道，「不恤我眾，捨我穡事」，天命要滅它，由夏朝之臣商湯領軍，「而割正夏」，商湯說「夏德若茲，今朕必往」。[83]今本《偽古文尚書》〈商書·湯誥〉，述商湯戰克夏桀後「誕告萬方」之辭，亦謂「夏王滅德作威」，敷虐百姓，百姓弗忍荼毒，告於上下神祇，「天道福善禍淫，降災于夏，以彰厥罪」。[84]後來，周之征商，同樣以天命為依歸，《尚書》〈周書·武成〉說「我文考文王，克成厥勳。誕膺天命，以撫方夏，大邦畏其力，小邦懷其德」。[85]至此，三代政權遞嬗，都各憑天命，《尚書》〈周書·詔誥〉說：「有夏服天命，惟有歷年」；「有殷受天命，惟有歷年」；「我受天命，丕若有夏歷年，式勿替有殷歷年」。[86]

從漢高帝（前 202-195 在位）至文帝（前 180-157 在位）十五年（前166）以前，在五行天命正統相銜循環過程中，前後朝代之間產生隔代跳躍。西漢王朝創建後，漢高帝自稱五行天命正統屬水德，張蒼等人都贊同。這是依照鄒衍五德終始說，在五行相剋原理下，跳過秦代水德，

---

[82] 《陳書》，卷1，〈高祖紀〉，頁25。
[83] 屈萬里，《尚書集釋》，〈商書·湯誓〉，頁77-80。
[84] 屈萬里，《尚書集釋》，附編三，頁312-313。
[85] 漢·孔安國傳，唐·孔穎達正義，《尚書注疏》（台北市：藝文印書館，1985年12月，十三經注疏，阮元刊本），卷11，〈周書·武成〉，頁161下。
[86] 《尚書注疏》，卷15，〈周書·詔誥〉，頁222下。

以水德剋周之火德。到了文帝初年，賈誼以漢朝屬土德，係據五行相剋原理，以為秦屬水德，漢德屬土乃滅秦水德。接著，復有魯人公孫臣，同樣主張漢朝屬土德。此間，因張蒼居相位，極力提倡與維護水德說，土德之說無可伸展之餘地。至是，王朝天命轉移歷程是：黃帝（土），或虞（土）→夏（木）→殷（金）→周（火）×秦×→漢（水）。[87]由此可知，自高帝至文帝十五年以前，西漢五行天命正統，是把秦棄於正統外，以漢繼周之正統，依五行相剋原理，漢屬水乃剋周之火而興起，是本朝不直接繼前朝天命，而越過前朝，往更前一朝接續天命正統。關鍵所在，正如沈約（441-513）所說：「張蒼則以漢水勝周火，廢秦不班五德」；[88]而由此造成高閭（？-502）所謂：「以為水德者，正以嘗有水溢之應，則不推運代相承之數矣」，[89]只管五行之應，不理朝代相銜遞嬗。

　　到了文帝十五年（前 166），五行天命正統更迭的前後朝代綿密相銜，又告恢復了。因在是年間，成紀（今甘肅省平涼市靜寧縣西南）出現「黃龍」，龍是王朝帝王天命象徵，黃色屬土，印證了漢屬土德，張蒼乃自黜，朝廷接納了魯人公孫臣的漢德屬土說，規劃要據土德改制更化，卻未獲成功，只是漢德屬土便告確立了。至漢武帝時，更有兒寬、司馬遷等人，都同樣提出漢德屬土之見解，太初元年（前104）五月，武帝就正式以土德改制更化，色尚黃，數用五，並以之改官制和定音律。至是，五行相剋的王朝天命轉移歷程是：黃帝（土）→夏（木）→殷（金）→周（火）→秦（水）→漢（土），[90]此間，又恢復本朝直繼前朝天命。這個轉折點，是如沈約（441-513）所說：「賈誼則以漢土勝秦水，以秦為一代」；其失在「賈誼取秦云：漢土德，蓋以是漢代秦」；[91]即高閭所

---

[87] 顧頡剛，《中國上古史講義》，頁 179-180。
[88] 《宋書》，卷 12，〈律曆志中〉，頁 269。
[89] 《魏書》，卷 108-1，〈禮志一〉，頁 2744-2745。
[90] 顧頡剛，《中國上古史講義》，頁 180-182。
[91] 《宋書》，卷 12，〈律曆志中〉，頁 269。

評：「以土德者，則以亡秦繼曆，相即為次，不推逆順之異也」，[92]意指漢土德之說，是以朝代相繼為前提及原則，依據漢既代秦而興之事實，進而推論秦德既屬水，則漢德必然屬土以剋水，不去考察漢興之五行符應是否貼合於土德。

西漢末年，在五行天命正統相銜循環過程中，前後朝代之間又產生隔代跳躍。前面第二節所述劉歆之說，遠古王朝部分，是傳說或史實，迄今難定；尤其是王朝前後之排序，自先秦至劉歆，眾說各異，根本無法論斷是否有隔代的跳躍情形。至今所能確定的上古朝代次序，大抵以夏代為起點，依此則劉歆之說是：夏（金）→商（水）周（木）×秦×→漢（火）。秦朝，依然有如前述西漢初期的狀況，被棄於五行相生天命正統之外。那麼，其原因為何呢？史無記載劉歆之言，依照北魏人的看法，都歸諸於道德判斷，以秦暴政虐民而棄之，如高閭說：「以為火德者，懸證赤帝斬蛇之符，棄秦之暴，越惡承善，不以世次為正也，故以承周為火德」。[93]李彪、崔光等人則謂漢之「卒從火德，以繼周氏，排虐嬴以比共工」。[94]

到了東漢，在五行天命正統相銜循環過程中，前後朝代之間，依然隔代跳躍。王莽新朝末年，劉秀建武元年（25）正月，平陵人方望立前孺子劉嬰為天子之際，正逢劉秀大軍於潞縣（故城在今河北省三河縣西南城子村）、平谷縣（今北京市東北部之平谷縣）、溫縣（今河南省焦作市溫縣）一帶均獲大勝，「於是諸將議上尊號」，秀加以婉拒。到了四月，又有公孫述自稱天子。此時秀至中山（今河北省定州市），「諸將復奏請即位」，秀又不聽。行到南平棘（今河北省趙縣南）「諸將復固請之」，秀「深感，曰：『吾將思之』」。行至鄗（今河北柏鄉縣固城店鎮），秀在長安太學時的同舍生彊華，自關中來奉呈「赤伏符」，說：「劉秀發兵捕

---

[92] 《魏書》，卷108-1，〈禮志一〉，頁2745。
[93] 《魏書》，卷108-1，〈禮志一〉，頁2745。
[94] 《魏書》，卷108-1，〈禮志一〉，頁2746。

不道，四夷雲集龍鬭野，四七之際火爲主」。其意是說：「四七，二十八也。自高祖至光武初起，合二百二十八年，即四七之際也。漢火德，故火爲主也」。乃指劉秀當復承西漢五行天命正統，同西漢屬火德。故羣臣復奏請說：「受命之符，人應爲大，……今上無天子，海內淆亂，符瑞之應，昭然著聞，宜荅天神，以塞羣望」。秀乃命有司設壇場於鄗南千秋亭五成陌（在今河北柏鄉縣境內）。六月，即皇帝位。燔燎告天，其祭天改。至安帝即位。初改六宗爲天地四方之宗，祠於洛陽之北，戌亥之地。」祝文說到：「讖記曰：『劉秀發兵捕不道，卯金修德爲天子』」意謂：「卯金，劉字也」。蓋據《春秋演孔圖》有曰：「卯金刀，名爲〔劉〕，名爲〔劉〕　據刊誤補。赤帝後，次代周」；[95]即依劉歆之五行德運說，欲恢復漢室之火德。故建武二年（26）正月，光武帝詔「起高廟，建社稷於洛陽，立郊兆于城南，始正火德_，色尚赤」。其意義是「漢初土德，色尚黃，至此始明火德，徵幟尚赤，服色於是乃正」。[96]至是，東漢光復西漢天下，五行天命正統，同西漢屬火德，遂爲定制，往後群臣所言，都推火德，如說：「孔丘祕經，爲漢赤制」，「火德承堯」；[97]或說「漢爲火德，火生於木，木盛於火，故其德爲孝」；[98]或說「漢以火德，化當寬明。近色信讒，忌之甚者，如火畏水故也」。[99]總之，東漢採用劉歆所定五行德運說，越過王莽新朝土德不論，隔代遙接於西漢，繼承西漢之火德天命正統。

十六國時代，在五行天命正統相銜循環過程中，前後朝代之間又產生隔代跳躍。此時，君主大多屬於「五胡」的非漢族，因受漢文化影響，亦講究王朝正統。在觀念上，一個政權，以「有德」爲正，無德爲閏；

---

[95] 《後漢書》，卷 1 上，〈光武帝紀上〉，頁 18-22。
[96] 《後漢書》，卷 1 上，〈光武帝紀上〉，頁 27。
[97] 《後漢書》，卷 36，〈賈逵傳〉，頁 1237-1239。
[98] 《後漢書》，卷 62，〈荀爽傳〉，頁 2051。
[99] 《後漢書》，卷 64，〈盧植傳〉，頁 2117。

以地居「中原」為正，周邊地區為閏；以「大一統」為正，偏安為閏。[100]

　　在正統觀念的表達上，亦仿效漢文化的五德終始說，用五行相生原理來推究，如前趙劉淵「繕宗廟、社稷、南北郊。以水承晉金行，國號曰趙。牲牡尚黑，旗幟尚玄」。[101]前燕慕容儁以「大燕受命，上承光紀黑精之君，運曆傳屬，代金行之后，宜行夏之時，服周之冕，旗幟尚黑，牲牡尚玄」。[102]可惜其資料未全載史籍，所知略況如下：[103]

　　前趙，劉淵稱「紹漢」，顯然相隔曹魏、西晉兩朝，向前繼漢正，而五行天命史書無載；到了劉曜光初二年（319），頒定五行德運：西晉屬金德→前趙屬水德。

　　後趙，東晉成帝咸和五年（330）石勒稱帝，定五行德運：西晉屬金德×前趙×→後趙屬水德。

　　前燕，到了東晉穆帝永和八年（352），慕容儁稱帝，頒定五行德運：西晉屬金德×前趙×－×後趙×→前燕屬水德；至慕容建熙五年至七年（364-366）間，改五行德運為：西晉屬金德×前趙×→後趙屬木德→前燕屬水德。

　　前秦，以西晉屬金德×前趙×→後趙屬水德→前秦屬木德。

　　後秦，姚萇定五行德運：西晉屬金德×前趙×→後趙屬水德→前秦屬木德→後秦屬火德。

　　至於北魏孝文帝太和十四至十六年間，高閭所整理的十六國五行德運是：周屬木德×秦×→漢承周，木生火，故漢為火德→魏承漢，火生土，故魏為土德→晉承魏，土生金，故晉為金德×前趙×→（後）趙承晉，金

---

[100] 鄧樂群，〈十六國胡族政權的正統意識與正統之爭〉，《南通師範學院學報（哲學社會科學版）》，2004 年第 4 期，頁 84-87。

[101] 《晉書》，卷 103，〈載記・劉曜〉，頁 2685。

[102] 《晉書》，卷 110，〈載記・劉曜〉，頁 2834-2835。

[103] 羅新，〈十六國北朝的五德曆運問題〉，《中國史研究》，2004 年第 3 期，頁 47-52。

生水，故趙爲水德→（前）燕承趙，水生木，故燕爲木德→秦承燕，木生火，故秦爲火德。[104]

以上顯示，十六國五行天命正統，今之能見者，都屬於中原地區國家，其周邊地區如涼州、蜀地迄難考究。這些天命正統，都據五行相生原理，五德循環綿延，而前後朝代間之間，多屬隔代，產生跳躍遙接之情況。推其淵源，當是依循前述兩漢王朝的五行德運觀。

到了北魏，在五行天命正統相銜循環過程中，前後朝代之間又產生隔代跳躍。最初，魏王朝是將其五行正統德屬，定爲土行。其構成是先附會拓跋氏族源於黃帝後裔，而說「黃帝有子二十五人」，少子昌意「受封北土，國有大鮮卑山，因以爲號」。[105]意指拓跋氏爲黃帝少子昌意之後裔」。[106]依現今能見史料，這個附會始於西晉惠帝光熙元年（306），時衛操立〈桓穆二帝碑〉稱「魏，軒轅之苗裔」。[107]到了登國元年（386）正月，拓跋圭「即代王位」，四月旋議國號由「代」改「魏」，「改稱魏王」。[108]至天興元年（398）十二月，道武帝即位，乃據之定北魏「國家繼黃帝之後」。[109]接著，據拓跋氏爲黃帝後裔，便進而定「黃帝以土德王，北俗謂土爲托，謂后爲跋，故以爲氏」。[110]即遵戰國秦漢代以來五色、五行配五帝的思想，[111]說「黃帝以土德王」，然後依照「后，君也；天曰皇天，地曰后土」，[112]而套上鮮卑語（北俗）爲釋，說「托」是土，

---

[104]《魏書》，卷108-1，〈禮志一〉，頁2744-2745。

[105]《魏書》，卷1，〈序紀〉，頁1-15。

[106]馬長壽，《烏桓與鮮卑》（桂林市：廣西師範大學出版社，2006年6月初版一刷），頁221；趙雲田主編，《北疆通史》（鄭洲：中州古籍出版社，2003年1月初版一刷），頁86；姚大力，〈論拓跋鮮卑部的早期歷史：讀魏書序紀〉，《復旦學報（社會科學版）》，2005年第2期，頁19。

[107]《魏書》，卷23，〈衛操傳〉，頁599，602。

[108]《魏書》，卷2，〈太祖紀〉，頁20；卷24，〈崔玄伯傳〉，頁620-621。

[109]《魏書》，卷108-1，〈禮志四之一〉，頁2734。

[110]《魏書》，卷1，〈序紀〉，頁1-15。

[111]顧頡剛，《中國上古史講義》，頁227-244，271-289，320。

[112]《史記》，卷1，〈五帝本紀〉，《史記正義》引《春秋正義》，頁36。

而王是「跋」，「托跋」即「以土德王」的意思，如此就以拓跋爲姓氏，再由此姓氏推及黃帝後裔，從而又據黃帝屬土德，依五行正統之相生循環架構，最後推定魏王朝屬於土德天命正統。到了太和十四年（490）八月，孝文帝「詔議國之行次」。[113]經由大臣討論後，至太和十六年（492）正月，孝文帝乃「詔定行次，以水承金」。[114]目的使魏成爲純粹華夏政治、文化正統命脈的繼承者，並在現實上，爲遷都洛陽、[115]征服南朝統一天下，成立合法性。[116]其間，有兩套五行德運：一是高閭的魏屬土德說，他推演的內容是：周（木）×秦×→漢（火）→曹魏（土）→西晉（金）×前趙×→後趙（水）→前燕（木）→前秦（火）→魏承前秦，火生土，屬土德。[117]二是李彪、崔光等人的魏屬水德說，他們推衍的內容是：周（木）×秦×→漢（火）→曹魏（土）→西晉（金）×十六國因「劉（前趙）、石（後趙）、苻（前秦）、燕（前燕）世，世業促褊，綱紀弗立」，不入正統×→魏（水）的五德相生正統朝代繼承系統。[118]最後爲孝文帝及群臣所選定者，是爲後說，以間隔整個十六國時代不論，認定魏繼西晉金德爲水德。這顯示了，北魏係受兩漢、十六國之王朝五行德運觀之影響，遵循其隔代跳躍遙接五行天命正統之原則。

---

[113]《魏書》，卷 7 下，〈高祖紀〉，頁 166。

[114]《魏書》，卷 7 下，〈高祖紀〉，頁 169。依《魏書》，卷 108-1，〈禮志一〉，爲「十五年正月」詔定（頁 2746-2747）；勞榦（〈北魏後期的重要都邑與北魏政治的關係〉，收入中央研究院歷史語言研究所編，《慶祝董作賓先生六十五歲論文集》，上冊，台北市：中央研究院歷史語言研究所，1960 年 7 月，頁 229-269）、康樂（《從西郊到南郊：國家祀典與北魏政治》，頁 195），皆從〈禮志一〉年代。此處以帝紀原爲編年體，或較爲可靠，暫從帝紀。

[115] 勞榦，〈北魏後期的重要都邑與北魏政治的關係〉，《慶祝董作賓先生六十五歲論文集》，上冊，頁 229-269。

[116] 康樂，《從西郊到南郊：國家祀典與北魏政治》，頁 192-195。

[117]《魏書》，卷 108-1，〈禮志一〉，頁 2744-2745。

[118]《魏書》，卷 108-1，〈禮志一〉，頁 2745-2747。

第六章 嗣弘魏天命正統宗旨之政治文化原因（二）：魏天命正統之優勢

本章是針對修史詔宗旨嗣弘魏天命正統的形成原因，去探究它的第二個政治文化因素，即在客觀環境上，魏天命正統，具又如下優勢：

一、魏王朝天命正統，經由長期與南方武力相抗，具有國力上的優勢；齊之「嗣弘」魏天命正統，亦使天命正統具有實質國力之威勢（第一節）。

二、拓跋氏集團之力量與鮮卑文化，經過北魏、東魏，乃至直到北齊仍有遺緒勢力。北齊既禪代東魏政權，取代魏王朝，自當亟需「嗣弘」魏天命正統，資以建立齊政權的合法性，藉以攏絡人心（第二節）。

三、面對同出北魏之西魏，其元氏帝室及文化制度，都依然正在持續實踐「嗣弘」魏天命正統，北齊亟需「嗣弘」魏天命正統，以避免由禪代引生斷裂魏天命正統的危機，並得以與西魏進行天命正統地位的抗衡（第三節）。

四、北齊禪代之前後，蕭梁、西魏、北齊爲三方鼎峙形勢，蕭梁適值侯景亂梁，勢力驟衰，齊欲於蕭梁建立傀儡政權，謀取利益，以致和西魏角力於蕭梁。在此形勢中，北齊除了依靠實質國力外，在觀念上，一面尚要「嗣弘」魏正統以與西魏抗衡，一面更須「嗣弘」魏天命正統來號召蕭梁，以利蕭梁傀儡政權之建立（第四節）。

第一節 南北對峙下魏天命正統之國力優勢

北齊嗣弘魏天命正統的原因之一，是在北魏長期的南北對峙中，具有北強南弱的國力優勢，可以抗衡南朝之天命正統。

魏晉南北朝分裂時代，天命正統之實質相互抗衡，始於三國時代曹魏、劉蜀、孫吳的三國政權鼎立局面，往後政權既依然陷於長期分立局

面，天命正統亦隨而長期互相對抗爭衡，而抗衡的現實基礎，端在一個
政權必須具有充足國力，使政權屹立不搖，政權一旦衰積滅亡，即無正
統可言。[1]依此來看，北魏歷經南北方對峙，能長期代表北方天命正統，
與南方抗衡，實賴有充足國力基礎，以屹立其政權，而且將南強北弱形
勢扭轉爲北強南弱。

　　一、南強北弱之形成：西晉惠帝永嘉元年（307）七月，司馬睿任
揚州都督，駐鎮建業，是東晉政權之奠基。西晉愍帝建興四年（316）
十二月，愍帝被殺。[2]明年（317）二月，司馬睿即晉王位，改元建武元
年；明年（318）三月即帝位，改元太興元年，[3]爲東晉政權正式建立。
其疆域之北界，大抵是在秦嶺東段、淮河一線上。[4]經由發展之後，在
國力上，南方誠有北伐略地之力量。桓溫在東晉穆帝永和十年（354）
第一北伐，進攻前秦關中，於嶢柳（今陝西省藍田縣）大敗前秦大軍，
直逼長安。永和十二年（356）第二次北伐，打敗羌族姚襄，曾取得洛
陽城。廢帝太和四年（369）第三次北伐，大敗前燕軍隊，進駐枋頭（今
河南省浚縣西南），前燕京師鄴都危岌，求援前秦出兵，方告解危。[5]相
對來說，東晉孝武帝太元八年（383），前秦苻堅向東晉發動淝水戰役，

---

[1] 關於正統抗衡問題，詳參：江湄，〈正統論的興起與歷史觀的變化〉，《史學月刊》，
2004 年第 9 期，頁 16-18；雷戈，〈正朔、正統與正閏〉，《史學月刊》，2004 年第 6
期，頁 23-31；龐天佑，〈秦漢正統思想的形成及其對政治與史學的影響〉，《湛江師
範學院學報》，2002 年第 1 期，頁 72-82；秦永州，〈三國時期正統觀念簡論〉，《山
東師大學報（社會科學版）》，1999 年第 6 期，頁 38-40；范家偉，〈受禪與中興：
魏蜀正統之爭與天象事驗〉，《自然辯證法通訊》，1996 年第 6 期，頁 40-47；鄧樂
群，〈十六國胡族政權的正統意識與正統之爭〉，《南通師範學院學報》，2004 年第 4
期，頁 84-87；秦永州，〈東晉南北朝時期正統之爭與正統再造〉，《文史哲》，1998
年第 1 期，頁 69-76；陳金鳳，〈北魏正統化運動論略〉，《黑龍江民族叢刊》。2008
年第 1 期，頁 95-103。

[2] 《晉書》，卷 5，〈愍帝紀〉，頁 132。

[3] 《晉書》，卷 6，〈元帝紀〉，頁 144-149。

[4] 陳金鳳，《魏晉南北朝中間地帶研究》（天津市：天津古籍出版社，2005 年 5 月初版
一刷），頁 65-72。

[5] 陳金鳳，《魏晉南北朝中間地帶研究》，頁 73-79；王仲犖，《魏晉南北朝史》，上冊，
頁 332-339。

主力攻擊置於淮水一線，遭到重大挫敗，無法佔領淮水地區而突破南方之北疆界線，[6]關鍵原因是苻秦國力不及東晉強盛。[7]相反的，劉裕北伐業績，誠屬可觀。東晉安帝義熙六年（410），消滅南燕，取得山東半島，南方勢力向黃河南岸推進。義熙十三年（417），大軍沿黃河進攻後秦，佔領長安，後秦滅亡。疆域北界，移至黃河以南之青、齊（山東半島）地區，東起廣固（今山東省青州市西北八里堯山之陽）西抵關中，使南北對峙線，乃從秦嶺東段及淮河一線，向北推進到黃河中下游一線；到了宋武帝永初元年（420）劉宋王朝創建之際，形勢依然，呈現南方具有南強北弱的優勢狀態。[8]

　　二、北強南弱之扭轉：南強北弱形勢之逆轉爲北強南弱，是靠北魏的力量。因道武帝天興元年北魏王朝正式創建後，政權往王朝化變遷，國力持續成長。在組織層面，其部落組織轉化爲王朝官僚組織，社會組織能適度懷柔或融合鮮卑、漢族及其他民族，文化制度能吸收漢文化之優點。在經濟層面，從遊牧經濟轉化爲漢族農業經濟及制度，加以開拓和發展；[9]吸收各民族手工藝技術及製品，以促進工商業之發展。在軍事層面，以鮮卑族爲主，更吸收北方各遊牧民族，善用其尚武體魄、精神、騎兵等優勢條件，採納漢族的軍事思想與戰略，構成強大武力。[10]在人才層面，善於吸收北方士族人才，兼容五胡時期北方個國人才，運用漢族教育制度培育人

---

[6]　王仲犖，《魏晉南北朝史》，上冊，頁 280-285。

[7]　鄭欣，〈淝水之戰東晉獲勝的經濟原因〉，收入氏著，《魏晉南北朝史探索》（濟南市：山東大學出版社，2004 年 8 月初版四刷），頁 241-264。

[8]　胡阿祥，《六朝疆域與政區研究》（北京市：學苑出版社，2005 年 12 月初版一刷），頁 92-103；陳金鳳，《魏晉南北朝中間地帶研究》，頁 80；史念海、顧頡剛，《中國疆域沿革史》（台灣影印本，未刊出版資料），頁 158-159；王仲犖，《魏晉南北朝史》，上冊，頁 366-367。

[9]　鄭欣，〈北朝均田制度散論〉，收入氏著，《魏晉南北朝史探索》，頁 166-191；黎虎，〈魏晉南北朝時期的農業〉，收入氏著，《魏晉南北朝史論》（北京市：學苑出版社，1999 年 7 月初版一刷），頁 1-75；黎虎，〈東晉時期北方旱田作物的南移〉，收入氏著，《同前書》，頁 91-107。

[10]　黎虎，〈崔浩軍事思想述論〉，收入氏著，《魏晉南北朝史論》，頁 556-581。

才。[11]由此，在長期的南北對峙形勢中，呈現在國力較勁上，北方之人口數量、經濟富庶、武力強盛，都優於南方。[12]在戰略形勢上，南方亦始終無法「以河北及關中為根據」，遂不得戰勝北朝。[13]

北魏國力逐步成長，遂長期立足北方，為北方王朝之代表，其與南方王朝之間的關係，有著交聘之外交往來。南朝自劉宋武帝永初元年（420）起，便與北魏進行交聘，至順帝昇明三年（479）劉宋滅亡，總計60年間，劉宋聘北魏35次，北魏聘劉宋30次，合計65次，平均每年有一方遣使。[14]或統計北魏與劉宋之間，交聘56次，使節62人。北魏與蕭齊之間，交聘24次，使節44人。北魏與蕭梁之間，交聘33次，使節45人。[15]不過，南北交聘，不必代表完全和平，雙方統一戰爭及爭取正統，照樣持續進行。

劉宋疆界北線既達到黃河南岸，北魏統治區位於黃河以北，自極感威脅，明元帝泰常七至八年（422-423，劉宋武帝永初三年至少帝景平元年）間，舉兵攻伐，取得了兗州、青州的部分河南地。劉宋亦有北伐之舉。到了北魏太武帝太延五年（439，劉宋文帝元嘉十六年）統一北方，形勢轉化為北方以北魏王朝為代表，與南方劉宋對峙。太平真君十一年（450，劉宋文帝元嘉二十七年），太武帝率數十萬大軍南伐，渡過淮水，直趨瓜步（江蘇省六合縣東南），軍臨長江北岸，劉宋大軍沿長

---

[11] 以上詳參：羅嗣宗，〈鮮卑拓跋族統一中國北方原因初探〉，《青海社會科學》，1996年第5期，頁84-88；王尚達，〈匈奴與拓跋鮮卑歷史發展不同及其原因〉，《社科縱橫》，1997年第1期，頁69-72；張久和，〈鮮卑興盛原因初探〉，《內蒙古社會科學（漢文版）》，2001年第6期，頁45-48。

[12] 陳寅恪述、萬繩楠整理，《陳寅恪魏晉南北朝史講演錄》（台北縣：雲龍出版社，1995年2月），頁255-258。

[13] 呂思勉，《兩晉南北朝史》，上冊，頁390-394。

[14] 鄭欽仁，〈宋魏交聘表〉，收入大陸雜誌社編，《三代秦漢魏晉史研究論集》（台北市：大陸雜誌社，1967年初版），頁200-205；魏宋交聘，黎虎，〈鄭羲使宋述略〉，收入氏著，《魏晉南北朝史論》，頁501-508。

[15] 逯耀東，〈北魏與南朝對峙期間的外交關係〉，收入《從平城到洛陽》（台北：聯經出版公司，1979年3月初版），頁237-272。

江布陣，北魏軍隊無法突破，撤軍北返。經過此戰，劉宋北方疆界遂從黃河南岸撤退，以淮河北岸爲疆界之國防線，[16]成爲北強南弱的轉變關鍵，即「到了這時候，北方的實力已經壓倒南方了」。[17]亦即「自景平（423）之初至元嘉（424-453）之末，宋魏戰爭歷三十年，宋多敗衄，北強南弱之形勢，由此遂成。此實關係南北朝百六十年之大局」。[18]這就是說，北強南弱形勢以此爲開端，而其形勢之成熟，是北魏文成帝和平六年（465，劉宋廢帝泰始元年），劉宋內部有劉彧（劉宋明帝）與劉子勛爭奪帝位，發生內戰，子勛兵敗，支持子勛者徐州刺史薛安都、冀州刺史崔道固、青州刺史沈文秀、兗州刺史畢衆敬等，紛紛舉州投降北魏，劉宋北方疆界退至淮河以南，[19]喪失淮水以北之青州（治東陽城，今山東省青州市）、冀州（治歷城縣，今安徽省和縣）、徐州（治彭城縣，今江蘇省徐州市）、兗州（治鄒山縣，今山東省鄒城市東南二十里，後又寄治彭城縣）四州，以及豫州（治姑孰縣，今安徽省當塗縣）淮水以西九郡，先後爲北魏所奪，防線由淮北撤至淮南，南北以淮河爲界，「北強南弱局勢的形成」，乃完全成熟。[20]

北魏孝文帝原有征服蕭齊統一天下之雄心，太和十八年（494）遷都洛陽以後至太和二十三年（499），更銳意南伐蕭齊，奪得了沔（今漢水）北，佔領了整個淮北地區；淮南地區，北魏亦佔駐壽陽（今安徽省壽縣）重鎮，西取蕭齊司州三關（河南省與湖北省交界之平靖關、武陽

---

[16] 陳金鳳，《魏晉南北朝中間地帶研究》，頁 80-83；鄭欽仁等，《魏晉南北朝史》，頁 205；王仲犖，《魏晉南北朝史》，上冊，頁 387-389。

[17] 王仲犖，《魏晉南北朝史》，下冊，頁 511。

[18] 呂思勉，《兩晉南北朝史》，上冊，頁 390。

[19] 鄭欽仁等，《魏晉南北朝史》（台北縣：國立空中大學出版社，1998 年 8 月初版），頁 205；呂思勉，《兩晉南北朝史》，上冊，頁 427-437。

[20] 胡阿祥，《六朝疆域與政區研究》，頁 104-108；王仲犖，《魏晉南北朝史》，上冊，頁 389-390；陳金鳳，《魏晉南北朝中間地帶研究》，頁 83-102；史爲樂，《中國歷史地名大辭典》（北京：中國社會科學出版社，2006 年 2 月初版一刷），上冊，頁 1295；下冊，頁 1449，1636，2147，2896，2913；《宋書》，卷 35，〈州郡志〉，頁 1059。

關、黃峴關），東收長江以北蕭齊諸鎮戍，整個淮南幾近全落入北魏之手，出現了南北將以長江劃界分治的形勢，只因北魏內部不穩，如裴叔業之叛降蕭齊，且蕭齊疆界固不達淮水之岸，在淮南尚有一些實力，遂使「淮南之形勢，尚稱完固」，北魏無法完全得志於淮南。[21]梁天監元年（502）四月，蕭衍禪代蕭齊建立了梁王朝，北魏宣武帝即於景明四年至正始三年（503-505），軍分三路，向壽陽、三關以南的南義陽（今湖北省孝感縣以北）、漢中（今四川省境），[22]因缺乏全盤性的戰略，只趁機乘勢作片面規劃，當蕭梁大舉反攻，三路兵力便遭瓦解了。[23]

北魏南伐既失利，蕭梁趁機進行了反擊。天監四年至六年（505-507），針對前述宣武帝的三路南伐攻勢，梁武帝發動了 64 萬兵力，分組成為 11 路軍隊，大舉反攻，頗有戰績：一是全面遏阻了北魏南伐軍的攻勢，在邵陽州（亦作邵陽洲，今安徽省鳳陽縣東北三八里淮河中）殲滅北魏南伐主力軍 25 萬人。二是除了壽陽城仍為北魏佔領外，淮南的其他失地全部收復。（3）東路戰線攻入了北魏境內，克奪朐山（今江蘇省連雲港西）、預宿（今江蘇省宿遷縣南）、淮陽（今江蘇省泗縣）、雎口（今山東省滕縣南）、固城（今山東省滕縣東）、孤山（今山東省滕縣南）、蒙山（今山東省蒙陰縣），兵鋒及於北及膠東地區，西脅彭城（今江蘇省徐州市）。到了天監十年（511）三月至十月間，北魏再發兵 10 餘萬，欲奪取朐山，為梁軍所擊敗。[24]

北魏宣武帝之後，孝明帝沖齡即位，靈太后胡氏臨朝聽政，國事日非，已無法大舉南伐。天監十三至十五年（514-516），梁武帝下令於淮河築浮山堰，集水以灌退壽陽城北之魏軍，結果堰堤大潰，軍民死亡者

---

[21] 胡阿祥，《六朝疆域與政區研究》，頁 108-110。
[22] 趙以武，《梁武帝及其時代》（南京市：鳳凰出版社，2006 年 4 月初版一刷），頁 78-80；呂思勉，《兩晉南北朝史》，上冊，頁 522-528；史念海、顧頡剛，《中國疆域沿革史》，頁 159-160。
[23] 呂思勉，《兩晉南北朝史》，上冊，頁 528-542。
[24] 趙以武，《梁武帝及其時代》，頁 80-84。

達35餘萬人，梁朝元氣大傷。[25]普通五年至大通元年（524-527），梁武帝多次派兵北伐，頗有戰果：一是收復青、冀二州轄境的城戍，如童城、建陵城、曲沐戍（均在今江蘇省沭陽縣境），琅琊、東莞、壇丘（均在江蘇省連雲港市西南一帶），睢陵、司吾（均在今江蘇省宿遷縣北）。二是收復北魏於淮南所佔壽陽城，完全光復淮南之地。三是收復司州境的三關，重新奪回淮北的渦陽城，此城爲北魏譙州南譙郡治渦陽縣之縣城，在今安徽省蒙城縣東北渦河北岸劉寨村，宣武帝景明年間（500-503）改作渦陽郡，治所仍爲渦陽縣，在戰略上，得此城便獲取了向彭城（今江蘇省徐州市）方面挺進的態勢，[26]顯示南方有振興之契機，惟旋以侯景亂梁，又告消沉（見後文）。

三、魏正統之宣示：在上述北強南弱形勢的轉變過程中，北魏迭次向南朝宣示，魏王朝具有正統地位及強盛國力。茲舉例說明之，太平真君三年（442，劉宋元嘉十九年）之宣示：

> 鎮東將軍武昌王〔時武昌王提爲平原鎮都大將〕宜勒〔直勤〕庫莫提移書益、梁二州，往伐仇池，侵其附屬，而移書越詣徐州曰：「我大魏之興，德配二儀，與造化並立。夏、殷以前，功業尚矣，周、秦以來，赫赫堂堂，垂耀先代。逮我烈祖（道武帝最初之廟號），重之聖明，應運龍飛，廓清燕、趙。聖朝承王業之資，奮神武之略。」[27]

上文意謂，魏王朝有「德配二儀，與造化並立」之正統天命，繼承夏、商、周、秦以來的正統王朝，至道武帝乃「應運龍飛」天命，「廓清燕、趙」而建立王朝於北方，迨今「奮神武之略」，國立強盛。

太平真君十一年（450）太武帝南伐，「燾雖不剋懸瓠，而虜掠甚多，南師屢無功，爲燾所輕侮，與太祖（劉宋文帝）書」，內容都在譏辱劉

---

[25] 趙以武，《梁武帝及其時代》，頁86-91。

[26] 胡阿祥，《六朝疆域與政區研究》，頁111-116；趙以武，《梁武帝及其時代》，頁121-125；史爲樂，《中國歷史地名大辭典》，下冊，頁2209。

[27] 《宋書》，卷95，〈索虜傳〉，頁2334。

宋，大意略謂：劉宋對付北魏，慣用滲透、反間、挑撥計謀，如「前使間諜，誂略姦人」；「關中蓋吳反逆，扇動隴右氐、羌，彼復使人就而誘勸之」；以此顯示，劉宋若「爲大丈夫之法，何不自來取之？而以貨誂引誘我邊民」；至於劉宋「往日北通芮芮，西結赫連、蒙遜、吐谷渾，東連馮弘、高麗。凡此數國，我皆滅之。以此而觀，彼豈能獨立」。綜計結果來看，此次南伐，「我今來至此土，所得多少」，比較而言，劉宋「頃者往索真珠璫，略不相與，今所馘截髑髏，可當幾許珠璫也」；且「今若欲保全社稷，存劉氏血食者，當割江以北輸之，攝守南度」。這都顯示「豈不天資我也」，[28]即魏有此等強大國力，正是由於天命正統之所歸。

北魏文成帝和平六年至獻文帝天安元年（465-466，劉宋廢帝景和元年及泰始元年），劉宋「北討徐州刺史義陽王（劉）昶，昶單騎奔虜（魏）」，「虜謀欲納昶，下書」略謂：「今宋室衰微，凶難洊起，國有殺君之逆，邦罹崩離之難，起自蕭牆，釁流合境」，「彼之要藩，懼及禍難，擁眾獨據，各無定主」。魏爲正統王朝，乃據「《易》稱『利用行師』，《書》云『龔行天罰』，必觀時而後施，因機而後舉。故夏伐有扈，四海以平，晉定吳會，萬方以壹」。同時，魏「屬當泰運，思播靈武，廓寧九服，豈可得臨萬乘之機，邁時來之遇，而不討其雔逆，振其艱患哉？今可分命諸軍，以行九伐」；故「邊疆將吏，不得因宋衰亂，有所侵損，以傷我國家存救之義。主者明宣所部，咸使聞知，稱朕意焉」。[29]此亦以魏爲天命所歸之正統王朝，出王者之師，進討劉宋。

北魏文成帝和平六年，劉宋徐州刺史薛安都等內附，北魏獲淮北之地，詔諸將進軍劉宋，慕容白曜進軍歷陽（今安徽省和縣），「乃爲書以喻之曰：天棄劉彧，禍難滋興，骨肉兄弟，自相誅戮，君臣上下，靡復

---

[28] 《宋書》，卷 95，〈索虜傳〉，頁 2345-2347。
[29] 《宋書》，卷 95，〈索虜傳〉，頁 2354-2356。

紀綱。……我皇魏重光累葉，德懷無外，軍威所拂，無不披靡。固非三吳（吳郡、吳興、會稽）弱卒所能擬抗。況於今者，勢已土崩」。[30]這是表示，劉宋爲天命所棄而衰亂，正統魏朝國力兵威強盛，定爲劉宋所不可敵。

太和二十一年（497，蕭齊明帝建武四年），孝文帝大舉南伐蕭齊，「虜主元宏遺（曹）虎書曰：皇帝謝僞雍州刺史（虎）：神運兆中，皇居闡洛。化總元天，方融八表。而南有未賓之吳，治爲兩主之隔。幽顯含嗟，人靈雍且漢北江邊，密爾乾縣，故先動鳳駕，整我神邑。卿進無陳平歸漢之智，……朕比乃欲造卿，……善脩爾略，以俟義臨」。[31]此函是以「神運」之「天元」正統王朝皇帝，把蕭齊曹虎當「卿」臣，勸他投降北魏。

最後，永熙三年七月，北魏孝武帝西奔長安，倚賴宇文泰成立西魏政權。十月高歡另立孝靜帝，在洛陽成立東魏政權，加上南朝蕭梁立足江南，天下形勢，從南北對峙轉成三方鼎峙。此時，由高歡、高澄、高洋持續專制的東魏政權，亦於三方鼎峙中，展現了魏正統之國力優勢，並進行了魏正統之宣示，而見諸於侯景叛東魏及亂梁的過程中（見本章第四節）。

第二節　北齊內部拓跋氏集團勢力的延續

拓跋氏集團，從北魏到東魏，一直擁有雄厚之勢力，經過禪代以後，其勢力亦延續進入北齊。因此，修史詔宗旨嗣弘魏天命正統，適可拉攏彼等之人心。

拓跋氏集團之形成的基礎，是以北魏建立以前的拓跋氏部聯盟，即自嘎仙洞時期至曹魏、西晉之際，拓跋力微（在位 220-277）所奠立的

---

[30] 《魏書》，卷 50，〈慕容白曜傳〉，頁 1117，1118。
[31] 《南齊書》，卷 30，〈曹虎傳〉，頁 562-563。

部落聯盟，包含四個層面：（1）約在東漢中晚期，獻帝拓跋鄰時代，即以拓跋氏為中心，「其他七姓拱衛在它的周圍，輔佐拓跋氏的子孫對內世代繁榮，對外統治各族各姓以及各部落之內的牧民」，計獻帝拓跋鄰兄弟所攝領之七姓：大哥攝領的高車族紇骨氏、二哥攝領的普氏、三哥攝領的拔拔氏、大弟攝領的達奚氏、二弟攝領的伊婁氏、三弟攝領的丘敦氏、俟亥氏（侯氏）；如此總計有八姓。（2）後來，拓跋鄰另命叔父之胤的高車族乙旃氏，以及疏屬車焜氏加入，與前八姓共成「帝室十姓」。（3）其外圍有「內入諸姓」，總計 75 姓，族屬複雜，成員至少有匈奴、丁零、柔然、烏桓、東部鮮卑、西域大宛等族。（4）其外圍復有四方諸姓，計有東方 2 姓，西方 16 姓，南方 7 姓，北方 10 姓，總計35 姓。總計聚集 120 個部落姓氏，形成一個部落聯盟。[32]

力微以後，部落聯盟迭遭變遷，而基本上都能重新凝聚起來。力微五十八年（277）去世前後，因西晉征北將軍衛瓘以金錦行賄賂，收買拓跋氏執事及外部大人，以進行離間分化，部落「大人皆信，各各散走」，[33]造成章帝悉鹿（在位 277-286）時「諸部離叛，國內紛擾」，至平帝諱綽（在位 286-293）始以「雄武有智略，威德復舉」，將聯盟重新凝聚起來。[34]到了昭皇帝祿官（在位 295-307）時，拓跋氏部聯盟分為三部（295-307）：昭帝自統領一部居東，在上谷北，濡源之西，東接宇文部；桓帝猗㐌（在位 295-305）統領一部居中，居代郡之參合陂北；穆帝猗盧（在位 295-316）統領一部居西，居定襄之盛樂故城；昭帝十一年（305），桓帝去世，昭帝十三年（307），祿官去世，猗盧乃於「昭帝崩後，遂總攝三部，以為一統」。[35]這種三分，可能有領導權力繼承上的衝突因素；

---

[32] 馬長壽，《烏桓與鮮卑》（桂林市：廣西師範大學出版社，2006 年 6 月初版一刷），228-239。

[33] 《魏書》，卷 1，〈序紀〉，頁 4-5。

[34] 《魏書》，卷 1，〈序紀〉，頁 5；參照：曹永年，〈拓跋力微卒後「諸部離叛國內紛擾」考〉，《內蒙古師範大學學報（漢文版）》1988 年第 2 期，頁 19-22。

[35] 《魏書》，卷 1，〈序紀〉，頁 5-7。

不過，在實際的運作上，是模仿兩漢匈奴左賢王（東）、單于廷（中）、右賢王（西）的三分布局，亦是模仿東漢末鮮卑檀石槐聯盟的東部、中部、西部的三分格局，確實使拓跋氏部落聯盟拓展向外發展的新地理空間，即句注陘北之地，參與西晉末的政治局勢，於穆帝八年（315），猗盧受晉愍帝封爲「代王」，建立代國，奠定了有利於向中原發展的基礎與契機。[36]其後，有煬帝紇那（在位325-337）與烈帝翳槐（在位329-338），進行長期反復爭位（325-338），最後烈帝殺了煬帝而獲勝。[37]這是部落聯盟成員之「舊人」，與新加入之烏桓及晉人等所謂「新人」，雙方衝突的內亂。[38]到了昭成帝建國元年（338），什翼犍（在位338-376）即代王位後，已穩定下來。[39]及至建國三十九年（376），爲前秦苻堅所滅，[40]拓跋氏部落聯盟被苻堅分成兩部：以今河套地區「几」形黃河曲流之右邊河道爲界線，迤東由匈奴獨孤部酋帥劉庫仁統領，迤西由鐵弗部酋帥劉衛辰統領，[41]而東西兩部的聯盟部落，均「散其部落於漢鄣邊故地，立尉、監行事，官僚領押，課之治業營生，三五取丁，優復三年無稅租。其渠帥歲終令朝獻，出入行來爲之制限」，[42]即解散部落，從事生產，三丁取一，五丁取二，以供苻秦的兵役和勞役。[43]到了前秦建元十九年（383），苻堅淝水（今安徽省壽縣東）戰爭失敗以後，經隔年苻堅去世，

[36]　田餘慶，〈代北地區拓跋與烏桓的共生關係：魏書序紀有關史實解析〉，收入氏著，《拓跋史探》（北京市：三聯書店，2003年3月初版一刷），頁112-119。

[37]　《魏書》，卷1，〈序紀〉，頁10-11；參照：唐長孺，〈拓跋國家的建立及其封建化〉，收入氏著，《魏晉南北朝史論叢》（台灣影印本，未刊出版資料），頁201。

[38]　田餘慶，〈代北地區拓跋與烏桓的共生關係：魏書序紀有關史實解析〉，收入氏著，《拓跋史探》（北京市：三聯書店，2003年3月初版一刷），頁156-159。

[39]　《魏書》，卷1，〈序紀〉，頁11-12。

[40]　《魏書》，卷1，〈序紀〉「苻堅遣其大司馬苻洛率眾二十萬及朱肜、張蚝、鄧羌等諸道來寇」，頁11-12。

[41]　《魏書》，卷95，〈鐵弗傳〉云：「昭成末，衛辰導苻堅來寇南境，王師敗績。堅遂分國民爲二部，自河以西屬之衛辰，自河以東屬之劉庫仁。語在燕鳳傳。堅後以衛辰爲西單于，督攝河西雜類，屯代來城」（頁2055）。

[42]　《晉書》，卷113，〈載記十三·苻堅上〉，頁2899。

[43]　馬長壽，《烏桓與鮮卑》，頁243-244。

直至苻登太初元年（386）之期間，北方各部族，紛紛獨立。[44]拓跋珪亦趁機而起，經由拓跋宗室、舊部、舅父賀訥的支持，[45]在牛川（今內蒙古烏蘭察布盟境內塔布河，即錫拉木林河），[46]召開部落大會，即代王位，建元登國元年（386），恢復了代國，到了四月「改稱魏王」，[47]部落聯盟再度重新結合起來。

拓跋珪即位後，對部落聯盟的處理，採取了離散部落的辦法。關於此事，《魏書》直接記載者只有三條，[48]〈官氏志〉云：

> 凡此四方諸部，歲時朝貢，登國初，太祖散諸部落，始同為編民。[49]

〈外戚傳上·賀訥〉云：

> 賀訥，代人，太祖之元舅，獻明后之兄也。其先世為君長，四方附國者數十部。祖紇，始有勳於國，尚平文女。……訥從太

---

[44] 東部鮮卑有慕容泓建立西燕（384），慕容垂建立後燕（384）；羌族姚萇建立後秦（384）；到了前秦，有隴西鮮卑乞伏國仁建立西秦（385），氐族呂光建立後涼（386）（鄭欽仁等著，《魏晉南北朝史》，頁 253-254）。

[45] 這涉及了拓跋珪崛起的複雜背景與過程，參照：李憑，《北魏平城時代》（北京市：社會科學文獻出版社，2000 年 1 月初版一刷），頁 16-36；鄭欽仁等著，《魏晉南北朝史》，頁 289-298；張繼昊，《從拓跋到北魏：北魏王朝創建歷史的考察》（台北縣：稻鄉出版社，2003 年 12 月初版）。頁 22-25，236-259。

[46] 關於牛川之今地望，有各種說法：（1）今內蒙古烏蘭察布盟境內塔布河，亦即錫拉木林河，在今呼和浩特市東南（譚其驤主編，《中國歷史地圖集》，北京市：中國地圖出版社，1996 年 6 月初版三刷，第四冊 53〈武川御夷等鎮〉；王仲犖，《魏晉南北朝史》，下冊，頁 310；魏嵩山主編，《中國歷史地名大辭典》，廣東：廣東教育出版社，1995 年 5 月初版一刷，頁 161；馬長壽，《烏桓與鮮卑》，頁 244）；（2）今山西省大同市西北塞外，在大寧之西（鄭欽仁等著，《魏晉南北朝史》，頁 293；張繼昊，《從拓跋到北魏：北魏王朝創建歷史的考察》，頁 250）。（3）今內蒙古集寧市一帶（史為樂主編，《中國歷史地名大辭典》，上冊，頁 409-410）。（4）即古代芒干水，為今內蒙古境內大黑河上游，或其上游的一條支流（前田正名著，李憑譯，《平城歷史地理學研究》，北京市：書目文獻出版社，1994 年 12 月；李憑，《北魏平城時代》，頁 2）。

[47] 《魏書》，卷 2，〈太祖紀〉，頁 20。

[48] 田餘慶，〈賀蘭部落離散問題：北魏「離散部落」個案考察之一〉，收入氏著，《拓跋史探》（北京市：三聯書店，2003 年 3 月初版一刷），頁 62

[49] 《魏書》，卷 113，〈官氏志〉，頁 3014。

祖平中原，拜安遠將軍。其後離散諸部，分土定居，不聽遷徙，
其君長大人皆同編戶。訥以元舅，甚見尊重，然無統領。以壽終
於家。[50]

〈高車傳〉云：

太祖時，分散諸部，唯高車以類粗獷，不任使役，故得別為
部落。[51]

依據上引資料，道武帝離散部落，始於「登國初」，而賀訥諸部離散是
在「平中原」的「其後」，可見部落聯盟諸部離散，不是一時完成的，
大規模的執行，在登國十年（395）破後燕以定中原以後，此時軍事上
獲得空前大勝利，拓跋珪在國內的威望大為提高，始能使部落大人服從
離散部落的命令。[52]整個過程，是從登國元年（386）到天興年間
（398-403），[53]見諸相關記載的離散部落，計有三次，第一次是登國元
年二月，在盛樂推行；第二次是登國九年（394），在今河套以北的五原
（今內蒙古五原縣）至稒陽（今內蒙古包頭市北）一線區域內實施，第
三次是天興元年（398），推動於平城的王畿地區內。[54]依照「分土定居，
不聽遷徙」之說，顯示離散部落之目的與作用，是從遊牧部落聯盟轉型
為定居王朝的必要過程。[55]離散部落將使「其君長大人皆同編戶」，涉及
了部落大人的領導權之解構，難免發生衝突，以致部落的離散，並非全
部和平解決，有部分是使用戰爭及誅殺的手段，如自登國四年至皇始三
年，以戰爭及強制遷徙方式，分四次離散賀蘭部；[56]同樣的，自登國元

---

[50] 《魏書》，卷 83 上，〈外戚傳上·賀訥〉，頁 1812。
[51] 《魏書》，卷 103，〈高車傳〉，頁 2309。
[52] 唐長孺，〈拓跋國家的建立及其封建化〉，收入氏著，《魏晉南北朝史論叢》（台灣影
印本，未刊出版資料），頁 204-205。
[53] 馬長壽，《烏桓與鮮卑》，頁 265。
[54] 李憑，《北魏平城時代》，頁 36-60。
[55] 馬長壽，《烏桓與鮮卑》，頁 263；唐長孺，〈拓跋國家的建立及其封建化〉，收入氏
著，《魏晉南北朝史論叢》（台灣影印本，未刊出版資料），頁 205。
[56] 田餘慶，〈賀蘭部落離散問題：北魏「離散部落」個案考察之一〉，收入氏著，《拓
跋史探》，頁 69-71。

年至天興三年（386-398），獨孤部分三次強制遷徙離散；[57]至於渾庾部的庾岳，白部的和跋，亦遭誅殺，以徙其部。[58]有關部落人民，在離散部落後「同爲編民」，是須隸籍於地方行政管理；此後「分土定居，不聽遷徙」，即是要放棄原來的遊牧，由政府計口授田轉爲農耕活動，不再四處遷徙，定居下來了。[59]

　　離散部落，並不表示拓跋氏部落聯盟完全終結。事實上，所離散的部落，並非是全部的部落聯盟，大抵是四方諸姓、內入諸姓，以及其他異姓等部落；至於帝室十姓沒有離散，可能直轉爲王朝軍隊；又有其他部落沒有解散，如高車族，依然「得別爲部落」，顯示另有其他部落亦未離散。[60]同時，無論離散與否，所有部落都是經由多元途徑或方式，轉化爲北魏的統治核心集團，「歷經北魏、東魏、北齊，主宰北中國及草原一帶約二百年」。[61]換句話說，拓跋氏部落聯盟是透過轉型而具有延續性。

　　拓跋氏集團的延續性，學者有類同的兩說：一是毛漢光先生的「拓跋氏核心集團」說，其形成之基礎，是以北魏王朝建立以前的拓跋氏部落聯盟，以拓跋氏爲核心，「環繞著此核心向外依親疏、婚姻、功勳等因素，成爲一圈圈的同心圓圈」；其中的「親疏隨時有變遷，功勳與婚姻是變遷的重要因素」。這個集團，稱爲「國人」，自道武帝天興元年（398）七月遷都平城開始，他們入平城的拓跋氏的核心地區，即指早期拓跋氏以來，所逐漸發展的雲中、代郡平城桑乾河一帶，該地區包括：南有恒山山脈，北有長城與蟠羊山；西北爲雲中地區，再往北爲陰山山脈；該

---

[57] 田餘慶，〈獨孤部落離散問題：北魏「離散部落」個案考察之二〉，收入氏著，《拓跋史探》，頁83-89。

[58] 張繼昊，《從拓跋到北魏：北魏王朝創建歷史的考察》，頁272-276。

[59] 李憑，《北魏平城時代》，頁40-53；楊際平，《北朝隋唐均田制新探》（長沙市：岳麓書社，2003年10月初版一刷）頁17-19。

[60] 李憑，《北魏平城時代》，頁57-58。

[61] 毛漢光，〈中古核心區核心集團之轉移〉，收入氏著，《中國中古政治史論》（上海市：上海書店出版社，2002年12月初版一刷），頁1-9。

區中間有桑乾河主流蜿蜒流布，平城約略位居中央，亦可說是平城及其京畿地區。而「拓跋氏所凝結的核心集團及其建立的核心區」，歷經北魏平城期（398-493）、洛陽期（494-534）、東魏、北齊，「主宰北中國及草原一帶約二百年。北齊覆亡，核心區轉爲『關中本位』取而代之；核心集團則又衍生出『關隴集團』，成爲隋唐統治階層之主幹」。[62]二是康樂先生的觀點，「代人」一詞，清人王鳴盛認爲是指「托跋氏元從部落」，[63]爲同族部落的人身界定。康樂先生稱爲「代人集團」，即早期拓跋氏部落聯盟，在北魏王朝建立初期的公元4-5世紀間，仍陸續擴充，成員絕大多數爲北亞遊牧民族，包括少數漢人及其他少數民族。他們於天興元年七月道武帝遷都平城以後，入住「代」地區，其地理空間，包含平城及京畿，總面積約三萬平方公里，東起代郡（河北蔚縣），西至善無（山西右玉），北包參合（山西高陽），南抵陰館（山西代縣北），亦即當年拓跋氏部落聯盟活動領域的南區。他們的勢力，經北魏的平城期、洛陽期，一直延續到東魏、西魏，乃至北齊、北周。[64]

　　基於上述，拓跋氏核心集團，向東魏延續後，便衍生爲北齊重臣。蓋鮮卑拓跋氏進入中國統治北部以後，即開始吸收漢文化，至孝文帝更大肆推行漢化政策，遷都洛陽以後，漢化程度愈爲提高。相對來說，邊塞六鎮之鮮卑及胡化之漢人，仍保留本來之胡化，不爲以洛陽爲中的漢化所薰染。結果，中央政權所在之洛陽漢化愈深，邊塞胡化人民對漢化的反動愈深，加上饑饉、虐政，卒釀成六鎮之叛變，爾朱榮勢力乘機興

---

[62] 詳見：毛漢光，〈中古核心區核心集團之轉移：陳寅恪先生「關隴」理論之拓展〉，收入氏著，《中國中古政治史論》（上海市：上海書店出版社，2002年12月初版一刷），頁1-28；毛漢光，〈北魏東魏北齊之核心集團與核心地區〉，收入氏著，《中國中古政治史論》（上海市：上海書店出版社，2002年12月初版一刷），頁29-104。

[63] 王鳴盛，《十七史商榷》（台北市：鼎文書局，1979年9月初版，王鳴盛讀書筆記十七種本），卷68，〈代人〉條，頁701-702。

[64] 康樂，〈代人集團的形成與發展：拓跋魏的國家基礎〉，《中央研究院歷史語言研究所集刊》第61本第3分（1990年），頁575-691；同見氏著，《從西郊到南郊：國家祀典與北魏政治》（台北縣：稻禾出版社，1995年1月初版），頁53-109。

起。至武泰元年（528）四月十三日河陰大屠殺，遂爲胡人及胡化群體反對漢化的公開表示。[65]北魏孝明帝正光五年（524）三月六鎮叛變後，其鮮卑及胡化人民，南向遷徙，大部分輾轉移入高歡統治之下。他們未漸染漢化，保持善戰特質，遂使高歡之武力無敵於中原，終藉此武力，成就宰制東魏之霸業。北齊既禪代東魏，又以六鎮勢力爲政基礎，過去拓跋氏部落聯盟的後代，頗多興盛於北齊，位居要津。[66]他們在北魏末以來的鮮卑化潮流下，或維持改姓，或放棄改姓而恢復舊有部落姓氏，此在姚薇元先生《北朝胡姓考》一書中，所舉北齊拓跋氏部落聯盟之舊姓氏例，包含帝室十姓例、勳臣八姓例、內入諸姓例、四方諸姓之東、西方諸姓例、四方諸姓之南、北方諸姓例。[67]另據周建江先生之統計，《北齊書》所載人物，有明確胡姓者，有同爲拓跋氏部落聯盟成員統稱之「代人」者，有中原人而鮮卑化者，佔了 80% 以上，而且絕大多數來自六鎮邊區。[68]

北齊亦循北魏、東魏而有領民酋長之制，它們是部落之酋帥之官職名稱。因自道武帝離散部落以來，尚多未離散者，包括有與拓跋氏同出之鮮卑部落，以及服屬於拓跋氏之部落，他們都沒離散同爲編民，仍以部落組織散居魏境，故置領民酋長統轄管理。到了北魏末年，史書所載領民酋長愈多，十之九都是六鎮叛變以後之北邊雄豪，新立戰功，以此官職羈縻之，其中或有虛銜而無部民可統領。不過，東魏及北齊有履見的六州領民都督，簡稱六州都督，專領「北人」，是以六鎮人爲主的胡族人。[69]最後，北齊領民酋長制，一般稱爲領人酋長，是「多循後魏」

---

65 陳寅恪，《唐代政治史述論稿》（台北：里仁書局，1982 年 9 月），頁 14。

66 黃永年，《六至九世紀中國政治史》（上海：上海書店出版社，2004 年 7 月初版一刷），頁 9-39。

67 詳見：姚薇元，《北朝胡姓考》（北京：中華書局，1962 年 10 月新一版一刷），內篇，第 1-4 章。

68 周建江，《太和十五年：北魏政治文化變革研究》（肇慶市：廣東人民出版社，2001 年 7 月初版一刷），頁 199-208。

69 周一良，〈領民酋長與六州都督〉，收入氏著，《周一良集》，第一卷，頁 224-250。

而來，其品秩是「流內比視官十三等」。第一領人酋長，視從第三品。
第一不領人酋長，視第四品。第二領人酋長，第一領人庶長，視從第四
品。諸州大中正，第二不領人酋長，第一不領人庶長，視第五品。諸州
中正，畿郡邑中正，第三領人酋長，第二領人庶長，視從第五品。第三
不領人酋長，第二不領人庶長，視第六品。第三領人庶長，視從第六品。
第三不領人庶長，視第七品。[70]其中領人與不領人之差別，無資料可考。
酋、庶之分，其庶亦無史料可證釋，大抵僅知，流內是自行臺尚書令之
官算起，地位尊高，其以下為流外，地位卑低。[71]

　　另外，北齊軍隊組織，亦有重視鮮卑成員之現象，史稱「文宣受禪，
多所創革。六坊之內徙者，更加簡練，每一人必當百人，任其臨陣必死，
然後取之，謂之百保鮮卑」。[72]六坊，學者解釋不一，或謂是指令六州，
為六鎮叛亂之流民所徙置之六州，為恒州、雲州、燕州、朔州、顯州、
蔚州，此六州軍人及家屬群居地，便稱六坊。[73]或謂是部隊名稱，始於
北魏末，將六軍宿衛之士，分為六坊，總成一軍，六坊即其名，北齊因
之而設。[74]無論如何，出於六坊之軍人，多屬鮮卑人，稱為百保鮮卑，
他們「臨陣必死」，是至為勇敢作戰的重要部隊。比較之下，漢族軍隊
地位及重要性均不如他們，故史稱北齊「簡華人之勇力絕倫者，謂之勇
士，以備邊要。始立九等之戶，富者稅其錢，貧者役其力」。[75]

　　最後，自孝文帝推動漢化以後，經北魏末六鎮鮮卑化反動以後，有
關文化趨勢問題，或有特別強調漢化之持續，以反對鮮卑化之觀點。[76]究

---

[70] 唐・魏徵撰，《隋書》（台北市：鼎文書局，1979 年 2 月再版，新校點本），卷 27，
　　〈百官志中〉，頁 770。
[71] 周一良，〈領民酋長與六州都督〉，收入氏著，《周一良集》，第一卷，頁 247。
[72] 《隋書》，卷 30，〈食貨志〉，頁 676。
[73] 周一良，〈領民酋長與六州都督〉，收入氏著，《周一良集》，第一卷，頁 237-246。
[74] 簡修煒主編，《北朝五史辭典》（濟南市：山東教育出版社，2000 年 3 月初版一刷），
　　上冊，頁 225。
[75] 《隋書》，卷 30，〈食貨志〉，頁 676。
[76] 江中柱，〈高歡、高澄父子與東魏的漢化〉，《福州大學學報(哲學社會科學版)》，2002
　　年第 4 期，頁 73-76；黃永年，〈北史恩幸傳記齊宦者倉頭胡人樂工事雜說〉，收入

實一個時代之文化，是一個整體結構，構成文化的元素，具有多樣性，在史書記錄中，自然於漢文化處記漢文化，逢鮮卑文化處載鮮卑文化，檢及前者史料便說漢化，拾到後者史料乃證鮮卑文化；其實都各執一端立論，而爲無謂之爭議。更重要者，是兩種論述恰好反映，史料證明，當時漢人、鮮卑文化是並存著，自漢化、鮮卑化去說，都是有證有理，故問題是在：何重何輕之客觀衡量標準何在呢？何人能定製出來呢？尤其是欲以此否定彼，是依憑何人何種的衡量標準來判定呢？從這個立場來看，自北魏末年，經過東魏，一直到北齊禪代前後，由於前述拓跋氏核心集團之延續性，以及其他鮮卑後裔之存在，在漢文化持續發展演變下，鮮卑固有文化依然流行著，如鮮卑語、恢復胡姓、胡神崇拜、婦女地位高且活動力強盛、重視奴婢制度、以鮮卑族組成政治黨派等，[77]甚至鮮卑文化盛行下，發生胡漢衝突，與帝位繼承衝突，相互激盪及糾纏，[78]成爲無法解決之困境，導致衰亂而滅亡。[79]此等研究已多，可供參考，此處不予贅述。惟隋代王劭所撰《齊志》佚文所載之鮮卑文化，一般較少提及，下文就以之來說明。

劉知幾說：「王劭《齊志》，多記當時鄙語」，鄙語，係指俚語俗言，含有鮮卑語。知幾以爲這是一項優良之貢獻，因其書內容，「凡如此例，

氏著，《文史探微》（北京市：中華書局，2000 年 10 月初版一刷），頁 69-82；黃永年，〈北史恩幸傳記齊宦者倉頭胡人樂工事雜說〉，收入氏著，《同前書》，頁 69-82；黃永年，〈宇文泰所以建立八柱國制的一種推測〉，收入氏著，《同前書》，頁 83-118；黃永年，《六至九世紀中國政治史》（上海市：上海書店，2004 年 7 月初版一刷），第一至第三章。

[77] 呂一飛，《北朝鮮卑文化之歷史作用》（合肥市：黃山書社，1992 年 4 月初版一刷），頁 51-91；孔毅，〈北朝後期六鎮鮮卑群體心態的演變〉，《重慶師範大學學報(哲學社會科學版)》，1999 年第 2 期，頁 13-20；蘇小華，〈遷都洛陽後北魏六鎮的地域社會特徵〉，《古代文明》，2008 年第 2 期，頁 64-71；苗霖霖，〈北魏鮮卑婦女社會地位初探〉，《黑龍江民族叢刊》，2007 年第 4 期，頁 74-77；繆　鉞，〈北朝之鮮卑語〉，收入氏著，《繆鉞全集》（石家莊市：河北教育出版社，2004 年 7 月初版一刷），第一卷上冊，頁 264-287。

[78] 繆鉞，〈東魏北齊政治上漢人與鮮卑之衝突〉，收入氏著，《繆鉞全集》，第一卷上，頁 288-302。

[79] 詳參：呂春盛，《北齊政治史研究：北齊衰亡原因之考察》（台北市：台灣大學出版委員會，1987 年）。

其流甚多。必尋其本源，莫詳所出。閱諸《齊志》，則了然可知。由斯而言，劭之所錄，其爲宏益多矣。足以開後進之蒙蔽，廣來者之耳目」。[80]這就是說，北齊境內之鄙語，王劭記載而保留，得使後人明白其來龍去脈，是他的貢獻所在。事實上，王劭還撰有《俗語難字》一卷，[81]惟已亡佚，故以下僅能就劉知幾保留的《齊志》佚文，舉隅說明：[82]

　　首先是「中州名漢」。這是因魏晉南北朝期間，北方胡族南下，胡漢雜處，胡人遂以中原或漢族人稱「漢」。如高昂自領鄉人部曲王桃湯、東方老、呼延族等三千人，欲從高歡去作戰。高歡說：「高都督純將漢兒，恐不濟事，今當割鮮卑兵千餘人共相參雜，於意如何？」昂對曰：「敖曹所將部曲，練習已久，前後戰鬥，不減鮮卑，今若雜之，情不相合，勝則爭功，退則推罪，願自領漢軍，不煩更配。」高祖然之。[83]高歡賜盧勇書曰：「吾委卿陽州，唯安枕高臥，無西南之慮矣。但依朝廷所委，表啓宜停。卿之妻、子任在州住，當使漢兒之中無在卿前者」。[84]崔季舒爭論政事未決，韓長鸞遂奏參他說：「漢兒文官連名總署，聲云諫止向并，其實未必不反，宜加誅戮」。[85]同樣的，天保年間，有鉅鹿下曲陽（今河北省晉縣西）人魏愷，「抗直有才辯」。陞遷青州長史，「固辭不就」。楊愔上奏此事，文宣帝大怒，對愔說：「何物漢子，我與官，不肯就！明日將過，我自共語」。乃對魏愷「切責之」，愷猶堅辭，文宣帝就對愔說：「何慮無人作官職，苦用此漢何爲，放其還家，永不收採」。魏愷「由是積年沉廢」。[86]顯示中原漢族男子，稱「漢兒」、「漢子」、「漢」。

　　中原漢族女子，亦有其稱呼。文宣帝皇后李祖娥，是趙郡李希宗之

[80] 《史通通釋》，卷 17，〈雜說中〉，頁 496
[81] 《隋書》，卷 33，〈經籍志一〉，頁 943。
[82] 《史通通釋》，卷 17，〈雜說中〉，頁 496
[83] 《北齊書》，卷 21，〈高昂傳〉，頁 294。
[84] 《北齊書》，卷 22，〈盧勇傳〉，頁 294。
[85] 《北齊書》，卷 39，〈崔季舒傳〉，頁 513。
[86] 《北齊書》，卷 23，〈魏蘭根傳〉，頁 332。

女，在議立后之際，高隆之及高德正以鮮卑立場說：「漢婦人，不可爲天下母，宜更擇美配」。[87]天保十年（559）十月，文宣帝去世，李皇后所生太子高殷繼位，是爲廢帝，明年正月改元乾明元年（560），至八月，旋遭廢位，由常山王高演「入纂大統」，爲孝昭帝。[88]此事是由太皇太后高歡妻婁昭君「下令廢立」，[89]她的族屬爲鮮卑吐谷渾之匹婁氏，後改婁氏。[90]所以在謀廢立爭執過程中，針對皇太后李祖娥母子事說：「豈可使我母子（高演）受漢老嫗斟酌」。[91]由此可知，漢族女子，較年輕者稱「漢婦」，較年長者稱「漢老嫗」。

「漢」之爲人稱，亦爲不分性別之通稱。高歡對寓居山東之六鎮流民說曰：「爾鄉里難制，不見葛榮乎，雖百萬眾，無刑法，終自灰滅。今以吾爲主，當與前異，不得欺漢兒，不得犯軍令，生死任吾則可，不爾不能爲取笑天下」。[92]此處之「漢兒」之語意，是指軍隊所可能遇到之漢族人，無論男女，都不可欺侮。

復有「易臣與奴」，是君臣之間，君呼臣爲「奴」。北魏太武帝正平元年（451）南伐，[93]魯爽與魯秀「定歸南之謀」。爽等向太武帝請求說：「奴與南有讎，每兵來，常慮禍及墳墓，乞共迎喪，還葬國都」。太武帝許之。《宋書》釋云：「虜（北魏）臺下於其主稱奴，猶中國稱臣也」。[94]《太平御覽》引崔鴻《十六國春秋》〈前秦錄〉曰：「慕容冲進逼長安，堅登城觀之，歎曰：此虜何從出也，其強若斯，大言責冲曰：爾輩群奴，正可牧牛羊，何爲送死？冲曰：奴則奴矣，既厭奴苦，復欲取爾見代」。[95]《北

[87] 《北齊書》，卷9，〈文宣皇后李氏傳〉，頁125。

[88] 《北齊書》，卷5，〈廢帝紀〉，頁

[89] 《北齊書》，卷9，〈神武明皇后婁氏傳〉，頁124。

[90] 姚薇元，《北朝胡姓考》，頁90-94。

[91] 《北齊書》，卷34，〈楊愔傳〉，頁459。

[92] 《北齊書》，卷1，〈神武帝紀上〉，頁7。

[93] 《資治通鑑》，卷126，〈宋紀・文帝元嘉二十八年〉，頁3968-3969。

[94] 《宋書》，卷74，〈魯爽傳〉，頁1923。

[95] 《太平御覽》，卷500，〈人事部・奴婢〉，頁1115。

齊書》〈恩倖傳・序〉云：「事闕而不書，仍略存姓名，附之此傳之末。其帝家諸奴及胡人樂工，叨竊貴幸，今亦出焉」。[96]

另有「呼母云姊」。文宣帝死後，李后爲皇太后，遭孝昭帝逼淫有孕，子太原王高紹德至閤探望，都不得見，便生氣的說：「兒豈不知耶，姊姊腹大，故不見兒」。[97]惟亦有不同的稱呼法，如北齊南陽王高綽「兄弟皆呼父爲兄兄，嫡母爲家家，乳母爲姊姊，婦爲妹妹」。[98]如琅玡王儼說：「（和）士開昔來實合萬死，謀廢至尊，剃家家頭使作阿尼。……願遣姊姊來迎臣」。原來稱母者有嫡母、乳母之別，稱謂須有分別此處的「姊姊即（乳母）陸令萱也，儼欲誘出殺之」。後主泣啓太后曰：「有緣更見家家，無緣永別」。[99]

第三節 抗衡西魏之嗣弘魏天命正統

北齊「嗣弘」魏天命正統的優勢之一，是抗衡西魏同樣在「嗣弘」魏天命正統。此即〈修史詔〉之要「嗣弘」魏天命正統，在政治文化原因上，有面對北齊境外的因素，即面對三分鼎峙的正統抗衡問題。

三方鼎峙局面，始於孝武帝永熙三年七月西奔長安，北魏分裂成東魏、西魏，天下形勢，便由北魏與蕭梁的南北對峙，轉變爲東魏、西魏三方鼎立對峙，至東魏武定八年禪讓於北齊，形勢依然維持北齊、西魏、蕭梁三方鼎峙。因此，北齊對外之正統抗衡有兩個方面：一是與同出北魏的西魏抗衡，二是與南方蕭梁抗衡。故以下先說明三方鼎峙局勢。

道武帝天興元年（398），北魏王朝正式創建，正值東晉安帝隆安二年。此時，中國北方尚有北涼、南涼、後涼、西秦、後秦、南燕等國家，遂開啓了北魏及其他國家與東晉並存的南北對立形勢。劉宋武帝永初元

---

[96] 《北齊書》，卷 50，〈恩倖傳・序〉，頁 686。
[97] 《北齊書》，卷 9，〈文宣皇后李氏傳〉，頁 125。
[98] 《北齊書》，卷 12，〈南陽王綽傳〉，頁 160。
[99] 《北齊書》，卷 12，〈琅玡王儼傳〉，頁 162。

年（420），劉裕禪代東晉政權，創建南方宋王朝，正值北魏明元帝泰常五年，中國北方尚有北涼、西涼、西秦、夏、北燕等政權，轉變爲北魏及方其他政權與劉宋並存的南北對峙。到了北魏太武帝太延五年（439，劉宋文帝元嘉十六年）統一北方，形勢轉化爲北方以北魏王朝爲代表，與南方劉宋對峙，接著，北魏復與蕭齊、蕭梁對峙。最後，北魏王朝至孝武帝永熙三年（534），分裂東魏、西魏政權，時值南方梁武帝中大通六年，整個天下形勢，成爲東魏、西魏、蕭梁三方鼎峙。這個局面，後來持續爲北方之北齊、北周，與南方陳朝三方鼎立，至隋文帝開皇九年（589）統一天下，才告結束。

　　三方鼎峙之局勢，唐人丘悅著有《三國典略》以載其史事，全書已佚，僅存佚文。記載北魏孝武帝永熙三年（534）至隋文帝開皇元年（581）的48年之歷史，對本期歷史的特色，使用「三國鼎立」的觀念來呈現。所謂三國，包含地理空間、王朝政權、政權遞嬗三大層面：北方西部以長安爲都城的地區，王朝政權從西魏遞嬗爲北周；北方東部以鄴城爲都城的地區，王朝政權從東魏遞嬗到北齊；南方以建業爲都城的江南地區，王朝政權從梁朝遞嬗爲陳朝。不過，丘悅的重點是放在北周、北齊、南朝（梁、陳）。[100]依此而言，從天保元年（550）至天保五年（554）《魏書》撰成之際，三國鼎立的基本形勢是：北方東部以鄴都爲中心地區，在天保元年（550），王朝政權已由東魏遞嬗爲北齊；北方西部以長安爲都城的地區，正值西魏文帝大統十六年（550）至恭帝元年（554）；南方以建業爲都城的江南地區，適值簡文帝大寶元年（550）至梁元帝承聖三年（554），其年元帝歿，貞陽侯繼位。從這樣的形勢來看，北齊禪代東魏政權正統問題，確實具有多方面的天命正統挑戰之壓力。

　　三方鼎峙時期內，政權既陷於長期分立局面，天命正統亦隨而長期

---

[100] 唐・丘悅撰，杜德橋（Glen Dudbridg）、趙超輯校，《三國典略輯校》（台北市：東大圖書公司，1998 年 11 月初版），〈三國典略概論〉，頁 1-14。

互相對抗爭衡，北齊高氏之崛起，既始於北魏末高歡之專政，因此，當
東西魏分立之際，高歡便體認了三方鼎立的正統問題之壓力，史載：

> （杜）弼以文武在位，罕有廉潔，言之於高祖（高歡）。高
> 祖曰：「弼來，我語爾。天下濁亂，習俗已久。今督將家屬多在
> 關西，黑獺常相招誘，人情去留未定。江東復有一吳兒老翁蕭衍
> 者，專事衣冠禮樂，中原士大夫望之以為正朔所在。我若急作法
> 網，不相饒借，恐督將盡投黑獺，士子悉奔蕭衍，則人物流散，
> 何以為國？爾宜少待，吾不忘之。」[101]

高歡認識到「句吳閩越，河朔、渭涘，九縣瓜分，三方鼎跱」，[102]東魏、
西魏、蕭梁並立形勢，西魏宇文泰（黑獺）以優容招兵買馬，對武人具
有吸引力；南朝承襲了中原漢人文正統，梁武帝更有所發揚推展，對文
人具有誘惑作用，以為是「正朔」之正統所在；因此，東魏要與兩方抗
衡，只能立足於北魏末年「天下濁亂，習俗已久」之既有基礎上，忍受
貪腐弊政，若加以嚴法肅清，眾人會投奔西魏（黑獺，宇文泰）或蕭梁，
東魏政權如何持續立足。由此可知，高歡體認到三方鼎跱的對抗問題，
既需武力、亦需政治，特別還需文化正統，[103]其中與南方蕭梁之間，存
在著正統抗衡的形勢。

北齊天保年（550），高洋禪代東魏政權以後，三方鼎跱形勢依然，
正統問題，同樣存在。《北史》〈齊本紀中〉云：

> （北齊文宣帝）以三方鼎跱，繕甲練兵，左右宿衛，置百保
> 軍士。每臨行陣，親當矢石，鋒刃交接，唯恐前敵不多，屢犯艱
> 危，常致尅捷。……嘗於東山游宴，以關隴未平，投盃震怒，召
> 魏收於前，立為詔書，宣示遠近，將事西行。是歲，周文帝殂，
> 西人震恐，常為度隴之計。[104]

---

[101] 《北齊書》，卷24，〈杜弼傳〉，頁347-348。
[102] 《隋書》，卷57，〈薛道衡傳〉，頁1412。
[103] 鄭欽仁等，《魏晉南北朝史》，頁10。
[104] 《北史》，卷7，〈齊本紀中〉，頁259。

《北齊書》亦載上文，大抵相同。[105]三方，是指北齊、西魏、蕭梁。顯示高洋所面對的天下形勢，正同於高歡，依然是三方鼎峙，即從東魏、西魏、蕭梁三方，經北齊禪代東魏以後，形勢依然是北齊、西魏、蕭梁。在這形勢中，三方正統的問題，是一個現實的國力戰鬥的具體競爭形勢。高洋的體會，與同時代人的感受無二致。諸如，「今三方鼎立，各圖進取，苟有釁隙，實啓敵心」。[106]「自三方鼎峙，群雄競逐，俊能馳騖」。[107]「今三方鼎峙，生民未乂，四海事重，宜須長君」。[108]

在三方鼎峙形勢中，除了國力戰鬥外，前述高歡所說三方正統的問題，亦是一個現實的具體競爭形勢，仍有倚賴嗣魏正統的必要。因北齊與西魏對峙面的問題，是北齊禪代東魏時，西魏無論帝系及制度文化，都仍然在「嗣弘」魏天命正統，在此相對照下，北齊之禪代正是在斷絕魏正統，故有必要「嗣弘」魏天命正統以爲抗衡。

如上所述，高洋行禪代的另一個政權合法性危機，是如何抗衡西魏之弘嗣魏天命正統呢？這也是高洋受禪過程中的重大阻力。蓋自東西魏分立以後，雙方即成對峙局勢，東魏連續與西魏發生多次激烈戰爭，[109]主要有天平三年（536）十二月，小關（潼關邊的小關）之役。天平四年（537）十月，沙苑（今陝西省大荔縣南）之役。元象元年（538）七月，河橋（今河南孟津縣西南）之役。武定元年（543）三月，邙山（洛陽北方）之役。武定四年（546）九月，玉璧（今山西省稷山縣西南）

---

[105] 《北齊書》，卷4，〈文宣帝紀〉云：「以三方鼎峙，諸夷未賓，修繕甲兵，簡練士卒，左右宿衞，置百保軍士。每臨行陣，親當矢石，鋒刃交接，唯恐前敵之不多，屢犯艱危，常致克捷。……嘗於東山遊讌，以關隴未平，投杯震怒，召魏收於御前，立爲詔書，宣示遠近，將事西伐。是歲，周文帝殂，西人震恐，常爲度隴之計」（頁67）。

[106] 《周書》，卷39，〈杜杲傳〉，頁703。

[107] 《周書》，卷34，〈楊敷傳〉史臣曰，頁601。

[108] 唐・姚思廉撰，《陳書》（台北市：鼎文書局，1986年10月四版），卷21，〈孔奐傳〉，頁285。

[109] 參見：王仲犖，《魏晉南北朝史》，下冊，頁587-590。

之役，此役中高歡生病，武定五年（547）正月過世。[110]

　　迨至天保元年五月初十日高洋行禪代之際，西魏正統，更對「禪代」形成抗衡之形勢，蓋相對照於西魏帝系仍然延續魏王朝帝系，高洋一旦行禪代東魏，而高洋本身並非魏王朝帝系後嗣，便與魏正統之間，產生了「斷裂」的問題。這個問題，早就出現在第一次行禪代在晉陽的阻礙中，《北齊書》〈徐之才傳〉云：

> 　　（徐之才）共館客宋景業參校吉凶，知午年必有革易，因高德政啟之。文宣聞而大悅。時自婁太后及勳貴臣，咸云關西既是勁敵，恐其有挾天子令諸侯之辭，不可先行禪代事。之才獨云：「千人逐兔，一人得之，諸人咸息。須定大業，何容翻欲學人。」又援引證據，備有條目，帝從之。[111]

眾人憂慮的問題，是高洋禪代後，將使東魏元氏政權正統斷絕；西魏仍延續元氏魏政權正統，可以「有挾（拓跋氏）天子令諸侯之辭」，對付高氏。而徐之才的辯解，是說東西魏都在角逐魏正統之「兔」，先馳得點者為勝利，此刻決須佔其機先。事實上，徐氏的辯解，沒有令人信服。故第一次禪代在平都城阻礙中，疑慮再度被提出。《北齊書》〈高德政傳〉云：

> 　　時杜弼為長史，密啟顯祖云：「關西是國家勁敵，若今受魏禪，恐其稱義兵挾天子而東向，王將何以待之？」顯祖入，召弼入與徐之才相告。之才云：「今與王爭天下者，彼意亦欲為帝，譬如逐兔滿市，一人得之，眾心皆定。今若先受魏禪，關西自應息心。縱欲屈強，止當逐我稱帝。必宜知機先覺，無容後以學人。」弼無以答。[112]

問題同樣是西魏會以正統名義出兵，徐氏的辯解仍是以禪代就強佔正統

---

[110]《北齊書》，卷1，〈神武帝紀下〉，頁23-24。
[111]《北齊書》，卷33，〈徐之才傳〉，頁445。
[112]《北齊書》，卷30，〈高德政傳〉，頁407。

機先。不過,「弼無以答」,並非同意和支持,《北史》更載「杜弼亦抱馬諫」,[113]可見杜氏不接受徐氏的看法,堅持反對,只是不願爭辯而已。同時,未見其他人附和之才的觀點。

眾所擔憂的西魏出兵問題,在天保元年五月初十日高洋禪代後,就發生了。七月「宇文泰東伐,至恒農(今河南省三門峽市),齊師不出,乃還」。[114]十一月,「周文帝(宇文泰)帥師至陝城,分騎北度至建州」,高洋「親戎出次城東,周文帝見軍容嚴整,歎曰:『高歡不死矣!』遂班師」。[115]西魏之出兵,意不僅在攻擊,亦禪代令其「有辭可藉姑〔故〕出兵以嘗之也」,[116]用兵威顯耀本國正統,警示禪代不合法,否定北齊政權之正統。故直到天保七年(556)十月宇文泰去世,高洋「嘗於東山游宴,以關隴未平,投杯震怒,召魏收於前,立爲詔書,宣示遠近,將事西伐。是歲,周文帝殂,西人震恐,常爲度隴之計」。[117]在宴會中,高洋仍耿懷西魏正統的威脅,頒詔討伐;惟此時西魏根基已穩固,「文宣蓋明知其事之難,故兵竟不出也」。[118]其實是年十二月「西魏相宇文覺受魏禪」,[119]高洋頒討伐詔,應是意在否定北周承續元魏天命正統,將訊息「宣示遠近」而已。

北齊天保元年五月初十日禪代後,東西魏之戰爭,固然沒有發生,而西魏帝系之正統的挑戰問,依然存在。北齊禪代東魏,既已與魏正統構成了斷層,而此時爲大統十六年(550)五月初十日,西魏文帝正處於嗣弘魏天命正統狀態,特別是經過受禪日北齊政權成立後,西魏仍然延續著嗣弘魏天命正統狀態,更凸顯出北齊政權與魏正統之間的「斷

---

113 《北史》,卷7,〈齊本紀中〉,頁258。
114 《北史》,卷5,〈魏本紀五〉,頁181。
115 《北史》,卷7,〈齊本紀中〉,頁248。
116 呂思勉,《兩晉南北朝史》,上冊,頁743。
117 《北史》,卷7,〈齊本紀中〉,頁259。
118 呂思勉,《兩晉南北朝史》,上冊,頁743。
119 《北齊書》,卷4,〈文宣帝紀〉,頁62,63。

裂」。相對來說，西魏帝系，正是過去以來即「嗣」魏天命正統，現在
及未來正在「弘」魏天命正統。

西魏之嗣魏天命正統，始於孝武帝元脩，他是廣平武穆王元懷之第
三子，母李氏。[120]元懷是孝文帝與文昭皇后所生，[121]乃孝文帝之孫。永
熙三年七月二十七日（534.8.21）出洛陽西奔，八月入長安，宇文泰承
認其既有帝位而迎奉，「以雍州公廨為宮」，成立西魏政權。[122]十月，帝
從妹平原公主明月，違犯閨禮，宇文泰使元氏諸王殺之，「帝不悅，或
時彎弓，或時推案，君臣由此不安平」。閏十二月十五日（535.3.3）「帝
飲酒，遇鴆而崩」。[123]

西魏之弘魏正統，是孝武帝崩後，帝系仍然相續。有關繼任人選的
問題，宇文泰的選擇過程，正如《北史》〈濮陽王元順傳〉所載：

> 順，字敬叔。從孝武入關，封濮陽王，位侍中。及孝武崩，祕
> 未發喪，諸人都舉廣平王為嗣。順於別室垂涕謂周文曰：「廣平雖
> 親，年德並茂，不宜居大寶。」周文深然之，因宣國諱，上南陽王
> 尊號，以順為中尉。[124]

《資治通鑑》梁武帝大通六年條，亦載同一事云：

> 帝飲酒，遇鴆而殂，泰與群臣議所立，多舉廣平王贊。贊，
> 孝武之兄子也。侍中濮陽王順，於別室垂涕謂泰曰：「高歡逼逐
> 先帝，立幼主以專權，明公宜反其所為。廣平沖幼，不如立長君
> 而奉之。」泰乃奉太宰南陽王寶炬而立之。[125]

上兩文對廣平王之記載，有所差異，卻都無法證實其為何人。首先，《北
史》未書廣平王之名，對其人所能知者，只有「廣平王」號及「年德並

---

[120] 《魏書》，卷 11，〈廢出三帝紀‧出帝平陽王〉，頁 281。
[121] 《魏書》，卷 22，〈序〉，頁 587；〈廣平王元懷傳〉，頁 592。
[122] 關於西魏政權之成立過程，詳參：呂春盛，《關隴集團的權力結構演變：西魏北周
政治史研究》（台北市：稻鄉出版社，2002 年 3 月初版），頁 19-61。
[123] 《北史》，卷 5，〈魏本紀五〉，頁 174。
[124] 《北史》，卷 15，〈濮陽王元順傳〉，頁 568。
[125] 《資治通鑑》，卷 156，〈梁紀‧武帝大通六年〉，頁 4858。

茂」等兩個特徵。以王號來說，魏王朝宗室成員有廣平王號者，因賜封及襲爵緣故，人數不少，[126]單靠王號無法辨識為何人。縱使再加上「年德並茂」之特徵，亦無法成為比對印證出何人，如《魏書》載北魏末之孝武帝太昌元年（532）十二月有「以侍中廣平王贊，為驃騎將軍、開府儀同三司」，[127]《北史》載他於西魏文帝大統元年正月任司徒，三年四月為太尉，九年七月任司空。[128]以此元贊，對照前引《北史》〈濮陽王元順傳〉中的廣平王，其相同者，只有同為魏王朝宗室成員，以及王號相同；而兩者是否同屬「年德並茂」，則無史料可考。其次，《通鑑》所載廣平王，稱「廣平沖幼」，不合於《北史》；又增補說「贊，孝武之兄子也」，為《北史》所未載。儘管如此，卻難以判斷《通鑑》有誤或為正確，一則今本《魏書》與《北史》的元脩父〈廣平王元懷傳〉，均已散佚，唯有後世好事者所補之數言，無法獲知元脩之兄及其子的狀況；[129]二則宋代撰《通鑑》時，能見之史料，較今日豐富，惟其所載，或當有史料依據，或僅屬推測，今已無可考。因此，有關廣陽王是否為廣陽王元贊或是另有其人，以及其特徵是為「年德並茂」或為「幼沖」，以現存史料，根本無法辨正，只能依然存為是個懸案問題。

若從選立帝位繼承人角度來看，《北史》與《通鑑》所載廣平王，固然有所差異，而兩造史事的意涵，卻是一致的。先看《北史》，元順說廣平王「年德並茂」不宜為帝，以表面觀看，這個不宜為帝之理由，似違背常理，故清人謝啓崑輯《西魏書》，改作「年德未茂」，來做為不宜為帝之理由，[130]究實亦屬未必正確。因元順說詞，是為宇文泰的權力

---

[126] 簡修煒主編，《北朝五史辭典》，上冊，頁 148；下冊，頁 1507。

[127] 《魏書》，卷 11，〈廢出三帝紀·出帝平陽王〉，頁 286。

[128] 《北史》，卷 5，〈魏本紀第五〉，頁 175，176，179。

[129] 《北史》，卷 19，〈廣平王元懷傳〉，頁 718；《魏書》，卷 22，〈廣平王元懷傳〉，頁 592。

[130] 清·謝啓崑輯，《西魏書》（台北：鼎文書局，1979 年 2 月二版，新校本魏書第四冊附，據清代刻本影印），卷 12，〈濮陽王元順列傳〉，頁 104 下。

設想，若由「年德並茂」的廣平王即位，泰要把持朝以鞏固及擴張權力，就有困難阻力了，乃建議勿立。再依照《通鑑》，元順說「廣平沖幼」，為不適繼位之理由，須立「長君」，亦非要以「長君」抗衡宇文泰，圖謀元氏權力鞏固，蓋「長君」一語，只講年齡之「長」，不含德望與才幹之「長」，泰仍可容易控制，有利於固權及擴權；同時，還得另獲優勢，即西魏宇文泰用「立長君而奉之」，來抗衡東魏高歡「立幼主以專權」，可讓東魏有欺凌幼主之嫌，而有利於爭取人心支持西魏。可見上述兩存相異之史事，究竟都同是為了鞏固和擴大宇文泰的權力。更重要的，縱使兩件史事記載為相異，就帝系脈絡來說，其結果都是一樣的，即無論宇文泰如何考慮固權及擴權，對於繼位人選，無論宇文泰或諸大臣，都在孝文帝之帝系脈絡上思考：首先，孝武帝元脩，為廣平武穆王元懷之第三子也，母李氏；元懷是孝文帝與文昭皇后所生，[131]元脩是孝文帝之孫。其次，《北史》所說當時「諸人都舉廣平王」，廣平王若即為《通鑑》所說是元脩兄子廣平王元贊，則仍屬孝文帝曾孫。最後，經由討論之後，實際被選定的「南陽王寶炬」，為京兆王元愉之子，愉是孝文帝與袁貴人所生，[132]寶炬依然是孝文帝之孫。

寶炬既立，相對東魏來說，西魏仍然保持「嗣」魏正統。西魏大統元年正月初一日（535.2.3），寶炬即位，為文帝，改元永熙為大統，在位直到大統十七年三月初六日（551.3.28）。[133]

相對北齊禪代以後來說，西魏之「弘」魏正統，是在寶炬之後，仍一直以其子繼位，使孝文帝之帝系延續承傳。大統十七年三月初六日寶炬既死，其長子元欽繼位，是為廢帝。[134]去掉年號紀年，改以在位年數順序紀年，即位稱元年；至廢帝三年（554）正月，為宇文泰所廢。是

---

[131]《魏書》，卷22，〈序〉，頁587；同卷〈廣平王元懷傳〉，頁592。

[132]《魏書》，卷22，〈序〉，頁587；同卷〈京兆王元愉傳〉，頁589-590。

[133]《北史》，卷5，〈魏本紀第五〉，頁175，181。

[134]《北史》，卷5，〈魏本紀第五〉，頁182。

月，寶炬第四子齊王元廓即位，是爲恭帝，改元稱元年計紀。[135]恭帝三
年十二月卅日（557.2.14），「帝遜位於周」，[136]西魏滅亡。由此顯示，西
魏帝系，開始是由孝武帝「嗣」繼孝文帝之帝系政權正統，接著由西魏
文帝「弘」續孝文帝之帝系政權正統。

在制度文化方面，北齊文宣帝天保元年禪代東魏前後，西魏亦呈現
出「嗣弘」魏正統之現象，主要有兩個層面：一是從孝武帝永熙三年七
月西奔長安以後，西魏便開始纂修起居注及國史，顯然是以史學活動在
「嗣弘」魏正統（詳見第十二章第一節）。二是北魏末年以還來，拓跋
氏鮮卑文化之復興，西魏藉此文化潮流，建立府兵制，雜揉拓跋氏聯盟
之部落組織及姓氏文化，明顯有六鎮勢力之擴張。[137]三是對魏王朝宗氏
成員，多加禮遇任官。

府兵制之與拓跋氏鮮卑部落制之密切關聯，幾乎是研究府兵制之學
者所承認。[138]在此關係中，有象徵溯源拓跋氏史之現象，即環繞改姓，
回歸舊有拓跋氏部落聯盟時代之姓氏。史載西魏大統十五年（549）五
月初次改姓：

> 初詔諸代人太和中改姓者，并令復舊。[139]

魏恭帝元年（554），又再度下令改姓：

> 魏氏之初，統國三十六，大姓九十九，後多絕滅。至是，以
> 諸將功高者為三十六國後，次功者為九十九姓後，所統軍人，亦
> 改從其姓。[140]

上文顯示，改姓要回歸的歷史時間點，是先跨越孝文帝太和二十年下詔

---

[135] 《北史》，卷5，〈魏本紀第五〉，頁182-183。
[136] 《北史》，卷5，〈魏本紀第五〉，頁183。
[137] 呂春盛，《關隴集團的權力結構演變：西魏北周政治史研究》，頁64-122。
[138] 毛漢光，〈西魏府兵史論〉，收入氏著，《中國中古政治史論》，頁278。
[139] 《北史》，卷5，〈魏本紀〉，頁180。
[140] 《周書》，卷2，〈文帝紀〉，頁36。

胡姓改成漢姓，再回歸恢復原來的胡姓；此一復舊姓，又往更早之歷史時間點，到達「魏氏之初，統國三十六，大姓九十九」。此即返回《魏書》〈序紀〉所載「成皇帝諱毛立。聰明武略，遠近所推，統國三十六，大姓九十九，威振北方，莫不率服」。[141]如此，便回歸到所知最早的拓跋氏部落組織時代。

　　依照現今所知之改姓來看，大多可見於《魏書》〈官氏志〉所載拓跋氏部落組織諸姓氏，茲分列如下：[142]

　　〈官氏志〉「帝室十姓」：賜姓拓跋氏，李穆、王盟2人。

　　〈官氏志〉「勳臣八十姓」：賜姓獨孤氏，有高賓、李屯2人。賜姓步六孤氏，陸通。賜姓万紐于氏（勿忸于氏），[143]樊深。賜姓尉遲氏，陳忻。賜姓賀蘭氏，有蘇椿、裴文舉、梁台3人。

　　〈官氏志〉「諸姓內入者」：賜姓叱利氏，有楊紹。賜姓紇干氏，有田弘。賜姓尒綿氏，有段永。賜姓若口引氏，有寇和、寇2人。賜姓乙弗氏者，有趙貴、趙肅2人。賜姓莫胡盧氏（莫蘆氏）者，[144]楊纂。賜姓普六茹氏（普陋茹）者，[145]有楊忠、楊尚希2人。賜姓叱羅氏，有郭衍、張羨2人。賜姓烏丸氏，有王德、王軌2人。賜姓叱呂引氏（叱呂氏），[146]有楊納。賜姓侯呂陵氏（即俟呂鄰氏，亦即叱呂氏），[147]韓褒。

　　〈官氏志〉「東方」諸姓：賜姓宇文氏，有李和、劉雄、柳慶、趙昶、王悅、劉志、韓雄、叱羅協等26人。

---

[141] 《魏書》，卷1，〈序紀〉，頁1。

[142] 朱希祖，〈西魏賜姓源流考〉，收入氏著，《朱希祖先生全集》（台北市：九思出版公司，1979年6月台一版），第三冊，頁415-507；呂春盛，《關隴集團的權力結構演變：西魏北周政治史研究》，頁161-164；《魏書》，卷113，〈官氏志〉，頁3066-30174。

[143] 姚薇元，《北朝胡姓考》，頁54。

[144] 姚薇元，《北朝胡姓考》，頁126。

[145] 姚薇元，《北朝胡姓考》，頁66。

[146] 姚薇元，《北朝胡姓考》，頁120。

[147] 姚薇元，《北朝胡姓考》，頁120。

〈官氏志〉「次南」諸姓：（1）賜姓侯莫陳氏者，劉亮。（2）賜姓大利稽氏（太洛稽、大洛稽）者，[148]蔡祐。

〈官氏志〉「西方」諸姓：（1）賜姓和稽氏者，耿豪。

所賜諸姓，未見於《魏書》〈官氏志〉者，或說計有：賜姓大野氏者，有李虎、閻慶2人；賜姓徒何氏者，李弼；賜姓賀屯氏，侯植等。[149]這是不整全的，其實還有：賜姓普毛氏，辛威；賜姓庫汗氏，王勇；賜姓拓王氏，王盟；賜姓車非氏，周搖；賜姓可頻氏，王雄。[150]惟賜姓之際，所依準據，並非《魏書》〈官氏志〉，而是西魏朝廷所認定的「魏氏之初，統國三十六，大姓九十九」，故以上諸姓，雖未見於〈官氏志〉，在當時的認知，仍被肯定是拓跋氏部落組織之姓氏。

改姓的目的及功能，在府兵制上，便是要在府兵制內套入拓跋氏部落組織型態。即在軍事上，西魏恭帝元年（554）以前，改易西遷關隴漢人中之山東郡望為關內郡望，以斷絕其鄉土之思，並附會其家世與六鎮有淵源關係。西魏恭帝元年（554）下詔改姓，使有功諸胡將，棄北魏孝文對胡姓所改之漢姓，恢復原有之胡姓；有功之漢將，則賜予胡姓，以此繼承拓跋氏三十大部落及九十九小部落之後，以逐取鮮卑拓跋氏部落組織來治軍。[151]（一）拓跋氏自獻帝開始「七分國人」，以宗主拓跋氏為一部，其餘分屬七部，共為八部。宇文泰加以模仿，設立八柱國制，又以拓跋帝室後代元欣為柱國之一。不過，宇文泰為提高一己之地位，不與其他柱國相等，居「位總百揆，都督中外軍事」；又不願北魏宗室實握兵權，元欣只是虛位備員「從容禁而已」；故雖有八柱國名稱，實際是以六柱國領軍。（二）六柱國各督二大將軍，計有十二大將軍；每大將軍督二開府，凡為二十四員，分團統領，計有二十四軍，每一團儀

---

[148] 姚薇元，《北朝胡姓考》，頁186-188。

[149] 李文才，〈試論西魏北周時期的賜、復胡姓〉，《民族研究》，2001年第3期，頁42。

[150] 朱希祖，〈西魏賜姓源流考〉，收入氏著，《朱希祖先生全集》，第三冊，頁522。

[151] 陳寅恪，《唐代政治史述論稿》（台北市：里仁書局，1982年9月），頁16。

同二人。凡改胡姓諸將所統帥的兵卒，亦從其主將之姓。明顯是以一軍
事單位爲一部落，而以軍將爲其部落之酋長。在一軍事單位即一部落
內，各成員對其酋長即軍將有直接隸屬關係，類似君臣之關係與名分義
務。[152]因此，此制之創立，實以鮮卑舊俗爲依歸，其之比附於《周官》
古制，是爲了攏絡兵制內的漢人。[153]另外，若從改姓的整體功能來看，
不限於府兵組織，是廣泛涉及西魏內部民族對立的化解，以整合西魏內
部力量。[154]

　　關於北魏宗室成員之禮遇任官方面，《周書》〈元偉傳〉云：

> 太祖天縱寬仁，性罕猜忌。元氏戚屬，並保全之，內外任使，
> 布於列職。孝閔踐祚，無替前緒。明、武續業，亦遵先志。雖天
> 厭魏德，鼎命已遷，枝葉榮茂，足以逾於前代矣。[155]

上文是說，自西魏時代起，對於元氏，宇文泰便採優容政策，往後乃爲
北周沿承爲慣例，以致「雖天厭魏德，鼎命已遷，枝葉榮茂，足以逾於
前代矣」。其可知之任官名錄如下：

　　柱國大將軍、太傅、大司徒、廣陵王元欣。

　　柱國大將軍、特進、尚書令、少師、義陽王元子孝。

　　尚書僕射、馮翊王元季海。

　　七兵尚書、陳郡王元玄。

　　大將軍、淮安王元育。

　　大將軍、梁王元儉。

　　大將軍、尚書令、少保、小司徒、廣平郡公元贊。

　　大將軍、納言、小司空、荊州總管、安昌郡公元則。

　　侍中、驃騎大將軍、開府儀同三司、少師、韓國公元羅。

---

[152] 陳寅恪，《隋唐制度淵源略論稿》（台北市：里仁書局，1982 年 9 月），頁 124-129。
[153] 陳寅恪述，萬繩楠整理，《陳寅恪魏晉南北朝史講演錄》，頁 340-348。
[154] 呂春盛，《關隴集團的權力結構演變：西魏北周政治史研究》，頁 118-121。
[155] 《周書》，卷 38，〈元偉傳〉，頁 689。

侍中、驃騎大將軍、開府儀同三司、吏部尚書、魯郡公元正。

侍中、驃騎大將軍、開府儀同三司、中書監、洄州刺史、宜都郡公元顏子。

侍中、驃騎大將軍、開府儀同三司、鄀州刺史、安樂縣公元壽。

侍中、驃騎大將軍、開府儀同三司、武衛將軍、遂州刺史、房陵縣公元審。[156]

第四節 三方鼎峙中北齊之爭取蕭梁利益

齊「嗣弘」魏天命正統的另一個優勢，是可協助北齊爭取蕭梁之利益。孝武帝永熙三年（534），北魏王朝分裂為東魏、西魏，與南朝蕭梁，形成三方鼎峙局面，此間，東魏仍具有天命正統之國力優勢，而呈現於侯景背叛東魏後的連串動亂及與西魏、蕭梁的角逐上。在此形勢中，齊文宣帝所禪代東魏以後，對外仍須抗西魏、蕭梁，仍然是維持著三方鼎峙局面。而東魏末年，高洋禪代之前後，正是蕭梁局勢大變動之際，以侯景亂梁，梁朝勢力驟衰，齊禪代後，欲於蕭梁攫取利益，卻須與西魏在蕭梁問題上進行角逐。為了角逐利益能得順利，除了國家實力外，在觀念意識上，一面尚要搭配以「嗣弘」北魏政權正統與西魏抗衡，一面更須配合以〈嗣弘〉魏正統來抗衡及號召蕭梁，以利建立蕭梁的傀儡政權。

侯景，朔州（治盛樂縣，今內蒙古和林格爾縣西北土城子鄉）人，本姓侯骨氏，屬於羯人，孝文帝改姓氏之時，始改為侯氏。侯氏有過榮盛時期，後來衰落了，侯景乃在懷朔鎮充當戍兵。魏末六鎮叛變，景投效爾朱榮，[157]以戰功陞遷至定州刺史。高歡與侯景同出身懷朔鎮，原本就友好，高歡投奔爾朱榮，時間比侯景晚，因相當有能力，導致爾朱氏

---

[156] 《周書》，卷38，〈元偉傳〉，頁689-690。
[157] 李萬生，〈侯景的氏族及相關問題〉，《北京大學學報（哲學社會科學版）》，2000年第5期，頁149-151。

疑嫉，不受信任，終於年擊滅爾朱兆，景乃降於高歡，任大丞相府長史，仍兼定州刺史，以後在東魏歷任尚書左僕射、吏部尚書、司空、司徒，河南道大行臺，專制河南 14 年（534-547），所轄河南之地，幾近東魏疆域之半，掌握 10 萬大軍，擁有「隨機防討」大權。高歡之重用侯景，有同鄉及友誼因素，亦因景有能力得以任用，尤其是爾朱氏的殘餘力量很強大，侯景是其代表人物之一，高歡重用侯景，再加上高歡納娶爾朱榮和爾朱兆之女，都有助於延續高歡與爾朱氏的關係，以聯繫爾朱氏的社會勢力。

　　侯景擁重權於河南，高歡設有各種防範：（1）在戰略地理上，黃河以南，保留東郡（治滑臺城，今河南省滑縣東南關城鎮）和濮陽郡（治鄄城，今山東省城縣北舊城鎮），不隸屬河南大行台，由司州所管轄，意在防範河南有變，故侯景叛變時，韓軌、賀拔勝、可朱混道元、劉豐等所率大軍，就是從二郡渡河，以進擊侯景。（2）河南的各州刺史，非侯景全可指揮駕御，故當他叛變時，在瑕丘（今河南省濮陽縣東南）以東，有齊州（治歷城縣，今山東省濟南市）、青州（治東陽城，今山東省青州市）、光州（治掖縣，今山東省萊州市）、南青州（治團城，今山東省沂水縣）、徐州（治濟陽縣，今河南省蘭考縣東北）、北徐州（治即丘縣，今山東省臨沂市西二十里古城）等州，均非他所能指揮；至於他自稱瑕丘以西的十三州可以「戮力同心，死無二志」，而實際是「侯景反，潁州刺史司馬世雲以城應之」，景入據潁州城（今安徽省阜陽市），然後再「誘執豫州（治汝南郡，今河南省汝南縣）刺史高元成、襄州（治北平縣，今河南省方城縣東南）刺史李密、廣州（治山北縣，今河南省魯山縣）刺史暴顯等」從叛。（3）河南的軍事系統，是侯景「總兵統旅，別有司存」，非專屬侯景一人掌控，另有其他指揮機制配合分權，因史未明載，情況不詳。此等防範，在侯景與高歡之間，形成了互不信任感，

是導致侯景叛變的主要原因。[158]

　　東魏孝靜帝武定四年（546）底，高歡臨死前，由高澄代寫書信，要召回侯景以奪其權，景便心生疑懼，待武定五年正月八日（547.2.13）高歡死，立即於正月十三日（2.18）舉兵叛變。侯景初叛，先向西魏「遣使請舉河南六州來附」，[159]西魏丞相宇文泰接納，猶謹防景之詭變，慎採「受降如臨敵」策略，派出大軍接收河南七州十三鎮之地，示意侯景交出軍隊，入朝長安城。東魏亦遣韓軌、慕容紹宗等，率領大軍，展開進剿。在東西夾擊的不利形勢下，侯景就南向投降於蕭梁。[160]西魏乃「悉追還前後所配景將士」。[161]景乃密派丁和赴梁。

　　武定五年（547，梁武帝太清元年）二月初一日，丁和抵達建康，梁武帝「召群臣廷議，尚書僕射謝舉及百辟等議，皆云納侯景非宜，高祖不從是議而納景」。原因是「初，中大同中（元年，546），高祖嘗夜夢，中原牧守皆以地來降，舉朝稱慶，寤甚悅之」。清晨見到中書舍人朱异，說所夢，异釋夢說：「此豈宇內方一，天道前見其徵乎？」後「景果歸附，高祖欣然自悅，謂與神通，乃議納之，而意猶未決」，朱异建議說：「今侯景據河南十餘州，分魏土之半，輸誠送款，遠歸聖朝，豈非天誘其衷，人獎其計，原心審事，殊有可嘉。今若拒而不容，恐絕後來之望，此誠易見，願陛下無疑」。梁武帝因「深納异言，又信前夢，乃定議納景」。[162]可見梁武帝之納侯景，是相信「宇內方一」，以及被誘惑於「魏司徒侯景求以豫、廣、潁、洛、陽、西揚、東荊、北荊、襄、

[158] 李萬生，〈論侯景叛東魏的歷史原因〉，《貴州師範大學學報（社會科學版）》，1999年第 2 期，頁 31-36；李萬生，〈論侯景叛東魏的原因及結果〉，《中國文化研究》，2000 年夏之卷，頁 59-64；王仲犖，《魏晉南北朝史》，上冊，頁 446。地名對照，據史為樂，《中國歷史地名大辭典》，上冊，頁 222，721，974，1058；下冊，頁 1449，1802，2146，2585，2644，2896，2944，2947。

[159] 《周書》，卷 2，〈文帝紀〉，頁 30。

[160] 王仲犖，《魏晉南北朝史》，上冊，頁 446。

[161] 《周書》，卷 2，〈文帝紀〉，頁 31。

[162] 《梁書》，卷 56，〈侯景傳〉，頁 862-863。

東豫、南兗、西兗、齊等十三州內屬」，想趁機藉此統一天下，遂頒詔
封侯景為河南王、大將軍、使持節、董督河南南北諸軍事、大行臺，承
制輒行，給鼓吹一部。[163]

梁武帝的統一天下之理想計畫，結果全都落空，不僅南方振興之契
機消失，更使東魏展示了優勢的國力，使北強南弱形勢益加嚴重：

一、侯景北伐失敗：梁武帝相信「侯景志清鄴、洛，以雪讎恥」，
欲以掃平北方的責任，全委諸侯景，支援其與東魏的戰爭。[164]先於武定
五年（547，梁武帝太清元年）七月，梁武帝下詔重新布署北邊州級政
區，「依前代故事，以懸瓠（今河南省汝南縣）為豫州，壽春為南豫，
改合肥（今安徽省合肥市西北）為合州（將原合州名稱北移），北廣陵
（今江蘇省揚州市西北蜀岡上）為淮州，項城（今河南省沈丘縣）為殷
州，合州（原合州，今廣東省雷州市）為南合州（將原合州改稱）」。[165]
再詔司州、豫州刺史羊鴉仁，督土州刺史桓和之、仁州刺史湛海珍等精
兵三萬，赴懸瓠以應接侯景。[166]八月，以南豫州刺史蕭淵明為大都督，
派出大軍，支援侯景與東魏之戰爭，大舉北伐，號稱「王師北伐」。[167]到
了十二月，侯景遣其行臺左丞王偉、左民郎中王則，「詣闕獻策，求諸
元子弟立為魏主，輔以北伐」。梁武帝「許之」，下詔太子舍人元貞封為
咸陽王，遣送渡江，「許即偽位，乘輿副御，以資給之」，[168]使他「還北
為魏主」，[169]一切「以天子之禮遣還北」，冀建傀儡魏政權。[170]

---

[163]《梁書》，卷56，〈侯景傳〉，頁835；卷3，〈梁武帝本紀下〉，頁91。

[164] 呂思勉，《兩晉南北朝史》，上冊，頁629-635。

[165]《梁書》，卷3，〈梁武帝本紀下〉，頁92。地名對照，據簡修煒，《北朝五史辭典》，
　　下冊，頁1828；史為樂，《中國歷史地名大辭典》，上冊，頁1037，1038；下冊，
　　頁1754。

[166]《梁書》，卷39，〈羊鴉仁傳〉，頁563。

[167]《梁書》，卷3，〈梁武帝本紀下〉，頁92。

[168]《梁書》，卷56，〈侯景傳〉，頁840。

[169]《梁書》，卷3，〈梁武帝本紀下〉，頁93。

[170]《梁書》，卷39，〈元貞傳〉，頁555。

　　此次蕭梁北伐，完全被東魏瓦解。先是，武定五年十一至十二月，蕭淵明支援侯景之大軍，欲「寇徐州，堰泗水於寒山，灌彭城，以應侯景」，遭到東魏慕容紹宗、高岳、潘相樂等率兵攻擊，在彭城寒山堰戰敗，全軍覆沒，被生擒者有淵明及其二子瑀、道，北兗州刺史胡貫孫，將帥二百餘人，其餘「俘斬五萬級，凍乏赴水死者不可勝數」。至武定六年（548，梁武帝太清二年）正月，侯景軍隊，亦為慕容紹宗、高岳等於渦陽城大破之，「俘斬五萬餘人，其餘溺死於渦水，水為之不流」。[171]景僅能率步騎 800 人，逃入梁境淮南的壽春，梁武帝命景為為南豫州牧，而原安北將軍、南豫州刺史鄱陽王範，改任合州刺史。[172]

　　二、侯景叛變重創蕭梁：梁武帝利用侯景「北伐」，既告失敗，「高祖又與魏連和」，「遣使還述魏人，請追前好」。[173]此即東魏所稱，武定六年二月，「蕭衍遣使款闕乞和，并修書弔（問高歡喪於）齊文襄王（高澄）」。[174]這次的議和，東魏懷有外交攻勢策略，命被俘的蕭淵明寫信給梁武帝，說梁朝若消滅侯景，東魏就釋放淵明及其他戰俘。目的是要挑撥侯景與蕭梁之關係，使蕭梁滅掉侯景，或侯景叛變滅了蕭梁，無論何者發生，東魏都可以坐收漁利。梁武帝應允交換條件，覆函說：「貞陽（淵明原封貞陽侯）旦至，侯景夕返」。武定六年六月間，梁朝派建康令謝挺、通直郎徐陵為使臣，「使北通好」。侯景此時鎮壽春，「累啓絕和，及請追使，又致書與（宋）异，辭意甚切，异但述敕旨以報之」。[175]七月間，梁朝復派兼散騎常侍謝班，「聘于東魏結和」；[176]九月再遣使東

---

[171] 《魏書》，卷 12，〈孝靜帝紀〉，頁 310。

[172] 《梁書》，卷 56，〈侯景傳〉，頁 841；卷 3，〈梁武帝本紀下〉，頁 93；卷 39，〈羊侃傳〉，頁 559。

[173] 《梁書》，卷 56，〈侯景傳〉，頁 841。

[174] 《魏書》，卷 12，〈孝靜帝紀〉，頁 310。

[175] 《梁書》，卷 38，〈宋异傳〉，頁 539。

[176] 唐・李延壽撰，《南史》（台北市：鼎文書局，1985 年 3 月四版，新校點本），卷 7，〈梁本紀中〉，頁 220。

魏，[177]顯示梁武帝極力與東魏修好。在此通和過程中，侯景乃採先發制人，籌謀叛變，聯好建康城內的蕭正德，應允舉事成功後，推正德當皇帝，遂於八月初十日在壽陽舉兵叛蕭梁，依靠蕭正德的暗助，十月二十四日，侯景順利達建康，圍困住臺城（今江蘇省南京市玄武湖南之宮城），十一月初一日，立蕭正德爲皇帝，到了武定七年（549，梁武帝太清三年）三月十三日晨，臺城被攻破，梁武帝遭軟禁，至五月二十六日死去，侯景隱密其喪。六月侯景更縊殺正德，十一月葬梁武帝。後侯景更立簡文帝，旋又殺之，自立爲帝，國號漢。至天保三年（552，梁元帝承聖元年）三月，侯景爲王僧辯所敗，奔走至胡豆州（今江蘇省鎮江市北），四月在船中被羊鴟殺死，[178]侯景亂梁才結束。總之，梁武帝用盡心機計算侯景之降，卻因低估侯景實力，以爲可御之己意；而又高估侯景的影響力，以爲藉之得以擊潰北方，結果徒成侯景亂梁之局，反使自己的王朝崩潰。[179]

　　三、東魏佔領蕭梁領土至長江爲界：東魏利用侯景之亂，略地頗多收獲，如太清二年正月，大敗侯景，取得了渦陽；此時梁朝豫州刺史羊鴉仁、殷州刺史羊思達，「並棄城走，魏進據之」，[180]「東魏剋殷（治丹陽郡，今河南省沈丘縣）、豫（與魏同州名不同地，治姑孰縣，今安徽省當塗縣）二州」。[181]太清三年四月，蕭梁青州（與魏同州名不同地，治齊通縣，今四川省眉縣）、冀州（與魏同州名不同地，治在郁洲，今江蘇省連雲港市東臺山一帶）二州刺史明少遐、東徐州（與魏同州名不同地，治在下邳縣，今江蘇省睢寧縣西北古邳鎮東三里）刺史湛海珍、北青州

---

[177]《魏書》，卷12，〈孝靜帝紀〉，頁311。

[178]《梁書》，卷39，〈羊鴟傳〉，頁562。

[179]李萬生，〈梁魏通和及侯景亂梁原因別解〉，收入中國社會科學院歷史研究所編，《古史文存：秦漢魏晉南北朝卷》，頁493-500。

[180]《梁書》，卷3，〈梁武帝本紀下〉，頁93。

[181]《南史》，卷7，〈梁本紀中〉，頁220。地名對照，據史爲樂，《中國歷史地名大辭典》，下冊，頁2148，2896。

（治在廣陵，今江蘇省揚州市西北）刺史王奉伯，「各舉州附于魏」。[182]武定七年十一月，蕭梁齊州（與魏同州名而地不同，惟僅知有齊郡，治在今江蘇省贛榆縣南）刺史茅靈斌、德州（或說治九德縣，今越南國義靜省榮市；惟此地不可能爲東魏所得，疑應爲今山東省德州市）刺史劉領隊、南豫州（治壽春縣，今安徽省壽縣）刺史皇甫慎等，「並以州內屬」。武定八年正月，蕭梁楚州（治楚城，今河南省信陽縣北五十一里長臺關西）刺史宋安顧、定州（與魏州名同而地異，治蒙龍城，今湖北省麻城市東北）刺史田聰能、洪州（治所可能在豫章，今江西省南昌市西）刺史張顯等，「以州內屬」。[183]武定八年（550），辛術任東南道行臺尙書，與高岳等破侯景大軍，生擒蕭淵明，遷東徐州（治團城，今山東省沂水縣）刺史，爲淮南經略使。五月高洋受禪改元齊天保元年，辛術已略地十餘州，「文宣聞之，敕術自今所統十餘州地諸有犯法者，刺史先啓聽報，以下先斷後表聞。齊代行臺兼總人事，自術始也」。[184]整個來說，據《通鑑》及胡三省的看法，東魏於武定六年（548）已取得「江、淮之北」地區，武定七年（549）「盡有淮南之地」。[185]即在侯景亂梁中，東魏大抵取得了長江北岸諸郡，[186]形成南北以長江分界的形勢，正如《南史》所說，蕭梁「自侯景之難，州郡太半入（東）魏，自巴陵以下至建康，緣以長江爲限」。[187]

　　四、東魏取回西魏佔領地：西魏從侯景叛附中，得取了六州十二鎮，東魏亦發兵收復。侯景初叛向西魏，高澄派出韓軌、庫狄干等圍攻侯景

---

[182] 《梁書》，卷3，〈梁武帝本紀下〉，頁95。地名對照，據史爲樂，《中國歷史地名大辭典》，上冊，頁699，716，1059，1450；下冊，頁2911。

[183] 《北齊書》，卷4，〈文宣帝紀〉，頁44。地名對照，據史爲樂，《中國歷史地名大辭典》，上冊，頁1059；下冊，頁1687，1824，1971，2677，2870。

[184] 《北齊書》，卷38，〈辛術傳〉，頁501-502。地名對照，據史爲樂，《中國歷史地名大辭典》，上冊，頁699。

[185] 《資治通鑑》，卷162，〈梁武帝太清三年〉，頁5033。

[186] 王仲犖，《魏晉南北朝史》，上冊，頁455。

[187] 《南史》，卷8，〈梁本紀下〉，頁244。

於穎川（今河南省許昌市），宇文泰爲解景的困境，先遣李弼率軍支援，「軌等遁去，景請留收輯河南，遂徙鎮豫州，於是遣開府王思政據穎川，弼引軍還」；[188]亦即「景乃遣使降於寶炬，請師救援。寶炬遣其將李景和、王思政帥騎赴之。思政等入據穎川，景乃出走豫州」。[189]在穎川，「思政分布諸軍，據景七〔六〕州十二鎮」，朝廷授任「河南諸軍事」。[190]以此可知，西魏「收輯」河南六州十二鎮，是以穎川爲根據地，做爲行政管轄中心。東魏爲收復此等失地，便以摧破穎川爲焦點。孝靜帝武定六年（548）八月，以尚書左僕射慕容紹宗爲大行臺，與太尉高岳、司徒韓軌、大都督劉豐等討王思政於穎川，計畫「引洧水灌其城」。灌城之戰中，慕容紹宗及劉豐陣亡。[191]此時，宇文泰派了大將軍趙貴率軍，「兼督東南諸州兵，以援思政」。而東魏軍成功的引水灌城，「自穎川以北，皆爲陂澤，救兵不得至」。至七年六月，東魏高澄親率10餘萬大軍，進行圍攻，結果「穎川陷」，[192]東魏乃「克穎州」，生擒西魏大將軍、尚書左僕射、東道大行臺、太原郡開國公王思政，穎州刺史皇甫僧顯等，及戰士一萬餘人，男女數萬口。[193]東魏收復穎川，就瓦解了西魏對六州十二鎮的佔領和統治，正如《通鑑》所說：「侯景之南叛也，丞相（宇文）泰恐東魏復取景所部地，使諸將分守諸城；及穎川陷，泰以諸城道路阻絕，皆令拔軍還」；胡三省注云：「史言宇文泰不求廣地之名，而審計利害之實」。[194]

　　天保元年，北齊王朝成立後，與蕭梁、西魏之間的角逐問題之核心，是延續東魏侯景叛亂所衍生的系列事件。當時之形勢細節，學者已有詳

[188]《周書》，卷2，〈文帝紀〉，頁31；卷15，〈李弼傳〉，頁240。
[189]《魏書》，卷12，〈孝靜帝紀〉，頁309。
[190]《周書》，卷18，〈王思政傳〉，頁295-296。
[191]《魏書》，卷12，〈孝靜帝紀〉，頁311。
[192]《周書》，卷2，〈文帝紀下〉，頁31-32；卷18，〈王思政傳〉，頁295-296。
[193]《魏書》，卷12，〈孝靜帝紀〉，頁311。
[194]《資治通鑑》，卷162，〈梁紀‧武帝太清三年〉，頁5020。

細研究，[195]可供參考，此處僅略作說明西魏的活動：

一、西魏佔領蕭梁領土：如大寶元年正月，「西魏寇安陸，執司州刺史柳仲禮，盡沒漢東之地」。[196]大寶二年二月，邵陵王綸「走至安陸董城，爲西魏所攻，軍敗，死」。[197]最後，西魏是將梁州、益州全部併入版圖；至於雍州，先則淪爲西魏附庸，後亦納爲西魏的郡縣。[198]

二、西魏操控蕭梁傀儡政權：東、西魏在蕭梁之角逐利益，是西魏有佔了機先的優勢，而以梁宣帝蕭詧爲西魏附庸之傀儡政權，開啓操控蕭梁政權之端緒。詧是昭明太子蕭統之第三子，對昭明卒後，「其昆弟不得爲嗣，常懷不平」。又以梁武帝衰老，「朝多秕政，有敗亡之漸」，遂蓄聚貨財，交通賓客，至數千人。中大同元年（546），任雍州刺史，治襄陽，「以襄陽形勝之地，又是梁武創基之所，時平足以樹根本，世亂可以圖霸功」，遂克己勵節，致力經營，「於是境內稱治」。太清二年（548），梁武帝以詧兄河東王蕭譽爲湘州刺史，徙湘州刺史張纘爲雍州，以代蕭詧刺史之職。纘仗恃才望，「素輕少王（譽），州府候迎及資待甚薄，譽深銜之」。及譽至州，「遂託疾不見纘，仍檢括州府庶事，留纘不遣」，「頗凌蹙纘」。此時鎮江陵的湘東王蕭繹，正欲支援京師對付侯景，率兵至建康途中，張纘與之舊識，便寫信給他，詐稱蕭譽將發兵攻江陵，企圖「將因之以斃詧兄弟」。蕭繹乃速返江陵，遣使責備並徵兵於蕭譽，又遣張纘赴襄陽就職雍州刺史，蕭詧「推遷不去鎮，但以城西白馬寺處之（張纘）」。後蕭繹發兵伐蕭譽，詧爲了救譽，領兵與江陵方面作戰，殺了張纘。至太清三年（549），詧「既與江陵構隙，恐不能自固」，便向西魏「遣使稱藩，請爲附庸」。此時，蕭繹派柳仲禮率眾進圖襄陽，詧乃「遣其妻王氏及世子寮爲質，以請救」，宇文泰派揚忠率

[195] 李萬生《侯景之亂與北朝政局》（北京市：中國社會科學出版社，.2003 年 10 月初版一刷）。

[196] 《梁書》，卷 4，〈梁簡文帝本紀〉，頁 106。

[197] 《梁書》，卷 4，〈梁簡文帝本紀〉，頁 107。

[198] 王仲犖，《魏晉南北朝史》，上冊，頁 455，457。

兵救援，大寶元年（550）正月，楊忠「擒仲禮，平漢東，詧乃獲安」。
[199]三月，因柳仲禮被擒，「繹懼，復遣其子方平來朝」西魏。[200]四月，
詧乃「自稱梁王，蕃于（西）魏，魏遣兵助伐襄陽」。[201]

　　接著，梁元帝蕭繹，終亦須賴西魏而立足。在前述與蕭詧鬥爭中，
派出舍人庾恪，對西魏將軍楊忠說：「詧來伐叔，而魏助之，何以使天
下歸心」。忠遂停止進兵。蕭繹乃與楊忠盟約：「（西）魏以石城（竟陵
郡治，今湖北省潛江縣）為封，梁以安陸（安陸郡治，在今湖北省西北
五十三里）為界，請同附庸，并送質子，貿遷有無，永敦鄰睦」。再遣
舍人王孝祀等送子為質，以為求和，西魏允許，[202]繹乃使少子方署入質
于西魏，「魏不受質，而結為兄弟」。[203]蕭繹既為西魏附庸，乃挾西魏的
支持力量，誅殺異己諸王以及登上帝位，而有西魏之協助。首先，大寶
元年四月，[204]遣王僧辯擒殺蕭譽，傳首江陵。[205]接著，蕭繹忌邵陵王蕭
綸爭帝位，遣王僧辯征伐，綸遂逃離，至汝南城，西魏安州刺史馬岫獲
悉，向朝廷報告，西魏乃遣大將軍楊忠、儀同侯幾通率軍進討。大寶二
年（551）二月，城被攻陷，綸遭執殺死，「百姓憐之，為立祠廟」。[206]其
後，有武陵王蕭紀，原鎮守蜀地，當「侯景亂，紀不赴援」，至「高祖
崩後，紀乃僭號於蜀」，改年曰天正，立子蕭圓照為皇太子，[207]時在大
寶三年（552）四月。八月，蕭紀「率巴、蜀大眾，連舟東下」，欲攻打
蕭繹。[208]繹向西魏請求派兵伐蜀，宇文泰以「取蜀制梁，在此一舉」，

---

[199] 《周書》，卷48，〈蕭詧傳〉，頁857-859；《梁書》，卷34，〈張纘傳〉，頁502-503。
[200] 《周書》，卷2，〈文帝紀下〉，頁32。
[201] 《南史》，卷8，〈梁本紀下〉，頁235。
[202] 《資治通鑑》，卷163，〈梁紀・簡文帝大寶元年〉，頁5036。
[203] 《南史》，卷8，〈梁本紀下〉，頁235。
[204] 《資治通鑑》，卷163，〈梁紀・簡文帝大寶元年〉，頁5040。
[205] 《梁書》，卷55，〈河東王譽傳〉，頁829-930。
[206] 《梁書》，卷29，〈邵陵王綸傳〉，頁431-436。
[207] 《梁書》，卷55，〈武陵王紀傳〉，頁825-826。
[208] 《梁書》，卷55，〈武陵王紀傳〉云：「太清五年夏四月，紀帥軍東下至巴郡，以討
侯景為名，將圖荊陝」（頁826）；〈校勘記〉第2條云「太清只三年，五年實即大

於三月遣大將軍、魏安公尉遲迴率兵，進攻蜀地，至八月，蜀地遂為西魏佔領。[209]蕭紀東下攻打江陵，連戰不利，於七月兵敗被殺。[210]消滅以上政敵之後，趁大寶三年三月侯景既死，蕭繹於十一月即帝位，[211]是為梁元帝，改元承聖元年（552），此時仍通西魏，《周書》載云：「繹討景，擒之，遣其舍人魏彥來告，仍嗣位於江陵，是為元帝」。[212]到了承聖三年（554），梁元帝捲入北齊與西魏的角逐。當西魏使者宇文仁恕、北齊使者聘問江陵時，梁元帝「接仁恕有闕，魏相安定公憾焉」。[213]同時，梁元帝亦向西魏「遣使請據舊圖以定疆界」，企圖索回西魏所佔梁朝之領土；「又連結於齊，言辭悖慢」，「密與齊氏通使，將謀侵軼」，仰仗與北齊聯好的勢力而有所圖謀。故宇文泰說：「古人有言：『天之所棄，誰能興之』，其蕭繹之謂乎？」十月，遣柱國于謹、中山公宇文護、大將軍楊忠、韋孝寬等步騎五萬討之。十一月，西魏軍渡漢水，至江陵，先列營圍守其城，再行進攻城，克城擒梁元帝。至十二月，殺了梁元帝，俘虜梁朝百官及士民以歸長安，沒為奴婢者十餘萬人，其免者只二百餘家。仍立蕭詧為梁主，居江陵，為西魏附庸。[214]

基於上述，從東魏末年高氏專制之時，經由禪代，一直到天保年間，前後一貫的運用魏正統。侯景叛亂，東魏出兵南伐之際，同向蕭梁宣示魏正統。《魏書》〈島夷蕭衍傳〉云：

> 是歲（武定五年），司徒侯景反，遣使通衍，請其拯援。衍

寶二年，蓋元帝不用大寶紀年，始終承用太清年號」（頁 831）。惟其時間實不合事件過程，此處係據《梁書》，卷 5，〈元帝本紀〉，頁 128。

[209] 《梁書》，卷 5，〈元帝本紀〉繫尉遲迴伐蜀於正月（頁 132）。此處所說，均據《周書》，卷 2，〈文帝紀下〉，頁 33-34；卷 31，〈尉遲迴傳〉，頁 349-350。

[210] 《梁書》，卷 55，〈武陵王紀傳〉，頁 827-528，惟其時間不明，此據《梁書》，卷 5，〈元帝本紀〉，頁 133。

[211] 《梁書》，卷 5，〈元帝本紀〉，頁 131。

[212] 《周書》，卷 2，〈文帝紀下〉，頁 33。

[213] 《南史》，卷 8，〈梁本紀下〉，頁 241。

[214] 《周書》，卷 2，〈文帝紀下〉，頁 35-36；卷 11，〈晉蕩公護傳〉，頁 166；卷 15，〈于謹傳〉，頁 247-248；卷 19，〈楊忠傳〉，頁 317；卷 31，〈韋孝寬傳〉，頁 538。

惑景遊說，遂絕貢使。……齊文襄王（高澄）遣行臺慕容紹宗、儀同三司高岳、潘相樂等率眾討之。紹宗檄衍境內曰：

> 夫乾坤交泰，明聖興作，有冥運行之力。……自晉（西晉）政多僻，金行淪蕩，中原作戰鬪之場，生民為鳥獸之餌；則我皇魏握玄帝之圖，納水靈之祉，駕雲車而自北，策龍御以圖南，致符上帝。……員首識堯舜之心。……（天下）共仰中國之聖，同欣大道之行。

> 唯夫三吳、百越獨阻聲教，匪民之咎，責有由焉。自偽晉（東晉）之後，劉（宋）蕭（齊）作慝，擅僭一隅，號令自己。……蕭衍（梁）輕險有素，士操蔑聞，睥睨君親，……內恣彫靡，外逞殘賊。……

> 二紀於茲，王家多故，始則車馳之警，終有驚墜之哀，神祇痛憤，宇縣崩震。於是故相國、齊獻武高王（高歡）感天壤之慘黷，……爰有匡國定霸之圖，……尊主康邦。皇上秉歷受圖，天臨日鏡，道隨玄運，德與神行。既而元首懷舞戚之風，上宰薄兵車之會，遂解縶南冠，喻以好睦，舟車遵溯，川陸光華。……罷戰息民，兩獲其泰。……

> 侯景一介役夫，……翻為亂階。負恩棄德，罔恤天討。……及遠託關右，委命寇逆，寶炬定君臣之分，黑獺結兄弟之親，授以名器之尊，救其重圍之死，憑人繫援，假人鼻息。

> ……今帝道休明，皇猷允塞，四民樂業，百靈效祉。……黑獺北備西擬，內營腹心，救首救尾，疲於奔命。……天贊我也。……

> 且偽主（梁武帝）昏悖，不惟善隣，賊忍之心，老而彌篤。納遄叛之詭譎，蔑信義以猖狂。[215]

上文之意，是欲在征討侯景中，同步宣示東魏之正統。首先，在天命上，魏王朝是繼承西晉金德正統，而為水德正統王朝。在文化上，是承續堯、舜之心的正統。接著，強調高歡對魏正統之延續至東魏，即魏

---

[215]《魏書》，卷98，〈島夷蕭衍傳〉，頁2180-2184。

末動亂，多賴高歡力挽狂瀾，匡扶王朝，帝業延續，東魏猶存而興盛，與南朝（南冠）息戰，和平往來。而高歡死後，侯景叛變，所投靠的是兩個偽政權：一是先投靠「寶炬」及「黑獺」；前者是「魏孝武帝崩。太祖（宇文泰）與羣公定策，尊立魏南陽王寶炬爲嗣，是爲文皇帝」，[216]即西魏文帝名諱；後者是宇文泰「字黑獺」，[217]如此用名或字稱呼西魏，即是意否定「西魏」之存在，它是非正統王朝；同時，說東魏「帝道休明」，西魏「疲於奔命」，是以東魏爲正統，西魏爲非正統之偽政權。東魏之爲正統而西魏非正統，原因端在「天贊我也」，即東魏有著正統的天命。二是後來投靠蕭梁，這個正權是繼承「偽」東晉以降，經宋、齊一脈之偽，其「偽主（梁武帝）昏悖」，好稱兵作亂而已；由此，相較北魏至東魏之正統天命相續，東晉南朝都是非正統之「偽」政權。

　　東魏孝靜帝武定五年（547）八月，高澄亦遣函給侯景說：

> （今）以狼顧反噬，不蹈忠臣之路，便陷叛人之地。力不足以自強，勢不足以自保，率烏合之眾，為累卵之危。西取救於宇文，南請援於蕭氏，以狐疑之心，為首鼠之事。入秦則秦人不容，歸吳則吳人不信。……今寒膠向折，白露將團，方憑國靈，龔行天罰。……夫明者去危就安，智者轉禍為福」。[218]

此處同謂侯景先後所投靠兩個政權，一是「宇文」，二是「蕭氏」，只用姓氏稱呼，即是否定「西魏」、「梁」爲王朝，意指兩者都非正統王朝。相對來說，東魏王朝是天命正統所在，故「方憑國靈，龔行『天』罰。

　　往後，北齊延續前述東魏佔據蕭梁領土之勢，仍繼續進軍。天保二年（551）三月，蕭梁交州（東漢、孫吳以降轄今廣東及廣西省之大部分，惟此地不可能內附北齊，故此交州待考）刺史李景盛、梁州（治所難定而待考，轄境約今陝西秦嶺以南，四川省一部及貴州省一小部）刺史馬

---

[216]《周書》，卷1，〈文帝紀〉，頁9。
[217]《周書》，卷1，〈文帝紀〉，頁1。
[218]《北齊書》，卷3，〈文襄帝紀〉，頁32-34

嵩仁、義州（與魏州同名而異地，初治義城郡苞信縣，今河南省商城縣西，後仍治義城郡，移至今湖北省羅田縣東六十里）刺史夏侯珍洽、新州（治新陽縣，今湖北省京山縣，後改治新城郡，今四川省三臺縣）刺史李漢等，「並率州內附」。[219]天保三年（552），王僧辯破侯景後，辛術趁機「招攜安撫，城鎮相繼款附，前後二十餘州，於是移鎮廣陵」。[220]另外，東魏末北齊初年，潘樂南道大都督，討伐侯景，發兵石鱉（今江蘇省寶應縣西八十里），南渡淮水百餘里，至梁之涇州，涇州舊治在石梁縣（治今湖北省宣城市境），侯景改爲懷州，樂獲其地，仍立涇州。又克安州（治定遠郡定遠縣，今安徽省定遠縣東南），除瀛州刺史，遂「略淮、漢」。[221]

　　前述西魏勢力伸入操控蕭梁朝政的過程中，東魏來不及與之競爭，遂延至北齊始相角逐。最初，北齊支持邵陵王蕭綸。在蕭繹誅除蕭綸過程中，綸一度歸向北齊，「送質於齊」。[222]天保元年（550）九月，文宣帝乃「詔梁侍中、使持節、假黃鉞、都督中外諸軍事大將軍、承制、邵陵王蕭綸爲梁王」。[223]接著，北齊支持梁元帝蕭繹，他在蕭綸封王之後，便與北齊聯好，於天保元年十一月，「梁湘東王蕭繹遣使朝貢」。[224]天保二年（551）正月，「梁湘東王蕭繹遣使朝貢」，到了三月，文宣帝乃下「詔梁承制湘東王繹爲梁使持節、假黃鉞、相國，建梁臺，總百揆，承制」。到了四月「梁王蕭繹遣使朝貢」，十月「蕭繹遣使朝貢」。[225]至天保三年（552）三月，文宣帝復「詔進梁王蕭繹爲梁主」，十一月「梁王

---

[219] 《北齊書》，卷4，〈文宣帝紀〉，頁55。地名對照，據史爲樂，《中國歷史地名大辭典》，上冊，頁235，1069；下冊，頁2458-2459，2726，

[220] 《北齊書》，卷38，〈辛術傳〉，頁501-502。

[221] 《北齊書》，卷15，〈潘樂傳〉，頁201。地名對照，據史爲樂，《中國歷史地名大辭典》，上冊，頁599，608，1113。

[222] 《周書》，卷19，〈楊忠傳〉，頁316-317。

[223] 《北齊書》，卷4，〈文宣帝紀〉，頁54。

[224] 《北齊書》，卷4，〈文宣帝紀〉，頁54。

[225] 《北齊書》，卷4，〈文宣帝紀〉，頁54-55。

蕭繹即帝位於江陵,是爲元帝,遣使朝貢」。[226]天保四年(553)閏十一月「梁帝遣使來聘」。[227]天保五年(554)十月,西魏伐梁元帝於江陵。文宣帝下詔清河王岳、河東王潘相樂、平原王段韶等,「率眾救之,未至而江陵陷」,[228]來不及救梁元帝。

其後,遣蕭明(或淵明)立爲梁帝。梁元帝死後,梁將王僧辯、陳霸先於丹陽立梁元帝第九子蕭方智爲主,移至建康,蕭方智爲太宰、都督中外諸軍,承制置百官。天保六年(555),文宣帝詔以寒山堰戰役所俘梁朝散騎常侍、貞陽侯蕭明爲梁帝,遣尚書左僕射、上黨王高渙率眾,送之回建康。二月至四月間,北齊軍隊連續攻城略地,到了五月,梁將王僧辯同意蕭明至建康即帝位。六月,文宣帝下詔略謂:「梁國遘禍,主喪臣離」,「興亡繼絕,義在於我,納以長君,拯其危弊,比送梁主,已入金陵。藩禮既修,分義方篤」,把梁朝視爲藩屬附庸。而梁主蕭明亦遣其子蕭章、兼侍中袁泌、兼散騎常侍楊裕「奉表朝貢」。可是到了十月,梁將陳霸先襲殺王僧辯,廢蕭明,復立蕭方智爲主。[229]到了天保九年(558)十一月「梁湘州刺史王琳遣使請立蕭莊爲梁主,仍以江州內屬,令莊居之」。十二月「詔梁王蕭莊爲梁主,進居九派」。[230]十年(559)三月「梁主蕭莊至郢州,遣使朝貢」。[231]

總之,北齊對蕭梁所爭奪之利益,包含了齊正統獲蕭梁之承認,而使蕭梁成爲北齊之附庸。同時,使蕭梁協力於斥西魏正統。史載蕭淵明由齊「侍中裴英起衛送明入建鄴,遂稱尊號,改承聖四年(555)爲天成元年,大赦天下,宇文黑獺、賊(蕭)詧等不在赦例」;相對的,蕭

---

[226] 《北齊書》,卷4,〈文宣帝紀〉,頁56。
[227] 《北齊書》,卷4,〈文宣帝紀〉,頁58。
[228] 《北齊書》,卷4,〈文宣帝紀〉,頁59。
[229] 《北齊書》,卷4,〈文宣帝紀〉,頁59-61。
[230] 《北齊書》,卷4,〈文宣帝紀〉,頁65。
[231] 《北齊書》,卷4,〈文宣帝紀〉,頁66。

明「上表遣第二息章，馳到（齊）京都，拜謝宮闕」。[1]

第七章 嗣弘魏天命正統之佛教原因（一）：
南方佛教天命背景

關於〈修史詔〉內容之形成的原因分析，從本章第七章起至第十一章止，都在進行針對修史宗旨嗣弘魏天命正統之形成原因，探討佛教天命方面的因素。所謂佛教天命，係指有關王朝、皇帝的天命吉凶之兆，若是透過佛教之人或事物顯露出來，即稱作佛教天命。[2]而有關佛教天命原因，由於篇幅較遼闊，茲先於此略說大要：即在中國南方（第七章）、北方（第八章），都漸興起王朝之佛教天命背景下，高歡、高澄、高洋，

---

[1] 《北齊書》，卷33，〈蕭淵明傳〉，頁442，

[2] 關於佛教天命的起源，原因很龐雜，尚待詳細研究。目前只有參考之跡，舉例來說：印度原始佛教，或稱爲是一個非有神論宗教（non-theistic religion）（Bhikshu Sangharakshita,"Buddhism", in A. L. Basham ed., A Cultural History of India.Delhi: Oxford University Press, 1992, p.84.）；後來，佛陀本身一直被神格化（平岡聰，〈佛陀觀の變遷：*Divyāvadāna*と*Mahāvastu*との比較〉，《印度學佛教學》，第46卷第1號，1997年12月，頁391-387；神林隆淨，〈釋尊の成佛に就て〉，《印度學佛教學》，第2卷第2號，1954年3月，頁352-356；岡邦俊，〈大乘佛教に於ける釋尊の地位〉，《印度學佛教學》，第14卷第1號，1965年12月，頁153-156；岡田行弘，〈八十種好再考〉，《印度學佛教學》，第44卷第2號，1996年3月，頁823-828；岡田行弘，〈三十二大人相系統 III：賢劫經三十二大人相〉，《印度學佛教學》，第41卷第2號，1992年12月，頁412-417），乃至演化出佛、菩薩的有神論信仰（芳岡良音，〈釋迦牟尼佛と阿彌陀佛〉，《印度學佛教學》，第14卷第1號，1965年12月，頁166-169；芳岡良音，〈觀世音菩薩の起原〉，《印度學佛教學》，第12卷第1號，1964年1月，頁182-183；川上光代，〈觀音の菩薩道〉，《印度學佛教學》，第41卷第1號，1992年12月，頁30-32；川上光代，〈觀音の救濟〉，《印度學佛教學》，第36卷第1號，1987年12月，頁50-52；大南龍升，〈三昧經典と文殊菩薩〉，《印度學佛教學》，第22卷第2號，1974年3月，頁398-402）。傳入中國以後，漢代的天人感應思想，延續至東漢末、魏晉南北朝，其陰陽五行、讖言、符命、天文曆法、星占、祥瑞、神話，都未曾消沉。佛教傳入中土，必須適應中國文化，格義使之與老莊合流，佛教自身的神祕靈異、曆法、星占，自當與中國天人感應諸術結合（海野靜熊，〈佛教の中國的展開〉，《印度學佛教學》，第6卷第1號，1958年1月，頁136-137）；佛徒多所學習佛教的神通，或教外祕術，諸如卜術、相術、堪輿等，遂使佛教信仰與漢地陰陽術數合流，亦扮演起天命的探索者（曹士邦，《中國沙門外學的研究：漢末至五代》，台北市：東初出版社，1995年5月初版二刷，頁435-457）。

相繼的爲了禪代而追逐佛教天命（第九章），至高洋禪代成功，所憑藉
的天命，就是以佛教天命爲基礎所構成的（第十章）。在禪代過程中及
其以後，高洋的天命尚受阻礙，北齊五德終始的天命正統並不明確，加
上西魏與佛教相關的黑讖天命、蕭梁武帝佛教天命之威脅，北齊對佛教
天命仍有迫切需求（第十一章）。這不僅是修史宗旨嗣弘魏天命正統之
形成關鍵原因之一，亦爲佛教載入魏、齊史主張的關鍵原因之一，更是
促使〈釋老志〉撰述的關鍵原因之一。

　　本章之目的，是在修史宗旨嗣弘魏天命正統之形成的原因範爲內，
進行佛教天命原因的背景說明，即中國南方佛教天命之漸興。這大約始
於東漢明帝永平十三年（70）十一月，楚王劉英謀反所造之圖讖，往後
至東晉，佛教天命便漸明顯化了（第一節）。迨及東晉末，劉裕禪代晉
政權，就使用了佛教天命；後來，在劉宋王朝期間，佛教天命依然在顯
現吉凶（第二節）。接著，蕭道成禪代劉宋王朝，也利用了佛教天命，
往後，佛教天命同樣在蕭齊王朝展露吉凶（第三節）。

第一節　東漢至晉佛教天命之肇端

　　中國南方的佛教天命，起於何時呢？目前尚難確定。大約的說，是
起源自東漢楚王劉英。在王國都城之彭城（今江蘇省徐州市），楚王英
晚年「喜黃老，學爲浮屠齋戒祭祀」，[3]一般都認爲，是佛教傳華初期，
寄生或揉合於道教的信仰型態。不幸，明帝永平十三年（70）十一月，
楚王英謀反，王位遭「廢，國除」，遷於涇縣（今安徽省涇縣）。十四年
四月，「前楚王英自殺」。[4]在謀反過程中，史載「英後遂大交通方士，
作金龜玉鶴，刻文字以爲符瑞」；當其事敗露，是燕廣告英與漁陽王平、
顏忠等「造作圖書，有逆謀」。經由搜證，有司奏「英招聚姦猾，造作

---

[3] 《後漢書》，卷42，〈楚王英傳〉，頁1428。
[4] 《後漢書》，卷2，〈孝明帝紀〉，頁117，118。

圖讖，擅相官秩」。[5]英既欲謀反爲皇帝，所作圖讖，當屬宣傳自己具有帝王天命之符瑞，惜其圖讖內容，未留下來，以致無法得知圖讖有何佛教成份，卻亦不能否定其間有雜揉佛教元素。蓋當永平八年，孝明帝「詔令天下死罪皆入縑贖」。英遣郎中令「奉黃縑白紈三十匹」，「以贖愆罪」。呈上之後，帝下詔曰：「楚王誦黃老之微言，尚浮屠之仁祠，絜齋三月，與神爲誓，何嫌何疑，當有悔吝？其還贖，以助伊蒲塞、桑門之盛饌」。[6]此事顯示：（1）他把佛陀、黃帝、老子同列祭祀，即將佛陀視同道教神仙，佛道雜揉一起，所以在祂們面前立誓，統稱祂們爲「神」；[7]如此一來，有關圖讖中傳達天命之神，就不只黃、老，應還有佛陀。（2）楚王應祭祀之處，已有佛教徒，包含在家的「伊蒲塞」，以及出家的「桑門」；[8]圖讖宣傳之對像，包含了佛教徒，圖讖天命內容，自須雜揉佛教之元素。（3）楚王英「絜齋三月」，似爲佛教六齋日之戒律，[9]或三長齋月；[10]可見楚王英固將佛道雜揉，卻不乏佛教基本教義之理解，要在圖讖上揉合以佛教元素，並無困難。楚王英之製造天命圖讖，能夠運用佛教元素，還是須靠道教來合流。

神異僧人的王朝天命預言。三國時，康僧會與吳國孫皓見面，說「夫明主以孝慈訓世，則赤烏翔而老人見。仁德育物，則醴泉涌，而嘉苗出。善既有瑞，惡亦如之。故爲惡於隱，鬼得而誅之；爲惡於顯，人得而誅之。《易》稱積善餘慶，《詩》詠求福不回，雖儒典之格言，即佛教之明訓」。[11]

帛尸梨蜜多羅（*Śrimitra*），西域龜茲國人。原爲其國當繼位之王子，

---

[5]《後漢書》，卷42，〈楚王英傳〉，頁1429。

[6]《後漢書》，卷42，〈楚王英傳〉，頁1428。

[7] 鎌田茂雄著，關世謙譯，《中國佛教通史》，第一卷，頁124-125。

[8] 鎌田茂雄著，關世謙譯，《中國佛教通史》，第一卷，頁125。

[9] 鎌田茂雄著，關世謙譯，《中國佛教通史》，第一卷，頁125。

[10] 任繼愈主編，《中國佛教史》，第一卷，頁84。

[11]《高僧傳》，卷1，〈康僧會傳〉，大正藏第五十冊，頁325下。

把王位讓弟，旋以「悟心天啓，遂為沙門」。西晉懷帝永嘉年間（307-312），來到中國，「值亂，仍過江，止建初寺」。在江南表現出「善持呪術，所向皆驗」。此等應驗神通，是否包含東晉王朝天命預言，文獻沒有明載，惟其行跡顯示，他曾預言天命的可能性，應是極大的，試說明如下：

　　首先，他所交往的人物，甚多為東晉當朝「王公」，「皆一代名士」。諸如，[12]丞相*王導*（276-339），琅琊臨沂（今山東臨沂）人；[13]大將軍*王敦*（266-324），王導之從父兄；[14]太尉*庾亮*（289-340），潁川鄢陵（今河南鄢陵）人；[15]光祿*周顗*（269-322），晉安城（今河南省汝南縣東南）人；[16]太常*謝鯤*（280-323），陳郡陽夏（今河南省太康縣）人；[17]廷尉桓彝（276-328），譙國龍亢（今安徽省懷遠縣）人；[18]尚書令卞壼（281-328），字望之，原濟陰冤句（今山東省菏澤市西南一帶）人；[19]他們都是中原士族，在五胡亂華爆發形勢下，隨傾危的西晉王朝南渡到江南，為東晉之臣，王朝安危牽涉各家族存亡，既知密有神祕咒術，理應會向他探尋王朝天命的興衰問題。尤其是王導與密的交往，一直延續至其孫王珉

---

[12] 《高僧傳》，卷1，〈帛尸梨密多羅傳〉，大正藏第五十冊，頁327下。

[13] 《晉書》，卷65，〈王導傳〉載：「王導，字茂弘，光祿大夫覽之孫也。父裁，鎮軍司馬」（頁1745）。

[14] 《晉書》，卷98，〈王敦傳〉載：「王敦，字處仲，司徒導之從父兄也。父基，治書侍御史」（頁2553）。

[15] 《晉書》，卷73，〈庾亮傳〉載：「庾亮，字元規，明穆皇后之兄也」（頁1915）；卷32，〈后妃傳下·明穆庾皇后〉載：「明穆庾皇后諱文君，潁川鄢陵人也。父琛，見外戚傳。后性仁慈，美姿儀。元帝聞之，聘為太子妃，以德行見重。明帝即位，立為皇后」（頁972）。

[16] 《晉書》，卷69，〈周顗傳〉載：「周顗，字伯仁，安東將軍浚之子也。少有重名，神彩秀徹，雖時輩親狎，莫能媟也」（頁1850）；卷61，〈周浚傳〉載：「周浚字開林，汝南安成人也。父裴，少府卿」（頁1657）。

[17] 《晉書》，卷49，〈*謝鯤*傳〉載：「謝鯤，字幼輿，陳國陽夏人也。祖纘，典農中郎將。父衡，以儒素顯，仕至國子祭酒」（頁1377）。

[18] 《晉書》，卷74，〈桓彝傳〉載：「桓彝，字茂倫，譙國龍亢人，漢五更榮之九世孫也。父顥，官至郎中」（頁1939）。

[19] 《晉書》，卷70，〈卞壼傳〉載：「卞壼，字望之，濟陰冤句人也。祖統，琅邪內史。父粹，以清辯鑒察稱。兄弟六人並登宰府，世稱：卞氏六龍，玄仁無雙」（頁1866）。

（351-388），猶「師事於密」，[20]可見導與密關係很密切；且當東晉王朝於江南成立之初期，動盪不安，王導身繫局勢穩定之樞紐地位，應愈為關心王朝天命之斷續，以之諮問於密。

其次，密卒於東晉咸康年間，享壽八十餘歲，「諸公聞之，痛惜流涕」；密生前常在石子岡〔崗〕東以頭陀行修持，「既卒，因葬于此，成帝懷其風為樹刹塚所」。王珉寫序讚揚密說：「以為先中國而後四夷，豈不以三代之胤行乎殊俗之禮，以戎狄貪婪無仁讓之性乎？然而（密）卓世之秀，……天授英偉，豈俟於華戎〔戎〕！自此以〔已〕來，唯漢世有金日磾，然日磾之賢盡於仁、孝、忠、誠、德、信純至，非為明達足論。高座（密）心造峯極，交俊以神，風領朗越過之遠矣」。[21]文意是說，密本龜茲人異族人，來到漢地居住，不得以華、戎民族文化分類差異去看待；進而比喻匈奴人金日磾，對漢朝表現出「仁、孝、忠、誠、德、信」，而比較之下，密在此之外，還多了精修佛法的高超心靈精神風格。由此可見，密對東晉王朝表現了高度忠誠，可能對王朝天命有過正面的預言，而有益於皇室，以致成帝會對密表達崇敬之意。

最後，「初江東未有呪法，密譯出《孔雀王經》，明諸神呪」。[22]其實所譯有三部十一卷，《灌頂經》九卷、《大孔雀王神呪經》一卷、《孔雀王雜神呪經》一卷，依據經錄，譯出時間在東晉「元帝世」（317-322），[23]此間正值時局動盪，譯出雜密之呪術經典，實為符合當時人們祈求現世平安之需求，而王朝天命自很可能包含於其中。如此傳入佛教雜密經典，助長佛教信仰的靈異氛圍，是另一個助長南方佛教天命的力量。雜密呪術經典之傳入南方，始於支謙譯經，其譯經活動，約在孫權黃武初

---

[20] 《高僧傳》，卷1，〈帛尸梨密多羅傳〉，大正藏第五十冊，頁328上。

[21] 《高僧傳》，卷1，〈帛尸梨密多羅傳〉，大正藏第五十冊，頁328上。

[22] 《高僧傳》，卷1，〈帛尸梨密多羅傳〉，大正藏第五十冊，頁328上。

[23] 《歷代三寶紀》，卷7，大正藏第四十九冊，頁69上；《大唐內典錄》，卷3，大正藏第五十五冊，頁244中。

年（222）至孫亮建興年間（252-253）。他也是雜密呪術經典之最早傳入中國，其獨力譯出的有：《無量微密持經》、《佛說華積陀羅尼神呪經》、《佛說持句神呪經》、《七佛神呪經》、《八吉祥神呪經》；與竺律炎共譯有《摩登伽經》。[24]此說有諸多疑問，首先，支謙譯經之正確部數及目錄，有不少疑問，唯《道安錄》所載 30 部，其中屬於前舉雜密經典者，為《無量微密持經》，即大正藏第十九冊所收《佛說無量門微密持經》。[25]此經內容，有所謂「無量門微密之持」，是究極清淨智慧的修行：[26]有說字義，謂之「入八字義，八字義者謂：迹、敏、惟、棄、悲、調、滅、忍。常書〔當盡、當書〕持是」。[27]故以整體內容而言，「當何名此經，佛言是法之要，名無量門微密之持，一名成道降魔得一切智」。[28]至於前舉其他支謙所譯雜密經典，有部分係屬後世他人所譯，如照《歷代三寶紀》所錄支謙譯經部數，驟增為 129 部 152 卷，雜密經典有 6 部：《微密持經》一卷（或云無量門微密持經）、《陀羅尼句呪經》一卷（亦云持句呪經）、《華積陀羅尼呪經》一卷、《八吉祥經》一卷（見古錄亦有呪字）、《七佛神呪經》一卷（一本無經字）；不同者 1 部：《摩訶般若波羅蜜呪經》一卷（或直云般若波羅蜜呪經）。[29]接著，曇無蘭（Dharmarakṣa），天竺人，東晉孝武帝之世，在楊都謝鎮西寺，從事譯經，傳來更多雜密呪術經典。依據《歷代三寶紀》彙整，總計譯經 110 部 112 卷，雜密呪術類有《孔雀經》等 31 部。[30]據《大唐內典錄》彙整，總計譯 109 部

24　嚴耀中，《漢傳密教》（上海市：學林出版社，1999 年 11 月初版一刷），頁 6。

25　鎌田茂雄著，關世謙譯，《中國佛教通史》，第一卷，頁 197-210。

26　如「有轉輪王名光秉，其太子曰無念德首，年千八〔六〕百歲，從佛得聞〔聞得〕此持，而即奉行。又七千歲，未曾睡臥。又七千歲，未曾起身愛。又七千歲，未曾念財利。又七千歲，一心念行，未曾傾倚。於是，則見九十億佛，悉聞說法，皆從受持。便作沙門，積九萬歲，以是無量門微密之持，解說眾人於一世中，成就八十億人，使行無上正真之道」（吳·支謙譯，《佛說無量門微密持經》，大正藏第十九冊，頁 681 下）。

27　《佛說無量門微密持經》，大正藏第十九冊，頁 681 中。

28　《佛說無量門微密持經》，大正藏第十九冊，頁 682 中。

29　《歷代三寶紀》，卷 5，大正藏第四十九冊，頁 57 上-58 下。

30　1 孔雀經一卷、2 孔雀王呪經一卷、3 龍王結願五龍神呪經一卷、4 摩尼羅亶神呪經

112 卷，雜密呪術類 31 部，登錄之經題名稱，或有與前錄不同者。[31]

　　基於上述，佛教靈異是有增長之勢。東晉明帝信佛，於太寧元年（323），帝手御丹青，圖釋迦佛于大內樂賢堂」。[32]習鑿齒曾稱美說：「肅祖明皇帝，實天降德，始欽斯道，手畫如來之容，口味三昧之旨，戒行峻於巖隱，玄祖暢乎無生」。[33]到了成帝咸和四年（329）正月，因逢「蘇峻亂，焚燒宮室，獨樂賢堂所畫釋迦像不壞」。[34]或說因蔡謨反對，作頌乃予以取消，[35]其實不然，史載「庾闡，〈樂賢堂頌序〉亦云：「肅祖明皇帝，雅好佛道，手摹靈像」。[36]

　　到了東晉孝武帝太元十一年八月乙酉，「白烏集江州寺庭，羣烏翔衞」，[37]而吉凶未卜。至十三年四月，廣陵高平閭嵩家「雌雞生無右翅，彭城人劉象之家雞有三足。京房易傳曰：『君用婦人言，則雞生妖。』

一卷、5 龍王呪水浴經一卷、6 大神將軍呪經一卷、7 伊洹法願神呪經一卷、8 十八龍王神呪經一卷、9 摩尼羅亶神咒安摩經一卷、10 藥呪經一卷、11 大神母結誓呪經一卷、12 呪毒經一卷、13 持句神呪經一卷、14 麻油述呪經一卷、15 檀持羅麻油述神呪經一卷、16 七佛所結麻油述呪經一卷、17 解日厄神呪經一卷、18 呪水經一卷、19 嚼水經一卷、20 請雨呪經一卷、21 止雨呪經一卷、22 陀隣鉢呪經一卷、23 幻師跋陀神呪經一卷、24 呪時氣病經一卷、25 呪小兒病經一卷、26 呪齒痛經一卷、27 呪眼痛經一卷、28 呪牙痛經一卷、29 六神名神呪經一卷、30 幻師阿鄒夷神呪經一卷、31 醫王惟婁延神呪經一卷（或云阿難所問醫王惟婁延神呪經）（《歷代三寶紀》，卷 7，大正藏第四十九冊，頁 69 中-70 中）。

31　1 孔雀經、2 孔雀王呪經、3 龍王結願五龍神呪經、4 摩尼羅亶神呪經、5 龍王呪水浴經、6 大神將軍呪經、7 伊洹法願神呪經、8 大龍大神呪經、9 摩尼羅亶神呪案摩經、10 藥呪經、11 大神母結誓呪經、12 呪毒經、13 持句神呪經、14 麻油術呪經、15 檀特羅麻油術神呪經、16 七佛所結麻油術呪經、17 解日厄神呪經、18 呪水經、19 嚼水經、20 請雨呪經、21 止雨呪經、22 幻師跋陀羅神呪經、23 陀隣鉢呪經、24 呪時氣病經、25 呪小兒經、26 呪齒經、27 呪眼痛經、28 呪牙痛經、29 六神名神呪經、30 幻師阿鄒夷神呪經、31 醫王惟婁延神呪經（原書未標明各經卷數《大唐內典錄》，卷 3，大正藏第五十五冊，頁 245 上-246 中）。

32　《佛祖統紀》，卷 36，大正藏第四十九冊，頁 339 中。

33　習鑿齒，〈與釋道安書〉，《弘明集》，卷 12，大正藏第五十二冊，頁 76 下。

34　《佛祖統紀》，卷 53，大正藏第四十九冊，頁 468 上。

35　鎌田茂雄著，關世謙譯，《中國佛教通史》，第二卷，頁 13-14。

36　習鑿齒，〈與釋道安書〉末他人附語，《弘明集》，卷 12，大正藏第五十二冊，頁 76 下。

37　《宋書》，卷 29，〈符瑞志下〉，頁 842。

是時，主相並用尼嫗之言，寵賜過厚，故妖象見焉」。[38]此事是指孝武帝放縱司馬道子，寵愛比丘尼，結果有「妖象」之凶。其尼即妙音，不知何許人也。「幼而志道，居處京華」。博通內外學，擅長寫文章。孝武帝、太傅會稽王司馬道子、孟顗等人，「並相敬信」。常與帝、太傅、中朝學士，「談論屬文，雅有才致，藉甚有聲」。太元十年，道子為她建造簡靜寺，讓她當寺主。她憑藉著政治勢力，「內外才義者，因之以自達，供嚫無窮，富傾都邑，貴賤宗事，門有車馬日百餘兩」。例如，殷仲堪想爭取荊州刺史職位，桓玄就「遣使憑妙音尼，為堪圖州」；她前去說：「以其（仲堪）意慮深遠，荊楚所須」；便使「帝然之」。她確實「權傾一朝，威行內外」。[39]

直到東晉末年，佛教靈徵，便宣告晉室天命終了，果然為劉裕所禪代。司馬元顯時，民謠詩云：「當有十一口，當為兵所傷。木亙當北度，走入浩浩鄉」。又云：「金刀既以刻，娓娓金城中」。此詩傳說是「襄陽道人竺曇林所作，多所道，行於世」。當時有孟顗釋詩之預言說：「『十一口』者，玄字象也。『木亙』，桓也。桓氏當悉走入關、洛，故云『浩浩鄉』也。『金刀』，劉也。倡義諸公，皆多姓劉。『娓娓』，美盛貌也」。[40]

第二節 劉宋佛教天命之運用

南朝率先利用佛教天命來行禪代者，是劉宋武帝劉裕，他於永初元年（420）受東晉恭帝禪讓而即帝位。事前有不少天命靈異出現，多屬於佛懺雜揉的象徵與預言。

據傳說，劉裕於丹徒出生，「始生之夜，有神光照室，其夕，甘露降于墓樹」。少時「誕節嗜酒」，有次從京師返家，途中在一旅店過夜，

---

[38]《晉書》，卷27，〈五行志上〉，頁827。

[39]《比丘尼傳》，〈妙音尼傳〉，大正藏第五十冊，頁936下-937上。

[40]《宋書》，卷30，〈五行志二〉，頁919。

店嫗說：「室內有酒，自入取之」。裕入室飲酒，醉倒臥地。當時京師司徒王謐有門生，家住丹徒，也在回家道上，住同家旅店。店嫗對他說：「劉郎在室內，可入共飲酒」。此門生入室，立刻驚嚇而出，對店嫗說：「室內那得此異物？」嫗亦入室觀看，只見裕已入睡了。嫗向門生問：「向何所見？」門生說：「見有一物，五采如蛟龍，非劉郎」。門生回京，將此事告訴王謐，謐「戒使勿言，而與（裕）結厚」。又有次，劉裕行至下邳，遇到一位沙門，沙門對他說：「江表尋當喪亂，拯之必君也」。此時裕有手創積年，沙門從懷中拿出黃散給裕說：「此創難治，非此藥不能瘳也」。說完，「倏忽不見沙門所在，以散傅創即愈」。所餘黃散珍藏起來，逢征伐受傷，「以散傅之，無不立愈」。另有次，晉陵人車藪，是善於相學之士，爲他看過相後說：「君貴不可言，願無相忘」。還有一樁靈異，裕「自少至長，目中常見二龍在前，始尚小，及貴轉大」。[41]

　　到了東晉安帝義熙初，劉裕已「興霸業焉」，專制朝權，勢傾朝內外，禪代時機漸形成熟，天命瑞兆，就愈爲顯著。先是，盧江霍山，常有鐘聲十二響。帝將征關、洛，霍山崩塌，有六鐘出現，型制精奇，上有古文書一百六十字。接著，冀州有沙門法稱將死，對其弟子普嚴說：「嵩皇神告我云，江東有劉將軍，是漢家苗裔，當受天命。吾以三十二璧，鎮金一餅，與將軍爲信。三十二璧者，劉氏卜世之數也」。普嚴以告同門法義。法義於義熙十三年（417）七月，在「嵩高廟石壇下得玉璧三十二枚，黃金一餅」。此間，漢中城固縣水際，忽有雷聲，傾刻間岸崩，出現銅鐘十二枚。又鞏縣民宋燿，得嘉禾九穗。終於經「二年而受晉禪」。[42]

　　照當時之解釋，銅鐘與沙門所得金餅，正合《孔子河雒讖》所說：

---

[41]《宋書》，卷 27，〈符瑞志〉，頁 783-784。
[42]《宋書》，卷 27，〈符瑞志〉，頁 784。

「二口建戈不能方，兩金相刻發神鋒，空穴無主奇入中，女子獨立又爲雙」。此讖意指，「二口建戈」，是「劉」字。晉五行德屬金行，「劉姓又有金，故曰兩金相刻。空穴無主奇入中，爲『寄』」字。女子獨立又爲雙，『奴』」字。在就天象觀之，「晉既禪宋」，太史令駱達奏陳天文符讖說：「去義熙元年，至元熙元年十月，太白星晝見經天凡七。占曰：『天下革民更王，異姓興。』」。至於沙門法稱臨終之預言，有「史臣謹按，冀州道人法稱所云玉璧三十二枚，宋氏卜世之數者，蓋卜年之數也。謂卜世者，謬其言耳。三十二者，二三十，則六十矣。宋氏受命至於禪齊，凡六十年云」。[43]

　　關於沙門法稱之天命預言，應是僧人慧義、劉裕及其部屬王智所主謀策劃，運用佛教天命靈異，來達成禪代之目的。[44]玉璧及黃金餅，都是當做獲得帝位的天命信物，以之鼓動並取信時人，《高僧傳》〈慧義傳〉記載說，慧義「初遊學於彭宋之間，備通經義」。後來離開京師，乃宣傳說：「冀州有法稱道人，臨終語弟子普嚴云：嵩高靈神云：『江東有劉將軍應受天命，吾以三十二璧鎮金一餅爲信』」。接著，就去找宋王劉裕，告知此事，裕對慧義說：「非常之瑞，亦須非常之人然後致之。若非法師自行，恐無以獲也」。慧義應其要求，便前往去尋找，於以晉義熙十三年（417）七月，往嵩高山，尋覓未得，「便至心燒香行道。至七日，夜夢見一長鬚老公，拄杖將義往璧處指示云：『是此石下』」。義明白夢境所示後，「便周行山中，見一處炳然如夢所見，即於廟所石壇下，果得璧大小三十二枚、黃金一餅」。[45]

　　往後，劉宋佛教多靈異，關乎王朝吉凶之兆。孝武帝大明二年（458），徵發人民修築廣陵城，竟陵王劉誕前往巡視，有人攔阻乘輿，高聲大罵說：「大兵尋至，何以辛苦百姓」。誕令人捉拿，問其原由。那

---

[43] 《宋書》，卷 27，〈符瑞志〉，頁 784，786。

[44] 鎌田茂雄著，關世謙譯，《中國佛教通史》，卷 3，頁 90-96。

[45] 慧皎撰，《高僧傳》，卷 7，〈慧義傳〉，大正藏第 50 冊，頁 368 下。

人回答說：「姓夷名孫，家在海陵。天公與道佛先議，欲燒除此間人。道佛苦諫，強得至今。大禍將至，何不立六愼門？」誕問說：「六愼門云何？」那人說：「古有言，禍不過六愼門」。誕以其言虛假無倫次，就把他殺了。接著，「五音士忽狂易見鬼，驚怖啼哭」，都說：「外軍圍城，城上張白布帆」。誕又將之抓起來，拘留審問二十餘日，把他殺了。後來，終於發生叛亂，叛軍攻破城池，「城陷之日，雲霧晦冥，白虹臨北門，亘屬城內」。[46]這是王朝之凶兆。

孝武帝大明四年（460），於中興寺設齋。「有一異僧，眾莫之識」，問其名，答言「名明慧，從天安寺來，忽然不見。天下無此寺名，乃改中興曰：天安寺」。結果，失地於魏王朝。[47]

求那跋陀羅，在劉宋多神異，亦關涉到王朝之祈雨和叛亂。他是中天竺人，「以大乘學故，世號摩訶衍。本婆羅門種，幼學五明諸論，天文書算醫方呪術靡不該博。後遇見阿毘曇雜心，尋讀驚悟，乃深崇佛法焉」。元嘉十二年至廣州，刺史車朗表聞。宋太祖遣[7]信迎接。既至京都勅名僧慧嚴、慧觀。於新亭郊勞勞，初住祇洹寺。最初，他不通華語，須「因譯交言」，與之交接之人，亦多「欣若傾蓋」。不久，獲太祖延請，深加崇敬，通才碩學之顏延之，「束帶造門」；大將軍彭城王劉義康，丞相南譙王劉義宣，「並師事焉」。「於是京師遠近，冠蓋相望」。往後，跋陀頗有神異。首先，是以觀音靈異學通華語。當時，譙王欲請講《華嚴》等經，跋陀自思「未善宋言」，心懷愧歎。即刻早晚禮懺請觀世音，以乞求冥應。遂夢見有人持劍，提一人頭，幫他割首更換。晨間睡醒後，便「道義皆備領宋言，於是就講」。其次，是能驅趕鬼神。跋陀後於秣陵界鳳皇樓西建造佛寺，「每至夜半，輒有推戶而喚，視之無人，眾屢厭夢」。跋陀燒香呪願於鬼神說：若要續住寺者，當為護寺

---

[46] 《南史》，卷14，〈宋宗室及諸王下‧竟陵王誕〉，頁396。
[47] 《宋書》，卷97，〈夷蠻‧天竺迦毗黎國〉附論，頁2386。

善神。若不住寺者，就各隨所安。不久，道俗十餘人，「同夕夢見鬼神千數，皆荷擔移去」。自是寺眾遂安。復次，爲劉宋祈雨。大明六年，「天下亢旱，禱祈山川，累月無驗」。世祖「請令祈雨，必使有感，如其無獲，不須相見」。跋陀即往北湖釣臺，燒香祈請，進行絕食，「默而誦經，密加祕呪」。果然於「明日晡時，西北雲起如蓋，日在桑榆，風震雲合，連日降雨」。最後，在叛亂中顯神通。先是，「元嘉將末，譙王屢有怪夢」，跋陀爲之解夢答說：「京都將有禍亂」。結果，「未及一年元凶構逆」。接著，到了孝建之初年，「譙王陰謀逆節」，跋陀懇切諫爭，流淚而說：「必無所冀，貧道不容扈從」。譙王逼他一起隨行，當兵敗之際，所乘大艦被迫，距岸很遠，恐無法存活。跋陀「唯一心稱觀世音，手捉卬竹杖，投身江中，水齊至膝。以杖刺水，水流深駛，見一童子，尋後而至，以手牽之」。在「恍忽之間，覺行十餘步，仍得上岸。即脫納衣，欲償童子，顧覓不見，舉身毛豎，方知神力焉」。[48]

釋僧含，預言劉宋有叛亂而更新帝。據《高僧傳》，僧含「幼而好學，篤志經史及天文算術，長通佛義數論兼明」。元嘉七年，新興太守陶仲祖立靈味寺，請含居寺。瑯琊顏峻〔竣〕，時爲南中郎記室參軍，隨鎭潯陽，與含深相器重，造訪必留終日。含嘗秘密的對峻說：「如令讖緯不虛者，京師尋有禍亂，真人應符屬在殿下。檀越善以緘之」。不久，「元凶構逆。世祖龍飛。果如其言也」。[49]依照《宋書》所載，「初，沙門釋僧含粗有學義，謂竣曰：『貧道粗見讖記，當有真人應符，名稱次第，屬在殿下。』竣在彭城嘗向親人敍之，言遂宣布，聞於太祖。時元凶巫蠱事已發，故上不加推治」。[50]

最後，劉宋間的其他天命徵兆，亦多從佛教事物中產生。宋文帝元嘉（424-453）中，「謠言錢唐當出天子，乃於錢唐置戍軍以防之。其後

48 《高僧傳》，卷3，〈求那跋陀羅〉，大正藏第五十冊，頁334上-下。
49 《高僧傳》，卷7，〈求那跋陀羅〉，大正藏第五十冊，頁370中-下。
50 《宋書》，卷75，〈顏竣傳〉，頁1959-1960。

孝武帝即大位於新亭寺之禪堂。「禪」之與「錢」，音相近也」。[51]

　　元嘉二十四年（447）七月，「甘露降襄城治下无量寺」，雍州刺史武陵王駿奏呈上聞。[52]

　　元嘉二十八年（451）二月戊辰，「甘露降鍾山延賢寺」，揚州刺史盧陵王紹奏呈上聞。[53]

　　孝武帝大明六年（462）二月戊午，「甘露降建康靈燿寺及諸苑園，及秣陵龍山，至于夔湖」。是日，又降句容、江寧二縣。[54]

　　後廢帝元徽四年（476）十一月乙巳，吳興烏程余山道人慧獲蒼玉璧，太守蕭惠開奏呈上獻。[55]

　　劉宋亡國之兆，同樣出自佛寺。宋明帝泰豫元年（472），「京師祇垣寺皂莢樹枯死」。昇明（477-479）末，「忽更生花葉」。京房易傳曰：「樹枯多生，不出二年，國喪，君子亡」。其占同此，「宋氏禪位」。[56]即昇明三年，順帝禪位於蕭道成。

第三節　蕭齊佛教天命之延續

　　蕭齊之蕭道成禪代以前，亦有佛教天命靈異出現，發生於長沙寺阿育王佛像。此像於東晉穆帝永和三年（347）歲次丁未二月八日夜，出現於荊州城北。高七尺五寸，合光趺高一丈一尺，最初「皆莫測其所從也」。初次顯靈於永和五年（349），廣州商客「下載欲竟，恨船輕」。夜半感覺有人來奔船，尋找了無所見，「而船載自重不可更加」；「不久遂達渚宮，縴泊水次，夜復覺人自船登岸，船載還輕，及像現也，方知其兆」。其時，大司馬桓溫鎮牧西陝，「躬事頂拜，傾動邦邑，諸寺僧眾咸

[51] 《宋書》，卷27，〈符瑞志上〉，頁786。
[52] 《宋書》，卷28，〈符瑞志中〉，頁820。
[53] 《宋書》，卷28，〈符瑞志中〉，頁821。
[54] 《宋書》，卷28，〈符瑞志中〉，頁822。
[55] 《宋書》，卷29，〈符瑞志下〉，頁852。
[56] 《南齊書》，卷19，〈五行志〉，頁369。

競迎引，鏗然不動」。有長沙太守江陵滕畯，先於永和二年捨宅爲寺，題郡名長沙爲寺名。「僧宇雖就，而像設弗施」。每感歎說：「育王寺像，隨緣流布。但至誠不極，何憂不垂降乎」。及知荊城現佛像，欣感交懷說：「斯像余之本誓也，必歸我長沙，固可心期」。遂「燒香拜請，令弟子三人捧，颯然輕舉，遂安本寺，道俗慶悅」。至晉孝武帝太元中，殷仲堪爲刺史，於半夜出寺西門，巡邏者問而不答，「以刀擊之鎗然，視乃像也，刀擊胸處文現於外」。接著，有罽賓僧伽難陀禪師，「多識博觀，從蜀來荊，入寺禮像，歎咽久之」。說明此像「近天竺失之，如何遠降此土。便勘年月悉符同焉，看像光背梵文，曰：阿育王造也」。往後靈跡愈顯，劉宋孝武帝時，「像大放光，江東佛法一期甚盛」。到了劉宋明帝太始（466-471）末年，「像輒垂淚，明帝尋崩。嗣主狂勃，便有宋齊革運」。[57]

　　蕭道成禪代之佛教天命靈異，亦發生於他本人。當他仕劉宋爲贛令時，逢到江州刺史晉安王子勛起來造反，道成不願聽命歸順。南康相沈肅之，就捉拿道成送監於郡獄，族人蕭欣祖、門客桓康等，率兵破郡，救出道成，他就率領部曲百餘人起義，避難於揭陽山，常「有白雀來集，聞山中有清聲傳漏響」。又「於山累石爲佛圖，其側忽生一樹，狀若華蓋，青翠扶疏，有殊羣木」，[58]皆視爲帝王天命之瑞兆。

　　此外，蕭道成禪代劉宋政權，天命瑞兆方面，多賴於佛教僧人法願。他本姓鍾，名武厲，祖先爲潁川長社人，因避難移居吳興長城。「家本事神，身習鼓舞，世間雜技及耆父〔艾〕占相，皆備盡其妙」。有次以鏡照面說：「我不久當見天子」。於是出都住沈橋，以看相爲業。因神奇準驗，權貴多來結交，宋太祖聽聞其名，找來冶囚及奴各一個，「飾以衣冠，令願相之」，依然相出兩人之身份，「帝異之。即勅住後堂知陰陽

---

[57] 唐・世道撰，《法苑珠林》，卷13，大正藏第五十三冊，頁385上。
[58] 《南史》，卷4，〈齊本紀〉，頁116。

祕術」。蕭道成「親事幼主，恒有不測之憂，每以諮願」。願回答說：「後七月當定」。果然應驗。道成即位後，就「事以師禮，武帝嗣興亦盡師敬」。「其王侯妃主及四遠士庶。並從受戒悉遵師禮」。[59]

蕭齊高帝蕭道成以後，蕭齊佛教事物，頗多出現與王朝相關之天命靈異。茲例舉載諸史籍之例如下：

高帝建元二年（480）九月，「淮陰縣建業寺梨樹連理」。[60]當時釋以《木傳》曰：「東方，易經地上之木爲觀，故木於人，威儀容貌也。木者，春生氣之始，農之本也。無奪農時，使民歲不過三日，行什一之稅，無貪欲之謀，則木氣從。如人君失威儀，逆木行，田獵馳騁，不反宮室，飲食沈湎，不顧禮制，出入無度，多發繇役，以奪民時，作爲姦詐，以奪民財，則木失其性矣。蓋以工匠之爲輪矢者多傷敗，故曰木不曲直」。[61]

武帝永明二年（484）十一月，北魏人民齊祥「歸入靈丘關，聞殷然有聲，仰視之，見山側有紫氣如雲，眾鳥回翔其閒。祥往氣所，獲璽方寸四分，獸鈕，文曰『坤維聖帝永昌』。送與北太馮太后所事之師道人惠度，將欲獻上魏帝。惠度看過其文，竊謂：「當今衣冠正朔，在於齊國」。遂交道惠藏送蕭齊京師，「因羽林監崔士亮獻之」。[62]

永明三年（485）七月，始興郡民龔玄說：「去年二月，忽有一道人乞食，因探懷中出篆書真經一卷，六紙，又表北極一紙，又移付羅漢居士一紙，云從兜率天宮下，使送上天子，因失道人所在。今年正月，玄宣又稱神人授皇帝璽，龜形，長五寸，廣二寸，厚二寸五分，上有『天地』字，中央『蕭』字，下『萬世』字」。[63]

[59]《高僧傳》，卷13，〈釋法願傳〉，頁417上。
[60]《南齊書》，卷18，〈祥瑞志〉，頁359。
[61]《南齊書》，卷19，〈五行志〉，頁370。
[62]《南齊書》，卷18，〈祥瑞志〉，頁363-364。
[63]《南齊書》，卷18，〈祥瑞志〉，頁364。

永明五年（487）正月，秣陵縣「華僧秀園中四樹連理」。[64]

永明七年（489），越州獻白珠，「自然作思惟佛像」，長三寸。「上起禪靈寺，置刹下」。[65]武帝起禪靈寺初成，百姓縱觀，或曰：「禪者授也，靈非美名，所授必不得其人」。果然，「後太孫立，見廢也」。[66]同年，「主書朱靈讓於浙江得靈石」，十人舉乃起，在水深三尺而浮，世祖親投于天淵池試之，刻爲佛像。[67]史臣贊曰：「天降地出，星見先吉。造物百品，詳之載述」。[68]

永明八年（490）四月六日，雷震，「會稽山陰恒山保林寺刹上四破，電火燒塔，下佛面窗戶不異也」。[69]

永明九年（491）八月，「甘露降上定林寺佛堂庭，中天如雨，遍地如雪，其氣芳，其味甘，耀日舞風，至晡乃止。爾後頻降鍾山松樹，四十餘日乃止」。[70]

永明九年，秣陵縣「鬭場里安明寺有古樹，眾僧改架屋宇，伐以爲薪，剖樹木裏，自然有『法大德』三字」。[71]

永明九年八月，「甘露降上定林寺佛堂庭，中天如雨，遍地如雪，其氣芳，其味甘，耀日舞風，至晡乃止。爾後頻降鍾山松樹，四十餘日乃止」。[72]

建武（494-498）初，「始安王遙光治廟，截東安寺屋以直廟垣，截梁，水出如淚」。[73]此時，已[一六]下萬世字　「下」字下元龜

---

[64] 《南齊書》，卷18，〈祥瑞志〉，頁360。
[65] 《南齊書》，卷18，〈祥瑞志〉，頁366。
[66] 《南齊書》，卷19，〈五行志〉，頁381-382。
[67] 《南齊書》，卷18，〈祥瑞志〉，頁366。
[68] 《南齊書》，卷18，〈祥瑞志〉，頁366。
[69] 《南齊書》，卷19，〈祥瑞志〉，頁379。
[70] 《南齊書》，卷18，〈祥瑞志〉，頁361。
[71] 《南齊書》，卷18，〈祥瑞志〉，頁360-361。
[72] 《南齊書》，卷18，〈祥瑞志〉，頁361。
[73] 《南齊書》，卷19，〈五行志〉，頁370。

二百二有「有」字。值蕭齊末象，民間亦有人利用佛教天命，謂蕭齊將滅亡，以利進行叛亂，於東昏侯永元二年（499）十月，由巴西人趙續伯領導起事，「奉其鄉人李弘爲聖主，弘乘佛輿，以五綵裹青石，誑百姓云，天與己玉印，當王蜀」。[1] 至和帝中興二年（502），和帝禪位於蕭衍。

第八章 嗣弘魏天命正統之佛教原因（一）：
北方佛教天命背景

　　本章之目的，是在修史宗旨嗣弘魏天命正統之形成的原因範圍內，進行佛教天命原因的背景說明，即中國北方佛教天命之漸興。它大約始於東漢桓帝黃老、浮屠並祀，祈求天命之祚穩固綿延。接著，十六國君主頗都利用佛教天命之吉凶（第一節）。往後，北魏王朝興起，其天命構造，主要元素至少有三大項：一是拓跋氏鮮卑固有信仰之天命，二是漢族五德終始之天命，三是佛教之天命。各種元素混融一起，共同支撐魏王朝之天命，以維護王朝政權之合法性，鞏固其正統地位（第二節）。從而，佛教便以佛讖雜採爲基礎，醞釀出佛教天命靈異（第三節），常爲沙門用於叛亂，導致佛教天命持續傳播（第四節），甚且預言魏王朝之將衰滅（第五節）。

第一節　東漢至五胡十六國之佛教天命

　　中國北方佛教天命起於何時呢？大約始於東漢桓帝延熹九年（166）左右於「宮中立黃老、浮屠之祠」。此事已爲眾所公認之史實，而桓帝並祀黃老、浮圖，目的可能是在祈求天命祥瑞，其理由有二：（1）此事原係見於襄楷的上疏文，而襄楷之上疏有兩次，焦點都在言天命。第一

---

[1]《南史》，卷13，〈宋宗室及諸王上・營浦侯遵考〉，頁361。

疏說「皇天不言，以文象設教。堯舜雖聖，必歷象日月星辰，察五緯所在，故能享百年之壽，爲萬世之法」。即言帝王天命在皇天，天命吉凶顯現在日月星辰之天象，從而列敘各種天命凶兆。最特別的，是論及「夫龍形狀不一，小大無常，故周易況之大人，帝王以爲符瑞」；漢境「河內野王山上有龍死」，「昔秦之將衰，華山神操璧以授鄭客，曰『今年祖龍死』，始皇逃之，死於沙丘。王莽天鳳二年，訛言黃山宮有死龍之異後漢誅莽，光武復興。虛言猶然，況於實邪？夫星辰麗天，猶萬國之附王者也。下將畔上，故星亦畔天」。[2]龍爲帝王天命象徵，龍既以死示凶徵，天象乃同兆凶惡之跡，此有漢天命將墜之危機。故第二疏內容是關乎挽救漢天命之道，「陛下宜承天意，理察冤獄」，另則使用「前者宮崇所獻神書，專以奉天地順五行爲本，亦有興國廣嗣之術」。接著，便說到了「聞宮中立黃老、浮屠之祠。此道清虛，貴尚無爲，好生惡殺，省慾去奢。今陛下嗜欲不去，殺罰過理，既乖其道，豈獲其祚哉」。[3]由此可證，襄楷對桓帝並祀黃老、浮圖的理解，是以之同屬於「興國廣嗣之術」，即欲求天命上「獲其祚」。這就是說，桓帝是把「浮屠」當成祈求天命長祚的祭祀。（2）陳相邊韶爲桓帝祀老子作〈老子銘〉，其謂「延熹八年八月甲子，皇上尚德弘道，含閎光大，存神養性，意在淩雲。是以潛心黃軒，同符高宗，夢見老子，尊而祀之」。而其得以通致妙驗，是因道乃「先天地而生，乃守真養壽，獲五福之所致也」。[4]是以桓帝之祀老子，乃在希求「獲五福」以增天命長祚，包括使自己之長壽。在此前提下，他將「浮屠」拿來與黃老並祀，即是視祀「浮屠」同樣能「獲五福」以增天命長祚，包括使自己之長壽。從上述可知，東漢桓帝在洛陽宮內進行黃老、浮屠並祀，以祈天命長祚，是目前所知，中國北方最

---

[2] 《後漢書》，卷 30 下，〈襄楷傳〉，頁 1076-1079。

[3] 《後漢書》，卷 30 下，〈襄楷傳〉，頁 1081-1083。

[4] 邊韶，〈老子銘〉，收入嚴可均輯，《全上古三代秦漢三國六朝文》，〈全後漢文〉，卷 62，頁 813 上-下。

早的佛教天命之發端的歷史事實。

東漢爾後，中國佛教天命之發展如何呢？由於缺乏文獻記載，迄難以瞭解。較能知悉者，是十六國時代的狀況，茲說明如下：

先看後趙佛圖澄的靈異表現。石勒（274-333）與劉曜發生戰爭，頻頻失利，所佔地盤，洛陽危急，襄國大震。徐光提議說：「若鸞旗親駕，必望旌奔敗。定天下之計，在今一舉。今此機會，所謂天授，授而弗應，禍之攸集」。勒同意其說，佛圖澄亦謂勒說：「大軍若出，必擒劉曜」。「勒尤悅」。在進軍過程中，軍隊渡黃河時「濟自大塌。先是，流澌風猛，軍至，冰泮清和，濟畢，流澌大至」，石勒「以為神靈之助也，命曰靈昌津」，即今河南省衛輝市東古黃河渡口。接著，「勒見曜無守軍，大悅，舉手指天，又自指額曰：天也」。結果，「曜軍大潰，石堪執曜，送之以徇于軍」，後「乃旋師，使征東石邃等帥騎衛曜而北」。由此便創造了石勒即帝位之契機。[5]此時，佛圖澄所用術數是澄曰：「相輪鈴音云：『秀支替戾岡，僕谷劬禿當。』此羯語也。秀支，軍也。替戾岡，出也。僕谷，劉曜胡位也。劬禿當，捉也。此言軍出捉得曜也」。又令一位童子潔齋七日，取麻油混合胭脂，「自研於掌中」，舉手給童子看，童子驚叫說：「有軍馬甚眾，見一人長大白晳，以朱絲縛其肘」。澄說：「此即曜也」。「勒甚悅，遂赴洛距曜，生擒之」。[6]

後趙石虎（295-349）時，佛圖澄多次預言其亡國。初有單道開，敦煌人。常穿粗褐衣，不怕寒暑，晝夜都不臥身，常吞食細石。到鄴之時，石虎「令佛圖澄與語，不能屈也」。最初住鄴城西沙門法綝祠中，後徙居臨漳昭德寺。佛圖澄說：「此道士觀國興衰，若去者，當有大亂」、待到後趙末年，「道開南渡許昌，尋而鄴中大亂」。[7]又石虎造太武殿剛竣工，圖畫古來賢聖、忠臣、孝子、烈士、貞女，「皆變為胡狀」，經十

---

[5]《晉書》，卷10，〈載記‧石勒下〉，頁2745-46。
[6]《晉書》，卷95，〈藝術傳‧佛圖澄〉，頁2486。
[7]《晉書》，卷95，〈藝術傳‧單道開〉，頁249-2492。

餘四,「頭悉縮入肩中,惟冠髣髴微出」,虎「大惡之,祕而不言也。澄對之流涕,乃自啓墓壙於鄴西紫陌」。回到寺中,獨言獨語說:「得三年乎」,自答:「不得」。又說:「得二年、一年、百日、一月乎」,自答:「不得」。乃對弟子法祚說:「戊申歲禍亂漸萌,己酉石氏當滅。吾及其未亂,先從化矣」。遂「卒於鄴宮寺」。後有沙門從雍州來,「稱見澄西入關」,石虎就掘澄墳察難,「惟有一石而無尸」。虎嫌惡而說:「石者,朕也,葬我而去,吾將死矣」。結果,虎「因而遇疾,明年,季龍死,遂大亂」。[8]最後,建武十三年(347),鄴都出現一馬,尾有燃燒狀,入其中陽門,出顯陽門,東宮皆不得入,走向東北,忽然就不見了。佛圖澄歎說:「災其及矣」。「逾年,季龍死,其國遂滅」。[9]

後趙石虎,亦相信沙門吳,他曾進言說:「胡運將衰,晉當復興,宜苦役晉人以厭其氣」。虎遂使尚書張群,徵發近郡男女十六萬,車十萬乘,運土築華林苑及長牆于鄴北,「廣長數十里」。[10]

前燕慕容皝(297-348)時,出現「黑龍白龍各一,見于龍山,皝親率羣僚觀之,去龍二百餘步,祭以太牢。二龍交首嬉翔,解角而去。皝大悅,還宮,赦其境內,號新宮曰和龍,立龍翔佛寺于山上」。[11]雙龍出現,是瑞兆降臨,遂立佛寺以為納祥祈福。

前秦時有僧涉,本西域人,少為沙門,在苻堅(338-385)時來到長安,「虛靜服氣,不食五穀,日能行五百里」。能以祕祝引來神龍布雨,「每旱,堅常使之呪龍請雨。俄而龍下鉢中,天輒大雨,堅及羣臣親就鉢觀之」。後來卒於長安。每當「大旱移時,苻堅歎曰:『涉公若在,豈憂此乎!』」。此僧復擅長「言未然之事,驗若指掌」;[12]堅既信服其祈雨

---

[8]《晉書》,卷95,〈藝術傳‧佛圖澄〉,頁2491。

[9]《晉書》,卷29,〈五行志下〉,頁906。

[10]《晉書》,卷107,〈載記‧石季龍下〉,頁2782。

[11]《晉書》,卷109,〈載記‧慕容皝〉,頁2825-2826。

[12]《晉書》,卷95,〈藝術傳‧僧涉〉,頁2497。

神通，國之大政應亦多所諮詢。前秦苻堅建元十九年（383），呂光受苻堅之命，討伐西域，十二月「進攻龜茲城，夜夢金象飛越城外。光曰：『此謂佛神去之，胡必亡矣。』」[13]結果，光不僅攻破龜茲，更使西域「王侯降者三十餘國」，「撫寧西域，威恩甚著，桀黠胡王昔所未賓者，不遠萬里皆來歸附」。[14]

前涼張天錫（346-406）太清三年（365），都城姑臧「北山楊樹生松樹，西苑鹿生角，東苑銅佛生毛」，十四年（376），前涼為苻堅所滅。[15]

南涼禿髮傉檀（365-415）時，有沙門曇霍，不知何許人，從黃河迤南地區來。相當有神通力，「或遺以衣服，受而投之於河，後日以還其本主，衣無所汙。行步如風雲，言人死生貴賤無毫釐之差」。人偷藏其錫杖，就「大哭數聲，閉目須臾，起而取之，咸奇其神異，莫能測也」。傉檀女生病嚴重，請他治療，曇霍說：「人之生死自有定期，聖人亦不能轉禍為福，曇霍安能延命邪！正可知早晚耳」。傉檀堅持請醫治。那時後宮門關閉，曇霍說：「急開後門，及開門則生，不及則死」。傉檀「命開之，不及而死」。他常對傉檀說：「若能安坐無為，則天下可定，祚胤克昌。如其窮兵好殺，禍將及己」。傉檀「不能從」。曇霍因南涼「後兵亂，不知所在也」。[16]由此顯示，曇霍對傉壇所說治國政策，是針對南涼國運臨至滅亡危機而發的。

第二節　魏王朝之佛教天命

---

[13] 北魏‧崔鴻撰，清‧湯球輯，《十六國春秋輯補》（台北市：鼎文書局，1979年二月二版，新校本晉書第六冊附編，點句本），卷81，〈後涼錄〉，頁566。

[14] 《晉書》，卷122，〈載記‧呂光〉，頁3055。

[15] 《晉書》，卷86，〈張天錫傳〉未載（頁2250-2252）。見：《十六國春秋輯補》，卷73，〈前涼錄〉，頁523。

[16] 《晉書》，卷95，〈藝術傳‧曇霍〉，頁2502-2503。

論及魏王朝之天命構造，不可忽略其多元化之元素，主要元素至少有三大項：

一、是拓跋氏鮮卑固有信仰之天命。拓跋氏鮮卑族的最早住地，目前所知，是在今內蒙古自治區呼倫貝爾盟鄂倫春自治旗阿里河鎮西北10公里處，位於大興安嶺北段頂巔之東麓，屬嫩江西岸支流甘河上源，地理座標為北緯50度38分，東經123度36分，海拔高度520米左右。嘎仙洞在一道高百米的花崗岩峭壁上，為天然山洞，離平地25米。洞內寬闊，南北長92米，東西寬27-28米，面積約2000米。[17]在此居住，可能已蘊釀了天的信仰，而其天命時或由樹靈顯兆。嘎仙洞所在的大興安嶺，遍佈原始森林，樺木是其大宗。很早便為原始人類應用於生活，黑龍江省鏡泊湖南端的鶯歌嶺遺址出土的樺樹皮器，距今已有6000餘年。內蒙古滿洲里市紮賚諾爾東漢拓跋氏鮮卑墓群，額爾古納市拉布達林東漢拓跋氏鮮卑墓群，察右後旗三道灣東漢拓跋氏鮮卑墓地，都出土樺樹皮所製造的各種器物。[18]太武帝太平真君四年（443），遣中書侍郎李敞「詣石室，告祭天地，以皇祖先妣配」。當「敞等既祭，斬樺木立之，以置牲體而還。後所立樺木生長成林，其民益神奉之，咸謂魏國感靈祇之應也」。[19]公元前一世紀末至公元一世紀間（西漢末年至東漢初年），拓跋氏進行第一次遷徙，離開大興安嶺嘎仙洞，到達內蒙古呼倫貝爾湖。到了公元二世紀初至公元二世紀下半葉，即東漢中晚期，拓跋氏又進行第二次遷徙，入居匈奴故地。[20] 此間顯示，天命亦透過神巫傳

---

[17] 米文平，〈鄂倫春自治旗嘎仙洞遺址1980年清理簡報〉，收入氏著，《鮮卑史研究》（鄭州市：中州古籍出版社，2000年11月初版一刷），頁37-38；米文平，〈鮮卑石室的發現與初步研究〉，收入《同前書》，頁29。

[18] 宏復，〈中國北方民族樺樹皮器物的造型藝術〉，《中央民族大學學報（哲學社會科學版）》2003年第5期，頁45-46，49。

[19] 《魏書》，卷108-1，〈禮志〉，頁2738-2739。

[20] 關於拓跋氏第一次遷徙年代，過去學者都依文獻推測，主張公元一世紀前半葉，即東漢光武帝的建武年間（25-55）（見：馬長壽，《烏桓與鮮卑》，頁226；王仲犖，《魏晉南北朝史》，上冊，頁507-508；李治亭主編，《東北通史》，鄭州市：中州古籍出版社，2003年1月初版一刷頁81）。後來拓跋鮮卑考古遺存陸續出土，修正了拓跋氏第一次遷徙年代，為公元前一世紀末葉開始遷徙，到了公元一世紀前葉，到達呼

達，因第二次遷徙，實因「獻皇帝諱鄰立。時有神人言於國曰：『此土荒遐，未足以建都邑，宜復徙居。』」。[21]接著，「天女」生神元帝拓跋力微之天命靈異。神話是說，聖武帝與天女生拓跋力微，天女說：「此君之子也，善養視之。子孫相承，當世爲帝王」。[22]最後，便是祭天力微三十九年（258）四月，「祭天，諸部君長皆來助祭」。[23]往後斷斷續續的進行，如道武帝登國元年，「即代王位於牛川，西向設祭，告天成禮」。[24]天興元年（398）夏四月「帝祠天於西郊，麾幟有加焉」。[25]天賜二年夏四月，「復祀天于西郊」。[26]以上祭天大典，稱爲「西向設祭」、「西郊」，即在都城或城邑西郊舉行，並向西方祭拜的祀天典禮，是源出於北亞游牧部落習俗，是「鮮卑」或「北亞」的祭天習俗。漢族祭天，是在都城或城邑之南郊舉行，稱爲「南郊」。[27]直到永熙元年（532）四月，高歡擁孝武帝「即帝位於東郊之外」。[28]即位儀式，乃用「代都舊制」，胡三省說：「魏自孝文帝用夏變夷，宣武、孝明即位皆用漢、魏之制，今復

倫貝爾草原邊緣（見：米文平，〈鄂倫春自治旗嘎仙洞遺址 1980 年清理簡報〉，收入氏著，《鮮卑史研究》，頁 43-44；米文平，〈拓跋鮮卑與慕容鮮卑同源的考古學研究〉，收入氏著，《鮮卑史研究》，頁 447；米文平，〈拓跋鮮卑文化發展模式〉，收入《同前書》，頁 116；孫危、魏堅，〈內蒙古地區鮮卑墓葬的初步研究〉，收入魏堅主編，《內蒙古地區鮮卑墓葬的發現與研究》，北京市：科學出版社，2004 年 6 月初版一刷，頁 211-225；孫危，《鮮卑考古學文化研究》，北京市：科學出版社，2007 年 1 月初版一刷，頁 74-75）。

[21] 《魏書》，卷 1，〈序紀〉，頁 2。

[22] 《魏書》，卷 1，〈序紀〉，頁 2-3。

[23] 《魏書》，卷 1，〈序紀〉，頁 3。

[24] 《魏書》，卷 108-1，〈禮志一〉，頁 2734。

[25] 《魏書》，卷 2，〈太祖紀〉，頁 32。

[26] 《魏書》，卷 108-1，〈禮志一〉，頁 2734，2736。

[27] 康樂，《從西郊到南郊：國家祀典與北魏政治》，〈序〉，頁 1，167-168；何德章，〈北魏初年的漢化制度與天賜二年的倒退〉，《中國史研究》，第 2 期，頁 29-38；李書吉，《北朝禮制法系研究》，頁 45-51；楊永俊，〈拓跋鮮卑祭天禮俗探源〉，《尋根》2002 年第 6 期，頁 53-60；楊永俊，〈論拓跋鮮卑的原始祭天〉，《西北民族學院學報（哲學社會科學版）》2002 年第 6 期，頁 28-38；楊永俊，〈論北魏的西郊祭天制度〉，《蘭州大學學報（社會科學版）》，2002 年第 2 期，頁 56-62；楊永俊，〈論拓跋鮮卑的西郊祭天〉，《民族研究》2002 年第 2 期，頁 44-53；阮忠仁，〈北魏道武帝天賜二年西郊祀天制度新釋〉，《中國中古史研究》，第 4-5 期合刊（2005），頁 77-110。

[28] 《魏書》，卷 11，〈廢出三帝紀‧出帝平陽王〉，頁 281。

用夷禮」。[29]所謂「代都舊制」,意指過去在平城即帝位的魏帝,都用此鮮卑西郊祭天典禮,至孝文帝始予革除,至是「夷禮」又復活。[30]

　　二、是漢族五德終始之天命。登國元年(386)正月,拓跋圭「即代王位」,四月旋議國號由「代」改「魏」,「改稱魏王」。[31]至天興元年(398),道武帝即位,乃據之定北魏「國家繼黃帝之後」。[32]進而定「黃帝以土德王」。[33]遵先秦漢代以來五色、五行配五帝的思想,[34]乃從黃帝屬土德天命正統。到了孝文帝太和十四年(490)八月,孝文帝「詔議國之行次」。[35]經由大臣討論後,至太和十六年(492)正月,孝文帝乃「詔定行次,以水承金」。[36]其正統之脈絡是:周(木)→漢(火)→曹魏(土)→西晉(金)→魏(水)。[37]

　　三、是佛教之天命。這與上述元素之關係,迄尚未究明。惟在實際歷史過程,三種元素之間,並沒有發生演化式的變遷,即未曾以何種特定元素爲魏王朝天命,而是各種元素混融一起,共同支撐魏王朝之天命,以維護王朝政權之合法性,鞏固其正統地位。

　　魏王朝既熱衷崇佛,乃利用佛教來塑造魏之天命,其主要手段有三:一是建立僧官制,使沙門禮敬、效忠於王朝皇帝,使王法與佛法結合。二是在王法與佛法結合基礎上,再把皇帝塑造成佛像,並顯現靈異,

---

[29] 《資治通鑑》,卷 155,〈梁紀‧梁武帝中大通四年〉,頁 4824。

[30] 馬長壽,《烏桓與鮮卑》,頁 237。

[31] 《魏書》,卷 2,〈太祖紀〉,頁 20;卷 24,〈崔玄伯傳〉,頁 620-621。

[32] 《魏書》,卷 108-1,〈禮志四之一〉,頁 2734。

[33] 《魏書》,卷 1,〈序紀〉,頁 1-15。

[34] 顧頡剛,《中國上古史講義》,頁 227-244,271-289,320。

[35] 《魏書》,卷 7 下,〈高祖紀〉,頁 166。

[36] 《魏書》,卷 7 下,〈高祖紀〉,頁 169。依《魏書》,卷 108-1,〈禮志一〉,爲「十五年正月」詔定(頁 2746-2747);勞榦(〈北魏後期的重要都邑與北魏政治的關係〉,收入中央研究院歷史語言研究所編,《慶祝董作賓先生六十五歲論文集》,上冊,台北市:中央研究院歷史語言研究所,1960 年 7 月,頁 229-269)、康樂(〈從西郊到南郊:國家祀典與北魏政治〉,頁 195),皆從〈禮志一〉年代。此處以帝紀原爲編年體,或較爲可靠,暫從帝紀。

[37] 《魏書》,卷 108-1,〈禮志〉,頁 2744-2747。

以爲魏王朝之佛教天命靈異。二是在信仰上，使佛教與儒家忠孝結合，讓人民從佛教信仰效忠魏之佛教天命。茲分述如下：

首先，是透過僧官制度使王法與佛法結合。天興元年（398）十二月，道武帝即帝位，正式創建王朝，隨即展開魏王朝與佛教天命靈異之關係。最初，道武帝是把王法與佛法結合。《魏書》〈釋老志〉云：

> 初，皇始中，趙郡有沙門法果，誠行精至，開演法籍。太祖聞其名，詔以禮徵赴京師。後以爲道人統，綰攝僧徒。……初，法果每言，太祖明叡好道，即是當今如來，沙門宜應盡禮，遂常致拜。謂人曰：「能鴻道者人主也，我非拜天子，乃是禮佛耳。」[38]

上文顯示，佛教沙門，原來是不對人禮敬的，包括帝王。而法果擔任王朝的道人統以後，是王朝僧官的最高長官，管轄整個王朝境內佛教及僧尼的管理事務，具有朝庭職官身份，與帝王之間有君臣關係，依照朝廷禮制，務必要對皇帝行禮拜。法果便挾制於佛教規定與朝廷禮制之間，形成進退兩難局面。他最後想出的方法，便是把道武帝當做「太祖明叡好道，即是當今如來」，皇帝既爲如來，那麼「沙門宜應盡禮，遂常致拜」。在此，因禮拜的是如來，就不違佛教規定，故謂「我非拜天子，乃是禮佛耳」；因所拜的如來即皇帝，亦不違犯朝廷禮制，且能使「能鴻道者人主也」，讓佛教在皇帝協助下興盛起來。綜合起來，既不讓朝廷失望，亦能促使佛教發展。

法果的此套設計，道端良秀先生以爲，皇帝即如來，沙門以皇帝爲當今如而予以禮敬，是魏王朝「佛法與王法一致」論的特徵之一，顯示佛教與王朝結合的一致性。[39]鎌田茂雄先生認爲這是「天子即如來」，是把人間的王法與佛法之權威一體化，將超越世俗之佛與在俗的最高權力

---

[38] 《魏書》，卷114，〈釋老志〉，頁3030-3031。

[39] 道端良秀，《中國佛教通史》，收入氏著中國佛教史全集第1卷（東京市：株式會社書苑，1985年11月初版一刷），頁94-96。

者視作同一化，此便形成「國家佛教」的第一步。[40]中村元先生等人亦認為，此種思想法，有異於在漢族帝王統治下受到強力政權壓迫，而仍主張「沙門不敬王者」的江南佛教，真是大異其趣。是北朝佛教的特色，更使得北朝的佛教步向國家性格之傾向。[41]這是北魏設置僧官之始，有關設置時間，或多依據「皇始中」，說是在道武帝皇始元年間（皇始紀年只有兩年，396-398）。[42]可是〈釋老志〉之文顯示，「皇始中」是指召法果至京城的時間，他任道人統的時間則加上了「後」字，也有可能在皇始後的天興年間（398-403），究實很難確定其具體年代。[43]太武帝太平真君七年起（446）毀佛，僧官一起廢除。至文成帝興安元年（452）復佛後，才對毀佛時「假為醫術還俗，而守道不改」的沙門師賢，「親為斷髮，師賢仍為道人統」。[44]往後，僧制固有修訂，[45]人選亦有更迭，[46]而直到東魏滅亡（550），僧官制度都還持續運作至北齊。僧尼既禮拜皇帝，在文化意義上，是意味佛教與儒家君臣禮制的妥協或融匯，[47]在如來的比擬中，使北魏皇帝獲得佛教的神格色彩，強化了君權神授的天

---

[40] 鎌田茂雄著，關世謙譯，《中國佛教通史》第三卷，頁 287。

[41] 中村元等著，余萬居譯，《中國佛教發展史》，上冊，頁 131；南朝狀況，參照：板野長八，〈東晉に於ける佛徒の禮敬問題〉，《東方學報》，東京第 11 冊（1940 年 7 月），頁 45-104。

[42] 唐代道宣在《廣弘明集》所錄〈釋老志〉云：「皇始中，趙郡有沙門法果，戒行精至，開演法籍。太祖詔徵以為沙門統」（歸正篇，大正藏第五十一冊，頁 102 上）。宋代贊寧《大宋僧史略》卷中〈僧統〉亦云：「後魏皇始中，趙郡沙門法果，戒行精至，開演法籍，太祖徵為沙門統」（大正藏第五十四冊，頁 24 上）。兩者所指時間都是「皇始中」，不過，其謂僧官名「沙門統」，應是後來的僧官名。謝重光、白文固依據後一資料，認為其任命「在皇始年間」（《中國僧官制度史》，西寧市：青海人民出版社，1990 年 8 月初版一刷，頁 13-14），

[43] 塚本善隆注此文，仍未予確定其時間（《魏書釋老志の研究》，頁 153-154）。

[44] 《魏書》卷 114〈釋老志〉，頁 3036。

[45] 謝重光、白文固，《中國僧官制度史》，頁 52-57。

[46] 例如，曇曜遭到徹換，是很重要的事件，參見：石松日奈子著，姜捷譯，〈雲岡中期石窟新論：沙門統曇曜的地位喪失和胡服供養人像的出現〉，《考古與文物》，2004 年第 5 期，頁 81-92。張焯，〈徐州高僧入主雲岡石窟〉，《文物世界》，2004 年第 5 期，頁 8-14。

[47] 道端良秀，《佛教と儒家倫理》（京都市：平樂寺書變店，1978 年 4 月第六刷），頁 163-182。

命。

接著，是把皇帝塑造成佛像而顯靈異，以爲魏王朝之佛教天命靈異。這是始於文成帝，他把帝王與佛教天命靈異結合起來。《魏書》〈釋老志〉云：

> 是年（文成帝興安元年，452），詔有司爲石像，令如帝身。既成，顏上足下，各有黑石，冥同帝體上下黑子。論者以爲純誠所感。興光元年秋，敕有司於五級大寺內，爲太祖已下五帝，鑄釋迦立像五，各長一丈六尺，都用赤金二十五萬斤。[48]

依據上文，文成帝造佛像，要「令如帝身」，讓佛像造型，與皇帝形像一樣。結果，佛像雕成後，臉上及腳下，「各有黑石，冥同帝體上下黑子」，這是一種「純誠所感」，即具天命的人間最高主載之皇帝，因虔誠之心，感應超越界佛教最高神祇之佛，以致佛像與帝像合一，顯示爲天命與佛合一的靈跡。由於有效的顯現佛教天命，文成帝復於興光元年（454），在五級大寺內，爲五帝造五佛像：道武帝、明元帝、太武帝、景穆帝太子晃、文成帝。

其所造的「太祖已下五帝」之造像，或有認爲，是在雲岡第 16-20 窟，一般稱爲石窟第一期工程，又稱爲曇曜五窟，正是依照法果以來的「禮佛即拜皇帝」的思想所雕鑿。五窟主佛形體高大，佔據窟內主要位置，可分爲兩組：第一組爲第 18、19、20 窟，都以佛裝過去、現在、未來三世佛爲主像。第二組是第 16、17 窟，第 17 窟也是三世佛，正中爲著菩薩裝而交腳的彌勒菩薩像；第 16 窟主像是單一的釋迦牟尼佛像。若依「太祖已下五帝」各造一像來考慮排列。第 16 窟主像釋迦牟尼佛，相當於造像時在位的文成帝，第 17 窟的彌勒菩薩像，即是未即爲而諡尊景穆帝的太子拓跋晃。第 18 窟是太武帝，第 19 窟是明元帝，

---

[48] 《魏書》，卷 114，〈釋老志〉，頁 3036。

第 20 窟是道武帝。[49]

　　上面的見解，是不正確的。塚本善隆先生早已指出，雲岡開鑿之目
的，是爲宣達皇權威望，祈求現世利益，表達皇帝即如來的天命思想。
所謂五像，高者七十尺，低者六十尺。第十六窟 12 號立佛，第十七窟
13 號半寶冠而菩薩腰像，第十八窟 13 號半立佛，第十九窟 12 號半立
佛，第二十窟 12 號坐佛。五巨尊佛，是太祖道武帝、太宗明元帝、世
祖太武帝、恭宗景穆帝（太子晃）、高宗文成帝，是欲以爲皇帝即如來
的象徵，卻不能聯繫到〈釋老志〉所載五佛去看待。[50]此說是有道理的，
首先，〈釋老志〉明確說「太祖已下五帝」，建立地點在「五級大寺內」，
五級是指有五層塔，五級大寺是一座以五層塔爲主體的佛寺，天興元年，
道武帝在平城「始造五級佛圖」，[51]那五尊佛像很可能就是安置於此寺，
縱使在別處，亦決非在曇曜五窟內，因爲那五窟並非五級佛寺。其次，〈釋
老志〉亦明確說，五像的造像材料是「赤金」，怎會成爲石雕佛像呢？再
者，五像造型是「鑄釋迦立像五」，即全部是釋迦牟尼佛像，採立姿形像，
豈有曇曜五窟的交腳坐姿之彌勒菩薩呢？最後，〈釋老志〉明確說，五像
的高度同樣是「各長一丈六尺」，依北魏中尺長 0.2796036 公尺計算，[52]則
五像高度都是 4.4736576 公尺，而曇曜五窟主像高度在 13.5-16.8 公尺，
高度相差極爲懸殊，證明兩造是毫不相牟之事。總之，〈釋老志〉所說五
像，若要以考古實物相印證，應不可再留戀於雲岡石窟，因窟內佛像之
塑像材、像高、像姿、像之佛名，都異於文獻記載，無論何等隨意貼合，
究實都是無法密黏相符證，應有耐心等待新考古遺存的出現

　　另有一種觀點，似爲可信。有學者認爲，曇曜五窟造像，並非全是

---

[49] 李治國、丁明夷，〈雲岡石窟開鑿歷程〉，收入雲岡石窟文物研究所編，《雲岡百年
論文選集》（北京市：文物出版社，2005 年 7 月初版一刷），第一冊，頁 127。
[50] 塚本善隆，〈雲岡石窟の佛教〉，《印度學佛教學》，第 2 卷第 2 號（1954 年 3 月），
頁 2-3。
[51] 《魏書》，卷 114，〈釋老志〉，頁 3030。
[52] 《隋書》，卷 16，〈律曆上〉，頁 393。

依魏皇帝形像所雕造，只有第 13 窟本尊雕像，應是文成帝時沙門師賢所主持雕鑿的「帝身石像」，他很相似於佛像，整個造像貫穿著佛教的內容，又不完全具備佛、菩薩的條件，現存的兩耳垂肩部分，是後世泥補的，原來兩耳沒有垂肩，且頭戴高寶冠，頸飾垂鈴式項圈，胸置瓔珞和蛇飾，應爲人的形像，是帝王的象徵，右足面上鑲崁兩顆黑石，直徑約 6.5 公分，在 1988 年前後，該像顏面包泥，難以判斷顏面黑石所在位置。此像手姿爲施無畏印，以表示皇帝是「當今如來」，以顯示文成帝復佛的功績。此像採用交腳的生活化坐姿，亦爲彌勒坐姿，即是用佛教「彌勒決疑」的真理判斷力，來詮釋君臣關係的權威決斷力。[53]這個說法，頗符合〈釋老志〉「詔有司爲石像，令如帝身。既成，顏上足下，各有黑石，冥同帝體上下黑子」；唯一還有存疑的是：對「顏上」之「黑石」尚未能證實，又關於「黑子」，文獻未明載數量，依照一般敘事習慣，不言數量大抵應是黑子只有一顆。

最後，是使佛教與儒家忠孝結合，讓人民從信仰去效忠魏之佛教天命。佛教傳入漢地以後，在魏晉南北朝間，漸次與漢地社會文化融合，如佛寺及教團組織規則，社會團體之法社、八關齋等活動，配合經濟生產勞動，儒家倫理的相融，特別是孝道，亦爲重要的一環。[54]在孝文帝崇佛活動中，此點表現得很明顯。《魏書》〈高祖紀〉「史臣曰」，孝文帝於儒家「五經之義，覽之便講，學不師受，探其精奧。史傳百家，無不該涉。善談老莊，尤精釋義」。[55]這是肯定他的學思，是建構在三教基礎上。由此，將佛教視同儒家，其〈帝聽諸法師一月三入殿詔〉說：

[53] 陳屹峰、員海瑞，〈雲岡石窟開創問題新探〉，收入雲岡石窟文物研究所編，《雲岡百年論文選集》，第一冊，頁 251-253。

[54] 佐藤達玄，〈中國佛教形成期における生活威儀について〉，《印度學佛教學》，第 13 卷第 2 號（1965 年 3 月），頁 100-104；小川貫式，〈大報父母恩重經の變文と變相〉，《印度學佛教學》，第 13 卷第 1 號（1965 年 1 月），頁 49-57。道端良秀，《佛教と儒家倫理》（京都市：平樂寺書變店，1978 年 4 月第六刷）。

[55] 《魏書》，卷 7 下，〈高祖紀〉，頁 187。

門下：崇因贊業，莫若玄宗，禆神染〔冉〕志，誰先英哲？
故周旦著其朋〔明〕之誥，釋迦唱善知之文。然則，位尊者以納
賢為貴，德優者以親仁為尚，朕雖寡昧，能無庶幾也。先朝之世，
經營六合，未遑內範，遂令皇庭闕高邈之容，紫闥簡超俗之儀，
於欽善之理，福田之資，良為未足。將欲令懿德法師，時來相見，
進可飡稟道味，退可飾光朝廷。其勅殿中，聽一月三入，人數法
諱，別當牒付。[56]

此詔目的，在檢討皇宮內缺乏教化，文化制度不足，沒有高尚、超
俗、行善、積福的學思及行為，今後將僧人進宮，每月三次，以傳佛法。
孝文帝此回召僧入宮內說法，實上承太武帝太平真君二年（441）毀佛
以前猶崇佛時期，以及文成帝、獻文帝其間，召引沙門談佛法的傳統；
同時，下開宣武帝直到東魏孝靜帝，召僧入宮講論佛法之風氣；此風延
續至北周、北齊，匯為隋代內道場（意指宮中的佛事修行之精舍）之源
流。[57]

其間，孝文帝特地提到儒、佛相通之處；即修好因緣以提升行為業
緣，唯有玄妙之道理，增進精神以提高心志，誰有高超的英明睿智呢？
是西周之周公姬旦，[58]呈現在《尚書》裡他所作的諸篇，[59]還有釋迦，
在於所演倡善智慧的諸經文。由此，傳遞的儒家正統文化經典，與釋迦
演佈的佛教正統文化三藏，都同是闡釋真理之「英哲」的「玄宗」聖典，
同具令人「崇因贊業」的教化功能。故孝文帝多用儒家德行，贊美僧人

---

56 《廣弘明集》卷廿四〈帝聽諸法師一月三入殿詔〉，大正藏第五十二冊，頁272下。
57 橫井克信，〈北魏の帝室と佛教〉，《印度學佛教學》，第48卷第1號（1999年12
月），頁224-228。
58 此處講儒家，以周公為代表，應有兩因：一是唐代以前，講儒家傳統，每多周公、
孔子並尊，周公繼承堯、舜、禹、湯、文、武之道，創作儒家一切制度與禮樂文化。
宋代以後，言儒開始孔、孟並尊（錢穆，〈周公與中國文化〉，收入氏著，《中國學
術思想史論叢》，第一冊，台北市：東大圖書公司，1976年6月初版，頁83-98）。
二是孝文帝的漢化改革，係採「托周改制」，服膺而模仿周公（李書吉，《北朝禮制
法系研究》，北京市：人民出版社，2002年3月初版一刷，頁18-44）。
59 《尚書》周書諸篇，周公所作為佔多數，參見：屈萬里，《尚書集釋》，周書部分。

風範，如謂僧顯「仁雅欽韶，澄風澡鏡，深敏潛明，道心清亮」；僧義
「行恭神暢，溫聰謹正，業懋道優」。[60]

在上引詔書中，具體提到的道德觀念是：「德優者以親仁爲尙」。仁，
是儒家道德的最高原理，是人之所以爲人的德行，更爲人格圓滿成聖的
德行。孝是仁之本，孝順父母，爲仁的原初實踐，不孝，便在其他方面
也無法實踐仁。透過《孝經》的闡釋，孝雙親與忠於君融爲一體，遂自
漢代開始，推行以孝（忠孝）治天下。[61]孝文帝的漢化，也著力於孝道
的推廣，甚至將《孝經》譯爲鮮卑文，倡導族人閱讀，實踐孝道；另外，
也表現於重視喪禮，改革了廟制、服制等禮制；因爲鮮卑部落進入中原
以後，氏族已面臨瓦解的問題，遂期以建立漢式家族秩序爲挽救之方，
並以忠孝連體的思想原理，來穩定與凝聚整個社會組織和秩序。[62]故好
佛的文明太后過世之際，信佛的孝文帝並未主張行佛教喪禮，是與臣下
詳細討論太后的儒式喪禮，[63]親身實踐儒家三年之喪；[64]她的永固陵，
據考古挖掘，該墓存有巨大的圓形封土堆，磚砌墓室由墓道、前室、甬
道、後室四部分組成，後室呈弧方形，仍爲中原流行的特色。四角攢尖
頂,甬道前後各有一道大型石券門，門楣呈尖拱形。此墓墓園佈局恢宏，
最南有圍繞回廊的塔院遺迹，回廊基寬近 10 米，塔基方形，長 40、寬
30 米，塔院北約 200 米的高坡上爲一長方形基址，散佈各種建築構件，
推測原爲一座宮殿址。這種佈局，一方面繼承了東漢以來陵園的舊傳統

---

[60] 《廣弘明集》卷廿四〈帝以僧顯爲沙門都統詔〉，大正藏第五十二冊，頁 272 中。

[61] 徐復觀，〈中國孝道思想的形成、演變及其在歷史中的諸問題〉，收入氏著，《中國
思想史論集》，頁 155-200；此文認爲，《孝經》是僞造於武帝末年至昭帝時代，後
來徐先生自認誤判，改斷爲戰國時代之作；見氏著，《中國經學史的基礎》(台北市：
學生書局，1982 年 5 月初版)，頁 191-192。另又參照：孫筱，〈孝的觀念與漢代新
的社會統治秩序〉，收入中國社會科學院歷史研究所編，《古史文存：秦漢魏晉南北
朝卷》(北京市：社會科學文獻出版社，2004 年 11 月初版一刷)，頁 199-214。

[62] 康樂，〈孝道與北魏政治〉，《中央研究院歷史語言研究所集刊》第六十四本第一分
(台北：1993 年 3 月)，頁 51-84。

[63] 《魏書》，卷 108-3，〈禮志四〉，頁 2777-2789。

[64] 《魏書》，卷 7 下，〈高祖紀〉，頁 166-167。

而突出陵前的大殿，另一方面，又表現了它特有的內容，即在陵園中佈置佛寺，使墓地與佛寺相結合，[65]墓內有著一些佛教藝術的浮雕。整體來看，墓葬風格仍是漢式的，亦非史載之薄葬，而是屬於厚葬，[66]厚葬正是儒禮風格，加入了佛教的成份。這種墓葬與佛寺的相結合，或被認爲「宗教的影響滲入墓制中是魏晉南北朝的一個特點，而馮氏永固陵具有開創性」。[67]如此一來，就使佛教與儒家思想有濃厚的合流趨向了。[68]

上面的佛教天命之塑造，對魏境人民產生了甚大的影響，具體的反映於造像活動：在爲己及家屬求福外，一面依孝以爲尊親長輩祈福，一面依忠爲王朝及皇帝祈福。從後者來說，這是認同、支持王朝天命正統的具體表現。而且，人民祈求佛祐護魏天命之祚，穩固且綿長，亦即承認魏之天命，是有佛護祐的佛教天命。茲舉隅如下：

明元帝時，北魏《元景造像題記》顯示，造此窟的目的，是爲求佛保佑先皇和明元皇帝江山永駐，並宣揚佛陀經意傳播佛法。殘文有「言大魏之中興」，「一百八十凡九遞」，「穆然存道之矣」；「明元皇帝」，「皇帝陛下，誕奠降律，弦高振右」；「哀天下蒼生」，「夫靈覺沖虛，非像無以答，其形，妙門潛寂，非唱難以度生滅」；「故於汨崖造九窟，彰大道」，「刊像明道」。[69]孝文帝太和二年（478）正月二十三日馬眾庶「爲父敬造石二像一區，上爲皇帝，......七世父母」。[70]

宣武帝正光四年八月十三日，并州太原郡平□縣樂歸寺邑主趙首富

---

[65] 徐海峰，〈三世紀至五世紀河套及大同地區鮮卑考古遺存述論〉，《文物春秋》，2000年第1期，頁13-15。

[66] 張承宗、魏向東，《中國風俗通史：魏晉南北朝卷》（上海：上海文藝出版社，2001年11月第一版第一刷），頁351-352。

[67] 徐海峰，〈三世紀至五世紀河套及大同地區鮮卑考古遺存述論〉，《文物春秋》，2000年第1期，頁13-15。

[68] 橫超慧日，〈北魏佛教の基本的課題〉，《印度學佛教學》，第14卷第2號（1966年3月），頁63-64。

[69] 趙保安、李樹基，〈魏碑《元景造像題記》補文論要〉，《錦州師範學院學報》，第25卷第6期（2003年11月），頁37-39。

[70] 石璋如，〈陝西耀縣的碑林與石窟〉，《中央研究院歷史語言研究所集刊》，第24本（1953），頁148。

六人之造像碑銘說：「造石像一區，舉高一丈，上臨皇帝陛下，後爲七世父母、所生父母、歷劫諸師、回緣眷屬，無□眾生，直至菩提□□」。[71] 正光五年七月十五日，仇臣生「造像一區，上爲皇帝陛下，州郡令長，七世父母，願上生天上，值遇諸佛。……□家現世之者，延年益壽，子孫興隆」。[72]

孝明帝神龜二年（519）蒙文度「爲丘父、亡妹、七世父母，因緣眷屬，造立石像一區。深割家琛，□□良匠，仰感帝主覆被之恩，追思所生顯育之重」。[73]神龜三年（520）四月初八日，錡馬人合邑廿人等「覺世非常，捨己名琛，爲國爲家，造石像一區。……上願皇帝陛下，治隆萬劫，匡梀三寶，千載不墜。下願合邑亡過，阿尊父母，長志夫口，託化紫蓮，栖神萬法，逯及合邑」。[74]另一約在孝明帝武泰元年（528）以後的常岳等一百餘人造像碑說：「仰發洪願，三寶常存，法輪永固，國祚永隆，八方寧忝，七世先零〔靈〕，托生妙洛，一切眾生，同登斯果」。[75]長廣王元曄建明元年（530），楊阿妃「爲國主，爲七世□來前世父母造石像一區」。[76]孝武帝永熙二年（533），蒙顯達合邑三十一人等「造石像一區，功就成訖，令國祚永隆」。[77]

東魏武定元年（543）十二月一日王早樹爲三弟婦造石像一區，「上爲帝陛下，下爲王承先在世父母」等等，「諸人上者升天，現存□逸地，

---

[71] 郝金娥，〈南京博物院藏兩件北朝造像碑淺析〉，《東南文化》，1998年第3期，頁118。

[72] 石璋如，〈陝西耀縣的碑林與石窟〉，《中央研究院歷史語言研究所集刊》，第24本，頁153。

[73] 石璋如，〈陝西耀縣的碑林與石窟〉，《中央研究院歷史語言研究所集刊》，第24本，頁151。

[74] 石璋如，〈陝西耀縣的碑林與石窟〉，《中央研究院歷史語言研究所集刊》，第24本，頁151-152。

[75] 馮吾現，〈四件北朝造像碑介紹〉，《中原文物》，1994年第2期，頁17-18。

[76] 石璋如，〈陝西耀縣的碑林與石窟〉，《中央研究院歷史語言研究所集刊》，第24本，頁153。

[77] 石璋如，〈陝西耀縣的碑林與石窟〉，《中央研究院歷史語言研究所集刊》，第24本，頁154。

終生有刑（幸）之應，一時成佛」。[78]武定三年（545）四月十二日張愿
德造像云：「上爲國主、師、父母，兼及一切含生，永離三徒〔途〕，長
處妙樂」。[79]上述的狀況，是魏造像碑履見不鮮的事。

第三節 魏佛教與雜讖相揉

前述用造像來顯示天命靈異，所需資金極爲龐大，大概唯有皇家才
有足夠財力支付。至於一般平民，要利用佛教天命靈異，就只能採用簡
便的方式，即雜揉於魏境所流行的雜占所出之雜讖。

魏境雜讖之流行，早已影響著民眾，隨而聚黨叛亂。例如，明元帝
泰常二年（417）三月，常山民霍季，「自言名載圖讖，持一黑石以爲天
賜玉印」，誑惑聚眾，入山爲盜，爲州郡官方所捕斬。七月，又有司馬
順之，進入常山地區，以流言惑眾，自稱「受天帝命，年二十五，應爲
人君」，遂聚黨於封龍山」，被趙郡大盜趙德執送京師，「受死刑斬殺」。
[80]因此，佛教界亦同薰染著陰陽圖讖術數，[81]太武帝便曾下詔批判：

> 愚民無識，信惑妖邪，私養巫師，挾藏讖記、陰陽、圖緯、
> 方伎之書；又沙門之徒，假西戎虛誕，生致妖孽。[82]

這是把沙門與讖緯方伎視爲同流，事實也正是如此。例如，王顯以「布
衣爲諸生，有沙門相顯後當富貴，誡其勿爲吏官，吏官必敗」。後來，
果然一一應驗。[83]崔彧，「少嘗詣青州，逢隱逸沙門，教《素問》九卷及
《甲乙》，遂善醫術」。[84]爲了防止宗教性叛亂，太武帝太平真君五年（444）

---

[78] 郝金娥，〈南京博物院藏兩件北朝造像碑淺析〉，《東南文化》，1998 年第 3 期，頁
118-119。

[79] 侯旭東，《五、六世紀北方民眾佛教信仰》（北京市：中國社會科學出版社，1998
年 10 月初版一刷），頁 172。

[80] 《魏書》，卷 2，〈太宗紀〉，頁 56-57。

[81] 湯用彤，《漢魏兩晉南北朝佛教史》，頁 527-528。

[82] 《魏書》，卷 4 下，〈世祖紀〉，頁 98。

[83] 《魏書》，卷 91，〈藝術傳・王顯〉，頁 1969-1970。

[84] 《魏書》，卷 91，〈藝術傳・崔彧〉，頁 1970。

正月，就提出了兩種方法：一是從禁止「私養沙門、師巫」，以禁絕「挾藏讖記、陰陽、圖緯、方伎之書」。[85]這是以人身隔離來形成思想的預防隔離。二是對施行「蠱毒」及「巫蠱」者的處以極刑，這是以現行犯來制裁於事後。[86]

到了孝文帝，亦於太和九年（485）正月下詔取締，史載：

> 九年春正月戊寅，詔曰：「圖讖之興，起於三季。既非經國之典，徒為妖邪所憑。自今圖讖、祕緯及名為《孔子閉房》者，一皆焚之。留者以大辟論。又諸巫覡假稱鬼神，妄說吉凶，及委巷諸卜非墳典所載者，嚴加禁斷。」[87]

此次的取締包括「圖讖」、「祕緯」、《孔子閉房》、「委巷諸卜」、「巫覡」，範圍相當廣泛，刑責至於「大辟」極刑，足見朝廷用心激切，尤其強調「非墳典所載者」及特指焚毀《孔子閉房》，更顯示其所忌者，是漢代以來，與儒家正統思想混雜的讖緯，透過儒、釋、道三教雜占秘術，所形成的雜讖。[88]

佛教既與雜讖揉合在一起，佛教界當然為此次取締的主要對象，史載：

> 釋超達，未詳其氏，元魏中行業僧也，多學問，有知解。帝禁圖讖尤急，所在搜訪，有人誣達有之，乃收付滎陽獄。時魏博陵公檢勘窮劾，達以實告，大怒，以車輪繫頸，嚴防衛之。……（後越獄）尋即得脫。

> 又僧明道人，為北臺石窟寺主。魏氏之王天下也，每疑沙門為賊，收數百僧，互繫縛之。……帝信道人不反，遂一時釋放。

---

85 《魏書》，卷4下，〈世祖紀〉，頁98。
86 《魏書》，卷111，〈刑罰志〉，頁2874。
87 《魏書》，卷7上，〈高祖紀〉，頁155。
88 梁滿倉，〈魏晉南北朝秘學文化透視〉，收入中國社會科學院歷史研究所編，《古史文存：秦漢魏晉南北朝卷》，頁444-461。

[89]

> 耿玄,鉅鹿宋子人也。善占卜。……而性不和俗,時有王公
> 欲求其筮者,玄則拒而不許,每云:「今既貴矣,更何所求而復
> 卜也,欲望意外乎?」代京法禁嚴切,王公聞之,莫不驚悚而退。
[90]

以上顯示,當時取締圖讖,遭致嫌疑的僧人很多,甚至北臺石窟寺地區,
就有數百人。特別是京師平城,占卜之陰陽術數,亦在嚴禁之列。這樣
的嚴厲取締,目的是在將正統宗教與民間信仰區隔,使之不為迷惑、煽
動民眾的思想。

前述用造像來顯示天命靈異,所需資金極為龐大,大概唯有皇家才
有足夠財力支付。至於一般平民,要利用佛教天命靈異,就只能採用簡
便的方式,即雜揉於魏境所流行的讖緯。

第四節 魏佛、讖雜揉之天命的傳播

佛教與讖緯雜揉的結果,便是魏境常發生佛教徒叛亂。關於歷次叛
亂的背景緣起,塚本善隆先生已有詳細研究,[91]此處謹參照其成果,加
以若干補證,以述佛教與讖緯預言雜揉後,其天命靈異所引起的叛亂。

一、道武帝道武帝天興五年(402)二月,沙門張翹,於常山郡行
唐縣(今河北省行唐縣東北)叛亂,自號「無上王」,此稱號顯示,是
以佛教信仰紐帶所組成的教匪。[92]至於稱號來源,見於《菩薩受齋經》,
內載有「菩薩齋日法」,歸命西方阿彌陀,往生「清淨尊神國,安隱在
西方,願得自歸命,奉事無上王」。[93]顯示無上王,可能是齋會組織的領
袖,地位如西方阿彌陀佛,即如《月明菩薩經》所載,過去無量阿僧祇

---

[89] 唐・道宣撰,《續高僧傳》,卷25,〈釋超達傳〉,大正藏第五十冊,頁644下。

[90] 《魏書》,卷91,〈藝術傳・耿玄〉,頁1958。

[91] 塚本善隆,〈北魏の佛教匪〉,收入氏著,《北朝佛教史研究》(東京:岩波書店,1974
年10月,塚本善隆著作集第二卷),頁143-185。

[92] 塚本善隆,〈北魏の佛教匪〉,《北朝佛教史研究》,頁150。

[93] 西晉・聶道真譯,《菩薩受齋經》,大正藏第二十四冊,頁1116中-下。

劫，「世有佛，名諦念願無上王如來無所著等正覺」。[94]以此可知，張翹號稱無上王，很可能是自稱本身是「無上王如來」示現於世間，用以蠱惑信徒。

二、孝文帝延興三年（473）十二月，沙門慧隱謀反，伏誅。這次叛亂的地點不詳，據塚本先生推測，大約發生在京畿地區，應是民間不良僧徒，與不滿份子結合的叛變。[95]其所用佛教靈異，史未明載。

三、孝文帝太和五年（481）二月，沙門法秀，謀反於京師平城（今山西省大同市），伏誅。[96]此時的法秀，起初「法秀妖詐亂常，妄說符瑞」，遂廣招到許多信從者，諸如「蘭臺御史張求等一百餘人，招結奴隸，謀為大逆」；[97]薊（位於今天津市北部，鄰近北京市）人平雅，「州秀才，與沙門法秀謀反」；[98]層城侯崔僧祐亦「與沙門法秀謀反」。[99]其次待法秀被捕後，《南齊書》載云：「道人法秀與苟兒王阿辱瑰王等謀反，事覺，囚法秀，加以龍頭鐵鑕，無故自解脫，虜穿其頸骨，使呪之曰：『若復有神，當令穿肉不入。』遂穿而殉之，三日乃死」，[100]顯現了不易被捉及傷害的神通。

四、孝文帝太和十四年（490）五月，沙門司馬惠御自言「聖王」，謀破平原郡（治所在今甘肅省平涼東涇水南岸），[101]擒獲伏誅。這是當時宗教集會，如齋會，往往如漢代的黃巾、赤眉般，散布著政治思想與

---

[94] 孫吳‧支謙譯，《月明菩薩經》，卷 1，大正藏第三冊，頁 411 上-中。

[95] 塚本善隆，〈北魏の佛教匪〉，《北朝佛教史研究》，頁 152-153。

[96] 塚本善隆，〈北魏の佛教匪〉，《北朝佛教史研究》，頁 154-157。

[97] 《魏書》，卷 7 上，〈高祖紀〉，頁 150。

[98] 《魏書》，卷 94，〈閹宦‧平季傳〉，頁 2032。

[99] 《魏書》，卷 24，〈崔道固傳附催僧祐〉，頁 2032。

[100] 《南齊書》，卷 57，〈魏虜傳〉，頁 990。

[101] 塚本善隆謂其地在山東省境內（〈北魏の佛教匪〉，頁 158）；可是北魏置於山東省者為「東平原郡」，是承襲劉宋僑置郡，治在今山東省鄒平縣東。又在今安徽省境內，北魏四曾置有平原郡，惟尚難確定。因此，可確定為北魏平原郡者，只有甘肅的平原郡（見：簡修煒主編，《北朝五史辭典》，頁 286）。

言論，所以沙門自稱「聖王」，頗獲官民響應。[102]這裡的「聖王」，應是佛教政治理想的「轉輪聖王」（Cakravartin）他的降生，人間必然「七寶具足」，生活如淨土。

　　五、宣武帝永平二年（509）正月，涇州（治所在臨涇縣，今甘肅省鎮原縣東南；後移至安定縣，今甘肅省涇川縣）[103]沙門劉慧汪，聚眾反亂。宣武帝永平三年（510）二月，秦州（治所在上邽縣，今甘肅省天水市）[104]沙門劉光秀謀反。這是同在甘肅地區的連續叛亂，運用了何種佛教手段，史未載明。[105]

　　六、宣武帝永元元年（499）十一月，幽州（治所在薊縣，今北京市西南）民王惠定，聚眾反亂，自稱「明法皇帝」，刺史李肅捕斬。宣武帝延昌三年（514）十一月，幽州沙門劉僧紹聚眾反，自號「淨居國明法王」。塚本先生指出，這兩次叛亂，是同一類型的。淨居國，是佛典中的淨居天，經由《阿含經》、《賢愚經》、《小品般若經》、《大智度論》，以及小乘論典，其觀念早已傳入，特別是西晉竺法護所譯《菩薩說夢經》，收入《大寶續經》卷 16 的〈淨居天王會〉，以淨居天眾爲對象，由天子金剛摧宣示，眾等未來與彌勒一起成佛；明法王及明法皇帝，是保護及振興佛教的英主，在未來彌勒降生前出世當轉輪聖王。這些都是中國北方庶民的佛教信仰。[106]

　　七、宣武帝延昌四年（515）六月至孝明帝熙平二年（517）正月，有沙門法慶自稱「大乘」，聚眾反叛，塚本先生指其佛教信仰之特質有二：一是運用修行的十個階段及位階之「十住菩薩」，把它轉化成殺人的進階，每殺一人進一柱，殺十人爲十柱，用狂藥給眾人服用，連父子

---

[102] 塚本善隆，〈北魏の佛教匪〉，《北朝佛教史研究》，頁 157-159。

[103] 簡修煒主編，《北朝五史辭典》，頁 1019。

[104] 簡修煒主編，《北朝五史辭典》，頁 901。

[105] 塚本善隆，〈北魏の佛教匪〉，《北朝佛教史研究》，頁 162-163。

[106] 塚本善隆，〈北魏の佛教匪〉，《北朝佛教史研究》，頁 163-165；西晉・竺法護譯，《大寶積經》，卷 16，〈淨居天子會〉，大正藏第十一冊，頁 80 下-91 中。

亦不相識。二殺人的理由，是「新佛出世，除去舊魔」，屠滅現存佛寺及僧尼，毀壞經像，都是除魔聖業。[107]這「新佛」的思想從何而來呢？唐長孺先生認爲是彌勒信仰，因據其「新佛出世」，新佛是指彌勒降生；據其以濫殺爲除魔，是受僞疑經《彌勒成佛伏魔經》的影響。[108]此釋是難以成立的，《彌勒成佛伏魔經》早已不存在，唐先生說該經引起濫殺民命，是純屬推測。本經今只存目於經錄云：「彌勒成佛伏魔經一卷，一名救度衆生經」，[109]以「救度衆生」別名來看，其內容當不致主張以濫殺民命視同救渡衆生；另外，在佛典上，彌勒並無「新佛」之名，且於彌勒降生，更未說必須毀滅舊有佛教。事實上，所謂「新佛」毀舊佛的思想，早存於佛典裡，那就是佛教的著名惡人提婆達多的思想，《增壹阿含經》〈放牛品第四十九分品〉載說：提婆達多對語阿闍世王說：「古昔諸人壽命極長，如今逐短，備王太子一旦命終者，則唐生於世間，何不取父王害之，紹聖王位。我當取如來害之，當得作佛。新王、新佛，不亦快哉」。阿闍世王果真將「父王閉在牢獄」。接著，釋迦在耆闍崛山的一小山側，提婆達多便「手擎大石長三十肘，廣十五肘而擲世尊」，山神金毘羅鬼即時申手接著，只有一小片石「著如來足，即時出血」。[110]此事亦見於同經〈安般品之二〉，[111]最早應載於東漢錄失譯之《大方便佛報恩經》〈惡友品〉。[112]到了後秦，其事又見載於新譯佛典，如《四分

---

[107] 塚本善隆，〈北魏の佛教匪〉，《北朝佛教史研究》，頁 165-174。

[108] 唐長孺，〈北朝的彌勒信仰及其衰〉，收入氏著，《魏晉南北朝史論拾遺》（台灣影印本，未刊出版資料），頁 198-199。

[109] 唐・圓照撰，《貞元新定釋教目錄》，卷 28，〈別錄中疑或再詳錄第六〉，大正藏第五十五冊，頁 1020 上；唐・西明寺釋氏撰，《大唐內典錄》，卷 10，〈歷代所出疑僞經論錄〉云：「彌勒成佛伏魔經(一云救度衆生經)」（大正藏第五十五冊，頁 334 下）；唐・智昇撰，《開元釋教錄》，卷 18，〈別錄中疑惑再詳錄〉載：「彌勒成佛伏魔經一卷，一云救度衆生經」（大正藏第五十五冊，頁 675 中）。

[110] 東晉・瞿曇僧伽提婆譯，《增壹阿含經》，卷 47，〈放牛品第四十九分品〉，大正藏第二冊，頁 803 中。

[111] 《增壹阿含經》，卷 8，〈安般品之二〉，大正藏第二冊，頁 586 下。

[112] 《大方便佛報恩經》，卷 4，〈惡友品〉，大正藏第三冊，頁 147 中。

律》、[113]《十誦律》、[114]《毘尼母經》,[115]《鼻奈耶》。[116]直到北魏,猶見於慧覺譯《賢愚經》。[117]提婆達多之反佛,後來亦演變成如來調伏醉象的故事。[118]提婆達多的思想,是為了自己要當「新佛」,就要濫殺舊有的釋迦佛;正如法慶,大唱「新佛出世」,便視既有佛寺、經像、僧尼為魔,肆意毀滅,濫殺無辜。此外,「新王」主張,是兒子得以背叛父親,奪取王位;亦如同法慶,聚眾起而叛變,想要奪取大魏皇位,進行濫殺群眾。總之,法慶的叛亂行為,正是提婆達多的「新佛、新王」思想的寫照。

八、孝明帝熙平年間(516-517),冀州延陵(山西省天鎮縣),有「月光童子」九歲之劉景暉叛亂。這是由於西晉以來「月光童子」信仰經典的傳入,更有《觀月光菩薩記》一卷的疑經出現,顯示有心人已在運用其信仰,做為結合群眾的紐帶,而信仰的核心力量,是佛預言月光童子將誕生中國當聖王。[119]其說亦見於西晉竺法護譯,《佛說申日經》,[120]然而,題為西晉竺法護譯《佛說月光童子經》,[121]卻無此等預言;顯示上述預言,不必然出於竺法護之筆,可能是《申日經》流傳中,被有心人在經文中插補進去的。

第五節　佛、讖預兆魏王朝將亡

[113] 後秦·佛陀耶舍、竺佛念譯,《四分律》,卷4,〈十三僧殘法之三〉,大正藏第二十二冊,頁592中-593下。

[114] 後秦·弗若多羅譯,《十誦律》,卷36,〈雜誦第一〉,大正藏第二十三冊,頁260下。

[115] 後秦·失譯,《毘尼母經》,卷4,大正藏第二十四冊,頁823中-824上。

[116] 後秦·竺佛念譯,《鼻奈耶》,卷5,〈僧殘法之三破僧戒〉,大正藏第二十四冊,頁870下。

[117] 北魏·慧覺譯,《賢愚經》,卷13,〈堅誓師子品〉,大正藏第四冊,頁438中。

[118] 門川徹真,〈佛教說話の變容:醉象調伏說話について〉,《印度學佛教學》,第14卷第1號(1965年12月),頁146-147。

[119] 塚本善隆,〈北魏の佛教匪〉,《北朝佛教史研究》,頁175-179。

[120] 西晉·竺法護譯,《佛說申日經》,大正藏第十四冊,頁819中。

[121] 《佛說月光童子經》,大正藏第十四冊,頁815上-817下。

　　到了魏末，佛教與讖緯雜揉之結果，便在民間普遍廣泛流傳，所顯現之佛教天命靈異，多屬魏將滅亡之凶兆。以下茲舉例言之。

　　僧人劉薩何，對魏國運作了預言，被認定應驗於魏王朝的滅亡。道宣《釋迦方志》云：

> 　　元魏太武大延元年（435），有沙門劉薩何者，家于離石南高平原，今慈州也。昔行至涼州西番禾郡，東北望御谷而遙禮曰：「此山當有像現靈，相備者，世樂時平；如其有闕，世亂民苦。」後經八十七歲，至魏正光元年（520），因大風雨雷震，山巖挺出像身，一丈八尺，形好端嚴，惟無其首，登〔者〕即選石命工，安訖還落。魏道陵遲，其言驗矣。[122]

劉薩何，是南北朝至隋唐間著名的神異僧，事蹟同見於眾多文獻，甚至敦煌寫本也有〈劉薩訶和尚因緣記〉。一般認為，確實有劉氏此人存在過，惟以記載的文獻眾多，相互之間資料有所差異。關於姓氏，其俗姓為劉，或有作竺者，係因出家以釋氏為姓，而釋氏出於天竺，故亦用竺字以行代換。關於名字，本或無名而僅以字行，其字薩河，有多種書寫，諸如薩何、薩訶、薩和、窣和、屑荷、蘇何等。蘇何，為稽湖繭字之音譯，用字向無定準。他出家之初，初號慧達，或慧與惠通而寫成惠達；至於寫作慧遠者，當屬謬誤。他的籍貫，是山西省離石縣所轄的山地，乃東晉北魏間的河汾地域，當時為匈奴別種稽胡，或稱步落稽的住地，此部落自離石以東，安定以西，方七八百里，都居山谷間。可見他是稽胡人，約於東晉穆帝永和元年（345）出生，至年三十，「忽如暫死，經日還蘇，備見地獄苦報」，既醒，即出家學道，東晉寧康中（374），親至吳越巡禮長干寺及鄮縣塔。後即西返，改禮河西諸聖跡。北魏延和三年（434），抵番禾，預言當地八十七年後，將有瑞像出現。太延元年（435），往來秦州、涼州間，太延二年（436），乃行轉遊肅州酒泉，西出流沙，旋卒，

---

[122] 唐・道宣輯，《釋迦方志》，〈通局篇〉，大正藏第五十一冊，頁972上。

俗壽九十有二。既卒，先因時俗，由其邑人，或圖其「真容」，或建廟並塑像，以便崇拜祈福，殆至唐初，黃河左右之茲、隰、嵐、石、丹、延、綏、銀等八州，以及燉煌民眾仕女，無不奉信，如施相刹，則繫以蠶繭，擬作他生時的棲止所在。[123]

劉薩何預言瑞像出現，後來果然於魏孝明帝正光元年（520）應驗了。除了前引道宣文獻記錄外，1981 年，甘肅省武威城牆角下出土了〈涼州禦山石佛瑞像因緣記〉碑文，撰于唐天寶元年（742），碑額及上段已殘，只有下半部分殘存二十五行碑文，所幸留有正光元年石佛出現的片斷記述：「□□魏正光元年，相去八十有六年，獵師李師仁，追鹿於此山，忽見一寺，儼然□□，師仁稽首作例，舉頭部件，其僧竊念，常游於茲佐，未曾猶如是，遂磊是為記，將擬驗之，行未月(界)，忽□雷霆□□」。此事會經兩百餘年，延續到唐代，是正光元年以後，石佛像的國運靈異，一直為世人所矚目，加以修築佛寺。（1）最初石佛為顯驗北魏國運將亡，有身無頭，雕刻佛頭也接不上去，於是只存無首佛像於山上。（2）至北周元年（557），涼州城東七里，潤石忽出光芒，照亮了黑夜，觀者發現是一個佛像頭，拿去奉安於像身，「宛然符合」，表示北周將興盛崛起。所以北周保定元年（561），就修建了「瑞像寺」。（3）北周建德年間（572-577），將毀佛之前，佛首又自行掉落，北周武帝令齊王前往檢驗，把佛首安接於像頸，派兵看守，明日佛頭照樣掉落，故北周終於毀佛、國滅。而毀佛當中，此像安然無恙。（4）隋代開皇年間（581-600），僧通法依照昔前規模，再修建佛寺。（5）大業五年（609），煬帝將西征，躬往禮觀，改寺名為「感通道場」。（6）到了唐麟德元年（664），道宣前去實勘，「石像及寺今仍存焉」。（7）由於前述，劉薩何預言於正光元年出土的石佛像，就一直屹立於今甘肅省武威以西七十餘里處的永昌，

---

[123] 詳參：陳祚龍，〈劉薩河研究：敦煌佛教文獻解析之一〉，《華岡佛學學報》，第 3 期（1973），頁 33-56。

即古代名爲番禾縣的地方，象徵著國運和佛法的興衰，能預兆國家未來的吉凶，具有不可思議的神力，爲天意天命的代言者。以致此石佛像的模型及其故事，廣爲佛教造像者模寫，或據以進一步創作，包括營建於唐開成四年（839）敦煌莫高窟第231窟，以及約鑿於同一時期的第237窟。據學者研究，目前能確認係出於番禾縣瑞像圖例的造像，至少有五十例左右，時間綿延於唐代至宋代，乃至西夏時代。[124]

北魏末年，洛陽佛寺靈異亦頻頻出現。當時，局開始動亂，洛陽城內的佛寺，亦頻傳預示局勢變化的靈異。一是洛陽城有個沙門寶公，「心機通達，過去未來預覩三世」。靈太后聞其聲名，就「問以世事」。寶公回答說：「把粟與鷄呼朱朱」。時人「莫之能解，建義元年，后爲爾朱榮所害，始驗其言」。[125]二是寶光寺門崩，普泰元年（531）爾朱天光敗亡：洛陽城西陽門外御道北有寶光寺，普泰元年（531），雍西刺史、隴西王爾朱天光總士馬於此寺，「寺門無何都崩，天光見而惡之。其年，天光戰敗，斬於東市也」。[126]三是洛陽東市北殖貨里有歸覺寺，普泰元年（531），「此寺金像，生毛眉髮，悉皆具足」。尚書左丞魏季景對人解釋說：「張天錫有此事，其國遂滅，此亦不祥之徵」。果然，「至明年（太昌元年，532），而廣陵（前廢帝）被廢死」。[127]四是洛陽城內宜牛里，有陳留王景皓宅，皓「夙善玄言道家之業，遂捨半宅安置佛徒，演唱大乘、數部並進」，京師名僧「咸預其席，諸方伎術之士莫不歸赴」。時有奉朝請孟仲暉者，「遂造人中夾貯像一軀」，置放前廳須臾彌寶座。永安二年中，「此像每夜行遶其坐，四面脚跡隱地成文。於是士庶異之，咸

---

[124] 詳參：肥田路美著，牛源譯，〈涼州番禾縣瑞像故事及造型〉，《敦煌學輯刊》（蘭州市：蘭州大學敦煌學研究所），2006年第2期，頁165-180。

[125] 魏・楊衒之撰，《洛陽伽藍記》，卷4，〈白馬寺〉條，大正藏第五十一冊，頁1014下。

[126] 《洛陽伽藍記》，卷4，〈寶光寺〉條，大正藏第五十一冊，頁1014下-101上。

[127] 《洛陽伽藍記》，卷2，〈景寧寺〉條及附歸覺寺，大正藏第五十一冊，頁1009下-1010上。

來觀矚，由是發心者亦復無量」。永熙三年（534）秋，佛像竟「忽然自去，莫知所之。其年冬，而京師遷鄴」。[128]

　　魏末年，洛陽宣染著各種陰陽術數之流風，且多關涉佛教。例如，有位隱士趙逸，自稱是晉武帝時人，晉朝舊事多能記憶。見到崇義里內杜子休住宅，便歎息說：「此宅中朝時太康寺也」。人們不相信，追問寺之由來，逸答說：「龍驤將軍王濬平吳之後，始立此寺，本有三層浮圖，用塼爲之」。指子休宅園中說「此是故處」。子休就挖掘來察驗，「果得塼數十萬，兼有石銘云：晉太康六年歲次乙巳九月甲戌朔八日辛巳儀同三司襄陽侯王濬敬造」。子休「遂捨宅爲靈應寺，所得之磚，還爲三層浮圖」。[129]另有元慎，善於解事物以預言，如孝昌元年，廣陵王元淵初除儀同三司，率兵十萬討葛榮，「夜夢著袞衣，倚槐樹而立」。問於元慎，說其爲「三公之祥」，淵相當高興。元慎對別人說：「廣陵死矣！槐字是木傍鬼，死後當得三公」。廣陵果然被葛榮所殺，「追贈司空公，終如其言」。[130]準財里內有開善寺，本是京兆人韋英住宅。英早過世，妻梁氏不治喪而改嫁，英乃「白日來歸，乘馬將數人，至於庭前，呼曰：阿梁卿忘我也」。子集驚怖，張弓射之，韋英「應弦〔箭〕而倒，即變爲桃人；所騎之馬亦變〔化〕爲茅〔茆〕馬；從者數人，盡化爲蒲人」。由此，「梁氏惶懼，捨宅爲寺」。[131]

---

[128] 《洛陽伽藍記》卷4〈永明寺〉，大正藏第五十一冊，頁1018上。
[129] 《洛陽伽藍記》，卷2，〈靈應寺〉，大正藏第五十一冊，頁1006上。
[130] 《洛陽伽藍記》，卷2，〈景寧寺〉，大正藏第五十一冊，頁1009上-1010下。
[131] 《洛陽伽藍記》，卷4，〈法雲寺〉，大正藏第五十一冊，頁1016上。

第九章　嗣弘魏天命正統之佛教原因（三）：高歡父子之追逐佛教天命

　　本章之目的，是在修史宗旨嗣弘魏天命正統之形成的原因範圍內，進行佛教天命原因的形成過程，即高歡、高澄、高洋父子之追逐佛教天命活動。高氏父子，都有佛教信仰，尤其自高歡父子連續專制北魏末、東魏朝權期間，面對魏境鼎盛之佛教，都須於統治上及私人信仰上，參與佛教活動。關於此事，諏訪義純先生已作過詳細研究，[1]殊值參考；本書第十六章第三節亦有敘及，可供翻閱。由於如此，加上前面兩章所說，中國南北方佛教天命漸興，南方更將之用來禪代。因此，高氏父子，便共同及相繼展開佛教天命的追求：（1）高歡為了問鼎神器，便開始涉入天命靈異，追逐各種術數靈跡（第一節）。（2）在此過程中，高歡涉入了佛、讖天命靈異（第二節）。（3）在高歡的示範下，高澄、高洋亦加入行列，同樣追逐著天命靈異（第三節）。（4）高歡父子追逐的重點，後來落腳於洛陽佛教天命之靈異，最明顯的，就是以天命靈異著名的洛陽平等寺定光佛像之。

第一節　高歡之尋求天命

　　在前述北魏各種天命靈異盛行之背景下，高歡在逐步崛起過程中，既有心問津神器，便開始追逐著天命靈異及其實現。此間，其子高澄、高洋亦伴隨加入行列。本節之目的，就是要說明高氏父子追逐之狀況。

　　史籍所載高歡崛起以前的早年事蹟，多敷上了一層術數之言，顯現許多將成大業的預兆。諸如，高歡父名樹，其宅「數有赤光紫氣之異」。他擔任「隊主」卑職時，鎮將遼西段長，常以他的長相面貌說：「君有康濟才，終不徒然」，「以子孫為託」。他擔任「函使」卑職時，「嘗乘驛

---

[1] 諏訪義純，〈東魏帝室と佛教（一）：高歡・高澄の奉佛事情と儒教道教への態度〉，收入氏著，《中國中世佛教史研究》，頁203-222；諏訪義純，〈北齊帝室と佛教（一）：文宣帝と佛教信仰〉，收入氏著，《同前書》，頁223-248。

過建興，雲霧晝晦，雷聲隨之，半日乃絕，若有神應者」。還有「每行道路，往來無風塵之色」；「嘗夢履眾星而行，覺而內喜」。又曾與諸友打獵，逢到兩目盲老婦，「自言善暗相（摸骨），遍捫諸人皆貴，而指麾俱由神武」。後「行數里還，更訪之，則本無人居，乃向非人也」。[2]每當他奉函到洛陽，必宿從父弟高岳家，岳母山氏嘗夜見所住室中有光，密窺無燈，使住別室，仍是一樣夜間有光。後來，山氏乃請卜者筮之，為乾之大有卦，釋為「飛龍九五大人之卦，貴不可言」。[3]

在上述的術數預言下，高歡崛起之初，就顯露了問鼎帝位的野心。大約於北魏節閔帝普泰元年（531）初，高歡將率軍赴今河北省尋求地盤之際，就特別進入傳說有天子之氣的上黨地區。《北史》〈齊本紀〉云：

> 初，魏真君中，內學者奏言，上黨有天子氣，云在壺關大王山。太武帝於是南巡以厭當之，累石為三封，斬其北鳳凰山，以毀其形。後上黨人居晉陽者，號上黨坊。神武實居之。及是行，舍大王山，六旬而進。[4]

上文所說「內學」，係出自漢代以來對讖緯的別稱，不是指稱佛學之內學。他們奏言「上黨有天子氣」，遂引起太武帝巡幸鎮壓，其事《魏書》有所記載，係發生於太平真君九年（448）二月間，太武帝先行幸定州（治所在今河北省定縣），當時太行山東側的「山東民飢，啟倉賑之」。接著「遂西幸上黨，誅潞叛民二千餘家，徙西河離石民五千餘家于京師」。於後再下「詔於壺關東北大王山，累石為三封，又斬其北鳳皇山南足以斷之。三月，車駕還宮」。[5]壺關縣，是北魏上黨郡治所，在今山西省長治縣北方，大王山在今山西省壺關縣東南，[6]這一帶是天子氣之所在，所以太武帝就以改變地形的方式，企圖把天子氣給破壞了。高歡

---

2 《北史》，卷6，〈齊本紀上〉，頁209-210。
3 《北齊書》，卷13，〈清河王高岳傳〉，頁174。
4 《北史》，卷6，〈齊本紀上〉，頁213-214。
5 《魏書》，卷4下，〈世祖紀下〉，頁102。
6 簡修煒主編，《北朝五史辭典》，頁68。

對上黨天子氣則進行兩大安排：（1）普泰元年（531）初，高歡既路過此地，乃故意「舍大王山」，居住時間長達六旬，用意顯然是要獲得上黨的「天子氣」。（2）《北史》所說高歡居住在晉陽上黨坊，是較晚之事。後來上黨人入居晉陽（今山西省太原市），聚住在一起的地方，稱爲上黨坊，永熙元年（532）七月，高歡滅爾朱兆，獲得了晉陽城，「以晉陽四塞，乃建大丞相府而定居焉」，[7]即於此時「實居」於上黨坊，顯然是故意住在那裡，想得到天子氣。

然則，上黨天子氣之地既遭太武帝肆意破壞，爲何高歡還相信其地有天子氣呢？前述太武帝鎮壓上黨天子氣時，誅殺潞叛民二千餘家，徙西河離石民五千餘家于京師平城，顯示上黨天子氣與其地叛亂有密切關聯，上黨的叛亂，早於太武帝之前就已發生了，如明元帝永興五年（413）四月，「上黨羣盜外叛」。[8]明元帝神瑞二年（415）三月，「河西飢胡反，屯聚上黨，推白亞栗斯爲盟主」，「號大單于，稱建平元年，四月詔公孫表等五將討之」。[9]直到太平真君六年，太武帝仍「西至吐京，討徙叛胡，出配郡縣」。[10]另外，上黨天子氣亦關乎上黨出現的祥瑞，如太平真君六年二月，太武帝特別「西幸上黨，觀連理樹於泫氏」。[11]可是，在太平真君九年鎮壓天子氣以後，到了魏末，上黨的叛亂及祥瑞，依然持續發生與顯現。在叛亂方面，如莊帝永安二年（529），「燕州民王慶祖聚眾於上黨，自稱爲王，柱國大將軍爾朱榮討擒之」。[12]在祥瑞方面，北魏末之際，上黨同樣出現「連理」瑞兆，如孝明帝正光元（520）年五月，「并州上言，上黨東山谷中木連理」。[13]甚至到了東魏孝靜帝元象元年（538）

---

[7]《北史》，卷6，〈齊本紀上〉，頁217。

[8]《魏書》，卷105-3，〈天象志三〉，頁2395。

[9]《魏書》，卷112上，〈靈徵志上〉，頁2899；卷105-2，〈天象志二〉，頁2352。

[10]《魏書》，卷4下，〈世祖紀下〉，頁98。

[11]《魏書》，卷4下，〈世祖紀下〉，頁98。

[12]《魏書》，卷10，〈孝莊帝紀〉，頁261。

[13]《魏書》，卷112下，〈靈徵志下〉，頁2962。

八月，照樣有「上黨郡上言，木連理」。[14]由於如此，上黨天子氣，一直被術士認定還存在著，不僅高歡跑去居住，其子高洋的篡位，更受此天命說起了莫大的鼓舞（第六章第一節）。

如上所述，高歡既欲以天命靈異來協助逐鹿天下，乃在普泰元年（531）二月取得信都，佔有河北省地盤後，便大力招攬術士為館客或部屬。例如，王春，少好易占，明風角，遊於趙、魏之間，飛符上天，「高祖起於信都，引為館客」。[15]信都芳，少明算術，著名於州里，「有巧思，每精研究，忘寢與食，或墜坑坎」。曾對人說：「算之妙，機巧精微，我每一沉思，不聞雷霆之聲也」，鑽研極為用心。魏末，為安豐王元延明「召入賓館」。高歡崛起，便「以術數干高祖為館客」，其間係由慕容紹宗「薦之於齊神武，為館客，授中外府田曹參軍」。[16]許遵，明《易》善筮，兼曉天文、風角、占相、逆刺，因「其驗若神，高祖引為館客」。[17]趙輔和，「以明《易》善筮，為齊神武館客」。[18]綦母懷文，不知何郡人，「以道術事高祖」。[19]魏寧，則「以善推祿命，徵為館客」。[20]

第二節　高歡之佛、讖天命靈異

高歡在信都開始招集術士後，天命靈異便又持續運作了。據《北史》〈藝術上·靈遠傳〉所載：

> 時又有沙門靈遠者，不知何許人，有道術。……及齊神武至信都，靈遠與勃海李嵩來謁。神武待靈遠以殊禮，問其天人之事，對曰：「齊當興，東海出天子，今王據渤海，是齊地。又太白與

---

[14] 《魏書》，卷112下，〈靈徵志下〉，頁2963。

[15] 《北齊書》，卷49，〈方伎傳·王春〉，頁674。

[16] 《北齊書》，卷49，〈方伎傳·信都芳〉，頁675；《北史》，卷89，〈藝術上·信都芳〉，頁2933。

[17] 《北齊書》，卷49，〈方伎傳·許遵〉，頁676。

[18] 《北史》，卷89，〈藝術上·趙輔和〉，頁2937；《北齊書》，卷49，〈方伎傳·趙輔和〉，頁677。

[19] 《北齊書》，卷49，〈方伎傳·綦母懷文〉，頁679。

[20] 《北齊書》，卷49，〈方伎傳·魏寧〉，頁679。

月并，宜速用兵，遲則不吉」。[21]

高歡在信都時，沙門靈遠向高歡所說的讖言：「齊當興，東海出天子」。後來更與洛陽永寧寺火災靈異，產生一脈的聯結，直接的關聯到高洋的禪代魏政權（見第十章）。在此同時，《北史》〈齊本紀上〉又載：

> 初普泰元年（531）十月，歲星、熒惑、鎮星、太白聚於觜，參色甚明。太史占云，當有王者興。是時，神武起於信都，至是而破兆等。[22]

這個天象的讖言：「當有王者興」，其應驗乃「是時，神武起於信都」，以迄永熙元年（532）閏三月韓陵之戰，高歡「至是而破（爾朱）兆等」。韓陵之戰，是艱險的，具有術數的靈異。當時爾朱兆、爾朱天光、爾朱仲遠、爾朱度律，四路率兵會合，「號眾二十萬」；高歡的軍隊，「馬不滿二千，步兵不至三萬，眾寡不敵」；兩軍會戰於韓陵，高歡卻贏得勝利，據傳與當時所發生的靈異有密切關係：（1）戰事發生之前月，「章武人張紹，夜中忽被數騎將踰城，至一大將軍前，敕紹為軍導向鄴，云『佐受命者除殘賊』。紹迴視之，兵不測，整疾無聲。將至鄴，乃放焉」。等到戰爭之日，果然「爾朱氏軍人，見陣外士馬四合，蓋神助也。[23]（2）高歡在「韓陵之戰，四面受敵，從寅至午，三合三離，高祖將退軍」，術士王春攔馬諫說：「比未時，必當大捷」。為了使高歡相信，王春「遽縛其子詣王為質，不勝請斬之」。結果，「俄而賊大敗」。往後，高歡使王春「每從征討，其言多中，位徐州刺史」。[24]

　　韓陵戰役後，永熙元年四月，高歡進入洛陽，開始取代爾朱氏掌控北魏政權，至七月，討滅逃奔於并州的爾朱兆，地位與權力完全穩定，對天命靈異更持續追逐著。東魏孝靜帝武定四年六月初一日

---

[21]《北史》，卷89，〈藝術上·靈遠傳〉，頁2928。

[22]《北史》，卷6，〈齊本紀上〉，頁216-217。

[23]《北史》，卷6，〈齊本紀上〉，頁217。

[24]《北齊書》，卷49，〈方伎傳·王春〉，頁674-675。

（546.7.14），高歡至汾陽天池，「獲瑞石，隱起成文曰：六王三川」。[25]而《北齊書》〈陽休之傳〉更云：

> 高祖汾陽之天池，於池邊得一石，上有隱起，其文曰「六王三川」。高祖獨於帳中問陽休之，此文字何義。對曰：「六者是大王之字，王者當王有天下，此乃大王符瑞受命之徵。既於天池得此石，可謂天意命王也，吉不可言。」高祖又問：「三川何義？」休之曰：「河、洛、伊為三川，亦云涇、渭、洛為三川。河、洛、伊，洛陽也；涇、渭、洛，今雍州也。大王若受天命，終應統有關右。」高祖曰：「世人無事常道我欲反，今聞此，更致紛紜，慎莫妄言也。」[26]

天池，位於今山西省汾河與桑乾河分水嶺之頂部，距甯武縣 15 公里、距靜樂縣 77 公里處，離寧靜公路約公里。天池東西長約 1 公里，南北寬約 0.85 公里，形似一個馬蹄形，集水面積不到 4 平方公里，水面海拔高程爲 1772 公尺。在天池的南側，有一深 30 米的缺口，池水由此經馬老溝流入中馬坊河，再南流入汾河。天池是華北地區海拔最高的淡水大池。[27]在此，高歡拾獲一塊瑞石，上起文「六王三川」，照陽休之的解釋，「六」字，是指高歡「字賀六渾」；[28]「王」字，是指即帝位「王有天下」；「三川」一詞，是指兩個地理空間，第一個地區：是指「河、洛、伊，洛陽」，係以自然河流來說，洛陽城北方有黃河流經，城南緊靠黃河支流洛水，並分佈著洛水所匯合的支系，榖水注洛水，澗水間與榖水交匯再注入洛水，瀍水注入洛水。伊水匯合南來諸水再注入洛水。洛水發源於今陝西南部洛南縣，入洛陽盆地，其古河道（今洛河水道較古道北移）約距北魏洛陽城南垣 2 公里，匯合澗、瀍伊、榖等水，東流至鞏

---

[25] 《北齊書》，卷 42，〈陽休之傳〉，頁 561-562。

[26] 《北齊書》，卷 42，〈陽休之傳〉，頁 561-562。

[27] 周述椿，〈汾源天池考〉，《中國歷史地理論叢》，1998 年第 3 期，頁 177-180。

[28] 《北齊書》，卷 1，〈神武帝紀上〉，頁 1。

縣境內，注入黃河。[29]此地區，顯然依正統角度，指繼承北魏洛陽政權的東魏。第二個地區：「渭」，爲今渭水。「涇」是涇水，爲渭委支流，在今陝西省中部，有南北二源，北源出自寧夏固原縣西南六盤山東麓，東南流經甘肅隆德、平涼二縣，匯合南源；南源出甘肅涇源縣西南大關山，東北流匯合北源，後東南流，經涇川及陝西長武、彬縣、淳化、醴泉、涇陽等縣，至高陵縣入渭水。[30]「洛」指上洛水，即今陝西省洛水，源出定遠縣東南白于山，東南流經吳旗、志丹、甘泉，又南流經富縣、洛川，至大荔縣南合渭水。[31]此地爲「雍州」，約今陝西關中平原，甘肅東南部，寧夏南部，青海黃河以南之一部分，[32]即指定都長安的西魏。而高歡「若受天命，終應統有關右」，即禪代東魏政權。

第三節 高澄、高洋之涉入天命靈異

同樣的，高歡之子高澄、高洋，亦相仿效，多招方士。例如，吳遵世，少時學《易》，入恒山從隱居道士遊處。數年後，忽逢一老翁謂授開心符，遵世跪取吞之，「遂明占候」。後出遊京師洛陽，以易筮知名，先事北魏孝武帝，後高澄招任大將軍府墨曹參軍。[33]高澄還聘有「吳士，雙盲，妙於聲」，聽人講話聲音以相人。[34]皇甫玉，「善相人，常遊王侯家」，後爲高澄兄弟所用。[35]由吾道榮，隱於琅邪山，辟穀，餌松朮茯苓，求長生之祕，又擅長「洞視」，能超遠距的探知某地方人事物的實情，

---

[29] 段鵬琦，〈漢魏洛陽與自然河流的開發和利用〉，收入洛陽文物與考古編輯委員會編，《漢魏洛陽故城研究》（北京：科學出版社，2000 年 9 月初板一刷），頁 473-474；陳橋驛，《水經注校釋》（杭州市：杭州大學出版社，1999 年 4 月初版一刷），卷 15，頁 266-284；卷 16，頁 285-305。

[30] 史爲樂，《中國歷史地名大辭典》，下冊，頁 1676。

[31] 史爲樂，《中國歷史地名大辭典》，下冊，頁 1985。

[32] 史爲樂，《中國歷史地名大辭典》，下冊，頁 2712。

[33] 《北齊書》，卷 49，〈方伎傳·吳遵世〉，頁 677；《北史》，卷 89，〈藝術上·吳遵世〉，頁 2936。

[34] 《北史》，卷 89，〈藝術上·皇甫玉〉附，頁 2939。

[35] 《北齊書》，卷 49，〈方伎傳·皇甫玉〉，頁 678。

遂「尋為顯祖（高洋）追往晉陽」。[36]故史稱「齊氏作霸以來，招引（方
伎）英俊，但有藝能，無不畢策」。[37]

　　武定五年正月，高歡過世，「葬有日矣，世宗（高澄）書令顯祖（高
洋），親卜宅兆相於鄴西北漳水北原」。高洋遂「與吳遵世擇地，頻卜不
吉，又至一所，命遵世筮之，遇革，遵世等數十人，咸云不可用」。術
士趙輔和則說：

> 「革卦於天下人皆凶，唯王家用之大吉。革象辭云：『湯、
> 武革命，應天順人。』」顯祖遽登車，顧云：「即以此地為定。」
> 即義平陵也。[38]

趙輔和的「革卦」之「湯、武革命」說，是指其地風水力量，足以使「王
家」進行改朝換代，如湯、武一樣成功的推翻前朝，建立新王朝。此說
正好抓住了高洋的心思，所以高洋聽了，便當下決定以此地為高歡之墓
地。這也就是說，高澄、高洋兄弟，繼承了高歡的陰陽術數，欲以高歡
墓葬之尋求天命靈異力量，以實現登上帝位的願望。上面所說高歡墓的
地點，是鄴西北漳水北原，《北齊書》〈神武帝紀〉說是「葬於鄴西北漳
水之西」，《北史》〈齊本紀〉說「葬於鄴西北漳水之西」，[39]《魏書》〈孝
靜帝紀〉說「葬齊獻武王於鄴城西北」。[40]乍看起來，似乎相互之間有些
微差異，其實都是一致的。

　　據 1979 年發掘的〈茹茹鄰和公主墓誌〉，她是柔然王阿那瑰之孫
女，嫁給高歡第九子高湛為妻，天保元年（550）過世，年 13 歲，誌文
有云：「葬於滏水之陰，齊獻武王塋內」。其地是在東魏、北齊鄴都地區，
鄴都位於今河北省臨漳縣西南，和河南省安陽縣交界的漳河北岸，屬臨

---

[36]《北齊書》，卷 49，〈方伎傳‧由吾道榮〉，頁 674；《北史》，卷 89，〈藝術上‧由吾
　　道榮〉，頁 2930-2931。

[37]《北齊書》，卷 49，〈方伎傳〉序，頁 734。

[38]《北齊書》，卷 49，〈方伎傳‧趙輔和〉，頁 677。

[39]《北史》，卷 6，〈齊本紀上〉，頁 231。

[40]《魏書》，卷 12，〈孝靜帝紀〉，頁 310。

漳縣境。1986 年秋天，在鄴城的北郊和西郊，即今河北省磁縣境內，發現了東魏北齊陵墓區，位於磁縣城南和西南，在漳河與滏陽河之間的平原與西部山崗一帶，亦正是漳水西北，謂之鄴都之西或北，都在鄴都西北範圍內。此陵墓區，包括磁縣岳城鄉、時村營鄉、講武城鄉、申莊鄉、東槐樹鄉、城關鎮、開河鄉一帶，範圍南北 15 公里，東西 12 公里，所發現墓葬 123 座。高歡的陵墓，就在此墓葬區內，只可惜尚未發現與發掘。[41]同時，北齊皇室墓葬區之高氏墓地，居於元氏墓地之北，是以神武帝高歡義平陵爲中心所形成的兆域，周圍圍繞著堯氏、司馬氏等異姓勳爵墓地。[42]

　　不過，有關高歡的墓葬地點，《資治通鑑》另有不同的說法，其云：

> 虛葬齊獻武王於漳水之西，潛鑿成安鼓山石窟佛寺之旁為穴，納其柩而塞之，殺其群匠。及齊之亡也，一匠之子知之，發石取金而逃。[43]

依照上文，前面所說高歡墓葬於鄴都漳水之西，只是個「虛葬」墓地。高歡實葬之地，是於鼓山石窟佛寺，即今所謂響堂山石窟。響堂山，屬太行山支脈，分爲二山：南響堂山，原名滏山；北響堂山，原名鼓山。位於河北省邯鄲市峰峰礦區境內，分。兩山均，南響堂山，北響堂山。東魏、北齊間，高氏鑿建了南北兩座寺院，明代以後統稱爲響堂寺，近代以來至今，都稱爲響堂山石窟。鼓山石窟，約建於東魏天平元年（534），至遲在東魏武定五年（547）已建成。滏山石窟，始鑿於北齊天統元年（565）。[44]《通鑑》所指高歡的實葬地，是「鼓山石窟佛寺之旁爲穴」，有學者認爲事屬可能，因鼓山石窟寺的開鑿，最初目的「可能爲高歡的陵葬」，原因有二：第一虛實葬並行，本是古人預防盜墓的

[41] 中國社會科學院考古研究所、河北省文物研究所編著，《磁縣灣漳北朝壁畫墓》（北京市：科學出版社，2003 年 3 月初版一刷），頁 1。

[42] 楊效峻，〈東魏北齊墓的考古學研究〉，《考古與文物》，2000 年第 5 期，頁 85。

[43] 《資治通鑑》，卷 160，〈梁紀‧武帝太清元年〉，頁 4957。

[44] 趙立春，〈從文獻資料論響堂山石窟開鑿年代〉，《文物春秋》，2002 年第 2 期，頁 27-30；劉東光，〈響堂山拾遺〉，《文物春秋》，1999 年第 3 期，頁 14-15。

風俗，高歡臨死前有侯景叛變之疑慮，亦有高澄繼任之危機，有行此習俗的必要。第二是北魏以來，雲岡、龍門兩石窟，都有爲皇帝追福的開窟傳統。[45]無論如何，這都不合前述考古遺存所顯示高歡墓之地點，除非鼓山能挖掘出高歡墓葬遺存，以爲印證，否則，此說恐難以成立。

　　惟若以高歡熱衷天命靈異的追求來看，高歡葬鼓山之說的緣起，當因高歡喜愛天命靈異，而鼓山亦有天命靈異的傳說，兩者拍合起來，就成爲高歡葬於鼓山說。關於鼓山之天命靈異，唐代道宣曾前去實地勘察，並採集靈異，其云：

> 余往相部〔州〕尋鼓山焉，在故鄴之西北也，望見橫石狀若鼓形，俗諺云：「石鼓若鳴，則方隅不靜」。隋末屢聞其聲，四海沸騰，斯固非妄。左思〈魏都〉云：「神鉦迢遞〔遜〕於高巒，靈響時警於四表」是也。[46]

原來鼓山，有橫石形狀像鼓形，有著「石鼓若鳴，則方隅不靜」，而且廣傳成爲「俗諺」；同時，文學家左思名作〈魏都賦〉亦以「神鉦」「靈響時警於四表」來描述。

　　鼓山靈異環境，還有一處竹林寺。北齊時傳說，此寺位於「正在石窟北五里，當繞澗驛東，有一小谷，東即竹林寺」。石窟寺僧從無人去過，認爲「竹林竟無適莫，乃流俗之恒傳耳」。到了齊武平五年（574），原屬鄴都大莊嚴寺的釋圓通，移駐石窟寺，經奇遇尋訪了竹林寺，莊嚴無比，見到一個年約九十歲的大和尚，出寺後「西行百步，迴望猶見門闕儼然」，再「步步返望更行數里許」，但見峯迴巘巖，「非復寺宇」。[47]「後之往者，不知其處」。[48]以此神祕的靈異，遂更衍生傳說，這在北齊時，有廣泛的傳佈。鼓山竹林寺，爲迦葉佛時造，周穆王於中更加以重造，

45　趙立春，〈從文獻資料論響堂山石窟的開鑿年代〉，《文物春秋》，2002 年第 2 期，頁 27-30。

46　《續高僧傳》，卷 25，〈釋圓通傳〉，大正藏第五十冊，頁 648 下。

47　《續高僧傳》，卷 25，〈釋圓通傳〉，大正藏第五十冊，頁 647 下-648 下。

48　《釋迦方志》，卷下，〈遺跡篇〉，大正藏第五十一冊，頁 973 上。

有「穆王佛殿并及壞像，至今現存。山神從佛請五百羅漢住此寺，即今見有二千聖僧，遶寺左側，見有五萬五通神仙，供養此寺餘云云」。這個傳說，在綿州巴西縣新繁村，「每至齋日，村人於中法會云云。[49]可見傳播廣泛，而深入民間。

不過，道宣以「識者評云」，對竹林寺傳說，加以評論，羅漢不可能群住在其寺，因經典記載「尊者賓頭盧羅睺羅等十六諸大聲聞，散在諸山渚中」；其他「九十九億大阿羅漢，皆於佛前取籌，住壽於世，並在三方諸山海中，守護正法」。而竹林寺為仙為飄渺虛無之仙寺，應是真實的，因「今石窟寺僧，每聞異鍾唄響，洞發山林，故知神宮仙寺不無其實」。[50]同時，道宣另又採集傳說，謂石鼓山之響聲，「識者以為，石窟之與鼓山連接密爾〔邇〕，竹林仙聖響應之乎」。[51]同時，由於「自神武遷鄴之後，因山上下並建伽藍，或樵採陵夷，工匠窮鑿。神人厭其誼擾，捐捨者多。故近代登臨罕逢靈跡，而傳說竹林，往往殊異，良由業有精浮，故感見多〔彩〕矣」。總之，「大略為言，嚴穴靈異，要惟虛靜，必事喧雜，希聞奇相矣」。[52]

綜合來說，果若如《通鑑》所說，高歡確實葬於鼓山石窟佛寺旁穴，同樣顯示，高澄及高洋為尋求天命靈異，欲以高歡墓葬與鼓山靈異之地結合，以冀獲取能成功禪代魏政權的力量。

第四節 高氏之洛陽定光佛靈異信仰

高歡入洛陽，就與平等寺定光佛像天命靈異結緣，經由高澄之傳承，往後成為高家信仰的一個重要對象。一直延續到齊武平三年八月十

---

[49] 唐・道宣輯，《道宣律師感通錄》，大正藏第五十二冊，頁439下。
[50] 《續高僧傳》，卷25，〈釋圓通傳〉，大正藏第五十冊，頁648下。
[51] 《續高僧傳》，卷25，〈釋明芬傳〉，大正藏第五十冊，頁669下。
[52] 《續高僧傳》，卷25，〈釋圓通傳〉，大正藏第五十冊，頁648下-649上。

五日（572.9.7），高歡第十四子馮翊王高潤，[53]猶虔誠的修葺其寺，並刻立〈馮翊王修平等寺碑〉，碑文述及當年高歡、高澄的信仰說：

> 平等寺（下闕），永平中，造定光銅像一區，高二丈八尺。永熙年，金塗訖功，像在寺外，未得移（下闕）……，□邑為豺狼之窟，皇居成戰□之場，四海分崩。……神武皇帝龍（下闕），先天奉時，觀□□休，於是龍視豹變，鷹揚鵲起。……上天剋從大同，□□皇興□□□□□移，鞏洛遂空城寺。……荒涼宮室，禾黍生悲。……

> 高祖以王業草創，□□□□，志去門泥，觀兵故洛，見象壞奇，神徵屢感，莊嚴具足，相好如真。……，隱晦□紀，遂□□□，□□□花，淨□青蓮，未遷福地。達人弘道，觸物兼懷，發菩提覺心，希無上正果。躬親致禮，遷像入寺，登給羽林長□守□。

> 武定末，世宗文襄皇帝□□□□□河洛。歷覽周京，睹佛儀相，世未嘗有，身色光明，實所希妙。崇申禮敬，廣施軍資，增給兵力。[54]

平等寺，位於魏洛陽城東，在孝敬里青陽門外二里御道北，為廣平武穆王元懷捨宅所立。《洛陽伽藍記》未載立寺年代，[55]碑文載其佛像造於宣武帝「永平中」（506-511），可證本寺至遲設立於永平年間或其以前。[56]

高歡與定光佛發生信仰關係的時間，[57]可從五個方面來說明：（1）

---

[53] 《北史》，卷 51，〈馮翊王潤傳〉，頁 1868。

[54] 〈馮翊王修平等寺碑〉，收入嚴可均輯，《全上古三代秦漢三國六朝文》，全北齊文，卷 10，頁 3880 下-3881 上。

[55] 《洛陽伽藍記》，卷 2，〈平等寺〉條，大正藏第五十一冊，頁 1007 中-下。

[56] 段鵬琦先生，依據碑文「永平中」，推測為捨宅立寺時間在永平以前的景明（500-503）、正始（504-507）年間（見氏著，〈洛陽平等寺碑與平等寺〉，收入杜金鵬、錢國祥編，《漢魏洛陽城遺址研究》，北京：科學出版社，2007 年 1 月初板一刷，頁 183-193）。這個推測，忽略了「廣平王懷。（闕）有魏諸王。召入華林別館，禁其出入，令四門博士董徵，授以經傳。世宗崩，乃得歸」（《北史》，卷 19，〈廣平王元懷傳〉，頁 718；《魏書》，卷 22，〈廣平王元懷傳〉，頁 592），這記載顯示，廣平王元懷被軟禁時間，包含宣武帝景明（500-503）至延昌（512-515）年間，而認為其在軟禁間捨宅為寺，是很難說得通的，故此處對其說採取保留態度。

[57] 段鵬琦先生只據碑文的「永熙年金塗訖功，像在寺外，未得移（下闕）」、「皇興□□□□□移」鄰，認為時間在東魏武定元年（534）高歡赴洛陽城北邙山與西魏戰爭以後（見

碑文說高歡「王業草創」之時，係指高歡封王之初期，時間在節閔帝普泰元年（531）三月，爾朱兆「欲羈縻縻神武，三月，乃白節閔帝，封神武爲渤海王」。[58]（2）碑文說「志去門泥，觀兵故洛」，「門泥」是指高歡專政以前，即洛陽京師皇室「門」上之「泥」，即爾朱氏的把持朝政，爾朱兆殺了孝莊帝；「志去」是普泰元年六月，高歡起兵信都討爾朱兆。[59]（3）碑文說「觀兵故洛」，是指普泰元年十月韓陵之戰大敗爾朱兆，至普泰二年（532）四月，高歡入洛陽，連廢節閔帝與中興主兩帝，改立孝武帝，完全控制洛陽政權，永熙二年（533）正月消滅爾朱兆。[60]「故洛」一詞，是以齊武平三年八月十五日立碑時間，回顧洛陽而稱「故」。（4）碑文說佛像於「永熙年金塗訖功，像在寺外，未得移（下闕）」。《洛陽伽藍記》載云：「永熙元年（532），平陽王（孝武帝）入纂大業，始造五層塔一所，平陽王武穆王少子，詔中書侍郎魏收等，爲寺碑文。至二年（533）二月五日土木畢工，帝率百僚作萬僧會」。[61]這是北魏末平等寺唯獨一次的修葺記錄，五層塔之建，立碑紀念，落成辦僧會，即「永熙二年，出帝（孝武帝另）幸平等寺，僧徒講說，敕（李）同軌論難」，[62]極爲慎重莊嚴。以此情境，佛像塗金及移入寺內，應都是在此次修塔過程中進行的。因碑文說佛像「金塗」，正對應碑文所說高歡入洛「見象壞奇」，蓋永平中立像至永熙元年，幾近三十年，處於門外露天，佛象再「奇」也會「壞」，乃予以「塗金」，後仍處寺外，遂主張「遷像入寺」。若說孝武帝只建寺塔，不管佛像之「壞」，或塗金後猶續任之於門外，照常立碑與辦僧會慶祝，是違背崇佛活動之常理的。同

　　氏著，〈洛陽平等寺碑與平等寺〉，收入杜金鵬、錢國祥編，《漢魏洛陽城遺址研究》，頁189-190）。這個觀點，忽略了碑文上有關高歡部分的直接正據。

[58]《北齊書》，卷，〈神武帝紀上〉，頁6。

[59]《北史》，卷6，〈齊本紀上〉，頁215。

[60]《北史》，卷6，〈齊本紀上〉，頁214。

[61]《洛陽伽藍記》，卷2，〈平等寺〉條，大正藏第五十一冊，頁1008下。

[62]《魏書》，卷84，〈儒林傳·李同軌〉，頁1860。

時，高歡既專制朝政，此回修寺必得其同意參與，其子高潤刻碑，就將此事歸於高歡所為，而孝武帝永熙三年（534）奔長安立西魏政權，與東魏、北齊政權對立，乃為高氏政權所忌斥，建塔之事，碑文就隻字不提了。（5）碑文說高歡「登給羽林長□守□」保護平等寺，羽林是京師皇城禁衛軍，只能京師在洛陽時，方能就近派駐，以高歡專制朝政，自有能力做到。若到東魏鄴都時期，要從鄴都遠派羽林到已成荒墟的洛陽佛寺值勤，縱使專政權臣，也無使用權力的正當理由。綜合言之，高歡結緣於洛陽平等寺定光佛像，時間應在永熙元年至三年（532-534）十月遷鄴之間。

高歡之結緣定光佛像的原因，最重要是如碑文所說，認知此像「神徵屢感」，即感知此像的天命靈異，於魏末「常有神驗，國之吉凶，先炳祥異」。依據文獻記載，定光佛像能預示王朝吉凶，前後至少有四次：（1）第一次是孝明帝孝昌三年（527）十二月中，「此像面有悲容，兩目垂淚，遍體皆濕，時人號曰佛汗。京師士女，空市里往而觀之」，比丘「以淨綿拭其淚，須臾之間。綿濕都盡，更換以他綿。俄然復濕，如此三日乃止」。其應驗是「明年（武泰元年，528）四月，爾朱榮入洛陽，誅戮百官，死亡塗地」。（2）第二次，在永安二年（529）三月，「此像復汗，士庶復往觀之」。到了五月，北海王元顥率兵入洛。莊帝北巡。七月北海王大敗，「所將江淮子弟五千盡被俘虜，無一得還」。（3）第三次，永安三年（530）七月，「此像悲泣如初，每經神驗朝夕惶懼。禁人不聽觀之」；至十二月。「爾朱兆入洛陽擒莊帝，崩於晉陽，在京宮殿空虛，百日無主」。（4）第四次，與寺景物有關，永熙二年（532）二月五日，孝武帝慶祝寺塔落成，「其日寺門外有石象，無故自動，低頭復舉，竟日乃止」。帝怪其詭異，中書舍人盧景宣說：「石立社移，上古有此，陛下何怪也」。其應驗是，永熙三年「七月中，帝為侍中斛斯椿所使，奔於長安。至十月終，而京

師遷鄴焉」。[63]

　　以上靈跡顯示，高歡之會矚目於定光佛像，目的顯然是一面要測度魏王朝天命興亡，一面要測度自己的天命之崛興時機。

　　到了武定五年七月初三日（547.8.14），高澄正式擔任大丞相與大行臺，武定七年八月初八日（549.9.15），在鄴都策劃禪代事宜，遭刺殺而死。在武定五年至七年間，高澄爲了禪代，亦有尋求天命靈異配合的活動。高氏天命的永寧寺塔靈異，有可能是高澄主導製作的（見下文）。還可以看到，高澄有關洛陽平等寺定光佛像的活動。高潤所奉獻刻立的〈馮翊王修平等寺碑〉云：

> 武定末，世宗文襄皇帝□□□□□河洛。歷覽周京，睹佛儀相，世未嘗有，身色光明，實所希妙。崇申禮敬，廣施軍資，增給兵力。[64]

如碑文所說，到了武定末，高澄到洛陽，應是指武定六年（548）三月「自洛陽從太行而返晉陽」的過程。[65]他「歷覽周京」，到供奉定光佛像的平等寺，「睹佛儀相，世未嘗有，身色光明，實所希妙」。在「崇申禮敬」後，更進而「廣施軍資，增給兵力」，即遵照高歡的做法，增加經費，增派兵員護衛佛寺及佛像，只不過京師在鄴都，不能再如高歡調遣宮城禁衛的羽林軍爲護衛（見前文），而是派遣其他「兵力」。這個活動的時間，正是他正籌謀禪代之際，其崇拜定光佛，應關乎著天命靈異的尋求，所謂「睹佛儀相」，似有可能要看定光佛像有無天命靈異變化。

---

[63]《洛陽伽藍記》，卷2，〈平等寺〉，大正藏第五十一冊，頁1007中-1008下。

[64]〈馮翊王修平等寺碑〉，收入嚴可均輯，《全上古三代秦漢三國六朝文》，全北齊文，卷10，頁3880下-3881上。

[65]段鵬琦，〈洛陽平等寺碑與平等寺〉，收入杜金鵬、錢國祥編，《漢魏洛陽城遺址研究》，頁190。

第十章 嗣弘魏天命正統之佛教原因（四）：高洋禪代之佛教天命

本章之目的，是在修史宗旨嗣弘魏天命正統之形成的原因範圍內，探討高氏佛教天命之形成，以及高洋禪代之佛教天命基礎。

如第九章節所說，高歡父子對天命靈異追逐，最後落著於佛教天命靈異。在洛陽城，最初，高歡父子之結緣對象，是洛陽城內平等定光佛像之靈異。接下來便型塑出了高氏佛教天命，以及高洋禪代之佛教天命：（1）孝明帝永熙三年二月，洛陽最巨偉壯麗的永寧寺塔，遭火焚毀，並出現靈異現象（第一節）。（2）高氏便以此靈異爲歸宿，以之做爲高氏取代魏王朝之天命之象徵，而這個天命象徵，應是出於人工製造。（3）高氏之以此靈異爲其天命之象徵，係因其靈異傳播遼遠，視聽廣泛，連南朝都模仿起來，實具有聳動力量。（4）高洋禪代之際，因永寧寺塔天命靈異，其象徵在所屬「高氏」，遂又聚集術數，在永寧寺塔天命靈異上製作天命，使天命定位於「高洋」。

第一節 洛陽永寧寺塔之焚毀及初發靈異

永寧寺原建於平城。北魏太武帝太平真君年（446）廢佛之後，北魏獻文帝即位之後，對佛教「敦信尤深，覽諸經論，好老莊」。皇興元年（467），因「盡有淮北之地，其歲，高祖誕載」，在平城「起永寧寺，構七級浮圖，高三百餘尺，基架博敞，爲天下第一」，[1]七級浮圖「其制甚妙，工在寡雙」。[2]爲平城最大的佛寺，亦是成爲拓跋氏佛教信仰的核心。承明元年八月，孝文帝於永寧寺，「設太法供，度良家男女爲僧尼

---

[1] 《魏書》，卷114，〈釋老志〉頁3036。唐·道宣輯，《廣弘明集》，卷2，〈歸正篇第一之二〉錄魏收《元魏書》〈釋老志〉云：「皇興元年，高祖孝文誕載，於恒安北臺起永寧寺」（大正藏第五十二冊，頁104下）。又見《釋氏稽古略》，卷2，〈魏丁未年〉條，大正藏第四十九冊，頁792。

[2] 北魏·酈道元撰，民國·楊守敬疏、熊會貞參疏，《水經注疏》（南京市：江蘇古籍出版社，1999年8月初版二刷，新校點本），卷13，〈漯水〉，頁1145。

者百有餘人，帝爲剃髮，施以僧服，令修道戒，資福於顯祖」。太和元年二月，「幸永寧寺設齋，赦死罪囚」。到了三月，「又幸永寧寺設會，行道聽講，命中、祕二省與僧徒討論佛義，施僧衣服、寶器有差」。[3]其後，遭火焚毀。

太和十八年（494），孝文帝遷都洛陽，在洛陽城營造規劃的《都城制》中規定：「城內唯擬一永寧寺地，郭內惟擬尼寺一所，餘悉城郭之外。欲令永遵此制，無敢踰矩」。[4]可是永寧寺一直沒有修建。

直到北魏孝明帝熙平元年（516），靈太后就起建了永寧寺，其九層塔約竣工於孝明帝神龜二年八月以後至正光元年七月以前之間（519－520），至於整個寺院工程，應竣工在孝明帝孝昌元（525）年四月以後至二年（526）七月以前之間（525－526）。[5]經此長期的修建，永寧寺成爲洛陽城規模最大、最壯麗的佛寺：

永寧寺的建築，是採用印度寺院模式，以九層木塔位居於整個寺院的中央，爲寺院之主體，依照遺址之挖掘，塔整體平面，呈長方形，南北長 301 米，東西寬 212 米，四周夯土圍牆之牆體寬 1.5 米。塔基地下底層東西 101.2 米，南北 97.8 米；地面基座爲 38.2 米見方，高 2.2 米；上有 124 個木柱，每柱之青石柱礎 1.2 米見方，分五圈排列；[6]塔的總高度，可達 81.66 米。[7]九層塔刹上面，有金寶瓶，容納 25 個石寶瓶，刹

---

[3] 《魏書》，卷 114，〈釋老志〉，頁 3039。

[4] 《魏書》，卷 114，〈釋老志〉頁 3044。

[5] 阮忠仁，〈北魏洛陽永寧寺始建及竣工年代之考證〉，《人文藝術學報》，創刊號（2002），頁 253-285。

[6] 中國社會科學院考古研究所編，《北魏洛陽永寧寺：1979-1994 年考古發掘報告》（北京市：中國大百科全書出版社，1996 年 11 月初版一刷），頁 6-8，13-19。

[7] 按一丈＝10 尺。北魏尺制有三種，折合公制爲：前尺＝0.27868 公尺，中尺＝0.2796036公尺，後尺＝0.2957656 公尺（楊寬《中國歷代尺度考》，台北市：商務印書館，1968 年 2 月台一版，頁 89-91）。

依此尺度換算來看，(1)《洛陽伽藍記》，卷 1，〈永寧寺〉條云：「舉高九十丈，有刹復高十丈，合去地一千尺」（大正藏第五十一冊，頁 999 下），即 278.68－295.76 公尺（《歷代三寶紀》，卷 9，大正藏第四十九冊，頁 82 中；《大唐內典錄》，卷 4，大正藏第五十五冊，頁 267 下；《開元釋教錄》，卷 6，大正藏第五十五冊，

下有承露金盤 30 重，周匝皆垂金鐸，復有鐵鎖，分四道引至剎而向浮
圖，四角鎖上亦有金鐸，鐸大小如一個石甕，子浮圖有九級角，角亦皆
懸金鐸，合上下共有 120 個金鐸。浮圖有四面，每面有 3 個門戶 6 個窗，
門戶皆朱漆，門扉上有五行金釘，合計有 5,400 枚。門扉上還有金環鋪
首裝置。每當夜晚，九層塔「寶鐸和鳴，鏗鏘之聲，聞及十餘里」。[8]塔
之北邊，建造了一座佛殿，東西長 54 米，南北寬 25 米；[9]形制如洛陽
皇城的太極殿，殿內「中有丈八金像一軀，中長金像十軀，繡珠像三軀，
織成五軀，作功奇巧，冠於當世」。在整個寺院區內，復築有僧房、樓
觀，總計 1,000 餘間，建築均「雕梁粉壁，青繅綺疏，難得而言；栝柏
松椿扶疎，拂簷叢；竹香草布，護階墀」。寺院區的週邊，圍起寺院護
牆，「皆施短椽，以瓦覆之，若今宮牆也」。寺院圍牆的四面，各開一門。
南門，有「樓三重，通三道，去地二十丈，形製似今端門圖」；「以雲氣
畫彩仙靈，綺□青鎖，□赫麗華，拱門有四力士四獅子，飾以金銀，加
之珠玉裝嚴，煥炳世所未聞」。東、西兩門，「亦皆如之，所可異者，唯
樓二重。至於北門，「不施屋。似烏〔鳥〕頭門」。四門外邊，都「樹以
青槐，亘以綠水，京邑行人，多庇其下；路斷飛塵，不由奔雲之潤；清
風送涼，豈藉合歡之發」。全寺建築雕飾，可謂「殫土木之功，窮造形
之巧；佛事精妙，不可思議」。當時，有沙門菩提達磨，為波斯國胡人，
來到洛陽，遊覽永寧寺，「見金盤炫日，光照雲表；寶鐸含風，響出天
外。歌詠讚歎實是神功，自云年一百五十歲，歷涉諸國，靡不周遍，而

頁 54 中；《續高僧傳》，卷 1，〈菩提流支傳〉，大正藏第五十冊，頁 428 上-中；所
載等均同之。此處取前後尺為極大及極小數)。(2)《魏書》，卷 114，〈釋老志〉云：
「佛圖九層，高四十餘丈」(頁 3043)，即 111.47-118..30 餘公尺。(3)《水經注》，
卷 19，〈穀水〉條云「自金露槃下至地，四十九丈」(《水經注校釋》，頁 287)，即
136.55-144.92 公尺。以上高度，皆為學者認為過份誇大 (《北魏洛陽永寧寺：1979
-1994 年考古發掘報告》，頁 21)。

[8] 《洛陽伽藍記》，卷 1，〈永寧寺〉條，大正藏第五十一冊，頁 1000 上。

[9] 中國社會科學院考古研究所編，《北魏洛陽永寧寺：1979-1994 年考古發掘報告》，頁
12－13。

此寺精麗，閻浮所無也，極物境界亦未有，此口唱南無，合掌連日」。[10]

永寧寺既為最洛陽最大規模的佛寺，當其火災發生時，自當震動了整個京師。《洛陽伽藍記》〈永寧寺〉條說：

> 永熙三年二月，浮圖為火所燒，帝登凌雲臺望火，遣南陽王寶炬，錄尚書長孫稚〔稚〕，將羽林一千，救赴火所，莫不悲惜，垂淚而去。火初從第八級中平旦大〔火〕發，當時雷雨晦冥，雜下霰雪。百姓、道俗，咸來觀火，悲哀之聲，振動京邑。時有三比丘，赴火而死。火經三月不滅，有火入地尋柱，周年猶有煙氣。[11]

永寧寺火災，有其特點：（1）是在「雷雨」與「霰雪」中發生及延燒，是可引人怪異現象。（2）孝武帝非常關心，派元寶炬和長孫稚率領羽林軍 1,000 人，趕往滅火，火災震動了最高層級。（3）「百姓、道俗，咸來觀火，悲哀之聲，振動京邑」，火災震動了全京師的人心。（4）有三個比丘，「赴火而死」，是罕有的悲慘場面。（5）「火經三月不滅，有火入地尋柱，周年猶有煙氣」，是罕有的漫長之延燒。這些特點，正可說明，永寧寺火災後，其塔在東海出現的靈異，是足以廣泛震動人心的。

第二節 寺塔焚後之靈異成為高氏天命

高歡之後，高澄與高洋兄弟為了獲取禪代之天命，就利用北魏洛陽永寧寺塔火災靈跡，進行人工製造，使之成為高氏天命。

《北齊書》〈神武帝紀下〉天平元年條云：

> 二月，永寧寺九層浮圖災。既而人有從東萊至，云及海上人咸見之於海中，俄而霧起乃滅。說者以為天意若曰：「永寧見災，魏不寧矣，飛入東海，渤海應矣。」[12]

---

[10]《洛陽伽藍記》，卷1，〈永寧寺〉條，大正藏第五十一冊，頁1000上-中。

[11]《洛陽伽藍記》，卷1，〈永寧寺〉條，大正藏第五十一冊，頁1002中。

[12]《北齊書》，卷2，〈神武帝紀下〉，頁13。

《北史》〈齊本紀〉同載此事，卻繫於天平二年。[13]《洛陽伽藍記》的〈永寧寺〉條，亦記載永寧寺塔火災靈異，其云：

> 永熙三年二月，浮圖為火所燒。……其年五月中，有人從象郡來云：「見浮圖於海中，光明照耀，儼然如新，海上之民，咸皆見之，俄然霧起，浮圖遂隱」。至七月中，平陽王為侍中，斛斯椿所使〔逼〕，〔孝武帝〕奔於長安。十月，而京師遷鄴。[14]

上文之「象郡」，經由校勘，應作東萊郡。[15]永寧寺塔火災，發生於孝武帝永熙三年二月，五月發生靈跡。最早記載此事的文獻，是《洛陽伽藍記》，本書係楊衒之於東魏孝靜帝武定五年（547）所撰，其載永靈寺塔火災靈異及其應驗，與《北齊書》及《北史》有很大的不同：一是永寧寺塔火焚後在東海出現的時間，是永熙三年（534）五月，不在天平年間。二靈跡之應驗，是永熙三年七月，孝武帝西奔長安，東西魏分立，十月東魏遷都鄴城，根本不是高歡家族得天命即帝位。

以上可證，關乎高氏天命的永寧寺塔靈異，是孝靜帝武定五年（547）以後才出現的，即永寧寺塔靈異為高氏天命瑞兆，是經由人為加工製造出來的，其人工痕跡是依然可尋的。《北史》〈藝術傳上·靈遠〉云：

> 時又有沙門靈遠者，有道術。嘗言尒朱榮成敗，預知其時。又言代魏者齊，葛榮聞之，故自號齊。及齊神武至信都，靈遠與勃海李嵩來謁，神武待靈遠以殊禮，問其天文人事。對曰：「齊當興，東海出天子，今王據勃海，是齊地。又太白與月並，宜速用兵，遲則不吉。」靈遠後罷道，姓荊字次德。求之，不知所在。[16]

---

[13] 《北史》，卷6，〈齊本紀上〉，頁219。

[14] 《洛陽伽藍記》，卷1，〈永寧寺〉，大正藏第五十一冊，頁1002中。

[15] 東魏·楊衒之撰、范祥雍注，《洛陽伽藍記校注》（台北市：華正書局，1980年4月）卷1，〈永寧寺〉注第205條，頁12。另外，東魏·楊衒之撰、楊勇校箋，《洛陽伽藍記校箋》（台北市：正文書局，1971年9月初版），卷1，〈永寧寺〉條注第205條，亦有校勘，同主「象郡」應作「東萊郡」（頁39-40）。

[16] 《北史》，卷89，〈藝術傳上·靈遠〉，頁2928。

《北齊書》〈方伎傳‧荊次德〉亦載此事，對靈遠只稱荊次德，漏其沙門身份，情節略所刪減，更錯誤的把神武與靈遠的問答，改作葛榮和次德的問答。[17]上文靈遠的「齊當興，東海出天子」預言，即是高氏天命的永寧寺塔靈異之藍本：

一、在時間上，「東海出天子」預言早於永寧塔靈異：依據前引文，靈遠的預言時間點有二：（1）按葛榮自號「齊」國，是孝明帝孝昌二年九月十五日（526.10.6）「榮自稱天子，號曰齊國，年稱廣安」。[18]爾朱榮之興亡，是孝明帝武泰元年（528）四月入洛專政而興，至永安三年（530）九月榮被孝莊帝所殺而亡。由此顯示，上引《北史》的敘事次序，是先後倒置的，而「東海出天子」的預言，至遲應於孝昌二年九月以前就宣佈了。（2）靈遠對高歡說預言的時間：高歡到信都，是「魏（孝莊帝）普泰元年（531）二月，神武自軍次信都，高乾、封隆之開門以待，遂據冀州」，[19]蓋信都為州治所，既佔信都即據冀州；高歡於普泰二年（532）四月離開信都，入居洛陽專政；靈遠對高歡說「東海出天子」的預言，地點既在信都，時間當於普泰元年二月至二年四月之間。以上時間，都早於永寧寺塔靈異發生的時間之永熙三年五月。由此可知，高氏天命的永靈寺塔靈異，是用靈遠之預言為藍本，來結合及轉化《洛陽伽藍記》之永寧寺塔靈異的。

二、預言「東海出天子」與永寧寺塔浮現的「海中」，為同一海域：預言的內容之「東海出天子」的東海，即是今山東省東面的渤海（見下文）。孝武帝永熙三年二月，洛陽永寧寺塔遭火焚毀。五月在光州（治在掖城，今山東省掖縣）的東萊郡（治所同在掖縣），[20]其地在今山東省膠東半島，正靠著渤海，於有人看到寺塔浮短暫浮現「海中」的靈跡。

---

[17]《北齊書》，卷49，〈方伎傳‧荊次德〉，頁676；本傳「校勘記」第五條，頁682。
[18]《魏書》，卷9，〈肅宗紀〉，頁245。
[19]《北齊書》，卷1，〈神武帝紀上〉，頁6。
[20]《魏書》，卷106中，〈地形志中〉，頁2530。

因此,《北齊書》及《北史》的高氏天命之永寧寺塔靈異,就是按照靈遠「東海出天子」的預言,把《洛陽伽藍記》「見浮圖於海中」,解釋作「飛入東海」。

三、東海、渤海、高氏之間有連繫關係:靈遠的預言說「齊當興,東海出天子,今王據渤海,是齊地」;《北齊書》及《北史》的高氏天命之永寧寺塔靈異說:「永寧見災,魏不寧矣,飛入東海,渤海應矣」;顯示是以前述東海爲基礎,連繫著渤海而及於高氏,其原因有三:(1)當時的地理觀念,東海稱爲渤海,因「東海之別有渤澥,故東海共稱勃海,又通謂之滄海」。[21](2)高歡籍屬「渤海蓚人」,[22]惟魏末有兩個渤海郡,一是青州(治在東陽縣,今山東省青州縣)有勃海郡,治臨淄,今山東省臨淄市,或高青縣西北,亦作渤海郡。[23]二是冀州(治信都)亦有勃海郡,治在南皮,今河北省南皮縣東北,東魏移治今東光縣東;蓚縣,即今河北省景縣,[24]爲高歡祖籍;本郡名,同樣勃與渤通用,縣名蓚與蒱通用,故《北史》稱高歡「勃海蒱人」。[25]當靈遠見高歡於信都時,才說:「今王據渤海,是齊地」。(3)節閔帝普泰元年(531)三月,高歡受封「渤海王」。[26]

由此顯示,永寧寺塔靈異式的重現,地點正在東海,與靈遠預言的「東海出天子」的「東海」,是一致的;與高歡根據地之「渤海」與「齊地」,亦是一致的;復與高歡王號「渤海」、祖籍地名「渤海」,同樣是一致的。因此,「東海出天子」與永寧寺塔靈異,就很容易結合起來,轉變爲高氏天命的永寧寺塔靈異。

---

[21] 唐・徐堅等撰,《初學記》(北京市:中華書局,2004年2月再版,新校點本),卷6引張華《博物志》。

[22] 《北齊書》,卷1,〈神武帝紀上〉,頁1。

[23] 《魏書》,卷106中,〈地形志中〉,頁2522-2523。簡,上冊,頁424,804。

[24] 《魏書》,卷106上,〈地形志中〉,頁2464-2465;簡,上冊,頁804。

[25] 《北史》,卷6,〈齊本紀上〉,頁209。

[26] 《魏書》,卷11,〈廢出三帝紀・出帝平陽王〉,頁281。

四、「東海出天子」預言與永寧寺塔靈異的應驗之利用空間：靈遠的「齊當興，東海出天子」預言，爲葛榮所採用，以齊爲國號而稱帝，一時頗有發展，攻佔了冀、定、滄、瀛、殷五州之地，軍隊有數十萬人，號稱百萬。然而，因他是鮮卑人，懷有「欺漢兒」的仇恨心，略地之處濫殺漢族民眾，如破信都「逐出居民，凍死者十六七」；佔滄州「居民死者什八九」，向汲郡進軍，「所在村塢，悉被殘略」。由此，葛氏失去了廣大民眾的支持。另一方面，葛氏對於漢人士族，卻勞毫無警惕的大肆拉攏，濫封王位。由此，就讓爾朱榮有了分化的機會，收買葛氏集團內的漢人士族及鮮卑豪族，紛紛倒戈。[27]到了孝莊帝建義元年（528）九月，葛榮終爲爾朱榮所消滅。[28]葛榮的失敗，對相信預言的高氏來說，恰好證明葛榮不是東海天子，東海天子的出現，還有待將來，靈遠的預言尚可以繼續運用。至於《洛陽伽藍記》的永寧寺塔靈異，固言已應驗於魏分裂爲東西魏，正是高歡專政時期，原因是他與孝武帝衝突所造成的，[29]這就一方面表示，此靈異之應驗，卻與高氏有關；另一方面，據史籍所載，北魏二分東西的現象，沒有被解釋爲永寧寺塔靈異應驗的終點結局之記錄，可見東、西魏分裂後，永寧寺塔靈異還有後續應驗空間、時間，也就是說，永寧寺塔靈異還可以繼續利用與操作。在這狀況下，「東海出天子」及永寧寺塔靈異，都具有靈異應驗的可持續利用時間與空間，將兩者結合起來，就形成了將來會應驗的、未來性的高氏天命永寧寺塔靈異。由此，靈遠對高歡所說的「代魏者齊」，「齊當興，東海出天子，今王據渤海，是齊地」預言，就結合到永寧寺塔靈異，轉化爲高氏天命的永寧寺塔靈異：「永寧見災，魏不寧矣，飛入東海，渤海應矣」。

五、靈異的製作是高澄或高洋爲了禪代而所主導的：如前所說，高氏天命的永寧寺塔靈異的出現時間，最早只能是武定五年起。依此時

---

[27] 王仲犖，《魏晉南北朝史》，下冊，頁 570-572。

[28] 《魏書》，卷 9，〈孝莊紀〉，頁 260。

[29] 呂思勉，《兩晉南北朝史》，上冊，頁 612-621。

間，則其靈異之製作，應不是高歡所主導的。蓋武定四年（546）九月間，在與西魏的玉壁之役中，「神武有疾」，到了十一月初一日（12.9），病愈嚴重，乃「輿疾班師」，初二日（12.10）「徵世子澄至晉陽」，交待了後事，武定五年正月初八日（547.2.13）便過世了。[30]可見靈異之製作，高歡的生命歲月是來不及主導的。而武定五年，距離武定七年（549）八月高澄籌劃受禪遭刺，至多只有一年餘；距離武定八年（550）五月高洋成功的禪代，至多亦僅兩年餘（高澄及高洋之禪代，見第二章第二、三節）；顯示靈異製作的主導者，應是高澄或高洋，他們為了受禪，利用此一靈異來詮釋高氏禪代的合法性，使受禪具備正當性。

第三節　永寧寺塔靈異的視聽優勢

　　上述靈遠的預言，為何要結合永寧寺塔靈異，轉化為高氏天命的永寧寺塔靈異呢？其原因是，靈遠的預言，為葛榮採用，固然顯示有一定程度的流播與視聽範圍，可是與永寧寺塔靈異相較，卻是遠所不如的。這有兩個原因：一是永寧寺在北魏平城、洛陽兩京都是規模最大的重要佛寺，北魏末年洛陽佛寺充滿魏天命衰滅的徵兆，永寧寺的靈異足為洛陽佛寺諸靈異的代表。二是洛陽佛寺的靈異，包括永寧寺靈異，與南朝佛教具有流通關係。因此，高氏的天命靈異，若使用永寧寺塔靈異，所獲得的視聽範圍及其力量，都要遠大於使用靈遠的預言：

　　永寧寺塔靈異在魏境視聽廣泛。北魏末年，時局開始動亂，洛陽佛寺靈異亦頻頻出現，亦不乏魏王朝天命凶兆的靈異（見第八章第四節，第九章第四節）。依照服部克彥先生的整理，佛教及其他靈異分布洛陽城的大部分角落：

　　城東方面，有平等寺定光佛像出汗靈異，平等寺門外石像自動低頭靈異，崇真寺比丘慧嶷死七日復活，孝義里蘇秦塚靈異。

---

[30]《北齊書》，卷2，〈神武帝紀下〉，頁23-24。

城西方面，有狐禍事件，白馬寺沙門寶公靈異，阜財閭里開善寺靈異現象，阜財閭里內金銅佛像靈異，寶光寺門崩塌靈異。

城南方面，高顯略宅地下放光明靈異，虎賁樊元寶與水神之靈異，菩提寺之靈異。

城內方面，東漢董卓宅邸宅遺跡財寶靈異，光明寺佛像與盜賊之靈異，願會寺大桑樹靈異。[31]

同時，洛陽佛寺眾多，足以稱作「佛教都城」，[32]佛教信仰與居民關係密切，[33]佛寺不僅是居民崇佛場所，也是休閒娛樂之地。[34]在上述濃厚的靈異氛圍中，加上佛教及佛寺與居民生活緊緊連繫，以及永寧寺為洛陽最大佛寺，其塔之焚燒時，已傾動京師眾人矚目（本章第一節）；所以後來寺塔之靈異，亦當能深深影響洛陽居民之心。另外，平城永寧寺本為魏境最大的佛寺，延續到洛陽永寧寺，依然是如此，所以永寧寺塔靈異不會只傳聞於洛陽，還會自京師洛陽向城外之魏境他方傳播，例如，寺塔靈異發生於東方海面，不僅引人注意，也很快的就傳播到洛陽了（本章第二節），而且其訊息，亦遠傳至南朝（見下文）；故其靈異要廣泛傳播於魏境，應是可能的。由此可見，在魏境內，永寧寺塔靈異的視聽範圍及其影響之力量，是要遠大於沙門靈遠的個人預言。

事實上，永寧寺塔靈異之訊息，傳出魏境之外，流傳到了南朝。永寧寺火災及其災後寺塔出現東海的靈異模式，一直到南朝陳朝，依然被使用著。道宣《集神州三寶感通錄》云：

> 陳武帝崩，兄子蒨立。將欲修葬，造輼輬車，國創新定，未遑經始。昔梁武帝立重雲殿，其中經像並飾珍寶，映奪諸國，運

---

[31] 服部克彥，《續北魏洛陽の社會と文化》（京都市：ミネルヴァ書房，1968 年 1 月），頁 72-134。

[32] 服部克彥，《北魏洛陽の社會と文化》（京都市：ミネルヴァ書房，1965 年 4 月），頁 169-201。

[33] 服部克彥，《北魏洛陽の社會と文化》，頁 126-134。

[34] 服部克彥，《北魏洛陽の社會と文化》，頁 232-283。

雖在陳，殿像仍在。舊欲收取重雲佛帳珠珮，以飾送終。人力既足，四面齊至。但見雲氣擁結，流遶佛殿，自餘方左，開朗無陰。百工怪焉，競往看觀。須臾大雨橫注，雷電掣擊，煙弱鴟吻，火烈雲中，流布光焰，高下相涉；歘見重雲殿影二像崝然，四部神王并及寶座，一時上騰，煙火挾之，忽然遠逝。觀者傾國，咸歸奉信。雨晴之後，覆看故處，唯礎存焉。至後月餘，有人從東州來云：「於此日，見殿影像，乘空飛海，今望海者，有時見之」。魏氏洛京永寧寺塔，去地千尺，為天所震，其緣略同，有人東海時見其迹云。[35]

此靈跡亦見於《廣弘明集》〈佛德篇〉，[36]《續高僧傳》〈釋僧明傳〉，[37]《釋迦方志》〈通局篇〉。[38]重雲殿，是梁武帝所建，爲其信佛崇佛重地。傳說他捨道歸佛之事，便是在本殿舉行的。[39]往後，梁武帝亦常會「集重雲殿，講眾千僧，國內普持六齋，兆民皆受八戒」。[40]或「於華林園重雲殿，集四部眾，自講三慧般若經」。[41]重雲殿是設在華林園，「華林園者，蓋江左以來，後庭遊宴之所也，自晉迄齊，年將二百世，屬威夷主多奢僭」。唯梁武帝，「屏棄聲色，歸傾宮之美女，共靈囿於庶人」，「爰建道場，莊嚴法事，招集僧侶，蕭蕭神宇」。[42]因此，在個人信仰活動上，重雲殿亦是梁武帝私下崇佛之地，在殿內他造了金銀佛像二軀，高度同等人身，晨夕禮敬，「五十許年，初無替廢，及侯景篡奪，猶在供養」。重雲殿所飾珍寶既爲眾多，梁武帝歿後，遂引人覬覦，梁承聖三年（554）貞陽侯蕭淵明爲帝時，杜龕典衛宮闕，即「欲毀二像爲金銀挺〔鋌〕。

---

35 唐‧道宣輯，《集神州三寶感通錄》，卷中，大正藏第五十二冊，頁 420 中。

36 《廣弘明集》，卷 15，〈佛德篇〉，大正藏第五十二冊，頁 203 上。

37 《續高僧傳》，卷 29，〈釋僧明傳〉，大正藏第五十冊，頁 693 下。

38 唐‧道宣撰，《釋迦方志》，卷下，〈通局篇〉，大正藏第五十一冊，頁 972 下。

39 《廣弘明集》，卷 4，〈捨事李老道法詔〉，大正藏第五十二冊，頁 112 上；唐‧道宣，《集古今佛道論衡》，卷甲，〈梁高祖先事黃老後歸信佛下勅捨奉老子事〉，大正藏第五十二冊，頁 370 上-下。

40 唐‧法琳撰，，《辯正論》，卷 3，〈十代奉佛上篇〉，大正藏第五十二冊，頁 503 上。

41 宋‧延壽，《宗鏡錄》，卷 41，大正藏第四十八冊，頁 656 下。

42 《廣弘明集》，〈御講般若經序〉，大正藏第五十二冊，頁 235 下。

先遣數十人上三休閣，令鑱佛項，二像忽然一時迴顧，所遣眾人，失瘖如醉，不能自勝。杜龕即被打築。遍身青腫，惟見金剛力士怖畏之像，競來打擊，略無休息。呻號數日，洪爛而死」。[43]陳永定三年六月，陳武帝去世，侄陳蒨繼位，為陳文帝，亦想用重雲殿內佛飾珍寶，造輼輬車等喪制物品，遂引發靈異，在大雨中重雲殿被燒毀，連著佛像一起騰空飛走，後來又於東海水面上出現重雲殿。正如道宣所說，這樣的靈跡，與洛陽永寧寺的類同，顯示靈跡的製造者，是採用了洛陽永寧寺的既有模式，可見洛陽永寧寺的靈跡，一直流傳在南朝，具有影響力。

　　永寧寺塔靈異模式，在南朝流傳，一直延續到陳朝，還被仿照使用，顯示其靈異流通空間的廣泛，以及影響之時間跨度亦相當深遠，都非沙門靈遠的預言所能比擬的。

第四節　從永寧寺塔靈異形成禪代天命

　　當高洋行禪代之際，倚賴高德政招徠術士，多所進行天命之塑造。而究其根柢，那些新造的天命，多從高氏永靈寺塔靈異衍化出來的。同時，推其新造天命之原因，主要是高氏永靈寺塔靈異之天命，定位於渤海「高氏」，未曾顯兆出姓名，所以要補充新造天命，將天命定位於「高洋」。還有，新天命之製造者，亦有佛教基礎。這可分五個方面來說明：

　　第一，依據正史記載，高氏創建北齊王朝之天命，無不歸於永寧寺塔靈異。《魏書》〈靈徵志〉載云：「永寧寺九層佛圖災。既而時人咸言有人見佛圖飛入東海中。永寧佛圖，靈像所在，天意若曰：永寧見災，魏不寧矣。勃海，齊獻武王之本封也，神靈歸海」。後加特書「則齊室將興之驗也」。[44]蓋視齊王朝之創建，依憑於此一天命靈異。《北齊書》〈神武帝紀下〉天平元年條載云：「二月，永寧寺九層浮圖災。既而人有從東萊至，云及海上人咸見之於海中，俄而霧起乃滅。說者以為天意

---

[43]《續高僧傳》，卷29，〈釋僧明傳〉，大正藏第五十冊，頁693中。
[44]《魏書》，卷112上，〈靈徵志上〉，頁2913。

若曰，永寧見災，魏不寧矣，飛入東海，渤海應矣」。[45]可能是北齊國史纂修者認爲，此爲高洋禪代魏政權的根本天命，故載入國史，後來便爲《北齊書》所收錄。同樣的，《北史》〈齊本紀上〉天平元年條，亦載說：「二月，永寧寺九層浮屠災。既而人有從東萊至，云及海上人咸見之於海中，俄而霧起，乃滅。說者以爲天意若曰：永寧見災，魏不寧矣，飛入東海，勃海應矣」。[46]這是承襲《北齊書》之觀點。

第二，高洋禪代後，於六月初三日詔曰：「冀州之渤海、長樂二郡，先帝始封之國，義旗初起之地。并州之太原、青州之齊郡，霸業所在，王命是基。君子有作，貴不忘本，思申恩洽，蠲復田租。齊郡、渤海可並復一年，長樂復二年，太原復三年」。[47]這些免稅地區有三類性質：其一，是「始封之國」。蓋北魏節閔帝普泰元年三月，高歡受封爲「渤海王」。[48]歡於東魏孝靜帝武五年（547）正月病重去世，七月詔贈中有「齊王」璽綬，謚曰「獻武王」。[49]高澄於北魏中興元年，立爲「渤海王世子」。武定五年七月，帝詔澄爲「渤海王」。澄「啓辭位，願停王爵」。八月帝詔曰：「可復前大將軍，餘如故」。[50]武定七年（549）四月，詔澄爲相國、「齊王」，「食冀州之勃海、長樂、安德、武邑，瀛州之河間五郡，邑十五萬戶」。[51]八月，高澄遭刺而死；八年正月，孝靜帝爲澄舉哀於東堂，詔贈中有「齊王璽綬」，謚曰「文襄王」。[52]武定八年正月，孝靜帝詔進高洋職位中，有「齊郡王」，食邑一萬戶。武定八年三月，又進封「齊

[45] 《北齊書》，卷2，〈神武帝紀下〉，頁13。

[46] 《北史》，卷6，〈齊本紀上〉，頁219。

[47] 《北齊書》，卷4，〈文宣帝紀〉，頁51-52。

[48] 《北齊書》，卷1，〈神武帝紀上〉，頁6；《魏書》作「勃海王」（卷11，〈廢出三帝紀・前廢帝〉，頁275）；此處隨一般作「渤海」（史惟樂編，《中國歷史地名大辭典》，北京市：中國社會科學出版社，2005年3月初版一刷，下冊，頁2609），以下皆同。

[49] 《北齊書》，卷2，〈神武帝紀〉，頁24；《魏書》，卷12，〈孝靜帝紀〉，頁310。

[50] 《北齊書》，卷3，〈文襄帝紀〉，頁31-32。

[51] 《魏書》，卷12，〈孝靜帝紀〉，頁311。

[52] 《魏書》，卷12，〈孝靜帝紀〉，頁311-312。

王」，「食冀州之渤海長樂安德武邑、瀛州之河間五郡，邑十萬戶」。[53]其
二，「義旗初起之地」、「霸業所在」，是高歡信都起義崛興之地（見第二
章第一節）。其三，「王命是基」，包含前兩者外，正如本章第二節所說，
亦涵蓋靈遠預言、永寧寺塔靈異的天命地域，即渤海、東海、齊地等。
可見高洋亦承認自己的禪代天命，是以永寧寺塔天命靈異爲基礎。

　　第三，高洋爲了禪代，請人進行塑造新天命，多源自高氏永寧寺塔
靈異。原來，直到武定八年三月，高洋對禪代的天命仍處於憂疑狀態。
武定七年八月初八日蘭京的暗殺高澄，高洋以不在場，倖免於難。[54]隨
後回到晉陽，在穩定晉陽人情後，武定八年三月十二日（550 年 4 月 13
日）受封齊王，[55]此時對禪代一事，高洋多有進退之疑慮，《北齊書》〈文
宣帝紀〉載：

　　　　自居晉陽，寢室夜有光如晝。既爲王，夢人以筆點己額。旦
　　以告館客王曇哲曰：「吾其退乎？」曇哲再拜賀曰：「王上加點，
　　便成主字，乃當進也。」[56]

上文顯示，高澄遭刺約七個月後，高洋對禪代一事，仍在猶豫，連做了
特殊現象的夢，都從天命上憂疑禪代「進」、「退」的問題。同在武定八
年三月間，亦以天命說因素，開啓了高洋之第一次禪代契機。禪代天命
之憂疑不久後，高洋就決定再進行禪代，時間同樣是武定八年三月間。
[57]蓋此時已製造出新天命，而可查之天命說，多由永寧寺天命靈異衍生

---

[53]《北齊書》，卷 4，〈文宣帝紀〉，頁 44。
[54]《北齊書》，卷 24，〈陳元康傳〉，頁 345。
[55]《北齊書》，卷 4，〈文宣帝紀〉，頁 44。
[56]《北齊書》，卷 4，〈文宣帝紀〉，頁 44。
[57]《北齊書》，卷 49，〈藝術傳‧宋景業〉記載，宋氏提出天命觀，由高德政上奏，在
　　「武定八年五月」（頁 675）。本傳〈校勘記〉第三條（頁 628），據《北史》，卷 89，
　　〈藝術傳上‧宋景業〉（頁 2934-2935）校訂爲「武定八年三月」。按《北齊書》載
　　高洋禪代過程，分散各處，事況次序難明。《資治通鑑》，卷 156，〈梁紀‧簡文帝大
　　寶元年〉，將禪代前諸蘊釀事件，全繫於武定八年四月（頁 5042），並不準確，故採
　　《北史》之說。

而來：

　　徐之才的天命說，是以永寧寺塔靈異爲基礎，雜揉於各類圖讖。之才，「少解天文，兼圖讖之學，共館客宋景業參校吉凶，知午年必有革易，因高德政啓之，文宣聞而大悅」。[58]他的天命說內容，《北史》〈齊本紀中〉載云：

　　　　時訛言上黨出聖人，帝聞之，將徙一郡。而郡人張思進上言：「殿下生於南宮，坊名上黨，即是上黨出聖人。」帝悅而止。（乙）先是童謠曰：「一束藁，兩頭然，河邊羖【羊歷】飛上天。」藁然兩頭，於文爲高，河邊羖【羊歷】爲水邊洋，指帝名（洋）也。於是徐之才盛陳宜受禪。帝曰：「先父亡兄，功德如此，終尚北面，吾又何敢當。」之才曰：「正爲不及父兄，須早升九五，如其不作，人將生心。（丙）且讖云：『羊飮盟津角挂天』，盟津水也，羊飮水，王名也，角挂天，大位也。又陽平郡界面星驛旁有大水，土人常見群洋數百，立臥其中，就視不見，事與讖合，願王勿疑。」帝以問高德正，德正又贊成之，於是始決。（丁）乃使李密卜之，遇大橫，曰：「大吉，漢文帝之卦也。」（戊）帝乃鑄像卜之，一寫而成。[59]

上文的禪代討論及決定，總計使用了五種天命靈異：（甲）「上黨出聖人」及「上黨坊」，是高歡時所尋求的上黨天子氣之餘緒（見第九章第一節）。（乙）水邊羊飛上天，以及（丙）羊飮盟津角挂天，都與水有關，這與沙門靈遠的「東海出天子」，高氏天命的永寧寺塔出現東海之靈異，在強調水方面，具有一致性。高洋尚不放心，由（丁）李密卜卦爲吉，再用（戊）的鑄金人定奪，這是邊疆民族的天命卜法，北魏末年爾朱榮選立孝莊帝元子攸，就已使用過。武泰元年（528），爾朱榮尚未到洛陽，

---

[58]《北齊書》，卷33，〈徐之才傳〉，頁445。
[59]《北史》，卷7，〈齊本紀中〉，頁258。

先遣從子天光及親信入洛，挑選繼任帝位者，選擇了子攸，回報之後，
「榮發晉陽，猶豫所立」，乃「以銅鑄高祖及咸陽王禧等六王子孫像，
成者當奉爲主，惟莊帝獨就」。[60] 其實榮本身亟想篡位，不接納莊帝，以
「性信卜筮」，遂透過「鑄金爲己像，數四不成」，「精神恍忽，不自支
持」；所信任善卜之部屬劉靈助，亦謂「天時人事必不可爾」；最後，榮
「久而方悟，遂便悔愧」，只能「還奉莊帝」。[61] 因此，高洋鑄金像成功，
乃正式決定進行禪代了。而據《廣弘明集》所載，其情形是：「魏曆將
窮，洋築壇於南郊，筮遇大橫大吉漢文之卦也。乃鑄金像，一瀉而成」。
[62] 而必須注意，上面的水、水邊之說，正是來自永寧寺塔天命靈異的東
海、渤海。

　　還有宋景業之天命說，同樣是以永寧寺塔靈異爲基礎，再雜揉以其
他圖讖。他「明《周易》，爲陰陽，緯候之學，兼明歷數」，其「因高德
政上言」的天命說之內容是：

> 《易稽覽圖》曰：『鼎，五月，聖人君，天與延年齒，東北
> 水中，庶人王，高得之。』謹案：東北水，謂渤海也；高得之，
> 明高氏得天下也。是時，魏武定八年五月也。[63]

宋氏的圖讖天命預言內容，實翻版自沙門靈遠預言：「齊當興，東海出
天子，今王據渤海，是齊地」；以及翻版自高氏天命永寧寺塔靈異：「永
寧見災，魏不寧矣，飛入東海，渤海應矣」；將兩者歸結到「東北水」
之「渤海」，明言高氏得天下。

　　上述徐、宋兩氏之天命，係以高氏天命永寧寺塔靈異爲根柢，加以
演化及增益，都意指拓跋氏或元氏魏天命，業將改換，由高洋來接續，

---

[60] 《魏書》，卷 74，〈爾朱榮傳〉，頁 1647。
[61] 《魏書》，卷 74，〈爾朱榮傳〉，頁 1649；《北齊書》，卷 1，〈神武帝紀上〉，頁 3；《魏書》，卷 91，〈藝術傳・劉靈助〉，頁 1958。
[62] 《廣弘明集》，卷 4，大正藏第五十二冊，頁 113 上。
[63] 《北齊書》，卷 24，〈方伎傳・宋景業〉，頁 675。

把禪代賦予天命正統的合法性，遂使高洋「聞而大悅」，開啟了他行禪代之心，啟開禪代之路。

第四，依據上述，高洋的新天命，不僅多衍生自「高氏」永寧寺塔靈異，而且，宋景業所作新天命，重新在肯定天命定位於「高氏」；徐之才所作新天命之內容，多在顯示天命定位於「高洋」。以此可見，新天命的用意，在於把永寧寺塔靈異之「渤海」高氏天命，明確的定位到「高洋」身上來。

第五，新天命的製作群，多有佛教信仰基礎。這群人見於《北齊書》〈高德政傳〉所載：

> 德政與帝舊相昵愛，言無不盡。散騎常侍徐之才、館客宋景業先為天文圖讖之學，又陳山提家客楊子術有所援引，並因德政，勸顯祖行禪代之事。[64]

上面所說的人物信仰狀況，說明如下：

「帝」之高洋，據傳自來有各種天命靈徵。如「后初孕，每夜有赤光照室，后私嘗怪之」。出生以後，初逢動亂，全家「共憂寒餒，帝時尚未能言，欻然應曰『得活』太后及左右大驚而不敢言」。接著顯露出「鱗身，重踝，不好戲弄，深沉有大度」。又「後從世宗行過遼陽山，獨見天門開，餘人無見者」。尤其特別者，幼時便曾由沙門認定身負天命：「晉陽曾有沙門，乍愚乍智，時人不測，呼為阿禿師。帝曾與諸童共見之，歷問祿位，至帝，舉手再三指天而已，口無所言。見者異之」。[65]據《宋高僧傳》所載，其事原委是：當「武明太后見家貧甚，與親戚言及家計，正憂飢凍死耳。洋方生數月，尚未能言，欻言曰『得活』。二字分明，太后左右大驚而不敢言，謂為妖怪。時傳禿師神異，射事多中，巧誘而至。太后意占其兒子早言為怪，乃遍見諸子。文襄、魏永熙

---

[64]《北齊書》，卷30，〈高德政傳〉，頁407。
[65]《北齊書》，卷4，〈文宣帝紀〉，頁43。

后，旁以祿位歷問之，至洋，再三舉手指天而已，口無所言。若諸子皆別無舉措矣」。[66]高洋長大後亦信仰佛教，更追逐天命（見第九）。

　　高德政，法琳《辯正論》〈十代奉佛篇〉所列北齊崇佛官員，有「齊侍中高正德」，[67]即是高德政，因其名《北史》又作「高德正」，[68]「正德」是兩字錯置所致。高洋「受禪之日，德政除侍中」；後來高洋對他反感，「德政甚懼，乃稱疾屏居佛寺，兼學坐禪，為退身之許」。[69]

　　徐之才，《辯正論》〈十代奉佛篇〉之北齊崇佛官員，列有「齊侍中徐之才」，[70]在高洋在位時，頗參與崇佛活動，如帝「勅侍御徐之才、崔思和等，送諸藥餌，觀僧疾苦」。[71]

　　陳山提家客楊子，疑似有佛教背景。山提於齊滅亡後，入仕於周，其女陳月儀嫁給周宣帝為后，「帝崩，后出家為尼，改名華光」。可見山提家頗有佛教背景。又山提本出身於高歡奴隸，[72]或聞見歡之天命追逐之事，其家始有製作天命之家客。

　　至於宋景業、陳山提家客是否為佛教徒，則迄無可考。

---

[66] 《宋高僧傳》，〈阿秃師傳〉，大正藏第五十冊，頁 820 中-下。

[67] 《辯正論》，卷 4，〈十代奉佛篇下〉，大正藏第五十二冊，頁 510 中。

[68] 《北史》，卷 31，〈高德正傳〉，頁 1137。

[69] 《北齊書》，卷 30，〈高德政傳〉，頁 409。

[70] 《辯正論》，卷 4，〈十代奉佛篇下〉，大正藏第五十二冊，頁 510 中。

[71] 《續高僧傳》，卷 16，〈釋僧稠傳〉，大正藏第五十二冊，頁 554 下。

[72] 《周書》，卷 9，〈宣帝陳皇后傳〉，頁 147。

第十一章 嗣弘魏天命正統之佛教原因（五）：
禪代後佛教天命之迫切需求

本章之目的，是在修史宗旨嗣弘魏天命正統之形成佛教天命原因範圍內，探討高洋禪代後，對佛教天命依然有迫切之需求，這表現在：（1）在禪代過程中，佛教天命表現不順遂（第一節）。（2）禪代之後，對佛教天命，高洋多所憂疑（第二節）。（3）北齊五德終始的天命正統並不明確（第三節）。（4）當時，西魏有一個與佛教相關的黑讖天命，正在流行（第四節）。（5）蕭梁武帝崇佛，塑造佛教天命，已達數十年，仍屬威脅（第五節）。由此，北齊對佛教天命仍有迫切需求

第一節 禪代中佛教天命操作不順遂

高洋第一次禪代，結果失敗（見第二章第三節）。至武定八年五月初，進行第二次禪代成功，可是天命仍有不順遂。

高洋行第一次禪代，在平都城遭眾人反對而失敗，「將還」晉陽之際，有賀拔仁等建議：「景業誤王，宜斬之以謝天下」；洋說：「景業當為帝王師，何可殺也」；他的禪代仍須天命觀來支持，等「還至并，顯祖令景業筮」，猶示「宜以仲夏（五月）吉辰御天受禪」。[1]徐之才與景業一樣，「每言卜筮、雜占、陰陽緯候，必宜五月應天順人，德政亦勸不已」。[2]最終，確於五月成功的受禪了。禪代的成功，並不意味過程中的天命皆屬順暢，實際上仍有如下之阻礙：

第一個阻礙，是在晉陽，宋景鄴和徐之才的五月鼎革天命之論斷，有人反對說：「陰陽書，五月不可入官，犯之卒於其位」；宋景業解釋說：「此乃大吉，王為天子，無復下期，豈得不終於其位」；這樣的說法才讓「顯祖大悅」。[3]

---

[1] 《北齊書》，卷49，〈藝術傳·宋景業〉，頁676。
[2] 《北齊書》，卷30，〈高德政傳〉，頁408。
[3] 《北齊書》，卷49，〈藝術傳·宋景業〉，頁676。

第二個阻礙，是從晉陽往鄴都途中，天命之兆亦有變化。《北齊書》〈高德政傳〉云：

> 至五月初，帝發晉陽。……帝初發至亭前，所乘馬忽倒，意甚惡之，大以沉吟。至平城都，便不復肯進。德政、徐之才苦請帝曰：「山提先去，若為形容，恐其漏泄不果。」[4]

上文的「平城都」係平都城之誤。[5]「亭前」亦「前亭」之誤。[6]前亭位於平都城，在晉陽之東，平都城之西，[7]今山西省榆次境內，[8]在此，高洋「所乘馬忽倒」，被視作大不吉利，影響其心甚巨，到了平都城，就不想往鄴都去受禪。高德政、徐之才兩人苦勸高洋持續進行禪代，主要是因已進入箭在弦上，有不得不發之勢，在晉陽出發前，「帝令陳山提馳驛齎事條並密書與楊愔，大略令撰儀注」，山提「以五月至鄴」，楊愔即召太常卿邢劭、七兵尚書崔、度支尚書陸操、詹事王昕、黃門侍郎陽休之、中書侍郎裴讓之等人「議撰儀注」，[9]編製了受禪大典儀式。另外，第一次禪代受阻後，高洋「還并州，恐漏泄，仍斷行人。（陽）休之性疏放，使還，遂說其事，鄴中悉知。於後高德政以聞，顯祖忿之而未發」；[10]此時，若不即刻去執行禪代，編儀注之事機再經洩露，合併第一次禪代之行動，將使高洋禪代之心，完全展露無遺，恐怕孝靜帝就有時間充分準備反撲，禪代將再告失敗，甚至往後都沒有機會了。

第三個阻礙，是進行禪代過程，未自然出現天命瑞兆。為了彌補，

---

[4] 《北齊書》，卷30，〈高德政傳〉，頁408。

[5] 《北齊書》，卷30，〈高德政傳〉「校勘記」第八條，頁413-414；卷49，〈藝術傳·宋景業〉「校勘記」第四條，頁682。

[6] 《北齊書》，卷30，〈高德政傳〉「校勘記」第十條，頁414；簡修煒主編，《北朝五史辭典》（濟南市：山東教育出版社，2000年3月初版一刷），上冊，頁851。

[7] 司馬光等撰，《資治通鑑》（台北市：建宏書局，1977年，新校點本），卷156，〈梁紀〉簡文帝大寶元年條胡注，頁5043。

[8] 簡修煒主編，《北朝五史辭典》（濟南市：山東教育出版社，2000年3月初版一刷），上冊，頁858。

[9] 《北齊書》，卷30，〈高德政傳〉，頁408。

[10] 《北齊書》，卷42，〈陽休之傳〉，頁562。

竟用僞造手段。五月初高洋進鄴都之前，「是月，光州獻九尾狐，帝至鄴城」。[11]五月初十「受禪日，堯難宗染赤雀以獻，帝尋知之，亦弗責也」，[12]這隻人工染色的「赤雀」，被安排在五月初十日受禪時使用，「是日，京師獲赤雀，獻於南郊」，南郊乃祭天即帝位壇處。當天在祭天登位後，所頒佈的告天下詔，特加書明這兩個天命瑞兆，聲稱高洋「始發晉陽，九尾呈瑞；外壇告天，赤雀效趾」。[13]

第二節 禪代後之天命憂疑

禪代之後，高洋所用天命靈異，依然無法令時人全然信服。天保初年，尚有人認爲，魏政權正統天命未絕。如王昕「顯祖以昕疏誕，非濟世所須，罵之曰：「好門戶，惡人身。」又有讒之者曰：『王元景（昕字）每嗟水運不應遂絕。』帝愈怒，乃下詔徙幽州」。[14]魏宗室元坦，「坐子世寶與通直散騎侍郎彭貴平，因酒醉誹謗，妄說圖讖，有司奏當死，詔並宥之，坦配北營州，死配所」。[15]

基於上述，禪代完成後仍有不服者之問題。在這方面，對於反對禪代的高隆之，高洋加以報復，抄滅其門。即趁隆之犯過，高洋下令壯士毆打，死於隨駕途中；接著，更「追忿隆之，誅其子德樞等十餘人」，「又發隆之塚」，令高氏「終至家門殄滅」。[16]另有裴讓之，禪代時「參掌儀注」，即參撰禪代儀式，於「齊受禪，靜帝遜居別宮，與諸臣別，讓之流涕歔欷」，顯示內心實不支持禪代；復因高德政本與讓之不合，上奏說：「當陛下受禪之時，讓之眷戀魏朝，嗚咽流涕，比爲內官，情非所

---

[11] 《北史》，卷7，〈齊本紀中〉，頁259。
[12] 此事《北齊書》，卷30，〈高德政傳〉未載（頁409），見《北史》，卷31，〈高德正傳〉，頁1138。
[13] 《北齊書》，卷4，〈文宣帝紀〉，頁50。
[14] 《北齊書》，卷31，〈王昕傳〉，頁416。
[15] 《北齊書》，卷28，〈元坦傳〉，頁384。
[16] 《北齊書》，卷18，〈高隆之傳〉，頁237-238。

願」，讓之乃遭賜死於家。[17]又有不二仕之臣，如李興，於東魏累遷驃
騎大將軍、東徐州刺史，「解州還，遂稱老疾，不求仕」；當「齊受禪，
追璵兼前將軍，導從於圓丘行禮」。璵意「不願策名兩朝，雖以宿舊被
徵，過事即絕朝請」，於天保四年（553）卒」。[18]

　　由此，高洋頗為憂慮天命之事，所憂慮者，多關係到佛讖雜揉之言。
他相信亡齊預言，蓋高歡時，有「術士言亡高者黑依，由是自神武以後，
不欲見沙門，為黑衣故也」。天保八年，他到晉陽，問左右「何物最黑」，
回答說「莫過漆」，他竟「以（高）澳第『七』子為當之」；乃召剛肅王
高澳赴晉陽，派人殺死於途中。[19]

　　另外，河間王高孝琬，為高澄第三子。東魏之間，已曾有歌謠言：
「河南種穀河北生，白楊樹頭金雞鳴」。崔瑊解釋說：「河南、河北」，
意指「河間」，即爵號河間王的高孝琬；「金雞鳴」，意謂「孝琬將建金
雞而大赦」，也就是當皇帝。這個消息，使高洋「頗惑之」。後來，恰逢
孝琬「得佛牙，置於第內，夜有神光」；為中央昭玄都僧官法順獲知，
便向孝琬建議，將佛牙「奏聞」，孝琬不從。因此，當高洋知道此事之
後，就派人搜查孝琬住宅，查「得鎧庫矟幡數百」，遂「以為反」。接著，
又審訊孝琬諸姬，其中有陳氏，因失寵於孝琬，就編謊誣指說：「孝琬
畫作陛下形哭之」，實際孝琬所作之像「是文襄（高澄）像」，所哭亦是
面對高澄像，「孝琬時時對之泣」。結果，孝琬遭「折其兩脛而死，瘞諸
西山」，直到高洋死後，始得以改葬。[20]

　　最後，高洋一直深忌於魏宗室，亦因相信天命，態度持續轉變，終
致大肆殺戮元氏。最初，採取優遇政策，在爵位封賜方面，採用北魏舊
例，准許北魏帝室成員襲爵，以「禪讓」算作隔遞一世而降爵一等（參

---

[17] 《北齊書》，卷35，〈裴讓之傳〉，頁465-466。
[18] 《北齊書》，卷29，〈李興傳〉，頁396。
[19] 《北齊書》，卷10，〈剛肅王高澳傳〉，頁136。
[20] 《北齊書》，卷11，〈河間王高孝琬傳〉，頁146。

見第二章第四節）。在任官方面，元氏仍允許於北齊任官，時或擔任高官。接著，高洋態度開始轉向打擊策略，這反映在元氏任官之後，卻多有因犯罪而死亡者，事情內在真相無可考，而跡象之蹊蹺及可疑，卻是十分明顯。其實例諸如：（1）是道武帝之後裔，鄄城縣開國伯元長淵，武定中，任南青州長史。「齊受禪，爵例降」。[21]河南王棽「齊受禪，爵例降」。[22]京兆王元亮，「襲祖爵，齊受禪，例降」。[23]（2）是太武帝之後裔，其孫元孝友：「性無骨鯁，善事權勢，為正直者所譏」。本爵臨淮郡王，「齊天保初，准例降爵，封臨淮縣公」。官位「拜光祿大夫」。天保二年冬，被詔入晉陽宮，「出與元暉業同被害」。[24]孫元譚，本爵臨淮王，「齊受禪，爵例降」。[25]（3）是景穆帝（太武帝太子拓跋晃）之後裔，其玄孫元暉業，本爵不明，「齊初，降封美陽縣公」。官任「開府儀同三司、特進」，「位望隆重，又以性氣不倫，每被猜忌」。天保二年，從駕至晉陽，於宮門外罵元韶說：「爾不及一老嫗，背負璽與人，何不打碎之。我出此言，即知死也，然爾亦詎得幾時！」文宣「聞而殺之，亦斬臨淮公孝友」。[26]（4）是獻文帝之後裔，其孫元坦：東魏時，爵位本封咸陽郡王，「齊天保初，准例降爵，封新豐縣公」。官位「除特進、開府儀同三司」。稍後「坐子世寶與通直散騎侍郎彭貴平因酒醉誹謗，妄說圖讖，有司奏當死，詔並宥之。坦配北營州，死配所」。[27]孫元斌：東魏時，爵位本襲高陽郡王，「齊天保初，准例降爵，為高陽縣公」。官位「拜右光祿大夫」。天保二年，「從文宣討契丹還，至白狼河，以罪賜死」。[28]

[21] 《魏書》，卷16，〈元長淵傳〉，頁393。
[22] 《魏書》，卷16，〈河南王元棽傳〉，頁398
[23] 《魏書》，卷16，〈京兆王元亮傳〉，頁408。
[24] 《北齊書》，卷28，〈元孝友傳〉，頁384-386。
[25] 《魏書》，卷17，〈臨淮王元孝友傳〉，頁424。
[26] 《北齊書》，卷28，〈元暉業傳〉，頁386-387。
[27] 《北齊書》，卷28，〈元坦傳〉，頁384。
[28] 《北齊書》，卷28，〈元斌傳〉，頁384。

迨至天保十年五月起，高洋又對魏宗室元氏，採取大屠殺手段。[29]原因端在天命之信仰。《北齊書》〈元韶傳〉載有較詳細情形：

> （天保）十年，太史奏云：「今年當除舊布新。」文宣謂（元）韶曰：「漢光武何故中興？」韶曰：「為誅諸劉不盡。」於是乃誅諸元以厭之。遂以五月誅元世哲、景式等二十五家，餘十九家並禁止之。韶幽於京畿地牢，絕食，啗衣袖而死。及七月，大誅元氏，自昭成已下並無遺焉。或父祖為王，或身常貴顯，或兄弟強壯，皆斬東市。其嬰兒投於空中，承之以矟。前後死者凡七百二十一人，悉投屍漳水，剖魚多得爪甲，都下為之久不食魚。[30]

依照上文，太史所說「除舊布新」，高洋是相信是王朝鼎革之天命，遂問元韶有關東漢光武中興之事，乃是內心恐懼於元氏再乘天命，推翻北齊，中興魏王朝。為了防止事端之發生，就對元氏採行大屠殺政策，使用殘酷手段，欲以誅盡元氏，導致死者 721 人，連嬰兒也不放過。

元氏遭誅除，結果所謂「自昭成已下並無遺焉」，決非完全實情。《北齊書》〈元景安傳〉載：「元景安，魏昭成五世孫也」。天保初年，加征西將軍，別封興勢縣開國伯，帶定襄縣令，「賜姓高氏」。至「天保時，諸元帝室親近者多被誅戮」。便採取自救方法，「疏宗如景安之徒，議欲請姓高氏」，有持反對者如元景皓說：「豈得棄本宗，逐他姓，大丈夫寧可玉碎，不能瓦全」。景安遂以此言告訴文宣帝，「乃收景皓誅之，家屬徙彭城。由是景安獨賜姓高氏，自外聽從本姓」。在景安告景皓之時，有「引豫言相應和。豫占云：爾時以衣袖掩景皓口，云兄莫妄言。及問景皓，與豫所列符同，獲免。自外同聞語者數人，皆流配遠方」。[31]由此可知，元景安是以屈從而改姓高氏，以及殘害族人取得信任，始獲保全。另有元文遙，為「魏昭成皇帝六世孫」，於「齊受禪，於登壇所受中書

---

[29]《北齊書》，卷 4，〈文宣紀〉，頁 66。

[30]《北齊書》，卷 28，〈元韶傳〉，頁 388-389。

[31]《北齊書》，卷 41，〈元景安傳〉，頁 542-544。

舍人，宣傳文武號令」。「後忽被中旨幽執，竟不知所由。如此積年。文宣後自幸禁獄，執手愧謝，親解所著金帶及御服賜之，即日起爲尙書祠部郎中」。[32]其能逃過殺戮，可能是被認爲完全忠誠於高氏。其他還有人得免一死，元蠻，因屬「肅宗元皇后之父」，爲外戚身份，「天保十年，大誅元氏，肅宗爲蠻苦請，因是追原之，賜姓步六孤氏。尋病卒」。[33]

　　高洋大誅元氏之原因，除了聽言術士之言之外，還有另一個原因，是元氏在當時社會仍然頗有聲勢，史載天保十年八月，在誅元氏之後，文宣帝下詔：

> 詔諸軍民或有父祖改姓冒入元氏，或假託攜認，妄稱姓元者，不問世數遠近，悉聽改復本姓。[34]

上文顯示，元氏，做爲魏王朝帝室之姓氏，自於社會上擁有至高聲望和榮耀，以致多有「冒入」、「假托」、「妄稱」姓元者，其家族亦自知此事；可是北齊禪代東魏以後，元氏已不再是帝室之姓，而冒姓者依然不願棄元姓，一直要到天保十年，始由帝詔下令強迫放棄。以此可知，天保元年禪代後，元氏仍頗有社會聲勢，令人感到，與之同姓是足以爲榮之事。

　　綜上可見，高洋過份重視天命靈異，反而讓天命靈異成爲內心陰影，進行不當的屠殺行動。而這也反映出，他禪代後亟需正面支持其政權的天命靈異，此應即是用來行禪代的佛教天命。

第三節　北齊五德天命不明確

　　北齊禪代東魏政權之際，在禪代詔冊中，只聲明魏王朝天命已衰盡，天命轉移於高氏，並未確定魏、齊之間天命正統之五行德屬的傳遞。往後，朝廷從未頒定北齊天命正統之五行德屬。

　　關於魏之正統五行德屬，道武帝於天興元年（398）十二月即位，

---

[32] 《北齊書》，卷38，〈元文遙傳〉，頁503-505。
[33] 《北齊書》，卷48，〈外戚傳・元蠻〉，頁668。
[34] 《北齊書》，卷4，〈文宣紀〉，頁66-67。

定為土德。到了太和十四年（490）八月至十五年（491，或十六年，492）
正月之間，孝文帝下詔重議，依五行相生，訂立魏五行正統屬水德，其
朝代五行正統相生脈絡是：周（木）→漢（火）→曹魏（土）→晉（金）
→魏（水）。此後，北魏並未正式取消土德說，有並存狀態之現象（見
第十二章第四節）。

　　高洋發動禪代之初，便表明魏王朝五行天命已衰盡。東魏武定八年
（550）五月初八日，魏襄城王元旭及司空公潘相樂等諸大臣，晉見孝
靜帝，勸進禪位，元旭便說：「五行遞運，有始有終，齊王聖德欽明，
萬方歸仰，臣等昧死聞奏，願陛下則堯禪舜」。[35]而此「五行」之德屬，
沒有言明。

　　接著，在禪代過程之詔冊中，都同樣未言及五行遞變。五月初八日
孝靜帝禪位詔，只說魏「昔我祖宗應運，奄一區宇」，「暨於九葉，德之
不嗣」，「代終之跡斯表，人靈之契已合，天道不遠，我不獨知？」[36]在
此，五行德屬仍然不明。接著，孝靜帝遣使兼太尉彭城王韶、兼司空敬
顯雋奉致高洋受禪冊，提到「故漢劉告否，當塗順民，曹歷不永，金行
納禪，此皆重規襲矩，率由舊章者也」。這是指曹魏屬土，天命盡時，
以五行相生，西晉據金行受禪。至於魏之禪讓於北齊之五行遞嬗，沒有
表明，僅是說魏「盛衰有運，興廢在時，知命不得不授，畏天不可不受」，
「國土臣民，行非魏有」；而高氏從「齊獻武王（高歡）應期授手，鳳
舉龍驤，舉廢極以立天」，「及文襄（高澄）繼軌，誕光前業」，至高洋
「王神祇協德，舟梁一世，體文昭武」，「一朝紛委，以表代德之期，用
啓興邦之跡」，「是以仰協穹昊，俯從百姓，敬以帝位式授於王。天祿永
終，大命格矣。於戲！其祗承曆數，允執其中，對揚天休，斯年千萬，
豈不盛歟」。[37]五月初十日，高洋受禪即位祀天祝文，亦只說到「魏帝以

---

[35]《北齊書》，卷30，〈高德政傳〉，頁408。
[36]《北齊書》，卷4，〈文宣紀〉，頁47-48。
[37]《北齊書》，卷4，〈文宣紀〉，頁48-49。

卜世告終，上靈厭德，欽若昊天，允歸大命，以禪於臣洋」；[38]同樣無五行德運相續之言。同日，高洋即位後告天下詔，謂「惻隱之化，天人一揆，弘宥之道，今古同風」；「故魏帝俯遵曆數，爰念襃嫆，遠取唐、虞，終同脫屣」；在受禪過程中，有諸祥瑞，「始發晉陽，九尾呈瑞，外壇告天，赤雀效祉」。[39]在祥瑞中仍無五行德運之徵。

禪代以後，據《北齊書》及《北史》之北齊史部分，迄未見及北齊五行天命德屬之記錄，亦未發現北齊朝廷頒布本朝五行正統德屬之事。另外，北齊所修《魏書》裡，同樣看不到北齊之五行天命德屬，而且其書對魏、齊天命正統之相續；不言五德終始，是採用「受命之元」書法。北齊國史纂修期間，曾討論正統問題，討論對象，並非五德終始，而是「受命之元」書法（參見第十四章）。以此可知，北齊王朝猶存之時，其五行天命德屬者何呢？最高程度，應是朝廷從未討論，更未公開頒布，亦即朝廷根本不去訂立。最低程度，是有其五行天命德屬，朝廷不予強調，乃至未能彰顯，而隱晦不明確。而最大的可能性，應在前者，這可證諸於下列史實：

北周時以西魏屬木德。北周孝閔帝於元年（557）正月禪代西魏，即頒布「今魏曆告終，周室受命，以木承水，實當行錄」，[40]六月下詔頒行。[41]北周屬火德的五行天命正統脈絡是：北魏屬水德，以水生木，西魏承之而為木德；以木生火，北周承西魏而為火德。北周遂由五行相生之水生木，以繼承北魏水德及西魏木德之天命正統。此一狀況顯示，西魏屬木德，是否頒布過之事實呢？或北周自行界定的呢？已無可考。不過，可知北齊朝廷未頒定五行正統屬木德，以致北周方禪代西魏，遂以北魏為水德，西魏居木德，自居火德，搶得嗣弘魏五行天命正統。

---

[38]《北齊書》，卷4，〈文宣紀〉，頁49-50。

[39]《北齊書》，卷4，〈文宣紀〉，頁50。

[40]《周書》，卷3，〈孝閔帝紀〉，頁46。

[41]《隋書》，卷1，〈高祖紀〉，頁15。

　　隋文帝開皇元年（681）二月禪代北周，命崔仲方與高熲「議正朔服色事」，以「晉爲金行，後魏爲水，周爲木，皇家以火承木，得天之統」，色「並宜用赤」。[42]隋以火德自居，顯然不遵循北周所頒定的火德，自行推演五行天命正統脈絡：依照前述北魏之說，以晉屬金德生北魏水德，接著的西魏併入北魏，同屬水德；水德乃生北周木德，由此再生出隋之火德。而此間都不提北齊屬木德之事，很可能是北齊未頒定本朝繼魏水德而爲木德，以致連要排斥北齊於正統之外，都未提及北齊德屬。

　　到了唐代，方始出現北齊五行天命屬木德之說。當時，魏徵主撰《隋書》，其〈五行志〉說「齊稱木德」，還舉出證據：北齊「天統四年，貴鄉人伐枯木，得一黃龍，折腳，死於孔中。齊稱木德。龍，君象。木枯龍死，不祥之甚。其年武成崩」。[43]又說「齊以木德王」，其證據是：北齊「後主武平「七年，宮中有樹，大數圍，夜半無故自拔。齊以木德王，無故自拔，亡國之應也。其年，齊亡」。[44]這顯然是在五行相生觀念上，即以魏（北魏、東魏）皆屬水德，以水生木，而說北齊屬木德，然後附會於北齊災異現象，以爲徵兆。因此，同爲唐人之丘悅所撰《三國典略》，其佚文亦謂「齊氏木得〔德〕」，一樣以北齊災異現象爲徵兆：「齊長廣郡廳梁木，忽作人像，太守惡而刷去之，明日復出。鄉人伐枯桑樹，於中得死龍，長尺餘。識者以爲，長廣齊太上主太〔本〕封也，齊氏木得〔德〕，龍爲吉象，木枯龍死，非吉徵焉」。[45]總之，最可怪者，是北齊五行天命德屬爲木德，卻於北齊滅亡後，且要遲至唐代乃明顯、明確的呈現出來。可見後世所說北齊之五行德屬之木德，並非出於北齊朝廷之頒定，而是唐人所推定的。

　　綜合上述，北齊既僅言繼魏天命五行之衰而禪代，未定北齊所續自

---

[42]《隋書》，卷60，〈崔仲方傳〉，頁1448。
[43]《隋書》，卷23，〈五行志下〉，頁668。
[44]《隋書》，卷23，〈五行志上〉，頁618。
[45]《三國典略》，頁164。

魏五行天命之德屬。那麼，如何完成北齊「嗣弘」魏天命正統的問題呢？
自然無法依賴五德終始之更迭，同時，縱使有模仿自西晉南朝的書法：
「受命之元」（見第十四章），這卻是歷史脈絡之相衝，缺乏古來天命具
有靈異瑞兆的傳統，所以高洋禪代之佛教天命靈異，就更爲北齊所需求
了。

第四節　西魏「黑讖」天命之威脅

西魏，是宇文泰（507-556）專政時代，當時有與佛教相關的「黑」
得天下之天命讖，可稱作黑讖。以當時情形而言，黑讖有相當巨大的影
響力量，它一面吸引著在西魏的宇文泰，另一面卻威脅著在東魏的高
歡，其威脅高氏之力量，還一直穿過高洋禪代東魏，延續到天保年間。
茲說明於下：

黑衣天命讖之文獻記載，見於唐道宣所輯佛教史料。首先，是道宣
輯〈初序沙汰僧眾者〉云：

> 俗有讖記之傳，不知由何而得。或云口授，或述符圖，虛然
> 顯密，布露士俗。竊以五運更襲，帝者一人，自餘凡叟誰之顧錄？
> 周祖已前有忌黑者，云有黑人次膺天位。
>
> 故齊宣惶怖，欲誅稠禪師，稠以情問，云：有黑人當臨天位。
> 稠曰：斯浪言也，黑無過漆，漆可作耶？齊宣妄解，手殺第七弟
> 渙，故可笑也。
>
> 周太祖初承俗讖，我名黑泰可以當之。既入關中，改為黑皂。
> 朝章野服咸悉同之。令僧衣黃以從讖緯。
>
> 武帝雄略，初不齒之。張賓定霸。元嵩賦詩。重道疑佛將行
> 廢立。有實禪師者，釋門之望，帝亦欽重。私問後運是誰應得？
> 實曰：非僧所知。帝曰：如讖所傳云，黑者應得，僧多衣黑，竊
> 有所疑。實曰：僧但一身，誰所扶翼，決非僧也。帝曰：僧非得

者，黑者是誰？實曰：至尊大人，保信浪語，外相若聞，豈言至聖。黑者大有，老烏亦黑，大豆亦黑，如是非一，可亦得耶？帝聞有姓烏姓、竇者，假過誅之，元其情本，疑意在釋，遂即蕩除。[46]

其次，見於道宣輯〈周祖武皇帝志存道學躬受符錄猜忌佛門〉又云：

> （周武帝）改元建德，誅除雄武，摧剪扞城；慮遠權衡，英威自若。而能克己勵精，露懷臣下；布袍菲食，勞謙自持；躬履行陣，步涉山谷；故得士卒之心死而不厭。時有讖記，忌於黑衣，謂沙門中次當襲運，故帝初大信佛，以事遍身遂行廢蕩。以建德三年，納道士張賓佞辯，便滅二教，更立通道觀，用暢本懷。至建德五年，平齊既訖，自以為滅法之福祐也。[47]

復次，見於道宣輯〈周滅佛法集道俗議事〉云：

> 周高祖猜忌為心，安忍嫌隙。大冢宰晉國公護，權衡百揆決通庶政，帝竊嫉之，恐有陵奪。召護入內，親自誅之，并大臣六家並從族滅。帝以得志於天下，一無所慮也。然信任讖緯偏以為心。

> 自古相傳黑者得也，謂有黑相當得天下。猶如漢末訛言黃衣當王，以黃代赤承運之像，言黑亦然。所以周太祖挾魏西奔，衣物旗幟並變為黑，用期訛讖之言，斯亦漢光武之餘命也。

> 昔者高洋之開齊運，流俗亦有此謠。洋言黑者稠禪師，黑衣天子也，將欲誅之。會稠遠識，悟而得免，備如別說。

> 故周祖初重佛法下禮沙門，並著黃衣，為禁黑故。有道士張賓。譎詐罔上。私達其黨。以黑釋為國忌。以黃老為國祥。帝納其言。信道輕佛。親受符錄〔籙〕，躬服衣冠。有前僧衛元嵩，

---

[46] 道宣，〈初序沙汰僧眾者〉，《廣弘明集》，卷6，大正藏第五十二冊，頁124上。

[47] 道宣，〈周祖武皇帝志存道學躬受符錄猜忌佛門〉，《廣弘明集》，卷6，大正藏第五十二冊，頁125下。

與賓脣齒相扇惑，動帝情云：「僧多怠惰貪逐財食，不足欽尚」。
（下敘終致引來毀佛）。[48]

另外，還見於道宣輯〈周高祖武皇帝將滅佛法有安法師上論事〉云：

周武初信於佛，後以讖云黑衣當王，遂重於道法躬受符籙
〔籙〕。玄冠黃褐，內常服禦〔御〕，心忌釋門，志欲誅殄，而患
信佛者多，未敢專制。有道士張賓。譎詐罔上私達其策，潛集李
宗排棄釋氏。又與前僧衛元嵩脣齒相副〔赴〕，共相詛醢，帝納
其言。[49]

最後，見於道宣輯〈周祖癈二教已更立通道觀詔〉云：

武帝猜忌黑衣，受法黃老，欲留道法，擯滅佛宗。僉議攸同，
咸遵釋教。帝置情日久，殊非本圖，會道安法師上二教論，無聞
道法，意彌不伏。無奈理通眾口，義難獨留，遂二教俱除，憤發
於內，未逾經月下詔曰（毀佛）。[50]

由上引諸文可知，道宣努力於黑衣天命讖史料之輯存，主要是當時之人
認為，黑衣天命讖，是周武帝毀佛之關鍵原因；這種看法，一直延續於
道宣以後的佛教界。[51]後經余嘉錫先生[52]及塚本善隆先生[53]的考辨，當實
確實流行著黑衣天命讖，而為宇文泰所援用。

黑讖之意義是：能應黑之天命讖者，即能夠得繼北魏天命正統，或

---

48 道宣，〈周滅佛法集道俗議事〉，《廣弘明集》卷8，大正藏第五十二冊，頁135下-136
   上。

49 道宣，〈周高祖武皇帝將滅佛法有安法師上論事〉，《集古今佛道論衡》，卷5，大正
   藏第五十二冊，頁372上。

50 道宣，〈周祖癈二教已更立通道觀詔〉，《廣弘明集》，卷10，大正藏第五十二冊，
   頁153上。

51 例如，湛然《止觀輔行傳弘決》，卷2，大正藏第四十六冊，頁211上-下；《佛祖統
   紀》，卷38，大正藏第四十九冊，頁358上-中；《佛祖歷代通載》，卷9，大正藏第
   四十九冊，頁554中-下。

52 余嘉錫，〈衛元嵩事蹟考〉，收入氏著，《余嘉錫論學雜著》（台北市：河洛出版社，
   1976年3月台影印初版），頁241-244。

53 塚本善隆，〈北周の廢佛〉，收入氏著，《北朝佛教史研究》，頁585-597。

能統合東西魏得魏王朝天下。此讖之觀念基礎，是「以五運更襲」，乃是五德終始說，在五德「更襲」上，其性質有三個層面：（1）一是五行相生原理，即「猶如漢末訛言黃衣當王，以黃代赤承運之像」。意指如東漢末年，黃巾起事，依東漢五行屬火德，火生土；火行居南方，顏色爲赤（紅）；土行居中央，顏色爲黃，乃謂以「承」火生土之「運」，「以黃代赤」。（2）「以黃代赤承運之像，言黑亦然」，即黑衣天命讖之理據，同於前述五行相生原理之說，五行水居北方，顏色屬黑，所能「承」之德「運」，當以金生水爲原理。東西魏之間，天下並立之政權，唯有南方屬火德之蕭梁，水剋火，無法相生相承，故此讖無關於蕭梁，同時，當時天下沒有五行屬金德之王朝能夠以金生水。由此可見，此讖唯能聯繫於屬水德之魏王朝。蓋北魏之天命正統，自孝文帝十六年即已頒定：依五行相生原理，西晉屬金德，金生水，魏承西晉，五行屬水德。故知「言黑亦然」，即指以黑承魏之水德。可是其中有一個難解之處：若五行相生，黑屬水，魏水德，同樣都是水如何相生呢？當時並無五行屬金德之王朝，如何可能承金生黑水呢？其實這必須找出其中的曲折始能夠完全理解：（3）即前引文所說：「所以周太祖（宇文泰）挾魏西奔，衣物旗幟並變爲黑，用期訛讖之言，斯亦漢光武之餘命也」。此話包含兩層涵義：第一個涵義，是所謂「漢光武之餘命」，即王莽以西漢爲火德，以火生土，自居土德，禪代西漢創立新朝，當光武推翻新朝，並不採土生金而以金德自居，是越過新朝土德，隔代遙接西漢火德，使東漢五行成爲火德。據此，知「言黑亦然」之意涵，即須如漢光武，越過魏王朝，遙接西晉金德以生水，來承接魏王朝天下及其天命正統。因此，第二個涵義，是依照西魏宇文泰運用其讖之狀況，知「言黑亦然」之意涵，是說魏王朝既已承西晉金德而居水德，在魏王朝分東西而尚未滅亡條件下，誰能應水德之符命，即象徵能承西晉金德而居水之天命正統，同質於魏承西晉金德而居水德之天命正統，便能順理成章的承接魏王朝之天

下，而有如漢光武帝之天命正統。宇文泰就是想尋此途徑而爲之。如此
一來，黑衣天命讖產生的現實背景應是：東西魏對峙下，一面在天命觀
念上，互爭魏天命正統之地位；一面在實際行動上，高歡、宇文泰連續
相互發動戰爭，企圖消滅對方，獨得魏王朝天下。

關於黑讖之淵源，應牽涉到佛教。依據前引文，此讖之來源不是很
清楚，或說「自古相傳」，或說「讖記之傳，不知由何而得。或云口授，
或述符圖，虛然顯密」。而在事象上，多與佛教有關。上引諸文，對於
「黑」所指涉，都認爲是沙門所穿之「黑衣」。周太祖初「令僧衣黃以
從讖緯」。周武帝說：「如讖所傳云，黑者應得，僧多衣黑，竊有所疑」。
齊文宣高洋「言黑者稠禪師，黑衣天子也，將欲誅之」。當宇文泰利用
黑讖之際，「令僧衣黃以從讖緯」，當是出於深忌有黑之象徵之佛教，會
出來爭奪天下，而只以將僧衣顏色由「黑」改「黃」，使遵「從讖緯」
而不劫奪天命與天下。

宇文泰之使用黑讖，目的在爭奪魏天下，意味西魏於天命上抗衡東
魏，當齊禪代東魏時，西魏尚存屹立，此時黑讖猶存，若順著其取魏天
下之意，則禪代齊王朝須被推翻，恢復成魏天下，爲符應黑讖人所據。
因此，黑讖在東魏、北齊初年，都一直威脅著高氏。《北齊書》〈上黨剛
肅王傳〉云：

> 初，術士言亡高者黑衣_，由是自神武後，每出行，不欲見
> 沙門，為黑衣故也。是時文宣幸晉陽，以所忌問左右曰：「何物
> 最黑？」對曰：「莫過漆。」帝以渙第七子為當之，乃使庫真都
> 督破六韓伯昇之鄴徵渙。渙至紫陌橋，殺伯昇以逃，憑河而度，
> 土人執以送帝。鐵籠盛之，與永安王浚同置地牢下。歲餘，與浚
> 同見殺，時年二十六。以其妃李氏配馮文洛，是帝家舊奴，積勞
> 位至刺史，帝令文洛等殺渙，故以其妻妻焉。[54]

---

[54] 《北齊書》，卷10，〈上黨剛肅王渙傳〉，頁136。

上文先提到高歡忌見沙門，原因是沙門穿「黑衣」，對照前引諸文，其因與周武帝如出一轍，乃因黑讖之故。而高歡忌黑讖，當然是憂恐失去東魏江山，因如第九章所說，高歡一直在追逐天命；亦如第二章所敘，高歡早有禪代魏天下之心；自視宇文泰之黑讖爲勁敵，憂心它會應驗。

接著，上文言及文宣帝忌黑讖，原因有二：一是他既已取得東魏江山，卻不代表黑讖不會應驗了，因從天保元年（550），西魏恭帝三年（556）十月宇文泰卒，計有六年，到周孝閔帝禪代西魏（557），計有七年；此間，黑讖都意味光復魏江山之天命，齊既禪代了魏，自然成爲復魏之對象，威脅著高洋。二照前引諸文所記，當時人以爲，縱使宇文泰死後，西魏滅亡了，一直到周武帝，黑讖還是指向毀周復魏；相對來說，同樣毀齊復魏；可見只要黑讖存在，禪代魏者，都是它所要推翻的敵人。以此緣故，到了天保八年（557）以後，高洋猶以深忌黑讖，殺了宗室手足高渙。渙，字敬壽，高歡七子。「天姿雄傑，倜儻不羣，雖在童幼，恒以將略自許」。長大以後，「力能扛鼎，材武絕倫」。每謂左右曰：「人不可無學，但要不爲博士耳。」故讀書頗知梗概，而不甚耽習。孝靜帝元象年間（538-539），封平原郡公。武定（543-549）末，任冀州刺史，「在州有美政」。天保初年，封上黨王，歷中書令、尚書左、僕射。八年，錄尚書事。卻遭黑讖之殃，以「漆」擬「七」爲最黑，被殺，至廢帝乾明元年（560），始收「餘骨葬之，贈司空，諡曰剛肅」。[55]

西魏佛教天命，對齊還有另一個威脅，即西魏繼承北魏傳統，人民崇佛結合王朝天命正統，造佛像亦祈王朝平安順利，命祚綿延。例如：陝西省耀縣出土造像碑，西魏文帝大統元年（535）造像碑，〈大行高尚書之醮州判使宜君縣開國公毛遐碑〉云：夫至道幽玄，非有非無，慈氏見化，蓮葉就應。是以諸邑子等，仰感□苦，心往覺□，造像相勸，率減割家琛，敬造石像一區。茲以端姒，立在迪衢。願使天下太平，皇治永

---

[55]《北齊書》，卷 10，〈上黨剛肅王渙傳〉，頁 135-136。

康，七世所生，曠卻〔劫〕先佛，因緣善爲，超度以難，歷代諸佛，龍華三會，願在先首」。[56]大統十四年（548）造像碑，題名磨損不清，正面刻「觀音堂」之碑云：「……容，應於世界，是以佛弟子七十人等，自願□□來觀眞顏，又□蒼生墜於□苦職，茲□蓮安，心義輕資，割減家珎，造像一區。雕飾以成，藉徽初願，帝祚永隆，黎庶安寧，萬國熙同，六合叼化。[57]大統十七年（551）造像碑，碑題不清楚，其文云：「眞空虛淇，現□六於大遷，邃理寂寥，表三垂於火宅，興大悲以救苦，降慈心而導迷。是以邑子七十六人等，深□妙趣，洞測緣假，故能傾資竭寶，達崇斯像。維儀麗俊，□炳遺世，所以開曉民□，拯溺橫流。緣此功德，仰願皇作永延，天下寧謐；七世父母，祚神淨墳，但登妙樂；又願現在眷屬，合邑子等，壽命循延，莨之福慶，及法界蒼黎，同沃斯澤。大魏歲次辛未大統十七年四月」。[58]

第五節 蕭梁佛教天命之挑戰

與北魏、東魏迭相對峙，而延續到影響北齊的南朝政權，是蕭梁。以佛教天命來說，梁武帝在位期間（502-549），正值北魏宣武帝景明三年至東魏孝靜帝七年，即高洋禪代之前一年，所以他的佛教天命措施，影響北齊是比較直接的。武帝的宗教信仰，或說初信道教，後改宗佛教，遂有捨道入佛之說，此事眞實性如何呢？學界有所爭議，[59]莫能肯定。他在崇佛之外，亦振興儒學，[60]則爲事實。而他最著名於世者，當推崇

---

[56] 石璋如，〈陝西耀縣的碑林與石窟〉，《中央研究院歷史語言研究所集刊》，第 24 本（1953），頁 154。

[57] 石璋如，〈陝西耀縣的碑林與石窟〉，《中央研究院歷史語言研究所集刊》，第 24 本（1953），頁 155。

[58] 石璋如，〈陝西耀縣的碑林與石窟〉，《中央研究院歷史語言研究所集刊》，第 24 本（1953），頁 156。

[59] 內藤龍雄，〈梁の武帝の捨道の非史實性〉，《印度學佛教學》，第 5 卷第 2 號（1967 年 3 月），頁 162-163。

[60] 石橋成康，〈論語義疏と梁代佛教〉，《印度學佛教學》，第 37 卷第 2 號（1989 年 3 月），頁 89-92；春口禮智，〈梁の三處士と盧山の東林寺〉，《印度學佛教學》，第 33

佛。可是儘管他崇佛，家庭后妃及諸子之實際人生遭遇，卻多屬悲劇；王朝亦經數十年長期崇佛祈福後，於其晚年極度衰頹而崩潰，身後就旋告傾滅了。[61]無論如何，他在位期間，始終都重視於政治與佛教結合，其中亦操弄著佛教天命。

蕭齊和帝中興二年（502）正月八日，蕭衍已專制朝政而將禪代之際，「夢檀像入國，因發詔募往迎」。有決勝將軍郝騫、謝文華等八十人，「應募往達，具狀祈請」。所謂檀像，是印度當年「佛上忉利天一夏為母說法，王臣思見。優填國王遣三十二匠及齎栴檀，請大目連神力，運往令圖佛相，既如所願圖了還返，坐高五尺」。蕭衍計畫把此象迎回來。[62]

到了天監元年（502），「夏四月丙寅（初八日），高祖即皇帝位於南郊」。[63]四月八日，正是中國佛教的佛陀聖誕日。[64]可見蕭衍刻意選擇在佛誕日行禪代，「設壇柴燎，告類于天」，宣示依天命而得正統說：在天命流轉層面上，蕭衍是以德應天命轉移，來即皇帝位，「皇帝臣衍，敢用玄牡，昭告于皇天后帝：齊氏以曆運斯既，否終則亨，欽若天應，以命于衍。夫任是司牧，惟能是授；天命不于常，帝王非一族。唐謝虞受，漢替魏升，爰及晉、宋，憲章在昔。咸以君德馭四海，元功子萬姓，故能大庇氓黎，光宅區宇」。在天命轉移之驗徵於人事變化層面上，蕭齊末年來的人事變遷已為顯證：「齊代云季，世主昏凶，狡焉羣慝，是崇是長，肆厥姦回暴亂，以播虐于我有邦，俾溥天惴惴，將墜于深壑。九服八荒之內，連率岳牧之君，蹶角頓顙，匡救無術，臥薪待然，援天靡

卷第 1 號（1984 年 12 月），頁 157-160。

[61] 牧田諦亮，〈梁の武帝：その信佛と家庭の悲劇〉，收入氏著，牧田諦亮，《中國佛教史研究（一）》（東京市：大東出版社，1981 年 5 月初版），217-233。

[62] 《法苑珠林》卷 14，大正藏第五十三冊，頁 389 上。

[63] 《梁書》，卷 2，〈武帝紀中〉，頁 32。

[64] 諏訪義純，〈梁武帝佛教關係事蹟年譜考〉，收入氏著，《中國南朝佛教史の研究》（京都市：法藏館，1997 年 5 月初版一刷），頁 13。

訴。衍投袂星言，推鋒萬里，厲其掛冠之情，用拯兆民之切。銜膽誓眾，覆銳屠堅，建立人主，克翦昏亂。遂因時來，宰司邦國，濟民康世，實有厥勞。而晷緯呈祥，川岳效祉，朝夕眮牧，日月郊畿」。至是天命轉移，朝代鼎革，已是極其明顯：「代終之符既顯，革運之期」。[65]

　　蕭衍於佛誕日即帝位，據傳當天海外立即感應「聖主」在位，佛教將為鼎盛；而先應驗其國前來朝貢。史載干陁利國（今蘇門答臘島）王瞿曇脩跋陁羅，於天監元年「四月八日夢見一僧」，對他說：「中國今有聖主，十年之後，佛法大興。汝若遣使貢奉敬禮，則土地豐樂，商旅百倍；若不信我，則境土不得自安」。夢後，脩跋陁羅「初未能信」，接著，又夢見同一僧人說：「汝若不信我，當與汝往觀之」。乃「於夢中來至中國，拜觀天子」。國王「遂心異之」，而他「本工畫，乃寫夢中所見高祖容質，飾以丹青，仍遣使并畫工奉表獻玉盤等物。使人既至，模寫高祖形以還其國，比本畫則符同焉」。證明夢中所見天子確為梁武帝。國王「因盛以寶函，日加禮敬」。後來跋陁羅死，子毗邪跋摩繼立王位。天監十七年，遣長史毗員跋摩至蕭梁，奉表說：「常勝天子陛下；諸佛世尊，常樂安樂，六通三達，為世間尊，是名如來。應供正覺，遺形舍利，造諸塔像，莊嚴國土，如須彌山。邑居聚落，次第羅滿，城郭館宇，如忉利天宮。具足四兵，能伏怨敵。國土安樂，無諸患難，人民和善，受化正法，慶無不通。猶處雪山，流注雪水，八味清淨，百川洋溢，周回屈曲，順趨大海，一切眾生，咸得受用。於諸國土，殊勝第一，是名震旦」。其意是說，中國天子，得諸佛庇祐，天下太平、富饒繁榮、佛教昌隆，人民生活安樂。其能如此者，乃「大梁揚都天子，仁廕四海，德合天心，雖人是天，降生護世，功德寶藏，救世大悲，為我尊生，威儀具足」。由於如此，「是故至誠敬禮天子足下，稽首問訊。奉獻金芙蓉、

---

[65]《梁書》，卷2，〈武帝紀中〉，頁32。

雜香藥等，願垂納受」。至普通元年，是國「復遣使獻方物」。[66]

天監四年（505）夏四月，自甲寅至壬戌，甘露連降華林園。五月辛卯，建康縣朔陰里生嘉禾，一莖十二穗。[67]這條記載，亦被視爲視作梁武帝崇佛瑞兆之事蹟，[68]因其崇佛瑞兆，確有降甘露者（見後文）。

天監八年（509），有造佛像之靈異。那就是鑄成一丈八尺的金像，爲劉宋、南齊所不能達成的。先是，劉宋明帝，曾經「造丈八金像，四鑄不成，於是改爲丈四」。到了南齊，沙門法悅乃與白馬寺智靖，率合信眾，「欲改造丈八無量壽像，以申厥志，始鳩集金銅。屬齊末，世道〔凌〕陵遲，復致推斥」。到了梁初，將此事啓聞於梁武帝，乃降勅允許，并由朝廷協助鑄造，「材官工巧，隨用資給」。梁天監八年（509）五月三日，於小莊嚴寺開始營鑄，工匠量佛身所需原料四萬斤銅，銅料「融瀉已竭，尚未至胸，百姓送銅不可稱計，投諸爐治，隨鑄而模內不滿」；乃又啓聞於梁武帝，復勅給功德銅三千斤，「羊車傳詔，載銅爐側，於是飛韝消融，一鑄便滿，甫爾之間，人車俱失，比臺內銅出，方知向之所送，信實靈感」，「及至開模，量度乃踊成丈九」，「又有大錢二枚，猶見在衣條〔條〕，竟不銷鑠，並莫測其然」。這都是「祥瑞冥密，出自心圖，故知神理幽通，殆非人事」。往後來還有各種神蹟：一是初像素既成，有比丘道昭常夜中禮懺，「忽見素所晃然洞明，祥視久之，乃知神光之異鑄」。二是後三日未及開模，有禪師道度，捨其七條袈裟助費，「開頂俄而遙見二僧，跪開像髻，逼就觀之，倏然不見，時（法）悅、（智）靖二僧相次遷化」。三是其年九月二十六日，移像光宅寺，是月不雨，佛像頗有埃塵，至遷像前夜，「有輕雲遍上，微雨沾澤」，「遙見像邊有光焰，上下如燈如燭，并聞槌懺禮拜之聲，入戶詳視撡然俱滅」；

---

[66]《梁書》，卷54，〈諸夷傳〉，頁794-795。

[67]《梁書》，卷2，〈武帝紀中〉，頁42。

[68] 諏訪義純，〈梁武帝佛教關係事蹟年譜考〉，收入氏著，《中國南朝佛教史の研究》，頁24。

「是夜淮中賈客，並聞大航舶下催督治橋，有如數百人聲，將知靈器之重，豈人致焉」。四是「其後更鑄光趺，並有風香之瑞」。僧祐解釋說：「泊于大梁遺光粵盛。夫法身無像，因感故形感，見有參差，故形應有殊別。若乃心路蒼茫，則真儀隔化。情志慊切，則木石開心」。遂「有光宅丈九，顯曜京畿，宋帝四鑠而不成，梁皇一冶而形備，妙相踊而無虧，瑞銅少而更足，故知道藉人弘，神由物感，豈曰虛哉。是以祭神如神在，則神道交矣」。[69]靈跡所示，正應梁朝崇佛之興盛，國運感佛之深宏。這是梁武帝禪代後，以佛教靈異超越前代，來塗飾天命神秘色彩，以資拉攏及穩定民心。

天監十年（511），於天監元年赴印度迎請優填王之檀佛像，迎回到蕭梁。當初，郝騫等八十人出發，到達印度時，優填王所雕檀木佛像，於印度「祇桓寺至今供養」，依蕭衍之命，「欲迎請此像」。惟印度舍衛王說：「此中天正像，不可適邊」。遂按優填王原來雕法，以佛陀有三十二種妙相，令三十二個工匠，「更剋紫檀，人圖一相，卯時運手至午便就」。佛像「相好具足，而像頂放光；降微細雨，并有異香」。這座複製佛像，正應驗《優填王經》所說：「真身既隱，次二像現，普為眾生，深作利益」。在返程中，騫等「負第二像，行數萬里，備歷艱關，難以具聞」。主要艱險有「度大海冒涉風波，隨浪至山糧食又盡；所將人眾及傳送者，身多亡歿」。在路途中，「逢諸猛獸，一心念佛，乃聞像後，有甲冑聲；又聞鍾聲，巖側有僧端坐樹下」。騫就把佛像置僧面前，僧身起禮像，騫等人亦禮僧，僧給澡鑵飲用，眾人乃得飽滿。僧說：「此像名三藐三佛陀，金毘羅王自從至彼大作佛事」。語畢瞬間消失踪影。是夜大家都夢見神，早晨起來共同畫出神像圖。至天監十年四月五日，騫等人及佛像，到了都城。「帝與百僚，徒行四十里，迎還太極殿。建齋度人，大赦、斷殺，絓是弓刀矟等，並作蓮華塔頭」。梁武帝亦從此「菜蔬斷慾，至太清三年五月崩」。至梁元帝承聖年間，「遣人從楊都迎

---

[69]《高僧傳》，卷13，〈法悅傳〉，大正藏第五十冊，頁412下-413中。

上至荊都承光殿供養」。後梁大定八年，「於城北靜陵造大明寺，乃以像歸之」。[70]

普通元年（520）四月，因佛法而有甘露瑞兆。時昭明太子蕭統，「美姿貌，善舉止」。聰穎而「讀書數行並下，過目皆憶」。文學卓越，「每遊宴祖道，賦詩至十數韻」。才思敏銳，「或命作劇韻賦之，皆屬思便成，無所點易」。武帝既「大弘佛教，親自講說；太子亦崇信三寶，遍覽眾經」。乃於宮內別立慧義殿，專為佛法講論集會之場所，「招引名僧，談論不絕」。太子從中「自立二諦、法身義」，內容頗有為佛學「新意」。於是「普通元年四月，甘露降于慧義殿，咸以為至德所感焉」。[71]「時俗稍奢，太子欲以己率物，服御朴素，身衣浣衣，膳不兼肉」。[72]

上述例證顯示，梁武帝即帝前、即帝位時、即帝位後，都有意環繞佛教天命靈異，不斷的顯露佛教靈跡，為其政教結合的一個重要層面。這種現象，不是說他只耽於神秘超越經驗的政教結合，而是配合經驗性的政教結合之運作，使政教結合包含更為廣泛、周全。

佛教天命靈異所配合的經驗性政教結合，即是想以政教結合來主導社會政治，以利鞏固王朝政權。茲舉例說明如下：

例如，如梁武帝「斷酒肉文」之提倡。天監十六年（517）至普通四年（523）之間的某一年五月二十三日，是梁武帝提倡「斷酒肉文」的可能年代範圍。再加以仔細推敲，最有可能的年代，是從天監十八年（519）五月二十三日開始。[73]其之提倡，前後共有兩次法會，第一次法會舉行的地點在華林殿，第二次在華林園華光殿。此舉之意義是：東晉南朝是士族政治、貴族社會的時代，佛教於南方興盛起來。君權受到士

---

[70]《法苑珠林》卷 14，大正藏第五十三冊，頁 389 上。

[71]《梁書》，卷 8，〈昭明太子統傳〉，頁 166。

[72]《南史》，卷 53，〈昭明太子統傳〉，頁 1308。

[73] 諏訪義純，〈梁武帝佛の「酒肉を斷つ文」提唱の文化史的意義：南北朝隋唐の僧侶たちの動向から〉，收入氏著，《中國南朝佛教史の研究》，頁 119。

族與僧伽的影響，頗受限制。在此時代背景下，「斷酒肉文」反映出，佛教、政治、社會等三方面之間，有著強烈的緊張性。內涵包括著佛教思想，帝王與沙門的衝突與調和，君權領導僧伽的理論基礎等要素，這是梁武帝爲了強化其政權，乃對貴族與沙門採取各種因應措施：

在政治與社會關係方面。武帝出身僑姓寒門，爲了力圖突破時代限制，乃聚集儒生、文人、軍人來開國稱帝。面對東晉以來，君權與門閥聯合爲政之舊體制，以及門閥與下層豪族、寒門的衝突，他一方面優崇士族門第，另一方面提倡用人以才學爲準，不拘門第的新貴族主義，以期突破傳統「社會貴族主義」之限制，建立以君權爲主的「國家貴族主義」。

在政治與宗教關係方面，武帝兼備玄、儒、文、史等四種士大夫的學術教養，並爲此四學調和者；同時，亦爲儒、釋、道三教調和論者。因此，武帝不僅信佛虔篤，精於佛法義理，還具有各種學術的包容力與融合力，卻又運作專制帝王宰制天下的氣勢與力量，在法雲等人的襄助之下，以改革寺院僧團爲目標，舉行「斷酒肉」法會。希望經由南朝的佛法義理辯論方式，徹底匡正僧伽流弊，而避免君權與僧伽激烈的衝突，乃至殺僧毀寺等法難的發生。此因梁武帝時代，佛教地位、實力達到六朝的高峰。部分僧伽不守戒律，蠹俗傷法。尤其慧遠的「沙門不敬王者論」，更強化了沙門獨立於王化之外的自主意識，助長了僧伽的聲勢，乃至有沙門傾奪朝權、興兵作亂、挑戰君權等情形發生。此種形勢，促使武帝不得不提出新理念與新政策，來解決這種全國性的佛教問題，遂使「斷酒肉文」依此背景而形成。至於「斷酒肉文」的內容，充滿大慈大悲的菩薩精神。武帝在與會僧尼大眾前，發誓遵行大乘菩薩行，生生世世修菩薩道，並以此勉勵沙門同行菩薩法。武帝本著大乘菩薩精神，以「斷酒肉」爲實踐菩薩戒行之開端，並以此新的戒律標準，來匡正僧伽的行爲，即武帝因「欲成人之美，使佛種相續，與諸僧尼共弘法

教」，乃提倡「菩薩戒行」的新理念，並予以嚴格督導。[74]

在君權方面，以菩薩思想提昇君權。梁武帝位前後，即進行政治與佛教結合政策。他所領導之「建康教團」，在天監年間（502-519），持續從弘佛、護法、翻譯、編纂、註解大量佛教典籍等層面上，進行了政教結合的工作。終在在天監十八年四月八日，武帝親受菩薩戒之際，由建康教團提出「皇帝菩薩」，做爲政教結合政策之核心理念。推究「皇帝菩薩」理念之形成的時代背景，主有三大因素或淵源：首先，是東晉南朝「沙門不敬王者」的影響；其次，是「皇帝即如來」觀念的影響；最後，是佛教徒自覺、無佛感與菩薩思想的影響。因此，「皇帝菩薩」之政教結合的理念內涵，有四個面向：（1）是指菩薩化的皇帝，例如：梁武帝親受菩薩戒，奉行菩薩道，是一位以身作則的「菩薩戒弟子皇帝」、「奉佛天子」；（2）是指皇帝化菩薩，是一位「聖位」的活菩薩，能以其神力化及萬邦，惠及幽靈，是眾神之神，即眾菩薩中的至尊「皇帝菩薩」。根據這兩個觀念，梁武帝同時擁有王法與佛法所賦予的權柄，即享有君權與神權，可以同時管理世俗臣民，乃至出世的僧侶、幽冥神鬼，是人間、天上的「法王」。（3）「皇帝菩薩」有其多方面的適應力與凝聚力，它以菩薩思想與菩薩戒爲基礎，似乎打破了無佛感的危機意識，進而豐富了北方魏朝之「皇帝如來」的內涵；它以皇帝與菩薩結合成爲「皇帝菩薩」，似乎也順應了「沙門不敬王者論」內外聖人合一的終極理想；它以大乘菩薩思想、戒行等理論與實踐爲基礎，乃擁有整個大乘佛教體系的強大基盤。（4）在實踐層面上，以「皇帝菩薩」理念主導的政教結合政策，將使皇帝更爲神聖，更具權威，再配合各種講經、懺悔法會的舉辦，捨身同泰寺等儀式化、偶像化、世俗化的運作，則將使皇帝爲主的「國家佛教體制」更堅固。或許，綜合上述四個面向，梁

---

[74] 顏尚文，〈梁武帝的君權思想與菩薩性格初探：以「斷酒肉文」形成的背景爲例〉，《國立臺灣師範大學歷史學報》，第 16 期（1988），頁 1-36。

武帝透過「皇帝菩薩」理念所主導政教結合政策之運作，可以得到僧俗的認同，而達到一統南北兩朝，建立「儒佛合一」、「政教合一」佛教化大帝國之理想。[75]

梁武帝之政教結合政策，以及佛教天命靈異的運用，亦有相對的流弊。即民眾加以模仿來做爲叛亂工具。例如《薩婆若陀眷屬莊嚴經》一卷疑僞經製作事件。此事發生於天監九年。有郢州頭投陀道人妙光，「戒歲七臘，矯以勝相，諸尼嫗人僉稱聖道」。該州僧正議「欲驅擯，遂潛下都住普弘寺，造作此經」。把它「寫在屏風，紅紗映覆，香花供養，雲集四部嚫供」。事跡顯發後，敕付建康「辯覈疑狀」，結果顯示，是經內容，「抄略諸經，多有私意。妄造借書人路琰，屬辭潤色」。於是判決，妙光「巧詐事應斬刑」，路琰「同謀，十歲謫戍」。後在其年四月二十一日，梁武帝勅僧正慧超，令召集京師能講大法諸法師，有宿德如僧祐、曇准等二十人，共至建康，「前辯妙光事」。超即刻奉旨，與曇准、僧祐、法寵、慧令、慧集、智藏、僧旻、法雲等二十人，「於縣辯問，妙光伏罪」。涉有關係之眾僧，「詳議依律擯治，天恩免死，恐於偏地復爲惑亂，長繫東治」。接著，「即收拾此經，得二十餘本及屏風，於縣燒除，然猶有零散」。[76]

另如，中大通元（529）年十二月，陳慶之出爲持節、都督緣淮諸軍事、奮武將軍、北兗州刺史。正好逢到有「妖賊沙門僧強自稱爲帝」，土豪蔡伯龍起兵應之。復因「僧強頗知幻術，更相扇惑，眾至三萬」，攻陷北徐州，濟陰太守楊起文棄城逃走，鍾離太守單希寶被殺，梁武帝便派慶之討伐，還親身駕臨白下餞行，對慶之搓：「江、淮兵勁，其鋒

---

[75] 顏尚文，〈梁武帝「皇帝菩薩」理念形成的時代背景〉，釋聖嚴主編《佛教思想與文化》（台北市：法光出版社，1991 年 2 月初版一刷），頁 123-164；顏尚文，〈梁武帝「皇帝菩薩」的理念及政策之形成基礎〉，《國立臺灣師範大學歷史學報》，第 17 期（1989），頁 1-58。

[76] 梁・僧祐撰，《出三藏記集》，卷 5，大正藏第五十五冊，頁 40 中。

難當，卿可以策制之，不宜決戰」。慶之受命而行，終於「斬伯龍、僧強，傳其首」。[1]

第十二章 兼修魏、齊史之史學

本章之目的，針對〈修史詔〉實現宗旨之方式的形成原因，探討詔書主張兼修魏、齊史的史學原因，而分為兩個方面：

一、是史學天命正統觀念。魏晉南北朝史學，因政權陷入長期的分裂，禪代頻仍，諸朝無 276

不以正統自居，反映在史學上，就是正統觀之流形，正統成為修史勢所必須面對的課題，決無法逃避。這在有關史學史論著中，已有詳細討論，[2]此處不予贅述，而著力〈修史詔〉所關涉的問題。（1）是西魏自孝武帝於永熙三年西奔長安後，便立即展開纂修魏起居注，以及魏國史，充分表現「嗣弘」魏正統（第一節）。（2）由於鮮卑民族，早為漢人貶抑卑視的稱「虜」（第二節）。因此，（3）東晉南朝史書，都以「虜」、「索頭」、「索虜」等詞，來稱謂魏王朝及人民，意在鄙視其低賤，以貶斥為閏位，否定其天命正統地位（第三節）。以上情形，遂使〈修史詔〉將修史宗旨，定為兼修魏、齊史以「嗣弘」魏正統，資以抗衡。

二，是史書的實際撰述。〈修史詔〉主張兼修魏、齊史，受諸魏史學影響者，實在很有限，唯有針對魏之官私「並修」本朝（魏國史）及前朝史（十六國史），〈修史詔〉把官私並修轉變成專屬官方兼修（第四節）。推其主張之主要來源，是模仿魏晉南朝史學，蓋其政權轉移，全

---

[1] 《梁書》，卷32，〈陳慶之傳〉，頁463-464。

[2] 其整體趨勢詳參：周一良，〈魏晉南北朝史學發展的特點〉，收入氏著，《周一良集》，頁466-490；周一良，〈魏晉南北朝史學著作的幾個問題〉，收入氏著，《同前書》，頁491-519；周一良，〈魏晉南北朝史學與王朝禪代〉，收入氏著，《同前書》，頁520-533；至於史學史專書及專論，為數甚多，無法一一列舉，參照侯德仁，〈近三十年來的中國史學正統論研究綜述〉，《蘭州學刊》，2009年第7期，頁203-206。

出自禪代，故一面有官私並修、官方兼修本朝史與前朝史，對於本朝史還用「受命之元」書法，使與前朝史之歷史重疊，以為本朝正統來自前朝，〈修史詔〉之「兼修」，即是仿之而來（第五、六節）。

第一節 抗衡西魏修國史嗣弘魏正統

〈修史詔〉之兼修魏、齊史，其史學原因之一，是由於西魏的修史。自孝武帝於永熙三年西奔長安後，便立即展開纂修魏起居注，以及魏國史，充分表現「嗣弘」魏正統。故須通過修史活動，來達到「嗣弘」魏正統之目的，始能與之抗衡。

孝武帝於永熙三年（534）七月西奔，在預備出洛陽前，有「五千騎」隨從，「眾知帝將出（洛陽），其夜亡者過半」。西奔途中，遭到「飢渴甚，有王思村人以麥飯壺漿獻帝」，後復有「潼關大都督毛洪賓迎獻食」。[3]可見孝武出奔，事屬隱密倉促，既不能公然備足糧食，遑論公開搬運秘閣中的北魏國史，西魏國史必須從頭修起。

永熙三年七月孝武帝西奔前夕，對長安方面，便曾「遣著作郎姚幼瑜持節勞軍」，[4]是時，史官已進入長安了。於是西魏政權成立後，便立即展開了修纂國史的活動。如「及帝入關，事起倉卒」，有盧辯「不及至家，單馬而從」。有人問辯說：「得辯家不？」辯答：「門外之治，以義斷恩，復何辭也」。待孝武至長安，便對辯「授給事黃門侍郎，領著作」。[5]如李彥「少有節操，好學慕古，為鄉閭之所敬憚」；孝昌中，「解褐奉朝請，加輕車將軍。從魏孝武入關，兼著作佐郎，修起居注」。[6]另有張軌（501-555），於「魏孝武西遷」，除中書舍人，封壽張縣子，邑三百戶，加左將軍、濟州大中正，「兼著作佐郎，修起居注」。[7]另外，

---

3 《北史》，卷5，〈魏本紀五〉，頁173。
4 《周書》，卷1，〈文帝紀上〉，頁10。
5 《周書》，卷24，〈盧辯傳〉，頁403。
6 《周書》，卷37，〈李彥傳〉，頁665。
7 《周書》，卷37，〈張軌傳〉，頁664。

隨孝武帝入長安者，亦有修史經驗之成員，如崔謙，「幼聰敏，神彩嶷然」。長大之後，「深沉有識量，歷觀經史，不持章句，志在博聞而已」。關心治國大事，「每覽經國緯民之事，心常好之，未嘗不撫卷歎息」。北魏孝明帝孝昌年間（525-527），「解褐著作佐郎」，後因孝武帝西奔，隨而入長安。[8]據此可知，孝武西奔長安，從行者不乏修史人才，遂能立定於長安後，馬上展開修國史活動，進而更使其活動持續不斷。

大統元年（535），西魏文帝即位後，起居注之撰修，依然不輟。呂思禮（？-538）「以迎魏孝武功，封汝陽縣子」，於大統元年（535）「魏文帝即位，領著作郎」。[9]大統三年（357）以前，有蘇綽曾「除著作佐郎」。[10]大統三年，趙善「轉左僕射，兼侍中，監著作，領太子詹事」。[11]有盧柔，大統二年至長安，先為行臺郎中，加平東將軍，除從事中郎，與蘇綽對掌機密；大統三年以後，進爵為子，增邑三百戶，除中書舍人，遷司農少卿，「轉郎，兼著作，撰起居注」。[12]大統四年（538），有柳虯（501-554）上書論修史事，[13]又有申徽「拜中書舍人，修起居注」。[14]大統十年（544）有裴文舉「起家奉朝請，遷丞相府墨曹參軍」。「時太祖（宇文泰）諸子年幼，盛簡賓友」。文舉「以選與諸公子遊，雅相欽敬，未嘗戲狎」，後來「遷威烈將軍、著作郎」。[15]柳虯，於大統十四年（548）「除祕書丞，祕書雖領著作，不參史事，自虯為丞，始令監掌焉」；大統十六年（550），虯「遷中書侍郎，修起居注，仍領丞事」。[16]大統末年，

---

8 《周書》，卷35，〈崔謙傳〉，頁612。
9 《周書》，卷38，〈呂思禮傳〉，頁682。
10 《周書》，卷23，〈蘇綽傳〉，頁381-382。
11 《周書》，卷34，〈趙善傳〉，頁588。
12 《周書》，卷32，〈盧柔傳〉，頁563。
13 《周書》，卷38，〈柳虯傳〉，頁680-681。
14 《周書》，卷32，〈申徽傳〉，頁556。
15 《周書》，卷37，〈裴文舉傳〉，頁669。
16 《周書》，卷38，〈柳虯傳〉，頁681。

黎景熙「除安西將軍，尋拜著作佐郎」。[17]廢帝元年（552）薛寘「領著作佐郎」，「尋拜中書侍郎，修起居注」。[18]西魏恭帝元年（554）即位後，柳慶進位驃騎大將軍、開府儀同三司、尚書右僕射，「轉左僕射，領著作」。[19]另有蔡允恭「起家著作佐郎、太子舍人」。[20]

國史纂修方面，檀翥，「好讀書，善屬文」，十九歲爲魏孝明帝挽郎，後隨毛鴻賓鎮潼關，加前將軍、太中大夫。至「魏孝武西遷，賜爵高唐縣子，兼中書舍人，修國史，加鎮軍將軍。兼中書舍人，修國史」。[21]隨後，有李昶，宇文泰「欲以書記委之，於是以昶爲丞相府記室參軍、著作郎，修國史」。[22]，大統八年（542），有蘇亮遷都官尚書、使持節、行北華州刺史，封臨涇縣子，邑三百戶，「除中書監，領著作，修國史」。[23]廢帝元年（552）薛寘「領著作佐郎，修國史」。[24]

在西魏國史纂修中，最重要的人物之一，是柳虯，字仲蟠，年十三歲，便專精好學，「遍（授）〔受〕五經，兼博涉子史，雅好屬文」。北魏孝明帝孝昌年間，揚州刺史李憲舉薦虯爲秀才，兗州刺史馮儁乃授任虯爲府主簿。不久，樊子鵠爲吏部尚書，其兄柳義爲揚州，乃以虯爲揚州中從事治中，加鎮遠將軍，以「非其好」，遂棄官還洛陽。因逢天下紛亂，「乃退耕於陽城，有終焉之志」。至西魏文帝大統三年，馮翊王元季海、領軍獨孤信鎮洛陽，「于時舊京荒廢，人物罕極」，獨孤信便徵召虯爲行臺郎中，掌文翰事務。大統四年，入朝，爲宇文泰所賞識，任爲丞相府記室，追論歸朝功，封美陽縣男，邑二百戶。[25]當時「虯以史

---

[17] 《周書》，卷47，〈藝術傳・黎景熙〉，頁846。
[18] 《周書》，卷38，〈薛寘傳〉，頁685。
[19] 《周書》，卷22，〈柳慶傳〉，頁372。
[20] 《周書》，卷48，〈蔡允恭傳〉，頁869。
[21] 《周書》，卷38，〈檀翥傳〉，頁687。
[22] 《周書》，卷38，〈李昶傳〉，頁686。
[23] 《周書》，卷38，〈蘇亮傳〉，頁678。
[24] 《周書》，卷38，〈薛寘傳〉，頁685。
[25] 《周書》，卷38，〈柳虯傳〉，頁680。

官密書善惡，未足懲勸」。乃上疏論修史事云：

> 古者人君立史官，非但記事而已，蓋所以為監誡也。動則左史書之，言則右史書之，彰善癉惡，以樹風聲。故南史抗節，表崔杼之罪；董狐書法，明趙盾之愆。是知直筆於朝，其來久矣。而漢魏已還，密為記注，徒聞後世，無益當時，非所謂將順其美，匡救其惡者也。且著述之人，密書其事，縱能直筆，人莫之知。何止物生橫議，亦自異端互起。故班固致受金之名，陳壽有求米之論。著漢魏者，非一氏；造晉史者，至數家。後代紛紜，莫知准的。

> 伏惟陛下則天稽古，勞心庶政。開誹謗之路，納忠讜之言。諸史官記事者，請皆當朝顯言其狀，然後付之史閣。庶令是非明著，得失無隱。使聞善者日修，有過者知懼。敢以愚管，輕冒上聞。乞以瞽言，訪之眾議。事遂施行。[26]

上文宗旨，古來史官直筆為當世鑑戒，已樹立為典範。漢末以來，漸次失墜。首先，是史官記善惡，採「密為記注」，只保留給後世見聞，「無益當時，非所謂將順其美，匡救其惡者也」，失去當世鑑戒之功能。其次，採用「密書其事」之法，即為隱密其善惡事，史官「縱能直筆，人莫之知」，難以彰顯鑑戒之功能。復次，善惡之論，判斷及說法，多屬「物生橫議，亦自異端互起」，而且其間，或有外力介入加以左右操作，如班固「受金」及陳壽「求米」等事，引起諸說擾攘，「莫知准的」。

關於班固「受金」，未知如何而來，據說東漢仲長統於《昌言》有所析辨，其書卻已大部分亡佚，已無可考，而劉勰《文心雕龍》僅說其「徵賄鬻筆」，劉知幾《史通》繼而只斥說「受金而始書」，往後遂傳諸後世。究實其言所指班固如何受金呢？受金書寫史書為何文呢？均屬不詳，一片空白。古來對此事看法不一，有信其為真實，有疑無其事，或不置可否；而為班固辨誣者以為，如果班固撰修《漢書》時受賄，則應

---

26 《周書》，卷 38，〈柳虯傳〉，頁 681。

有天子不宥、律令不許、士林不齒、怨家不饒等諸事端,而此等事情卻
無一曾經發生過,可知在修史過程中,班固未嘗收受過賄賂。所謂受金
寫史之說的來源,其最大的可能性,乃是班固「受命」修史之事,在輾
轉傳抄過程中,抄者筆誤將「受命」抄成「受金」的訛誤。[27]

　　關於陳壽「求米」,其事原委是「或云丁儀、丁廙有盛名於魏,壽
謂其子曰:『可覓千斛米見與,當爲尊公作佳傳。』丁不與之,竟不爲
立傳」。[28]此事在歷史上,或信爲有其事,或信爲無其事。爲陳壽辨誣者,
說此是所傳有矛盾存,是爲不可信之原因。如丁氏兄弟本是沒有立傳資
格,因兩人在曹植、曹丕爭王太子時,「植既以才見異,而丁儀、丁廙、
楊脩等爲之羽翼。太祖狐疑,幾爲太子者數矣」。後因「植任性而行,
不自彫勵,飲酒不節」。曹丕「御之以術,矯情自飾,宮人左右,並爲
之說」,於建安二十二年(217)「遂定爲嗣」。[29]二十五(220)年正月,
曹操卒,丕即魏王位,便誅殺丁氏兄弟。後改元延康,自二月爲元年起
元,是年十月受禪即皇帝位,爲曹魏之開端。故就王朝遞嬗時間來說,
丁氏兄弟已非曹魏時代之人物了,沒有立傳於魏史之資格。其次,丁氏
兄在弟當時之活動,多屬近貴具威勢而已,無卓越超群之成就,亦未具
立傳資格。再者,當「文帝即王位,誅丁儀、丁廙并其男口」,[30]即當曹
丕誅殺時,爲防後患,對丁氏採斬草除根手段,特殺男性人口,若他們
有兒子,必遭斬殺,如何可能至西晉時代尚有其子,讓陳壽求米呢?退
一步說,若丁氏子當年有逃脫生存者,其謂陳壽索米「千斛」,西晉品
秩第一,食俸每日五斛,須累積超過半年之全部食俸,陳壽果若開此條
件,必料想丁氏子有支付能力,而丁氏子必擁有甚高之政治或社會地
位,那麼爲何無名可稱呢?爲何未舉發陳壽索求事而引生事端呢?最

---

[27] 李小樹,〈班固受賄寫史辨移〉,《史學月刊》,2005 年第 3 期,頁 12-16。

[28] 《晉書》,卷 82,〈陳壽傳〉,頁 2137。

[29] 《三國志》,卷 19,〈魏書‧任城陳陳蕭王傳〉,頁 557。

[30] 《三國志》,卷 19,〈魏書‧任城陳陳蕭王傳〉,頁 561。

後，陳壽撰史之際，所撰史之傳世，毫無客觀之保證，且當時三國史之撰述，尚有魚豢《魏略》、王沈《魏書》，非唯陳壽一家，他怎敢自信有向丁氏索米立傳之條件呢？[31]

上述兩事，無論柳氏之認知是否正確，爲了克服此等外力干涉撰史之流弊，應由朝廷建立一個公布制度：「諸史官記事者，請皆當朝顯言其狀，然後付之史閣」，如此一來，史官直筆爲當世鑑戒之作用，便由此展現出來了。

西魏史書之纂修，最終雖未成書，卻仍意味著，當高洋禪代之際，西魏修國史的史學活動，一直在「嗣弘」魏正統。相對的，亦斥東魏、北齊爲閏位之僞政權。西魏國史早已亡佚，此處略以今本《周書》窺其一斑。

趙翼說今本《周書》的書法是：「大統十三年，書齊神武，薨，子澄嗣，是爲文襄帝。武成元年，書陳武帝，薨，兄子蒨立，是爲文帝之類」。[32]此說無誤，這是稱齊「帝」例，又如周文帝十五年，又書「是歲，盜殺齊文襄於鄴，其弟洋討賊，擒之，仍嗣其事，是爲文宣帝」。[33]周明帝武成元年十月，又書「是月，齊文宣帝薨，子殷嗣立」。[34]武成二年，書「是歲，齊常山王高演廢其主殷而自立，是爲孝昭帝」。[35]

趙翼之說的正確性範圍，只是涵蓋一個點而已。事實上，還有他例可尋著，如稱「齊主」例，周武帝建德六年，書「正月乙亥，齊主傳位於其太子恆，改年承光，自號爲太上皇」；[36]此例於《周書》算是普遍可

---

[31] 以上參照：馬興波、張燕，〈陳壽三國志成書過程中幾個問題的探討〉，《文教資料》，2008 年第 15 期，頁 6-7；劉蔚，〈駁陳壽索米事兼論三國志史料價值〉，《山西煤炭管理幹部學院學報》，2008 年第 2 期，頁 6-7；杜維運，《中國史學史》，第二冊（台北市：三民書局，1998 年 1 月初版），頁 101-102。

[32] 《陔餘叢考》，卷，〈宋齊梁陳魏周齊隋諸史及南北史書法各不同〉，頁 111。

[33] 《周書》，卷 2，〈文帝紀〉，頁 32。

[34] 《周書》，卷 4，〈明帝紀〉，頁 58。

[35] 《周書》，卷 5，〈武帝紀〉，頁 63。

[36] 《周書》，卷 6，〈武帝紀〉，頁 100。

察，茲不贅舉。最值得注意者，是背反趙翼之說的例證：

如稱齊帝不稱帝，既直書名諱又稱「偽」例，建德五年十二月書「高
延宗僭即偽位，改年德昌」。[37]至於高歡，縱有書「神武」者，而直書「高
歡」之場合甚多。諸如《周書》〈文帝紀〉固書「齊神武既破爾朱，遂
專朝政」，而載當時人語，都直呼「高歡」名諱，如宇文泰「太祖」曰：
「高歡非人臣也。逆謀所以未發者」，「既無憂國之心，亦不為高歡所忌。
但為之備，圖之不難」。[38]上表於魏孝武帝曰：「但高歡之眾，已至河東，
侯莫陳悅猶在水洛」。[39]孝武帝西奔長安時，宇文泰「太祖傳檄方鎮曰」：
「賊臣高歡，器識庸下」。[40]雙方對峙時，「太祖謂諸將曰」：「高歡雖智不
足而詐有餘」。[41]又說：「高歡數日行八九百里，曉兵者所忌，正須乘便
擊之」。[42]「高歡越山度河，遠來至此，天亡之時也。吾欲擊之」。[43]孝
武帝居長安時，對柳慶說：「高歡已屯河北」[44]到了周武帝五年十月，仍
對群臣說：「然晉州本高歡所起之地，鎮攝要重」。[45]

至於群臣，亦都呼「高歡」。在東西魏軍事對峙中，宇文深說：「高
歡拒守，竇泰必援之」。又說：「高歡之撫河北，甚得眾心」。[46]賀若敦謂
父統說：「韓陵之役，屈節高歡」。[47]郭賢說：「高歡兵士雖眾」。[48]李穆
說：「高歡今日已喪膽矣」。[49]韋孝寬書云：「若有斬高歡者」，有封爵大

---

[37] 《周書》，卷6，〈武帝紀〉，頁98。

[38] 《周書》，卷1，〈文帝紀〉，頁3-4。

[39] 《周書》，卷1，〈文帝紀〉，頁6。

[40] 《周書》，卷1，〈文帝紀〉，頁10。

[41] 《周書》，卷1，〈文帝紀〉，頁12。

[42] 《周書》，卷1，〈文帝紀〉，頁12。

[43] 《周書》，卷2，〈文帝紀〉，頁23。

[44] 《周書》，卷22，〈柳慶傳〉，頁369。

[45] 《周書》，卷6，〈武帝紀〉，頁95。

[46] 《周書》，卷27，〈宇文深傳〉，頁456。

[47] 《周書》，卷28，〈賀若敦傳〉，頁473-474。

[48] 《周書》，卷28，〈郭賢傳〉，頁480。

[49] 《周書》，卷30，〈李穆傳〉，頁527。

賞。[50]王悅說：「侯景之於高歡，始則篤鄉黨之情，末乃定君臣之契」。[51]
盧柔說：「高歡託晉陽之甲，意實難知」。[52]如賀拔岳說：「高歡烏合之眾，
豈能爲敵」。[53]梁禦說：「魏室陵遲，天下鼎沸。高歡志在凶逆，梟夷非
遠」。[54]王思政說：「高歡之心，行路所共知矣」。[55]閻慶說：「高歡跋扈，
將有篡逆之謀」。[56]李遠說：「北豫遠在賊境，高歡又屯兵河陽，常理而
論，實難救援」。[57]斛斯椿說：「高歡逆謀，已傳行路」。[58]直到周出兵欲
滅齊，蕭大圜說：「高歡昔以晉州肇基偽迹，今本既拔矣，能無亡乎。
所謂以此始者必以此終也」。「居數日，齊氏果滅。聞者以爲知言」。[59]

　　另有「神武」與「高歡」交替而書。如薛敬珍「及齊神武趨沙苑，
珍謂（薛）祥曰：『高歡迫逐乘輿，播遷關右，有識之士，孰不欲推刃
於其腹中？但力未能制耳。今復稱兵內侮，將逞凶逆，此誠志士効命之
日，當與兄圖之。』祥聞其言甚悅」。[60]薛憕，於「齊神武起兵，憕乃東
遊陳、梁間，謂族人孝通曰：『高歡阻兵陵上，喪亂方始。關中形勝之
地，必有霸王居之。』乃與孝通俱遊長安」。[61]

　　還有，齊帝於周稱「偽主」。周武帝建德四年七月，對群臣說：「數
年已來，戰備稍足。而偽主昏虐，恣行無道，伐暴除亂，斯實其時」。[62]
建德五年十二月詔云：「偽主高緯，放命燕齊，怠慢典刑，俶擾天紀。……

[50] 《周書》，卷 31，〈韋孝寬傳〉，頁 537。
[51] 《周書》，卷 33，〈王悅傳〉，頁 579。
[52] 《周書》，卷 32，〈王悅傳〉，頁 562。
[53] 《周書》，卷 14，〈賀拔岳傳〉，頁 235。
[54] 《周書》，卷 17，〈梁禦傳〉，頁 280。
[55] 《周書》，卷 18，〈王思政傳〉，頁 294。
[56] 《周書》，卷 20，〈閻慶傳〉，頁 342。
[57] 《周書》，卷 25，〈李遠傳〉，頁 420。
[58] 《周書》，卷 37，〈張軌傳〉，頁 664。
[59] 《周書》，卷 42，〈蕭大圜傳〉，頁 759。
[60] 《周書》，卷 35，〈薛敬珍傳〉，頁 626。
[61] 《周書》，卷 38，〈薛憕傳〉，頁 683-684。
[62] 《周書》，卷 6，〈武帝紀〉，頁 92。

高緯智窮數屈，逃竄草間」。[63]建德六年正月，齊昌王莫多婁敬顯被擒。周武帝責備他說：「外爲僞主戮力，內實通啓於朕，是不忠」。[64]此等「僞主」稱謂，用以賤稱少數民族叛變之尊號，如稽胡，「魏孝昌中，有劉蠡升者，居雲陽谷，自稱天子，立年號，署百官」。大統元年三月「齊神武擊滅之，獲其僞主，及其弟西海王，并皇后夫人王公以下四百餘人，歸於鄴」。[65]

　　以上各種貶抑的稱謂，無疑的是要否定齊王朝之天命正統。直到武成元年，樂遜謂：「魏祚告終，天睠在德。而高洋稱僭，先迷未〔末〕敗，擁逼山東，事切肘腋。譬猶碁劫相持，爭行先後」。[66]這是對高洋之禪代，加以否定，指謫魏天命終了，天命轉移眷顧在「德」，高洋只是爭先恐後的去禪代，根本無天命依憑，徒屬「稱僭」而已，可見是先「迷」於對天命之無知，結局是衰敗。

第二節　鮮卑民族之稱「虜」

　　〈修史詔〉兼修魏、齊史的史學原因之一，是至北齊天保元年爲止，南朝史學興盛，到了蕭梁時代，已陸續累積不少史書，在南北政權對立中，爲互爭王朝正統地位，這些史書都一致的斥魏正統，貶爲閏位，其方法不一，而有一致性的書法，便是使用「虜」、「索虜」、「索頭」等詞，以指稱魏王朝及人民，含有鄙視、低賤、異民族等貶義。這對北齊欲「嗣弘」魏正統，不啻爲一股對峙的阻礙力量，北齊如要達成抗衡目的，就得同樣以修史入手，以史學來達到嗣弘魏天命正統。

　　虜，在漢代時，有鄙視人之低賤的涵義。漢武帝使群臣論強國之策，東方朔論及「賢不肖何以異哉」的問題，謂「綏之則安，動之則苦；尊之則爲將，卑之則爲虜；抗之則在青雲之上，抑之則在深泉之下；用之

---

[63] 《周書》，卷6，〈武帝紀〉，頁98-99。
[64] 《周書》，卷6，〈武帝紀〉，頁100。
[65] 《周書》，卷49，〈稽胡傳〉，頁897。
[66] 《周書》，卷45，〈儒林傳・樂遜〉，頁816。

則爲魯虎，不用則爲鼠」。[67]虜，是當一個人面對某對象採取鄙視或貶低時的狀態，描述此狀態之用詞，便稱爲「虜」。故謂「其爲編戶齊民，同列而以財力相君，雖爲僕虜，猶亡慍色」；[68]僕虜，表示「虜」是身份低賤的意思。所以「齊俗賤奴虜」。[69]所以囚犯亦屬低賤，而謂之「虜」，如惠帝即位後，呂后將高祖所寵戚夫人囚於永巷，如罪犯般的「髡鉗，衣赭衣，令舂」。戚夫人舂且歌曰：「子爲王，母爲虜，終日舂薄暮，常與死爲伍」；顏師古對「與死爲伍」句注作：「與死罪者爲伍」，[70]既與死罪犯人同等，身份便至爲低賤，乃稱爲虜。王莽新朝時，青州、徐州叛變相繼，莽下詔說「大夫王吳亟進所部州郡兵凡十萬衆，迫措前隊醜虜。明告以生活丹青之信」。[71]此處的醜虜，顯然是低賤的、鄙視的。

虜，既有鄙視人爲低賤的涵義，遂成罵人的話。如漢高祖征匈奴失敗，對婁敬的親征建議之錯誤，「怒，罵敬曰：『齊虜！以舌得官，乃今妄言沮吾軍』」。蓋以婁氏爲「齊人」，遂罵作「齊虜」。[72]漢武帝時發生巫蠱事件，「太子懼，不能自明，收（江）充，自臨斬之。罵曰：『趙虜！亂乃國王父子不足邪！乃復亂吾父子也！』」，江充籍貫在趙國邯鄲，故罵作「趙虜」。[73]漢昭帝時，燕王劉旦謀奪位不成，「因迎后姬諸夫人之明光殿，王曰：『老虜曹爲事當族！』」；師古曰：「曹，輩也」，[74]是罵她們是老而低賤之輩。

基於「虜」之低賤義，漢代乃將異民族之匈奴稱「虜」。《漢書》〈匈奴傳〉以「虜」字爲匈奴代名詞。[75]如說「匈奴遠避，不近雲中之塞。

---

[67] 《漢書》，卷 65，〈東方朔傳〉，頁 2865。
[68] 《漢書》，卷 91，〈貨殖傳〉，頁 3682。
[69] 《漢書》，卷 91，〈貨殖傳〉，頁 3691。
[70] 《漢書》，卷 97 上，〈外戚傳上‧高祖呂皇后〉，頁 3937-3938。
[71] 《漢書》，卷 99 下，〈王莽傳下〉，頁 4181。
[72] 《漢書》，卷 43，〈婁敬傳〉，頁 2121。
[73] 《漢書》，卷 45，〈江充傳〉，頁 2179。
[74] 《漢書》，卷 63，〈燕剌王劉旦傳〉，頁 2758。
[75] 《漢書》，卷 94 上下，〈匈奴傳上下〉，頁 3778-3828。

虜嘗一入，尚帥車騎擊之，所殺甚衆」。[76]說「虜入雲中、代郡」，[77]說李廣「自負其能，數與虜确」。[78]漢武帝「使伏波將軍路博德，築遮虜障於居延城」。[79]時或亦稱匈奴爲「胡虜」，如晁錯便說「臣聞漢興以來，胡虜數入邊地」。[80]王莽時，校尉韓威對匈奴問題說：「以新室之威而吞胡虜，無異口中蚤蝨」。[81]王莽詔書亦云「詳考始建國二年胡虜猾夏以來」。故新朝間，多言胡虜，如說「欲奮擊胡虜」，「今胡虜未滅誅」，「北狄胡虜逆興」。[82]到了東漢，匈奴同稱虜，如度遼將軍范明友「將二萬騎出遼東邀匈奴，而虜已引去」。[83]鮮卑：「其後（都護）偏何連歲出兵擊北虜，還輒持首級詣遼東受賞賜」。[84]「及南單于附漢，北虜孤弱」，[85]張顯「因復進兵，遇虜伏發」。[86]「烏桓、鮮卑保塞自守，北虜遠遁，中國少事」。[87]耿夔攻打北匈奴「自擊其左，令鮮卑攻其右，虜遂敗走」。[88]梁懂與北匈奴作戰，「被甲奔擊，所向皆破，虜遂引還虎澤」。[89]

　　虜，用以稱謂異民族，非止於匈奴而已，亦涵蓋了其他異民族。羌族，不僅是相對於漢族的異民族，其擾攘紛亂，更是漢代的重大憂患問題，所以羌族同樣稱「虜」。趙充國說：「吾知羌虜不能爲兵矣」。餘如「羌虜瓦解」，「支解羌虜之具」，「因排折羌虜」，「羌虜故田及公田」，「言羌虜可勝之道」；所謂「羌虜即羌賊耳」。又單稱「虜」，如謂「虜交堅

[76] 《漢書》，卷 50，〈馮唐傳〉，頁 2314。
[77] 《漢書》，卷 74，〈丙吉傳〉，頁 3146。
[78] 《漢書》，卷 54，〈李廣傳〉，頁 2439。
[79] 《漢書》，卷 28 下，〈地理志〉，頁 1613。
[80] 《漢書》，卷 49，〈晁錯傳〉，頁 2278。
[81] 《漢書》，卷 99 中，〈王莽傳中〉，頁 4138。
[82] 《漢書》，卷 99 下，〈王莽傳下〉，頁 4125-4181。
[83] 《後漢書》，卷 90，〈烏桓鮮卑列傳〉，頁 2981。
[84] 《後漢書》，卷 90，〈烏桓鮮卑列傳〉，頁 2985。
[85] 《後漢書》，卷 90，〈烏桓鮮卑列傳〉，頁 2985。
[86] 《後漢書》，卷 90，〈烏桓鮮卑列傳〉，頁 2986。
[87] 《後漢書》，卷 19，〈耿國傳〉，頁 715-716。
[88] 《後漢書》，卷 19，〈耿夔傳〉，頁 719。
[89] 《後漢書》，卷 47，〈梁懂傳〉，頁 1592-1593。

黨合」,「虜兵浸多」,「虜久屯聚」,「虜當何時伏誅」,「虜亡其美地」,「虜赴水溺死」,「虜勢窮困」。[90]西南民族亦稱「虜」,王莽新朝時稱「北狄胡虜逆輿泊〔洎〕南僰虜若豆、孟遷」。[91]王莽篡位,對邊疆民族一律貶低,連邊地地名都加以更改,新地名頗多用「虜」字。如武都郡武都縣,改作「循虜」。[92]隴西郡狄道,改作「操虜」。[93]金城郡令居縣,改作「罕虜」。[94]張掖郡刪丹縣,改作「貫虜」;驪靬縣改作「揭虜」,番和縣改作「羅虜」。[95]酒泉郡乾齊縣,改作「測虜」。[96]西河郡樂街縣,改作「截虜」。[97]五原郡成宜縣,改作「艾虜」。[98]右北平郡廣成縣,改作「平虜」。[99]遼西郡交黎縣,改作「秦虜」;文成縣改作「言虜」。[100]

　　虜,既已廣泛指稱邊疆異民族,從而亦用以鄙稱鮮卑。《後漢書》〈祭肜傳〉載:「肜以三虜連和,卒為邊害」。注云:「卒,終也。三虜謂匈奴、鮮卑及赤山烏桓」。[101]曹植〈白馬篇〉:「邊城多警急,胡虜數遷移。羽檄從北來。厲馬登高隄,長驅蹈匈奴,左顧陵鮮卑」。[102]劉宋鮑照〈代陳思王白馬篇〉云:「要途問邊急,雜虜入雲中」,「懷恨逐邊戎,棄別中國愛,要冀胡馬功」。[103]又鮑照〈擬古詩八首〉第三首云:「漢虜方未和,邊城

[90] 《漢書》,卷 69,〈趙充國傳〉,頁 2976-2989;另亦可見於卷 78,〈蕭望之傳〉,頁 3275-3278;卷 79,〈馮奉世傳〉,頁 3296-3330。

[91] 《漢書》,卷 99 下,〈王莽傳下〉,頁 4181。

[92] 《漢書》,卷 28 下,〈地理志〉,頁 1609。

[93] 《漢書》,卷 28 下,〈地理志〉,頁 1610。

[94] 《漢書》,卷 28 下,〈地理志〉,頁 1611。

[95] 《漢書》,卷 28 下,〈地理志〉,頁 1613。

[96] 《漢書》,卷 28 下,〈地理志〉,頁 1614。

[97] 《漢書》,卷 28 下,〈地理志〉,頁 1618。

[98] 《漢書》,卷 28 下,〈地理志〉,頁 1619-1620。

[99] 《漢書》,卷 28 下,〈地理志〉,頁 1624。

[100] 《漢書》,卷 28 下,〈地理志〉,頁 1625。

[101] 《後漢書》,卷 20,〈祭肜傳〉,頁 744-745。

[102] 曹植,〈白馬篇〉,收入逯欽立輯,《先秦漢魏晉南北朝詩》(北京:中華書局,1998年 5 月初版二刷),魏詩卷 6,頁 432。

[103] 鮑照,〈代陳思王白馬篇〉,收入逯欽立輯,《先秦漢魏晉南北朝詩》,宋詩卷 7,頁 1263-1264。。

屢翻復」。[104]以上的虜,是用以廣泛的稱北方邊疆民族,鮮卑亦在其內。到了前秦苻堅,稱鮮卑為白虜,故史載「秦人呼鮮卑為白虜」。[105]如「滅東燕,破白虜」,[106]或呼「白虜小兒」。[107]有時虜與白虜亦滲雜使用,如苻堅說慕容沖謂:「此虜何從出也」,「使白虜敢至於此」。[108]

虜之稱謂語意,既有鄙視稱謂對象低踐之意,乃因而有否定其正統之涵義,逐用虜泛稱本朝政權周邊之敵人。曹魏王粲〈從軍詩五首之一〉云:「赫怒震天威,一舉滅獫虜」;[109]此虜,是指北方匈奴民族;〈從軍詩〉云:「樓船凌共波,尋戈刺群虜」。[110]此虜,是指南方由水路可達之敵方,包含孫吳、劉蜀;即如魏文帝曹丕〈至廣陵於馬上作詩〉云:「誰云江水廣,一葦可以航,不戰屈敵虜」。[111]又在〈飲馬長城窟行〉「浮舟橫大將,討彼犯荊虜」。[112]可見用虜稱敵人,實以本朝為正統,敵人屬低賤而無法比肩於本朝,為非正統。西晉武帝時傅玄作《古吹曲》第一首〈靈之祥〉,便充分表達「虜」的否定敵人正統之義。其云:

> 靈之祥,石瑞章。旄金德,出西方。天降命,授宣皇。應期運,時龍驤。繼大舜,佐陶唐。讚武文,建帝綱。孟氏叛,據南疆。追有扈,亂五常。吳寇叛,蜀虜強。交誓盟,連遐荒。宣赫怒,奮鷹揚。震乾威,曜電光。陵九天,陷石城。梟逆命,拯有

---

[104] 鮑照〈擬古詩八首〉第三首,收入逯欽立輯,《先秦漢魏晉南北朝詩》,宋詩卷9,頁1295。

[105] 《晉書》,卷114,〈載記·苻堅下〉,頁2928。

[106] 《晉書》,卷114,〈載記·苻堅下〉,頁2910。

[107] 《晉書》,卷114,〈載記·苻堅下〉,頁2926。

[108] 《晉書》,卷114,〈載記·苻堅下〉,頁2923,2926。

[109] 王粲,〈從軍詩五首之一〉,收入逯欽立輯,《先秦漢魏晉南北朝詩》,魏詩卷2,頁360。

[110] 王粲,〈從軍詩〉,收入逯欽立輯,《先秦漢魏晉南北朝詩》,魏詩卷2,頁363。

[111] 曹丕,〈至廣陵於馬上作詩〉,收入逯欽立輯,《先秦漢魏晉南北朝詩》,魏詩卷4,頁401。

[112] 曹丕,〈飲馬長城窟行〉,收入逯欽立輯,《先秦漢魏晉南北朝詩》,魏詩卷4,頁398。

生。萬國安，四海寧。[113]

此曲，是西晉武帝受禪時，令傅玄所撰，首就天命正統，「述以功德代魏」。接著，「爲靈之祥，言宣帝（司馬懿）之佐魏，猶虞舜之事堯」，一面有石瑞之天命正統徵兆，一面「能用武以誅孟達之逆命也」。[114]因此，稱劉氏爲「蜀虜」，而稱孫吳爲「吳寇」，乃爲避免用詞重複及對仗效果之修辭，其意應本同「吳虜」，都是在否定兩者之正統地位。即如《宋書》亦載〈靈之祥〉所云：「追有扈，亂五常。吳寇勁，蜀虜強」。[115]而其另載說：「昔歲破吳虜於江、漢，今茲屠蜀賊於隴右」。[116]「二解蠢爾吳蜀虜，馮江棲山阻」。[117]同樣指吳、蜀是虜與賊。

前秦苻堅，本屬氐人，卻以中國正統自居，如派呂光征西域，堅送行於建章宮，謂光說：「西戎荒俗，非禮義之邦。羈縻之道，服而赦之，示以中國之威，導以王化之法，勿極武窮兵，過深殘掠」。[118]由此，對於敵方都稱爲「虜」，以示否定其正統地位，東晉司馬氏謂之爲「賊虜」。[119]邊疆民族亦稱虜，如「鮮卑、羌虜」。[120]羌稱作「醜虜」，[121]而且如前所述，稱鮮卑爲白虜或虜。

第三節 東晉南朝稱魏以「虜」、「索虜」

如前所述，虜，不僅鄙視邊疆民族鮮卑之低賤，亦否定其政權之正統地位，隨著歷史進程，當魏王朝建立之際，與之對立的東晉南朝，以正統自居，如於辭翰書寫，都美稱揚州爲神州，蓋以南朝定都秣陵，揚

---

[113]《晉書》，卷23，〈樂志下〉，頁703。
[114]《晉書》，卷23，〈樂志下〉，頁701。
[115]《宋書》，卷22，〈樂志四〉，頁648。
[116]《宋書》，卷16，〈禮志三〉，頁436。
[117]《宋書》，卷21，〈樂志三〉，頁621。
[118]《晉書》，卷114，〈載記‧苻堅下〉，頁2914。
[119]《晉書》，卷114，〈載記‧苻堅下〉，頁2916。
[120]《晉書》，卷114，〈載記‧苻堅下〉，頁2933。
[121]《晉書》，卷114，〈載記‧苻堅下〉，頁2953。

州牧、丹陽尹治所亦在焉。南士張其肇蹕之地，故稱爲『神州』，猶之後世墨客曰『天京』，曰『天都』云爾。[122]爲了否定北魏正統地位，便用「虜」來稱謂魏王朝及其人民。

關於稱魏王朝爲「虜」。《南史》〈陳本紀上・武帝〉云：

> 自晉、宋以後，經緯在魏境江、淮以北，南人皆謂之虜。[123]

上文所說之「虜」，明確是指「魏」王朝。時間的起點，在「晉、宋以後」，所謂「晉」應指東晉，因上文又說虜是指「魏境江、淮以北」，表示是魏王朝已創建，其正式創建時間，在道武帝天興元年（398）十二月即帝位，正值東晉安帝隆安二年，接下來便是「宋」朝之建立，時間在東晉恭帝元熙二年（420）之禪位於劉裕，改元永初元年。由此可見，魏王朝成立即被南方東晉稱爲虜，以否定其政權之正統地位。同時，必須注意，此時之「虜」的語意，是指「魏境江、淮以北」，即在長江、淮水以北的魏王朝疆域內全稱爲虜，因此「虜」字有兩層涵義：一是指魏王朝，二是指魏王朝之人民，包括拓跋氏鮮卑，境內各邊疆民族，以及境內之漢族。依此，虜是指魏王朝及其人民。

虜指魏王朝及其人民，是源自晉室南渡以來，用虜統稱北方政權及其人民。王導上疏：「方今小雅盡廢，戎虜扇熾，節義陵遲，國恥未雪」。[124]安帝下詔給劉裕說：「曩者永嘉不綱，諸夏幅裂，終古帝居，淪胥戎虜，永言園陵，率土同慕」。[125]此虜，泛稱北方諸政權及人民。關於鮮卑族慕容氏南燕國，安帝封劉裕宋公策謂「鮮卑負眾，僭盜三齊」，「竊號之虜，顯戮司寇，拓土三千」；[126]劉裕向青州攻打慕容超時，說「鮮

---

[122] 劉盼遂，〈六朝稱揚州（今之南京）爲神州考〉，收入氏著，《劉盼遂文集》（北京市：北京師範大學出版社，2002 年 4 月初版一刷），頁 671-672。

[123] 唐・李延壽撰，《南史》（台北市：鼎文書局，1985 年 3 月四版，新校點本），卷 9，〈陳本紀上〉，頁 264。

[124] 《宋書》，卷 14，〈禮志一〉，頁 358。

[125] 《宋書》，卷 2，〈武帝紀中〉，頁 37。

[126] 《宋書》，卷 2，〈武帝紀中〉，頁 38。

卑貪，不及遠計」；「驅必死之眾，向懷貳之虜，何憂不剋」；終「斬其牙旗，悉虜超輜重」；「征虜賊曹喬胥獲之，殺其王公以下」，「送超京師，斬于建康市」。[127]關於鮮卑族乞伏氏西秦國，「隴西虜乞佛乾歸」，[128]「枹罕虜乞佛熾槃遣使詣公（劉裕）」。[129]鮮卑族禿髮氏南涼國，「蒙遜與西平虜禿髮傉檀共攻涼州」。[130]關於羌族姚氏後秦國，「懸旆龍門，逆虜姚泓，係頸就擒」。[131]「羌虜襲亂，淫虐三世」。[132]關於匈奴族赫連氏大夏國，「時西虜佛佛強盛，姚興世侵擾北邊」。[133]「西虜攻安定，姚略自以大眾救之」；[134]「西虜攻羌安定戍」，[135]「西虜寇長安」。[136]安西將軍桂陽公劉義真，為雍州刺史。「義真既還，為佛佛虜所追，大敗，僅以身免」。[137]「西虜或為河、洛之患，今正宜通好北虜，河南安，則濟、泗靜」。[138]「西虜赫連定為索虜拓跋燾所破」。[139]經由上述源流，魏王朝及其人民，為南方所稱為虜。如劉宋時代，文獻多稱「虜將達奚卬破金墉」，「殺虜潁川太守庾龍」，「虜騎寇高平」。「初虜自河北之敗，請修和親，及聞高祖崩，因復侵擾」；「次臨朐，焚虜攻具」。[140]「虜南寇至瓜步，飲馬于江」，[141]左軍將軍劉康祖於壽陽尉武戍，「與虜戰敗見

[127]《宋書》，卷1，〈武帝紀上〉，頁15-16。
[128]《宋書》，卷98，〈氐胡傳〉，頁2405。
[129]《宋書》，卷2，〈武帝紀中〉，頁41。
[130]《宋書》，卷98，〈氐胡傳〉，頁2413，2415。
[131]《宋書》，卷2，〈武帝紀中〉，頁43
[132]《宋書》，卷2，〈武帝紀中〉，頁42。
[133]《宋書》，卷45，〈王鎮惡傳〉，頁1370。
[134]《宋書》，卷25，〈天文志三〉，頁733。
[135]《宋書》，卷25，〈天文志三〉，頁735。
[136]《宋書》，卷25，〈天文志三〉，頁738。
[137]《宋書》，卷2，〈武帝紀中〉，頁44。
[138]《宋書》，卷64，〈劉鮮之傳〉，頁1697。
[139]《宋書》，卷98，〈氐胡傳〉，頁2413，2415。
[140]《宋書》，卷4，〈少帝紀〉，頁64；卷81，〈顧琛傳〉，頁2077；卷83，〈吳喜傳〉，頁2116；卷85，〈謝莊傳〉，頁2167，2168；卷86，〈殷孝祖傳〉，頁2189；卷86，〈劉勔傳〉，頁2191，2192；卷87，〈殷琰傳〉，頁2211；卷88，〈薛安都傳〉，頁2215，2220；卷94，〈恩倖傳·徐爰〉，頁2307。
[141]《宋書》，卷33，〈五行志四〉，頁973。

殺」，太子積弩將軍臧澄之、建威將軍毛熙祚，「於盱眙與虜戰敗，並見殺」。[142]

總之，以虜指稱魏王朝及其人民，旨在否定魏正統。故說「虜帥拓跋燾死」，[143]「其後虜主死」，[144]「虜僞主率大眾至瓜步」，[145]是將魏帝貶爲「主」、「帥」、「僞主」，以示直接否定其政權之正統地位。

「虜」，有同義之異稱。如加地域方位，則稱「北虜」，如「自晉喪中原，戎狄侵擾，百餘年間，未暇以北虜爲念」。[146]「後失淮北四州地，彭城、兗州並爲虜所沒」，「時失淮北，立戍以備防北虜」。[147]少帝景平初（423-424），「司州復沒北虜」。[148]「或能招引北虜，爲患不測」。[149]「北虜入寇，（申）恬摧擊之，爲虜所破，被徵還都」。[150]「唯聞北虜以苻堅爲苻詔耳」。[151]如加民族界線，就稱爲「胡虜」，「胡虜雖仁義不足，而凶狡有餘」。[152]「羯虜」，「河南非復國有，羯虜難以理期」。[153]如加貶抑之價值判斷而兼及辱罵，則還有「虐虜」，如宋文帝詔云：「惡稔身滅，戎醜常數，虐虜窮凶，著於自昔」。[154]另有稱「狡虜」，而說：「狡虜之性，食肉衣皮，以馳騁爲儀容，以游獵爲南畝」。[155]

關於魏稱「索虜」一詞，實先見於五胡十六國時代，泛指鮮卑族，不獨稱拓跋氏。據《晉書》記載，如石虎謂子邃說：「主上自都襄國以

[142] 《宋書》，卷5，〈文帝紀〉，頁99。
[143] 《宋書》，卷5，〈文帝紀〉，頁101。
[144] 《宋書》，卷34，〈五行志五〉，頁996。
[145] 《宋書》，卷5，〈文帝紀〉，頁99。
[146] 《宋書》，卷64，〈何承天傳〉，頁1705。
[147] 《宋書》，卷28，〈天文四〉，頁755，756。
[148] 《宋書》，卷36，〈州郡志二〉，頁1104。
[149] 《宋書》，卷57，〈蔡興宗傳〉，頁1582。
[150] 《宋書》，卷65，〈申恬傳〉，頁1724。
[151] 《宋書》，卷31，〈五行志二〉，頁920。
[152] 《宋書》，卷46，〈王懿傳〉，頁1392。
[153] 《宋書》，卷60，〈范泰傳〉，頁1619。
[154] 《宋書》，卷5，〈文帝紀〉，頁101。
[155] 《宋書》，卷64，〈何承天傳〉，頁1707。

來，端拱指授，而以吾躬當矢石。二十餘年，南擒劉岳，北走索頭，東平齊魯，西定秦雍，剋殄十有三州。成大趙之業者，我也」；「索頭郁鞠率眾三萬降于季龍」，「遣征北張舉自雁門討索頭郁鞠」。[156]以上索頭，是指北方鮮卑部落，應含拓跋氏。石勒遣兵攻慕容廆，廆遣慕容皝抗拒之，「以裴嶷爲右部都督，率索頭爲右翼，命其少子仁自平郭趣柏林爲左翼」。陶侃報東夷校尉封抽等人書云：「車騎將軍憂國忘身，……西討段國，北伐塞外，遠綏索頭，荒服以獻」。[157]西晉「徐州刺史王騰、索頭單于薛雲降于恪（慕容恪）」。[158]郭黁嘗曰：「涼州謙光殿後當有索頭鮮卑居之」。[159]由以上可知，「索頭」一詞，先見於北方，這又可徵諸於「索頭水」之河川名。《水經注疏》〈濡水〉云：「濡水又東南，索頭水注之，水北出索頭川」，熊會貞注說：「鮮卑被髮左衽，故呼爲索頭。此水蓋以索頭之人得名」。今承德府（今河北省承德市）北之宜孫河」，「即古索頭水。索頭水發源圍場（今河北省圍場縣）內，向南流注於濡水。[160]

到了劉宋、蕭齊之間，「索虜」便成爲魏王朝及人民之稱謂。劉宋已有國史《宋書》修纂成書，內容未及含括劉宋全朝歷史，至蕭齊武帝永明六年（488），沈約（441-513）始撰成《宋書》，[161]該書對魏王朝史，立有〈索虜傳〉，述魏拓跋氏族源說：

> 索頭虜，姓託跋氏，其先漢將李陵後也。陵降匈奴，有數百千種，各立名號，索頭亦其一也。[162]

---

[156] 《晉書》，卷106，〈載記‧石季龍上〉，頁2762，2764，2773。

[157] 《晉書》，卷108，〈載記‧慕容廆〉，頁2808，2811。

[158] 《晉書》，卷110，〈載記‧慕容儁〉，頁2837。

[159] 《晉書》，卷95，〈藝術傳‧郭黁〉，頁2498。

[160] 北魏‧酈道元撰，楊守敬疏、熊會貞參疏，《水經注疏》（南京市：江蘇古籍出版社，1999年8月初版二刷，新校點本），卷14，〈濡水〉，頁1245-1246。

[161] 世界書局編輯部編，《廿五史述要》，頁91-92。

[162] 《宋書》，卷95，〈索虜傳〉，頁2321-2322。

上文是主張，西漢將軍李陵征匈奴失利，投降匈奴，娶匈奴婦生子，經衍傳而爲拓跋氏鮮卑，即拓跋氏乃漢族與匈奴族之混血種。[163]另外，蕭子顯（489-537）所撰《南齊書》，成書於梁武帝大同三年（537）以前，[164]其〈魏虜傳〉謂：

> 魏虜，匈奴種也，姓托跋氏。晉永嘉六年，并州刺史劉琨爲屠各胡劉聰所攻，索頭猗盧遣子曰利孫將兵救琨於太原，猗盧入居代郡，亦謂鮮卑。被髮左衽，故呼爲索頭。[165]

上文是主張，拓跋氏之族源，係直接出於匈奴種。

上面兩說，學者見解不一，最早的是劉知幾的看法，他說：

> 崔浩諂事狄君，曲爲邪說，稱拓跋之祖，李陵之冑。當時眾議抵斥，事遂不行。或有竊其書以渡江者，沈約撰《宋書》〈索虜傳〉，仍傳伯淵（崔浩字）所述。凡此諸妄，其流甚多，儻無迹可尋，則真僞難辨者矣。[166]

照知幾所說，南朝稱拓跋氏是出於李陵與匈奴之混血後裔，據傳說最初是崔浩的諂媚之說，導致拓跋氏「眾議抵斥，事遂不行」，傳至南朝爲沈約所採用。可是此等傳說，若「無迹可尋」之證據，亦只算是「真僞難辨」之事。呂思勉先生以漢族爲中心角度去看，主張「當時以華夏爲貴種，稱拓跋氏爲陵後，是褒之，非抑之也，漢人豈樂爲此」，應是拓跋氏「以攀附華夏爲榮」，「曾自託於陵後」。[167]姚薇元先生視之爲「顯屬附會之說」。[168]此外，亦有人認爲，拓跋氏應確爲李陵之後代。[169]依

[163] 崔明德，〈李陵・拓跋氏・點戛斯：兼論漢唐時期北方少數民族的尋根現象和認同心態〉，《煙台大學學報（哲學社會科學版）》，1995 年第 1 期，頁 63-71。

[164] 世界書局編輯部編，《廿五史述要》，頁 99。

[165] 蕭子顯，《南齊書》（台北：鼎文書局，1979 年 2 月再版，新校標點本），卷 95，〈魏虜傳〉，頁 2321。

[166] 唐・劉知幾撰，清・浦起龍釋，《史通通釋》（台北市：九思出版公司，1978 年 10月台一版，新校點本），卷 17，〈雜說中・後魏書〉，頁 491。

[167] 呂思勉，《兩晉南北朝史》，上冊，頁 92-93。

[168] 姚薇元，《北朝胡姓考》，頁 3-4。

[169] 崔明德，〈李陵・拓跋氏・點戛斯：兼論漢唐時期北方少數民族的尋根現象和認同

馬長壽先生之意見，這是南朝士大夫之「臆想」，以爲拓跋氏爲匈奴之一種，遂以之爲李陵之後裔，有「辱罵拓跋魏爲胡漢雜種的意思，更不可取」。[170]

　　無論如何，「索虜」及「索頭」，都是南朝對魏王朝之稱謂。司馬光說：「及漢室顚覆，三國鼎跱。晉氏失馭，五胡雲擾。宋、魏以降，南、北分治，各有國史，互相排黜，南謂北爲索虜」。[171]胡三省《通鑑》注，有幾次提到說：「代本鮮卑索頭種，故謂之索虜」；[172]「南謂北爲索虜，以魏本索頭種也」；[173]「索虜者，以北人辮髮，謂之索頭也」。[174]史炤釋文曰：「索頭，姓也。余按索頭，即拓跋氏之種類，非姓也。蕭子顯曰：鮮卑，被髮左衽，故呼爲索頭」。[175]由此可知，古人以「索虜」意指：頭上辮髮或披髮，稱爲「索頭」，又因稱之爲「虜」，乃如前引《宋書》〈索虜傳〉所稱「索頭虜」。從而「索虜」一詞，很可能是「索頭虜」之簡稱。以此緣故，在實際使用上，因「索虜」一詞已兼含「索頭」與「虜」兩詞，「索頭」及「索虜」並用，「索頭」如「索頭大眾緣河爲寇，高祖討之奔退，其別帥托跋嵩交戰，又大破之，嵩眾殲之」。「索頭破羌軍」，「索頭寇沛土」，「司、兗、秦、雍悉平，索頭兇懼」；「索頭攻略青、司、兗三州」；「索頭攻略青、冀、兗三州」；「索頭攻圍司、兗，兗州刺史徐琰委守奔敗」；[176]「晉初，索頭種有部落數萬家在雲中」。[177]

　　至於「索虜」一詞之使用。如「僞徐州刺史段宏先奔索虜」，[178]「破

心態〉，《煙台大學學報（哲學社會科學版）》，1995 年第 1 期，頁 63-71。
[170] 馬長壽，《烏桓與鮮卑》，頁 222。
[171] 《資治通鑑》，卷 69，〈魏紀・文帝黃初二年〉，頁 2186。
[172] 《資治通鑑》，卷 104，〈晉紀・孝武帝太元元年〉，頁 3277。
[173] 《資治通鑑》，卷 135，〈晉紀・高帝建元元年〉，頁 4229。
[174] 《資治通鑑》，卷 69，〈魏紀・文帝黃初二年〉，頁 2186。
[175] 《通鑑釋文辨誤》，《資治通鑑》附錄，卷 4，頁 58。
[176] 《宋書》，卷 25，〈天文志三〉，頁 729、730、738；卷 26，〈天文志四〉，頁 743、744。
[177] 《南齊書》，卷 95，〈魏虜傳〉，頁 2321。
[178] 《宋書》，卷 1，〈武帝紀上〉，頁 17。

索虜於東郡涼城」。[179]「索虜步騎十萬，營據河津」。[180]「索虜磽磹戍棄城走」，「索虜滑臺戍棄城走」。[181]「索虜南侵」，[182]「索虜寇兗州」，[183]「索虜寇青州」，[184]「索虜寇北陰平孔堤」，[185]「索虜遣使請和」。[186]徐州刺史義陽王昶「奔于索虜」。[187]「索虜寇汝陰」，[188]「索虜遣使獻方物」。[189]「索虜寇義陽」，[190]「索虜南寇」，[191]「索虜寇青、司二州」，[192]「索虜殘破青、冀、徐、兗、南兗、豫六州」；「索虜寇青州，驅略民戶」，[193]「索虜寇歷下，遣羽林軍討破之」，[194]「時索虜南寇」。[195]「到彥之伐索虜」。[196]「索虜為寇」。[197]「索虜屯據河岸」。[198]「大破索虜於半城」，[199]其餘例尚多。[200]

---

[179]《宋書》，卷2，〈武帝紀中〉，頁36。
[180]《宋書》，卷2，〈武帝紀中〉，頁42。
[181]《宋書》，卷5，〈文帝紀〉，頁79。
[182]《宋書》，卷6，〈孝武帝紀〉，頁110。
[183]《宋書》，卷6，〈孝武帝紀〉，頁119。
[184]《宋書》，卷6，〈孝武帝紀〉，頁122。
[185]《宋書》，卷6，〈孝武帝紀〉，頁125。
[186]《宋書》，卷6，〈孝武帝紀〉，頁126。
[187]《宋書》，卷7，〈前廢帝紀〉，頁145。
[188]《宋書》，卷8，〈明帝紀〉，頁160。
[189]《宋書》，卷8，〈明帝紀〉，頁165，168。
[190]《宋書》，卷8，〈後廢帝紀〉，頁179。
[191]《宋書》，卷16，〈禮志三〉，頁439。
[192]《宋書》，卷28，〈天文志四〉，頁743。
[193]《宋書》，卷28，〈天文志四〉，頁748。
[194]《宋書》，卷28，〈天文志四〉，頁750。
[195]《宋書》，卷31，〈五行志二〉，頁910。
[196]《宋書》，卷43，〈檀道濟傳〉，頁1343。
[197]《宋書》，卷44，〈謝晦傳〉，頁1349。
[198]《宋書》，卷45，〈王鎮惡傳〉，頁1369。
[199]《宋書》，卷45，〈劉懷真傳〉，頁1376。
[200]《宋書》，卷47，〈劉道傳〉，頁1406，〈孟龍符傳〉，頁1408；1409；卷50，〈胡藩傳〉，頁1445，〈劉康祖傳〉，頁1447；卷51，〈長沙景道憐傳〉，頁1461，〈營浦侯遵考傳〉，頁1841；卷53，〈張永傳〉，頁1514；卷55，〈臧燾傳〉，頁1547，〈蔡興宗傳〉，頁1583；卷61，〈廬陵孝獻王義真傳〉，頁1639，〈江夏文獻王義恭傳〉，1644，〈衡陽文王義季傳〉，頁1655；卷64，〈何承天傳〉，頁1705；卷65，〈杜冀傳〉，頁1721，〈申恬傳〉，頁1724；卷68，〈彭城王義康〉，頁1796，〈南郡王義宣〉，頁1799；卷70，〈袁淑傳〉，頁1836；卷71，〈徐湛之傳〉，頁1847，

　　索虜之稱謂的語意，是含鄙視其低賤而否定正統地位。劉知幾說：
「魏本索頭，故當時有童謠」，其曰：「獲獲頭團圞，河中狗子破爾苑」。
「諸如此事，難可棄遺。而《周史》（指北周國史）以爲其事非雅，略
而不載。賴君懋編錄，故得權聞於後」。[201]可見當時童謠描述「索頭」
形狀，是比喻成「獲獲頭」之「團圞」狀，還有比喻成落入河水之「狗
子」的「破爾苑」狀，顯示「索頭」非鮮卑族之自稱，是漢族的鄙視語，
以致與鮮卑族關係密切之北周，修國史不載此童謠，蓋欲去其鄙視。另
外，如前已述，「虜」是鄙視人以低賤並否定其正統。故「索頭」加「虜」
的「索頭虜」，以及「索頭虜」經簡稱的「索虜」，都是鄙視鮮卑族以低
賤，並否定其所建立之政權的正統。如稱魏道武帝「義熙元年，索虜托
跋開（拓跋珪）遣僞豫州刺史索度真」。[202]稱明元帝「索虜托跋嗣，姚
興之壻也」。[203]稱太武帝爲「索虜拓跋燾使工人郭善明造指南車，彌年
不就」。[204]「赫連昌爲索虜托跋燾所獲」。[205]宋廢帝景和元年（465，北
魏文成帝和平六年）「索虜主死」。[206]

　　索虜所指拓跋氏爲匈奴種，或李陵與匈奴之混血種，頗爲南朝人所
接受。如蕭梁稱魏王朝及人民爲虜之際，偏好以匈奴比喻之，此見於蕭
梁橫吹曲辭有〈隔俗歌〉云：「兄爲俘虜受困辱，骨露力疲食不足；弟
爲官吏馬食粟，何惜錢刀來我贖？」[207]此時淪爲「俘虜」，當指與魏王
朝戰爭失利之際所發生的。因此，蕭梁文學作品，多喜愛用匈奴來意指
魏王朝，而仍稱虜。如虞羲，在蕭齊、梁之間任官，卒於梁武帝天監年

　　〈江湛傳〉，頁1849；卷72，〈南平穆王鑠〉，頁1856，〈晉熙王昶〉，頁1869，〈始
　　安王休仁〉，頁1873。

[201]《史通通釋》，卷6，〈言語〉，頁152。

[202]《宋書》，卷51，〈長沙景道憐傳〉，頁1461。

[203]《宋書》，卷48，〈朱齡石傳〉，頁1425。

[204]《宋書》，卷18，〈禮志五〉，頁496。

[205]《宋書》，卷48，〈毛脩之傳〉，頁1429。

[206]《宋書》，卷28，〈天文四〉，頁753。

[207]佚名，〈隔俗歌〉，收入逯欽立輯，《先秦漢魏晉南北朝詩》，梁詩卷29，頁2157。

間（502-519），其〈詠霍將軍北伐詩〉云：「涼秋八九月，虜騎入幽并」，[208]是以匈奴入侵北疆，喻魏王朝南伐江南。王訓，卒於天監十七年（518），其〈度關山〉云：「輕重爲一虜，金刀何用盟，誰知出塞外，獨有漢飛名」，[209]同樣以匈奴喻魏王朝，喻南朝越江北伐，等同漢朝出塞北討。蕭梁簡文帝作詩亦謂：「先屠光祿塞，卻破夫人城」，[210]光祿塞，是西漢征匈奴勝利所築邊塞，夫人城是匈奴所築，同樣把江北王朝擬作匈奴。

索虜一詞之使用，並沒有取代原有之虜，虜仍然照常使用，直到蕭梁，亦稱魏王朝及人民爲虜。如梁武帝大通元年（527），魏南伐，梁將陳慶之說：「魏人遠來，皆已疲倦，……須挫其氣，出其不意，必無不敗之理。且聞虜所據營，林木甚盛，必不夜出。諸君若疑惑，慶之請獨取之」。後又說「吾聞置兵死地，乃可求生，須虜大合，然後與戰」。「我等纔有七千，虜眾三十餘萬，今日之事，義不圖存。吾以虜騎不可爭力平原，及未盡至前，須平其城壘」。[211]另亦稱「北虜」，天監四年臨川王蕭宏記室丘遲與陳伯之書，云：「北虜僭盜中原，多歷年所，惡積禍盈，理至燋爛」。[212]此等虜之稱謂，蕭梁以民族觀點加以使用，貶斥魏爲非正統，《史通》云：

> 至梁武帝，又敕其群臣，上自太初，下終齊室，撰成《通史》六百二十卷。其書自秦以上，皆以《史記》爲本，而別採他說，以廣異聞。至兩漢以還，則全錄當時紀傳，而上下通達，臭味相依。又吳蜀二主，皆入世家；五胡及拓跋氏，列於〈夷狄傳〉。大體其體，皆如《史記》，其所爲異者，唯無表而已。[213]

---

[208] 虞羲，〈詠霍將軍北伐詩〉，收入逯欽立輯，《先秦漢魏晉南北朝詩》，梁詩卷5，頁1607。

[209] 王訓，〈度關山〉，收入逯欽立輯，《先秦漢魏晉南北朝詩》，梁詩卷9，頁1716-1717。

[210] 蕭綱，〈度關山〉，收入逯欽立輯，《先秦漢魏晉南北朝詩》，梁詩卷20，頁1924。

[211] 《梁書》，卷32，〈陳慶之傳〉，頁460-461。

[212] 《梁書》，卷20，〈陳伯之傳〉，頁315。

[213] 《史通通釋》，〈六家篇〉，頁18。

在梁武帝監修之《通史》內,「五胡及拓跋氏」同列為夷狄,這個觀點,顯然如前文所述,「虜」泛指北方邊疆民族王朝及人民,故稱以夷狄。

　　蕭梁稱個別魏人為虜,常隨其南、北朝效忠立場之變化而改變。如羊侃字祖忻,原籍泰山梁甫人,漢南陽太守洋續之後裔。祖父羊規,宋武帝命之擔任徐州祭酒從事、大中正。後逢薛安都舉彭城降魏,規由是成為北魏臣民,朝廷授予衛將軍、營州刺史之官職。到了父親羊祉,任北魏侍中,金紫光祿大夫。羊侃弱冠時「隨父在梁州立功」。北魏宣武帝正光年間(520-524),擔任別將。因討秦州羌族莫遮念生之叛變有功,遷使持節、征東大將軍、東道行臺,領泰山太守,進爵鉅平侯。以「其父每有南歸之志」,常對諸子曰:「人生安可久淹異域,汝等可歸奉東朝」。侃遂舉兵叛歸梁朝,於梁武帝大通三年(529)至梁朝京師。中大通四年(530),梁武帝詔為使持節、都督瑕丘諸軍事、安北將軍、兗州刺史,隨太尉元法僧北討魏。法僧先啓云:「與侃有舊,願得同行。」武帝乃召侃問方略,侃具陳進取之計。武帝說:「知卿願與太尉同行。」侃答:「臣拔跡還朝,常思效命,然實未曾願與法僧同行。北人雖謂臣為吳,南人已呼臣為虜,今與法僧同行,還是群類相逐,非止有乖素心,亦使匈奴輕漢。」武帝曰:「朝廷今者要須卿行。」乃詔以為大軍司馬。武帝謂侃曰:「軍司馬廢來已久,此段為卿置之」。[214]由此可知,無論是否來自南方,凡居魏境之人,南人均稱虜。當羊侃從魏境入居梁境後,又須改成南人立場,說從東魏降梁的侯景是:「今驅烏合之卒,至王城之下,虜馬飲淮,矢集帝室,豈有人臣而至於此」。[215]與羊侃情況恰好相反者,是侯景從東魏降入梁境後,又叛梁起兵,梁人旋又稱他為虜,如當他攻陷梁京師時,綏建王蕭大摯歎云:「大丈夫會當滅虜屬」。[216]貞惠世子蕭方諸與鮑泉不信侯景軍至,說「徐文盛大軍在下,虜安得來」。

214 《梁書》,卷39,〈羊侃傳〉,頁557-558。
215 《梁書》,卷39,〈羊侃傳〉,頁560。
216 《梁書》,卷44,〈綏建王大摯傳〉,頁618。

[217]甚至更用「醜虜」、「賊虜」等貶辱之稱，如侯景與梁軍大戰於石頭城北。陳霸先對王僧辯說：「醜虜遊魂，貫盈已稔，逋誅送死，欲為一決，我眾賊寡，宜分其勢」。[218]皇室蕭會理說：「天子年尊，受制賊虜，今有手敕召我入朝」。[219]

到了蕭梁末年，虜之稱謂，延續至於魏王朝及人民所分化出的王朝：東魏、北齊、西魏。蕭梁簡文帝蕭綱（在位549-551，東魏孝靜帝武定七年至北齊文宣帝天保二年，西魏文帝大統十五年至十七年）〈度關山〉云：「搴旗遠不息，驅虜何窮極」，「先屠光祿塞，卻破夫人城」。[220]所謂虜，係指北方王朝，故〈隴西行〉云：「往年郅支服，今歲單于平」，[221]明確從昔日東漢北匈奴郅支單于，延伸為當前北方與鮮卑民族有關之王朝，東魏、北齊、西魏等；又〈雁門太守行〉說：「單于如未繫，終夜慕前蹤」，[222]涵義亦復如是。梁元帝蕭繹（在位552-554，北齊天保二年至五年，西魏廢帝元年至恭帝元年）〈將軍名詩〉云：「鳴邊俱破虜，決勝往長楡」。[223]其虜，明顯指梁北面邊境之北齊、西魏。

〈修史詔〉「嗣弘」魏正統之「修史」之史學實踐層面，再轉向以「兼修」魏、齊史為實踐方向，即以兼修齊、魏史來「嗣弘」魏正統，其第一個原因，是北魏以來修史傳統。

第四節　北魏兼修本朝前朝史

〈修史詔〉之主兼修魏、齊史，受諸於魏史學影響者，實在不多，

---

[217] 《梁書》，卷44，〈貞惠世子方諸傳〉，頁620。
[218] 《梁書》，卷45，〈王僧辯傳〉，頁628。
[219] 《梁書》，卷29，〈南康簡王績傳〉，頁428。
[220] 蕭綱，〈度關山〉，收入逯欽立輯，《先秦漢魏晉南北朝詩》，梁詩卷20，頁1924。
[221] 蕭綱，〈隴西行〉，收入逯欽立輯，《先秦漢魏晉南北朝詩》，梁詩卷20，頁1905-1906。
[222] 蕭綱，〈諺雁門太守行〉，收入逯欽立輯，《先秦漢魏晉南北朝詩》，梁詩卷20，頁1906
[223] 蕭繹，〈將軍名詩〉，收入逯欽立輯，《先秦漢魏晉南北朝詩》，梁詩卷25，頁2014。

唯有魏之官私「並修」本朝及前朝史。即魏官修本朝國史，朝廷允許私修前朝十六國史。後來，〈修史詔〉專由官方兼修本朝前朝史，應是承襲北魏史學，把官私並修，加以轉變爲專屬官方兼修。

　　魏自道武帝起開始纂修本朝國史，歷經往後諸帝，大抵長期維續，其間沒有禁止或鼓勵纂修前朝史，乃有兼修本朝及前朝史之現象。由此，〈修史詔〉「嗣弘」魏正統之史學實踐方向，會落著於兼修齊、魏史，原因有來自於魏的史學傳統，而由於魏王朝正統前朝之界定不穩定，明顯做爲〈修史詔〉之源流者，是魏人將曹魏當王朝正統前朝以修其史，使魏與曹魏之間有正統相續關係。二魏人所修晉史，可謂亦屬兼修本朝與前朝史，惟因史料闕漏，無法明確判斷是否有魏與西晉之正統相續。三是魏人譔述十六國史，亦爲兼修本朝及前朝史，惟因以十六國爲僭僞政權，並無魏與十六國之間的正統相續。故綜合來說，對〈修史詔〉以兼修齊、魏史來「嗣弘」魏正統，魏史學傳統的影響，是「兼修」本朝及前朝史較大，而「嗣弘」正統較小，且無實際禪代經驗。最後，有關魏國史纂修活動，周一良先生已作過詳細討論，[224]殊值參閱，此處略之，只專在說明前朝史之纂修。

　　魏朝廷對所屬正統脈絡，缺乏一致性及確定性的定案，始終都是有著浮動的現象。魏王朝之成立，非來自禪代前王朝，亦非如西漢王朝推翻前面秦王朝而創立，而是拓跋氏長期遊牧於北方邊疆地區，逐漸接近中原地區，最後進入中原。[225]時在道武帝皇始二年（397）定中山，這是相繼打敗後燕主慕容垂（326-396）、慕容寶（355-398）的勝利成果，在後燕疆域中，佔領了魏立國之地域（大約相當今山西及河北兩省），

---

[224] 周一良，〈魏收史學〉，收入氏著，《周一良集》，第一卷，頁309-312。

[225] 唐長孺，〈晉代北境各族變亂的性質及五胡政權在中國的統治〉，收入氏著《魏晉南北朝史論叢》，頁127-192；白勁松，〈從考古發現看拓跋鮮卑的發展壯大〉，《內蒙古社會科學（漢文版）》，1993年第2期，頁89-91。

[226]沒有完全消滅後燕取而代之，後燕政權依然延續，最後由慕容雲維持至東晉安帝義熙五年（409）。[227]天興元年（398）十二月，道武帝正式創建了魏王朝，往後仍長期處在十六國時代，進行領土的漸次擴張。到了太武帝，北方十六國，還有北涼、北燕、大夏、西秦。經由征伐，次第消滅，神䴥四年（431）滅大夏，太延二年（436）滅北燕，太延五年（439）滅北涼，方告統一北方，結束五胡十六國時代（304-439）。

　　魏如此建國及立國擴張，其政權及領土都從十六國轉移而來，理應是繼承十六國所承立的王朝，十六國便是魏之前朝。不過，基於中原正統地位的爭取，魏王朝從未正式承任十六國爲正統政權，亦從未自認是繼承十六國而來的政權。正由於如此，魏對於所繼承之前朝爲何者的問題，始終都難以論定。

　　早在西晉愍帝建興三年（315），拓跋猗盧受封爲代王，與西晉具有君臣關係，至西晉愍帝建安四年（316）長安被圍，愍帝投降，西晉滅亡，政權東晉元帝便於建康成立朝廷，改元建武（317），延續西晉政權。往後，拓跋氏至昭成帝什翼犍仍稱代王，[228]直至建國三十九年（376），爲前秦苻堅所滅。[229]到了登國元年（386），拓跋珪復國，正月「即代王位」，未知何因，到了四月「改稱魏王」。[230]天興元年六月，拓跋珪議國號，仍維持稱「魏」，似有繼承曹魏正統之意。惟議國號之際，正逢東晉使者來交聘，東晉爲西晉之後繼者，若拓跋氏欲承西晉爲正統，則東

---

[226] 《晉書》，卷124，〈載記·慕容垂、慕容寶〉，頁3086-3098。

[227] 《晉書》，卷124，〈載記·慕容雲〉，頁3108-3109。

[228] 猗盧以後，拓跋氏是否續稱代王及代國，《魏書》〈序紀〉沒有明確記載（《魏書》，卷1，〈序紀〉，頁9-12）。《魏書》，卷24，〈燕鳳傳〉載鳳「昭成與語，大悅，待以賓禮。後拜代王左長史，參決國事。又以經授獻明帝」。當前秦「苻堅遣使牛恬朝貢。令鳳報之。堅問鳳：『代王何如人？』」（609）。《魏書》，卷24，〈許謙傳〉載謙於「建國時，將家歸附，昭成嘉之，擢爲代王郎中令，兼掌文記。與燕鳳俱授獻明帝經」（610）。

[229] 《魏書》，卷1，〈序紀〉「苻堅遣其大司馬苻洛率衆二十萬及朱彤、張蚝、鄧羌等諸道來寇」，頁11-12。

[230] 《魏書》，卷2，〈太祖紀〉，頁20。

晉爲君，拓跋氏爲臣，導致道武帝不欲與東晉有所牽扯，遂據登國元年
四月「改稱魏王」，將國號定爲魏；似有意擺脫西晉、東晉的糾葛。天
興元年十二月，拓跋圭即帝位，是爲道武帝，乃頒定王朝正統五行屬土
德，理由是以拓跋氏源出黃帝少子昌意。總之，道武帝開國之際，固有
土德及魏國號之正統宣示，對於正統之源流，是遠承黃帝呢？近繼西晉
呢？越西晉而嗣曹魏呢？沒有明確之規範與定準，[231]以致魏正統淵源何
在，成爲懸而未決之問題。到了太武帝雖統一北方，對魏之正統，猶未
注意到正統源流問題，所著意的是漢文化之王道正統的建構。[232]魏正統
所繼承之前朝者爲何，仍未成定論。

到了孝文帝太和十四年八月至十六年正月，魏始重五行正統爲水
德，以十六國爲僭僞除外，來構成正統脈絡：周（木）→漢（火）→曹
魏（土）→西晉（金）→魏（水）。一般都認爲，魏正統至是乃告定案。
[233]實則不然，在文獻上，孝文帝定水德後，從未明文宣示放棄土德；相
反的，到了太和二十年，孝文帝於詔書又公然說，拓跋氏爲黃帝後裔，
五行屬土德（第五章第一節）。

此外，魏官方所司星占，依然常以魏屬土德來占卜王朝吉凶。例如，
宣武帝景明元年四月，「有大流星起軒轅左角，東南流，色黃赤，破爲
三段，狀如連珠，相隨至翼」。以喧轅來解釋，左角星指皇后，「流星起
軒轅，女主後宮多讒死者」，應驗於「後數年，高氏又鴆于后，而以貴
嬪代之。由是小人道長，讒亂之風作矣」。災變之啓示是：「夫天之風戒，
肇于履端之始，而沒身不悟，以傷魏道，豈不哀哉！或曰：軒轅主后土
之養氣，而庇祐下人也，故左角謂之少人焉。天象若曰：人將喪其所以

---

[231] 何德章，〈北魏國號與正統問題〉，《歷史研究》，1992 年第 3 期，頁 113-125；宋姸
娟，〈拓鈒氏援晉與北魏正統問題〉，《滄桑》，2004 年 Z1 期，頁 58-59。
[232] 陳金鳳，〈北魏正統化運動論略〉，《黑龍江民族叢刊》，2008 年第 1 期，頁 96-98。
[233] 陳金鳳，〈北魏正統化運動論略〉，《黑龍江民族叢刊》，2008 年第 1 期，頁 99-103；
羅新，〈十六國北朝的五德歷運問題〉，《中國史研究》，2004 年第 3 期，頁 47-56。

致養，幾至流亡離析矣」。即「是歲，北鎮及十七州大饉，人多就食云」。[234]此例顯示，軒轅（黃帝）屬土，關乎「魏道」，其有變異，魏君不省，魏境多生災。孝明帝正光二年（521）四月「火、土相犯於危」；十一月「金、土又相犯于危」。諸星為「土下之所係命」，魏將會「天下方亂，甲兵大起，王后專制，有虛國徙王」。正光四年（523）四月，「火、土又相犯于室，是謂後宮內亂」；有人「欲殺主，天子不以壽終」。或更有謂：

> 魏氏，軒轅之裔，填星之物也。赤靈為母，白靈為子，經綸建國之命，所以傳撥亂之君也，其受之者將在并州與有齊之國乎？其後太后淫昏，天下大壞，上春秋方壯，誅諸佞臣。由是鄭儼等悚懼，遂說太后鴆帝。既而爾朱氏興于并州，終啟齊室之運，卜洛之業遂丘墟矣」。[235]

此例顯示，各種災害都與五行之火、土、金三德相關，即象徵魏王朝將衰亂滅亡，德運屬另個王者崛起，因魏帝室是軒轅之後，德屬如鎮星，「土精曰鎮星」，[236]即德屬土行，諸災反映出，在五行相生系列中，土德以火「赤」為「母」，而土會生金「白」之「子」，此子為金會生水，故王朝德運會轉生於東方渤海地區的「齊」，是以靈太后亂政，引起孝明帝不堪，遂欲藉爾朱榮之力，以清君側，乃為靈太后毒殺，榮入洛陽趁勢崛起，後為「齊」王高歡所獨制朝政，魏王朝終遭高洋禪代而滅亡。接著，諸多動亂都與軒轅星之動向有關，如孝昌元年五月，「太白犯軒轅」，八月「在張、角，盛大」，象徵黃河以南「有暴酷之兵」。[237]

　　相對於土德，魏官方所司星占，亦有以魏為水德來行占王朝吉凶。孝莊帝永安三年（530）八月「月辛丑，太白犯軒轅；明年五月，月又

---

[234] 《魏書》，卷 105-4，〈天文志〉，頁 2429。
[235] 《魏書》，卷 105-4，〈天文志〉，頁 2439-2440。
[236] 《魏書》，卷 107 上，〈律曆志上〉，頁 2681；卷 107 下，〈律曆志下〉，頁 2719。
[237] 《魏書》，卷 105-4，〈天文志〉，頁 2441。

犯畢右股，遂入之」。因「畢星，所以建魏國之命也」。象徵著「天下有變，其君大憂，邊兵起，上將戮，月淯干之，事甚而眾」。及爾朱兆作亂，奉長廣王爲主，號年建明。明年二月，又廢之而立節閔。六月，高歡又推安定王爲帝於信都，復黜之，後更立武帝。於是三少王相次崩殂」。「又洛陽再陷，六宮汙辱，有兵及軒轅之效焉」。[238]古來都謂「畢星好雨」。[239]「雨師，畢星也」。[240]畢星屬水德，遂以之爲「建魏國之命」，來占魏王朝天命之衰微。

綜合上述，魏王朝對於所屬前朝究屬何者，以及魏王朝正統五行究屬土德或水德，大抵缺乏一致性、明確性的定論。而所能肯定的，是孝文帝太和十六年已後，十六國完全排出於魏正統脈絡之外，任何一國，都不是魏本朝正統脈絡中的前朝。

在上述前朝界限不穩定狀態下，以魏人的修史之正統觀，最被明確肯定的，魏王朝正統之前朝，是曹魏；至於西晉，則史料闕漏，無法明確判斷是否有魏與西晉的正統相續。

魏人撰修曹魏史，有梁祚（391-477），約於獻文帝至孝文帝之間，「積十餘年，雖羈旅貧窘，而著述不倦」。著作有「撰并陳壽《三國志》，名曰《國統》。又作代都賦，頗行於世」。[241]孝文帝與宣武帝之間，有張始均「端潔好學，有文才」。以司徒行參軍，遷著作佐郎，「改陳壽《魏志》爲編年之體，廣益異聞，爲三十卷。又著《冠帶錄》及諸賦數十篇，今並亡失」。[242]按梁祚所撰，《隋書》〈經籍志〉有著錄「《魏國統》二十卷，梁祚撰」，[243]應即其書，今已亡佚。張始均之作，則在當時已亡失

---

[238] 《魏書》，卷 105-4，〈天文志〉，頁 2444。

[239] 《史記》，卷 38，〈宋微子世家〉集解，頁 1618。

[240] 《史記》，卷 1，〈五帝本紀〉集解，頁 1618；《漢書》，卷 25 上，〈郊祀志上〉顏師古注，頁 1207。

[241] 《魏書》，卷 72，〈儒林傳·梁祚〉，頁 1844-1845。

[242] 《魏書》，卷 64，〈張始均傳〉，頁 1434。

[243] 《魏書》，卷 64，〈張始均傳〉，頁 1434。

了。

梁祚書猶有若干佚文可觀，其內容是以曹魏爲正統，載曹操稱「太祖」，如曰：「初太祖過故人呂伯奢也，遂行日暮，道逢二人，容貌威武，太祖避之路。二人笑曰：『觀君有奔懼之色何也？』太祖始覺其異，乃悉告之。臨別，太祖解佩刀與之，曰：『以此表吾丹心，願二賢慎勿言。』」[244]又載曹丕稱「文帝」，如謂劉蜀大將「黃權來降，文帝從容謂權曰：『君舍逆効順，欲進蹤陳？』韓邪對曰：『臣過受劉氏殊遇，降吳不可，歸蜀無路，是以歸命，且敗君之將，免死爲幸何？古人之敢慕也。』帝善之」。[245]至於稱孫權，則直書名諱，如載曰：「孫權嘗賜甘寧酒米，寧以米賜帳下，乃以銀椀酌酒自飲，次與其郡督，次酌其次，命銜枚出斫敵」。[246]又載云：「吳丞相顧雍諫孫權曰：『公孫泉未可信，後必悔也。』權入禁中，雍後隨之，頓首曰：『此國之大事，臣以死爭之。』權使左右扶出」。[247]

再看書名「國統」，此語於魏，係指有資格繼位之正統血胤。如神元帝拓跋力微子沙漠汗，於魏晉之間，久居洛陽，回到拓跋氏部落聯盟時，諸部大人說：「太子風彩被服，同於南夏，兼奇術絕世，若繼國統，變易舊俗，吾等必不得志，不若在國諸子」。[248]還有，昭成帝什翼犍，「是時，獻明皇帝及秦明王翰皆先終，太祖年六歲，昭成不豫，慕容后子閼婆等雖長，而國統未定」。[249]可見國統之義，係指有資格繼位之正統血胤。梁祚以之爲書名，應是比喻魏王朝乃曹魏之國統，寓意著魏王朝是有資格繼承曹魏正統地位之政權。如此一來，書名加上「魏」，有雙層

---

[244] 宋·李昉等編，《太平御覽》（台北市：商務印書館，1992 年 1 月台一版第六刷，四庫叢刊三編本），卷 478，〈人事部·遺贈〉，頁 2320 上。

[245] 《太平御覽》，卷 463，〈人事部·辯上〉，頁 2259 下。

[246] 《太平御覽》，卷 357，〈兵部·銜枚〉，頁 1771 上。

[247] 《太平御覽》，卷 454，〈人事部·諫諍〉，頁 2220 下。

[248] 《魏書》，卷 1，〈序紀〉，頁 4。

[249] 《魏書》，卷 15，〈拓跋寔君傳〉，頁 369。

指稱之作用：一是陳壽書原題「三國」，統合爲曹「魏」之正統；二是指曹魏與拓跋魏，爲正統相續之魏。

　　梁祚卒於太和十二年，其以魏王朝繼承曹魏正統之觀念，定非出於孝文帝太和十六年所定魏王朝正統脈絡，而是依據道武帝定國號「魏」，並以黃帝後裔爲土德。因這與曹魏帝室有完全相同之處：一是族源出於黃帝，王沈《魏書》載曹操一族「其先出於黃帝」。[250]二是五行爲土德，東漢獻帝延康元年（220），在禪代過程中，給事中博士蘇林、董巴上表曰：「今十月斗之建，則顓頊受命之分也，始魏以十月受禪，此同符始祖受命之驗也。魏之氏族，出自顓頊，與舜同祖，見于春秋世家。舜以土德承堯之火，今魏亦以土德」。由此，禪代之書冊便謂：「承漢之火，於行運，會于堯舜授受之次」。[251]

　　張始均之《魏志》，應以曹魏爲三國之正統，一因其書獨取曹魏史，則三國史事便只能以曹魏爲中心，淡化貶低了孫吳與劉蜀之歷史地位。二因其書既改成編年體，載事既以曹魏爲中心，紀年自以曹魏年號行之，凡曹魏涉及吳、蜀史事，亦繫以曹魏紀年，正是編年體表現正統的書法，曹魏爲正統，吳、蜀居閏位。由於他身處於孝文、宣武之際，且擔任過著作郎之史官職務，當熟悉於太和十六年以後的魏王朝正統脈絡，從而據以撰魏史。

　　魏人亦有撰修晉史，如裴伯茂「曾撰《晉書》，竟未能成」。[252]宋世景「嘗撰《晉書》，竟未得就」。[253]這兩種晉史均未成書，內容都無可考。惟不能因其撰晉史，便判斷可能是照孝文帝所定正統脈絡，以西晉之正

250　《三國志》，卷1，〈魏書・武帝紀〉裴注引王沈《魏書》曰：「其先出於黃帝。當高陽世，陸終之子曰安，是爲曹姓。周武王克殷，存先世之後，封曹俠於邾。春秋之世，與於盟會，逮至戰國，爲楚所滅。子孫分流，或家於沛。漢高祖之起，曹參以功封平陽侯，世襲爵土，絕而復紹，至今適嗣國於容城」（頁1）。

251　《三國志》，卷1，〈魏書・文帝紀〉及裴注，頁62，70。

252　《魏書》，卷85，〈文苑傳・裴伯茂〉，頁1873。

253　《魏書》，卷88，〈良吏傳・宋世景〉，頁1903。

統相續於魏；蓋兩書既名《晉書》，則內容就有可能包含西晉與東晉，魏是以西晉爲正統，視東晉爲僭僞；今既莫知其書內容，就當以不遽然論斷或推測爲宜。

如前所述，魏王朝創建以後，便不以十六國爲正統，孝文帝十六年起，更明確斥十六國是僭僞政權。因此，魏人修十六國史，在其與魏王朝之間，並無正統相續關係。

高閭撰有《燕志》。見於《隋書》〈經籍志〉所載「《燕志》十卷，記馮跋事。魏侍中高閭撰」。[254]《舊唐書》〈經籍志〉僅載「《燕志》十卷」。[255]《新唐書》〈經籍志〉則改爲「高閭，《燕志》十卷」。[256]可見此書內容，是敘述馮跋之北燕國的歷史。據《魏書》與《北史》高閭本傳，提到他撰述的活動是：「閭好爲文章，軍國書檄、詔令，碑頌、銘贊，百有餘篇，集爲三十卷。其文亦高允之流，後稱二高，爲當時所服」，此外都無撰《燕志》的記錄。[257]故高閭撰此書的情形，是無可考察的。而其撰述動機，可能關乎其正統觀。在太和十四年八月至十六年正月間，魏朝廷討論正統五行所屬問題中，高閭之議以爲，王朝正統是以佔有中原爲準則，不必從道德去分辨善惡，再據五德相生原理，進而提出北魏爲土德的證明：周（木）→棄秦之暴→「越惡承善」於漢（火）→曹魏（土）→晉（金）→趙（水）→燕（木）→秦（火）→魏（土）。在這正統脈絡中，拓跋氏之所以繼苻秦而爲正統，有兩個因要素：一依五行相生原理屬土德，土德的源流來自拓拔氏祖先「合德軒轅，承土祖未〔末〕」，即族祖黃帝少子昌意。二依據「以中原爲正統」的地緣關係，周、漢、曹魏，都據中原爲國土，十六國之「秦、趙及燕，雖非明聖，各正號赤縣，統有中土」；接著，道武帝拓跋珪踵繼苻秦滅亡後，佔領

---

[254] 《隋書》，卷33，〈經籍志二〉，頁963。
[255] 《舊唐書》，卷46，〈經籍志上〉，頁1993。
[256] 《舊唐書》，卷58，〈經籍志上〉，頁1462。
[257] 《魏書》，卷54，〈高閭傳〉，頁1196-1210；《北史》，卷34，〈高閭傳〉，頁1255-1260。

了中原而建立了北魏。他的看法，最終被批評爲：「皇魏世王玄朔，下
迄魏、晉，趙、秦、二燕雖地據中華，德祚微淺，並獲推敍，於理未愜」，
未被朝廷所接受。[258]學者或依高閭之論，主張北魏初期是繼苻秦火德，
而以土德爲正統；[259]可是《魏書》全無朝廷頒定此一正統觀之證據，此
說恐失於勉強推測而已，無法採信。由此顯示，縱始高閭之撰《燕志》，
是因於其正統觀，亦屬他個人之正統觀，非朝廷頒定之說，無涉於魏王
朝與燕國、苻秦之間的正統相續。

韓顯宗亦撰有《燕志》一書。他之修撰此書，可能與原居地有關聯，
其家「自云漢大司馬增之後」，住在昌黎棘城，[260]此地爲今遼寧省錦縣，
當時或認爲是鮮卑山之所在地，更爲東部鮮卑慕容氏發跡地之一。[261]顯
宗在「太和初，舉秀才，對策甲科，除著作佐郎」，於是「顯宗撰《燕
志》、《孝友傳》各十卷」。[262]《燕志》所載是何燕國，因史未明文，已
無可考。不過，撰成《燕志》之後，遭到孝文帝評爲非良史，而有所爭
辯。時帝對顯宗及程靈虬說：「著作之任，國書是司。卿等之文，朕自
委悉，中省之品，卿等所聞。若欲取況古人，班馬之徒，固自遼闊。若
求之當世，文學之能，卿等應推崔孝伯」。是指他們文史才能，表現不
卓越。又對顯宗說：「見卿所撰《燕志》及在齊詩詠，大勝比來之文。
然著述之功，我所不見，當更訪之監、令。校卿才能，可居中第」。是
指其文史才能，只在中等之列。顯宗不滿而回答說：「臣才第短淺，猥
聞上天。……今臣之所撰，雖未足光述帝載，稗暉日月，然萬祀之後，
仰觀祖宗巍巍之功，上睹陛下明明之德，亦何謝欽明於唐典，愼徽於虞
書」。這是自詡所作，不顯於當世，將垂後世萬代。帝遂又批評說：「卿

---

[258] 《魏書》，卷 108-1，〈禮志〉，頁 2744-2747。
[259] 羅新，〈十六國北朝的五德曆運問題〉，《中國史研究》，2004 年第 3 期，頁 53。
[260] 《魏書》，卷 60，〈韓祺麟傳〉，頁 1331。
[261] 馬長壽，《烏桓與鮮卑》，頁 160-162。
[262] 《魏書》，卷 60，〈韓顯宗傳〉，頁 1338，1344；《北史》，卷 34，〈高閭傳〉，頁 1445，
1450。

爲著作，僅名奉職，未是良史也」。此時顯宗卻狂妄說：「臣仰遭明時，直筆而無懼，又不受金，安眠美食，此臣優於遷、固也」。此話一出，徒是招來「高祖哂之」，意味帝不理他了，不必未再做任何表示。[263]同時也可見，孝文帝視《燕志》與正統無瓜葛，只就撰史能力之優劣加以評論，遂不再反駁顯宗之狂語，一笑置之而已。

宣武帝時，高謙之撰《涼書》。他撰此書之緣起，與家世有關。其先世原居勃海蓨，至五世祖高撫，於西晉永嘉年間（307-312），與兄顧「避難奔於高麗」。到了祖父高潛，在獻文帝（在位452-465）初年「歸國」，賜爵開陽男，居住在遼東，「詔以沮渠牧犍女賜潛爲妻，封武威公主」，拜駙馬都尉，加寧遠將軍。高氏與北涼國沮渠氏之間，便結成了姻親關係，並生了謙之父親高崇。接著「初崇舅氏坐事誅，公主痛本生絕胤，遂以崇繼牧犍後，改姓沮渠。景明（550-553）中，啓復本姓，襲爵」，而崇一度過繼爲沮渠氏之嗣。[264]謙之「及長，屛絕人事，專意經史，天文算曆、圖緯之書，多所該涉」。後「以父舅氏沮渠蒙遜曾據涼土，國書漏闕」，最初乃撰修《涼書》十卷「行於世」。書中以「涼國盛事佛道，爲論貶之」，引起「當世名士，競以佛理來難，謙之還以佛義對之，竟不能屈」。不過，他自「以時所行歷，多未盡善，乃更改元修撰，爲一家之法」，而此《涼書》修訂本卻「未行於世」，只爲「議者歎其多能」。[265]在正統相續上，此書亦無關於魏正統之繼承脈絡。

宣武帝時，還有崔鴻撰《十六國春秋》。他「少好讀書，博綜經史」。後於宣武帝景明三年（502），遷員外郎、兼尚書虞曹郎中「敕撰起居注」。孝明帝正光元年（520），加前將軍，「修高祖世宗起居注」。接著，因其伯父崔光「撰魏史，徒有卷目，初未考正，闕略尤多。每云此史會非我世所成，但須記錄時事，以待後人。臨薨言鴻於蕭宗（孝明帝）」。正光

---

[263] 《魏書》，卷60，〈韓顯宗傳〉，頁1342。

[264] 《魏書》，卷77，〈高崇傳〉，頁1707。

[265] 《魏書》，卷77，〈高謙之傳〉，頁1708-1711。

五年（524）正月，「詔鴻以本官修緝國史」。最後結果，在魏國史纂修上，「鴻在史甫爾，未有所就，尋卒」。反而撰成十六國史。這是緣於「鴻弱冠便有著述之志，見晉魏前史皆成一家，無所措意。以劉淵、石勒、慕容雋、苻健、慕容垂、姚萇、慕容德、赫連屈子、張軌、李雄、呂光、乞伏國仁、禿髮烏孤、李暠、沮渠蒙遜、馮跋等」，「並因世故，跨僭一方，各有國書，未有統一」，撰成《十六國春秋》。[266]

　　崔鴻撰述過程，遭逢兩大忌諱：一是崔鴻曾祖崔曠，「從慕容德南渡河，居青州之時水」。慕容氏滅後，於劉宋仕樂陵太守。祖父靈延，劉宋龍驤將軍、長廣太守，曾與冀州刺史崔道固「共拒國軍」。後來因魏「平三齊」才「徙代」，歸於魏朝。[267]此一家族背景，造成鴻以祖先「二世仕江左，故不錄僭晉（東晉）、劉（宋）、蕭（齊）之書。又恐識者責之，未敢出行於外」。這是因若引據南方史史，怕人誤解偏黨東晉南朝，不敢使用；而若不史用南方史料，復恐被人知曉後，指責其史料不全；由此，形成了進退兩難的困境。二是宣武帝有「聞其撰錄」，乃遣散騎常侍趙邕詔云：「聞卿撰定諸史，甚有條貫，便可隨成者送呈，朕當於機事之暇覽之」；鴻以內容「有與國初（拓跋史）相涉，言多失體，且既未訖，迄不奏聞」。基於前述兩個因素，其書「自正光以前，不敢顯行其書。自後以其伯光貴重當朝，知時人未能發明其事，乃頗相傳讀。亦以光故，執事者遂不論之」。因此，其書正式行世，是經子崔子元補闕漏以後，到孝莊帝永安元年（528），始「奏其父書」。依上述可知，崔鴻撰述之困境，不在如何使十六國與魏之間相續正統，事實上鴻曾於上表中云：「皇魏龍潛幽代，世篤公劉，內修德政，外抗諸偽。……太祖道武皇帝以神武之姿，接金行之運，應天順民，龍飛受命」，[268]所謂「外抗諸偽」，是指魏王朝創立前，拓跋氏與十六國之間的關係，十六國屬「偽」，是為非正統。所謂「接金行之運」，是以魏屬水，由西晉

---

[266]《魏書》，卷67，〈崔鴻傳〉，頁1501-1502。

[267]《魏書》，卷67，〈崔光傳〉，頁1487。

[268]《魏書》，卷67，〈崔鴻傳〉，頁1502-1505

之屬金生續而來的，完全不違魏之正統脈絡，故「鴻書之紀綱，皆以晉爲主」。[269]

綜上所述，〈修史詔〉之兼修魏、齊史，無法說是全繼承自魏之史學傳統，原因有二：其一，魏史學缺乏禪代實務經驗，即本朝史與前朝史之內容，如何可能在禪代上「嗣弘」前後朝正統相續，是魏史學傳統從未有的經驗；因爲魏自開國以後，直至東魏效靜帝武定八年（550）禪位於北齊以前，沒有政權以禪代轉移之事發生；縱在曹魏、西晉史撰修上，須處理東漢與曹魏、曹魏與西晉之禪代問題，卻畢竟不是本朝實際發生的實務問題，故在史學纂修上，對禪代的政權正統相續之史學問題，毫無實際處理的經驗。其二，在本朝與前朝史之正統脈絡上，魏之曹魏、西晉史撰修，屬於由魏隔代遙接曹魏、非本朝、前朝相銜相續，西晉，較之〈修史詔〉之兼修魏、齊史「嗣弘」魏天命正統，其情況不相同。

因此，〈修史詔〉受魏史學影響者，唯有魏之官私「並修」本朝及前朝史。即魏官修本朝國史，朝廷允許私修前朝十六國史。後來，〈修史詔〉專由官方兼修本朝前朝史，應是承襲北魏史學，把官私並修，加以轉變爲專屬官方兼修。

第五節　曹魏、兩晉兼修本朝及前朝史

曹魏兼修本朝與前朝史。有關官修國史，[270]始於魏文帝黃初（220-226）至明帝太和（227-232）年間，始命衛覬「受詔典著作，又爲魏官儀，凡所撰述數十篇」。[271]繆襲「亦有才學，多所述敍，官至尙

---

[269] 柳詒徵，《國史要義》（台北市：台灣中華書局，1979年11月七版），〈史統〉，頁51。

[270] 此處所述，主要是依據《史通通釋》，卷12，〈古今正史〉，頁346；唐・劉知幾撰，張振佩箋注，《史通箋注》（貴陽市：貴州人民出版社，1985年12月初版一刷），卷12，〈古今正史〉，頁440-441。

[271] 《三國志》，卷21，〈魏書・衛覬傳〉，頁611-612。又劉知幾云：「當魏太和中，始

書、光祿勳」。[272]往後因人事多變動凋零，致史書難成。繆襲卒於曹魏齊王正始六年（245）；明帝景初三年（239）齊王即位以後，命應璩「爲侍中，典著作」，而卒於齊王嘉平四年（252）；[273]孫該亦受命「著《魏書》」，於曹魏元帝景元二年（261）卒。[274]傅玄先「選入著作，撰集《魏書》」，旋轉任參安東、衛軍軍事，[275]未持久參撰。另一修史者韋誕，則動向不明。[276]高貴鄉公正元年間（254-255）修魏史者，有王沈「典著作，與荀顗、阮籍共撰《魏書》」。[277]阮氏爲人「倜儻放蕩，行己寡欲，以莊周爲模則」，[278]能否確實撰國史，值得疑問；另有荀顗亦參修纂，卻又輾轉各職位，難久任史職，終究僅能「草創紀傳，累載不成」。[279]

曹魏修前朝史，是繼續東漢《東觀漢記》之修纂。是書爲東漢官修國史，始於明帝年間（57-75），至曹魏文帝黃初元年（220）禪代後漢，全書仍未完成，照劉知幾的說法，曹魏官方續修於「魏黃初中，唯著〈先賢表〉，故《漢記》殘缺，至晉不成」。[280]

西晉亦兼修本朝與前朝史。在官修國史方面，始於晉武帝年間（266-289），束皙「轉佐著作郎，撰《晉書》帝紀、十志，遷轉博士，著作如故」。[281]時張華「名重一世，眾所推服，《晉史》及儀禮憲章並屬

置著作郎，職隸中」（《史通通釋》，卷11，〈史官建置〉，頁311）。故劉氏說魏書之修，始於文帝黃初年間，或當另有所據，或可存疑。

[272] 按《三國志》，卷21，〈魏書·劉劭傳〉附繆襲載云：「繆襲亦有才學，多所述敘，官至尙書、光祿勳」，未明言修史。裴注引《文章志》云：「襲字熙伯。辟御史大夫府，歷事魏四世。正始六年，年六十卒」（頁620）。

[273] 《三國志》，卷21，〈魏書·王粲傳〉附應瑒及裴注引《文章敘錄》，頁604。

[274] 《三國志》，卷21，〈魏書·劉劭傳〉附孫該及裴注引《文章敘錄》，頁620-623。

[275] 《晉書》，卷47，〈傅玄傳〉，頁1317。

[276] 《三國志》，卷21，〈魏書·劉劭傳〉附韋誕及裴注引《文章敘錄》，頁621。

[277] 《晉書》，卷39，〈王沈傳〉，頁1143。

[278] 《三國志》，卷21，〈魏書·王粲傳〉附阮籍及裴注引《魏氏春秋》，未載修史事（頁604-605）。《晉書》，卷49，〈阮籍傳〉亦同（頁1359-1362）。載於《晉書》，卷39，〈王沈傳〉，頁1143。

[279] 《晉書》，卷39，〈荀顗傳〉，頁1150-1151。

[280] 《史通通釋》，卷11，〈古今正史〉，頁341。

[281] 《晉書》，卷51，〈束皙傳〉，頁1432，1434。

於華，多所損益」。[282]武帝時，「朝廷議立晉書限斷」，中書監荀勖謂宜以魏正始起年，著作郎王瓚欲引嘉平已下朝臣盡入《晉史》，「于時依違未有所決」。惠帝時，孫謐「為祕書監，掌國史」，乃「更使議之」。「謐上議，請從泰始為斷」。於是事下三府，司徒王戎、司空張華、領軍將軍王衍、侍中樂廣、黃門侍郎嵇紹、國子博士謝衡「皆從謐議」。騎都尉濟北侯荀畯、侍中荀藩、黃門侍郎華混「以為宜用正始開元」。博士荀熙、刁協謂「宜嘉平起年」。結果「謐重執奏戎、華之議，事遂施行」。[283]而孫謐「二十四友，（潘）岳為其首。謐《晉書》限斷，亦岳之辭也」。[284]

西晉朝廷，亦准新修前朝曹魏史。前述曹魏官修國史，始終未成，到了西晉，方由「王沈獨就其業，勒成《魏書》」，[285]故史稱本書「晉司空王沈撰」。[286]另有陳壽「除著作郎，領本郡中正，撰魏吳蜀《三國志》」。「夏侯湛時著《魏書》」，可惜因「見（陳）壽所作，便壞己書而罷」，未得行世。[287]

東晉兼修本朝及前朝史之活動，未曾中斷。關於官修國史，始於元帝年間（318-322），[288]時有歷陽令王銓，「少好學，有著述之志，每私錄晉事及功臣行狀，未就而卒」。其子王隱（約 284-354），[289]「以儒素自守，不交勢援，博學多聞，受父遺業，西都舊事多所諳究」。元帝太興（318-322）初，「典章稍備，乃召隱及郭璞俱為著作郎，令撰《晉史》」。其時，又有「著作郎虞預私撰《晉書》，而生長東南，不知中朝事，數

[282] 《晉書》，卷 36，〈張華傳〉，頁 1070。

[283] 《晉書》，卷 40，〈孫謐傳〉，頁 1173-1174。

[284] 《晉書》，卷 55，〈潘岳傳〉，頁 1504。

[285] 《史通通釋》，卷 12，〈古今正史〉，頁 346。

[286] 《隋書》，卷 33，〈經籍志二〉，頁 955。

[287] 《晉書》，卷 82，〈陳壽傳〉，頁 2137。

[288] 《晉書》，卷 82，〈干寶傳〉，頁 2149-2150。

[289] 其生卒年及其家世、修史狀況，見：曹書傑，〈王隱家世及其晉書〉，《史學史研究》，1995 年第 2 期，頁 25-26。

訪於隱，并借（王）隱所著書竊寫之，所聞漸廣」。惟於「是後更疾隱，
形於言色」。繼而運用豪族身份，「交結權貴，共爲朋黨，以斥隱，竟以
謗免，黜歸于家」。王隱遂因「貧無資用，書遂不就」，只好托附於征西
將軍庾亮于，「亮供其紙筆，書乃得成」。[290]虞預亦撰成《晉書》四十餘
卷，行於當世。[291]·至康帝時，謝沈因「何充、庾冰並稱沈有史才，遷著
作郎，撰《晉書》三十餘卷」。[292]至哀帝隆和元年（362）初，桓溫猶建
言「宜選建史官，以成《晉書》，有司皆奏行之」。[293]安帝義熙元年（406），
劉裕命徐廣「撰車服儀注」，廣後領著作郎。二年（407），尙書奏曰：「自
皇代有造，中興晉祀，道風帝典，煥乎史策。而太和以降，世歷三朝，
玄風聖迹，倏爲疇古。臣等參詳，宜敕著作郎徐廣撰成國史」。帝詔曰：
「便敕撰集」。六年（410），廣仍領著作郎，遂持續進行纂修。至十二
年（416），撰成《晉紀》凡四十六卷，「表上之」。[294]還有王韶，「好史
籍，博涉多聞」。初爲徜將軍謝琰行參軍，「偉之少有志尙，當世詔命
表奏，輒自書寫，太元、隆安時事，小大悉撰錄之」，韶之因此私撰《晉
安帝陽秋》。書既撰成，「時人謂宜居史職，即除著作佐郎，使續後事，
訖義熙九年。善敍事，辭論可觀，爲後代佳史」。[295]復有劉謙之私下因
「好學，撰《晉紀》二十卷」。[296]

東晉對前朝曹魏史之纂修，有孫盛著《魏氏春秋》，他「起家佐著
作郎，以家貧親老，求爲小邑」，至老官至秘書監，加給事中，其間「盛
篤學不倦，自少至老，手不釋卷。著《魏氏春秋》、晉陽秋，并造詩賦論難
復數十篇」，[297]此外，還有陰澹著《魏紀》。《隋書》〈經籍志〉載爲「《魏

[290]《晉書》，卷82，〈王隱傳〉，頁2142-2143。
[291]《晉書》，卷82，〈虞預傳〉，頁2147。
[292]《晉書》，卷82，〈謝沈傳〉，頁2152。
[293]《晉書》，卷98，〈桓溫傳〉，頁2574。
[294]《宋書》，卷55，〈徐廣傳〉，頁1548-1549。
[295]《宋書》，卷60，〈王韶之傳〉，頁1625；《隋書》，卷33，〈經籍志二〉，頁958。
[296]《宋書》，卷64，〈劉康祖傳〉附許謙之，頁1446。
[297]《晉書》，卷82，〈孫盛傳〉，頁2148。

紀》十二卷，左將軍陰澹撰」。[298]《舊唐書》〈經籍志〉則載云「《魏紀》十二卷魏澹撰」。[299]依據校勘，「此書作者當爲晉陰澹，而非隋魏澹」，[300]因《三國志》裴松之注引陰澹《魏紀》所載曹植〈銅雀臺賦〉。[301]同時，陰澹之年代，尚有可考之跡。《晉書》載張軌「以時方多難，陰圖據河西」，「於是求爲涼州，公卿亦舉軌才堪御遠。永寧初，出爲護羌校尉、涼州刺史。……以宋配、陰充、氾瑗、陰澹爲股肱謀主」。[302]由此可知，西晉惠帝永寧元年（301），張軌出任涼州刺史，陰澹即爲主要輔助者之一。同書又載有隱者索襲「張茂時，敦煌太守陰澹奇而造焉」。[303]張茂在位時間，是東晉元帝太興三年（320）至東晉明帝太寧元年（324）。又《魏書》載云：「軌保涼州，陰澹之力，（張）駿以陰氏門宗強盛，忌之，乃逼澹弟鑒令自殺，由是大失人情。駿既病，見鑒爲祟，遂死，時（什翼犍代國）建國九年也。子重華統任」。[304]張駿在位，是繼張茂之位，死於東晉穆帝永和二年（346）。而張駿敢行剷除陰澹家族勢力，應因陰澹已過去，陰氏實力稍微之際，才對陰澹之弟下手，可見陰澹可能死於張駿在位期間內。綜合來看，陰澹的具體年代，是西晉惠帝至東晉穆帝間，《魏紀》或屬此時期之著作。

第六節　南朝兼修本朝及前朝史

---

[298] 《隋書》，卷33，〈經籍志二〉，頁957；「校勘記」第6條，頁993。

[299] 五代・劉煦撰，《舊唐書》（台北市：鼎文書局，1979年2月再版，新校點本），卷46，〈經籍志上〉，頁1991。

[300] 《舊唐書》，卷46，〈經籍志上〉，校勘記第17條云：「魏紀十二卷魏澹撰：『魏澹撰』，隋志作『左將軍陰澹撰』。三國志卷一九陳思王植傳注引陰澹魏紀所載植銅雀臺賦，則此書作者當爲晉陰澹，而非隋魏澹」（頁2019）。

[301] 《三國志》，卷19，〈魏書・陳思王植傳〉，頁557。

[302] 《晉書》，卷86，〈張軌傳〉，頁2221-2222。王隱撰，湯球輯，《晉書》，卷7，〈張軌傳〉載云：「燉煌曹祛上言：軌老病，更請刺史。陰澹時弱冠，才行忠烈，州請爲治中從事。陰澹，因率數十人馳詣長安，皆割耳于盤，流血訴枉，得停」（頁325）。

[303] 《晉書》，卷94，〈隱逸傳・索襲〉，頁2449；王隱撰，湯球輯，《晉書》，卷9，〈逸民傳・索襲〉，頁344。

[304] 《魏書》，卷99，〈私署涼州張寔傳〉，頁2195。

劉宋官修國史，始於文帝元嘉十六年（424-451），何承天「除著作佐郎，撰國史」。[305]照沈約所說，此時是屬「使著作郎何承天草創國史」，「承天始撰宋書，草立紀傳，止於武帝功臣，篇牘未廣。其所撰志，唯天文，律歷」。[306]有關志的部分，沈約在《宋書》〈序志〉有不同之說：「元嘉中，東海何承天受詔纂《宋書》，其志十五篇，以續馬彪漢志，其證引該博」。[307]此間劉宋國史，承天所撰以外，「悉委奉朝請山謙之」。後於孝武帝孝建（454-456）初年，謙之「又被詔撰述」，不九病亡。便派南臺待御史蘇寶生「續造諸傳，元嘉名臣，皆其所撰」。寶生因罪被誅，孝武帝大明年間（457-464），又命著作郎徐爰「躋成前作」，爰「因何、蘇所述，勒為一史」，起自東晉安帝義熙（406-418）之初年，訖於劉宋孝武帝大明之末年，其中臧質、魯爽、王僧達諸傳，「皆孝武所造」。自此以後之國史，則未續修成書。[308]

劉宋對前朝晉史之纂修，亦為官方重視。文帝以「以晉氏一代，自始至終，竟無一家之史，令靈運撰《晉書》，粗立條流，書〔竟不就〕」。[309]沈約自述撰晉史云：「年十三而孤，少頗好學，雖棄日無功，而伏膺不改。常以晉氏一代，竟無全書，年二十許，便有撰述之意」。明帝泰始元年（466）初，征西將軍蔡興宗「為啟明帝，有勅賜許」，經「年逾二十，所撰之書，凡一百二十卷。條流雖舉，而採掇未周」。到了蕭齊武帝永明（483-493）初年，不幸「遇盜失第五帙」。[310]另有裴松之私撰有《晉紀》「行於世」；[311]郭季產撰《續晉紀》，檀道鸞撰《續晉陽秋》。[312]

蕭齊官修國史，始於高帝建元二年（480）「初置史官」，檀超與驃

[305]《宋書》，卷64，〈何承天傳〉，頁1704。

[306]《宋書》，卷100，〈自序〉，頁2467。

[307]《宋書》，卷11，〈志序〉，頁205。

[308]《宋書》，卷100，〈自序〉，頁2467。

[309]《宋書》，卷67，〈謝靈運傳〉，頁1772。

[310]《宋書》，卷100，〈自序〉，頁2466。

[311]《宋書》，卷64，〈裴松之傳〉，頁1701。

[312]《隋書》，卷33，〈經籍志二〉，頁958。

騎記室江淹掌史職，上表訂立國史條例，一是紀年「開元紀號，不取宋年。封爵各詳本傳，無假年表」。二是撰立十志，律曆、禮樂、天文、五行、郊祀、刑法，藝文、朝會，輿服、州郡、百官合州郡。三是列傳部分，「帝女體自皇宗，立傳以備甥舅之重」。結果，「超史功未就，卒官」。後由「江淹撰成之，猶不備也」。[313]其間如沈約於建元四年，「被勑撰國史。永明二年，又「兼著作郎，撰次起居注」。[314]

　　蕭齊於劉宋史，官方同樣注重。蓋劉宋朝所修國史，有明顯缺點，一是未纂修成全史，只修編至劉宋孝武帝大明（457-464）之末年，此後之史，「自永光以來，至於禪讓，十餘年內，闕而不續，一代典文，始末未舉」，即自廢帝永光元年（464）至順帝昇明三年（479）禪位於蕭齊，均付諸闕如。二是非全為信史，因「事屬當時，多非實錄；又立傳之方，取捨乖衷，進由時旨，退傍世情，垂之方來，難以取信」。武帝永明五年（487）春，沈約「被勑撰宋書」，六年（489）二月，撰成紀、傳部分，先呈奏朝廷，後再續成志篇，成為「新史」。全史起自東晉安帝義熙元年（405），終於昇明三年（479）。而其中史事，有所剪裁，如東晉桓玄、譙縱、盧循、馬、魯之徒，「身為晉賊，非關後代」；吳隱、謝混、郗僧施，「義止前朝」，以上都「不宜濫入宋典」。劉毅、何無忌、魏詠之、檀憑之、孟昶、諸葛長民，「志在興復，情非造宋之業，是以掌言未記」。[315]另有孫嚴，亦撰了《宋書》。[316]

　　蕭梁官修國史，始於武帝天監元年（502）初年，[317]累積不少成果。起居注方面，有《梁天堅起居注》、《梁大同起居注》十卷、《梁起居注》。

---

[313] 《南齊書》，卷52，〈文學傳・檀超〉，頁891-892。

[314] 《宋書》，卷100，〈自序〉，頁2466。

[315] 《宋書》，卷100，〈自序〉，頁2466-2467；《梁書》，卷13，〈沈約傳〉，頁243。

[316] 《隋書》，卷33，〈經籍志二〉，頁955。

[317] 《周書》，卷42，〈劉璠傳〉載劉氏「梁天監初，為著作郎」（頁761）。《梁書》，卷35，〈劉孝綽傳〉載劉氏「天監初，起家著作佐郎」（頁480）。卷27，〈陸襄傳〉載陸氏「天監三年，都官尚書范岫表薦襄，起家擢拜著作佐郎」（頁405）。

實錄類，有周興嗣撰《梁皇帝實錄》三卷、佚名撰《梁太清實錄》八卷。本紀類，有沈約撰《梁武帝紀》十四卷、蕭韶撰《梁太清紀》十卷、劉仲威撰《梁承聖中興事略》十卷。編年類，有謝昊撰《梁典》二十九卷。雜史類，有周興嗣撰《皇德記》、蕭子顯撰《普通北伐記》五卷。特別值得注意的，是梁史之成書，有沈約、周興嗣、鮑行卿、謝昊等四人，相繼修撰《梁書》一百卷；蕭欣撰《梁史》一百卷。[318]

蕭梁對於蕭齊史，亦有所纂修。蕭子顯「啓撰《南齊書》」，於天監年間（502-519）「書成，表奏之，詔付秘閣」。[319]裴子野（466-529）曾任著作郎，掌國史及起居注，後「在禁省十餘年」，私下「欲撰《齊梁春秋》，始草創，未就而卒」。[320]同時，吳均「表求撰《齊春秋》，書成奏之」。梁武帝卻「以其書不實」，使中書舍人劉之遴詰問數條，「竟支離無對」，「敕付省焚之，坐免職」。[321]

上來所述顯示，南朝至蕭梁為止，無不繼承曹魏、兩晉兼修本朝及前朝史。據此來看，〈修史詔〉「嗣弘」魏天命正統宗旨之實踐，會以「兼修」魏、齊史為方式，即欲以兼修齊、魏史來「嗣弘」魏正統，其第二個原因，主要是模仿魏晉南朝兼修本朝及前朝史之傳統。

首先，對〈修史詔〉來說，魏晉南朝史學，不僅提供兼修本朝及前朝史之經驗，還能提供從「兼修」修以「嗣弘」前後朝正統之實務，而且具備禪代之正統問題的實際經驗。在天保五年《魏書》撰成以前，東漢（25-220）禪位於曹魏（220-265），曹魏禪位於西晉（265-316），東晉（317-420）禪位於劉宋（420-479），劉宋禪位於蕭齊（479-502），蕭齊禪位於蕭梁（502-557）。[322]經由魏晉南朝禪代，並修當朝與前朝史，

[318] 朱希祖，〈蕭梁舊史考〉，收入氏著，《朱希祖先生文集》，第二冊，頁857-933。
[319] 《梁書》，卷35，〈蕭子顯傳〉，頁511。
[320] 《梁書》，卷35，〈蕭子顯傳〉，頁443-444。
[321] 《梁書》，卷49，〈文學傳上‧吳均〉，頁698-699。
[322] 《廿二史劄記及補編》，卷7，〈禪代〉，頁140-145。

具有承續正統的意義。魏晉南朝史書之撰述，是從曹魏開始，到了梁朝，達到了高峰。[323]其間都有本朝與前朝史並修的現象，進而構成魏晉南朝的正統相續系統，以《魏書》撰成爲止，其系統是：東漢→曹魏→晉→宋→齊→梁。這個系統之形成，所依賴的史學活動，並非三國正統爭論之形式：陳壽以曹魏繼漢正統，西晉從曹魏繼統，東晉習鑿齒以劉蜀繼漢正統，西晉從蜀繼漢正統。而是有賴下面兩個因素：

第一個因素是史學的「受命之元」觀念。這是意指本朝之創建的時間定點，不在開國皇帝即帝位之年月日，而是要追溯其開國的淵源，亦即是王朝創業的起源。要明瞭其淵源，自當回溯到前朝的某一時間定點，如西晉史的創業，必須回溯到曹魏史，兩史重疊了二十餘年。這個書法，爲北齊所模仿，用諸於魏、齊史之纂修，把北齊史回溯到北魏末年至整個東魏史（見第十四章第三、四節）。[324]

其次，是禪代之天命正統觀念，從曹魏禪代東漢政權起，對於禪代正統問題之處理，便已建立了慣例：受禪的本朝之正統，必須繼承自禪位之前朝，以爲正統相續（見第五章）。依此而言，受命之元，不是正統之爭，而是爲了使本朝與前朝能夠天命正統相續，本朝國史起元年代，應放到前朝史的那個年代，才會合理的使正統相銜接，這往往會有不同的意見，必須進行討論後，再做最終確定，在討論過程中，自然會有歧見之爭議，所爭者卻不是確認何者是正統的問題，而是確定正統銜接當在何年代之問題。這正好顯示，受命之元的本質，是以共認本朝之正統是源自前朝爲前提，恰好完全吻合禪代正統銜接之慣例。因此，魏晉南朝諸代之間，政權禪代之相續，正統之相銜，都具體的呈現在本朝與前朝之史書的內在連接。[325]

最後，上述狀況，促使魏晉南朝之統治者，在修本朝國史之同時，

---

[323] 周一良，〈魏晉南北朝史學發展的特點〉，收入氏著，《周一良集》，第一卷，頁 474。
[324] 饒宗頤，《中國史學上之正統論》，頁 21。
[325] 劉節，《中國史學史稿》，頁 132-136。

無論對官修或私修活動，都不忌諱纂修前朝史，甚至主動對前朝史採取官修，以相續正統。

　　從上述來看，北齊文宣帝〈修史詔〉欲兼修魏史與北齊國史以嗣弘魏正統，所依循的史學傳統，明顯是深受魏晉南朝之史學之影響：（1）魏晉南朝史學之「受命之元」，正爲《魏書》、齊國史所模仿使用。（2）魏晉南朝兼修本朝前朝史，是一面官修本朝國史，一面官修或允許私修前朝史；〈修史詔〉中，將其官私「並修」，轉爲由專屬官方「兼修」（見第十四至十七章）。

〈修史詔〉之得以模仿魏晉南朝史學，原因有兩大層面：第一是基於禪代的政治模仿經驗。高氏禪代東魏的政權轉移之措施，是運用曹魏西晉南朝禪代的「霸府」模式。同時，高洋禪代東魏的模式，亦有魏晉南朝之元素（見第二、五章），這種政治模仿經驗，就使之於修史層面，同樣深知須仿之而行。第，另外，對於禪代兩朝間的正統問題，南朝史學有實際處理經驗，尤其有「受命之元」方法，值得模仿。第二是南朝史學之往北流之通。在南北朝對立中，雙方史學仍有交流，南朝史書亦得北傳。[326]例如，如李彪說「近僭晉（東晉）之世有佐郎王隱，爲著作虞預所毀，亡官在家，晝則樵薪供爨，夜則觀文屬綴，集成《晉書》，存一代之事，司馬紹敕尙書唯給筆札而已。國之大籍，成於私家」。[327]北魏酈道元《水經注》引用了王智深《宋史》。魏收等作《魏書》，對涉及南朝史事，多有取自沈約《宋書》，[328]劉知幾說：「《宋書》載佛狸之入寇也，其間勝負，皆實錄焉。魏史所書，則全出沈本」。又「著〈司馬叡傳〉，遂具錄休文所言」。[329]另外，北魏劉芳則據劉宋范曄的《後漢書》，

---

[326] 周一良，〈略論南北朝史學之異同〉，收入氏著，《周一良集》，第一卷，頁517。
[327] 《魏書》，卷62，〈李彪傳〉，頁1396。
[328] 周一良，《周一良集卷二：魏晉南北朝史扎記》（瀋陽市：遼寧教育出版社，1998年8月初版一刷），〈魏書扎記·魏收襲用南朝史書〉，頁607。
[329] 《史通通釋》，卷17，〈雜說中·後魏書〉，頁488，490。

撰述了《後漢書音》一卷。[1]東魏武定八年（550）五月初十日，孝靜帝
禪位，「下御座，步就東廊，口詠范蔚宗《後漢書》〈贊〉」。[2]東魏北齊
間，有宋繪，勤於學術，多所博覽，喜好撰述，「張緬《晉書》未入國，
繪依准裴松之注《三國志》體，注王隱（《晉書》）及《中興書》」。[3]在
這背景下，〈修史詔〉要模仿魏晉南朝兼修本朝與前朝史，是不會有史
學訊息之困難的。

第十三章 魏、齊佛教載其王朝史之史學原因

〈修史詔〉主張將魏、齊佛教載其王朝史，在史學原因上，是基於
如下三個因素：（1）東晉南朝，因佛教漸次興起，佛教史書亦漸漸產生，
用來專門記載漢地佛教（第一節）。（2）此等佛教史書，模仿一般王朝
史籍，書內亦以東晉南朝王朝為正統，斥五胡及魏為閏位政權，使強調
佛教天命之北齊，必須面對而予以抗衡（第二節）。（3）東漢、三國曹
魏及孫吳、兩晉、十六國、南朝、北魏間，王朝史籍之撰述，頗稱發達，
紛紛記載了當時佛教之史事，此一潮流，應是〈修史詔〉主張將魏、齊
佛教載其王朝史，所直接仿效者。

第一節 東晉南朝佛教史書

所謂佛教史書，是專載佛教史事之籍，南朝之間已有之。流傳今可
見者，即大正藏收於史傳部之籍，如慧皎《高僧傳》、僧祐《出三藏記
集》等，陳垣先生早就有過精要概說，[4]往後更有較深入之研究，[5]可供

---

[1] 《魏書》，卷 55，〈劉芳傳〉，頁 1227。
[2] 《北史》，卷 5，〈魏本紀五〉，頁 197。
[3] 《齊書》，卷 20，〈宋顯傳〉，頁 271。
[4] 陳垣，《中國佛教史籍概論》（台北市：九思出版社，1977 年 7 月台一版）。
[5] 例如，姚培鋒、齊陳駿，〈東晉南朝時期西來高僧與浙東佛教：讀慧皎高僧傳〉，《敦煌研究》，2009 年第 2 期，頁 90-98；孫蓉蓉，〈高僧傳中有關定林寺記載的考述〉，

參照，此處不再重複，只說明佛教史書之撰述及斥魏正統之情形。

佛教史書之撰述，東晉時代已有作品。往後，經劉宋、蕭齊、蕭梁，更是陸續出現，而如慧皎所說：「自漢之梁，紀曆彌遠，世涉六代，年將五百。此土桑門，含章秀起，群英間出，迭有其人，眾家記錄，敘載各異」。或「偏敘高逸一迹」，「但列志節一行」，「止命遊方一科」，「迺通撰傳論」；「而辭事闕略，並皆互有，繁簡出沒成異。考之行事，未見其歸宋〔宗〕」。更有「亟多疎闕」，有「既三寶共敘，辭旨相關，混濫難求，更為蕪昧」；有「意似該綜，而文體未足」；有「各競舉一方不通今古，務存一善不及餘行」。[6]而諸書至今多屬亡佚，且限於篇幅，以下僅能擇要略說概況。

東晉時代，康泓撰《道人善道開傳》一卷。[7]康泓，生平不詳。《高僧傳》〈單道開傳〉載云：

> 佛圖澄曰：「此道士觀國興衰。若去者，當有大災」。至石虎太寧元年，開與弟子，南度許昌。虎子姪相殺，鄴都大亂。至晉昇平三年，（單道開）來之建業。俄而至南海，後入羅浮山，獨處茅茨，蕭然物外。春秋百餘歲，卒于山舍，勅弟子以屍置石穴中，弟子迺移之石室。有康泓者，昔在北間，聞開弟子敘：「開昔在山中每有神仙去來，迺遙心敬挹，及後從役南海，親與相見，側席鑽仰，稟聞備至」。迺為之傳讚曰：蕭哉若人，飄然絕塵；

《中國文化研究》，2008 年第 4 期，頁 119-127；方梅，〈人物品評裡的風神再現：論高僧傳之傳人藝術〉，《哈爾濱職業技術學院學報》，2009 年第 2 期，頁 48-49；杉山龍清，〈出三藏記集失譯雜經錄をめぐって〉，《印度學佛教學研究》，第 42 卷第 3 號（1995 年 3 月），頁 46-48；菅野龍清，〈僧祐撰法苑雜緣原始集について〉，《印度學佛教學研究》，第 44 卷第 2 號（1997 年 3 月），頁 59-62；劉颺，〈《高僧傳》序錄所論四本書考〉，《中國文化研究》，2007 年第 1 期，頁 87-92；顧滿林，〈今存漢文佛典用語同僧祐《出三藏記集》的矛盾〉，《宗教學研究》，2005 年第 4 期，頁 144-154；吳平，〈論《出三藏記集》的目錄學價值〉的矛盾，《法音》，2002 年第 5 期，頁 17-20；內藤龍雄，〈出三藏記集の撰集年次について〉，《印度學佛教學》，第 7 卷第 1 號（1958 年 12 月），頁 162-163。

[6] 《高僧傳》，卷 14，〈序錄〉，大正藏第五十冊，頁 418 中。

[7] 《隋書》，卷 32，〈經籍志〉，頁 978。

外軌小乘，內暢空身；玄象暉曜，高步是臻；湌茹芝英，流浪巖
津。[8]

依照上文，單道開離號後趙鄴都，在「石虎太寧元年」，實屬錯誤。石
虎年號爲建武，而太寧是東晉明帝年號，元年（323）即後趙石勒趙王
五年，而單道開至後趙，是石虎於石弘元熙二年（334）繼位以後。其
實此事時間不明，《晉書》〈單道開傳〉遂不書其離鄴時間。[9]東晉穆帝
升平三年（359），單道開到了建業，不久便往「南海」（在此可能有二
義：一南海郡，治番禺，今廣東省廣州市；一指海域，即今南海），住
在羅浮山（位於今廣東省博羅縣西北方，綿延博羅縣、增城市、龍門縣
三者交界地帶）隱居，終卒於山。康泓是聽其弟子敘此段事蹟，涉及神
仙之靈跡，爲單道開作贊。

　　由此可知，康泓生存年代，與單道開弟子同時，爲東晉時人，故康
泓之贊，爲清人嚴可均收入《全上古三代秦漢三國六朝文》之全晉文東
晉部分，題作〈單道開傳贊〉。[10]不過，《晉書》〈單道開傳〉所載作贊之
事，是單道開卒後，「陳郡袁宏爲南海太守，與弟穎叔及沙門支法防共
登羅浮山，至石室口，見道開形骸如生，香火瓦器猶存。宏曰：『法師
業行殊群，正當如蟬蛻耳。』乃爲之贊云」，而未載贊。[11]清人湯球輯崔
鴻《十六國春秋》，其〈後趙錄〉之單道開傳，完全取自《晉書》〈單道
開傳〉，[12]兩者之間的差異，因無進一步的史料，只好並存兩觀。法濟撰
《高逸沙門傳》，竺法濟「幼有才藻」，此書撰成，「孫綽並爲之贊」。[13]

　　劉宋時代，釋曇宗撰《京師塔寺記》二卷。曇宗，姓貌。秣陵（晉

---

[8]《高僧傳》卷 14，〈單道開傳〉，大正藏第五十冊，頁 287 中-下。

[9]《晉書》，卷 95，〈藝術傳‧單道開〉，頁 2492。

[10] 康泓，〈單道開傳贊〉，收入嚴可均輯，《全上古三代秦漢三國六朝文》全晉文，卷
133，頁 2226 上。

[11]《晉書》，卷 95，〈藝術傳‧單道開〉，頁 2492。

[12]《十六國春秋輯補》，卷 22，〈後趙錄〉，頁 172-173。

[13]《高僧傳》，卷 4，〈竺潛傳〉，大正藏第五十冊，頁 348 中。

時以淮水迤北爲建業，迤南爲秣陵，治在今南京市區）人。出家駐靈味寺。「少而好學，博通眾典。唱說之功，獨步當世。辯口適時，應變無盡」。曾爲孝武唱導行菩薩五法禮，帝笑謂宗說：「朕有何罪而爲懺悔？」宗答說：「昔虞舜至聖，猶云：『予違爾弼』。湯武亦云：『萬姓有罪在予一人』。聖王引咎，蓋以軌世。陛下德邁往代，齊聖虞殷，履道思沖，寧得獨異」。帝大悅。後來，殷淑儀薨，「三七設會悉請宗」。宗始歎「世道浮僞，恩愛必離，嗟殷氏淑德，榮幸未暢，而滅實當年，收芳今日，發言悽至」。帝爲之「泫愴良久，賞異彌深」。後終於所住之處。[14]

劉宋、蕭齊之間，王琰撰《冥祥記》十卷。[15]其書已亡佚，只存魯迅輯本，共 131 條，[16]其中〈竺長舒〉有兩條，內容相同。往後至今尚無更新的輯錄本，而魯迅所輯仍有遺漏，如唐代懷信所輯《釋門自鏡錄》〈宋龍華寺法宗不勤修造得病事（出《冥祥記》）〉，[17]經學者考證，其自注出於《冥祥記》，是可信的。[18]依照王琰〈冥祥記自序〉，其著作動機，是起於佛教信仰及靈跡感應。他「稚年在交阯，彼土有賢法師者，道德僧也，見授五戒，以觀世音金像一軀，見與供養」。從此信佛拜佛以後，靈跡感應良多，「循復其事，有感深懷」，以爲「夫鏡接近情，莫踰儀像；瑞驗之發，多自此興」，而「沿此微觀，綴成斯記」。[19]

此書所記靈異，頗有以佛經敷演者。如《法苑珠林》載云：

> 晉司空廬江何充，字次道。弱而信法，心業甚精。常於齋堂，置一空座，筵帳精華，絡以珠寶。設之積年，庶降神異。後大會道俗，甚盛。坐次一僧，容服麤垢，神情低陋，出自眾中，徑昇

[14]《高僧傳》，卷 10，〈釋曇宗傳〉，大正藏第五十冊，頁 416 上。

[15]《隋書》，卷 33，〈經籍志二〉，頁 980。

[16] 詳見：王琰撰，魯迅輯，《冥祥記》（香港：新藝出版社，1967 年，魯迅古小說鉤沉輯本），頁 447 以下。

[17] 唐·懷信輯，《釋門自鏡錄》，卷 1，大正藏第五十一冊，頁 811 上。

[18] 鄭勇，〈冥祥記輯補〉，《文獻》，2007 年第 3 期，頁 172-174。

[19]《冥祥記》，頁 449-450。

其坐，拱默而已，無所言說。一堂怪駭，謂其謬僻。充亦不悅，嫌於顏色。及行中食，此僧飯於高座，飯畢，提鉢出堂。顧謂充曰：「何俟勞精進」。因擲鉢空中，陵虛〔空〕而去。充及道俗，馳遽觀之，光儀偉麗，極目乃沒。追共惋恨，稽懺累日。[20]

同書卷十九說上文「出梁《高僧傳》」。[21]據考察應是出自《冥祥記》，所載內容情節，酷似於《雜譬喻經》之文殊菩薩化跡情節：「昔有迦羅越，常願見文殊師利」→「大布施并設高座訖」→「便有一老翁，甚大醜惡，眼中眵出，鼻中洟出，口中唾出」→「迦羅越見在高座上，便起意：『我今日施高座，高尚沙門當在其上，汝是何等人』」→「便牽著地」→「布施訖」，迦羅越「便自還」→「歸家疲極臥，夢有人語言：『汝欲見文殊師利，見之不識。近前高座上老翁，正是文殊師利，汝便牽著地，如是前後七反。見之不識，當那得見文殊師利。若人求菩薩道，一切當等心於人，求菩薩道者，文殊師利便往試之，當覺是意』」。[22]由此可證，《冥祥記》運用佛經故事，來敷演何充之事，是印度佛教影響中國文學的一種最為直接的方式，即題材影響。[23]

是書內容頗多載喪葬之事蹟，如記載了死而復生的事件，係欲以此靈跡，勸人為善，亦顯示當時人對死亡是採取相對性的看法。同時，還記載當時的殯殮習俗，反映晉宋之際之殯殮時間通常較短，可是很多時候因身暖而多日不殯殮，殯殮仍用棺含之具。再者，文中載有死後還魂方式，以及人死後要設齋轉經等習俗，另又介紹了葬法。這些內容，可勾勒出那時的喪葬信仰。[24]

蕭齊時代，釋法安（454-498）撰《僧傳》五卷。釋法安，姓畢，

[20] 《法苑珠林》卷 42，大正藏第五十三冊，頁 616 上。
[21] 《法苑珠林》卷 19，大正藏第五十三冊，頁 428 中。
[22] 東漢‧支婁迦讖譯，《雜譬喻經》，大正藏第四冊，頁 500 下。
[23] 吳海湧，〈論冥祥記「晉司空廬江何充」條源出佛經〉，《齊魯學刊》，1999 年第 1 期，頁 40-43。
[24] 鄭勇，〈從冥祥記看喪葬習俗〉，《內江師範學院學報》，2007 年第 3 期，頁 33-35。

東平（東平郡，治城縣，今山東省東平縣）人，魏司隸校尉軌之後代。
七歲出家，拜白馬寺慧光為師。幼而「博通內外多所參知」，至十八歲，
更「精神秀出」，時得「義少」之稱譽，於是顯譽於「京朝流名，四遠
迄至，立年專當法匠」。王僧虔出鎮湘州（治臨湘，今湖南省長沙市），
帶他共同行，後南赴番禺（今廣東省廣州市）。蕭齊武帝永明年間
（483-93），返回居中寺建康。平常講涅槃、維摩、十地、成實論，相
繼不絕。司徒文宣王、張融、何胤、劉繪、劉瓛等，「並稟服文義，共
為法友」。明帝永泰元年（498）卒於中寺。另著有《淨名義疏》、《十地
義疏》。[25]

　　蕭梁時代，虞孝敬，撰有《內典博要》。文獻對此書之記載，頗有
不同。慧皎《高僧傳》載「逮太清中。湘東王記室虞孝敬，學周內外，
撰《內典傳〔博〕要》三十卷」。[26]法琳《破邪論》載「梁記室虞孝敬《內
要》」。[27]道世《法苑珠林》「《內典博要》四十卷」，「湘東王記室虞孝敬
撰」。[28]靜泰《眾經目錄》云：「《內典博要》三十卷，梁湘東王記室虞孝
敬撰」。[29]《宗統編年》云：「丁卯太清元年，湘東王記室虞孝敬撰內典
博要三十卷」。[30]費長房《歷代三寶紀》云：「湘東王文學虞孝敬，一部
三十卷，《內典博要》」。[31]西明寺《大唐內典錄》云：「湘東王文學虞孝
敬，一部三十卷，《內典博要》」；[32]又云：「梁中宗元帝文學虞孝敬撰《內
典博要》，三十卷」。[33]由以上可知，各說之差異有：二此書撰述時間，
有梁武帝太清年間（547-549），有太清元年（547），有梁元帝年間

[25]《高僧傳》，卷8，〈釋法安傳〉，大正藏第五十冊，頁380上。
[26]《續高僧傳》卷1，〈僧伽婆羅傳〉，大正藏第五十冊，頁426中。
[27] 唐·法琳撰，《破邪論》卷2，大正藏第五十二冊，頁485中。
[28]《法苑珠林》，卷100，大正藏第五十三冊，頁1021下。
[29] 唐·靜泰撰，《眾經目錄》，卷3，大正藏第五十五冊，頁207上。
[30] 清·紀蔭撰，《宗統編年》卷9，卍新纂續藏經第八十五冊，頁130下。
[31] 隋·費長房，《歷代三寶紀》，卷11，大正藏第五十二冊，頁95上。
[32] 唐·西明寺釋氏撰，《大唐內典錄》，卷4，大正藏第五十五冊，頁264上。
[33] 西明寺釋氏撰，《大唐內典錄》，卷4，大正藏第五十五冊，頁331下。

（552-554）。三此書卷數，有三十卷和四十卷兩說。虞孝敬生平史料甚爲稀少，大致只知，他當過官，如前所說，其官職，有「湘東王記室」、「湘東王文學」、「元帝文學」三說。後來因梁末動亂，「渚宮陷沒，便襲染衣，更名道命，流離關輔，亦有著述」。[34]據齊文宣公蕭子良〈與荆州隱士劉虯書〉說：「幽貞子虞孝敬曰：其子之達〔遴〕，仕梁太常，與余善，求其先人遺書，次以爲傳云」。[35]據此，則他似有號「幽貞子」，與荆州隱士劉虯相善。《內典博要》之內容「該羅經論，條貫釋門，諸有要事，備皆收錄。頗同皇覽類苑之流」。[36]其著作頗爲流傳，唐垂拱四年之〈唐寺墓誌〉載其「敏殫眾藝，好兼靈跡。牟子博之異錄，動息會其情。虞孝敬之奇記，俯仰明其術。黃金積釜，鎮寫真容」。[37]

蕭梁時代·釋寶唱撰《名僧傳》三十卷。[38]寶唱《名僧傳》起「漢雒陽蘭臺寺竺迦攝摩騰一」，下迄至蕭齊，卷一至三爲「外國法師」；卷四：「神通弘教外國法師」，卷五至七「高行中國法師」；卷八至卷十「隱道」之「中國法師」；卷十一至十七爲「中國法師」；卷十八「律師」；卷十九「外國禪師」；卷二十「中國禪師」；卷二十一「神力」；卷二十二「兼學苦節」；卷二十三「感通苦節」；卷二十四「遺身苦節」；卷二十五「〔宋〕索苦節第四)」；卷二十六「尋法出經苦節」；卷二十七「造經像苦節」；卷二十八「造塔寺苦節」；卷二十九「導師」；卷三十「經師」。[39]

---

34 唐·道宣撰，《續高僧傳》卷 1，〈僧伽婆羅傳〉，大正藏第五十冊，頁 426 中。

35 蕭齊·蕭子良，〈與荆州隱士劉虯書〉，收入，《廣弘明集》，卷 19，大正藏第五十二冊，頁 234 上。

36 《續高僧傳》卷 1，〈僧伽婆羅傳〉，大正藏第五十冊，頁 426 中。

37 唐·梁朱賓，〈大唐故朝議郎行澤王府主簿上柱國梁府君并夫人唐氏墓誌銘并序〉，收入清·董誥編，《全唐文》（北京市：中華書局，1987 年 2 月初版二刷，據嘉慶本影印），卷 234，頁 2368 上。

38 《隋書》，卷 32，〈經籍志〉，頁 978。

39 梁·寶唱撰，《名僧傳》〈目錄〉，收入梁·寶亮，《名僧傳抄》卷 1，卍新纂續藏經第七十七冊，頁 346 下-350 下。

第二節 佛教史書斥魏正統

前述南朝帝王既講究佛教天命，以強化本朝正統帝位。南朝佛教界，就亦步亦趨跟隨，寓正統於佛教史史籍。而其寓正統之書寫方法，大抵是模仿朝世俗史書的正統書法。以漢、魏、晉、南朝爲正統，而斥北方五胡十六國及魏爲閏位。因限於篇幅，此處僅以慧皎所撰《高僧傳》爲例，關於此書之寫作情形，牧田諦亮先生已有詳細研究，[40]足供參閱，此處僅說明其斥魏正統如下：

從整個中國佛教史而言，慧皎述佛教傳入之歷史云：

> 自漢之梁，紀曆彌遠，世涉六代。年將五百。……輒搜撿雜錄數十餘家。及晉、宋、齊、梁《春秋》書史，秦、趙、燕、涼荒朝僞曆。……始于漢明帝永平十年，終至梁天監十八年，凡四百五十三載。……述六代賢異。[41]

上文顯示，對中國佛教史過程，自東漢至慧皎撰述時，被認爲是經過了「六世」或「六代」，即是包括：東漢、曹魏、兩晉、宋、齊、梁。這個朝代脈絡，正是東晉南朝所承傳的正統王朝歷史，此等王朝史書，稱作「《春秋》書史」，即如孔子護衛周王朝正統之《春秋》，亦即正統王朝歷史書。在此以外，北方秦、趙、燕、涼等十六國之政權，是居於閏位，其史書稱作「荒朝僞曆」，即非正統王朝之非正統歷史書，亦即閏位王朝歷史書。這種看法，大抵是當時人之見地，如劉宋人王儉，論沙門禮敬問題說：「漢、魏佛法未興，不見其記傳。自僞國稍盛，皆稱貧道亦預坐。及晉初亦然，中代有庾氷、桓玄等，皆欲使沙門盡敬，朝議紛紜事皆休寢。宋之中朝，亦頗令致禮，而尋竟不行。自爾迄今，多預坐而稱貧道」。[42]這同樣把中國佛教史歷程，合於南朝正統王朝歷史：東

---

[40] 牧田諦亮，〈高僧傳の成立（上）〉，《東方學報》，第 44 冊（1973 年 2 月），頁 101-125；牧田諦亮，〈高僧傳の成立（下）〉，《東方學報》，第 48 冊（1975 年 12 月），頁 229-259。
[41] 《高僧傳》，卷 14，〈序錄〉，大正藏第五十冊，頁 418 中-419 上。
[42] 《高僧傳》，卷 12，〈釋法獻傳〉，大正藏第五十冊，頁 411 中。

漢、曹魏、兩晉、劉宋。

依照上面的中國佛教史之正統觀，魏王朝是被視同五胡十六國，亦屬於閏位，其表達閏位之書法之主要範例，歸納如下：

書魏王朝稱「魏虜」。如《高僧傳》〈釋法朗傳〉云：「釋法朗，高昌人。……至魏虜毀滅佛法，朗西適龜茲」。[43] 〈釋僧周〉云：「常在嵩高山頭陀坐禪。魏虜將滅佛法。周謂門人曰：大難將至。乃與眷屬數十人共入寒山」。「俄而，魏虜肆暴停者悉斃」。[44] 〈釋慧芬傳〉云：「梁楚之間，悉奉其化。及魏虜毀滅佛法，乃南歸京師」。[45]

書魏京師加「偽」字。如《高僧傳》〈釋玄高傳〉「（拓跋）燾舅陽平王社〔杜〕請高同還偽都（平城）」。[46]

書魏紀年加「偽」字。如《高僧傳》〈釋玄高傳〉云：「至偽太平（太平真君）五年九月，高與（慧）崇公俱被幽縶，其月十五日就禍，卒於平城之東隅，春秋四十有三，是歲宋元嘉二十一年也」。[47] 〈釋曇始傳〉載魏太武帝「以偽太平七年，遂毀滅佛法，分遣軍兵，燒掠寺舍，統內僧尼，悉令罷道」。[48] 〈釋僧淵傳〉云：「淵以偽太和五年卒，春秋六十有八，即齊建元三年也」。[49] 〈釋曇度傳〉云：「停止魏都法化相續，學徒自遠而至千有餘人，以偽太和十三年卒於魏國，即齊永明六年也」。[50]

書南北朝交聘之紀年，以南朝紀年示正統。如〈釋僧鍾傳〉載蕭齊「永明初，魏使李道固來聘，會于寺（中興寺）內，帝以鍾（僧鍾）有德聲勅令酬對」。[51]

---

[43] 《高僧傳》，卷10，〈釋法朗傳〉，大正藏第五十冊，頁392下。
[44] 《高僧傳》，卷11，〈釋僧周傳〉，大正藏第五十冊，頁398中。
[45] 《高僧傳》，卷13，〈釋慧芬傳〉，大正藏第五十冊，頁416中。
[46] 《高僧傳》，卷10，〈釋玄高傳〉，大正藏第五十冊，頁397下。
[47] 《高僧傳》，卷10，〈釋玄高傳〉，大正藏第五十冊，頁398上。
[48] 《高僧傳》，卷10，〈釋曇始傳〉，大正藏第五十冊，頁392中。
[49] 《高僧傳》，卷8，〈釋僧淵傳〉，大正藏第五十冊，頁375上。
[50] 《高僧傳》，卷8，〈釋曇度傳〉，大正藏第五十冊，頁375中。
[51] 《高僧傳》，卷8，〈釋僧鍾傳〉，大正藏第五十冊，頁375下。

　　書五胡紀年亦同上例。如《高僧傳》〈竺僧朗傳〉云：「以偽秦符健
【苻堅】皇始元年。移卜泰山。與隱士張忠爲林下之契，每共遊處」。[52]
〈鳩摩羅什〉云：「以偽秦弘始十一年八月二十日，卒于長安。是歲，
晉義熙五年也」。[53]〈釋玄高〉云：「母以偽秦弘始三年，夢見梵僧散華
滿室，覺便懷胎。至四年二月八日生男」。[54]〈慧遠傳〉云：「偽秦建元
九年，秦將符〔苻〕丕寇斥襄陽，道安爲朱序所拘，不能得去」。[55]

　　書五胡紀年，須對正於南朝紀年，如〈浮陀跋摩〉「浮陀跋摩，……
宋元嘉之中達于西涼。……時蒙遜已死，子茂虔〔牧犍〕襲位，以虔承
和五年歲次丁丑四月八日，即宋元嘉十四年，於涼州城內閑豫宮中請跋
摩譯（《毘婆沙》梵本十有萬偈）焉」。[56]〈釋曇霍傳〉：「時河西鮮卑偷
〔禿〕髮利鹿孤。愻據西平。自稱爲王。號年建和。建和二年十一月」。
「至晉義照三年耨檀爲勃勃所破。涼土兵亂不知所之」。[57]〈佛圖澄傳〉
云：「（劉）曜平之後，勒乃僭稱趙天王，行皇帝事，改元建平，是歲東
晉成帝咸和五年也」。[58]

　　書魏帝以「魏虜」加「名諱」。如《高僧傳》〈曇無讖傳〉云：「時
魏虜託〔拓〕跋燾聞讖（曇無讖）有道術，遣使迎請。且告遜曰：若不
遣讖便即加兵」。[59]〈釋玄高傳〉云：「時魏虜拓跋燾僭據平城，軍侵涼
境」。[60]〈浮陀跋摩〉載其在北涼譯「《毘婆沙》梵本十有萬偈」，凡一百
卷。「有頃魏虜託〔拓〕跋壽〔燾〕西伐姑臧，涼土崩亂，經書什物皆
被焚蕩。遂失四十卷。今唯有六十〔卷〕存焉。跋摩避亂西反，不知所

[52]《高僧傳》，卷5，〈竺僧朗傳〉，大正藏第五十冊，頁354中。
[53]《高僧傳》，卷2，〈浮陀跋摩〉，大正藏第五十冊，頁333上。
[54]《高僧傳》，卷11，〈釋玄高〉，大正藏第五十冊，頁397上。
[55]《高僧傳》，卷6，〈釋慧遠傳〉，大正藏第五十冊，頁358上。
[56]《高僧傳》，卷3，〈浮陀跋摩傳〉，大正藏第五十冊，頁339上。
[57]《高僧傳》，卷10，〈釋曇霍傳〉，大正藏第五十冊，頁389下-390上。
[58]《高僧傳》，卷9，〈佛圖澄傳〉，大正藏第五十冊，頁384中。
[59]《高僧傳》，卷2，〈曇無讖傳〉，大正藏第五十冊，頁336中。
[60]《高僧傳》，卷10，〈釋玄高傳〉，大正藏第五十冊，頁397下。

終」。[61]

書魏帝直稱「名諱」。如〈釋曇始傳〉云：「後拓跋燾復剋長安，擅威關洛」。「毀滅佛法，分遣軍兵燒掠寺舍，統內僧尼悉令罷道，其有竄逸者，皆遣人追捕，得必梟斬。一境之內，無復沙門」。「至太平之末。始知燾化時將及」。曇始「忽杖錫到宮門」。「燾令依軍法屢斬，不傷。遽以白燾，燾大怒，自以所佩劍斫之，體無餘異，唯劍所著處有痕如布線焉」。「時北園養虎于檻，燾令以始餧之，虎皆潛伏，終不敢近」。「燾始知佛化尊高，黃老所不能及，即延始上殿，頂禮足下，悔其失。始為說法，明辯因果，燾大生愧懼，遂感癘疾」，「俄而燾卒」。[62]

書魏帝以「魏主」加「名諱」。如《高僧傳》〈竺僧朗傳〉云：「魏主拓跋珪亦送書致物．其為時人所敬如此」。[63]〈釋曇度傳〉云：「精通此部（成實論），獨步當時。魏主元宏聞風餐挹，遣使徵請，既達平城，大開講席」。[64]〈釋僧淵傳〉云：「從僧嵩受成實論毘曇，學未三年功踰十載，慧解之聲馳於遐邇。……曇度、慧記、道登並從淵受業。慧記兼通數論，道登善涅槃、法華，並為魏主元宏所重，馳名魏國。[65]

書五胡主亦同例。如《高僧傳》〈竺僧朗傳〉「於金興谷崑崙山中，別立精舍，猶是泰山西北之一巖也」。「秦主符〔苻〕堅欽其德，素遣使徵請，朗同辭老疾乃止」。「及後秦姚興亦佳歎重。燕主慕容德欽朗名行，假號東齊王，給以二縣租稅，朗讓王而取租稅，為興福業。晉孝武致書遺」。[66]「晉末朔方凶〔匈〕奴赫連勃勃，破擭關中，斬戮無數」。[67]

書五胡帝位稱「偽位」、「偽主」。如〈佛圖澄傳〉云：「澄勸勒宥波

---

[61] 《高僧傳》，卷3，〈浮陀跋摩傳〉，大正藏第五十冊，頁339上。

[62] 《高僧傳》，卷10，〈釋曇始傳〉，大正藏第五十冊，頁392中-下。

[63] 《高僧傳》，卷5，〈竺僧朗傳〉，大正藏第五十冊，頁354中。

[64] 《高僧傳》，卷8，〈釋曇度傳〉，大正藏第五十冊，頁375中。

[65] 《高僧傳》，卷8，〈釋僧淵傳〉，大正藏第五十冊，頁375上。

[66] 《高僧傳》，卷5，〈竺僧朗傳〉，大正藏第五十冊，頁354中。

[67] 《高僧傳》，卷10，〈釋曇始傳〉，大正藏第五十冊，頁392中。

遣還本國，勒從之，卒獲其用。時劉載已死，載從弟曜簒襲僞位」。[68]〈釋
僧導傳〉云：「後宋高祖西伐長安，擒獲僞主蕩清關內，既素籍導（僧
導）名，遂要與相見，謂導曰：相望久矣」。[69]

　　書魏爵官加「僞」。《高僧傳》〈釋玄高傳〉云：「既達平城，大流禪
化。僞太子拓跋晃，事高為師」。「時有涼州沙門釋慧崇。是僞魏尚書韓
萬德之門師。既德次於高。亦被疑阻」。[70]〈釋法瑗傳〉云：「姓辛，隴
西人。辛毘之後，長兄源明仕僞魏為大尚書」。[71]〈釋僧周傳〉魏太武帝
毀佛「其後尋悔，誅滅崔氏。更興佛法，僞永昌王鎮長安，奉旨將更修
立訪求沙門」。[72]

　　書五胡爵官同上例。〈釋法和傳〉云：「後與安公詳定新經參正文義。
頃之，僞（前秦）晉王姚緒請住蒲坂講說」。[73]《高僧傳》〈佛圖澄傳〉：
劉曜「遣從弟僞中山王岳」。[74]〈釋僧富傳〉云：「富少孤居貧而篤學無
厭，……後遇僞秦衛將軍楊邑資其衣糧，習鑿齒携共志學，及聽安公講
放光經」。[75]

第三節　王朝史書載佛教史事之潮流

　　佛教載入史籍，有兩股潮流：一是前節佛教史籍，即專載佛教史事
之專書。現存者有如梁僧祐所撰《出三藏記集》十五卷、梁慧皎所撰《高
僧傳》十四卷等。[76]二是世俗歷史書載入佛教之狀況，古人早就予以注

---

[68]《高僧傳》，卷9，〈佛圖澄傳〉，大正藏第五十冊，頁384上。
[69]《高僧傳》，卷7，〈釋僧導傳〉，大正藏第五十冊，頁371中。
[70]《高僧傳》，卷10，〈釋玄高傳〉，大正藏第五十冊，頁398上，397下。
[71]《高僧傳》，卷8，〈釋法瑗傳〉，大正藏第五十冊，頁376下。
[72]《高僧傳》，卷11，〈釋僧周傳〉，大正藏第五十冊，頁398中。
[73]《高僧傳》，卷5，〈釋法和傳〉，大正藏第五十冊，頁354上。
[74]《高僧傳》，卷9，〈佛圖澄傳〉，大正藏第五十冊，頁384上。
[75]《高僧傳》，卷12，〈釋僧富傳〉，大正藏第五十冊，頁404上。
[76] 陳垣，《中國佛教史籍概論》（台北市：九思出版社，1977年7月台一版），頁1-5，
　　22-28。

意了，如宋代釋志磐所撰《佛祖統紀》，成書於南宋咸淳年間（1265-12747），認為「昔范曄著《漢書》〈西域傳〉，始論佛法。陳壽志《三國》，則忽而不錄」。[77]念常《佛祖歷代通載》「自漢〈西域傳〉，范曄論釋氏大概。陳壽《三國志》則置而勿言」。[78]可惜，此等看法均屬錯誤，一般王朝史書之載佛教，不始自劉宋時代范曄的《後漢書》；而陳壽《三國志》未嘗不載佛教史事（見下文）。依照〈修史詔〉要將佛教載入的魏史、齊國史，因齊、魏兩史，均屬世俗史書，不是佛教專業史書，故詔書之主張所依據的佛教載入史書之潮流，顯然並非第一個佛教史書之撰述者，而是第二個佛教載入世俗史書。

然則，〈修史詔〉對佛教天命之功能，後來轉化為佛教載入齊、魏史，來嗣弘魏正統，其第二個因素，是在史學層面上，模仿自東漢魏晉南北朝間，一般世俗史書載入佛教史事的朝流。

東漢劉珍等編纂《東觀漢記》之遺文，已將佛教史事載入傳中。即〈楚王英傳〉所記：「楚王英奉送黃縑三十五疋、白紈五疋入贖，楚相以聞，詔書還入贖縑紈，以助伊蒲塞桑門之盛饌」。[79]至於本紀，〈威宗孝桓皇帝本紀〉僅載著立黃老祠，未記老子與浮屠並祀。[80]

孫吳韋昭等所作《吳書》已亡佚，[81]遺文載有佛教史事，首先，是孫吳崇佛由來。孫權赤烏四年。康居國沙門康僧會，以「佛法久被中原，未達江表，會欲道被未聞，化行南國」。初達建業，「營立茅茨，設像行道，吳人初見謂為妖異」。有司乃奏聞。吳主曰。「佛有何靈驗耶？」僧會說「佛晦靈迹，垂餘千載，遺骨舍利，應現無方」。孫權說「若得舍

---

77 釋志磐撰，《佛祖統紀》，卷 39，大正藏第四十九冊，頁 363 下。
78 念常，《佛祖歷代通載》，卷 8，大正藏第四十九冊，頁 543 中。
79 東漢・劉珍等撰，清・姚之駰輯，《東觀漢記》（台北市：鼎文書局，1978 年 11 月三版，點句本，新校本後漢書附編第六冊），卷 7，〈楚王英〉，頁 55。
80 《東觀漢記》，卷 3，〈威宗孝桓皇帝本紀〉云：〈威宗孝桓皇帝本紀〉：「立黃老祠北宮濯龍中，以文罽為壇，飾淳金釦器，采色眩耀，祠用三牲，太官設珍饌，作倡樂，以求福祥」（頁 31）。
81 金毓黻，《中國史學史》，頁 57。

利當爲立塔」。果然,「經三七日,遂獲舍利。五色耀天,剖之逾堅,燒之不然,光明出火,作大蓮花,照曜宮殿,臣主驚嗟希有瑞也。信情大發。因爲造塔。度人立寺。以其所住爲佛陀里。又以教法初興。故名建初寺焉」。其次,載孫權對佛教之提問,都由尙書令闞澤回答,第一個問題,是佛教至漢地之歷史,澤答曰:「自漢明永平十年佛法初來,至今赤烏四年,則一百七十年矣」。第二個問題,是「孔丘、李老得與佛比對不」。澤答說:孔子「聖德不群,世號素王,制述經典,訓獎周道,教化來葉,師儒之風澤閏今古」。老子、莊子道家人物,爲「逸民」,「皆修身自翫,放暢山谷,縱佚其心,學歸澹泊,事乖人倫,長幼之節,亦非安俗化民之風」。故「若以孔、老二教,比方佛法,遠則遠矣。所以然者,孔、老二教,法天制用,不敢違天。諸佛設教,天法奉行,不敢違佛。以此言之,實非比對(今見章醮似俗酒脯碁琴行之)」。是以「吳主大悅,以澤爲太子太傅」。梁朝僧祐《出三藏記集》,[82]慧皎《高僧傳》,[83]已加以採錄,唐代道宣又輯入《廣弘明集》,[84]其他古籍亦多引用之。[85]

　　孫吳人謝承《後漢書》,記載的佛教史事,僅存佛陀生辰云:「佛以癸丑七月十五日,托生於淨住國摩耶夫人腹中,至周莊王十年(前687)甲寅四月八日始生」。[86]輯佚本放在志的部分,目錄卻只書「佛」未加「志」

---

[82] 《出三藏記集》,卷13,〈康僧會傳〉,大正藏第五十五冊,頁96中-97上。

[83] 《高僧傳》,卷1,〈康僧會傳〉,大正藏第五十二冊,頁325上-326中。

[84] 《吳書》,〈吳主孫權論佛化三宗〉,收入,《廣弘明集》,卷1,〈歸正篇〉,大正藏第五十二冊,頁99下-100上。同見於《集古今佛道論衡》,卷1,大正藏第五十二冊,頁上。

[85] 如《破邪論》,卷上,大正藏第五十二冊,頁364下-365上。《集古今佛道論衡》,卷1,大正藏第五十二冊,頁402上-下。

[85] 例如《破邪論》,卷上,大正藏第五十二冊,頁364下-365上。宋・張英商,《護法論》,大正藏第五十二冊,頁643下。元・念常,《佛祖歷代通載》,卷5,大正藏第五十二冊,頁516上。

[86] 孫吳・謝承撰,清・汪文台輯,《後漢書》(台北市:鼎文書局,1978年11月三版,點句本,新校本後漢書附編第六冊),頁64-65。

名稱，[87]是否為志，無法確定。另雖有關涉佛教之〈陶謙傳〉的遺文，[88]未見笮融之佛事。

曹魏魚豢著《魏略》，在〈西戎傳〉載有佛教史事，如謂佛陀事蹟說：「臨兒國，浮屠經云其國王生浮屠。浮屠，太子也。父曰屑頭邪，母云莫邪。浮屠身服色黃，髮青如青絲，乳青毛，蛉赤如銅。始莫邪夢白象而孕，及生，從母左脅出，生而有結，墮地能行七步。此國在天竺城中」。[89]

西晉所撰史書，有陳壽《三國志》〈魏書·陶謙傳〉載笮融事，[90]未提及其佛事。〈吳書·劉繇傳〉先敘笮融據郡被劉繇進討而死，[91]再加記其「大起浮圖祠」的奉佛活動。[92]另於〈吳書·孫綝傳〉，載有孫氏破壞佛教的行為。[93]道宣《續集古今佛道論衡》輯安玄通撰《傳法記》云：「案《魏書》，文帝黃初三年壬寅之歲，有沙門曇摩迦羅，中天竺國人，至許都譯出經戒律」。[94]此處的《魏書》，應是西晉王沈所撰《魏書》，[95]不

---

[87] 謝承撰，汪文台輯，《後漢書》，頁 8。

[88] 謝承撰，汪文台輯，《後漢書》，卷 5，〈陶謙傳〉「廣陵太守賊笮融臨淮見討」（頁 34）。

[89] 《三國志》，卷 5，〈魏書·東夷傳〉裴注引魚豢《魏略》〈西戎傳〉，頁 859。

[90] 《三國志》，卷 5，〈魏書·陶謙傳〉裴注引，頁 249。

[91] 《三國志》，卷 49，〈吳書·劉繇傳〉云：「漢命加繇為牧，振武將軍，眾數萬人，孫策東渡，破英、能等。繇奔丹徒，遂泝江南保豫章，駐彭澤。笮融先至，殺太守朱皓，入居郡中。繇進討融，為融所破，更復招合屬縣，攻破融。融敗走入山，為民所殺，繇尋病卒，時年四十二」（頁 1184）。

[92] 《三國志》，卷 49，〈吳書·劉繇傳〉云：「笮融者，丹楊人，初聚眾數百，往依徐州牧陶謙。謙使督廣陵、彭城運漕，遂放縱擅殺，坐斷三郡委輸以自入。大起浮圖祠，以銅為人，黃金塗身，衣以錦采，垂銅槃九重，下為重樓閣道，可容三千餘人，悉課讀佛經，令界內及旁郡人有好佛者聽受道，復其他役以招致之，由此遠近前後至者五千餘人戶。每浴佛，多設酒飯，布席於路，經數十里，民人來觀及就食且萬人，費以巨億計」（頁 1185）。

[93] 《三國志》，卷 49，〈吳書·孫綝傳〉云：「綝意彌溢，侮慢民神，遂燒大橋頭伍子胥廟，又壞浮屠祠，斬道人」（頁 1449）。

[94] 唐·智昇輯，《續集古今佛道論衡》，卷 1，大正藏第五十二冊，頁 402 上。

[95] 有關記載曹魏的史書，題名《魏書》者，惟有王沉所著。《隋書》，卷 33，〈經籍志〉云：「《魏書》四十八卷，晉司空王沉撰」（頁 955，957）。劉知幾撰，張振佩箋注，《史通箋注》，卷 12，〈古今正史〉云：「王沉獨就其業，勒成《魏書》四十四卷」

是魏收等著的《魏書》。[96]其載事在紀傳體之何部分，已無可考。

西晉司馬彪所撰《續漢書》，有〈西域傳〉遺文記載「天竺國，一名身毒，在大月氏東南。修浮圖佛道以成俗，不殺伐」。[97]〈桓帝紀〉載祠老子，[98]對桓帝老、佛共祀，無法確定是否記載了。另有〈襄楷傳〉遺文，則未見襄楷上奏桓帝，諫論祠浮屠之事，[99]不能確定是否曾經記載過。

西晉王度所撰《二石偽事》，或題稱《二石偽治世》，[100]載「佛圖澄死時，眾官皆殯歛，以生所服、錫杖、鉢終內着棺中，為其理石作椁，葬畢經年，冉閔後故發椁開棺，視之，了不見體骨，處所唯見杖、鉢存焉」。[101]或載「佛圖澄死，以生所服金杖、銀鉢送終，後開棺視之，唯見杖鉢存焉」。[102]

東晉所撰史書，撰史者多家，都已全佚，現有遺文者，為王隱、虞預各撰的《晉書》，[103]查無記載佛教史事。[104]惟若以完整本而言，有可能記載佛教史事，因今唐修本《晉書》，係集諸家晉書而成，書內載入

（頁440）。

96 《魏書》卷114，〈釋老志〉亦同載《魏書》所說之事，敘述不同，其云：「後有天竺沙門曇柯迦羅入洛，宣譯誡律，中國誡律之始也」（頁3029）。

97 西晉・司馬彪撰，清・汪文臺輯，《續漢書》（台北市：鼎文書局，1978年11月三版，新校點本後漢書第六冊），卷1，頁5b。

98 司馬彪撰，汪文臺輯，《續漢書》，卷1，〈桓帝紀〉云：「九年祠老子於濯龍宮，設華蓋八座，用淳金釦器」（頁5b）。

99 司馬彪撰，汪文台輯，《續漢書》，卷3，〈襄楷傳〉，頁12a-b。

100 朱希祖，〈十六國舊史考〉，收入氏著，《朱希祖先生文集》，第二冊，頁312-315。

101 《太平御覽》，卷552，〈禮儀部・椁〉引，第五冊，頁363。

102 《太平御覽》，卷759，〈器物部・鉢〉引，第七冊，頁119。

103 東晉・王隱撰，清・湯球輯，《晉書》（台北市：鼎文書局，1979年2月再版，新校本晉書第六冊附編），卷2，〈地道記〉，頁183-362；虞預撰，湯球輯，《晉書》（同前），頁363-373。

104 王隱撰，《晉書》，卷2，〈地道記〉云：「漢末，博士敦煌侯謹，善內學，語弟子曰：『涼州城西有泉水，當竭，有雙闕起其上。』魏嘉平中，武威太守條茂起學舍，築闕於此」（頁213）；又據卷7〈張軌傳〉，其預言又包含「中有霸者出焉」，即指「張氏遂霸河西」（頁325）。其所謂「內學」有二義：一指讖緯學，一指佛學，無法分辨。

了佛教史事，可以顯示諸家晉書有載入佛教史事的情形。如〈孝武帝紀〉載其「立精舍於殿內」。[105]〈恭帝紀〉云其「深信浮屠道」。[106]如〈五行志〉云「大風，白馬寺浮圖剎柱折壞」。[107]在傳方面，如〈會稽文孝王司馬道子傳〉載其「官以賄遷，政刑謬亂。又崇信浮屠之學，用度奢侈，下不堪命」。[108]〈周嵩傳〉謂「嵩精於事佛」。[109]〈郗超傳〉載「善談論，義理精微」，「超奉佛」。[110]〈顧眾傳〉載「（何）充崇信佛教」。[111]〈何充傳〉云「充與弟準崇信釋氏」。[112]

劉宋時代，有范曄撰《後漢書》，在〈孝桓帝紀〉延熹九年七月庚午條載云：「祠黃、老於濯龍宮」。在〈孝桓帝紀〉「論」謂：「前史（《東觀漢記》）稱桓帝好音樂，善琴笙。飾芳林而考濯龍之宮，設華蓋以祠浮圖、老子，斯將所謂『聽於神』乎！」[113]可見所載「祠黃、老」，是包含了佛陀之祀。在〈襄楷傳〉復載襄楷所說：「聞宮中立黃老、浮屠之祠」。[114]在〈陶謙傳〉，載笮融「大起浮屠寺」之奉佛。[115]最後，〈西域傳〉天竺國條，記其「脩浮圖道，不殺伐，遂以成俗」。又說到佛教之傳入中國「楚王英始信其術」之史」，附在本傳「論」中敘之。[116]《廣弘明集》輯錄有所謂范曄《後漢書》〈郊祀志〉，內容有「佛者漢言覺也」等佛教事情；[117]事實上，范氏的撰志計畫來不及作，就入獄而死。同時，

[105] 《晉書》，卷9，〈孝武帝紀〉，頁231。
[106] 《晉書》，卷10，〈恭帝紀〉，頁269-270。
[107] 《晉書》，卷29，〈五行志下〉，頁888。
[108] 《晉書》，卷64，〈會稽文孝王司馬道子傳〉，頁1733。
[109] 《晉書》，卷61，〈周嵩傳〉，頁1662。
[110] 《晉書》，卷67，〈郗超傳〉，頁1803。
[111] 《晉書》，卷76，〈顧眾傳〉，頁2017。
[112] 《晉書》，卷77，〈何充傳〉，頁2050。
[113] 《後漢書》，卷7，〈孝桓帝紀〉，頁317，320。
[114] 《後漢書》，卷30下，〈襄楷傳〉，頁1082-1083。
[115] 《後漢書》，卷73，〈陶謙傳〉，頁2368。
[116] 《後漢書》，卷73，〈西域傳〉，頁2921，2932。
[117] 范曄，《後漢書》〈郊祀志〉，收入《廣弘明集》，卷1，〈歸正篇〉，大正藏第五十二冊，頁99中-下。

史書之郊祀志撰述規範，內容必須記載王朝之祀天、祭地、拜日月山川、封禪等祀典及活動，怎可能載入佛教史事呢？故此志恐非范曄之真實作品。

劉宋裴景仁所撰《秦記》，[118]載「呂光破龜茲，始獲鳩摩羅什。光死，子纘立，戲弄羅什，或共碁博，乃殺子，云：斫胡奴頭。什曰：不斫胡奴頭，其胡奴斫人頭後。纘弟越，字胡奴，果斬纘頭」。[119]

劉宋何法盛撰《晉中興書》，〈威蕃錄〉（即宗室傳）遺文云：「彭城王紘以蕭祖明皇帝好佛，手畫形像，經歷寇難，而此堂猶在，宜成作頌。蔡謨云：『今發王命，稱先帝好佛，于義有礙』」。[120]

蕭齊時代，有臧榮緒所撰《晉書》，其〈佛圖澄傳〉云：「石虎時，自正月至六月不雨，澄詣西瀅口，稽首暴露，即有白龍二頭降祠下，於是雨溢數千里」。[121]又〈雜傳・高悝〉云「行張侯橋，見浦中五色光，長數尺，不知何怪，乃令人于光處得金像」。[122]

蕭梁時代，蕭子雲撰所撰《晉書》載有「姚略時，有賀僧者，不知何人。自云遊歷五郡，時人號爲賀五郡。齋戒奉道，爲百姓說吉凶」。[123]

蕭梁蕭子顯撰《南齊書》，亦多載佛教史事，如〈李安民傳〉載「太守到郡，必須祀以軹下牛。安民奉佛法，不與神牛，著屐上聽事。又於聽上八關齋。俄而牛死」。[124]又如竟陵文宣王蕭子良提倡佛教、[125]周顒

[118] 朱希祖，〈十六國舊史考〉，收入氏著，《朱希祖先生文集》，第二冊，頁 321-324。
[119] 《太平御覽》，卷 754，〈工藝部・博〉，第七冊，頁 77。
[120] 劉宋・何法盛撰，清・湯球輯，《晉中興書》（台北市：鼎文書局，1979 年 2 月再版，新校本晉書第六冊附編），卷 6，〈威蕃錄〉，頁 415。
[121] 蕭齊・臧榮緒撰，清・湯球輯，《晉書》（台北市：鼎文書局，1979 年 2 月再版，新校本晉書第六冊附編），卷 17，〈佛圖澄傳〉，頁 170。
[122] 臧榮緒撰，湯球輯，《晉書》，補遺卷，〈雜傳・高悝傳〉，頁 180。
[123] 蕭梁・蕭子雲撰，湯球輯，《晉書》（台北市：鼎文書局，1979 年 2 月再版，新校本晉書第六冊附編），，頁 379。
[124] 《南齊書》，卷 27，〈李安民傳〉，頁 508。
[125] 《南齊書》，卷 40，〈竟陵文宣王蕭子良傳〉，頁 692-703。

著〈三宗論〉、[126]王奐信佛被認爲妨礙軍務、[127]張欣建議朝廷毀廢佛塔、[128]崔慧景好談佛被視爲怠公務等。[129]

蕭梁沈約所撰《宋書》，〈後廢帝紀〉載後廢帝劉昱常「往青園尼寺，晚至新安寺就曇度道人飲酒，醉」。[130]〈南平穆王劉鑠傳〉載北魏圍攻汝南懸瓠城，「毀佛浮圖，取金像以爲大鉤，施之衝車端，以牽樓堞」。[131]餘如王懿三次治理徐州而立佛寺；[132]張淹「逼吏燒輩照佛」，使民「禮佛贖刑」；[133]宋恭帝以「佛教自殺者不得復人身」，不服藥自殺；[134]范泰「暮年事佛甚精，於宅西立祇洹精舍」；[135]蕭惠開「家素事佛，凡爲父起四寺」。[136]

在中國北方，十六國所撰史書，如後燕田融所著《趙書》，[137]載有「佛圖澄亦謂必擒劉曜。前石有佛圖澄，號曰大和尙，常乘板輦於大水上」。[138]

後秦趙整、車頻等撰《秦書》，[139]載有「苻堅時，沙門竺僧朗嘗從隱士張巨合遊。和嘗穴居，而朗居琨瑞山，大起殿舍，連樓疊閣，雖素飾不同，並以靜外致稱」。[140]

---

[126] 《南齊書》，卷 41，〈周顒傳〉，頁 731-732。
[127] 《南齊書》，卷 49，〈王奐傳〉，頁 848-851。
[128] 《南齊書》，卷 51，〈張欣傳〉，頁 882。
[129] 《南齊書》，卷 51，〈崔慧景傳〉，頁 876。
[130] 《宋書》，卷 9，〈後廢帝紀〉，頁 189-190。
[131] 《宋書》，卷 72，〈南平穆王劉鑠傳〉，頁 1856。
[132] 《宋書》，卷 46，〈王懿傳〉，頁 1393。
[133] 《宋書》，卷 46，〈張淹傳〉，頁 1400。
[134] 《宋書》，卷 52，〈褚秀之傳〉，頁 1503。
[135] 《宋書》，卷 60，〈范泰傳〉，頁 1623。
[136] 《宋書》，卷 87，〈蕭惠開傳〉，頁 2200。
[137] 《隋書》，卷 33，〈經籍志〉云：「《趙書》十卷，一曰《二石集》，記石勒事。僞燕太傅長史田融撰」（頁 962）。劉知幾謂作者是「後燕太傅長史田融」（《史通箋注》，卷 12，〈古今正史〉，頁 452。
[138] 後燕・田融撰，清・湯球輯，《趙書》（台北市：鼎文書局，1979 年 2 月再版，新校本晉書第六冊附編），頁 24。
[139] 本書之著作詳見：《史通箋注》，卷 12，〈古今正史〉及注，頁 453，456。
[140] 後趙・車頻撰，湯球輯，《秦書》（台北市：鼎文書局，1979 年 2 月再版，新校本

《續集古今佛道論衡》引《後涼書》,載敘鳩摩羅什事;[141]按後涼史籍,僅有後涼段龜龍撰《涼記》十卷一種;而前涼史與之同名者,有前涼劉慶撰《涼記》十二卷,燕張咨撰《涼記》八卷;[142]或許爲了有區別,後人將之改題《後涼書》。

另有《趙錄》載「佛圖澄卒,葬後郭門。吏報石季龍云:是師携一履西去。季龍發其墓,唯見一履與一石」。[143]此書作者年代不詳,暫附於此。

北魏所撰史書,有高謙之撰《涼書》十卷,因北涼佛教興盛,而國家衰亡,遂加以批判,[144]如指謫耗財過甚,「圖寺極壯,窮海陸之財,造者弗恡金碧,殫生民之力,豈大覺之意乎」。又說有逃役而損農業生產之弊,即「有浮遊都鄙避苦逃劇」,「損農蠶之要務」。[145]

崔鴻撰《十六國春秋》,敘載各國,亦記佛教史事。〈後趙錄〉載石虎視「諸比丘尼有姿色者,與其交褻後,煞之,合牛羊肉煑而食,亦賜左右,所以識其味也」。建武九年十二月,「武鄉送雄虎,變爲雌,乳一狼子,七日,噬虎腦而殺之,後三日,狼子亦死。佛圖澄聞之流涕」。建武十四年十二月「辛巳,雷大雨霖。虎問佛圖澄,澄曰:其爲我乎至。戊子,而澄卒」。大寧元年正月,虎僭即皇帝位于南郊,大赦改年。二月「有沙門從雍州來,稱見佛圖澄西入關。虎掘之,無屍,唯有一石。虎惡之曰:石者朕也,葬我而去,吾將死矣。因而寢疾。四月,薨于金

晉書第六冊附編),頁 45。

[141] 《續集古今佛道論衡》,卷 1 云:「案《後涼書》,秦主符堅建元十九年,遣征西將軍酒泉公呂光西討龜茲國,得沙門鳩摩羅什,是龜茲國大承相之長子。呂光至涼州,聞秦主姚萇所害光遂稱帝涼治姑臧,羅什在涼州譯出《大華嚴經》」(大正藏第五十二冊,頁 402 下)。

[142] 朱希祖,〈十六國舊史考〉,收入氏著,《朱希祖先生文集》,第二冊,頁 326-329。

[143] 《太平御覽》,卷 697,〈服章部·履〉,第六冊,頁 463。

[144] 《魏書》,卷 77,〈高謙之傳〉,頁 1710-1711。

[145] 《廣弘明集》,卷 7,〈辯惑篇〉,大正藏第五十二冊,頁 133 上。

華殿」。[146]〈前秦錄〉載,石虎徙秦雍州民羌十餘萬戶至關東,遷苻洪龍驤將軍流民都督處之,從征有功,進封西平郡公,「佛圖澄言:苻氏有王氣」。引起「虎陰欲殺之,洪稱疾不朝」。[147]苻堅永興十三年正月,太史奏:「有星見于外國之分,當有聖人之輔中國,得之者昌」。而「堅聞西域有鳩摩羅什,襄陽有釋道安,并遣求之」。十八年三十月,堅召群臣議云:「東南一隅未賓王化,今欲起天下兵討之。計其兵仗精卒九十七萬,吾將先啟行,薄伐南裔。此行也,朕與陽平公之任,非諸將之事」。此時「左右僕射權翼、沙門道安、陽平公融、尚書石越等,上書面諫,前後數十,堅終不納」。[148]〈後秦錄〉載,姚興弘始四年十一月,「鳩摩羅什至長安」。七年正月,「興如逍遙園,引諸沙門,聽什說佛經」。[149]

---

[146] 《太平御覽》,卷 120,〈偏霸部‧後趙石虎〉引,第二冊,頁 169-170。
[147] 《太平御覽》,卷 121,〈偏霸部‧前秦苻洪〉引,第二冊,頁 179。
[148] 《太平御覽》,卷 121,〈偏霸部‧前秦苻堅〉引,第二冊,頁 187。
[149] 《太平御覽》,卷 123,〈偏霸部‧後秦姚興〉引,第二冊,頁 195。

第十四章 修史詔之實踐（一）：纂修魏、齊史以嗣弘魏天命正統

　　經由第五至十一章說明〈修史詔〉宗旨之形成原因，以及第十二、十三章說明宗旨實現方式之形成原因後，那麼，〈修史詔〉頒布後，詔書內容形成後，詔書內容是否照章實踐呢？答案是肯定的。天保元年八月既頒〈修史詔〉，齊國史的編修隨即展開。天保二年開始修《魏書》。天保二、三年間，朝廷就設置了史館，或稱史閣。初期的館址，設於鄴城東邊的東山宮內。到了武成帝，史館遷至鄴城之南城省禁內，或許距聖壽堂、修文殿不遠。史館之組織編制，有監修大臣、著作郎、著作佐郎、修史臣、校書郎、令史等職。史官的品第、俸祿待預，都是較低的。[1] 而史館之設置，正意味齊朝廷對〈修史詔〉之實踐，是相當重視的。另外，齊又繼高氏專制之東魏，設置「監修」制度，派遣宰相或其他高級官員如尚書、卿等，監督修史，縱說有意防範史書載及不利王朝之事，[2] 不過，也可說派重員監修，當有表示朝廷重視修史之意，以達防範修史散漫延宕之作用，《魏書》纂修時間，僅費三年（551-554）光陰，即為明證。

　　在上述背景下，本章之目的，是要說明〈修史詔〉兼修魏、齊史的實踐狀況：（1）史書纂修方面，天保二年至五年，修成《魏書》，其稿歷經四次修訂，一直到北齊後主武平四年（551-573），此書撰述修訂，前後歷經了 22 年（第一節）。至於北齊國史，於天保元年展開纂修，一直持續到北齊幼主承光元年（577）滅亡為止，雖未及時纂成史書，其間纂修活動持續不斷（第二節）。（2）實現修史宗旨方面，《魏書》模仿晉南朝史學之「受命之元」書法，以實現北齊「嗣」魏天命正統宗旨。（3）北齊國史亦使用「受命之元」書法，以實現北齊「弘」魏天命正

---

[1] 牛潤珍，〈北齊史館考辨〉，《南開學報》，1995 年第 4 期，頁 26-30。
[2] 何德章，〈北齊書說略〉，收入劉起釪、王鐘翰等著，《二十五史說略》，頁 215。

統宗旨。

第一節 纂修《魏書》

　　《魏書》之修纂，撰者除魏收（507-572）[3]外，還有辛元植、刁柔、高孝幹、綦母懷文、房元祐、裴昂之、睦仲讓等人。[4]這個作者群之參與撰述之情況，自來有兩種不同的看法。一是《北齊書》〈魏收傳〉指謫魏收「所引史官，恐其凌逼，唯取學流先相依附者」，參與修史人員「並非史才」，「全不堪編輯」。[5]似已暗指《魏書》係魏收獨自修撰。後世學者，或沿續其說，如謂「魏收之書，多人為助，亦與唐以後設局纂修之史不同，謂為出於魏收之私撰，亦無不可也」。[6]如說：「故《魏書》雖受命時君，且有多人為助，開唐初設局修史之先聲，然收撰此書，實未多假眾手，奮筆一室，究與唐以後設局纂修之史不同，其實與私撰無異」；[7]或說到其書作者，僅提「《魏書》著者魏收」，不言及其他人，顯然意指為魏收一人所作。[8]二是魏收及他人員共纂，如謂：「收欲專責任，故其書三十五例，二十五序、九十四論，前後二表一啓皆獨出於收」；此等「發凡起例雖在伯起，而列傳之修撰亦經眾手」。[9]又如說：「參與寫十志的除魏收外，還有辛元植、刁柔、高孝幹、綦母懷文」。[10]

　　無論魏收獨作或著作群共修，《魏書》終成分成兩個階段成書。第

[3] 按魏收撰《魏書》〈自序〉，沒有明確書明出生年代，經學者考證，他的出生年代應在北魏宣武帝時期，而具體年代則主要有三說：正始二年（505），正始三年（506），正始四年（507），一般認為，正始四年說始為有確證而允當（李建棟、陳希榮，〈魏收生年補證〉，《開封大學學報》，2003年第1期，頁21-22）

[4] 在文獻上，《魏書》作者群人數不一，此處所述，綜合自《魏書》，〈前上十志啓〉，頁2331-2332；卷104，〈自序〉，頁2326；《北齊書》，卷37，〈魏收傳〉，頁488-489；《北史》，卷56，〈魏收傳〉，頁2030。

[5] 《北齊書》，卷42，〈魏收傳〉，頁488。

[6] 金毓黻，《中國史學史》，頁71。

[7] 世界書局編輯部，《廿五史述要》，頁113。

[8] 潘德深，《中國史學史》，頁146；王樹民，《史部要籍解題》，頁69；高敏，〈魏書說略〉，《經史說略》，頁182-185。

[9] 周一良，〈魏收之史學〉，《周一良集》，第一卷，頁301。

[10] 白壽彝主編，瞿林東著，《中國史學史（三）：魏晉南北朝隋唐時期》，頁114。

一個階段，是天保二年至五年（551-554），先撰成凡十二紀、九十二列傳，合一百一十卷，「三月奏上之」。第二個階段，是天保五年三月至十一月，「復奏十志」：天象四卷，地形三卷，律歷二卷，禮、樂四卷，食貨一卷，刑罰一卷，靈徵二卷，官氏二卷，釋老一卷，凡二十卷，接續於紀、傳之後，總合一百三十卷。復有三十五條史例，二十五序，九十四論，前後上奏二表一啓焉。[11]

《魏書》撰成後，定稿卻相當曲折，未立即獲得北齊朝廷認可而頒行，還須耗費漫長的歲月，進行如下四次修訂：[12]

第一次修訂，是天保五年上奏之後，《魏書》初步公布，列傳方面，有些傳主的子孫閱後，頗多不滿。《北齊書》〈魏收傳〉載云：

> 時論既言收著史不平，文宣詔收於尚書省與諸家子孫共加論討，前後投訴百有餘人。……收性急，不勝其憤，啟誣其欲加屠害。帝大怒，親自詰責。……收無以對，戰慄而已。但帝先重收才，不欲加罪。……然猶以羣口沸騰，勅魏史且勿施行，令羣官博議。聽有家事者入署，不實者陳牒。於是眾口諠然，號為「穢史」，投牒者相次，收無以抗之。時左僕射楊愔、右僕射高德正二人勢傾朝野，與收皆親，收遂為其家並作傳。二人不欲言史不實，抑塞訴辭，終文宣世更不重論。[13]

或以爲「著史不平」，文宣帝乃「以群口沸騰，勅魏史且勿施行，令群官博議」。結果「眾口諠然，號爲『穢史』，投牒者相次，收無以抗之」。至天保十年（559），「終文宣世，更不重論」。

---

[11] 《魏書》，卷104，〈自序〉，頁2326-2327。

[12] 趙翼謂「《魏書》在收一人已四易其稿」（氏著，《陔餘叢稿》，石家莊市：河北人民出版社，2003年12月初版二刷，卷7，〈魏書〉條，頁131）。周一良先生指出，其第四次修訂爲武平四年，而魏收亡故於武平三年，非其能參與（氏著，〈魏收之史學〉，收入氏著，《周一良全集》，第一卷，頁306），確爲的論。而此處所敘非指魏收本人，是指《魏書》，故謂之四次。

[13] 《北齊書》，卷37，〈魏收傳〉，頁488-489。

第二次修訂，是孝昭帝高演（在位 560-561）年間，史載其事云：

> 帝以魏史未行，詔收更加研審。收奉詔，頗有改正。及詔行魏史，收以為直置祕閣，外人無由得見。於是命送一本付并省，一本付鄴下，任人寫之。[14]

上文顯示，到了孝昭帝時，《魏書》還沒能正式刊行問世，帝想讓它行世，遂下詔魏收「更加研審」；收依詔，「頗有改正」，遂「詔行魏史」，可是只置放在中央政府之祕閣，未公布於社會。收乃趁帝准許刊行《魏書》之機會，提出建議說，魏史置於祕閣，「外人無由得見」。最後決定，將成書送一套典藏於王朝重鎮之山西晉陽「并省」，一套典藏在王朝都城之鄴都，「任人寫之」，以便透過手抄本來流通於社會。

第三次修訂，是武成帝高湛（在位 562-565）年間，《北齊書》〈魏收傳〉云：

> 其後羣臣多言魏史不實，武成復勅更審，收又回換。遂為盧同立傳，崔綽返更附出。楊愔家傳，本云『有魏以來一門而已』，至是改此八字；又先云『弘農華陰人』，乃改『自云弘農』，以配王慧龍自云太原人。此其失也」。[15]

此回修改有三處：（1）「爲盧同立傳」，今本《魏書》卷七十六爲〈盧同傳〉。[16]（2）「崔綽返更附出」，是由傳主改成附傳，在今本《魏書》，是附於卷四十九〈崔鑑傳〉，只寥寥數句云：「崔鑒，字神具，博陵安平人。父綽，少孤，學行修明，有名於世。與盧玄、高允等同被徵，語在允傳。尋以母老固辭，後爲郡功曹而卒」。[17]（3）楊愔「家傳」，見於今本《魏書》卷五十八〈楊播傳〉及所附諸傳，關於楊氏籍貫，確實不書「弘農華陰人」，而書「楊播，字延慶，自云恒農華陰人也」；[18]前者直書籍貫，

---

14 《北齊書》，卷 37，〈魏收傳〉，頁 491。
15 《北齊書》，卷 37，〈魏收傳〉，頁 494。
16 《魏書》，卷 76，〈盧同傳〉，頁 1681-1685。
17 《魏書》，卷 49，〈崔鑑傳〉，頁 1103。
18 《魏書》，卷 58，〈楊播傳〉，頁 1279。

意味籍貫確實無誤；後者加「自云」，則意含其籍貫只是自稱，事實不必然如此，亦有全屬不實之可能性。而今本《魏書》卷三十八〈王慧龍傳〉仍書「王慧龍，自云太原晉陽人」。[19]正好與楊氏相「配」。（4）至於〈楊播傳〉的「『有魏以來一門而已』，至是改此八字」，見於今本之情形，是改作：「一家之內，男女百口，緦服同爨，庭無間言，『魏世以來，唯有盧淵兄弟及播昆季，當世莫逮焉』」；[20]顯然是在家庭倫理風範上，原初是獨美楊家之為魏世第一，後改成並贊楊、盧兩家同屬魏世之最。此次之修訂，或因如前述錯誤輕微，未見武成帝下令禁行。

第四次修訂，在魏收卒於武平三年以後，他身後之事。時在後主高緯（在位 565-577），於武平四年五月十一日（573.6.26）「詔史官更撰魏史」，[21]趙翼（1727-1814）考證說：「按《魏書》『李緯』改作『李系』，蓋以後主諱，故避之，則之後主時又經修改」，[22]是知實際《魏書》沒有「更撰」，是進行修改，[23]或許當時後主有「更撰」之意，經商討後，以茲事體大，始以避後主名諱「緯」，改做作「系」，即今本《魏書》卷四十九〈李靈傳〉之附傳「李系」。[24]可能最後修改只屬輕微，其間沒有下令禁行。

綜合上述歷程，《魏書》修撰及修改所費時間，至少計由天保二年至後主武平四年（551-573），前後歷經了 22 年。

第二節　北齊國史之編修

關齊國史編修狀況，先說起居注方面，陽休之（509-582）「齊受禪，

---

[19] 《魏書》，卷 38，〈王慧龍傳〉，頁 875。
[20] 《魏書》，卷 58，〈楊播傳〉，頁 1302。
[21] 《北齊書》，卷 8，〈後主紀〉，頁 207。
[22] 《陔餘叢稿》，卷 7，〈魏書〉條，頁 131
[23] 張舜徽先生說：「齊後主武平四年五月，已詔史官更撰《魏書》，又不始於隋開皇時矣（按指隋文帝命魏澹重撰《魏書》）」（氏著，《史學三書評議》，台灣影印本未刊出版資料，頁 121）。實未查趙翼之考證，遂有此說。
[24] 《魏書》，卷 49，〈李靈傳〉附李系，頁 1100。

除散騎常侍，修起居注。頃之，坐詔書脫誤，左遷驍騎將軍」。[25]一直到後主天統元年（565），於後主天統初年，曾「述獻武（高歡）起居，名曰《黃初傳天錄》」。[26]「黃初」，乃曹丕初建國之年號，「以比魏文受禪」。[27]當時，又有陸元規，「常從文宣征討，著《皇帝實錄》，唯記行師，不載它事」。[28]後主武平初（570），仍可見有王晞（511-581）「遷大鴻臚，加儀同三司，監修起居注」。[29]「自武平後，史官陽休之、杜臺卿、祖崇儒、崔子發等相繼注記」。[30]

國史方面，先有高隆之（494-554）於天保元年五月「齊受禪，進爵為王。尋以本官錄尚書事，領大宗正卿，監國史」。天保五年（554）卒。[31]後有崔劼「轉五兵尚書，監國史」。[32]至天保八年（557）夏天，魏收「除太子少傅，監國史」，到了孝昭帝皇建元年（560），魏收又「除兼侍中、右光祿大夫，仍儀同、監史」。[33]武成帝河清元年（562），趙彥深（507-576）「進爵安樂公，累遷尚書左僕射、齊州大中正、監國史」。[34]後主天統初年（565），以陽休之（509-582）「徵為光祿卿，監國史」。[35]往後，續有崔季舒「監國史」。[36]祖珽「拜尚書左僕射，監國史」，[37]張雕亦由何洪珍「奏雕監國史」。[38]另有權會亦領「著作，修國史」；[39]劉

---

[25] 《北齊書》，卷42，〈陽休之傳〉，頁562。
[26] 《史通通釋》，卷12，〈古今正史〉，頁368。
[27] 《史通通釋》，卷12，〈古今正史〉，頁369；《史通箋注》，卷12，〈古今正史〉注，頁465。
[28] 《史通通釋》，卷12，〈古今正史〉，頁368。
[29] 《北齊書》，卷31，〈王晞傳〉，頁422。
[30] 《史通通釋》，卷12，〈古今正史〉，頁368。
[31] 《北齊書》，卷18，〈高隆之傳〉，頁237。
[32] 《北齊書》，卷42，〈崔劼傳〉，頁558。
[33] 《北齊書》，卷37，〈魏收傳〉，頁487，489，495。
[34] 《北齊書》，卷38，〈趙彥深傳〉，頁506。
[35] 《北齊書》，卷42，〈陽休之傳〉，頁562。
[36] 《北齊書》，卷39，〈崔季舒傳〉，頁512。
[37] 《北齊書》，卷39，〈祖珽傳〉，頁519。
[38] 《北齊書》，卷44，〈儒林傳·張雕〉，頁594。
[39] 《北齊書》，卷44，〈儒林傳·權會〉，頁592。

逖「遷給事黃門侍郎，修國史」。[40]

　　齊國史纂修之成果，不盡理想，蓋以今之所知齊史著作，未有於齊王朝期間成書行世者。如有李德林，在北齊「預修國史，創紀傳書二十七卷」；到了隋朝，「至開皇初，奉詔續撰」；[41]延至隋文帝開皇十一年（591），德林過世時，結果依然是：「敕撰《齊史》未成」。[42]真正成書者，則仍是時至隋代，有王劭「造編年書，號曰《齊志》，十有六卷」，[43]或說「《齊志》，十卷後齊事，王劭撰」。[44]王劭，字君懋，太原晉陽（今山西省太原市）人。少年沈默，好讀書。入仕齊朝，累遷至中書舍人之時，逢「齊滅，入周」。隋文帝受禪後，授著作佐郎。「以母憂去職，在家著《齊書》」，而「時制禁私撰史」，內史侍郎李元操將其事奏聞朝廷。「上怒，遣使收其書，覽而悅之」。於是起為員外散騎侍郎，修起居注。「初撰《齊誌》，為編年體，二十卷，復為《齊書》，紀傳，一百卷」。[45]他的齊史著作雖成於隋代，所依史料卻是取自齊「起居注，廣以異聞」。[46]到了唐代，劉知幾所見，是「今之言齊史者，唯王、李二家云」。[47]事實上，還有另一部「《齊紀》，三十卷，紀後齊事，崔子發撰」，子發為隋代秦王記室，[48]或因其書未得長久流通，遂為知幾所未及見。

第三節　《魏書》以受命之元「嗣」魏天命正統

北齊既僅言繼魏天命五行之衰而禪代，未定北齊所續自魏五行之德

---

[40]《北齊書》，卷45，〈文苑傳・劉逖〉，頁615。

[41]《史通通釋》，卷12，〈古今正史〉，頁368；《隋書》，卷33，〈經籍志二〉，頁958。

[42]《隋書》，卷42，〈李德林傳〉，頁1208。

[43]《史通通釋》，卷12，〈古今正史〉，頁368；《隋書》，卷33，〈經籍志二〉，頁958。

[44]《隋書》，卷33，〈經籍志〉，頁958。

[45]《隋書》，〈王劭傳〉，頁1602-1611。

[46]《史通通釋》，卷12，〈古今正史〉，頁368。

[47]《史通通釋》，卷12，〈古今正史〉，頁368-369；《隋書》，卷33，〈經籍志二〉，頁958。

[48]《隋書》，卷33，〈經籍志〉，頁958；又同書云：「《樂府新歌》，十卷，秦王記室崔子發撰」（頁1085）。

屬。在北齊國史及《魏書》纂修時，在史學正統建構上，便有如何完成北齊「嗣弘」魏正統的問題。

魏收等既奉詔撰《魏書》，便遵照〈修史詔〉「嗣」魏天命正統宗旨，進行撰述。此事，顯示在天保五年（554）十一月魏收上奏的〈前上十志啓〉說：

> 魏有天下，跨蹤前載，順末克讓，善始令終。陛下極聖窮神，奉天屈己，顧眄百王，指掌萬世，深存有魏撫運之業，永念神州人倫之緒。臣等肅奉明詔，刊著魏籍，編紀次傳，備聞天旨。[49]

上文顯示，《魏書》撰述宗旨有二：一是為闡明齊魏之間的禪代，故說魏王朝之建立，享國長久，末年天命已絕，遂行禪讓，以使一切都維持一貫的美好情境。二是為表明北齊受禪是「嗣」魏天命正統，故說北齊文宣帝，因「奉天」命所令，不得要求自己去遵行天命，遠繼上古以來「百王」，接受魏王朝之禪位，將統御王朝至萬世，內心「深存」魏承天運所得帝王之業，「永念」中原魏政權帝王相禪讓的政治倫理規範。在此情況下，奉詔「刊著魏籍」，是要「備聞天旨」，完成〈修史詔〉中的嗣魏天命正統之宗旨。

那麼，《魏書》如何來完成「嗣」魏天命正統呢？即用「受命之元」書法（見本章第四節），是將齊國史斷限之上限年代的「起元」，定點於魏王朝史，使魏、齊史一脈相承相續，以示魏、齊之間天命正統相承，即齊「嗣」魏天命正統。

天保八年（557），魏收監國史以後，為了撰述齊國史之〈高祖本紀〉，收乃以高歡「取平四胡之歲為齊元」（見本章第四節）。事實上，收之「齊元」，於撰述《魏書》之日，已用諸於魏史，以使齊「嗣」魏天命正統。這可證諸於《魏書》〈廢出三帝紀〉，北魏節閔帝普泰二年（532）閏三

---

[49] 《魏書》，〈前上十志啓〉，頁2331。

月「壬戌，齊獻武王大破爾朱天光等四胡於韓陵」。[50]四月詔書有云：「近者四胡相率，實繁有徒，驅天下之兵，盡華戎之銳。枹鼓暫交，一朝盪滅，元兇授首，大憝斯擒。揚旆濟河、掃清伊洛，士民安堵，不失舊章。社稷危而復安，洪基毀而還構。朕以託體宸極，猥當樂推，祗握寶圖，承茲大業。得以眇身，託於王公之上，若涉淵水，罔識攸津」。[51]在〈藝術傳・劉靈助〉中，亦載劉氏預言果驗「齊獻武王以明年閏二〔三〕月；破四胡於韓陵山」。[52]

魏收的受命之元書法，在《魏書》中的實際操作是：「受命之元」，即北齊國史之上限起元，其時間定點，在北魏節閔帝普泰二年（532）高歡平四胡，此為齊王朝「受命」創業的「元」始時間，由此，齊國史便接軌重疊於魏史末年階段。然後，在《魏書》之魏史末年階段裡，於紀、傳、志內，大量書寫高歡、高澄、高洋父子之史事，使魏史與北齊史有高度重疊相涵，呈現出魏、齊史一脈相傳，北齊王朝是接續魏王朝而來，從受命之元的王朝正統相續，體現北齊「嗣」魏天命正統。這就是說，北魏末至東魏時期，高歡父子三人相繼專制朝政，是齊王朝的「受命」階段，在紀、傳、志分載三人之史事，使魏史與齊國史交疊相銜，以構成北齊「嗣」魏天命正統的歷史脈絡。茲分述如下：

一、從本紀受命嗣魏正統：「齊獻武王」相關史事，遍及全書紀傳體結構之各部分，在帝紀方面，依照〈高祖本紀〉以「平四胡之歲為齊元」，從孝莊帝建義元年起，「是月，齊獻武王於鄴西北，慰喻葛榮別帥稱王者七人，眾萬餘」。[53]續經節閔帝普泰「二年春三月，齊獻武王敗尒朱天光等於韓陵」。[54]依〈孝靜帝紀〉，亦載至「五年春正月丙午，齊獻

---

[50] 《魏書》，卷11，〈廢出三帝紀〉，頁280。
[51] 《魏書》，卷11，〈廢出三帝紀〉，頁282。
[52] 《魏書》，卷91，〈藝術傳・劉靈助〉，頁1960。
[53] 《魏書》，卷11，〈孝莊帝紀〉，頁259。
[54] 《魏書》，卷11，〈廢出三帝紀・廢帝紀〉，頁278。

武王薨於晉陽」，六月「乙酉，帝為齊獻武王舉哀於東堂，服緦繐」；「甲申，葬齊獻武王於鄴城西北，車駕祖於漳濱」。[55]

高澄死後，孝靜帝「諡曰文襄王」，[56]天保元年五月高洋受禪即位，追尊「皇兄文襄王為文襄皇帝」。[57]《魏書》書「齊文襄」不加名諱。在帝紀方面，起載於後廢帝中興二年「三月丙寅，以齊文襄王起家為驃騎大將軍、儀同三司」。[58]至孝靜帝武定七年八月「八月辛卯，詔立皇子長仁為皇太子，齊文襄王薨於第」。武定八年「正月辛酉，帝為齊文襄王舉哀於東堂」，「二月甲申，葬齊文襄王，車駕祖於漳濱」。[59]

至於〈孝靜帝紀〉載高氏父子史事，頗有問題。《魏書》原典之原早已散佚，依此紀校勘記，今本〈孝靜帝紀〉，大抵是古人取《高氏小史》為主，參考《修文殿御覽》和《北史》，補上小史未載以及北史所忽略的一些事跡。[60]是以有兩方面的問題，第一是有關書法問題，校勘記說：「紀中稱高歡、高澄為『獻武王』、『文襄王』，稱高洋為『今上』、『齊王』」等書法，「全同魏收書，當取之源出魏書之高氏小史和修文殿御覽」。[61]這項說法，在高歡、高澄部分，正如同前述，是正確的。至於高洋部分，還須分疏檢證：其一，書「齊王」而不記名諱之書法，在〈孝靜帝紀〉內，首次記載是武定五年八月辛卯條，在齊文襄遭刺死亡後，記敘八月「甲午，齊王如晉陽」。[62]其次是武定八年五月甲寅條，載孝靜帝「詔齊王為相國」。[63]這個書法，同見於《魏書》原書列傳文（見下文列傳部分），校勘記所說，是正確的。其二，稱高洋為「今上」的書法，

---

[55] 《魏書》，卷12，〈孝靜帝紀〉，頁309-310。

[56] 《魏書》，卷12，〈孝靜帝紀〉，頁312。

[57] 《北史》，卷5，〈齊本紀上〉，頁245。

[58] 《魏書》，卷11，〈廢出三帝紀・前廢帝〉，頁280。

[59] 《魏書》，卷12，〈孝靜帝紀〉，頁312。

[60] 《魏書》，卷12，〈孝靜帝紀〉「校勘記」第1條，頁315。

[61] 《魏書》，卷12，〈孝靜帝紀〉「校勘記」第1條，頁315。

[62] 《魏書》，卷12，〈孝靜帝紀〉，頁312。

[63] 《魏書》，卷12，〈孝靜帝紀〉，頁312。

在〈孝靜帝紀〉內，計有兩條，首於武定二年三月壬子條，記載「以今上爲右僕射」。[64]次於武定五年四月甲辰條，記載「以太原公今上爲尚書令，領中書監，餘如故，詢以政事」。[65]這個書法，在《魏書》其他原文部分，無法獲得同樣例子的證明，是否爲魏收等原來的書法，是必須保留的，即校勘記說此書法「全同魏收書」，應屬不正確。第二是有關高氏史事記載之多寡問題，誠如校勘記所說，紀內「記高澄對元善見孝靜帝的侮慢態度，和元善見被迫讓位，以及遇酖而死，魏收決不敢寫下來，北史（敘那些史事）乃取自北齊書高德政傳和他書」。[66]可見〈孝靜帝紀〉之記載，原對高氏醜事有所隱諱而不書。

　　二、從列傳受命嗣魏正統：在傳方面，有高歡家世源流的〈高湖傳〉。[67]記載他所涉史事，主要是與爾朱氏的關係，以及代之以專制朝權，[68]更主導處理與梁朝間之事務，如天平四年「益州刺史傅和以城降衍，衍資送和，令申意於齊獻武王，求通交好，王志綏邊遠，乃請許之」，進行雙方往來。[69]此外，還有用人任官的，如元忻之，因「莊帝崩於晉陽，忻之內懼，及齊獻武王起義河北，忻之奔赴」，後任高歡大丞相府長史。[70]穆子琳，先是「齊獻武王奏去賓（阿至羅子）爲安北將軍、肆州刺史，封高車王」，又「表子琳爲去賓長史」；後子琳「尋遷儀同開府長史、齊獻武王丞相司馬」；[71]此等餘例甚多。[72]

64 《魏書》，卷12，〈孝靜帝紀〉，頁307。
65 《魏書》，卷12，〈孝靜帝紀〉，頁309。
66 《魏書》，卷12，〈孝靜帝紀〉「校勘記」第1條，頁315。
67 《魏書》，卷32，〈高湖傳〉，頁753。
68 《魏書》，卷74，〈爾朱榮〉，頁1643-1655；卷75，〈爾朱兆傳〉、〈爾朱彥伯傳〉、〈爾朱度律〉、〈爾朱天光〉等傳，頁1661-1677；卷80，〈斛斯椿〉，頁1773-1774。
69 《魏書》，卷98，〈島夷蕭衍傳〉，頁2177-2180。
70 如《魏書》，卷16，〈陽平王元熙傳〉附元忻之，頁393。
71 《魏書》，卷27，〈穆崇傳〉，頁677-678。
72 餘例如《魏書》，卷19下，頁502；卷22，頁593；卷36，頁836，843，849；卷41，頁936；卷44，頁998；卷46，頁1042；卷55，頁1228；卷57，頁1268，1269；卷58，頁1249；卷77，頁1698，1700；卷80，頁1772，1781，1783，1784，1785，1787；卷88，頁1908，1912，1913，1914；卷93，頁1993，2008。

　　高澄分布於列傳的史事，多聯繫於東魏史事，如當時「贈終叨濫，庸人賤品，動至大官，爲識者所不貴。武定中，齊文襄王始革其失，追褒有典焉」。[73]與梁交涉處理侯景的叛亂。[74]而主要是敘其命任官員，如崔高陵因「齊文襄王作相，以陵頗有文學，引參賓客」。[75]李系（按原爲李緯，以避齊後主高緯之諱，緯改作系）「前後接對凡十八人，頗爲稱職。齊文襄王攝選，以系爲司徒諮議參軍」；[76]同類餘例甚多，[77]甚至包括島夷蕭衍列傳，亦載澄之事。[78]

　　關於高洋史事，載於列傳者，如李希宗「獻武王擢爲中外府長史，齊王納其第二女」。[79]宇文仲鸞於「武定末，齊王丞相府長流參軍」；[80]柳德逸至「武定末，齊王丞相府主簿」；[81]裴威起「卒於齊王開府中兵參軍」；[82]盧世猷任「齊王開府集曹參軍」。[83]此外尚有餘例。[84]

　　列傳部分的「受命之元」書法，殊値注意者，是魏收等有意強調：魏、齊史之間，通過高洋的禪代，具有深刻的歷史連續性。由此，列傳中頻有「齊受禪」句，意在以禪代天命，從魏、齊史的銜接，標誌出齊之嗣魏天命正統。關於魏之封爵而傳承至齊者，以書「齊受禪，爵例降」方式，在諸王列傳中，如道武帝後裔元禹，孝莊帝建義元年，與爾朱榮

---

[73] 《魏書》，卷74，〈爾朱榮〉，頁1648-1649。

[74] 《魏書》，卷98，〈島夷蕭衍傳〉，頁2179-2185。

[75] 《魏書》，卷24，〈崔高陵傳〉，頁628。

[76] 《魏書》，卷49，〈李系傳〉，頁1100。

[77] 其他如《魏書》，卷36，頁846；卷44，頁1000；卷45，頁1012，1020；卷47，頁1062；卷49，頁1100；卷56，頁1245；卷63，頁1413；卷65，頁1449；卷68，頁1518；卷72，頁1618；卷77，頁1690。

[78] 例如《魏書》，卷98，載「齊文襄王遣行臺慕容紹宗」（頁2179）；另頁2184。

[79] 《魏書》，卷36，〈李希宗傳〉，頁836。

[80] 《魏書》，卷36，〈宇文仲鸞傳〉，頁1002。

[81] 《魏書》，卷45，〈柳慶傳〉，頁1030。

[82] 《魏書》，卷71，〈裴威起傳〉，頁1569。

[83] 《魏書》，卷71，〈盧世猷傳〉，頁1054。

[84] 其餘如《魏書》，卷47，頁1053，1054；卷49，頁1100；卷56，頁1248；卷57，頁1269；卷65，頁1450；卷71，頁1569；卷78，頁1746；卷79，頁1764；卷80，頁1771。

入洛陽，「封鄧城縣國伯，邑五百戶」，永安三年卒，「子長淵，襲。武定中，南青州長史。齊受禪，爵例降（爲子）」。[85]在個人列傳中，如司馬悅，於宣武帝初「封漁陽縣開國子，食邑三百戶」，永平元年卒，「子朏襲爵」；正光五年朏卒，子鴻襲爵，「坐與西賊交通賜死」，「子孝政，襲。齊受禪，爵例降」。[86]最後，如前所述，列傳中有頻載齊獻武王、齊文襄王任官之事，正是欲以之顯示，魏、齊職官，經禪代後，仍然一脈相承延續。[87]

　　三、從志受命嗣魏正統：〈地形志〉并州晉陽載：「出帝太昌中霸朝置大丞相府，武定初，齊獻武王上置晉陽宮」。[88]〈律曆志〉載興和元年十月，「齊獻武王入鄴，復命李業興，令其改正，立甲子元曆」。[89]〈禮志〉載，孝靜武定五年正月，「齊獻武王薨，時祕凶問」，及舉喪後，武定六年二月，「將營齊獻武王廟，議定室數、形制」。[90]〈食貨志〉載「時諸州調絹不依舊式，齊獻武王以其害民，興和三年冬，請班海內，悉以四十尺爲度。天下利焉」。[91]〈官氏志〉載「武定二年十一月，有司奏：「齊獻武王勳高德重，禮絕羣辟。昔霍光陵邑亦置長、丞主陵，今請置長一人，丞一人，錄事一人，戶曹史一人，禁備史一人，侍一人，皆降帝陵官品一等。其侍依舊」。孝靜帝詔曰「可」。[92]〈禮志〉又載「齊文

---

[85] 《魏書》，卷 16，〈道武七王傳〉，頁 393。其餘例子，另見卷 19 中，〈景穆十二王中〉，頁 481；卷 19 下，〈景穆十二王下〉，頁 505-506；卷 21 上，〈獻文六王傳上〉，頁 541-566；卷 21 下，〈獻文六王傳下〉，頁 584-585。

[86] 《魏書》，卷 16，〈司馬悅傳〉，頁 858-859。其餘例子，無法盡舉，如卷 24，頁 637；卷 31，頁 747；卷 33，頁 792；卷 36，頁 804，836，841，844，846，848；卷 41，頁 931，932，937；卷 55，頁 1218，1232；卷 61，頁 1355，1359，1363；卷 71，頁 1568，1572，1576，1577，1585，1586，1590；卷 80，頁 1770；卷 94，頁 2031，2033，2034。

[87] 關於此點，復可見於《北齊書》諸傳，以及《北史》魏齊諸傳。

[88] 《魏書》，卷 106 上，〈地形志上〉，頁 2466。

[89] 《魏書》，卷 107 下，〈律曆志三〉，頁 2695，2697。

[90] 《魏書》，卷 108-2，〈禮志四〉，頁 2772，2809。

[91] 《魏書》，卷 110，〈食貨志〉，頁 2862。

[92] 《魏書》，卷 113，〈官氏志〉，頁 3005。

襄王請自發喪之月，帝使侍中陸子彰舉詔，三往敦喻，王固執，詔不許。
乃從薨月」。[93]〈食貨志〉載當時錢幣「輕濫尤多，武定初，齊文襄王奏
革其弊」。[94]〈刑罰志〉載「百司多不奉法，貨賄公行，興和初，齊文襄
王入輔朝政，以公平肅物，大改其風」。[95]

　　上述顯示，魏收等人以「受命之元」書法，使高歡、澄、洋父子三
人所涉北魏、東魏史事，載諸《魏書》紀、傳、志，將北齊史與元魏史
銜接爲一脈相傳，就構成了北齊嗣北魏正統，而直接「嗣」的樞紐，乃
在高洋稱「齊王」的書法，因武定八年三月庚申，「進齊郡王高洋爵爲
齊王」。[96]五月初十日，高洋就禪代東魏政權，原屬「魏」的「齊王」，
轉爲齊國齊帝。

　　由此，整個嗣魏天命正統的歷史脈絡是：魏史開國以來諸帝相傳至
孝莊帝/前廢帝/後廢帝/孝武帝/孝靜帝/「齊獻武王」高歡並立，而嗣魏
史－→後廢帝/孝武帝/孝靜帝/「齊文襄王」高澄並立，而嗣魏史→孝靜
帝/「齊王」高洋並立，而嗣魏史－→孝靜帝禪讓於「齊王」高洋，齊
王高洋轉化成齊王朝之帝－→嗣魏天命正統。

　　《魏書》爲了達成〈修史詔〉「嗣」魏天命正統之宗旨，除了上述
在魏、齊歷史相承脈中使齊「嗣」魏天命正統，還爲了維護齊「嗣」魏
天命正統，盡力保持其所「嗣」之根源的魏天命正統之純正，而其所使
用的方法，是對與魏、齊並利之政權，均斥其正統地位，貶爲閏位，視
爲僭僞。

　　首先，是對與齊並立的西魏，斥其正統。《魏書》之撰成，以相對
西魏修國史，佔魏國史成書之機先。因永熙三年孝武帝西奔長安，未及
搬運北魏國史，其史留置洛陽。東魏孝靜帝年十月遷都鄴城，北魏國史

---

[93] 《魏書》，卷 180-4，〈禮志四〉，頁 2809。
[94] 《魏書》，卷 110，〈食貨志〉，頁 2866。
[95] 《魏書》，卷 111，〈刑罰志〉，頁 2889。
[96] 《北史》，卷 5，〈魏本紀〉，頁 195。

伴隨移至鄴都，爲東魏所得，持續纂修，自天保二年至五年間，由魏收等人撰成《魏書》。相對來說，孝武帝西奔長安投靠宇文泰，西魏欲從修國史以嗣魏正統，無現成北魏國史爲基礎，只能在西魏當朝國史上從頭開始，至恭帝三年（556）西魏滅亡，亦未撰成西魏史書，僅累積起居注等史料，往後還更須與北周史料聚合銜接，直到隋文帝開皇年間，始能由牛弘「追撰《周紀》十八篇，略敘綱紀，仍皆牴牾」，[97]或有謂其書爲「《周史》十八卷，未成」。[98]其西魏國史始終未成書，只能附麗於北周史書。基於上述，當天保五年《魏書》修成之際，時值西魏恭帝元年（554），具有佔魏國史成書之機先，即可以使北齊嗣魏正統：即在魏王朝正統之周→兩漢→曹魏→西晉→北魏→東魏之脈絡中，銜接以北齊，使之成爲「周→兩漢→曹魏→西晉→北魏→東魏→北齊」之正統王朝脈絡，將西魏斥出魏正統之外。

　　《魏書》之斥西魏之正統，是如清人謝啓昆（1737-1802）的看法，「啓昆以魏書專主東魏，不載西魏四主，北史亦無糾正，乃作《西魏書》」。[99]顧炎武（1613-1682）亦謂，西魏之文帝，乃孝文之孫名寶炬，以南陽王爲宇文泰所立，在位十七年，葬永陵。魏書出於東朝，不載其事。而北史爲立本紀，且曰嘗登逍遙觀望嵯峨山，謂左右曰，望此令人有脫屣之意」。[100]至於據傳後世魏收《魏書》之傳本內容，「有西魏孝武紀、文帝紀、廢帝紀、恭帝紀」，此應非魏收書原本之內容，是如《四庫全書總目提要》之所辨正：「疑其取諸魏澹書。《隋書》〈魏澹傳〉，自道武下及恭帝爲十二紀。劉知幾史通云。澹以西魏爲真，故文帝稱紀」。

[97]《史通通釋》，卷12，〈古今正史〉，頁369。
[98]《隋書》，卷33，〈經籍志二〉，頁956。
[99] 民國・趙爾巽等撰，國史館校註，《清史稿校註》（台北縣：國史館，1986年2月初版），卷484，〈文苑傳・謝啓昆〉，頁13349。
[100] 清・顧炎武撰，《原抄本日知錄》（台北市：文史哲出版社，1979年4月），卷23，〈歷代帝王陵寢〉，頁641。

[101]故知傳說之魏收書內容，係取隋代魏澹重撰之《魏書》補綴，澹以西魏爲正統，收以東魏爲正統，原本即涇渭分明，不可能產生變異狀況。

　　在紀傳體結構內，《魏書》亦有斥西魏爲閏位之書法。在本紀方面，就所載史事而言，是限定在北魏、東魏全史；孝武帝永熙三年西奔長安後，就不載西魏史事了。[102]這是要表示，西魏居閏位，東魏爲正統，北齊禪代東魏，是北齊嗣魏正統。故清人姚鼐（1731-1815）說：「魏收書外孝武，以天平爲正，豈理也」。[103]畢沅（1730-1797）謂魏收「以身仕高齊，不尊天平（東魏），則本朝之得統不正」。[104]此外，記孝武帝出奔之原因，竟說「帝爲椿（斛斯椿）等迫脅，遂出於長安」，[105]意在說其之出奔，完全無關乎高歡專制之威逼。記孝武帝於永熙三年之死謂：「閏十二月癸巳，帝爲宇文黑獺所害，時年二十五」，[106]其中「帝」字，是指出奔前之魏帝；不書「崩」，是指其出奔後至死時，均已非魏帝了，故只書「所害」。孝武帝死後，西魏「諡曰孝武」，[107]魏收等不書諡號，即不承認西魏之帝；只稱爲「出帝」，是貶斥出走京師洛陽之帝，此即如錢大昕之說：「加孝武以出帝之稱，而直斥西主之名」。[108]

　　在《魏書》列傳中，同樣有貶斥西魏之書法。當記載孝武帝及其臣下西奔時，用語反而書爲「入」。例如，楊寬於「永熙三年，兼武衞將軍，又除黃門郎，隨出帝入關西」。[109]「出帝入關，（長孫）稚時鎮虎牢，

---

[101] 《四庫全書總目提要》，卷 45，〈史部正史類·魏書〉，頁 996。

[102] 《魏書》，卷 11，〈廢出三帝紀·出帝〉，頁 291。

[103] 清·姚鼐，〈西魏書序〉，收入謝啓崑，《西魏書》（台北：鼎文書局，1979 年 2 月二版，魏書附編，據清刊本影印），頁 1 下。

[104] 清·畢沅，〈西魏書序〉，收入《西魏書》，頁 2 上。

[105] 《魏書》，卷 11，〈廢出三帝紀·出帝〉，頁 291；卷 80，〈斛斯椿〉云：「復啓出帝，假說遊聲以劫脅。帝信之，遂入關，椿亦西走長安」（頁 1774）。

[106] 《魏書》，卷 11，〈廢出三帝紀·出帝〉，頁 291，292。

[107] 《北史》，卷 5，〈魏本紀五〉，頁 174。

[108] 清·錢大昕，〈西魏書序〉，收入《西魏書》，頁 1 上。

[109] 《魏書》，卷 58，〈楊寬傳〉，頁 1304。

亦隨赴長安」。[110]長孫彥「後從帝入關」。[111]敘出帝事，亦書「入」，如
「及出帝入關，齊獻武王至洛，責（劉）廞而誅之」。[112]「出帝入關，
齊獻武王至洛，（崔孝芬）與尚書辛雄、劉廞等並誅」。[113]「入」與前
「出」走京師洛陽，正爲相對，是說孝武帝縱採取西奔策略，都仍屬「入」
在魏正統政權範圍內，否定孝武帝在長安所樹立的西魏之正統地位，長
安所謂的西魏政權，依然存在於東魏所代表的魏正統之底下；亦如記載
費孝遠於「天平中，叛入關西」，[114]意示縱使「叛」出，究實仍「入」
在東魏所代表的魏正統之內，無法獨立於魏正統之外。

　　在《魏書》志中，有貶斥西魏正統之書法，主要體現於〈地形志〉
的魏王朝正統疆域之範圍內，無所謂西魏領土。該志說其取材，因「永
安末年，胡賊入洛，官司文簿，散棄者多，往時編戶，全無追訪」，即
指孝莊帝永安三年（530）十二月爾朱兆入洛陽，引起燒殺動亂，使永安以前戶籍資料全毀，
無從查起。所以該志「今錄武定之世以爲志焉。州郡創改，隨而注之，不知
則闕」。至於「淪陷（於西魏）諸州戶，據永熙縮籍，無者不錄焉」。[115]
如此取材態度，關乎齊之嗣魏正統，清人朱珔說，此志「專主東魏」，
州郡以東魏「武定之世」爲限，西魏「概不之著」；西魏疆域內戶口，
以永熙「東西魏未分以前」爲限。[116]意在從疆域不明以模糊西魏的存在，
錢大昕指出，在疆域上，其州郡，「不述太和全盛之規，轉錄武定分裂
之制」，以東魏「偏安之局」爲主；西魏雍秦（陝、甘）以西疆土，闕
漏「州郡增置紛綸，名目屢易」。[117]因此，在戶口上，西魏三十三州「皆

[110]《魏書》，卷 25，〈長孫稚傳〉，頁 649。
[111]《魏書》，卷 25，〈長孫彥傳〉，頁 649。餘例另見：卷 77，頁 1750；卷 80，頁
　　 1779，1781；卷 93，頁 2007。
[112]《魏書》，卷 55，〈劉廞傳〉，頁 1228。
[113]《魏書》，卷 57，〈崔孝芬傳〉，頁 1268。
[114]《魏書》，卷 44，〈費孝遠傳〉，頁 1005。
[115]《魏書》，卷 106 上，〈地形志〉，頁 2455。
[116] 清‧朱珔，〈魏書地形志校異序〉，收入清‧溫曰鑑，《魏書地形志校錄》，二十五
　　 史補編（台北市：開明書店，1959 年 6 月台一版，鉛印本）第四冊，頁 4559。
[117] 錢大昕，〈西魏書序〉，收入《西魏書》，頁 1 上。

無戶口實數」。在君禮上，對孝武帝元脩，仍書「脩縣」，以其「播遷失國，不以君禮待之，故不爲諱也」。[118]

其次，對於與魏並立之胡族政權，都斥爲閏位政權。首先，都用種族名稱之，如「匈奴」劉聰前趙（304-329）；「羯胡」石勒後趙（319-350）；「臨渭氐」苻健前秦（334-394），「略陽氐」呂光後涼（396-403）；「羌」後秦（384-471）姚萇；鮮卑族分爲「徒何」慕容儁前燕（349-370）、慕容垂後燕（384-480）、慕容冲西燕（385-394）、慕容德南燕（398-410），「鮮卑」乞伏國仁西秦（385-431），「鮮卑」禿髮烏孤南涼（397-414）。此外，還有「盧水胡」沮渠蒙遜北涼（401-439），「賨」李雄成（302-347）。[119]其次，一面提到稱王、皇帝、建國、建元之名稱，一面在記事紀年時，都用北魏、東魏帝號及紀年，以代表魏之正統地位，使其名稱失去正統意義，進而淪爲僭僞政權。最後，對於諸胡族，則賦予負面之總評：「夷狄不恭，作害中國，帝王之世，未曾無也。劉淵等假竊名目，狼戾爲梗，汙辱神器，毒螫黎元，喪亂鴻多，一至於此」。[120]

最後，對於與魏、齊並立之漢人政權，亦都斥作閏位政權。在十六國中，前涼（313-376）張寔稱作「私署涼州牧」，西涼（400-421）李暠「私署涼王」，北燕（334-357）馮跋稱作「海夷」。則評前涼「張寔等介在人外，地實戎墟」，「潛懷不遜，其不知量，固爲甚矣。蛇虺相嚙，終爲擒滅，宜哉」。[121]對於南方政權，首先，稱東晉爲「僭晉」，稱宋、齊、梁爲「島夷」。其次，一面提及其帝號、建國、建元等名稱，一面在記事繫年上，則用北魏、東魏帝號及紀年，意否定其名稱之正統性。復次，對其諸帝則直書名諱，如司馬叡、劉裕、蕭道成、蕭衍，意在貶

---

[118]《廿二史考異》，卷30，〈魏書地形志下〉，頁568；其詳況參照：勞榦，〈北魏州郡志略〉，《中央研究院史語言研究所集刊》，第32本（1961），頁181-238。

[119]《魏書》，卷95，99。

[120]《魏書》，卷95，「史臣曰」，頁2087。

[121]《魏書》，卷99，「史臣曰」，頁2210。

斥為偽政權。[122]最後，賦予負面評價，說東晉「司馬叡之竄江表，竊魁帥之名，無君長之實，跼天蹐地，畏首畏尾，對之李雄，各一方小盜，其孫皓之不若矣」。[123]說劉宋「窮凶極迷，為天下笑，其夷、楚之常性乎？」[124]說蕭齊、蕭梁「二蕭競塗泥之中」，「或年纔三紀，或身不獲終，而偷名江徼，自擬王者，考之邈古，所未前聞」；「兩寇方之吳（夫差）、越（句踐），不乃劣乎？」[125]

第四節 北齊國史以受命之元「弘」魏天命正統

齊國史之纂修，如何「弘」魏天命正統呢？齊國史早已亡佚無存，有關其正統書法，只能具體獲知者，當為齊國史纂修期間，曾有過齊史「受命之元」書法的爭議。這個書法，正是「弘」魏天命正統的樞紐。

所謂「受命之元」，是通過國史斷限之上限年代之「起元」，向前跨越到前朝史，使本朝與前朝之歷史脈絡相銜接，以示前後朝天命正統相續。這個正統書法，起於西晉，當時《晉書》斷限之討論中，荀勗主張以曹魏齊王方正始年間（240-249）起元，王瓚以為應從嘉平年間（249-254）起元，兩人之意，是要把晉國史從司馬懿（179-251）開始寫起。賈謐提出以晉武帝泰始年間（265-274）起元，意在以晉武帝司馬炎禪代曹魏正式即帝位，為晉國史纂修之起點。往後，劉宋國史、蕭齊國史，都對同樣的問題討論過，並加以使用。[126]後來，唐代修《晉書》，仍維持受命之元書法，本紀第一卷是高祖宣帝司馬懿，第二卷是世宗景帝司馬師，以及太祖文帝司馬昭；第三卷方是世祖武帝司馬炎。[127]由此，西晉史回溯到曹魏史之部分，有二十餘年，這段歷史是本朝史與前朝史

---

[122] 《魏書》，卷 96，97，98。
[123] 《魏書》，卷 96，「史臣曰」，頁 2113。
[124] 《魏書》，卷 97，「史臣曰」，頁 2153。
[125] 《魏書》，卷 98，「史臣曰」，頁 2188。
[126] 劉節，《中國史學史稿》，頁 132-136。
[127] 《晉書》，卷 1-3，頁 1-49。

重疊一起。這個書法起源自何時呢？由於目前曹魏所修曹魏史及東漢史，均已散佚，受命之元的做法，是否起於曹魏，已難確定，而可確知者，是晉武帝時，詔由大臣討論晉受命之元。[128]不過，陳壽《三國志》，魏書先列曹操，再及於文帝曹丕；蜀書先列劉焉、劉璋，再述及先主劉備；吳書先列孫堅、孫策，再述及吳主孫權。[129]這種斷限書法，即受命之元之原則，陳壽晚年身處於西晉，是受西晉受命之元的影響呢？或遵循三國史時期之史書？實在難以判定。

這個正統觀的內涵，正如齊李德林所提到的兩個觀念：「并論受命之元，非止代終之斷」。[130]「受命之元」，是指齊王朝起於高歡、高澄，成於高洋；北魏末年起，高歡開始創業垂統，時無帝號，卻已承接了北魏政權，特別是天命正統，是謂承「受」天「命」正統的時間之「元」始。「代終之斷」，是指本朝開國之君，於前朝政權終了之際，受禪即帝位，即是說在前「代」政權及天命「終」了之時的「斷」限。[131]照德林之意見，在處理這個正統問題時，「非」可「止」於「代終之斷」，更重要是須「并」往前究「論受命之元」，方始正確（見下文）。

北齊文宣帝天保八年（557），魏收提出了北齊國史之「受命之元」書法。《北齊書》〈陽休之傳〉云：

> 魏收監史之日，立〈高祖本紀〉，取平四胡之歲為齊元。收在齊州，恐史官改奪其意，上表論之。武平中，收還朝，勑集朝賢議其事。休之立議從天保為限斷。[132]

天保五年，魏收既撰畢《魏書》，天保八年夏天起，「監國史」，至孝昭

---

[128] 周一良，〈魏晉南北朝史學與王朝禪代〉，收入氏著，《周一良集》，第一卷，頁 520-533。

[129] 《三國志》，〈目錄〉，頁 1-14。

[130] 《隋書》，卷 43，〈李德林傳〉，頁 1197。

[131] 此處解釋參照了饒宗頤，《中國史學上之正統論》（台北市：宗青圖書公司，1979 年 10 月初版），頁 20-21。

[132] 《北齊書》，卷 42，〈陽休之傳〉，頁 563。

帝皇建元年（560）「仍儀同、監史」，[133]北齊國史〈高祖本紀〉，應於此間撰成。後主天統二年（566），任齊州刺史。[134]後主「天統初」，陽休之（509-582）相繼「監國史」，[135]遂使魏收「恐史官改奪其意，上表論之」。至約後主武平元年至二年間（570-571）的「武平中」，魏收轉任朝官回朝後，就引發了〈高祖本紀〉斷限上的「起元」爭議。[136]

今所能見到的齊受命之元的看法，計有三說：第一說，是陽休之「立議從天保爲限斷」，即以天保元年五月初十日高洋禪代魏王朝即帝位，做爲齊國史上限起元年代。

第二說，是魏收之看法，不同於陽氏，主張以高歡「平四胡之歲爲齊元」。照劉節（1901-1977）先生之解釋，其「事在魏敬宗永安元年二年間，即五二八至五二九年之間，四胡蓋指邢杲、葛榮、韓樓、萬俟醜奴」。[137]而錢大昕（1728-1804）則解釋說，它是指節閔帝普泰二年（532）閏三月，高歡在韓陵（今河南省安陽市東北）之戰，大破爾朱兆、爾朱天光、爾朱度律、爾朱仲遠等四人聯軍二十萬，是高歡去除爾朱氏勢力，起而專制北魏朝政的關鍵。[138]兩種說法，應以錢氏爲正確，劉先生之釋是錯誤的。因高歡於韓陵之戰「平四胡」，在《北齊書》、《北史》早已成爲慣用詞句。[139]以《北齊書》爲例來說，書內對韓陵之戰破「四胡」功臣，多所言及。諸如，清和王高岳，「高祖與四胡戰于韓陵，高祖將中軍，高昂將左軍，岳將右軍」。[140]竇泰「從起義信都，封廣阿伯，

---

[133] 《北齊書》，卷37，〈魏收傳〉，頁487，489，495。

[134] 繆鉞，〈魏收年譜〉，收入氏著，《繆鉞全集》，第一卷下，頁533。

[135] 《北齊書》，卷42，〈陽休之傳〉，頁562。

[136] 繆鉞，〈魏收年譜〉，收入氏著，《繆鉞全集》，第一卷下，頁534-535。

[137] 劉節，《中國史學史稿》（台灣影印本未刊出版資料），頁136-137。

[138] 《北史》，卷6，〈齊本紀上〉，頁215-218。

[139] 清・錢大昕撰，《廿二史考異》（台北市：鼎文書局，1979年9月初版，錢大昕讀書筆記廿九種第一冊，點句本），卷39，〈北史陽休之傳〉，頁736。

[140] 《北齊書》，卷13，〈清河王岳傳〉，頁174。

從破四胡」。[141]庫狄干「後從神武起兵，破四胡於韓陵，封廣平縣公」。[142]高隆之「行相州事，從破四胡於韓陵」。[143]蔡儁「及破四胡於韓陵，儁並有戰功」。[144]尉長命「及高祖將建大義，長命參計策，從高祖破四胡於韓陵，拜安南將軍」。[145]王懷「從破四胡於韓陵，進爵為侯」。[146]莫多婁貸「又從破四胡於韓陵，進爵為侯」。[147]庫狄迴洛「從破四胡於韓陵，以軍功補都督，加後將軍、太中大夫，封順陽縣子、邑四百戶」。[148]薛狐元「從破四胡於韓陵，加金紫光祿大夫」。[149]侯莫陳相「後從神武起兵，破四胡於韓陵，力戰有功，封陽平縣伯」。[150]薛嘉族「從平四胡於韓陵，除華州刺史」。[151]叱列平「從平鄴，破四胡於韓陵」。[152]言其他史事亦提及破四胡，如言薛脩義「高祖起義信都，破四胡於韓陵，遣徵脩義，從至晉陽，以脩義行并州事」。[153]爾朱文暢「其姊魏孝莊皇后，及四胡敗滅，高祖納之，待其家甚厚」。[154]最後，〈文宣帝紀〉云：「論曰：高祖平定四胡，威權延世。遷鄴之後，雖主器有人，號令所加，政皆自出。顯祖因循鴻業，內外協從，自朝及野，羣心屬望。東魏之地，舉世樂推，曾未期月，玄運集已」。[155]這就說，「高祖平定四胡」，乃專制魏朝權之由來，亦為高洋禪代魏政權之淵源，故為北齊王朝創業之淵

---

[141] 《北齊書》，卷 15，〈竇泰傳〉，頁 193。
[142] 《北齊書》，卷 15，〈庫狄干傳〉，頁 198。
[143] 《北齊書》，卷 18，〈高隆之傳〉，頁 236。
[144] 《北齊書》，卷 19，〈蔡儁傳〉，頁 247。
[145] 《北齊書》，卷 19，〈尉長命傳〉，頁 248。
[146] 《北齊書》，卷 19，〈王懷傳〉，頁 249。
[147] 《北齊書》，卷 19，〈莫多婁貸傳〉，頁 252。
[148] 《北齊書》，卷 19，〈庫狄迴洛傳〉，頁 254-255。
[149] 《北齊書》，卷 19，〈薛狐元傳〉，頁 256。
[150] 《北齊書》，卷 19，〈侯莫陳相傳〉，頁 259。
[151] 《北齊書》，卷 20，〈薛嘉族傳〉，頁 277。
[152] 《北齊書》，卷 20，〈叱列平傳〉，頁 278。
[153] 《北齊書》，卷 20，〈薛脩義傳〉，頁 276。
[154] 《北齊書》，卷 48，〈外戚傳·爾朱文暢〉，頁 666。
[155] 《北齊書》，卷 4，〈文宣帝紀〉，頁 68-69。

源。

第三說，是李德林的看法。魏收復與李德林討論起元，李德林同主
齊國史須起元於高歡。[156]德林之主要論點有三：一是「或以爲書元年者，
當時實錄，非追書也。大齊之興，實由武帝，謙匿受命，豈直史也？比
觀論者聞追舉受命之元，多有河漢，但言追數受命之歲，情或安之」；
意謂「即位之元，春秋常義」；元年，是指即帝位之時間，即指以天保
元年起元之說，此說是符「實錄」，可是齊王朝之興起，確實始於高歡，
卻蔽於因「謙」懷而隱「匿」高歡於魏政權之天命正統上已「受命」之
事實，也不算是忠於實錄載事的「直」筆之「史」。因此，有些人則認
爲當追溯「受命」的「元」始年代，固然說法差異很大，而其追溯受命
的觀點，卻是妥當的。二是基於上述，修史「唯可二代相涉，兩史並書，
必不得以後朝創業之迹，斷入前史。若然，則世宗、高祖皆天保以前，
唯入魏氏列傳，不作齊朝帝紀，可乎？此既不可，彼復何證」，由此，
高歡及高澄，宜有帝紀之作。三是「史者，編年也」，「史又有無事而書
年者，是重年驗也。若欲高祖事事謙沖，即須號令皆推魏氏。便是編魏
年，紀魏事，此即魏末功臣之傳，豈復皇朝帝紀者也」，據此，高歡及
高澄之本紀，未必定要採用魏朝紀年。[157]惟其斷限之上限年代，史闕具
體記載，不得而知，而疑似同於魏收之主張；首先，陽休之、魏收對受
命之元的爭議結果，史載「魏收存日，猶兩議未決」，收死後，休之「便
諷動內外，發詔從其議」，[158]從「兩議」可知，當時提出之意見者，有
收與陽休之兩種，德林既主以高歡來起元，即相似於收之見解。不過，
德林子百藥於唐代撰《北齊書》，有據於德林《齊史》（見下文），即從
高歡起元，卻自高歡家世寫起，[159]非如收所謂高歡滅「四胡」之年。這

[156] 何德章，〈北齊書說略〉，收入劉起釪、王鐘翰等著，《二十五史說略》，頁 217。
[157] 《隋書》，卷 43，〈李德林傳〉，頁 1195-1197。
[158] 《北齊書》，卷 42，〈陽休之傳〉，頁 563。
[159] 《北齊書》，卷 42，〈神武帝紀〉，頁 1。

顯示了，德林與收之起元看法，只能確定同於「高歡」，具體年代是否相同，則爲無法定奪之不定狀態。

從〈修史詔〉的嗣弘魏正統之宗旨來看，上述齊國史起元的議論，正是欲確立「嗣」魏天命正統之時間，以便由此時間爲起點，展開「弘」魏正統之齊國史的纂修。

另外，從今本《北齊書》亦得窺見齊國史正統書法之跡。縱使該書曾散佚，再從李延壽《北史》所引錄之文輯出，卻仍可見若干齊國史正統之跡；因此書係於唐太宗貞觀元年（627）及三年（629）奉詔撰修，撰者李百藥，是李德林之子，其書乃據德林未完成之《齊史》爲底本，復綜參了王劭《齊志》、崔子發《齊紀》，以及齊史料匯編性質之《北齊律》、《北齊令》、《北齊權令》等資料。所以，此書之齊史起元，在高歡的〈神武帝紀〉，正是德林的齊國史之正統書法。[160]由此，《北齊書》撰於唐代，卻頗有維護齊正統之書法痕跡。

據清人趙翼（1727-1814）之考察，以爲《北齊書》之正統書法是：「天保七年，書魏相宇文覺受魏禪。八年，書陳霸先弒其主自立」。[161]這是意指，在齊朝、西魏（周）朝、陳朝三方鼎峙形勢下，百藥是以齊居正統的立場，斥西魏（周）、陳兩朝爲閏位。

再進一步看，《北齊書》斥他朝爲閏位，主要對象是西魏、周朝。如載高氏稱帝號，包括廟號、諡尊帝號，提及宇文泰（507-556），則書姓「宇文」，呼字「黑獺」。

書載北魏末史事，略如諸例：「魏帝密詔神武曰：『宇文黑獺自平破秦、隴，多求非分，脫有變詐，事資經略。但表啓未全背戾，進討事涉忽忽，遂召羣臣，議其可否。僉言假稱南伐，內外戒嚴，一則防黑獺不虞，二則可威吳楚』」。[162]又如「近慮宇文爲亂，賀拔勝應之，故纂嚴，

---

[160] 何德章，〈北齊書說略〉，收入劉起釪、王鐘翰等著，《二十五史說略》，頁215-217。

[161] 《陔餘叢考》，卷，〈宋齊梁陳魏周齊隋諸史及南北史書法各不同〉，頁111。

[162] 《北齊書》，卷2，〈神武帝紀〉，頁14。

欲與王俱爲聲援。宇文今日使者相望，觀其所爲，更無異迹」。[163]

　　書載東魏史事，依然如是，其例略如：任胄「爲人糾列，窮治未得其實。高祖特免之，謂胄曰：『我推誠於物，謂卿必無此理。且黑獺降人，首尾相繼，卿之虛實，於後何患不知。』胄內不自安」。[164]天平年間，「高祖西討，大軍濟河，集諸將議進趣之計」。斛律羌舉說：「黑獺聚兇黨，強弱可知，若欲固守，無糧援可恃。……拔其根本，彼無所歸，則黑獺 之首懸於軍門矣」。[165]此時，薛琡諫曰：「（其）粟不得出。但置兵諸道，勿與野戰，比及來年麥秋，人民盡應餓死，寶炬、黑獺，自然歸降。願王無渡河也」。[166]天象初，「高祖」對杜弼說：「今督將家屬多在關西，黑獺常相招誘，人情去留未定。……恐督將盡投黑獺」。[167]武定初年，東魏派李繪出使蕭梁，梁武曰：「黑獺 若爲形容？高相作何經略？」繪曰：「黑獺遊魂關右，人神厭毒，連歲凶災，百姓懷土。丞相奇略不世，畜銳觀釁，攻昧取亡，勢必不遠」。[168]武定五年予侯景書云：「率烏合之眾，爲累卵之危。西取救於 宇文，南請援於蕭氏，以狐疑之心，爲首鼠之事」。[169]

　　書載齊王朝間史事，情況仍屬相同，略如諸例：天保七年載「十二月，西魏相宇文覺受魏禪」。[170]「史臣曰」亦有謂：「自關、河分隔，年將四紀。以高祖霸王之期，屬宇文草創之日，出軍薄伐，屢挫兵鋒」。[171]武平初年，開府儀同三司王紘上言：「突厥與宇文男來女往，必當相與

[163] 《北齊書》，卷 2，〈神武帝紀〉，頁 15。
[164] 《北齊書》，卷 19，〈任胄傳〉，頁 252。
[165] 《北齊書》，卷 20，〈斛律羌舉傳〉，頁 266。
[166] 《北齊書》，卷 26，〈薛琡傳〉，頁 370。
[167] 《北齊書》，卷 22，〈杜弼傳〉，頁 347。
[168] 《北齊書》，卷 29，〈李繪傳〉，頁 395。
[169] 《北齊書》，卷 3，〈神武帝紀〉，頁 33。
[170] 《北齊書》，卷 4，〈神武帝紀〉，頁
[171] 《北齊書》，卷 17，〈斛律金傳〉「史臣曰」，頁 229。

影響，南北寇邊」。[172]〈燕子獻傳〉載「燕子獻，字季則，廣漢下洛人。少時相者謂之曰：『使役在胡代，富貴在齊趙。』其後，遇宇文氏稱霸關中，用爲典籤，將命使於茹茹。子獻欲驗相者之言，來歸。高祖見之大悅，尙淮陽公主」。[173]天保六年，「梁元爲西魏所滅，顯祖詔立明爲梁主」，「於是梁輿東度，齊師北反。侍中裴英起儵送明入建鄴，遂稱尊號，改承聖四年爲天成元年，大赦天下，宇文黑獺、賊（蕭）詧等不在赦例」。[174]

在上述之外，《北齊書》亦有書周朝帝號者，而對勘《北史》，則與之相同。本紀如〈文宣帝紀〉，天保元年條載：「十一月，周文帝率眔至陝城，分騎北渡，至建州」，「丙寅，帝親戎出次城東。周文帝聞帝軍容嚴盛」。[175]天保五年正月條載：「是月周文帝廢西魏主，立齊王廓，是爲恭帝」。[176]天保七年十月條載：「是月，周文帝殂」。[177]「是歲，周文帝殂，西人震恐」。[178]以上諸文，皆出自《北史》〈齊本紀中〉：「十一月，周文帝帥師至陝城，分騎北度，至建州」。「丙寅，帝親戎出次城東，周文帝見軍容嚴盛」。「是月，周文帝廢西魏帝而立齊王廓，是爲恭帝」。「秋七月。乙亥，周文帝殂」。「是歲，周文帝殂，西人震恐」。[179]

《北齊書》列傳部分，亦有與《北史》相同之情形。例如：（1）〈竇泰傳〉載「四年，泰至小關，爲周文帝所襲，眔盡沒，泰自殺」。[180]《北史》同傳云：「四年，泰至小關，爲周文帝所襲，眔盡沒，泰自殺」。[181]

---

[172] 《北齊書》，卷 25，〈王紘傳〉，頁 366。
[173] 《北齊書》，卷 34，〈王紘傳〉，頁 460。
[174] 《北齊書》，卷 33，〈蕭明傳〉，頁 442。
[175] 《北齊書》，卷 4，〈文宣帝紀〉，頁 54。
[176] 《北齊書》，卷 4，〈文宣帝紀〉，頁 58。
[177] 《北齊書》，卷 4，〈文宣帝紀〉，頁 62。
[178] 《北齊書》，卷 4，〈文宣帝紀〉，頁 67。
[179] 《北史》，卷 7，〈齊本紀中〉，頁 248，251，253，259。
[180] 《北齊書》，卷 15，〈竇泰傳〉，頁 203。
[181] 《北史》，卷 54，〈竇泰傳〉，頁 1952。

（2）〈莫多婁貸文傳〉載「周文帝軍出函谷，景與高昂議整旅厲卒，以待其至。貸文請率所部，擊其前鋒，景等固不許」。[182]《北史》同傳云：「周文帝出函谷，景與高昂議待其至，貸文請率所部擊其前鋒，景等固不許」。[183]（3）〈斛律光傳〉載「魏末，從（斛律）金西征，周文帝長史莫者暉時在行間」。[184]《北史》同傳云：「後從金西征，周文帝長史莫孝暉在行間」。[185]（6）〈張瓊傳〉載「高祖襲克夏州，以為慰勞大使，仍留鎮之。尋為周文帝所陷，卒」。[186]《北史》同傳云：「神武襲克夏州，以瓊為慰勞大使，留鎮之。尋為周文帝所陷，卒」。[187]（7）〈裴諏之傳〉載「西師忽至，尋退，遂隨西師入關。周文帝以為大行臺倉曹郎中。卒」。[188]《北史》同傳云：「西師忽至，尋退，遂隨西師入關。周文帝以為大行臺倉曹郎中。卒」。[189]（8）〈張亮傳〉載「高仲密之叛也，與大司馬斛律金守河陽。周文帝於上流放火船燒河橋。亮乃備小艇百餘艘，皆載長鎖，鎖頭施釘」。[190]《北史》同傳云：「高仲密之叛，與大司馬斛律金守河陽。周文帝於上流放火船，欲燒河橋。亮乃備小艇百餘，皆載長鎖，鎖頭施釘」。[191]

另外，《北齊書》有書周朝帝號者，而對勘《北史》則無相同現象。例如，〈段韶傳〉載「興和四年，從高祖禦周文帝於邙山」。[192]〈斛律金傳〉載「元象中，周文帝復大舉向河陽」。「武定初，北豫州刺史高仲密

---

[182]《北齊書》，卷 19，〈莫多婁貸文傳〉，頁 253。
[183]《北史》，卷 53，〈莫多婁貸文傳〉，頁 1936。
[184]《北齊書》，卷 17，〈斛律光傳〉，頁 222。
[185]《北史》，卷 54，〈斛律光傳〉，頁 1967。
[186]《北齊書》，卷 20，〈張瓊傳〉，頁 265。
[187]《北史》，卷 53，〈張瓊傳〉，頁 1913。
[188]《北齊書》，卷 35，〈裴諏之傳〉，頁 467。
[189]《北史》，卷 38，〈裴諏之傳〉，頁 1386。
[190]《北齊書》，卷 25，〈張亮傳〉，頁 360。
[191]《北齊書》，卷 55，〈張亮傳〉，頁 1995。
[192]《北齊書》，卷 16，〈段韶傳〉，頁 209。

據城西叛，周文帝入寇洛陽」。[193]〈斛律平〉載平「行肆州刺史。周文帝遣其右將軍李小光據梁州，平以偏師討擒之。出爲燕州刺史」。[194]〈尉興敬傳〉載「高祖攻周文帝於邙山，興敬因戰爲流矢所中，卒」。[195]

綜觀上述《北齊書》之正統書法，其有錯亂之現象，應是出於自《北史》輯錄成書之緣故，而就中的細節詳況迄難考論。惟觀該書之今本，對齊王朝成立前之高氏史事，立高歡爲〈神武帝紀〉，書高澄作〈文襄帝紀〉，情形正相同於《北史》將高歡、高澄列於〈齊本紀〉內；在帝號使用上，亦相同於劉知幾所見《北齊書》之原本：「北齊國史，皆稱諸帝廟號，及李氏撰《齊書》，其廟號有犯時諱者，即稱謚焉」。[196]由此可知，百藥將高歡、高澄各列帝王本紀，即繼承父德林的「受命之元」說，是以齊王朝居於正統地位。

---

[193] 《北齊書》，卷 17，〈斛律金傳〉，頁 220。
[194] 《北齊書》，卷 17，〈斛律平傳〉，頁 229。
[195] 《北齊書》，卷 19，〈尉興敬傳〉，頁 249。
[196] 《史通通釋》，卷 17，〈雜說中·北齊諸史〉，頁 499。

第十五章 修史詔之實踐（二）：佛教載入魏、齊史

本章之目的，在考察〈修史詔〉所規定魏、齊佛教載入魏、齊史的實踐。此處先說魏、齊佛教的編載狀況：（1）在《魏書》方面，對於魏佛教史，載入了本紀、列傳、志，〈釋老志〉是其中之一（第一節）。至於北齊國史，因缺乏直接史料，只能從王劭《齊書》〈述佛志〉之佚文，以及今本《北齊書》之本紀、列傳，略窺一斑，（第二節）。

第一節 佛教載入《魏書》紀、傳、志

《魏書》所載魏佛教，不只於一般所注意的〈釋老志〉而已，是擴及於本紀、列傳、及〈釋老志〉以外之其他志。關於這個載入過程，是相當複雜，必須另擬專題為之詳細探討，此處只能略述其概況而已。

在本紀方面，如〈太祖紀〉載天興五年（402）二月「沙門張翹自號無上王，與丁零鮮于次保聚黨常山之行唐。夏四月，太守樓伏連討斬之」。[1]〈世祖紀〉載太平真君五年正月戊申，詔曰：「愚民無識，信惑妖邪，私養師巫，挾藏讖記、陰陽、圖緯、方伎之書；又沙門之徒，假西戎虛誕，生致妖孽。非所以壹齊政化，布淳德於天下也。自王公已下至於庶人，有私養沙門、師巫及金銀工巧之人在其家者，皆遣詣官曹，不得容匿。限今年二月十五日，過期不出，師巫、沙門身死，主人門誅。明相宣告，咸使聞知」。[2]延和四年三「罷沙門年五十已下」。[3]太平真君七年三月「詔諸州坑沙門，毀諸佛像」。四月「鄴都毀五層佛圖」。[4]〈高宗紀〉載興安元年十二月「初復佛法」。[5]〈顯祖紀〉載皇興元年八月「行

[1]《魏書》，卷2，〈太祖紀〉，頁39-40。
[2]《魏書》，卷4下，〈世祖紀〉，頁97。
[3]《魏書》，卷4上，〈世祖紀〉，頁88。
[4]《魏書》，卷4下，〈世祖紀〉，頁101。
[5]《魏書》，卷5，〈高宗紀〉，頁112。

幸武州山石窟寺」。[6]四年十月「幸鹿野苑、石窟寺」。[7]〈高祖紀〉載延
興三年（473）十二月「沙門慧隱謀反，伏誅」。[8]孝文帝太和五年（481）
二月「沙門法秀謀反，伏誅」。[9]太和十四年（490）五月「沙門司馬惠
御自言聖王，謀破平原郡。擒獲伏誅」。[10]承明元年十月「幸建明佛寺」。
[11]太和三年八月「幸方山，起思遠佛寺」。[12]太和四年（480）正月「罷
鷹鷂之所，以其地爲報德佛寺」。[13]延興五年四月「幸武州山」。[14]太和
六年三月，「幸武州山石窟寺」。太和七年五月，「幸武州山石窟佛寺」。
太和八年七月，「幸方山石窟寺」。[15]〈世宗紀〉載「永平二年十一月「於
式乾殿爲諸僧、朝臣講《維摩詰經》」。[16]永平二年正月「涇州沙門劉慧
汪聚眾反」。[17]三年二月「秦州沙門劉光秀謀反」。[18]延昌三年十一月「幽
州沙門零劉僧紹聚眾反」。[19]〈肅宗紀〉延昌四年正月即位，「六月，沙
門法慶聚眾反於冀州，殺阜城令，自稱大乘」。[20]熙平二年正月「大乘餘
賊復相凝結，攻瀛州」。[21]熙平二年四月靈太后「幸伊闕石窟寺」。[22]神
龜元年九月「皇太后高氏崩於瑤光寺，冬十月丁卯，以尼禮葬於北邙」。
[23]正光三年十二月以地方官「輒興寺塔」，詔中尉「以見事糾劾」。[24]孝

[6] 《魏書》，卷6，〈顯祖紀〉，頁128。
[7] 《魏書》，卷6，〈顯祖紀〉，頁130。
[8] 《魏書》，卷7上，〈高祖紀〉，頁140。
[9] 《魏書》，卷7上，〈高祖紀〉，頁150。
[10] 《魏書》，卷7下，〈高阻紀〉，頁166。
[11] 《魏書》，卷7上，〈高祖紀〉，頁143。
[12] 《魏書》，卷7上，〈高祖紀〉，頁147。
[13] 《魏書》，卷7上，〈高祖紀〉，頁148。
[14] 《魏書》，卷7上，〈高祖紀〉，頁141。
[15] 《魏書》，卷7上，〈高祖紀〉，頁151，152，154。
[16] 《魏書》，卷8，〈世宗紀〉，頁209。
[17] 《魏書》，卷8，〈世宗紀〉，頁207。
[18] 《魏書》，卷8，〈世宗紀〉，頁209。
[19] 《魏書》，卷8，〈世宗紀〉，頁215。
[20] 《魏書》，卷9，〈肅宗紀〉，頁221-222。
[21] 《魏書》，卷9，〈肅宗紀〉，頁225。
[22] 《魏書》，卷9，〈肅宗紀〉，頁225。
[23] 《魏書》，卷9，〈肅宗紀〉，頁228。

昌二年八月「帝幸南石窟寺」。[25]〈孝莊紀〉載武泰三年十二月爾朱兆「逼帝幸永寧佛寺」，繼而遷於晉陽，帝「崩於城內三級佛寺」。[26]〈廢出三帝紀‧前廢帝〉載「王既絕言，垂將一紀，居於龍花寺，無所交通」。[27]建義二年四月齊獻武王「廢帝於崇訓佛寺」。[28]

　　列傳方面，如皇后列傳。〈文成文明皇后馮氏傳〉載承明元年「高祖詔曰：『朕以虛寡，幼纂寶歷，仰恃慈明，緝寧四海，欲報之德，正覺是憑，諸鷙鳥傷生之類，宜放之山林。其以此地為太皇太后經始靈塔。』於是罷鷹師曹，以其地為報德佛寺」。太后「立思燕佛圖於龍城，皆刊石立碑」。[29]〈孝文廢皇后馮氏傳〉載「高祖後重引后姊昭儀至洛，稍有寵，后禮愛漸衰。昭儀自以年長，且前入宮掖，素見待念，輕后而不率妾禮。后雖性不妒忌，時有愧恨之色。昭儀規為內主，譖構百端。尋廢后為庶人。后貞謹有德操，遂為練行尼。後終於瑤光佛寺」。[30]〈孝文幽皇后馮氏傳〉載「后有姿媚，偏見愛幸。未幾疾病，文明太后乃遣還家為尼，高祖猶留念焉。歲餘而太后崩。高祖服終，頗存訪之，又聞后素疹痊除，遣闍官雙三念璽書勞問，遂迎赴洛陽。及至，寵愛過初，專寢當夕，宮人稀復進見。拜為左昭儀，後立為皇后」。[31]〈宣武皇后高氏傳〉「及肅宗即位，上尊號曰皇太后。尋為尼，居瑤光寺，非大節慶，不入宮中。……神龜元年，太后出觀母武邑君。時天文有變，靈太后欲以后當禍，是夜暴崩，天下冤之。喪還瑤光佛寺，嬪葬皆以尼禮」。[32]〈宣武靈皇后胡氏傳〉「后姑為尼，頗能講道，世宗初，入講禁中。積數歲，

---

[24] 《魏書》，卷9，〈肅宗紀〉，頁233。
[25] 《魏書》，卷9，〈肅宗紀〉，頁244。
[26] 《魏書》，卷10，〈孝莊紀〉，頁268。
[27] 《魏書》，卷11，〈廢出三帝紀‧前廢帝〉，頁273。
[28] 《魏書》，卷11，〈廢出三帝紀‧前廢帝〉，頁278。
[29] 《魏書》，卷13，〈文成文明皇后馮氏傳〉，頁328-329。
[30] 《魏書》，卷13，〈孝文廢皇后馮氏傳〉，頁332。
[31] 《魏書》，卷13，〈孝文幽皇后馮氏傳〉，頁333。
[32] 《魏書》，卷13，〈宣武皇后高氏傳〉，頁336-337。

諷左右稱后姿行，世宗聞之，乃召入掖庭爲承華世婦」。「太后性聰悟，
多才藝，姑既爲尼，幼相依託，略得佛經大義」。「幸永寧寺，親建刹於
九級之基，僧尼士人赴者數萬人」。「及武泰元年，尒朱榮稱兵渡河，太
后盡召肅宗六宮皆令入道，太后亦自落髮。榮遣騎拘送太后及幼主於河
陰。太后對榮多所陳說，榮拂衣而起。太后及幼主並沉於河。太后妹馮
翊君收瘞於雙靈佛寺」。[33]

列傳方面，還有諸王列傳。如〈京兆王元太興傳〉載「太興遇患，
請諸沙門行道，所有資財，一時佈施，乞求病癒，名曰『散生齋』。及
齋後，僧皆四散，有一沙門方雲乞齋余食。太興戲之曰：『齋食既盡，
唯有酒肉。』沙門曰：『亦能食之。』因出酒一䀀，羊腳一隻，食盡猶
言不飽。及辭出後，酒肉俱在。出門追之，無所見。太興遂佛前乞願，
向者之師當非俗人，若此病得差，即捨王爵入道。未幾便愈，遂請爲沙
門。表十餘上，乃見許。時高祖南討在軍，詔皇太子於四月八日爲之下
髮，施帛二千匹。既爲沙門，更名僧懿，居嵩山。太和二十二年終」。[34]
〈濟陰王元誕傳〉載「在州貪暴，大爲人患，牛馬騾驢，無不逼奪。家
之奴隸，悉迫取良人爲婦。有沙門爲誕採藥，還而見之，誕曰：『師從
外來，有何消息？』對曰：『唯聞王貪，願王早代。』」[35]〈廢太子元悅
傳〉載其叛變遭禁中，「恂在困躓，頗知咎悔，恆讀佛經，禮拜歸心於
善」。[36]〈清河王元懌傳〉載「時有沙門惠憐者，自雲咒水飲人，能差諸
病。病人就之者，日有千數。靈太后詔給衣食，事力優重，使於城西之
南，治療百姓病」。[37]〈城陽王元鸞傳〉載「鸞愛樂佛道，修持五戒，不
飲酒食肉，積歲長齋。繕起佛寺，勸率百姓，共爲土木之勞，公私費擾，

---

[33] 《魏書》，卷 13，〈宣武靈皇后胡氏傳〉，頁 337-340。

[34] 《魏書》，卷 19 上，〈京兆王元太興傳〉，頁 443-444。

[35] 《魏書》，卷 19 上，〈濟陰王元誕傳〉，頁 448。

[36] 《魏書》，卷 22，〈廢太子元悅傳〉，頁 588。

[37] 《魏書》，卷 22，〈清河王元悅傳〉，頁 591-592。

頗爲民患」。[38]〈鄴王元樹傳〉「杜德襲擊之，擒樹送京師，禁於永寧佛寺，未幾賜死」。[39]

列傳方面，另有一般個人列傳。如〈劉芳傳〉載少年時「常爲諸僧傭寫經論，筆跡稱善，卷直以一縑，歲中能入百餘匹，如此數十年，賴以頗振。由是與德學大僧，多有還往。時有南方沙門惠度以事被責，未幾暴亡，芳因緣關知，文明太后召入禁中，鞭之一百」。[40]〈高允傳〉載其「年十餘，奉祖父喪還本郡，推財與二弟而爲沙門，名法淨。未久而罷」。往後仍「又雅信佛道，時設齋講，好生惡殺」。[41]〈崔光傳〉載「崇信佛法，禮拜讀誦，老而逾甚，終日怡怡，未曾恚忿。曾於門下省晝坐讀經，有鴿飛集膝前，遂入於懷，緣臂上肩，久之乃去。道俗贊詠詩頌者數十人。每爲沙門朝貴請講《維摩》、《十地經》，聽者常數百人，即爲二經義疏三十餘卷。識者知其疏略，以貴重爲後坐疑於講次」。[42]〈李瑒傳〉「於時民多絕戶而爲沙門」，李謂其爲「從鬼教」，「沙門都統僧暹等忿瑒鬼教之言，以瑒爲謗毀佛法，泣訴靈太后，太后責之」。[43]〈元遙傳〉載「時冀州沙門法慶既爲祅幻，遂說勃海人李歸伯，歸伯合家從之，招率鄉人，推法慶爲主。法慶以歸伯爲十住菩薩、平魔軍司、定漢王，自號『大乘』。殺一人者爲一住菩薩，殺十人爲十住菩薩。又合狂藥，令人服之，父子兄弟不相知識，唯以殺害爲事。於是聚眾殺阜城令，破勃海郡，殺害吏人。刺史蕭寶夤遣兼長史崔伯驎討之，敗於煮棗城，伯驎戰沒。凶眾遂盛，所在屠滅寺舍，斬戮僧尼，焚燒經像，云新佛出世，除去舊魔。詔以遙爲使持節、都督北征諸軍事，帥步騎十萬以討之。法慶相率攻遙，遙並擊破之。遙遣輔國將軍張蚪等率騎追掩，討破，擒法

---

[38] 《魏書》，卷 19 下，〈城陽王元鸞傳〉，頁 510。
[39] 《魏書》，卷 21 上，〈鄴王元樹傳〉，頁 540。
[40] 《魏書》，卷 55，〈劉芳傳〉，頁 1219-1220。
[41] 《魏書》，卷 48，〈高允傳〉，頁 1067，1089。
[42] 《魏書》，卷 55，〈崔光傳〉，頁 1499。
[43] 《魏書》，卷 53，〈李瑒傳〉，頁 1177。

慶幷其妻尼惠暉等，斬之，傳首京師。後擒歸伯，戮於都市」。[44]〈李彪傳〉載彪女「世宗聞其名，召爲婕妤」。「世宗崩，爲比丘尼，通習經義，法座講說，諸僧歎重之」。[45]〈裴植傳〉載植母「植在瀛州也，其母年踰七十，以身爲婢，自施三寶，布衣麻菲，手執箕帚，於沙門寺灑掃。植弟瑜、粲、衍並亦奴僕之服，泣涕而從，有感道俗。諸子各以布帛數百贖免其母。於是出家爲比丘尼，入嵩高，積歲乃還家」。[46]至於植本人，「少而好學，覽綜經史，尤長釋典，善談理義」。「臨終，神志自若，遺令子弟命盡之後，翦落鬚髮，被以法服，以沙門禮葬于嵩高之陰」。[47]〈裴粲傳〉載其「性好釋學，親升講座，雖持義未精，而風韻可重」。[48]〈奚康生傳〉載「康生久爲將，及臨州尹，多所殺戮。而乃信向佛道，數捨其居宅以立寺塔。凡歷四州，皆有建置」。[49]〈楊椿傳〉載其「在州，因治黑山道餘功，伐木私造佛寺，役使兵力，爲御史所劾，除名爲庶人」。[50]〈趙柔傳〉載「隴西王源賀采佛經幽旨，作《祇洹精舍圖偈》六卷，柔爲之註解，咸得理衷，爲當時俊僧所欽味焉。又憑立銘贊，頗行於世」。[51]〈許彥傳〉載其「少孤貧，好讀書，後從沙門法叡受易」。[52]〈陸香綖傳〉載其任官，「吏民大斂布帛以遺之，一皆不受，民亦不取，於是以物造佛寺焉，名長廣公寺」。[53]〈源賀傳〉載「賀之臨州，鞫獄以情，徭役簡省。武邑郡奸人石華告沙門道可與賀謀反，有司有聞。高宗謂群臣曰：『賀誠心事國，朕爲卿等保之，無此明矣。』乃精加訊檢，華果引

---

[44] 《魏書》，卷 19 上，〈元遙傳〉，頁 445446。
[45] 《魏書》，卷 62，〈李彪傳〉，頁 1399。
[46] 《魏書》，卷 71，〈裴植傳〉，頁 1571。
[47] 《魏書》，卷 71，〈裴植傳〉，頁 1570-1571。
[48] 《魏書》，卷 71，〈裴粲傳〉，頁 1573。
[49] 《魏書》，卷 73，〈奚康生傳〉，頁 1633。
[50] 《魏書》，卷 58，〈楊椿傳〉，頁 1287。
[51] 《魏書》，卷 52，〈趙柔傳〉，頁 1162。
[52] 《魏書》，卷 46，〈許彥傳〉，頁 1036。
[53] 《魏書》，卷 40，〈陸香綖傳〉，頁 904。

誣」。[54]

列傳中之儒林類傳，如〈儒林傳・盧景裕〉載其「又好釋氏，通其大義」。「景裕之敗也，繫晉陽獄，至心誦經，枷鎖自脫。是時又有人負罪當死，夢沙門教講經，覺時如所夢，默誦千遍，臨刑刀折，主者以聞，赦之。此經遂行於世，號曰《高王觀世音》」。[55]〈儒林傳・劉獻之〉載「注《涅槃經》未就而卒」。[56]〈儒林傳・孫惠蔚〉載「正始中，侍講禁內，夜論佛經，有愜帝旨，詔使加「惠」，號惠蔚法師焉。神龜元年卒於官，時年六十七」。[57]

列傳中之逸士、節義類傳。如〈逸士傳・馮亮〉載「少博覽諸書，又篤好佛理」，「隱居崇高」。「世宗嘗召以爲羽林監，領中書舍人，將令侍講《十地》諸經，因辭不拜」。「世宗給其工力，令與沙門統僧暹、河南尹甄琛等，周視崇高形勝之處，遂造閒居佛寺」。「延昌二年冬，因遇篤疾，世宗敕以馬輿送令還山，居崇高道場寺。數日而卒」。[58]〈節義傳・王玄威〉載「顯祖崩，玄威立草廬於州城門外，衰裳蔬粥，哭踴無時。……及至百日，乃自竭家財，設四百人齋會。忌日，又設百僧供」。[59]

列傳中之藝術類傳。如〈藝術傳・李脩〉載「父亮，少學醫術，未能精究。世祖時，奔劉義隆於彭城，又就沙門僧坦研習衆方，略盡其術，針灸授藥，莫不有效」。[60]〈藝術傳・崔彧〉載「彧少嘗詣青州，逢隱逸沙門，教以素問九卷及甲乙，遂善醫術」。[61]〈藝術傳・殷紹〉載其上《四序堪輿》，表曰：「……時遇游遁大儒成公興，從求九章要術。……興時將臣南到陽翟九崖巖沙門釋曇影間，……求請九章。影復將臣向長廣東

---

[54] 《魏書》，卷 41，〈源賀傳〉，頁 921。
[55] 《魏書》，卷 84，〈儒林傳・盧景裕〉，頁 1860。
[56] 《魏書》，卷 84，〈儒林傳・劉獻之〉，頁 1850。
[57] 《魏書》，卷 84，〈儒林傳・孫惠蔚〉，頁 1854。
[58] 《魏書》，卷 90，〈逸士傳・馮亮〉，頁 1931-1932。
[59] 《魏書》，卷 87，〈節義傳・王玄威〉，頁 1891。
[60] 《魏書》，卷 91，〈藝術傳・李脩〉，頁 1966。
[61] 《魏書》，卷 91，〈藝術傳・崔彧〉，頁 1970。

山見道人法穆。法穆時共影爲臣開述九章數家雜要，披釋章次意況大旨」。[62]〈藝術傳‧王顯〉載「始顯布衣爲諸生，有沙門相顯後當富貴，誡其勿爲吏官，吏官必敗」。[63]

列傳中之恩倖類傳。如〈恩倖傳‧王亮〉載「告沙門法秀反，遷冠軍將軍，賜爵永寧侯，加給事中」。[64]〈恩倖傳‧王叡〉載「及沙門法秀謀逆，事發，多所牽引。叡曰：『與其殺不辜，寧赦有罪。宜梟斬首惡，餘從疑赦，不亦善乎？』高祖從之，得免者千餘人」。[65]〈恩倖傳‧徐紇〉載其「與沙門講論，或分宵達曙，而心力無怠，道俗歎服之」。[66]〈恩倖傳‧王仲興〉載其兄王可久「在徐州，恃仲興寵勢，輕侮司馬、梁郡太守李長壽，遂至忿諍。彭城諸沙門共相和解，未幾，復有所競。可久乃令僮僕邀毆長壽，遂折其脅」。[67]

列傳中之酷吏類傳。如〈酷吏傳‧谷楷〉載「沙門法慶反於冀州，雖大軍討破，而妖帥尚未梟除。詔楷詣冀州追捕，皆擒獲之」。[68]〈酷吏傳‧張赦提〉載「赦提克己厲約，遂有清稱。後頗縱妻段氏，多有受納，令僧尼因事通請，貪虐流聞」。[69]〈酷吏傳‧高遵〉載「遵性不廉清，……齊州人孟僧振至洛訟遵。詔廷尉少卿劉述窮鞫，皆如所訴。先是，沙門道登過遵，遵以道登荷寵於高祖，多奉以貨，深託仗之。道登屢因言次申啓救遵，帝不省納，遂詔述賜遵死。時遵子元榮詣洛訟冤，猶恃道登，不時還赴。道登知事決，方乃遣之。遵恨其妻，不與訣，別處沐浴，引椒而死」。[70]〈酷吏傳‧李洪之〉「少爲沙門，晚乃還俗」。[71]

[62] 《魏書》，卷91，〈藝術傳‧殷紹〉，頁1955-1956。
[63] 《魏書》，卷91，〈藝術傳‧王顯〉，頁1969-1970。
[64] 《魏書》，卷93，〈恩倖傳‧王亮〉，頁1995-1996。
[65] 《魏書》，卷93，〈恩倖傳‧王叡〉，頁1988。
[66] 《魏書》，卷93，〈恩倖傳‧徐紇〉，頁2008。
[67] 《魏書》，卷93，〈恩倖傳‧王仲興〉，頁1997。
[68] 《魏書》，卷89，〈酷吏傳‧谷楷〉，頁1926。
[69] 《魏書》，卷89，〈酷吏傳‧張赦提〉，頁1922。
[70] 《魏書》，卷89，〈酷吏傳‧高遵〉，頁1921。

列傳中之閹官類傳。如〈閹官傳・孟鸞〉載「文明太后時，王遇有寵，鸞以謹敏爲遇左右，往來方山，營諸寺舍（思遠寺）。由是漸見眷職」。[72]〈閹官傳・王遇〉載「廢后馮氏之爲尼也，公私罕相供恤。遇自以常更奉接，往來祗謁，不替舊敬，衣食雜物，每有薦奉」。「遇性巧，強於部分。北都方山靈泉道俗居宇及文明太后陵廟，……皆遇監作」。[73]〈閹官傳・劉騰〉載其於「洛北永橋，太上公、太上君及城東三寺，皆主修營」。[74]

關於志，除了〈釋老志〉外，餘如〈靈徵志〉、〈天象志〉亦載佛教之事（見第十七章第三節附表）。〈食貨志〉載「莊帝初，承喪亂之後，倉廩虛罄，遂班入粟之制。輸粟八千石，賞散侯；六千石，散伯；四千石，散子；三千石，散男。職人輸七百石，賞一大階，授以實官。白民輸五百石，聽依第出身，一千石，加一大階；無第者輸五百石，聽正九品出身，一千石，加一大階。諸沙門，有輸粟四千石入京倉者，授本州統，若無本州者，授大州都；若不入京倉，入外州郡倉者，三千石，畿郡都統，依州格；若輸五百石入京倉者，授本郡維那，其無本郡者，授以外郡；粟入外州郡倉七百石者，京倉三百石者，授縣維那」。[75]

第二節　佛教載入北齊國史紀、傳、志

北齊國史應確有載入佛教，可見於王劭所撰《齊書》，此書不同於《齊志》之編年體，而是紀傳體，故能仿〈釋老志〉所作〈述佛志〉遺文。

---

[71] 《魏書》，卷 89，〈酷吏傳・李洪之〉，頁 1918。
[72] 《魏書》，卷 94，〈閹官傳・孟鸞〉，頁 2032。
[73] 《魏書》，卷 94，〈閹官傳・王遇〉，頁 2024。
[74] 《魏書》，卷 94，〈閹官傳・劉騰〉，頁 2027。
[75] 《魏書》，卷 110，〈食貨志〉，頁 2861。

王劭亦有佛教背景，撰有《舍利感應記》三卷，[76]顯示他偏好佛教靈跡。如隋文帝仁壽（601-604）年間，文獻皇后崩，劭上奏說，「佛說人應生天上，及上品上生無量壽國之時，天佛放大光明，以香花妓樂來迎之。如來以明星出時入涅槃。伏惟大行皇后聖德仁慈，福善禎符，備諸祕記，皆云是妙善菩薩」。他試舉實例證明此事，諸如八月二十二日，仁壽宮內再雨金銀之花。二十三日，大寶殿後夜有神光。二十四日卯時，永安宮北有自然種種音樂，「震滿虛空」。至夜五更中，「奄然如寐，便即升遐，與經文所說，事皆符驗」。最後，「后升遐後二日，苑內夜有鍾聲三百餘處，此則生天之應顯然也」。以上之說，令「上覽而且悲且喜」。[77]

至於北齊佛教，王劭《齊書》載佛教之佚文，唐代道宣收錄於《廣弘明集》裡，題稱王劭《齊書》〈述佛志〉。此志之作，應是受到《魏書》〈釋老志〉之影響。王劭，字君懋，太原晉陽（今山西省太原市）人。少年沈默，好讀書。「弱冠，齊尚書僕射魏收辟參開府軍事」，累遷太子舍人，待詔文林館。「時祖孝徵、魏收、陽休之等嘗論古事，有所遺忘，討閱不能得，因呼劭問之」。劭「具論所出，取書驗之，一無舛誤。自是大為時人所許，稱其博物」。後遷中書舍人。「齊滅，入周」。隋文帝受禪後，授著作佐郎。「以母憂去職，在家著《齊書》。時制禁私撰史」，卻為內史侍郎李元操所奏聞。「上怒，遣使收其書，覽而悅之」。於是起為員外散騎侍郎，修起居注。善言圖讖。「初撰《齊誌》，為編年體，二十卷，復為《齊書》，紀傳，一百卷」。[78]王劭初任官於北齊，與修史諸官如魏收、陽休之等熟悉，遂使其《齊志》雖著成於隋代，所依史料卻是北齊「憑述起居注，廣以異聞」。[79]故從其書之表現，尚得窺見當年北

---

[76]《隋書》，卷33，〈經籍志二〉，頁981。

[77]《隋書》，卷69，〈王劭傳〉，頁1608-1609。

[78]《隋書》，〈王劭傳〉，頁1602-1611。

[79]《史通通釋》，卷12，〈古今正史〉，頁368。

齊國史修纂之痕跡。其內容略謂：

> 劭曰：釋氏非管窺所及，率爾妄言之。又引列《御寇書》，述商太宰問孔子聖人事；又黃帝夢遊華胥氏之國，華胥氏之國〔在弇州之西，台州之北〕，在佛神遊而已。此之所言彷彿於佛；石、符〔苻〕、姚世經譯遂廣，蓋欲柔伏人心，故多寓言以方便，不知是何神怪浩蕩之甚乎。[80]

這是出於《列子》的兩則傳說，前者來自〈仲尼〉篇所載孔子說「西方之人，有聖者焉」；[81]佛徒藉以證明「孔子深知佛爲大聖也」。[82]後者出自〈黃帝〉篇，[83]依據遺文，「華胥氏之國，劭云：即天竺也」；[84]佛徒亦藉以證明佛教「泊黃帝寢寤，怡然有得」。[85]王劭認爲，此等傳說，都屬於好像「彷彿於佛」而已，是石氏趙國、苻氏前秦、姚氏後秦之間，佛教興起，用來欣動人心信仰的「寓言」，是權宜的方法，根本無法證明是何等「神怪」有如此偉大。

另外，〈述佛志〉述及佛教基本教義及信仰之利弊，認爲佛教「其

80　王劭，《齊書》，〈述佛志〉，收入《廣弘明集》，卷2，〈歸正篇〉引，大正藏第五十二冊，頁106中-下。

81　晉・張湛注，《列子》（台北市：世界書局，1972年10月新一版，新編諸子集成本），卷4，〈仲尼〉「商太宰見孔子，……曰：『五帝，聖者歟？』孔子曰：『五帝善任仁義者。聖，則丘弗知』。曰：『三皇，聖者歟？』孔子曰：『三皇善任因時者。聖，則丘弗知。』商太宰大駭曰：『然則，孰者爲聖？』恐子動容有閒，曰：『西方之人，有聖者焉。不治而不亂，不言而自信，不化而自行，蕩蕩乎人無能名焉。丘疑其爲聖，弗知真爲聖歟？真不聖歟？』」（頁41-42）。

82　《廣弘明集》，卷1，〈歸正篇〉引，大正藏第五十二冊，頁98中；《破邪論》，卷上，大正藏第五十二冊，頁476下-477上；唐・玄嶷撰，《甄正論》，卷下，大正藏第五十二冊，頁569下-570上；唐・神清撰，《北山錄》，卷1，大正藏第五十二冊，頁578下；元・實錄撰，《辯偽錄》，卷2，大正藏第五十二冊，頁759下-760上。

83　《列子》，卷1，〈黃帝〉載黃帝「晝寢而夢，遊於華胥氏之國。華胥氏之國，在弇州之西，台州之北。不知斯齊國幾千萬里，蓋非舟車足力之所及，神遊而已。其國無帥長，自然而已。其民無嗜欲，自然而已。不知樂生，不知惡死，故無夭殤。……其心山谷不躓，其步，神行而已（頁13-14）。

84　佚名，〈子書中佛爲老師〉，收入《廣弘明集》，卷1，〈歸正篇〉引，大正藏第五十二冊，頁98中。

85　《北山錄》，卷1，大正藏第五十二冊，頁575上；《辯正論》，卷4，大正藏第五十二冊，頁520中。

說人身〔心〕善惡世事因緣，以慈悲、喜捨、常樂、我淨，書辯至精明如日月，非正覺孰能證之？凡在順〔黔〕首莫不歸命」。在此狀況下，若屬「達人，則慎其身口，修其慧定，平等解脫究竟菩提」。若屬「及僻者，為之不能通理，徒務費竭財力功利煩濁，猶六經皆有所失，未之深也已矣」。[86]

今本《北齊書》修於唐代李百藥之手，而脫離不了以齊國史之根柢，從其書之記載佛教來看，對當日齊國史之佛教記載實況，固無法完全復原，卻可略窺其一斑。

本紀方面，如〈神武帝紀〉：「七月，魏帝躬率大眾屯河橋。神武至河北十餘里，再遣口申誠欵，魏帝不報。神武乃引軍渡河。魏帝問計於羣臣，或云南依賀拔勝，或云西就關中，或云守洛口死戰。未決。而元斌之與斛斯椿爭權不睦，斌之棄椿逕還，紿帝云：「神武兵至。」即日，魏帝遂於長安。己酉，神武入洛陽，停於永寧_寺」。[87]〈文宣帝紀〉天保九年十二月，「是月，起大莊嚴寺」。天保十年正月「甲寅，帝如遼陽甘露寺」。「二月丙戌，帝於甘露寺禪居深觀，唯軍國大政奏聞」。[88]〈武成帝紀〉河清二年「五月壬午，詔以城南雙堂閏位之苑，廻造大總持寺」。[89]「秋八月辛丑，詔以三臺宮為大興聖寺」。[90]〈後主紀〉載天統二年，「三月乙巳，太上皇帝詔以三臺施興聖寺」。[91]五年「春正月辛亥，詔以金鳳等三臺未入寺者施大興聖寺」。[92]同年「夏四月甲子，詔以并州尚書省為大基聖寺，晉祠為大崇皇寺」。[93]武平七年正月「壬辰，詔去秋已來，

---

[86] 《齊書》，〈述佛志〉，收入《廣弘明集》，卷2，〈歸正篇〉引，大正藏第五十二冊，頁106下。

[87] 《北齊書》，卷2，〈神武帝紀〉，頁17。

[88] 《北齊書》，卷4，〈文宣帝紀〉，頁66。

[89] 《北齊書》，卷7，〈武成帝紀〉，頁91。

[90] 《北齊書》，卷7，〈武成帝紀〉，頁92。

[91] 《北齊書》，卷8，〈後主紀〉，頁98。

[92] 《北齊書》，卷8，〈後主紀〉，頁102。

[93] 《北齊書》，卷8，〈後主紀〉，頁102。

水潦人饑不自立者，所在付大寺及諸富戶濟其性命」。[94]〈幼主紀〉承光元年「鑿晉陽西山爲大佛像，一夜然油萬盆，光照宮內。又爲胡昭儀起大慈寺_，未成，改爲穆皇后大寶林_寺，窮極工巧，運石塡泉，勞費億計，人牛死者不可勝紀」。[95]

關於列傳方面，有皇后列傳，如〈文宣李后傳〉載孝昭帝即位後，「對后前築殺紹德。后大哭，帝愈怒，裸后亂撾撻之，號天不已。盛以絹囊，流血淋漉，投諸渠水，良久乃蘇，犢車載送妙勝尼寺。后性愛佛法，因此爲尼。齊亡入關。隋時得還趙郡」。[96]〈武成胡后傳〉載「武成寵幸和士開，每與后握槊，因此與后姦通。自武成崩後，數出詣佛寺，又與沙門曇獻通。布金錢於獻席下，又挂寶裝胡牀於獻屋壁，武成平生之所御也。乃置百僧於內殿，託以聽講，日夜與曇獻寢處。以獻爲昭玄統。僧徒遙指太后以弄曇獻，乃至謂之爲太上者。帝聞太后不謹而未之信，後朝太后，見二少尼，悅而召之，乃男子也。於是曇獻事亦發，皆伏法，並殺元、山、王三郡君，皆太后之所昵也」。[97]

列傳方面，有諸王列傳，如〈安德王延宗傳〉載「平陽之役，後主自犇之，命延宗率右軍先戰，城下擒周開府宗挺。及大戰，延宗以麾下再入周軍，莫不披靡」。「阿于子、段暢以千騎投周。周軍攻東門，際昏，遂入。進兵焚佛寺門屋，飛燄照天地。延宗與敬顯自門入，夾擊之，周軍大亂，爭門相塡壓，齊人從後斫刺，死者二千餘人」。[98]〈河間王孝琬傳〉載「時孝琬得佛_牙，置於第內，夜有神光。昭玄都法順請以奏聞，不從」。[99]〈南陽王綽傳〉載「（韓）長鸞令綽親信誣告其反，奏云：「此犯國法，不可赦。」後主不忍顯戮，使寵胡何猥薩後園與綽相撲，搤殺

[94]《北齊書》，卷8，〈後主紀〉，頁109。

[95]《北齊書》，卷8，〈幼主紀〉，頁113。

[96]《北齊書》，卷9，〈文宣李后傳〉，頁125-126。

[97]《北齊書》，卷9，〈武成胡后傳〉，頁126。

[98]《北齊書》，卷11，〈安德王延宗傳〉，頁149-150。

[99]《北齊書》，卷11，〈河間王孝琬傳〉，頁146。

之。瘞於興聖佛寺。經四百餘日乃大斂，顏色毛髮皆如生，俗云五月五日生者腦不壞」。[100]〈瑯琊王儼傳〉載「鄴北城有白馬佛塔，是石季龍為澄公所作，儼將修之。巫曰：『若動此浮圖，北城失主。』不從，破至第二級，得白蛇長數丈，回旋失之，數旬而敗」。[101]〈趙郡王叡傳〉載其「居喪盡禮，持佛像長齋，至于骨立，杖而後起」。後因政治紛爭，「出至永巷，遇兵被執，送華林園，於雀離佛院令劉桃枝拉而殺之，時年三十六」。[102]〈上洛王思宗傳〉載「童謠云：『中興寺內白鳧翁，四方側聽聲雍雍，道人聞之夜打鐘。』時丞相府在北城中，即舊中興寺也。鳧翁，謂雄雞，蓋指武成小字步落稽也。道人，濟南王小名。打鐘，言將被擊也」。[103]

關於一般個人列傳，如〈段孝言傳〉載文宣帝「時苑內須果木，科民間及僧寺備輸，悉分向其私宅種植。又殿內及園須石，差車牛從漳河運載，復分車迴取」。[104]〈高隆之傳〉載「及大司馬、清河王亶承制，拜隆之侍中、尚書右僕射，領御史中尉。廣費人工，大營寺塔，為高祖所責」。[105]〈韓賢傳〉載「昔漢明帝時，西域以白馬負佛經送洛，因立白馬寺，其經函傳在此寺，形制淳朴，世以為古物，歷代藏寶。賢無故斫破之，未幾而死，論者或謂賢因此致禍」。[106]〈魏蘭根傳〉載「高乾之死，蘭根懼，去宅，避於寺。武帝大加譴責，蘭根憂怖，乃移病解僕射」。[107]〈陸法和傳〉載「法和始於百里洲造壽王寺，既架佛殿，更截梁柱，曰：「後四十許年佛法當遭雷電，此寺幽僻，可以免難。」及魏平荊州，宮室焚爐，總管欲發取壽王佛殿，嫌其材短，乃停。後周氏

---

[100] 《北齊書》，卷12，〈南陽王綽傳〉，頁160。
[101] 《北齊書》，卷12，〈瑯琊王儼傳〉，頁163。
[102] 《北齊書》，卷13，〈瑯琊王儼傳〉，頁170，173。
[103] 《北齊書》，卷14，〈上洛王思宗傳〉，頁183。
[104] 《北齊書》，卷16，〈段孝言傳〉，頁215。
[105] 《北齊書》，卷18，〈高隆之傳〉，頁236。
[106] 《北齊書》，卷19，〈韓賢傳〉，頁248。
[107] 《北齊書》，卷23，〈魏蘭根傳〉，頁331。

滅佛法，此_寺_隔在陳境，故不及難」。「以官所賜宅營佛_寺，自居一房，
與凡人無異。三年間再爲太尉，世猶謂之居士。無疾而告弟子死期，至
時，燒香禮佛，坐繩牀而終。浴訖將斂，屍小，縮止三尺許。文宣令開
棺視之，空棺而已」。「法和書其所居壁而塗之，及剝落，有文曰：『十
年天子爲尙可，百日天子急如火，周年天子遞代坐。』又曰：『一母生
三天，兩天共五年。』說者以爲婁太后生三天子，自孝昭即位，至武成
傳位後主，共五年焉」。「法和在荊郢，有少姬，年可二十餘，自稱越姥，
身披法服，不嫁，恒隨法和東西。或與其私通十有餘年。今者賜棄，別
更他淫。有司考驗並實。越姥因爾改適，生子數人」。[108]〈祖珽傳〉載
「會并州定國_寺_新成，神武謂陳元康、溫子昇曰：『昔作芒山_寺_碑文，
時稱妙絕，今定國_寺碑當使誰作詞也？』元康因薦珽才學，并解鮮卑
語。乃給筆札就禁所具草。二日內成，其文甚麗。神武以其工而且速，
特恕不問，然猶免官散參相府」。[109]〈杜弼傳〉載初「詣闕，魏帝見之
於九龍殿，曰：『朕始讀莊子，便值秦名，定是體道得真，玄同齊物。
聞卿精學，聊有所問。經中佛_性、法性爲一爲異？』弼對曰：『佛_性、
法性，止是一理。』詔又問曰：『_佛_性既非法性，何得爲一？』對曰：
『性無不在，故不說二。』詔又問曰：『說者皆言法性寬，_佛_性狹，寬
狹既別，非二如何？』弼又對曰：『在寬成寬，在狹成狹，若論性體，
非寬非狹。』詔問曰：『既言成寬成狹，何得非寬非狹？若定是狹，亦
不能成寬。』對曰：『以非寬狹，故能成寬狹，寬狹所成雖異，能成恒
一。』上悅稱善。乃引入經書庫，賜地持經一部，帛一百疋。平陽公淹
爲并州刺史，高祖又命弼帶并州驃騎府長史」。[110]又載武定「六年四月
八日，魏帝集名僧於顯陽殿講說佛理，弼與吏部尙書楊愔、中書令邢卲，
祕書監魏收等並侍法筵。勑弼昇師子座，當眾敷演。昭玄都僧達及僧道

---

[108] 《北齊書》，卷32，〈陸法和傳〉，頁430，431。
[109] 《北齊書》，卷39，〈祖珽傳〉，頁515。
[110] 《北齊書》，卷24，〈杜弼傳〉，頁348。

順並緇林之英，問難鋒至，往復數十番，莫有能屈。帝曰：『此賢若生孔門，則何如也？』」。[111]〈崔暹傳〉載「魏、梁通和，要貴皆遣人隨聘使交易，暹惟寄求佛經。梁武帝聞之，爲繕寫，以幡花贊唄送至館焉。然而好大言，調戲無節。密令沙門明藏著佛性論而署己名，傳諸江表」。[112]〈蕭明傳〉載「世宗禮明甚重，謂之曰：『先王與梁主和好十有餘年，聞彼禮佛文，常云奉爲魏主，並及先王，此甚是梁主厚意。不謂一朝失信，致此紛擾。……』」。[113]〈唐邕傳〉載「顯祖嘗登童子佛寺，望并州城曰：「此是何等城？」或曰：「此是金城湯池，天府之國。」帝云：「我謂唐邕是金城，此非金城也。」其見重如此」。[114]〈皮景和傳〉載「有陽平人鄭子饒，詐依佛道，設齋會，用米麵不多，供贍甚廣，密從地藏漸出餅飯，愚人以爲神力，見信於魏、衛之間。將爲逆亂，謀泄，掩討漏逸。乃潛渡河，聚眾數千，自號長樂王，已破乘氏縣，又欲襲西兗州城。景和自南兗州遣騎數百擊破之，斬首二千餘級，生擒子饒，送京師烹之」。[115]〈盧潛傳〉載「武平中符璽郎，待詔文林館。與博陵崔君洽、隴西李師上同志友善，從駕晉陽，寓居僧寺，朝士謂『康寺三少』，爲物論推許」。[116]〈羊烈傳〉載「烈家傳素業，閨門修飾，爲世所稱，一門女不再醮。魏太和中，於兗州造一尼寺，女寡居無子者並出家爲尼，咸存戒行」。[117]

最後，〈文苑傳·潘遜〉載其舉秀才制詔「又問釋道兩教，遜對曰：臣聞天道性命，聖人所不言，蓋以理絕涉求，難爲稱謂。伯陽道德之論，莊周逍遙之旨，遺言取意，猶有可尋。至若玉簡金書，神經祕錄，三尺

[111] 《北齊書》，卷24，〈杜弼傳〉，頁350。
[112] 《北齊書》，卷30，〈崔暹傳〉，頁405。
[113] 《北齊書》，卷33，〈崔暹傳〉，頁441。
[114] 《北齊書》，卷42，〈唐邕傳〉，頁531。
[115] 《北齊書》，卷41，〈皮景和傳〉，頁538。
[116] 《北齊書》，卷42，〈盧潛傳〉，頁557。
[117] 《北齊書》，卷43，〈羊烈傳〉，頁576。

九轉之奇，絳雪玄霜之異，淮南成道，犬吠雲中，子喬得仙，劍飛天上，皆是憑虛之說，海棗之談，求之如係風，學之如捕影。而燕君、齊后、秦皇、漢帝，信彼方士，冀遇其真，徐福去而不歸，欒大往而無獲。猶謂升遐倒影，抵掌可期；祭鬼求神，庶或不死。江璧既返，還入驪山之墓；龍媒已至，終下茂陵之墳。方知劉向之信洪寶，沒有餘責；王充之非黃帝，比爲不相。又末葉已來，大存佛教，寫經西土，畫像南宮。昆池地黑，以爲劫燒之灰；春秋夜明，謂是降神之日。法王自在，變化無窮，置世界於微塵，納須彌於黍米。蓋理本虛無，示諸方便。而妖妄之輩，苟求出家，藥王燔軀，波論灑血，假未能然，猶當克命。寧有改形易貌，有異生人，恣意放情，還同俗物。龍宮餘論，鹿野前言，此而得容，道風前墜。伏惟陛下受天明命，屈己濟民，山鬼効靈，海神率職。湘中石燕，沐時雨而羣飛；臺上銅烏，愍和風而杓轉。以周都洛邑，治在鎬京，漢宅咸陽，魂歸豐、沛，汾、晉之地，王迹維始，眷言巡幸，且勞經略。猶復降情文苑，斟酌百家，想執玉於瑤池，念求珠於赤水。竊以王母獻環，由感周德；上天錫珮，實報禹功。二班勒史，兩馬製書，未見三世之辭，無聞一乘之旨。帝樂王禮，尚有時而沿革；左道怪民，亦何疑於沙汰」。[118]

---

[118]《北齊書》，卷43，〈文苑傳・藩遜〉，頁611-612。

第十六章 修史詔之實踐（三）：〈釋老志〉釋部以受命之元「嗣」魏正統

關於〈修史詔〉所規定魏、齊佛教載入魏、齊史的實踐。第十五章已先說明了魏、齊佛教的編載狀況。接著，本章要說明實現修史宗旨的情形。

由於北齊國史因已蕩然無存，有關其所載之佛教史的實現修史宗旨，唯於今本《北齊書》，得窺痕跡。其於〈神武帝紀下〉天平元年條載云：「二月，永寧寺九層浮圖災。既而人有從東萊至，云及海上人咸見之於海中，俄而霧起乃滅。說者以為天意若曰：『永寧見災，魏不寧矣，飛入東海，渤海應矣。』」[1]顯然是運用高氏佛教天命，以實現修史宗旨之「弘」魏天命正統；而且該書〈神武帝紀〉，正是「受命之元」書法所立，可見北齊國史很可能聯結佛教天命與受命之元，於佛教史上實現修史宗旨之「弘」魏天命正統。

關於《魏書》之編載魏佛教史事，就明顯的結合了佛教天命與受命之元，使齊「嗣」魏天命正統，而充分的以〈釋老志〉釋部為中心來表露，尤其是佛教史之受命之元，是全繫於〈釋老志〉。因考慮篇幅負擔之緣故，本章先敘魏佛教史的受命之元：

其方法是仿照魏史的受命之元，在〈釋老志〉內容上，強調都城佛教為魏佛教史之核心，將北魏平城期（398-494）佛教、洛陽期（494-534）佛教，當成「受命」基礎（第一、二節）；東魏鄴都期（534-550）佛教，則為「受命之元」，使北齊佛教從鄴都佛「嗣」魏天命正統（第三節）。

第一節 受命基礎：平城之漢魏晉正統王朝佛教源流

本節所要說明的是「受命」基礎，其方法使用兩個王朝「正統」觀

---

[1]《北齊書》，卷2，〈神武帝紀下〉，頁13。

念，來架構魏佛教的正統王朝佛教之地位：一依照魏王朝天命正統脈
絡：周→兩漢→曹魏→西晉→魏；照此天命正統脈絡，佛教由西漢武帝
時傳入爲起點，正統王朝佛教有西漢之長安佛教，東漢、曹魏、西晉之
絡陽佛教。二是魏王朝以「中原」地緣爲正統之要素的觀念，而有中原
地區之正統佛教。北魏平城期佛教，已完全吸收了上述佛教，然後又延
續到洛陽期佛教，由此，使北齊佛教的受命基礎，具有正統王朝之佛教
的地位。

　　依據《魏書》〈釋老志〉的看法，魏平城期（398-494）佛教的第一
個源流，是完全相同於魏天命正統脈絡中的「漢之東漢→曹魏→西晉」
之洛陽佛教。

　　《魏書》〈釋老志〉云：

> 魏先建國於玄朔，風俗淳一，無爲以自守，與西域殊絕，莫
> 能往來。故浮圖之教，未之得聞，或聞而未信也。及神元與魏、
> 晉通聘，文帝久在洛陽，昭成又至襄國，乃備究南夏佛法之事。
> [2]

上文說明，從拓跋氏「魏先」，即〈序紀〉所說黃帝少子昌意「受封北
土」，[3]開始建國於玄朔（北方）以來，至神元帝拓跋力微年以前，一因
文化淳樸，不對外競爭發展，自守一方；二因與西域相距遙遠，未能往
來：遂未獲知西域佛教，或有間聞亦未加以崇信。這個階段，拓跋氏無
佛教信仰的。用意在指出，拓跋氏之佛教，並非源自西域佛教，而是來
自東漢、西晉、曹魏之洛陽佛教：曹魏元帝景元二年（261）力微派遣
文帝拓跋沙漠汗，「以國太子留洛陽，爲魏賓之冠」，至「魏晉禪代，和
好仍密」，中間頗往還盛樂與洛陽，晉武帝咸寧三年（277）復歸國，爲
晉征北將軍衛瓘買通「國之執事及外部大人」，殺害於中途，理由是：「太
子風彩被服，同於南夏，兼奇術絕世，若繼國統，變易舊俗，吾等必不

---

[2]《魏書》，卷114，〈釋老志〉，頁3030。
[3]《魏書》，卷1，〈序紀〉，頁1。

得志，不若在國諸子，習本淳樸」。[4]而沙漠汗在洛陽「備究南夏佛法之事」，內容史未記載，無可考察。至於其意義，是指他從洛陽吸收了兩漢、曹魏、西晉的都城之佛法。

〈釋老志〉認爲，中國佛教的起源，是西漢武帝元狩二年（前121），使驃騎將軍霍去病率萬騎出隴西，進擊河西走廊的匈奴，大獲勝利，「得休屠王祭天金人」。[5]漢武帝「以爲大神，列於甘泉宮。金人率長丈餘，不祭祀，但燒香禮拜而已。此則佛道流通之漸也」。[6]關於此說，學界的看法不一，有贊成此說爲正確者，[7]有認爲此說出於附會者。[8]無論如何，〈釋老志〉以此爲起點，接著說，西漢武帝遣張騫使大夏還，「傳其旁有身毒國，一名天竺，始聞有浮屠之教」。[9]往後，西漢哀帝元壽元年，「博士弟子秦景憲，受大月氏王使伊存口授浮屠經。中土聞之，未之信了也」。[10]

西漢佛教初傳後，延續爲東漢洛陽都城佛教。〈釋老志〉說是起於「孝明帝夜夢金人」，乃遣郎中蔡愔、博士弟子秦景等出使於天竺，「寫浮屠遺範」。愔遂與沙門攝摩騰、竺法蘭返回洛陽。愔又落獲得《佛經四十二章》及釋迦立像。明帝「令畫工圖佛像，置清涼臺及顯節陵上，

---

[4] 《魏書》，卷1，〈序紀〉，頁4。
[5] 《史記》，卷110，〈匈奴列傳〉，頁2908。
[6] 《魏書》，卷114，〈釋老志〉，頁3025。
[7] 林屋友次郎，〈佛教の中國東漸年代の研究〉，收入氏著，《佛教及佛教史の研究》，頁93-189；丁萬錄，〈匈奴休屠王祭天金人研究管窺〉，《西北第二民族學院學報（哲學社會科學版）》，2005年第4期，頁70-74。
[8] 白鳥庫吉，〈匈奴の休屠王の領域と其の祭天の金人とに就いて〉，收入氏著，《白鳥庫吉全集（五）：塞外民族史研究下》，頁326，307-308；其否定休屠祭天金人的論點見：白鳥庫吉，〈佛教東漸史上の難問題に就いて〉，收入氏著，《白鳥庫吉全集（六）：西域史研究上》，東京市：岩波書店，1970年9月，頁504-507；白鳥庫吉，〈佛教東漸の傳說〉，收入氏著，《同前書》，頁489-503；鎌田茂雄著，關世謙譯，《中國佛教通史》，第一卷（高雄市：佛光出版社，1985年9月初版），頁95-99；任繼愈主編，《中國佛教史》，第一卷（台北縣：谷風出版社，1987年4月），頁56-59。
[9] 《魏書》，卷114，〈釋老志〉，頁3025。
[10] 《魏書》，卷114，〈釋老志〉，頁3025。

經緘於蘭臺石室」。由於憶之返國，是以白馬負經，「因立白馬寺於洛城雍門西。摩騰、法蘭咸卒於此寺」。[11]這個東漢明帝感夢求法說，學界看法不一致，首先，是以爲東漢明帝求法，「毋寧謂語多增飾，不可即斷其全屬子虛烏有也」，「吾人現雖不能明當時事實真相，但其傳說，應有相當根據，非向壁虛造」；惟須注意，佛教傳華之始，「自不始於東漢初葉」。[12]此外，學者亦多有認爲非史實，馬伯樂（Henri Maspero,1883-1945）據記載此書之史料比勘、考證，判其說係出於編造。[13]塚本善隆先生認爲，此說之緣起，先於東漢末年至三國之間，成立了《佛經四十二章》、牟子《理惑論》，然後在三國時代期間，次第整理發展出民間傳說的東漢明帝夢感求法，在兩晉期，開始於佛教知識界流布，把它視爲歷史事實。最初載入史籍者，是東晉時袁宏（328-379）所撰《晉紀》，訂求法之時間爲永平十三年（70）。接著，劉宋范曄所撰《後漢書》，續採納此說；蕭梁慧皎撰《高僧傳》，又爲迦葉摩騰、竺法蘭立傳，諸多經錄同樣肯定此事；至是，在佛教界及知識界，此說乃公認爲佛教初傳的權威歷史，往後便於後世一直綿延傳遞。[14]楊鴻飛先生指出，記載永平求法之資料矛盾實在過多，取與《高僧傳》〈朱士行傳〉對勘，兩者互相對應的疑惑，呈現十二個疑點：1 求法者，2 求法所遇二人，3 所求得之經典，4 譯經所在，5 譯經者，6 漢地最初沙門，7 遇礙而居留，8 燒經求證，9 卒於異鄉，10 造塔寺圖像，11 朱士行漢錄，12 十四石函及十四石室等十四，正好說明它出於僞托。[15]吳焯先生認爲，永平求法說，

---

[11]《魏書》，卷 114，〈世祖紀〉，頁 3025-3026。

[12] 湯用彤，《兩漢魏晉南北朝佛教史》，頁 16-30。

[13] 馬伯樂（Henri Maspero）著，馮承鈞譯，〈漢明帝感夢求經事的考證〉，收入馮承鈞譯，《西域南海史地考證譯叢》（北京市：商務印書館，1995 年 5 月影印第二刷），頁 19-51。

[14] 塚本善隆，《中國佛教通史》，第一卷（東京市：鈴木學術財團，1968 年 3 月初版），頁 45-53。

[15] 楊鴻飛，〈漢明求法說と朱士行傳の一考察〉，《印度學佛教學》，第 11 卷第 1 號（1963 年 1 月），頁 146-147。

所指明帝時佛教已傳入，是歷史事實，而「感夢求法說是虛構的」。[16]還有其他學者，亦持相同意見。[17]至今，永平求法說，無法由白馬寺實物遺址所證實。學者依據文獻與漢魏洛陽城考古遺址指出，東漢洛陽都城之雍門，在城遺址之南邊，現今洛陽白馬寺的位置，恰在雍門遺址缺口西出的鄭洛公路北側，距雍門約一公里，可證古代白馬寺位址，應在現今白馬寺址一帶。「清涼臺」，在現今白馬寺院內後方，夯土基址，東西長約 77 公尺，南北寬約 55 公尺，面積約 4234 平方公尺；上面是一座磚砌高臺，高 6 公尺，東西長 42.8 公尺，南北寬 32.4 公尺；臺上建築，是以重檐歇山毗盧閣為中心，四周環繞廊廡，配殿及僧舍等；而現今清涼臺是否為古代所遺留下來的，是很成問題的；或說東漢清涼臺是在南宮，不在白馬寺內。[18]

　　〈釋老志〉繼續說到東漢章帝時，楚王英「喜為浮屠齋戒」，派遣郎中令奉黃縑白紈三十匹，「詣國相以贖愆」。帝詔曰：「楚王尙浮屠之仁祠，潔齋三月，與神為誓，何嫌何疑，當有悔吝。其還贖，以助伊蒲塞、桑門之盛饌」。[19]足見當時洛陽有佛教之居士、沙門，得以將楚王英贖罪物品，拿來布施給他們。到了桓帝時，因佛陀與老子同祠，有「襄楷言佛陀、黃老道以諫，欲令好生惡殺，少嗜慾，去奢泰，尙無為」。[20]

　　東漢之後，〈釋老志〉說曹魏、西晉洛陽都城佛教，曹魏明帝「曾欲壞宮西佛圖」。有外國沙門用金盤盛水，置放於殿前，以佛舍利投之於水，乃有五色光起，於是明帝贊歎靈跡後，就不破壞浮圖，把它「徙於道東，為作周閣百間。佛圖故處，鑿為濛氾池，種芙蓉於中」。其後，

[16] 吳焯，〈漢明帝與佛教初傳：對於中國佛教史一段歷史公案的剖析〉，收入中國社會科學院歷史研究所編，《古史文存：秦漢魏晉南北朝卷》，頁 357-373。

[17] 鎌田茂雄著，關世謙譯，《中國佛教通史》，第一卷，頁 101-114。

[18] 徐金星，〈關於洛陽白馬寺的幾個問題〉，《中原文物》，1996 年第 4 期，頁 89-92。

[19] 《魏書》，卷 114，〈釋老志〉，頁 3028。

[20] 《魏書》，卷 114，〈釋老志〉，頁 3028-3029。

有天竺沙門曇柯迦羅入洛，翻譯誡律，「中國誡律之始也」。[21]西晉洛陽都城佛教，元康年間，有胡沙門支恭明譯佛經維摩、法華、三本起等。微言隱義，未之能究。後有沙門常山衛道安性聰敏，日誦經萬餘言，研求幽旨。慨無師匠，獨坐靜室十二年，覃思構精，神悟妙賾，以前所出經，多有舛駮，乃正其乖謬。[22]

洛陽系佛教之受平城佛教影響，《魏書》〈釋老志〉云：

> 自洛中構白馬寺，盛飾佛圖，畫跡甚妙，為四方式。凡宮塔制度，猶依天竺舊狀而重構之，從一級至三、五、七、九。世人相承，謂之浮圖，或云佛圖。晉世，洛中佛圖有四十二所矣。[23]

上面是說，洛陽佛教自建白馬寺以來，寺塔之建築型式，「依天竺舊狀而重構之」，型制是：「四方式」與「一級至三、五、七、九」。這個型制，明顯出現於平城佛教寺塔之建築。

依〈釋老志〉記載，上述寺塔之型制，多見於平城佛寺之建築。其云：

> 天興元年，下詔曰：「夫佛法之興，其來遠矣。濟益之功，冥及存沒，神蹤遺軌，信可依憑。其敕有司，於京城建飾容範，修整宮舍。令信向之徒，有所居止。」是歲，始作五級佛圖、耆闍崛山及須彌山殿，加以繢飾。別構講堂、禪堂及沙門座，莫不嚴具焉。[24]

這是魏王朝正式下詔興佛之始，在寺塔建築方面，道武帝「是歲，始作五級佛圖」；他另又有「造十五〔五？〕級塔，又云開泰、定國二寺」。[25]〈釋老志〉又說到獻文帝之造寺塔，天安元年（466），建造「永寧寺，

---

[21]《魏書》，卷114，〈釋老志〉，頁3029。
[22]《魏書》，卷114，〈釋老志〉，頁3029。
[23]《魏書》，卷114，〈釋老志〉，頁3029。
[24]《魏書》，卷114，〈世祖紀〉，頁3030。
[25]《釋迦方志》，卷下，大正第五十一冊，頁974中。

構七級佛圖，高三百餘尺，基架博敞，爲天下第一」，[26]可謂「其制甚妙，工在寡雙」。[27]獻文帝皇興年間（467-469）所造的「三級石佛圖」，「欂棟楣楹，上下重結，大小皆石，高十丈，鎮固巧密，爲京華壯觀」，[28]即「有三層浮圖，真容鷟架，悉結石也。裝制麗質，亦盡美善也」。[29]

上述寺塔之型制，亦多見於〈釋老志〉所提到的雲岡石窟。[30]其云：

> 和平初，師賢卒。曇曜代之，更名沙門統。……帝後奉以師禮。曇曜白帝，於京城西武州塞，鑿山石壁，開窟五所，鐫建佛像各一。高者七十尺，次六十尺，彫飾奇偉，冠於一世。[31]

雲岡石窟，魏時名「武周塞」，當時還稱武州山石窟寺、武州山石窟佛寺、靈岩寺、靈岩寺寺石窟，往後名稱多變，直到 1908 年，日人塚本靖始稱「雲岡石窟寺」，至於何時定名「雲岡石窟」，尚有待考察。[32]石窟開鑿工程分爲三期，曇曜所鑿爲第一期，包含第 16-20 窟之曇曜五窟，年代是在文成帝和平年間，從元年至六年（460-465）；第二期是第 4-15 窟，年代是自獻文帝皇興四年至孝文帝太和年至十八年遷洛（470-494）；第三期是第 20 窟以西之北魏各窟，年代是太和十九年（495）以後。雲岡第一期曇曜五窟的平面布局，呈橢圓形、穹隆頂，是仿照印度草廬形式的風格。進入第二期，平面部局，演變爲以南北縱軸線爲準據，呈方形（四方式）或近似方形，左右均齊對稱。這種平面布局，見於平城的永寧寺、建明寺、方山文明太后的思遠佛寺。[33]在建築形體方面，雲岡第 1、2、6、11 等石窟，有繼承印度以塔爲中心的寺院形式，

---

[26] 《魏書》，卷 114，〈釋老志〉，頁 3037。
[27] 《水經注疏》，卷 13，〈漯水〉條，頁 1145。
[28] 《魏書》，卷 114，〈釋老志〉，頁 3038。
[29] 《水經注疏》，卷 13，〈漯水〉條，頁 1149。。
[30] 王恒，〈魏書釋老志與雲岡石窟〉，《敦煌研究》，2001 年第 3 期，頁 54-65。
[31] 《魏書》，卷 114，〈釋老志〉，頁 3037。
[32] 馬志強、李海，〈雲岡石窟歷代名稱考〉，《雁北師範學院學報》，1999 年第 6 期，頁 5-6。
[33] 張華，〈淺議雲岡石窟中期洞窟形制反映的北魏佛寺〉，《文物世界》，2000 年第 6 期，頁 13。

即平面呈方形（四方式），於洞窟中央雕鑿方形塔柱，塔柱爲重層仿木構形式，四面開龕造像，信徒禮佛，即可環塔柱周匝禮拜。[34]或從第1、2、21、51窟考察，不僅有精美的中心塔體，還有各式各樣的佛塔浮雕，以高度層數而言，有三級、四級、五級、七級、九級不等，這反映在平城佛寺建築，便是稱爲「〇級寺」、「〇級塔」，[35]級是指佛塔的層數，以佛塔層數爲寺名，正是因佛寺建築群結構，以佛塔爲中心，例如，前述天興元年道武帝於平城「始造五級佛圖」。

第二節 受命基礎：平城之正統中原佛教源流

照〈釋老志〉的看法，魏平城期佛教的第二個源流，是佛圖澄、道安、鳩摩羅什所建立的「中原」佛教。正符合魏天命正統之地緣要素：疆域據有中原。[36]關於中原佛教，〈釋老志〉云：

> 石勒時，有天竺沙門浮圖澄，少於烏萇國就羅漢入道，劉曜時到襄國。後爲石勒所宗信，號爲大和尚，軍國規謨頗訪之，所言多驗。
>
> 道安曾至鄴候澄，澄見而異之。澄卒後，中國紛亂，道安乃率門徒，南遊新野。欲令玄宗在所流布，分遣弟子，各趣諸方。法汰詣揚州，法和入蜀，道安與慧遠之襄陽。道安後入符堅，堅素欽德問，既見，宗以師禮。
>
> 時西域有胡沙門鳩摩羅什，思通法門，道安思與講釋，每勸堅致羅什。什亦承安令問，謂之東方聖人，或時遙拜致敬。道安

---

[34] 張華，〈淺議雲岡石窟中期洞窟形制反映的北魏佛寺〉，《文物世界》，2000年第6期，頁14；張華，〈雲岡石窟洞窟形制的特徵與布局〉，收入雲岡石窟文物研究所編，《雲岡百年論文選集》（北京市：文物出版社，2005年7月初版一刷），第二冊，頁211-212。

[35] 殷憲，〈雲岡石窟所反映的一些北魏政治社會狀況〉，收入殷憲主編，《北朝史研究》（北京市：商務印書館，2005年9月初版2刷），頁486-487。

[36] 這在孝文帝太和十四至十六年間，討論魏正統問題中，一致的共識。高閭說：「居尊據極，允應明命者，莫不以中原爲正統，神州爲帝宅。苟位當名全，化跡流洽，則不專以世數爲與奪，善惡爲是非」；這是只顧中原之地緣，可以不顧道德。侍中、司空、長樂王穆亮，侍中、尚書左僕射、平原王陸叡等「以地據中夏，以爲得統之徵」；「趙、秦、二燕雖地據中華，德祚微淺，並獲推敍，於理未愜」；這是中原與倒德須兼顧（《魏書》，卷108-1，〈禮志〉，頁2744-2747）。

> 卒後二十餘載而羅什至長安，恨不及安，以為深慨。道安所正經
> 義，與羅什譯出，符會如一，初無乖舛。於是法旨大著中原。[37]

照上文所說，「中原」佛教之「法旨大著」，係佛圖澄、道安、鳩摩羅什
三人，前後累積出來的：

佛圖澄（232-348），本龜茲（今新疆庫車地區）人，西晉懷帝永嘉
四年（310）至洛陽，後受後趙石勒、石虎所尊敬及信任。他的主要貢
獻，不在著書立說，而是在三大層面：一是以神通舒解石勒、石虎的殘
虐性格，降低其殺戮程度，並從而協助穩定政治社會秩序。[38]二是實際
推廣佛教信仰，他廣興佛寺，「所歷州郡，興立佛寺八百九十三所」。[39]再
加前述的神通濟世，「百姓因（佛圖）澄故，多奉佛，皆營造寺廟，相
競出家」，[40]使佛教信仰興盛起來。三是廣傳弟子，他雖無著作，且史書
都未載其佛教義學內容，而實際上確擅長講解義理，遂能善於引導教授
弟，[41]史稱他「風姿詳雅，妙解深經，傍通世論。講說之日，止標宗致，
使始末文言，昭然可了」。佛調須菩提等數十名僧人，皆住在天竺、康
居，「不遠數萬之路足涉流沙，詣澄受訓。釋道安、竺法雅等人，「並跨
越關河，聽澄講說，皆妙達精理，研測幽微」。「受業追遊常有數百，前
後門徒幾且一萬」。[42]

道安（312-385），常山扶柳（今河北省冀縣境）人，十二歲出家，
受具戒後恣其遊學，「至鄴入中寺遇佛圖澄，澄見而嗟歎，與語終日」，

---

[37] 《魏書》，卷114，〈釋老志〉，頁3029-3030。

[38] 《高僧傳》，卷9，〈佛圖澄傳〉，大正藏第五十冊，頁383中-387上；塚本善隆，《中
國佛教通史》，第一卷，頁248-283；鎌田茂雄著，關世謙譯，《中國佛教通史》，第
一卷，頁308-315；王仲堯，〈論佛圖澄及其社會政治實踐：兼及佛教在中國的政治
適應性問題〉，《法音》，1994年第4期，頁22-29。

[39] 《高僧傳》，卷9，〈佛圖澄傳〉，大正藏第五十冊，頁387上。

[40] 《晉書》，卷95，〈藝術・佛圖澄傳〉，頁2487。慧皎，《高僧傳》，卷9，〈竺佛圖澄
傳〉云「澄道化既行，民多奉佛，皆營造寺廟，相競出家」（大正藏第五十冊，頁
389中）。

[41] 鎌田茂雄著，關世謙譯，《中國佛教通史》，第一卷，頁314-329。

[42] 《高僧傳》，卷9，〈佛圖澄傳〉，大正藏第五十冊，頁387上。

「因事澄爲師」。[43]他的佛教事業成就，計又七個方面:[44]第一，統一出
家者之姓氏，強化佛教內部之認同與凝聚；復成立僧尼戒規，爲中國佛
教史上僧尼制之先趨。第二，教授徒眾，傳布佛法於四方。[45]第三，創
編經錄，爲中國佛教目錄學之先河。道安所作的經錄，被後人稱爲《綜
理眾經目錄》，或簡稱《道安錄》，後來全書失佚，蕭梁僧祐撰述《出三
藏記集》時，對《道安錄》頗多收錄，目前仍可從中窺見大體。[46]第四，
是紀錄當時涼州佛教事務及西域情況，他撰有《涼土異經錄》，是對當
時涼州所譯佛典，失佚譯人而無法考訂者，進行編目，爲中國現存最早
的、較爲全面的關於涼土異經的目錄，在研究涼州佛教上，有著重要的
參考作用。[47]其次，他還撰寫《西域志》，大約撰於居住前秦長安時期
（379-385），今全書已亡佚，從《水經注》、《太平御覽》、《藝文類聚》，
還可見到遺文，頗關涉到佛教史事。[48]第五，提出翻譯佛典原則。第六，
倡導佛教思想。第七，促進佛教中國化。這三項成就，正是〈釋老志〉
所說:「道安所正經義，與羅什譯出，符會如一，初無乖舛」，是指道安
使中國佛教思想正確化，茲分述如下:

　　關於佛典翻譯，道安提出五失本、三不易的譯經原則。此等原則之
內涵，在時代演變中，有不同的看法。早期學者如梁啓超，推崇道安爲
「譯界之大恩人」，在翻譯界，亦一直被歸入直譯派的翻譯家，可是學
者重新考察其五失本、三不易理論，卻認爲其譯風應該是意譯。[49]故他

---

[43] 關於道安詳細生平，見《高僧傳》，卷 5，〈釋道安〉，大正藏第五十冊，頁 351 下-354
上；而加以詳細考證與解釋者，是宇井伯壽，《釋道安研究》（東京市:岩波書店，
1979 年 2 月再版），第一章〈道安傳〉，頁 3-49。

[44] 關於極詳細的討論，是塚本善隆，《中國佛教通史》，第一卷，頁 475-570；張平，〈道
安在中國佛教史上的貢獻及地位〉，《現代哲學》，2008 年第 3 期，頁 108-113。

[45] 張平，〈道安在中國佛教史上的貢獻及地位〉，《現代哲學》，2008 年第 3 期，頁
108-113。

[46] 李素潔，〈道安錄二十六部疑經略考〉，《法音》，2007 年第 6 期，頁 29-33。

[47] 程旭、林太仁，〈道安的涼土異經錄〉，《敦煌學輯刊》，2008 年第 2 期，頁 93-98。

[48] 王守春，〈釋道安與西域志〉，《西域研究》，2006 年第 4 期，頁 30-33。

[49] 潘佳寧，〈道安翻譯思想新探〉，《瀋陽師範大學學報(社會科學版)》，2009 年第 2 期，

在佛經翻譯史上的地位，並非是單純的直譯派，惟仍肯定其對佛經的翻譯，有獨到、深刻、明智的見解。[50]當然，現代學者之意見仍不一致，亦有學者肯定說，他雖植根於傳統的土壤中，卻能探究到現代譯學的問題，五失本說，思考之問題，有直譯與意譯、質直與文麗、質與量的矛盾和統一；在三不易說中，探討了翻譯活動的主體性問題，語言、語意、作者、譯者之間的結構之系統構造，以及辯證性，反駁作者與譯者合為一體之錯誤。[51]由此，道安之譯學對現代仍有啓發，如五失本說，放到言之間存在的共同點、差異、缺失，可以思考補償性翻譯的問題，幫助提出一個有三個層次的補償性翻譯模式。[52]

　　關於佛教思想之倡導，是道安的注經及著述，[53]在佛典注釋領域內，他一生遍注群籍，開創注解條例，探討注釋原則和理論，使佛典注釋真正走上了成熟之路，對後世佛家經學的發展，產生了深遠的影響；[54]即道安積極從事注疏、整理佛經，加上纂輯經錄，開辟了中國佛經注疏的新起點，為了解和把握印度佛教提供了依據。其所呈現的思想，標誌著只事翻譯佛典、只顧咽吞義理的階段已經結束，開始了初步消化融合佛教思想的新階段，[55]進而把握佛教思想之原義。當時的般若學，論空都深染老莊之無，道安提出「本無」的空之思想，從「五陰本無」進展到「真如本無」，本無不能生萬有，也不能說本來是無；又說本無為真諦，

頁 142-144。

[50] 陳可培，〈道安的直譯觀之我見：與梁啓超、馬祖毅等人的評斷商榷〉，《四川外語學院學報》，2006 年第 3 期，頁 115-118。

[51] 劉也玲，〈道安的五失本、三不易說〉，《理工高教研究》，2004 年第 6 期，頁 115-117。

[52] 夏廷德，〈由道安的五失本重新審視翻譯的本質〉，《外語與外語教學》，2003 年第 7 期，頁 47-49。

[53] 詳參宇井伯壽，《釋道安研究》，第二章〈道安の著作〉之注釋及考證，頁 53-176。

[54] 黃亞平，〈釋道安在佛典注釋上的貢獻〉，《西北師大學報(社會科學版)》，1996 年第 2 期，頁 26-30。

[55] 鄧宏烈，〈道安佛經翻譯與注疏略述〉，《西藏民族學院學報(哲學社會科學版)》，2009 年第 4 期，頁 77-80。

末有爲俗諦；已能脫離老莊，接近般若非有非無，以及二諦雙觀雙遣。[56]

　　關於佛教中國化，是伴隨及轉化代潮流，推動佛教思想中國化，首先，是運用理性原則思考佛教義理，早年的河北時期（355-353），對小乘禪法的宗教二元論，進行詳盡闡釋；襄陽（353-379）和晚年長安時期（379-385），又轉向般若學說，對舊禪學的宗教二元論，提出批評，其審視目光還及于禪法的次第修習論，在此過程中，推動了中國思想史上的新時期，即使以宗教理性爲中心的時期來臨。[57]這個思想之轉變，對佛教中國化，有兩個促進作用：一是中國傳統社會結構及與此相應的倫理觀念，較能適應的主要是大乘佛教，小乘佛教難以適應，在漢地無法長期興盛，道安既具影想力，從小乘轉向大乘，有助於大乘之興起，爲佛教中國化舖路的作用。二是小乘佛學，特別是說一切有部的阿毗達摩或毗曇之學，曾一度興盛，而在此之外，可以從道安思想反映出，在他從小乘轉向大乘過程中，毗曇對他的般若思想具有影響力，顯示在中土的佛學中，小乘佛學，對大乘佛學有潛隱的影響作用，這是佛教中國化的另一個面向，即大小乘在思想有中本土的交互關係，以及兩造思想結合的方式。[58]其次，是轉化格義，當時佛教學者，以漢語固有字詞及涵義詮釋佛經之義，即所謂格義，道安不反對格義方法，他所否定的只是機械比附會產生錯誤，因此，他的佛學本體論或禪數思想，可說都通過魏晉玄學之借鑑建構起來的，而卻能在不扭曲佛教思想本質的前提下，將它與本土文化的矛盾降到最低。[59]

---

[56] 黃夏年，〈道安本無思想初探〉，《中國文化》，1995 年第 2 期，頁 120-123。

[57] 劉孟驤，〈道安：從玄學二元論到般若反二元論〉，《山西師大學報(社會科學版)》，1999 年第 2 期，頁 5-9。

[58] 王江式、陳向鴻，〈道安的般若思想毗曇：理解佛教中國化的一個維度〉，《江西社會科學》，2003 年第 11 期，頁 34-36。

[59] 韓國良，〈假玄立論以無爲歸：釋道安佛學思想探微〉，《青島大學師范學院學報》，2007 年第 4 期，頁 38-43。

　　鳩摩羅什（Kumarajiva, 約 344-413 或 350-409），〈釋老志〉另有述及他及門下云：

> 鳩摩羅什為姚興所敬，於長安草堂寺集義學八百人，重譯經本。羅什聰辯有淵思，達東西方言。時沙門道肜、僧略、道恒、道標、僧肇、曇影等，與羅什共相提挈，發明幽致。諸深大經論十有餘部，更定章句，辭義通明，至今沙門共所祖習。道肜等皆識學洽通，僧肇尤為其最。羅什之撰譯，僧肇常執筆，定諸辭義，注維摩經，又著數論，皆有妙旨，學者宗之。[60]

以上所說羅什及其門下的影響，有兩大層面：

　　第一，是羅什所譯經論「至今沙門共所祖習」：這是指羅什譯經有其優點，他本人「聰辯有淵思，達東西方言」，以聰明思辨之智慧易達經義，兼能通漢文及西域文字（含梵文及西域方言），易於用漢文忠實與流利的譯出原典，加以眾弟子群「與羅什共相提挈，發明幽致」，經過「更定章句」後，便成為「辭義通明」之漢譯經論。此一贊揚，確為實情。諸如所譯《維摩經》，通行於東晉南朝及以後的士代夫。[61]如《妙蓮法華經》，一直流傳為佛教界及世俗界，影想思想至巨。[62]再如，所譯公元二至五世紀間之初期中觀學派（Mādhyamika）論典，始祖龍樹（Nāgārjuna, 約 150-250 前後）之《中論》、《十二門論》，龍樹之繼承者聖‧提婆（Ārya-Deva, 約 170-270 前後）之《百論》，先由道生傳到南

---

[60] 《魏書》，卷114，〈釋老志〉，頁3031。

[61] 參照：朝山幸彥，〈維摩詰經に見られる中國的變容〉，《印度學佛教學》，第34卷第2號（1986年3月），頁826-829；鵜飼光昌，〈謝靈運と維摩經〉，收入荒牧典俊編，《北朝隋唐中國佛教思想史》（京都市：法藏館，2000年2月初版一刷），頁89-122；藤井教公〈天台智顗と維摩經：以維摩經文疏を中心に〉，《印度學佛教學》，第46卷第2號（1999年3月），頁50-57；平井宥慶，〈敦煌北朝期維摩經疏にあらわれた思想〉，《印度學佛教學》，第35卷第2號（1987年3月），頁105-111。

[62] 詳見：坂本幸男，《法華經の中國的展開》（京都市：平樂寺書店，1972年初版）；菅野博史，《中國法華思想の研究》（東京市：春秋社，1994年3月初版）；的場慶雅，〈中國における法華經の信仰形態（三）：晉‧秦‧宋を中心として〉，《印度學佛教學》，第34卷第2號（1986年3月），頁57-59。

方，輾轉傳遞，到了隋代吉藏，乃集大成而爲三論宗。[63]最後，弘始十三年所譯訶梨跋摩（Harivarman）造《成實論》，在南北朝產生了許多成實論師，形成了成實學派，一直傳至唐朝初年。[64]

第二個層面，是羅什門下僧肇（374-414）所「注《維摩經》，又著數論，皆有妙旨，學者宗之」：這是指他的注經，以及其作「數論」之〈不真空論〉、〈般若無知論〉、〈物不遷論〉等，脫離了以老莊之無的格義般若空思想，提出正確的般若空觀之「妙旨」，遂爲「學者遵之」。茲說明如下：

當時流形的格義般若觀，又如支愍度「心無義」，是主張說：不否定客體宇宙萬物的存在和真實，僅將「空」的範疇限定心的本質（心無）及體悟無的實踐心（使心轉化爲無），以使主體的心對客體的一切存在都不起執著。換句話說，這是以「心無境有」爲立足點，要求從主體心消解以至於「無」，來斷絕主體心對客體一切存在的執著關係。[65]推其思想根源，實來自老莊的「無爲（＝無心）無不爲（＝於萬物）」。[66]又支道林「即色義」，是主張說：「明色不自色，故雖色而非色」，表明一切物質（＝色）都沒有獨立形成、存在的本質（＝不自色），所以看似存在著的物質（＝雖色）其實是本質非存在的物質（＝而非色）。理由有二：一是在主體心認識上，即因執著心而有色，心不執著色即是空。[67]二

---

[63] 塚本善隆，〈佛教史上における肇論の意義〉，收入氏編，《肇論研究》（京都：法藏館，1955年9月初版），頁140-145；詳見：平井俊榮，《中國般若思想史研究：吉藏と三論宗》，東京：春秋社，*1976年3月初版*。

[64] 關於此論之作者、譯出、流傳，參照：福原亮嚴，《佛教諸派學說の批判：成實論の研究》（東京市：永田文昌堂，1969年12月初版），頁3-17；103-109；福田琢，〈成 實論の學派系統〉，收入荒牧典俊編，《北朝隋唐中國佛教思想史》，頁539-564。

[65] 僧肇撰，〈不真空論〉引支氏言：「心無者，無心於萬物，萬物未嘗無。此釋意云：《經》中說諸法空者，欲令心體虛妄不執，故言無耳。不空外物，即萬物之境不空」（《全上古三代秦漢三國六朝文》，全晉文，卷164，頁2415上）。

[66] 例如《老子》第四十八章：「爲學日益，爲道日損，損之又損，以至於無爲。無爲而無不爲，取天下常以無事；及其有事，不足以取天下」（朱謙之，《老子校釋》，北京市：中華書局，1984年，新編諸子集成本，頁192-194）。

[67] 僧肇引支道林之言：「青黃等相，非色自能，人名爲青黃等，心若不計，青黃等皆

是就色之本質來看，色由因緣所構造而成，無真實永恆的本質，其存在之本質即是空，不必等待主體心的思考（推尋）否定（破壞）才會成空。[68]這是根源於《莊子》的〈逍遙遊〉。[69]道安「本無義」，固有意脫離老莊思想，有接近般若空之處（見前文），卻仍不免染著在老莊之周邊。故謂「無在萬化之前，空爲眾形之始」，「一切諸法，本性空寂，故云本無」。以「無」、「空」爲創生萬物的根源，若返回萬物創生的根源，就能體悟一切「本無」。這觀點顯然來自無的創生思想。[70]

僧肇，批判了「格義」之「空」（前述三家義）的錯誤，進而提出「不真空」的正解。以下茲根據《肇論》，[71]以及參照學者之研究，[72]略述如下：

「非有非無」之論證的根本前提，是緣起法：一切法是非有非無的，因爲一切法都是因緣條件關係所產生的。[73]

「非有」之空的論證。是從一切存在的根源來看，它們都是根源於因緣條件所構成的，沒有自性（本質）；由此一切被認爲是「有」（存在），卻不能當做「有」，而是自性空（非有）。[74]由此，「非有」之自性空的成立之論證，是就一切存在的形成條件來說的：凡存在若是真實的存在，

空」（文才，《肇論新疏》，卷上，大正藏第四十五冊，頁 209 上）。
[68] 見遼式注，《注肇論疏》，卍新纂續藏經第五十四冊，頁 237 上-中。
[69] 「支道林云：物物而不物於物，故逍然不我待。玄感不疾而速，故遙然靡所不爲。以斯而遊天下，故曰逍遙遊也」（從義撰，《法華經三大部補注》，卷 12，卍新纂續藏經第二十八冊，頁 372 上）。了物之性空以順物性而役物（物物），就不會爲物所役而物化人心（＝而不物於物），自然能應萬物而逍遙。
[70] 《老子》第一章：「無名天地之始，有名萬物之母，故常無，欲以觀其妙；常有，欲以觀其徼」（朱謙之，《老子校釋》，頁 5-6）。第四十二章：「道生一，一生二，二生三，三生萬物」（同前，頁 174）。
[71] 以下所引僧肇文，出自東晉·僧肇撰，《肇論》，大正藏第四十五冊，頁 150 上-161下。
[72] 梶山雄一，〈僧肇における中觀哲學の形態〉，收入塚本善隆編，《肇論研究》，頁 201-219；服部正明，〈肇論における中論の引用をめぐつて〉，收入《同前書》，頁 220-237；村上嘉實，〈肇論における真〉，收入《同前書》，頁 238-251。
[73] 《肇論》云：「說法不有（空）亦不無（有），以因緣故諸法生」。
[74] 《肇論》云：「一切法，一切因緣，故不應有」；「一切有法，一切因緣，故不應有」。

則存在自身會恒常的存在，那要等待外在條件才存在？若存在不能以自身本質條件而存在，必待外在條件而存在的話，就可判斷它的存在不是真實的存在；存在既非真實的存在，雖然具備存在的現象，也不可判斷為存在。[75]

「非有」之自性空的狀態之論證，是從萬物的「本質」來說的：自性空若是真實的非存在（＝無），其非存在自身是恒常的非存在，那要等待外在條件之後才會成為非存在？所以佛經說：「凡物質的本質都是非存在，並不是物質毀壞始為非存在」；由此顯示聖人對待萬物，是直就萬物的本質體悟它的非存在，那要等去分割毀壞萬物之後才會徹悟「空」。[76]

「非無」之狀態的論證，是從一切存在的生成過程來看，它們都是在因緣條件展開生成過程；一切存在既有生成，就是存在。[77]這個生成過成的存在之論證，是就緣起來說的：緣起是指一切存在皆由因緣條件之成熟而生起，既有生起所以就不是非存在（而是存在）；因為凡非存在就須靜態不會活動，才可叫做無，萬物若是如此的非存在，就不會有生起活動，既有生起活動（自會有生起物的現象）也即是存在，由此來表明一切存在皆由因緣條件之成熟而生起，所以就是存在（＝不無）。[78]惟要明白，這個存在之「有」的性質，是屬「假有」之虛假的存在，意在表明一切不是非存在（而非指謂真實的存在）。[79]

綜合上述，一切事物確有它成為非存在的理據，而不能證明它存在

---

[75] 《肇論》云：「夫有若真有，有自常有，豈待緣而後有哉？」「若有不能自有，待緣而後有者，故知有非真有；有非真有，雖有，不可謂之有矣」。

[76] 《肇論》云：「彼真無，無自常無，豈待緣而後無？」「故《經》（《維摩經》〈入不二法門品〉）云：『色之性空，非色敗空』，以明夫聖人之于物也，即萬物之自虛，豈待宰割以求通哉？」

[77] 《肇論》云：「一切諸法，一切因緣，故應有」；「一切無法，一切因緣，故應有」。

[78] 《肇論》云：「緣起故不無」；「不無者，夫無則湛然不動，可謂之無，萬物若無，則不應起，起則非無，以明緣起，故不無也」。

[79] 《肇論》云：「言有是為假有，以明非無」。

（＝非有）；確有它成為存在的理據，而不能證明它非存在（＝非無）。為什麼？打算說它存在，此存在卻不是真實的生成的（＝非有）；打算說它非存在，事物的現象卻已顯現，顯現的現象並不是非存在，而是非真實非實有的一種存在（＝非無）。那麼，「不真空」的道理，在此就很明瞭了。[80]僧肇的「不真空論」，並不能全盤的掌握《般若》「空」的思想，同時也保留著老莊思想的成份；[81]可是上來的「非有、非無」之論，已正解了《般若》「空」的思想之基礎要義，進而刺激中國佛教思想走出「格義」，擺脫老莊思想的寄生。

上文所說的「中原」佛教，照〈釋老志〉的看法，依然是為平城佛教所吸收，而具體的指出吸收的階段：第一階段是拓跋氏時代的什翼犍，第二階段是道武帝，第三階段是孝文帝。

什翼犍與中原佛教之關係，《魏書》〈釋老志〉云：

> 昭成又至襄國，乃備究南夏佛法之事。[82]

關於昭成帝什翼犍，為烈帝之弟，因烈帝與煬帝相互爭位，為爭取後趙的支援，乃以九歲的什翼犍，代他到後趙為人質，東晉成帝咸和四年（329），「帝遣弟昭成皇帝如襄國，從者五千餘家」。到了東晉成帝咸康四年（338），什翼犍始得結束人質身份，由鄴返回到繁時（今山西渾原縣西）即代王位。[83]什翼犍的人質生涯總計十年，此間所住地方，最初是住後趙都城襄國（今河北省邢台市），東晉成帝咸和八年（333）石勒死後，至東晉成帝咸康元年（335），石虎繼位，便遷都鄴城。由此，實際是住襄國 6 年，住鄴都 4 年，[84]故必須注意，上引〈釋老志〉所說「襄

---

80 《肇論》云：「萬法果有其所以不有，不可得而有；有其所以不無，不可得而無。何則？欲言其有，有非真生；欲言其無，事象既形，形象不即無，非真非真實有。然則，不真空義，顯於茲矣」。

81 村上嘉實，〈僧肇と老莊思想〉，收入塚本善隆編，《肇論研究》，頁 252-271。

82 《魏書》，卷 114，〈釋老志〉，頁 3030。

83 《魏書》，卷 1，〈序紀〉，頁 11-12。

84 江達煌，〈鄴城與北魏先公先王〉，《殷都學刊》，1999 年第 4 期，頁 39-40。

國」亦含「鄴城」。什翼犍在兩地其所「備究南夏佛法之事」，當屬後趙佛圖澄（323-348）的佛法。[85]

關於道武帝與中原佛教之關係，《魏書》〈釋老志〉云：

> 太祖平中山，經略燕趙，所逕郡國佛寺，見諸沙門、道士，皆致精敬，禁軍旅無有所犯。帝好黃老，頗覽佛經。[86]

道武帝平定中山（今河北省定縣），是皇始二年（397），此時佛圖澄、道安皆已過世了，他所據有的燕趙地區，即是今日河北省及山西省，相等於兩位佛教大師著力傳教的地區，[87]以致地區內有「佛寺」及「沙門」。道武帝對之「皆致精敬，禁軍旅無有所犯」，一方面是因當地佛教已有相當勢力，必須加以攏絡，以利於統治。另一方面是因他本人已信佛，乃亦接受河北及山區地區之佛教，所以「初，皇始中，趙郡（今河北省趙縣）有沙門法果，誠行精至，開演法籍。太祖聞其名，詔以禮徵赴京師。後以爲道人統」。[88]由此可見，道武帝佔有河北及山西時，便開始吸收當地的「中原」佛教了。

道武帝亦與佛圖澄之徒僧朗有關係，〈釋老志〉云：

> 但天下初定，戎車屢動，庶事草創，未建圖宇，招延僧眾也。然時時旁求。先是，有沙門僧朗，與其徒隱于泰山之琨瑞谷。帝遣使致書，以繒、素、旛罽、銀鉢為禮。今猶號曰朗公谷焉。[89]

僧朗，《高僧傳》〈僧朗傳〉，爲京兆（長安，今陝西省西安市）人。「少而遊方問道，長還關中，專當講說」。其生活「常蔬食布衣，志耽人外」。遂於前秦苻健皇始元年，移居泰山。與隱士張忠成爲隱居之友，忠後爲

---

[85] 鎌田茂雄著，關世謙譯，《中國佛教通史》第三卷，頁 281-283。

[86] 《魏書》，卷 114，〈釋老志〉，頁 3030。

[87] 塚本善隆，《魏書釋老志の研究》，頁 149-150；塚本善隆，〈北魏建國時代の佛教政策と河北の佛教〉，收入氏著，《塚本善隆著作集第二卷：北朝佛教史研究》（東京：大東出版社，1974 年 1 月），頁 11-12。

[88] 《魏書》，卷 114，〈釋老志〉，頁 3030。

[89] 《魏書》，卷 114，〈釋老志〉，頁 3030。

苻堅所徵請，行至華陰山（位於今陝西省華陰市附近）而卒。朗乃於金輿谷崑崙山中，別立精舍。仍屬位於泰山西北方之一巖。「峯岫高險，水石宏壯，朗創築房室，製窮山美。內外屋宇，數十餘區，聞風而造者百有餘人。在此「朗孜孜訓誘勞不告倦」。前秦苻堅、後秦姚興、南燕慕容、後燕慕容垂、東晉孝武、魏主拓跋珪亦送書致物。「其為時人所敬如此」，「莫不歎其有預見之明矣」。最後卒於山中，享壽85歲。[90]未載師承何人，酈道原說：「朗公谷，舊名琨瑞溪。有沙門竺僧朗，少事佛圖澄，碩學淵通，尤明氣緯，隱於此谷，因謂之朗公谷」。[91]僧朗師承為佛圖澄，為學者所接受。[92]而在各君王爭取僧朗中，道武帝亦致書云：

> 皇帝敬問太山朗和上，承沙聖靈，要須經略已命元戎。上人德同海岳，神算遐長，冀助威謀，克寧荒服。今遣使者，送素二十端，白氈五十領，銀鉢二枚。到願納受。[93]

僧朗覆書答說：

> 僧朗頓首頓首，夫至人無隱，德生為聖，非德非聖，何敢有喻？夫曰出家，棲息塵表，慕靜山林，心希玄寂，靈迹難逮，形累而已。奉被詔命，慰及應否。大晉重基，先承孝治。惠同天地，覆養無邊。願開大乘，伸揚道味。僧朗頓首頓首。[94]

上引兩文顯示，道武帝因平定了中原，欲透過僧朗之神通與智慧，提供如何治理王朝而使之安寧穩定之策略。僧朗之答覆以三策：一則仿效西晉，繼承其以孝道治天下；二則仿效天地之生德，施惠天下，養育人民無邊際；三則啟開大乘佛教，倡揚佛法。從〈釋老志〉載事次序之文脈

---

[90] 《高僧傳》，卷5，〈竺僧朗傳〉，大正藏第五十冊，頁354中；各君王之致書，保存於《廣弘明集》卷28，大正藏第五十二冊，頁322上-下。

[91] 《水經注疏》，卷8，〈濟水〉，頁741。

[92] 塚本善隆，《中國佛教通史》，第一卷，頁285-292。

[93] 〈北代魏天子招拔〔拓跋〕珪書〉，收入，《廣弘明集》，卷28，大正藏第五十二冊，頁322上。

[94] 〈與朗法師書北魏主拓跋珪〉，收入，《廣弘明集》，卷28，大正藏第五十二冊，頁322上。

來看，在序僧朗事之後，便接著記錄道武帝天興元年頒詔，正式崇佛，似欲說明兩件事有密切關係，即道武帝下詔崇佛，是來自僧朗的建議。

　　早期平城對「中原」佛教之吸收，尚可證諸於敦煌寫本《佛圖澄所化經》。此經已爲學界肯定是「北魏時代流行於民間的佛教傳貼」，全經只有十一小段而已，爲相當短篇之經文。內容分爲三個部分，第一部分，述本經緣起時間，爲和平四年正月一日，地點在河內郡溫縣。第二部分，是佛圖澄以神通變化，講釋災起原因及行善消災方法，第三部分，勸人傳抄此經，自能消災離難。其中有「見者急急通讀，如律令令」之道教常用語，是混雜佛、道的民間佛教信仰之作品。而有作者考證此經製作年代說，和平四年有二：一是前涼張祚，爲公元 357 年，距佛圖澄去世僅九年。一是劉宋和平四年，爲公元 463 年。據佛圖澄活躍於北方來看，本經應創作於公元 357 年。另外還指出，經中主角之名，把「佛圖澄」改寫作「佛圖棠」，卻未做原因說明。[95]這個年代考證，是完全錯誤的，首先，關於前涼張祚在位僅約一年，年號只有「和平元年」（355），接著是張玄靚「太始元年」（355），前涼紀年根本不存在和平四年；其次，關於劉宋和平四年，則查劉宋諸帝年號，全無以「和平」爲年號者；總之，作者爲何及如何虛構出兩個政權之年號與年代，原因無可考。惟知北魏文成帝之年號，有「和平元年」至「和平六年」（460-465），此經之製作年代之「和平四年」，應在此和平年號紀年之內，即公元 463 年。至於佛圖澄之改寫作「佛圖棠」，應是因其名本來就有多異稱：「澄或言佛圖磴，或言佛圖橙，或言佛圖澄〔磴、登〕，皆取梵音之不同耳」，[96]即從梵語音譯爲漢字，容易發生變音衍訛。

　　鳩摩羅什及門下所傳下之「中原」佛教，是於太武帝時傳入平城。沙門惠始，姓張。家本清河，「聞羅什出新經，遂詣長安見之，觀習經

---

[95] 邰惠莉，〈敦煌寫本佛圖澄所化經初探〉，《敦煌研究》，1998 年第 4 期，頁 96-100。
[96] 《高僧傳》，卷 9，〈佛圖澄傳〉，大正藏第五十冊，頁 387 上。

典。坐禪於白渠北，晝則入城聽講，夕則還處靜坐。三輔有識多宗之」。
惠始是至長安受教於羅什，所學經論不詳，而知名於長安地區。太武帝
四年（431）滅大夏，「統萬平，惠始到京都，多所訓導，時人莫測其跡，
世祖甚重之，每加禮敬」。太延元年（435）去世，瘞於八角寺，至真君
六年（445），移葬平城南郊之外，「送葬者六千餘人，莫不感慟。中書
監高允為其傳，頌其德跡」，[97]可見惠始在平城感化甚深，死後十年，依
然令諸人敬重。

　　孝文帝時，羅什所譯《成實論》思想，陸續傳到平城。史載：僧淵
「學未三年，功踰十載，慧解之聲，馳於遐邇」。「隱士劉因之，捨所住
山給為精舍。曇度、慧記、道登並從淵受業。慧記兼通數論，道登善涅
槃法華。並為魏主元宏所重。馳名魏國。淵以偽太和五年卒。春秋六十
有八。即齊建元三年也」。[98]僧淵何時至平城，已無可考，而其卒於太和
五年（481）則顯示，在太和五年以前，平城就已引進成實學派之思想，
引進的學脈，是僧淵師徒，在道登、慧紀（即慧記）之外，僧淵的另一
門徒曇度，亦到達平城。他「少而敬慎威儀，素以戒範致稱，神情敏悟
鑒徹過人」。後遊學京師建業，「備貫眾典，涅槃、法華、維摩、大品，
並探索微隱，思發言外」。因患腳疾，往西方遊走，「乃造徐州，從僧淵
法師更受成實論，遂精通此部，獨步當時」。以是緣故，「魏主元宏聞風
餐挹，遣使徵請，既達平城大開講席」。遂使「魏都法化相續，學徒自
遠而至千有餘人，以偽太和十三年卒於魏國」，撰《成實論大義疏》八
卷，「盛傳北土」。曇度講法時，曾有「宏致敬下筵，親管理味，於是停
止」的情形。[99]

第三節　受命基礎：洛陽之延續平城佛教

[97]《魏書》，卷114，〈釋老志〉，頁3033。
[98]《高僧傳》，卷8，〈釋僧淵傳〉，大正藏第五十冊，頁375中。
[99]《高僧傳》，卷8，〈釋僧淵傳〉，大正藏第五十冊，頁375中。

　　照〈釋老志〉的記載，孝文帝太和十八年，從平城遷都洛陽後，佛教的延續性，主要有兩個層面：一是平城成實學派思想之延展於洛陽；二是平城外開鑿雲岡石窟之模式，延續為洛楊城外開鑿龍門石窟。

　　關於平城成實學派思想之延續，是孝文帝在洛陽的努力推廣。〈釋老志〉云：

> 十九年四月，帝幸徐州白塔寺。顧謂諸王及侍官曰：「此寺近有名僧嵩法師，受《成實論》於羅什，在此流通。後授淵法師，淵法師授登、紀二法師。朕每玩《成實論》，可以釋人染情，故至此寺焉。」[100]

上文說明了，太和十九年，遷都洛陽後，孝文帝因尊崇鳩摩羅什及《成實論》，而遊徐州白塔寺，是因前述羅什所譯《成實論》形成了成論學派，正如孝文帝所說，白塔寺是其重鎮，他所說「淵法師授登、紀二法師」，即是本章前節所述，孝文帝在平城所引進的成實論師之學脈：僧淵傳曇度、慧紀，師徒三人均赴平城。

　　僧淵另一弟子道登，是遷都洛陽後，亦為孝文帝所徵聘。道登，姓芮，東莞（今山東省莒縣）[101]人。先隨徐州僧藥習經論，「後從僧淵學究成論，年造知命，譽動魏都，北土宗之，累信徵請」。登問同學法度說：「此請可乎？」。度回答說：「……何必盡命，虛想巖穴，遠追巢、許。縱復如此，終不離小乘之機。豈欲使人在我先，道不益世者哉？隨方適化，為物津梁，不亦快乎」。於是道登決定受請，度亦隨行。「及到洛陽，君臣僧尼莫不賓禮。魏主邀登昆季，策授榮爵；以其本姓不華，改芮為耐」。在洛陽期間，「講說之盛，四時不輟。未趣恒岳，以息浮競。學侶追隨相仍，山舍不免談授」。至宣武帝景明年間，「終于報德寺焉」。

---

[100] 《魏書》，卷114，〈釋老志〉，頁3039-3040。

[101] 按此處東莞，是西漢琅邪郡所轄之縣，東漢建安初年為東莞郡治，兩晉及以後都屬東莞郡。今廣東省東莞市，在東晉是設寶安縣，到唐至德二年（757）改為東莞縣（史為樂主編，《中國歷史地名大辭典》，頁698）。

春秋八十有五。即魏景明年也」。[102]

　　至於孝文帝說：「朕每玩《成實論》，可以釋人染情」，是基於對是論的體悟：《成實論》屬於小乘佛教的論書，思想傾向是從小乘向大乘之過渡。一面破斥說一切有部五位七十五法之心數法，強調心差別，仍維持小乘之心數分析；另一方，嚴厲批判說一切有部之法體實有說，以成立自家無自體性思想，趨向大乘般若假名真空的空觀。[103]因此，在一切法之分析上，是論有兩重二諦理論，把五陰、涅槃、四諦等，放置到空有問題上，進而導入修行次第，仍是欲揚棄說一切有部學說，而趨向大乘空觀。[104]有關修行次第與方法，如滅三心，是要在心性上破除說一切有部之法體實有，使心趨向及大乘般若空觀。[105]孝文帝的「釋人染情」之「玩」味，或許便是出自於上述思想傾向的體驗。

　　在洛陽城，孝文帝又有追崇羅什之舉。〈釋老志〉云：

> 　　二十一年五月，詔曰：「羅什法師可謂神出五才，志入四行者也。今常住寺，猶有遺地，欽悅修蹤，情深遐遠，可於舊堂所，為建三級浮圖。又見逼昏虐，為道殄軀，既暫同俗禮，應有子胤，可推訪以聞，當加敘接。」[106]

依據上文，追崇羅什的活動有二：一是在長安「常住寺」之「舊堂所，為建三級浮圖」，以為追念。按後秦都城長安，建有逍遙園，姚興弘始三年（401）春，「有樹連理生於廟庭，逍遙一園葱悉變為薤，咸稱嘉祥，應有智人來入國瑞。冬什到」。於是四方沙門雲集，「三千德僧同止一處」，所居「世稱大寺，非是本名，中構一堂，權以草苫」，即為草堂，「於其內及逍遙園二處翻譯」。「魏末周初衢術〔街〕稍整，大寺因爾成

---

[102] 《續高僧傳》，卷6，〈釋道登傳〉，大正藏第五十冊，頁471下。
[103] 黃夏年，〈成實論二題〉，《世界宗教研究》，1995年第2期，頁41-47。
[104] 常蕾，〈成實論中的二諦思想〉，《五臺山研究》，2006年第4期，頁3-7。
[105] 常蕾，〈成實論中滅三心的理論〉，《五臺山研究》，2006年第1期，頁20-25。
[106] 《魏書》，卷114，〈釋老志〉，頁3040。

四伽藍，草堂本名，即爲一寺，草堂東（爲）常住寺」。[107]此寺位於羅
什譯經處周邊，故因寺「猶有遺地」，建三級塔來追崇。現代尚存有所
謂羅什舍利塔，位於草堂寺（今陝西省盧縣城東南約 20 公里）境內左
邊森林中，高約 2.33 公尺，爲大理石所造，有八種顏色的玉石及雕刻，
是八寶玉石塔。塔下層浮雕須彌山座、三層雲臺、唐草模樣，皆極精緻。
雲臺上有八角形寶龕，舍利即放置其中。八角形前面，刻畫扉狀圖樣，
左右兩面刻著縱格子形圖樣，其餘兩面沒有雕刻，左面則雕刻題銘。此
塔不明何時所建，羅什歿年無定論，一般推定爲 409-413 年。〈釋老志〉
載太和二十一年（497）五月詔建，惟其「舊堂」不能確定是指逍姚園
或長安大寺，「常住寺」亦未明確指定何處，只能說此時建三重塔是事
實。而當羅什死後火葬後，有墓塔之建造，至孝文帝時已崩壞，殘留遺
跡，在其場所又建三重塔。此回所建之塔，歷經北周廢佛及嚴重戰亂，
亦告崩壞。[108]

　　第二個追崇活動，是令尋羅什之後代，欲加禮優。詔書以爲羅什可
能育有子息，是因「見逼昏虐，爲道殄軀，既暫同俗禮，應有子胤」。
這是說羅什爲外在暴力所逼，遂致破戒，「暫同俗禮」，應有後代。此事
依《高僧傳》〈鳩摩羅什傳〉記載，羅什前後破戒兩次：第一次，是呂
光「既獲什，未測其智量，見年齒尚少，乃凡人，戲之」。遂致「強妻
以龜茲王女，什距〔拒〕而不受，辭甚苦到」。光曰：「道士之操，不踰
先父，何可固辭」。就「飲以醇酒，同閉密室，什被逼既至，遂虧其節」。
[109]第二次，是姚興常謂羅什說：「大師聰明超悟，天下莫二。若一旦後
世，何可使法種無嗣？」，於是「遂以妓女十人，逼令受之。自爾以來，

107 《歷代三寶紀》，卷 8，大正藏第四十九冊，頁 75 上。
108 鎌田茂雄，〈唐代佛教と鳩摩羅什：鳩摩羅什舍利塔をあぐつて〉，《印度學佛教
　　學》，第 7 卷第 1 號（1958 年 12 月），頁 214-216。
109 《高僧傳》，卷 2，〈鳩摩羅什傳〉，大正藏第五十冊，頁 332 下。

不住僧坊，別立廨舍，供給豐盈。每至講說，常先自說：譬喻如臭泥中生蓮花，但採蓮花，勿取臭泥也」。[110]《晉書》〈鳩摩羅什傳〉亦載羅什破戒兩次：第一次，全異於前述兩次，是說羅什「嘗講經於草堂寺，興及朝臣、大德沙門千有餘人肅容觀聽，羅什忽下高坐，謂興曰：『有二小兒登吾肩，慾鄣須婦人。』興乃召宮女進之，一交而生二子焉」。第二次，同前述之為姚興所逼，並謂「諸僧多效之。什乃聚針盈缽，引諸僧謂之曰：『若能見效食此者，乃可畜室耳。』因舉匕進針，與常食不別，諸僧愧服乃止」。[111]以上有關羅什破戒之事，有三種記載，皆與與女人發生性交關係，而有生小孩之事，只載於第二說。不過，所有記載之真偽，已無法考辨了，孝文帝詔亦不敢遽下論斷，只能保留的說：「應有子胤，可推訪以聞」，訪察結果如何，史無明文，卻總算是對羅什追崇的另一種方式。

　　孝文帝從平城到洛揚之推廣成實思想，具有濃厚之政治目的，意在征服南朝，統一天下。這是孝文帝遷都的目的之一，亦是其個人堅定之職志，[112]而佛教義學的提倡，對南朝具有號召的作用，有助於統一。當時南方佛教盛行《成實論》研究，南齊文宣王蕭子良（460-494）更予提倡；相對的，孝文帝也在平城就已開始倡導，遷洛之後仍然持續，禮遇從南方來的《成實論》學僧，是欲相對著南朝，成為《成實論》的帝王、朝廷提倡者。[113]他所師事的道登，是南方成實論彭城系的學僧，[114]於太和十九年（495）隨駕南伐壽春（今安徽壽縣），由於此地是成實學派壽春系的祖地，乃「遣道登道人進城內施僧眾絹五百匹，（崔）慶遠、

---

[110] 《高僧傳》，卷2，〈鳩摩羅什傳〉，大正藏第五十冊，頁332下。

[111] 《晉書》，卷95，〈藝術傳‧鳩摩羅什〉，頁2501-2502。

[112] 孝文帝自謂：「南有未賓之豎，兼兇蠻密邇，朕夙夜悵惋，良在於茲。取南之計決矣，朕行之謀必矣。」又說「朕意之所慮，乃有社稷之憂。然愍尺寇戎，無宜自安，理須如此。」（《魏書》，卷53，〈李沖傳〉，頁1185，1186）。

[113] 橫超慧日，〈北魏佛教の基本課題〉，收入氏編《北魏佛教の研究》頁27-30。

[114] 鎌田茂雄《中國佛教史》第四卷，頁385-386。

（朱）選之（均爲南齊豫州刺史之參軍）各袴褶絡帶。」[115]另又特禮遇徐州僧統僧逞、[116]道登、[117]徐州慧紀[118]等人，當他們亡故時，則特爲施帛設齋。

　　〈釋老志〉記載從平城延續到洛陽之佛教，還有平城外開鑿雲岡石窟之模式，延續爲洛楊城外開鑿龍門石窟。龍門，先秦稱爲「伊闕」；而龍門一詞，原指黃河峽口，不是伊闕之伊水峽口，至隋煬帝始稱伊闕爲「龍門」，可是要到唐高宗時才成爲定稱。其處石窟之始鑿，是太和七年孫秋生、劉起祖等二百人的造像。龍門石窟始鑿年代，依據造像題記，時間最早的爲「大代太和七年（483）新城縣功曹孫秋生、新城縣功□劉起祖二百人等，敬造石象一軀」，次之爲「太和十二年（488）九月十四日洛州刺史始平公之子比丘慧成之造象」，應在北魏遷都洛陽之前。遷都之後，北魏宗室、官員、庶民又繼續開鑿，如「太和十九年（495）十一月使持節司空公長樂王丘穆陵夫人尉遲未亡息牛橛」造象，「太和二十年（496）張元祖妻之造像」，「太和二十二年（498）九月三日侍中護軍將軍北海王元詳之造像」。往後的開鑿，直至孝武帝永熙三年（534）東西魏分裂。東魏孝靜帝元善見，亦早列名於孝明帝正光三年（522）的造像題記。[119]而北魏帝室的開窟，是始於宣武帝景明元年（500），[120]即〈釋老志〉所記載「景明初，世宗詔大長秋卿白整準代京靈巖寺石窟，於洛南伊闕山，爲高祖、文昭皇太后營石窟二所」。初建之時，窟頂離地三百一十尺。至正始二年（505）中，始出斬山二十三丈。至大長秋卿王質，謂「斬山太高，費功難就，奏求下移就平」，

[115] 《南齊書》，卷45，〈始安貞王蕭道生附蕭遙昌傳〉，頁792，794。

[116] 《廣弘明集》，卷24，〈贈徐州僧統并設齋詔〉，大正藏第五十二冊，頁272下。

[117] 《魏書》，卷114，〈釋老志〉，頁3040。

[118] 《廣弘明集》卷廿四〈帝爲慧紀法師亡施帛設齋詔〉，大正藏第五十二冊，頁273上。

[119] 閻文儒、常青，《龍門石窟研究》（北京：書目文獻出版社，1995年8月初版一刷），頁2-6。

[120] 閻文儒、常青，《龍門石窟研究》，頁1-3。

離地一百尺，南北一百四十尺。永平（508-511）中，中尹劉騰奏，「爲世宗復造石窟一 ，凡爲三所」。從宣武帝景明元年（500）至孝明帝正光四年（523）六月已前，用功八十萬二千三百六十六。[121]龍門兩個石窟的開鑿，都模仿自代京靈巖寺石窟，即平城的雲岡石窟，可見宣武帝想讓平城搭配雲岡石窟的崇佛模式，讓它在洛陽地區復活起來，形成洛陽搭配龍門石窟的崇佛模式。

第四節　受命之元：鄴都承續洛陽佛寺

關於鄴都佛教，〈釋老志〉記載不多，卻富有受命之元的意義。其釋部末段云：

（甲）元象元年秋，詔曰：「梵境幽玄，義歸清曠，伽藍淨土，理絕囂塵。前朝城內，先有禁斷，自辇來遷鄴，率由舊章。而百辟士民，居都之始，城外新城，並皆給宅。舊城中暫時普借，更擬後須，非為永久。如聞諸人，多以二處得地，或捨舊城所借之宅，擅立為寺。知非己有，假此一名。終恐因習滋甚，有虧恒式。宜付有司，精加隱括。且城中舊寺及宅，並有定帳，其新立之徒，悉從毀廢。」冬，又詔：「天下牧守令長，悉不聽造寺。若有違者，不問財之所出，并計所營功庸，悉以枉法論。」興和二年春，詔以鄴城舊宮為天平寺。

（乙）世宗以來至武定末，沙門知名者，有惠猛、惠辨、惠深、僧暹、道欽、僧獻、道晞、僧深、惠光、惠顯、法榮、道長，並見重於當世。

（丙）魏有天下，至於禪讓，佛經流通，大集中國，凡有四百一十五部，合一千九百一十九卷。……略而計之，僧尼大眾二百萬矣，其寺三萬有餘。[122]

從史事之記載來看，上引（甲）、（乙）文，旨在敘述東魏佛教史事；（丙）

---

[121] 《魏書》，卷114，〈釋老志〉，頁3043。
[122] 《魏書》，卷〈釋老志〉，頁3047-3048。

文則綜合歸納北魏至東魏的佛教發展結果。進一步看所載史事內容，其佛寺、僧尼、佛典翻譯，實貫串著平城→洛陽→鄴都之意義，此即表示，鄴都佛教繼承了平城、洛陽之正統王朝佛教而來；而且鄴都佛教，高歡父子活動頻繁，正是北齊佛教的受命之元。如此一來，北齊佛教便「嗣」魏正統了。茲說明如下：

佛寺方面，〈釋老志〉貫串平城→洛陽→鄴都之敘事意義，是在（甲）文的東魏孝靜帝元象元年詔之限建佛寺制度。它以平城佛教爲經驗，發展成爲洛陽佛教的制度。〈釋老制〉載有孝明帝神龜元年（518）冬任城王元澄上奏文，文內載明又關洛陽城營繕事務的《都城制》，其中有一項關於洛陽城營造佛寺的限建規定：「城內唯擬一永寧寺地，郭內唯擬尼寺一所，餘悉城郭之外」。[123]這個制度，應頒於遷都洛陽之際，即孝文帝於太和十七年九月丁丑（493.10.25）「定遷都之計」，[124]於十月戊寅（初一日，10.26）「詔徵司空穆亮與尚書李沖、將作大匠董爵經始京洛。」[125]開始「繕洛陽宮室」。[126]大約與此同時，頒佈了限建佛寺規定。這個制度的模式之起源，非模仿自其他都城之既有制度，而是以太和五年（418）平城沙門法秀叛亂爲殷鑑，自太和勿五年起至十七年（418-493），在文獻記錄上，文明太后與孝文帝的建造佛寺，即未在平城進行，而往平城以外的他處去了，以防止平城佛教力量持續在平城成長，避免成爲奸徒可利用的叛亂力量。此一造寺活動的策略，便是限建佛寺的模式淵源：不使平城的佛寺再迅速成長，或不在平城造寺，即「城內唯擬一永寧寺地，郭內惟擬尼寺一所」的源流；將造寺活動移往平城之外的地區，或在平城之外的地區造寺，就是「餘悉城郭之外」的源流。

---

[123] 《魏書》，卷 114，〈釋老志〉，頁 3044。
[124] 《魏書》，卷 7，〈高祖紀〉，頁 172。
[125] 《魏書》，卷 7，〈高祖紀〉，頁 172。
[126] 《魏書》，卷 105，〈天象志四〉云「冬十月，詔司空穆亮、將作董邇繕洛陽宮室」（頁 1427）。

換言之，法秀之叛亂，促使孝文帝爲了預防沙門叛亂而往平城外造寺，
在他造寺活動過程中，逐漸形構了洛陽限建佛寺制度模式。而後來形成
洛陽限建佛寺之制度，原因是以平城期（418-493）的佛教發展流弊爲
借鏡，而防範於未然：一是爲防範沙門叛亂再發生，及爲防止高廣佛寺
營造破壞洛陽里坊圍牆，損害京師治安；二是爲了防範佛教混淆了里坊
居民的儒家生活文化。三是爲防止佛寺侵佔宅地，以滿足洛陽居民及代
人遷洛的宅地需求。四是爲防止高廣佛寺遮掩漢化建築的文化象徵、佔
用此漢化建築用地。[127]

限建佛寺之規定的內容是：（1）「城」，是指內城牆中的洛陽內城，
周長約合 14 公里。[128]「郭」，即洛陽內城牆與外城牆之間的外城，依遺
址範圍估計，[129]東西、南北長度各約 10 公里，總面積約達 100 平方公
里。[130]（2）太和十七年十月起以後，洛陽城、郭內僅可各新建一座佛
寺。即太和十七年十月營繕洛陽城起，由朝廷選擇適當地點，在城、郭
內各建佛寺一座。內城佛寺定名爲「永寧寺」，外城的尼寺則尚未命名。
（3）太和十七年以後，在上述兩座新寺外，不准再建新寺。（4）洛陽
佛教，發展至「晉世，洛中浮圖有四十二所」，[131]到了太和十七年決定
遷都之際，佛寺數量不詳，而洛陽早成廢墟，[132]孝文帝看了都「爲之流

---

[127] 以上詳參：阮忠仁，〈北魏孝文帝限建洛陽佛寺之原因〉，→修改：以上詳參：阮
忠仁，〈北魏孝文帝限建洛陽佛寺之原因〉《中國中古史研究》，第 3 期（2004），
1-57。

[128] 依據遺址實測，其範圍是：東垣殘長約 3,895 米，西垣殘長約 3,500 米，北垣全長
約 2,523 米，南垣因洛河北移沖毀而未得測量，暫依東西垣之間距 2,460 米計算。
參見：中國科學院考古研究所洛陽工作隊〈漢魏洛陽舊城初步勘查〉（收入洛陽文
物與考古編輯委員會編，《漢魏洛陽故城研究》，北京：科學出版社，2000 年 9 月，
初板一刷），頁 7-8。

[129] 依遺址實測，其範圍是：東垣與內城東垣間隔 3500 米，殘長 1800 米。西垣與內
城西垣間隔，短者 3,500 米，最長處約 4,250 米，殘垣長 4,400 米。北垣與內城北
垣間格最短處爲 850 米，殘長 1,300 米。南垣則尚未發現。參見：中國科學院考古
研究所洛陽漢魏城工作隊，〈北魏洛陽外郭城和水道的勘查〉（收入《漢魏洛陽故
城研究》），頁 22-24。

[130] 徐金星，〈關於漢魏洛陽故城的幾個問題〉（收入《漢魏洛陽故城研究》），頁 485。

[131] 《魏書》，卷 114〈釋老志〉，頁 3028。

[132] 華延儁，《洛陽記》云：「自劉曜入洛，元帝渡江，宮署里閭，鞠爲茂草」（引自劉

涕」，[133]可知當時洛陽的既有舊寺，數量應是不多的。這些佛寺，都算是太和十七年十月以前洛陽城、郭內既有的舊寺，爲已存在的事實，既往不究，可以合法存在。（5）「餘悉城郭之外」，其城郭之外，範圍是指洛陽都城以外的北魏全國各地。自太和十七年起，在這範圍內，仍得依《僧制》之法定程序營建佛寺。依照上述，一般探討北魏洛陽都城規劃的學者，都認爲洛陽規劃有寺院區，[134]實屬誤會。往後，《都城制》的限建佛寺之規定，一直沒有落實去推行，直到孝明帝神龜元年（518）冬，任城王元澄（468-520）始復上奏：「庶仰遵先皇不朽之業」，即欲把《都城制》限建佛寺的規定重新作規劃去施行。此奏獲得靈太后批准「奏可」，而「未幾，天下喪亂，加以河陰之酷，朝士之死者，其家多捨居宅，以施僧尼，京邑第舍，略爲寺矣。前日禁令，不復行焉」。[135]終北魏滅亡之時，都未實施。[136]

東魏鄴都繼承限建佛寺之制度，內容如前引〈釋老志〉（甲）文之元象元年（538）秋詔書，其所謂「前朝城內，先有禁斷，自聿來遷鄴，率由舊章」，即遷都鄴城之後，有關鄴都佛寺建造，要依據昔前洛陽限建佛寺之「舊章」。這項措施之目的，一是爲了使東魏佛教環境「梵境幽玄，義歸清曠，伽藍淨土，理絕囂塵」。二是爲了解決鄴都宅地供應問題：「百辟士民，届都之始，城外新城，並皆給宅。舊城中暫時普借，

緯毅《漢唐方志輯佚》，北京：北京圖書館出版社，1997 年 12 月初版一刷，頁 71）。

[133] 《魏書》，卷 7，〈高祖紀〉，頁 173。

[134] 孟凡人認爲：「每個生活區都設有市、寺，以滿足居民經濟和精神生活的需要」；「大力宣揚佛教，……因此在規劃新都時，即將興建佛寺列入計劃。到了北魏末年，已建起一千三百餘所，可見佛寺在北魏洛陽城的布局中所占有的重要地位」（氏著〈北魏洛陽外郭城形制初探〉，收入《漢魏洛陽故城研究》，頁 418，420）。另又同樣說法，見俞偉超，〈中國古代都城規劃的發展階段性〉收入《漢魏洛陽故城研究》，頁 445-446。

[135] 《魏書》，卷 114，〈釋老志〉，頁 3047。

[136] 以上詳參：阮忠仁，〈北魏孝文帝之洛陽佛寺營造規制考〉，收入國立嘉義大學史地學系編，《歷史、地理與變遷學術研討會論文集》（嘉義縣：國立嘉義大學史地學系，2004 年 6 月初版），頁 101-116。

更擬後須，非為永久」。所謂鄴都「舊城」，是指原有舊城址。舊城外的
「新城」，是指遷都後，東魏在舊城南方所新築之城，當遷都之際，自
洛陽遷鄴之「戶四十萬」，[137]以 5 口之家估計，就有 200 萬人口，原有
之鄴城（後稱鄴北城），本有住家，難以再容納眾多遷來的新住戶。天
平二年（535），便在鄴北城之南增築了南城，一般稱為鄴南城。由考古
發掘，東魏鄴都遺址，位於河北省臨漳縣和河南省安陽市交界處，東距
臨漳縣城 17.15 公里，由鄴北城和鄴南城兩座相連的城址組成，總面積
達 5000 萬平方公尺。北城遺址平面呈東西長的長方形，東西牆長 2,400
公尺，西牆凸出一段，故東西牆最長處 2,620 公尺，南北牆寬 1,700 公
尺。城牆為夯土築成，東牆和北牆各發現一座城門址，門道寬 20 公尺
左右。城內北部中央為宮殿區，發現多處夯土建築基址。宮殿區以東，
為貴族所居區里及官署區；宮殿區以西，為禁苑銅爵園，發現著名的三
臺中的銅雀臺、金虎臺兩座夯土台基址，另一冰井臺，約在銅雀臺北
85 公尺處，臺基大概已被河水沖毀。城址南部是一般衙署和居民區。宮
殿區以南有一條南北向的中陽門大道，和一條東西向的大道。鄴南城，
因河流泛濫，已被沙土湮埋，從鑽探可知城址平面呈長方形，最寬處南
北長約 3,460 公尺，東西寬約 2,800 公尺。[138]

　　遷鄴新人口既無法全部住入舊城，新城必須供給居住之宅地，所以
依照洛陽限建佛寺制度，規定了兩項限建三大原則：（1）「如聞諸人，
多以二處得地，或捨舊城所借之宅，擅立為寺。知非己有，假此一名。
終恐因習滋甚，有虧恆式。宜付有司，精加隱括」。這就是說，當時倘
已依規定分配了宅地，若有人違法法申請得兩筆宅，用所多出來之住宅
空地建佛寺，必加取締。若有新遷鄴者，依當時「徙鄴舊人西徑百里，
以居新遷人」，[139]照法規在舊城內借得住宅，以宅地建造佛寺，亦必加

---

[137]《北齊書》，卷 2，〈神武帝紀〉，頁 18。
[138] 徐光冀，〈鄴城考古的新收穫〉，《文物春秋》，1995 年第 3 期，頁 1-16。
[139]《北史》，卷 5，〈魏本紀〉，頁 184。

以取締。（2）以上取締之憑準，是依據鄴都既有「城中舊寺及宅，並有定帳」，來判定「其新立之徒，悉從毀廢」。（3）同年冬季，又頒之詔規並：「天下牧守令長，悉不聽造寺。若有違者，不問財之所出，并計所營功庸，悉以枉法論」。這個規定，是特別針對各級官員，進行限建佛寺。

鄴都之限制佛寺制度，並沒有貫徹始終施行。據（甲）文所載，興和二年春，孝靜帝頒詔：「以鄴城舊宮爲天平寺」。這就違背了天象元年（540）詔所規定不可「或捨舊城所借之宅，擅立爲寺」，顯示限建佛寺，至多只執行於天象元年底至興和元年初（538-540）而已，未能貫徹下去。其原因爲何，猶待日後進一步考察。

因此，照前引〈釋老志〉（丙）所載，東魏結束之際，「其寺三萬有餘」；實聯繫著〈釋老志〉內容，魏到北齊之間，佛寺數量的發展，有一脈相傳的連續性：平城期之累計，「自興光至此，京城內寺新舊且百所，……四方諸寺六千四百七十八」，[140]即經過毀佛以後，從文成帝興安元年復佛以後，自興光元年（454，興光紀年僅一年）至太和元年（477），總計魏境有佛寺 6,578 座。接著是洛陽期，到了宣武帝「延昌（512-515）中，天下州郡僧尼寺，積有一萬三千七百二十七所」，[141]總計有 13,727 座佛寺。到了鄴都時期，即如前引〈釋老志〉（丙）文所說，「魏有天下，至於禪讓」，東魏佛寺 30,000 餘座，便於東魏孝靜帝武定八年五月初十日「禪讓」後，爲北齊所繼承了。

第五節 受命之元：鄴都承續洛陽僧尼及僧官制度

在僧尼方面，基於前述佛寺的繼承發展，據前文〈釋老志〉（丙）文所說，至東魏結束，「略而計之，僧尼大眾二百萬矣」；實聯繫於〈釋

---

[140] 《魏書》，卷 114，〈釋老志〉，頁 3039。
[141] 《魏書》，卷 114，〈釋老志〉，頁 3042。

老志〉內容，亦記載從魏至北齊間的僧尼數量之延續：平城期之累計，

「自興光至此，京城內……僧尼二千餘人，四方，……僧尼七萬七千二

百五十八人」，[142]即文成帝興光元年至太和元年，僧尼總數 79,258 人。

在洛陽期間的宣武帝朝中，「至延昌中，天下州郡僧尼寺，積有一萬三

千七百二十七所，徒侶逾眾」，[143]僧尼總數超過 13,727 佛寺之數量。到

了鄴都時期，即如前引〈釋老志〉（丙）文所說，「魏有天下，至於禪讓」，

東魏僧尼 200 萬人，便於東魏孝靜帝武定八年五月初十日「禪讓」後，

為北齊所繼承了。宋代志磐《佛祖統紀》云：「北魏孝靜，僧尼二百萬

人，寺三萬所。北齊文宣，僧尼四百萬人，寺四萬所」。[144]短短時間，

僧尼人數倍速成長，恐難令人相信，因據唐代法琳記載，文宣帝「所度

僧尼八千餘人，十年之中佛法大盛」。[145]無論如何，北齊僧尼數延續東

魏而有增加，應是事實。

　　依照前引〈釋老志〉（乙）文所說「世宗以來至武定末，沙門知名

者」，反映出魏、齊佛教史事之相續，還有僧官制度，其相續點，便是

前引文所說的「惠光」。〈釋老志〉（乙）文所提比丘人物，塚本善隆先

生已作過考證，其生卒年代均屬不詳。至於惠光，即是慧光，[146]據考古

資料，2002 年古鄴城出土了〈魏故昭玄沙門大統墓志銘〉，得知他生年

是獻文帝皇興三年（469），卒年為東魏孝靜帝「元象元年（538）歲次

戊午三月庚申朔十四」。[147]故所載史事下限，是否確實終於武定八年，

---

[142] 《魏書》，卷 114，〈釋老志〉，頁 3039。

[143] 《魏書》，卷 114，〈釋老志〉，頁 3039。

[144] 《佛祖統紀》，卷 53，大正藏第四十九冊，頁 465 下。

[145] 《辯正論》，卷 3，大正藏第五十二冊，頁 507 下。

[146] 塚本善隆，《魏書釋老志の研究》，頁 289-292。

[147] 依墓誌記載，慧光享年「春秋七十」，卒年為東魏孝靜帝「元象元年歲次戊午三月
庚申朔十四」，趙立春用實歲推算，生年為皇興二年（468），生存年代為 486-538
年（趙立春，〈鄴城地區新發現的慧光法師資料〉，《中原文物》，2006 年第 1 期，鄭州
市：河南省博物館，2006 年 1 月，頁 70）。溫玉成指出應以計齡習俗虛歲為推算
基準，慧光當生於皇興三年（469）（溫玉成，〈關於「鄴城地區新發現的慧光法師
資料」一文的意見〉，《中原文物》，鄭州市：河南省博物館，2006 年第 6 期，頁

依然難以確定。若就斷限觀念與原則而言，上文「世宗（在位 499-515）以來至武定末」（534-550）的年代界定，包含著武定八年，同樣符合於「至於禪讓」的下限。由於如此，那些人物中之「慧光」，便如前引〈釋老志〉（丙）文所說，魏的僧官制度，經自「魏有天下，至於禪讓」，便於東魏孝靜帝武定八年五月初十日「禪讓」後，向著北齊相延續的義意，

　　〈釋老志〉說：「初，皇始中，趙郡有沙門法果，誠行精至，開演法籍。太祖聞其名，詔以禮徵赴京師。後以為道人統，綰攝僧」。[148]這是北魏設置僧官之始，有關設置時間，或多依據「皇始中」一語，說是在道武帝皇始元年間（皇始紀年只有兩年，396-398）。[149]可是〈釋老志〉之文顯示，「皇始中」是指召法果至京城的時間，他任道人統的時間則加上了「後」字，也有可能在皇始後的天興年間（398-403），可見僧官制度之始設，除非有新證據出現，否則極難確定一個體年代，[150]無法就說是皇始元年，而應指皇始元年至天興初年，或許比較穩當。太武帝太平真君七年起（446）毀佛，僧官一起廢除。至文成帝興安元年（452）復佛後，命「師賢仍為道人統」。[151]從此持續到東魏滅亡（550），僧官都持續運作。其制於中央設最高僧官署，約於皇始元年（396）及天興二年（399）間，[152]初設「監福曹」，[153]或稱「建福曹」。[154]大約於文成

17）。依照陳垣對僧人的年齡計算，都依中國習俗採虛歲為準，計算出實歲（氏著，《釋氏疑年錄》，台北，鼎文書局，1977 年 3 月初版）。故此次採用皇興三年（469）為慧光生年。

[148] 《魏書》卷 114〈釋老志〉，頁 3030。

[149] 唐代道宣在《廣弘明集》所錄〈釋老志〉云：「皇始中，趙郡有沙門法果，戒行精至，開演法籍。太祖詔徵以為沙門統」（歸正篇，大正藏第五十一冊，頁 102 上）。宋代贊寧《大宋僧史略》卷中〈僧統〉亦云：「後魏皇始中，趙郡沙門法果，戒行精至，開演法籍，太祖徵為沙門統」（大正藏第五十四冊，頁 24 上）。兩者所指時間都是「皇始中」，不過，其謂僧官名「沙門統」，應是後來的僧官名。謝重光、白文固依據後一資料，認為其任命「在皇始年間」（《中國僧官制度史》，西寧市：青海人民出版社，1990 年 8 月初版一刷，頁 13-14），

[150] 塚本善隆注此文，仍未予確定其時間（《魏書釋老志の研究》，頁 153-154）。

[151] 《魏書》卷 114〈釋老志〉，頁 3036。

[152] 謝重光、白文固，《中國僧官制度史》，頁 52-53。

帝和平（460-465）初年，或孝文帝二十一年（497），[155]監福曹改爲「昭玄」，[156]官署之「曹」保持不變，稱作「昭玄曹」，[157]若以北齊及隋朝的「昭玄寺」來稱謂，[158]是不正確的。其最高長官，監福曹時期稱作「道人統」，到了和平（460-465）初年，職稱改作「沙門統」，[159]唯此名稱之改變，與監福改昭玄是否同時，已無可考。沙門統，在文獻上有異名，或稱沙門都統、昭玄沙門都統、都統等。其下「備有官屬，以斷僧務」，[160]其組織細節，史書闕而不詳，僅知設有副主官，稱爲「都維那」，又稱昭玄沙門都維那、沙門都等，[161]以「副儀貳事，緇素攸同」；在文成帝和平（460-465）初年命曇曜任沙門統後，「因曜統獨濟，遂廢茲任」，曇曜一人長期的獨攬大權，副職沒有正式任命，經過獻文帝（在位465-471）時朝，進入孝文帝朝，大約到了太和三年（479）八月，[162]才將曇曜徹撤職，以方山思遠寺主持法師僧顯，「勑令爲沙門都統」，此時，始以平城皇舅寺法師僧義「優用臏副翼，可都維那，以光賢徒」，[163]副主官總算有人擔任了。可見在曇曜退出了僧官體制以後，中央正副主官的任免才步入了正軌，並延續至洛陽期、鄴都期。

慧光出任僧官，是在洛陽期末，孝武帝永熙二年（533），有沙門都統一人，仍由僧令擔任，沙門都維那三人爲慧光、譚寧、僧澤。[164]

---

[153] 《魏書》卷 114〈釋老志〉，頁 3040。

[154] 《冊府元龜》，卷 51，〈帝王部・崇釋氏一〉，頁 570 上。

[155] 謝重光、白文固，《中國僧官制度史》，頁 54。

[156] 《魏書》卷 114〈釋老志〉，頁 3040。

[157] 塚本善隆，《魏書釋老志の研究》，頁

[158] 謝重光、白文固在《中國僧官制度史》中稱「昭玄寺」（頁 54 以下）。

[159] 《魏書》卷 114〈釋老志〉，頁 3037。

[160] 《魏書》卷 114〈釋老志〉，頁 3040。

[161] 謝重光、白文固，《中國僧官制度史》，頁 52-56。

[162] 石松日奈子著，姜捷譯，〈雲岡中期石窟新論：沙門統曇曜的地位喪失和胡服供養人像的出現〉，《考古與文物》，2004 年第 5 期，頁 81-92。張焯，〈徐州高僧入主雲岡石窟〉，《文物世界》，2004 年第 5 期，頁

[163] 《廣弘明集》，卷 24，〈帝以僧顯爲沙門都統詔〉，大正藏第五十二冊，頁 272 中。

[164] 諏訪義純，《中國中世佛教史研究》，頁 206-208。

到了鄴都期，據道宣《續高僧傳》，慧光「初在京洛任國僧都，後召入鄴綏緝有功，轉爲國統」。[165]宋代贊寧亦說：「初在洛任國僧都（都即沙門都也）。後召入鄴，綏緝有功，轉爲國統（一國之僧統也）」。[166]山崎宏先生解釋說：「國都、國統即是昭玄都維那、昭玄統的別稱」，[167]即慧光陞任最高僧官。可是「國統」之職稱，是錯誤的。據前引〈魏故昭玄沙門大統墓志銘〉，[168]證明東魏中央昭玄署長官名稱，應作「昭玄沙門大統」。那麼，道宣在《高僧傳》爲何稱作「國統」（及副主官「國都」）呢？按《三國遺事》說：

> 北齊天寶〔保〕中，國置十統，有司卷宜甄異之，於是〔文〕宣帝以法上法師爲大統，餘爲通統。又梁陳之間，有國統、州統、國都、州都、僧都、僧正、都維乃等名，惣屬昭玄曹，曹即領僧尼官名。[169]

依據上引文，可見道宣把南朝陳、梁間的「國統」、「國都」僧官職稱，套到了東魏、北齊，[170]這種錯誤，實已見於北魏僧人的文書。[171]

依照上引文，還可看到東魏僧官制度到北齊之延續的軌跡。慧光「昭玄沙門大統」一職，在東魏並非唯設一人擔任，東魏孝靜帝天平二年（535），除了慧光以外，仍並存有「沙門統倫法師」、「沙門統豔法師」、「大沙門統遵法師」，顯示昭玄署長官及下屬職官員額，已有擴大增編；

---

[165]《續高僧傳》，卷21，〈釋慧光傳〉，大正藏第五十冊，頁608上。

[166] 宋・贊寧，《大宋僧史略》，卷2〈僧統〉，大正藏第五十四冊，頁243中。

[167] 山崎宏，《支那中世佛教の展開》，頁504。

[168] 墓誌全文見：趙立春，惟該文沒有討論到僧官名稱問題，是很可惜的。

[169] 高麗・僧一然撰，《三國遺事》，卷4，〈義解〉，大正藏第四十九冊，頁1005中。

[170]《續高僧傳》，卷10，〈釋靖嵩傳〉云：「有大學寺融智法師，大齊國統法上之神足也」（大正藏第五十二冊，頁501中）。

[171] 北魏・懿法師，〈伐魔詔并序〉云：「自遷都之後，寓在洛陽。忽於故塔之中，得此本文。時遇值今國都法師，尚在金剛波〔般〕若寺講《勝鬘經》，輒以呈示，得法師學涉內外，甚好文彩」（《廣弘明集》，卷29〈統歸篇〉，大正藏第五十二冊，頁343上）。

[172]結果，就形成了北齊僧官制度「昭玄十統」，即正如上引文所說：「〔文〕宣帝以法上法師爲大統，餘爲通統」，長官一人稱「大統」，副官九人稱「通統」。[173]這就是說，北齊僧官制，是從東魏的「昭玄沙門大統」及擴編員額的轉變中，進一步發展出來的。這個演變，是從僧官名稱之「統」字，來延續北魏以來的僧官傳統，故史稱：「魏世立監福曹又改爲昭玄司，備有官屬，以斷僧務。周、齊革爲崇玄署（原注：北齊、後周，若功德司也），東魏、高齊尙其『統』」。[174]

第六節 受命之元：鄴都承續洛陽譯經活動

依照前引〈釋老志〉（乙）文所說「世宗以來至武定末，沙門知名者」，載有「道晞」，即反映出魏、齊佛教史事之相續，另有佛典之翻譯活動，其相續點，即是前引文所說的「道晞」。他就是菩提流支，是洛陽期的重要佛典翻譯家。如再聯繫著前引〈釋老志〉（丙）文所說：「魏有天下，至於禪讓，佛經流通，大集中國，凡有四百一十五部，合一千九百一十九卷」。則顯然是要表示，魏平城期、洛陽期、鄴都期之佛典翻譯，於東魏孝靜帝武定八年五月初十日「禪讓」後，統由北齊繼承相延續，而菩提流支是其延續關鍵點。

關於平城期之佛典翻譯，〈釋老志〉說：「曇曜又與天竺沙門常那邪舍等，譯出新經十四部」。[175]由此可知，北魏的佛典之翻譯，始於平城期之曇曜，所譯新經，前後分爲兩次，第一次是太武帝太平真君七年（446）毀佛，文成帝興安元年（452）復佛，至和平三年（462），曇曜便「慨前凌廢，欣今載興。故於北臺石窟寺內，集諸僧眾，譯斯傳經，

---

[172] 山崎宏，《支那中世佛教の展開》，頁 503-504。
[173] 山崎宏，《支那中世佛教の展開》，頁 518-523。
[174] 《北山錄》卷 8，大正藏第五十二冊，頁 623 中。
[175] 《魏書》，卷 114，〈釋老志〉，頁 3037。

流通後賢，庶使法藏住持無絕」。共譯者有寶雲，[176]他本人「躬譯」。[177]
第二次是孝文帝延興三年（473），有西域僧吉迦夜到來，曇曜又請他一
起譯經。[178]又於南安王承平元年至和平五年間（452-464），有曇靖「以
創開佛日，舊譯諸經並從焚蕩，人間誘道，憑准無因」，遂於北臺石窟
寺，翻譯《提謂波利經》二卷「意在通悟」，因「言多妄習」，[179]在梁朝
（502-557）已被視作僞經，[180]經隋代（581-618）、[181]至於唐代（618-907）
[182]，仍都同樣以爲疑經；惟到了宋代（960-1279），卻有天台家肯定爲
真經。[183]經現代學者之研就，則以它是爲庶民信仰所撰的僞經。[184]北魏
孝文帝太和六年至十七年間（482-493），淮州沙門釋曇辯譯出《寶車菩
薩經》（一名《妙好寶車經》），因「訪無梵本，世多注爲疑」。梁朝已歸
於僞經之列。[185]

---

[176] 《歷代三寶紀》，卷9，大正藏第四十九冊，頁85上。《大唐內典錄》，卷4，大正
　　藏第五十五冊，頁268中。

[177] 《歷代三寶紀》，卷3云：「昭玄沙門曇曜欣三寶再興，遂於北臺石窟寺，躬譯《淨
　　度三昧經》一卷，《付法藏傳》四卷，流通像法也」（大正藏第四十九冊，頁43上）。

[178] 《歷代三寶紀》，卷9，大正藏第四十九冊，頁85中。

[179] 《續高僧傳》，卷1，〈曇曜傳〉附曇靖傳，大正藏第五十冊，頁428上；《歷代三寶
　　紀》，卷9，大正藏第四十九冊，頁85中。

[180] 《出三藏記集》，卷5，〈新集疑經僞撰雜錄〉云：「《提謂波利經》二卷（舊別有《提
　　謂經》一卷）。右一部，宋孝武時，北國比丘曇靖撰」（大正藏第四十九冊，頁39
　　上）。

[181] 《歷代三寶紀》卷9：「《提謂波利經》二卷，見《三藏記》。右一部合二卷。元魏沙
　　門釋曇靜〔靖〕，於北臺撰。見其文云：東方太山，漢言代嶽，陰陽交代，故云代
　　嶽。於魏世出，只應云魏言，乃曰漢言。不辯〔辨〕時代，一妄。太山即此方言，
　　乃以代嶽譯之，兩語相翻不識梵魏，二妄。其例甚多不可具述，備在兩卷。經文
　　舊錄，別載有《提謂經》一卷，與諸經語同，但靖加足五萬〔方五〕行，用石糅
　　金，致成疑耳，今以一卷成者爲定」（大正藏第四十九冊，頁85中）。

[182] 《續高僧傳》，卷1，〈曇曜傳〉附曇靖傳，大正藏第五十冊，頁428上；其理由同
　　於前引《歷代三寶紀》卷9之文所說。

[183] 宋代從義以之和其他僞經綜論，謂「豈以時人未決便推爲僞」，並闡釋其經義（《金
　　光明經文句新記》，卷2，卍新纂續藏經第二十冊，頁389上-下）。

[184] 塚本善隆，〈中國の在家佛教特に庶民佛教の一經典：提謂波利經の歷史〉，收入
　　氏著，《北朝佛教史研究》（東京：大東出版社，1974年10月初版），頁97-140；
　　牧田諦亮，〈北魏庶民經典について〉，收入橫超慧日編，《北魏佛教の研究》（京
　　都市：平樂寺書店，1978年5月二版），頁394-398。

[185] 《出三藏記集》，卷5，〈新集疑經僞撰雜錄〉云：「寶車經一卷（或云妙好寶車菩薩

洛陽期之佛典翻譯，〈釋老志〉沒有專文書明，只於前引〈釋老志〉（乙）文所說「世宗以來至武定末，沙門知名者」中，特錄記「道晞」，顯然是要強調他扮演從洛陽至鄴都譯業延續的角色。蓋事實上，洛陽期譯業，分爲兩種方式。一是私人譯業，如宣武帝景明三年至孝明帝神龜二年間（502-519），有沙門釋法場在洛陽譯出《辯意長者子所問經》（一名《長者辯意經》）一卷。[186]以上翻譯或撰述經典，都是屬於私人活動，固與北魏帝室無關。二是北魏帝室主持之譯業，始於宣武帝時。有南天竺國僧曇摩流支，「於洛陽爲宣武帝譯，沙門道寶筆受」，在正始元年至四年間（504-507），共譯經三部八卷，所知譯經地點爲洛陽白馬寺。[187]又有天竺國僧人勒那摩提，永平元年（508）來在洛陽殿內譯，初菩提流支助傳，後以相爭，因各別譯」，沙門僧朗、覺意、侍中崔光等筆受。計譯經論醫方六部二十四卷。[188]接著，就是菩提流支的到來，佛教史傳說他到達北魏的時間不確定，或說是「魏永平（508-511）之初，來遊東夏，宣武皇帝下勅引勞，供擬殷華」；[189]或說是「以魏宣武帝永平元年（508）歲次戊子至洛陽，武帝親慰勞」。[190]此外，另有中天竺國僧人佛陀扇多，於孝明帝正光六年（525），開始在洛陽進行譯業。[191]由此可證，前引〈釋老志〉（乙）文之「道晞」，是在眾多譯業活動中，特別給予重點式的凸顯地位。

究實把洛陽譯業綿傳至鄴都的譯家，除了菩提流支以外，還有佛陀

經）。右一部，北國淮州比丘曇辯撰，青州比丘道侍改治」（大正藏第四十九冊，頁39上）。

[186] 《歷代三寶紀》，卷9，大正藏第四十九冊，頁85中。

[187] 《歷代三寶紀》，卷9，大正藏第四十九冊，頁85下。

[188] 《歷代三寶紀》，卷9，大正藏第四十九冊，頁86中。其來華實間原云「元始五年」，惟元始年號止四年，接著是永平元年才是正確的。

[189] 《續高僧傳》，卷1，〈菩提流支傳〉，大正藏第五十冊，頁428上；唐代惠詳撰，《弘贊法華傳》，卷2，大正藏第五十一冊，頁17中。

[190] 唐・釋靖邁撰，《古今譯經圖紀》卷4，大正藏第五十五冊，頁363下。

[191] 《歷代三寶紀》，卷9，大正藏第四十九冊，頁86下。

扇多。先說菩提流支，據隋代《歷代三寶紀》所載，其譯業歷程，是「從魏永平二年（509）至天平年間（535-537），其間凡歷二十餘載，在洛及鄴譯」。這年代的上下限，都是依據於有明確紀年之譯作，在上限方面，應沒有誤差之虞。他在洛陽期所譯，可知年代者，是先於宣武帝永平二年（509）譯出《金剛般若波羅蜜經》一卷、《金剛般若經論》三卷。往後持續於宣武帝延昌年間（512-515），孝明帝神龜元年間（518-519）、正光年間（520-524），孝敬帝普泰年間（531，普泰僅一年），都有經論譯出。[192]有關其鄴都譯業之年代下限，在《歷代三寶紀》中，標示年代或註明譯於鄴都之作品，僅有一條說：「《伽耶頂經論》二卷。天平二年（535）。在鄴城般舟寺出，一云《文殊師利問菩提心經論》，僧辯、道湛筆受」。[193]

　　再看佛陀扇多，他的譯業年代，據《歷代三寶紀》，是「從正光六年（525），至元象二年（539），於洛陽白馬寺及鄴都金華寺譯」。[194]據道宣《續高僧傳》及其他文獻，則說「北天竺僧佛陀扇多，魏言覺定。從正光元年（520），至元象二年，於洛陽白馬寺及鄴都金華寺。譯出金剛上味等經十部」。[195]這顯示了，他在洛陽期之譯業上限年代有異說，一是北魏孝明帝正光六年（525），一是北魏孝明帝正光元年（520）。至於它在鄴都期譯業之下限年代，都同是東魏孝靜帝元象二年（538），可是元象年號止於元年，若說元象二年，應是興和元年（539）。這兩組年代之定準，還必須從其有紀年之譯作來確證，他最先譯出的是「《金剛三昧陀羅尼經》一卷，《如來師子吼經》一卷，上二經，正光六年出」；往後有「《攝大乘論》二卷，普泰元年出」，是北魏節閔帝普泰元年（531）；

---

[192]《歷代三寶紀》，卷9，大正藏第四十九冊，頁85下-86上

[193]《歷代三寶紀》，卷9，大正藏第四十九冊，頁86上。

[194]《歷代三寶紀》，卷9，大正藏第四十九冊，頁86下。

[195]《續高僧傳》，卷1，〈菩提流支傳〉附佛陀扇多，大正藏第五十冊，頁429上；同見於《古今譯經圖紀》，卷4，大正藏第五十五冊，頁364中；《大周刊定眾經目錄》，卷3，頁389下。

接著有《無字寶篋經》一卷等「六經，元象二年出」，此元象二年應爲興和元年，相同於「《正法念處經》七十卷，興和元年，於鄴城大丞相高澄第譯，曇林僧昉等筆受」。[196]由此可證，他的譯業歷程，應是始於北魏孝明帝正光六年（525），往後至節閔帝普泰元年（531），都在洛陽譯經；至東魏孝靜帝天平元年（534），方隨著東魏遷都，轉至鄴都，在鄴都之譯業，一直延續至興和元年（539）。

鄴都時期之譯業，經由菩提流支與佛陀扇多的過渡，就承傳了北魏譯業傳統，爲北齊鄴都所直接繼承。

第一位直接到鄴都譯經的人，是南天竺國僧人瞿曇般若流支，他的譯經歷程，《歷代三寶紀》說是「從元象初至興和末，在鄴都譯」經論。即最初有「《迴諍論》一卷，元象元年出」；接著有「《解脫戒本》一卷，興和二年出」，「《無垢女經》一卷，興和三年出」；「《無垢優婆夷經》一卷，興和四年出」；[197]整個譯經活動，是在東魏孝靜帝元象元年（538）至興和四年（542）之間，興和年號就止於四年。

第二位是中天竺優禪尼國王子月婆首那，最初是「《僧伽吒經》四卷，元象元年」譯出，接著是「《大迦葉經》三卷，《頻婆娑羅王問佛供養經》一卷，上二經，並興和三年出」。[198]往後，齊朝就陸續有譯經者到來，在文宣帝天保八年（557）至武成帝河清二年（563）間，有北天竺烏場國僧人那連提耶舍，在鄴都天平寺，譯出《菩薩見實三昧經》等七部五十二經。[199]另有居士萬俟懿（或萬天懿）於鄴城譯，他「是鮮卑姓萬俟氏，少而出家，師事婆羅門，甚聰哲，善梵書語，工呪術、醫方，故預翻譯焉」，譯出《尊勝菩薩所問經》一卷（一名《入無量門陀

---

[196] 《歷代三寶紀》，卷 9，大正藏第四十九冊，頁 86 下。
[197] 《歷代三寶紀》，卷 9，大正藏第四十九冊，頁 86 下-87 上。
[198] 《歷代三寶紀》，卷 9，大正藏第四十九冊，頁 87 上。
[199] 《歷代三寶紀》，卷 9，大正藏第四十九冊，頁 87 中-下。

羅尼經》）。[200]

第七節 高氏的受命之元

上來所述，究實是〈釋老志〉從鄴都佛教史事，來擬構魏、齊佛教的「受命之元」，因爲當時是高歡父子相繼專制朝政，所以在實際史事發展上，其實就是高歡父子主政的「受命之元」。茲說明如下：

關於遷都鄴城，實際出於高歡之主意。《魏書》〈孝靜帝紀〉已佚，今本之紀，非魏收等人所撰原文，是後人雜揉《北史》及其他史書之文而成。[201]所說遷都之事，都述爲「時年十一」之孝靜帝所「詔曰」指揮，[202]同於《北史》〈魏本紀〉，[203]而歷史事時卻非如此。此一狀況，顯示後人補綴〈孝靜帝紀〉，載事未盡詳實，因《魏書》斷代止於魏史，宜加詳實於魏史事。而《北史》狀況又有所不同，它是北朝通史，包含北齊史，從高歡起撰，因恐敘事重複，有關遷都一事，在〈魏本紀〉不載高歡之角色，至〈齊本紀〉則載其事：孝武帝永熙三年五月以前，高歡即以爲洛陽久經喪亂，王氣衰盡，雖有山河之固，土地褊狹，不如鄴，請遷都」。 孝武帝答說：「高祖定鼎河洛，爲永永之基，經營制度，至世宗乃畢。王既功在社稷，宜遵太和舊事」。高歡「奉詔」暫消遷都之意。到了五月，因與孝武帝衝突，「至是復謀焉」，「遣三千騎鎮建興，益河東及濟州兵，於白溝虜船不聽向洛，諸州和糴粟，運入鄴城」。[204]待東魏天平元年（534）九月孝靜帝即位後，高歡即「以孝武既西，恐逼崤、陝，洛陽復在河外，接近梁境，如向晉陽，形勢不能相接，乃議遷鄴」。至十一月，帝就下詔遷都。[205]今本《北齊書》〈神武帝紀下〉，所載相同。

---

[200] 《歷代三寶紀》，卷9，大正藏第四十九冊，頁87下。

[201] 《魏書》，卷12，〈孝靜紀〉校勘記第一條，頁315。

[202] 《魏書》，卷12，〈孝靜紀〉，頁297-298。

[203] 《北史》，卷5，〈魏本紀五〉，頁184。

[204] 《北史》，卷5，〈魏本紀上〉，頁222。

[205] 《北史》，卷5，〈齊本紀上〉，頁224。

206

　　遷都之際，洛陽城佛寺僧尼之搬遷，不免是出於高歡之策。據《洛陽伽藍記》載云：「暨永熙多難，皇輿遷鄴，諸寺、僧尼亦與時徙」。[207]遷鄴之時，「諸寺、僧尼」隨同遷移，是有規劃性的作業，一方面，史載當時慧光「在京洛任國僧都，後召入鄴，綏緝有功，轉爲國統」，[208]可知洛陽寺僧遷鄴，係以僧官系統規劃處理。另一方面，史載法上爲「兩部俱度，因誦求解，還入洛陽」；「年階四十遊化懷衛，爲魏大將軍高澄奏入在鄴」；[209]按法上生於太和十九年（498），[210]依虛歲計齡，四十歲恰是天平元年（534）遷都鄴城，此時高澄特召入鄴，應是與協助洛陽寺僧遷鄴之事務有關；這就顯示了，洛陽城之遷徙，既由高歡出其策略，洛陽寺僧之遷鄴，當然同樣，故其子高澄協助調動當世名僧，以從中處理佛寺僧尼之遷移。遷徙的結果，北魏末年，洛陽原有佛寺 1367 座，到了東魏「天平元年遷都鄴城，洛陽餘寺四百二十一所」；[211]遷鄴之寺有 946 座。到了東魏武定五年，洛陽佛寺的狀況是「寺觀灰燼，廟塔丘墟」；以原來整個佛寺來看，「周室京城，表裏凡有一千餘寺，今日寮〔寥〕廓鍾〔鐘〕聲罕聞」。[212]至此，洛陽佛寺能遷者，大概都遷到鄴都了，教鼎盛局面走入歷史，轉移到鄴都延續發展，在鄴都期，高洋亦有招集僧尼活動，如釋僧達，本爲蕭梁僧人，「爲魏廢帝〔孝靜帝〕中王，勅僕射高隆之，召入鄴都，受菩薩戒」。「暨齊文宣特加殊禮，前後六度歸崇十善」，達性愛林泉，居閑傳法濟業。高洋就爲他於林慮山黃華嶺下建立洪谷寺，又捨鄴都「神武舊廟造定寇寺」，兩寺都給他居住。[213]如

---

[206]《北史》，卷 2，〈神武帝紀下〉，頁 16，18。

[207]《洛陽伽藍記》，〈序〉，大正藏第五十一冊，頁 999 上。

[208]《續高僧傳》，卷 210，〈慧光傳〉，大正藏第五十冊，頁 608 上。

[209]《續高僧傳》，卷 8，〈法上傳〉，大正藏第五十冊，頁 485 上。

[210] 陳垣，《釋氏疑年錄》，頁 44。

[211]《洛陽伽藍記》，卷 5，〈城北〉，大正藏第五十一冊，頁 1022 上。

[212]《洛陽伽藍記》，〈序〉，大正藏第五十一冊，頁 999 上。

[213]《續高僧傳》，卷 16，〈適僧達傳〉，大正藏第五十冊，頁 553 上。

此，加上高氏熱衷於主持鄴都的佛典翻譯，經過東魏至北齊，鄴都發展迅速，史載「屬高齊之盛佛教中興，都下大寺略計四千，見住僧尼僅將八萬，講席相距二百有餘，在眾常聽出過一萬」；[214]鄴都佛寺約 4,000座，僧尼約 80,000 人，佛法講席 200 餘個，聽眾常超過 10,000 人，規模之大，遠超於洛陽城了。

有關鄴都佛寺之規劃，高歡將平城期之平城佛寺加雲岡石窟，延續至洛陽城佛寺搭配龍門石窟的崇佛模式，轉移到了東魏的鄴都，形成鄴都搭配響堂山石窟。響堂山北朝時期的石窟共有 12 座，北響堂第 9 窟（北洞）、第 8 窟（宋洞？）、第 4 窟（中洞）、第 2 窟（南洞）、第 1 窟（雙佛洞），南響堂第 1 至第 7 窟。關於這些洞窟的具體開鑿時間,學術界爭議較大,其問題的關鍵集中在兩個方面:一是石窟的初創時間;二是南響堂第 7 窟的開鑿時間。在過去的研究中，對於初創年代，一說於東魏，一說是北齊，一說是北魏；前兩說時間差距不大，形成了一般共識，即響堂山石窟始鑿於東魏末年，主體工程完成於北齊；而趙立春根據較確鑿的文獻考證，北響堂始鑿的年代上限是東魏天平元年（534），至遲東魏武定五年（547）石窟已建成。繼而，成為北齊石窟經營之中心。[215]

關於東魏鄴都時期之譯業，高氏父子給予鼎力支持。此處僅以主持譯業為例來說明，如瞿曇般若流支、毘目智仙與瞿曇流支之譯業，[216]高澄頗多主持活動：

《正法念處經》：興和元年。「於鄴城大丞相高澄第譯」，曇林僧昉等筆受。[217]蓋以「幽宗絕唱，方備茲辰。使持節大將軍領中書監攝吏部

---

[214]《續高僧傳》，卷 10，〈靖嵩傳〉，大正藏第五十冊，頁 501 中。

[215] 趙立春，〈從文獻資料論響堂山石窟的開鑿年代〉，《文物春秋》，2002 年第 2 期，頁 27-30。

[216] 華房光壽，〈毘目智仙・瞿曇般若流支の譯經に關して（一）〉，《印度學佛教學》，第 39 卷第 2 號（1991 年 3 月），頁 93-95；華房光壽，〈毘目智仙・瞿曇般若流支の譯經に關して（二）〉，《印度學佛教學》，第 40 卷第 2 號（1993 年 3 月），頁 64-67。

[217]《歷代三寶紀》，卷 9，大正藏第四十九冊，頁 86 下；稻本泰生，〈小南海中窟と僧稠禪師：北齊石窟研究序說〉，收入荒牧典俊編，《北朝隋唐中國佛教思想史》，京

尚書京畿大都督渤海王世子高公，道風虛邁，神衿峻遠，負日月于中衢，擊雷霆于上路，德表生民，作舟梁于夷夏」，「將恐靈教有虧，玄旨多墜，有婆羅門人瞿曇流支，比丘曇林、僧昉等」。「延居第館，四事無違，乃譯明茲典」。[218]

《佛說一切法高王經》：東魏孝靜帝興和四年（542）六月譯。凡八千四百四十九字。「魏大丞相渤海國王（高歡），冥會如來勝典之目，謂一切法高王經也。子尚書令儀同高公，能知通法，資福中勝，翻譯之功，通法之最。敬集梵文，重崇茲業，感佛法力，遇斯妙典，令知法者，翻為魏言」。曇林、瞿曇流支「在寶大尉定昌寺譯」。[219]

《毘耶娑問經》：東魏孝靜帝興和四年（542）七月譯。凡一萬四千四百五十七字。「魏尚書令儀同高公，愍諸錯習，示其歸則簡集能人善辭義者。在宅上面，出此經典」。[220]

《奮迅王問經》：東魏孝靜帝興和四年（542）七月譯。凡有一萬八千三百四十一字。「魏尚書令儀同高公，今欲以此四種奮迅，於一切處普奮迅故。置能譯人，在宅上面，出此四種奮迅法門」。[221]

《金色王經》：東魏孝靜帝興和四年（542）八月譯畢。凡三千五百一十四字。「魏尚書令儀同高公，敦捨之心，往齊金色，為開此門，普示一切，嚴宅上面。出斯妙典」。[222]

《不必定入定入印經》：東魏孝靜帝興和四年（542）九月譯。凡九千一百九十三字。「魏尚書令儀同高公，深知佛法，出自中天。翻為此

都市：法藏館，2000 年 2 月初版一刷，頁 270-307。

[218] 東魏・瞿曇般若流支譯，《毘耶娑問經》，〈毘耶娑問經翻譯之記〉，大正藏第十二冊，

[219] 瞿曇般若流支譯，《正法念處經》，〈正法念處經敘〉，大正藏第十七冊，頁 858 下。

[220] 瞿曇般若流支譯，《毘耶娑問經》，〈毘耶娑問經翻譯之記〉，大正藏第十二冊，頁 223 上-下。

[221] 瞿曇般若流支譯，《奮迅王問經》，〈奮迅王問經翻譯之記〉，大正藏第十三冊，頁 935 中。

[222] 瞿曇般若流支譯，《金色王經》，〈金色王經翻譯記〉，大正藏第三冊，頁 390 下。

典，萬未有一。採挾集人，在第更譯」。[223]

《第一義法勝經》：東魏孝靜帝興和四年（542）九月譯。凡五千五百七十六字。「魏尙書令儀同高公，重法心成，生上財想，博採梵文，廣崇翻譯。且第一義法勝經者，諸法門中，此其髓也。公意殷誠，感之題額」。[224]

《順中論》：東魏孝靜帝武定元年（543）八月譯。凡一萬三千七百二十七字。「魏尙書令儀同高公，徵國上賓瞿曇流支，在第供養，正通佛法」。[225]

另外，高氏亦啓用其族人高仲密，於東魏鄴都主持譯業。茲就毘目智仙、瞿曇般若流支之譯業，舉其主持活動如下：

龍樹造《迴諍論》：東魏孝靜帝興和三年（541）三月譯。「三藏法師毘目智仙，共天竺國婆羅門人瞿曇流支，在鄴城內金華寺譯」。「驃騎大將軍開府儀同三司御史中尉勃海高仲密啓請供養」。[226]

世親造《業成就論》：東魏孝靜帝興和三年（541）七月譯。凡四千八百七十二字。「驃騎大將軍開府儀同三司御史中尉，渤海高仲密，眾聖加持，法力資發，誠心敬請三藏法師烏萇國人毘目智仙，共天竺國婆羅門人瞿曇流支、釋曇林等，在鄴城內金華寺譯」。[227]

世親造《三具足經憂波提舍》：東魏孝靜帝興和三年（541）八月譯。凡一千百十字。「三藏法師毘目智仙，婆羅門人瞿曇流支，愛敬法人沙門曇林，於鄴城內在金華寺」譯出。時由「驃騎大將軍、開府儀同三司、

---

[223] 瞿曇般若流支譯，《不必定入定入印經》，〈不必定入定入印經翻譯之記〉，大正藏第十五冊，頁 699 中。

[224] 瞿曇般若流支譯，《第一義法勝經》，〈第一義法勝經翻譯之記〉，大正藏第十七冊，頁 879 中。

[225] 瞿曇般若流支譯，《順中論》，〈順中論義入大般若波羅蜜經初品法門翻譯之記〉，大正藏第三十冊，頁 39 下。

[226] 龍樹造，《迴諍論》，〈序迴諍論翻譯之記〉，大正藏第三十二冊，頁 13 中。

[227] 世親造，《業成就論》，〈業成就論翻譯之記〉，大正藏第三十一冊，頁 777 中。

御史中尉、渤海高仲密，啓請供養，守護流通」。[228]

世親造《轉法輪經憂波提舍》：東魏孝靜帝興和三年（541）八月譯。凡三千九百四十二字。「魏驃騎大將軍、開府儀同三司、御史中尉、勃海高仲密，善求義方，選真簡僞，故請法師毘目智仙，并其弟子瞿曇流支，於鄴城內在金華寺，出此義門憂波提舍」。[229]

世親造《寶髻經四法憂波提舍》：東魏孝靜帝興和三年（541）九月譯。凡四千九百九十九字。「護法大士，魏驃騎大將軍、開府儀同三司、御史中尉，勃海高仲密」。[230]

《寶意猫兒經》：瞿曇般若流支「於金華寺，爲高仲密出」。[231]

《犢子道人問論》：瞿曇般若流支「於金花寺，爲高仲密出，李希義筆受」。[232]

---

[228] 世親造，東魏‧毘目智仙與瞿曇流支譯，《三具足經憂波提舍》，〈三具足經優波提舍翻譯之記〉，大正藏第二十六冊，頁 359 上。

[229] 世親造，毘目智仙與瞿曇流支譯，《轉法輪經憂波提舍》，〈轉法輪經憂波提舍翻譯之記〉，大正藏第二十六冊，頁 355 下。

[230] 世親造，毘目智仙譯，《寶髻經四法憂波提舍》，〈寶髻經四法憂波提舍翻譯之記〉大正藏第二十六冊，頁 273 下-274 上。

[231] 《歷代三寶紀》，卷 9，大正藏第 49 冊，頁 87 上。

[232] 《大唐內典錄》，卷 4，大正藏第五十五冊，頁 270 上。

第十七章 修史詔之實踐（四）：〈釋老志〉釋部 以佛教天命靈異「嗣」魏天命正統

本章之目的，是針對〈修史詔〉所規定魏、齊佛教載入魏、齊史的實踐，探討以佛教天命實現修史宗旨之「嗣」魏天命正統。依第十五章所說，《魏書》〈釋老志〉釋部，以受命之元觀念用於魏佛教史，使齊「嗣」魏天命正統。在這個基礎上，就進而以魏佛教史所呈現的佛教天命，使北齊「嗣」魏天命正統。這是以〈釋老志〉釋部（第一節）、部分列傳（第二節）、〈天象志〉、〈靈徵志〉（第三節），共載魏佛教天命靈異，以示其真實性，而最後聚焦於高氏所運用的洛陽永寧寺塔火災靈異，以示齊從佛教天命「嗣」魏正統。

第一節 〈釋老志〉之魏佛教天命靈異

〈釋老志〉記載了魏王朝之佛教天命靈異，即在法果的天子即如來的基礎上，於雲岡石窟依魏皇帝長相來雕佛像，產生帝身黑痣出現於佛象之靈異，由此以成立魏之天命的祥瑞徵兆（第八章第二節）。在此之外，〈釋老志〉陸續記載佛教之靈跡，目的應是要說明，佛教靈跡不斷出現，證明靈跡屬於真實不虛，佛教天命靈異是為有徵可信，而亦於斯顯現魏之天命正統。

太武帝雖毀佛，在其前後過程中，[1]卻記錄多則佛教靈跡，可見意在顯示，佛教世俗器物，雖會遭毀之法難，佛法超世俗的神力靈跡，不因而熄滅，且對毀法者有加以懲處之力量。首先，毀佛前之靈跡有兩則：第一則，是北涼沮渠蒙遜好佛法，有罽賓沙門曇摩讖，居住姑臧，與沙門智嵩等，譯《涅槃》諸經十餘部。又「曉術數、禁呪，歷言他國安危，多所中驗。蒙遜每以國事諮之」。神■中，太武帝帝命蒙遜遣送讖至平城，蒙遜不願意，卻又懼怕魏的武力征討，遂使人殺死讖。據說讖死之

---
[1] 詳見：塚本善隆，〈北魏太武帝の毀佛釋〉，收入氏著，《北朝佛教史研究》，頁 37-66。

日，對門徒說：「今時將有客來，可早食以待之」，食畢，蒙遜所遣使者便來到，他便遭殺死，「時人謂之知命」。[2]第二則，是有北涼僧人智嵩，預知太武帝會討滅北涼，「涼州將有兵役，與門徒數人，欲往胡地」。在道路上，適逢各地飢饉，絕糧多日無食，弟子向人乞求到禽獸肉，請嵩勉強食用。嵩以守戒自律，終餓死於酒泉之西山。弟子積柴堆火化其屍，骸骨都燒成灰燼，「唯舌獨全，色狀不變，時人以為誦說功報」。[3]其靈跡之意義，是在表示，毀佛即將來臨，佛法靈異力量，依然不受應影響。其次，是毀佛過程前後之靈跡，為平城僧人惠始，原來住在長安城，大夏赫連屈丐佔城後，「道俗少長咸見坑戮。惠始身被白刃，而體不傷」。眾人大為怪異，向屈丐報告，屈丐大怒，「召惠始於前，以所持寶劍擊之，又不能害，乃懼而謝罪」。他「始自習禪，至於沒世，稱五十餘年，未嘗寢臥。或時跣行，雖履泥塵，初不汙足，色愈鮮白，世號之曰白腳師」。死後屍體「容色如一，舉世神異之」；再經十年，「開殯儼然，初不傾壞」。又「惠始冢上，立石精舍，圖其形像」，太武毀佛後，「經毀法時，猶自全立」。[4]這正像徵著，佛法靈異力量，既羅貫穿毀佛過程，人為的毀壞佛教世俗器物，必會毀之不盡。最後，毀佛後之靈跡，太武帝聽信崔浩意見，決定毀佛之際，寇謙之「與浩同從車駕，苦與浩諍，浩不肯」，謙之謂浩說：「卿今促年受戮，滅門戶矣」。果然，「後四年，浩誅，備五刑，時年七十」。[5]這就是說，毀佛者崔浩，是毀不了佛法靈異力量，終遭其力量懲罰而毀滅。

文成帝朝之佛教靈跡，是於興安元年（452）復佛後，佛教靈跡都表示，世俗佛教復興，佛法靈異力量依然常住。太安（455-458）初，有師子國胡沙門邪奢遺多、浮陀難提等五人，奉三佛像，抵達平城，都

---

[2]《魏書》，卷114，〈釋老志〉，頁3032。
[3]《魏書》，卷114，〈釋老志〉，頁3032。
[4]《魏書》，卷114，〈釋老志〉，頁3032-3033。
[5]《魏書》，卷114，〈釋老志〉，頁3035。

說「備歷西域諸國，見佛影迹及肉髻」。[6]這表示以佛陀靈異之「佛影」
與「肉髻」力量為動力，佛法伴著佛像，再度西傳平城，佛教獲得復興。
接著，和平（460-465）初年，曇曜之任沙門統，是有靈跡的。興安二
年（453），曇曜「以復佛法之明年，自中山被命赴京，值帝出，見于路，
御馬前銜曜衣，時以為馬識善人。帝後奉以師禮」。[7]這就是意味，佛法
靈異力量，使佛教獲得善良的領導人，將由此復興。

　　獻文帝時之佛教靈跡，是象徵魏佛教天命靈異力量，超越南朝，使
魏成為天下正統。先是，文成帝太安（455-459）末年，劉宋孝武帝劉
駿在丹陽（郡治在宛陵縣，今安徽省宣州市）中興寺設齋。有一沙門，
「容止獨秀，舉眾往目，皆莫識焉」。沙門惠璩問其名，答：「名惠明」。
又問所住之處，答云：「從天安寺來」。隨之「語訖，忽然不見」。孝武
帝「君臣以為靈感，改中興為天安寺」。經過七年，獻文帝即位於和平
六年（465），明年改元，「號天安元年」（466），是年，劉宋明帝之「徐
州刺史薛安都始以城地來降」。天安二年（467），北魏疆域又向劉宋擴
張，「盡有淮北之地。其歲，高祖誕載。於時起永寧寺，構七級佛圖，
高三百餘尺，基架博敞，為天下第一」。[8]以上佛教靈跡象徵著，一個發
生於南朝劉宋的佛教靈跡，卻有雙重應驗，凶象面應驗於劉宋，淪喪國
土；吉祥面應驗於北魏，不只擴張領土，還誕生一位太平盛世帝王。正
顯示佛法靈異力量所顯示之天命，不在南朝劉宋，全在北魏，所以用永
寧寺塔之「天下第一」，來體顯魏為天下之正統。

　　孝文帝朝之佛教靈跡，是魏既以佛教天命靈異而為天下之正統，乃
賴此動力，臻至太平盛世之境。延興二年（472）詔曰：「夫信誠則應遠，
行篤則感深，歷觀先世靈瑞，乃有禽獸易色，草木移性。濟州東平郡，
靈像發輝，變成金銅之色。殊常之事，絕於往古；熙隆妙法，理在當今。

---

6 《魏書》，卷114，〈釋老志〉，頁3036。
7 《魏書》，卷114，〈釋老志〉，頁3037。
8 《魏書》，卷114，〈釋老志〉，頁3037。

有司與沙門統曇曜令州送像達都，使道俗咸覩實相之容，普告天下，皆使聞知」。[9]太和九年秋，「有司奏，上谷郡比丘尼惠香，在北山松樹下死，屍形不壞。爾來三年，士女觀者有千百，於時人皆異之」。[10]時有沙門道登，「雅有義業，爲高祖眷賞，恒侍講論。曾於禁內與帝夜談，同見一鬼」。[11]以上佛教靈跡，是說太平盛世，佛法顯靈跡，以示祥瑞；即連帝王，都修行有成，具有靈通力。

　　宣武帝朝開始，〈釋老志〉便未再記載佛教天命瑞兆，因爲正如《魏書》〈世宗紀〉所說：「世宗承聖考德業，天下想望風化，垂拱無爲，邊微稽服。而寬以攝下，從容不斷，太和之風替矣。比夫漢世，元、成、安、順之儔歟」。[12]此間，正是魏王朝達於鼎盛之極而又同時盛極轉衰的時期。接著下來，魏之由盛轉衰、從衰生亂、步向亡國的時期，這是由於「魏自宣武已後，政綱不張」。加上「肅宗沖齡統業，靈后婦人專制，委用非人，賞罰乖舛」。結果「於是釁起四方，禍延畿甸，卒於享國不長。抑亦淪胥之始也，嗚呼」。[13]故〈釋老志〉於宣武帝朝，僅載：「先是，於恒農荊山造珉玉丈六像一。三年冬，迎置於洛濱之報德寺，世宗躬觀致敬」；[14]此一事件，乍看有似靈跡之事，實則不是靈跡；或許意味著，魏王朝至是，佛教天命靈跡欲顯亦不可得矣！

第二節　列傳之佛教因果報應觀

　　《魏書》列傳，亦記有傳主與佛教之關係，這些史事大抵與佛教天命靈異無關。惟其中有載佛教因果觀者，是與佛教天命靈異因果觀一

---

[9] 《魏書》，卷114，〈釋老志〉，頁3038。

[10] 《魏書》，卷114，〈釋老志〉，頁3039。

[11] 《魏書》，卷114，〈釋老志〉，頁3040。

[12] 《魏書》，卷8，〈世宗紀〉「史臣曰」，頁215。

[13] 《魏書》，卷9，〈肅宗紀〉「史臣曰」，頁249。

[14] 《魏書》，卷114，〈釋老志〉，頁3041。

致，其間之差異，只在列傳爲個體因果，王朝天命是集體因果。由此可見列傳之因果觀，仍如《魏書》世俗史從高氏受命之元以「嗣」魏正統，同樣從因果觀證明佛教天命之可信，協助高氏從佛教天命「嗣」魏正統。

《魏書》列傳之佛教因果觀，最典型而又與〈釋老志〉聯繫者，當是〈崔浩傳〉所載：

> 浩非毀佛法，而妻郭氏敬好釋典，時時讀誦。浩怒，取而焚之，捐灰於廁中。及浩幽執，置之檻內，送於城南，使衛士數十人溲其上，呼聲嗷嗷，聞于行路。自宰司之被戮辱，未有如浩者，世皆以爲報應之驗也。[15]

上文所說「及浩幽執」，是指國史之獄。當書崔浩修成國史之際，著作令史閔湛、郤標「素諂事浩」，乃請立石銘，刊載《國書》，並勒崔浩所注《五經》，經由崔浩同意及協助，以及太子拓跋晃的支持，終得立銘於平城西郊三里，方百三十步，用功三百萬乃完成。[16]太平真君十一年（450）六月，卻因國史緣故，太武帝下詔誅殺崔浩，家族連誅以外，凡清河崔氏無遠近，崔浩姻親范陽盧氏、太原郭氏、河東柳氏，皆「盡夷其族」。史稱原因是：「初，郤標等立石銘刊《國記》，浩盡述國事，備而不典。而石銘顯在衢路，往來行者咸以爲言，事遂聞發。有司按驗浩，取秘書郎吏及長歷生數百人意狀。浩伏受賕，其秘書郎吏已下盡死」。[17]不過，學者多不相信此一因素，多所推論出其他原因，迄今尚無一致的意見。[18]無論如何，崔浩因而先遭「幽執」，然後再處死。在此過

---

[15] 《魏書》，卷35，〈崔浩傳〉，頁826。

[16] 《魏書》，卷35，〈崔浩傳〉，頁825；《南齊書》，卷57，〈魏虜傳〉，頁985。

[17] 《魏書》，卷35，〈崔浩傳〉，頁826。

[18] 詳參：劉國石，〈近二十年來崔浩之死研究概觀〉，《中國史研究動態》，1998年第9期，頁12-16；單錦珩，〈崔浩死因探微：兼與張孟倫先生商榷〉，《浙江師範大學學報（社會科學版）》，1989年第1期，頁58-60；曹道衡，〈論崔浩的歷史地位及其死因〉，《陰山學刊》，1990年第1期，頁82-89；陳漢平、陳漢玉，〈崔浩之誅與民族矛盾何干？〉，《民族研究》，1982年第5期，頁37-40；李春祥，〈拓跋燾誅殺崔浩原因再探討〉，《通化師範學院學報》，1999年第6期，頁27-31；張德壽，〈拓拔鮮卑統治者的心態與崔浩國史之獄〉，《雲南師範大學學報（哲學社會科學版）》，2002

程中，於當時出現了一段因果報應的見證。

　　崔浩所遭因果報應之現象，是他被捕而「置之檻內」，一路上「使衛士數十人溲其上」，所灑之尿上身，崔浩就「呼聲嗷嗷」，呼叫聲之大，「聞于行路」。這個現象，然後「送於城南」處死，家族及親戚同遭誅滅。這個事件，因「自宰司之被戮辱，未有如浩者，事屬空前，遂使「世皆以爲報應之驗也」。把此事判斷是因果報應的孝驗，是基於等流因果觀，即因到果之間的循環，爲同質關係：一是崔浩奪妻所好「釋典」，「取而焚之，捐灰於廁中」，使釋典燬滅受屎尿，所以他的生命亦受尿在斬殺。二是「浩非毀佛法」，害死人命眾多，結果，他與家族及親戚同遭誅滅。三是如前文所說，〈釋老志〉載，寇謙之苦勸崔浩不要毀佛，浩不聽時，謙之已預言：「卿今促年受戮，滅門戶矣」！[19]

　　〈崔浩傳〉說崔氏之禍，「世皆以爲報應之驗也」，是沒誇大的，而屬事實，尤其以佛教文獻更是如此。如佚名所撰〈元魏君臨釋李雙信致有廢興故述其由事〉更記載說：太平真君七年「普滅佛法，分軍四出燒掠寺舍，統內僧尼無少長坑之，其竄逸者捕獲梟斬」。事後，有高僧惠始「爲說法明辯因果。燾於是大生愧懼，遂感癘疾，通身發瘡，痛苦難忍」。群臣議曰：「崔皓〔浩〕邪佞，毀害佛僧，陛下所患必由此」！當時「崔、寇二人，次發惡疾」。太武帝「惟過由於彼（崔浩）」，太平真君十一年，「乃載皓〔皓〕於露車，官吏十人於車上，更尿其口，行數里，不堪困苦，又生埋出口而尿之。自古三公戮辱未之過此之甚，遂誅諸姻親門族都盡」。[20]上文以崔浩爲滅佛主謀，卻又認爲寇氏與太武帝、

年第 2 期，頁 54-58；汪中柱，〈矜才負能的代價：崔浩心態悲劇的剖析〉，《福建論壇（人文社會科學版）》，2003 年第 4 期，頁 53-57；趙心瑞，〈北魏政治家崔浩死因再探〉，《大同職業技術學院學報》，2003 年第 3 期，頁 31-34；馬志冰，〈北魏頭號文字獄：崔浩國史案〉，《中國審判》，2008 年第 8 期，頁 92-93；曹小文，〈崔浩國史案原因探析〉，《廊坊師範學院學報》，2006 年第 4 期，頁 37-39；王朝峰，〈交流與融合中的犧牲：淺談崔浩之死〉，《唐山師範學院學報》，2008 年第 3 期，頁 111-112。
[19]《魏書》，卷 114，〈釋老志〉，頁 3035：
[20]《集古今佛道論衡，卷甲，大正藏第五十二冊，頁 368 下。

崔皆遭報應，是獨特的。至於其它文獻，均主張太武帝與崔浩的報應，而不言及寇謙之。例如，唐代法琳《辯證論》載「拓跋毀寺，遍體流膿」，文下小字夾注云：「魏太武帝，大毀三寶，破壞寺塔，後數年間，通身發瘡，流膿遍體。群臣眾議：佛神所爲」。[21]宋代沈遼《北山錄》謂：「滅佛後，自是不稔，崔浩輾其尸，太武遘癘疾」。[22]元代念常《佛祖歷代通載》所載相同。[23]

毀佛之報應，及於崔浩，乃至太武帝，而寇謙之則免。是因建議毀佛之初，寇謙之雖與崔浩一起隨侍太武帝，崔浩勸帝毀佛，寇謙之卻加以反對毀佛，謙之確實勸止浩無效，乃至用果報來嚇阻。太武帝頒布毀佛詔，是由崔浩的讒言而形成。[24]故在報應觀上，遂多說是崔浩及太武帝的遭遇。尤其是崔浩，向被視爲毀佛之主謀。例如，〈元魏君臨釋李雙信致有廢興故述其由事〉記滅佛事亦同〈釋老志〉，崔浩主謀，寇謙之勸止不聽。[25]《辯證論》說「因崔浩始淪正法」。[26]唐代道宣《廣弘明集》載〈擊像焚經坑僧詔〉，太平真君七年三月下詔：「一切蕩除，所有圖像胡經皆擊破焚毀，沙門無少長悉坑之」。其下謂「斯並崔浩之意致也」。[27]《北山錄》卷7〈報應篇〉認爲滅佛是因「崔皓執政，愬緇衣於太武」。[28]《佛祖統紀》亦以崔浩爲滅佛之主謀。[29]由於如此，崔浩報應特別嚴重。

《魏書》其他列傳，亦載佛教因果觀。如〈奚康生傳〉說，「康生

[21] 《辯證論》，卷7，大正藏第五十二冊，頁540上。
[22] 宋‧沈遼撰，《北山錄》，卷7，大正藏第五十二冊，頁619上。
[23] 元‧念常撰，《佛祖歷代通載》，卷8，大正藏第四十九冊，頁538上。
[24] 鎌田茂雄著，關世謙譯，《中國佛教通史》第三卷〔高雄市：佛光出版社，1986.年12月初版〕，頁323-336。
[25] 《集古今佛道論衡，卷甲，大正藏第五十二冊，頁368上-下。
[26] 《辯證論》，卷3，大正藏第五十二冊，頁506下。
[27] 《廣弘明集》卷8，大正藏第五十二冊，頁135下。
[28] 《北山錄》，卷7，大正藏第五十二冊，頁603下，619上。
[29] 《佛祖歷代通載》，卷38，大正藏第四十九冊，頁354上-下。

久爲將，及臨州尹，多所殺戮。而乃信向佛道，數捨其居宅以立寺塔。凡歷四州，皆有建置死時年五十四」。似所建寺塔，不能補殺人罪過。故又記云：「康生於南山立佛圖三層，先死忽夢崩壞。沙門有爲解云：『檀越當不吉利，無人供養佛圖，故崩耳。』康生稱然。竟及禍」，即爲救靈太后而遭殺身之禍。甚至禍延其「子難，年十八。以侯剛子婿得停百日，竟徙安州。後尚書盧同爲行臺，又令殺之」。稍可慶慰的是：「靈太后反政，贈都督冀瀛滄三州諸軍事、驃騎大將軍、司空公、冀州刺史，又追封壽張縣開國侯，食邑一千戶」。[30]可是人已死，來不及享受。又如〈爾朱榮傳〉「史臣曰」評他造河陰之禍的果報：「始則希覬非望，睥睨宸極；終乃靈后、少帝沉流不反。河陰之下，衣冠塗地。此其所以得罪人神，而終於夷戮也。向使榮無姦忍之失，修德義之風，則彭、韋、伊、霍夫何足數。至於末跡見猜，地逼貽斃，斯則蒯通致說於韓王也」。[31]〈侯莫陳悅傳〉載他「自殺岳（賀拔岳）後，神情恍惚，不復如常，恒言：我僅睡即夢見岳語我『兄欲何處去』，隨我不相置。因此彌不自安，而致敗滅」。[32]以上同樣是等流因果報應觀：殺人者同遭人殺之。

第三節 天象、靈徵志之高氏天命靈異

〈釋老志〉的佛教天命靈異，加上列傳的佛教因果觀，便形成了〈靈徵志〉的王朝天命靈異之因果解釋，並運用佛、讖雜揉之天命靈異的記錄，促使北齊從魏佛教天命靈異「嗣」魏正統。

佛教的善惡因果報應觀，在〈靈徵志〉裡，具有解釋王朝興衰的作用，其總序論云：

> 帝王者，配德天地，協契陰陽，發號施令，動關幽顯。是以克躬修政，畏天敬神，雖休勿休，而不敢怠也。化之所感，其徵

---

[30] 《魏書》，卷 73，〈奚康生傳〉，頁 1633。
[31] 《魏書》，卷 74，〈爾朱榮傳〉「史臣曰」，頁 1657。
[32] 《魏書》，卷 80，〈侯莫陳悅傳〉，頁 1786。

必至。善惡之來，報應如響。斯蓋神祇眷顧，告示禍福，人主所以仰瞻俯察，戒德慎行，弭譴咎，致休禎，圓首之類，咸納於仁壽。然則治世之符，亂邦之孽，隨方而作，厥跡不同，眇自百王，不可得而勝數矣。今錄皇始之後災祥小大，總為〈靈徵志〉。[33]

上文所言靈徵，不特指天象或其他現象，廣泛的指具有「告示禍福」作用的「化之所感，其徵必至」。這背後的原因，是「善惡之來，報應如響」，即所謂善惡報應觀。報應的顯現，是透過超自然力量的「神祇眷顧」，對善惡行為，反映為含有吉凶的「靈徵」。這報應觀的根源，上文沒有特別指定對象，應包含佛教或道教。這裡只說佛教，即如〈釋老志〉釋部所說：「凡其經旨，大抵言生生之類，皆因行業而起。有過去、當今、未來，歷三世，識神常不滅。凡為善惡，必有報應。漸積勝業，陶冶粗鄙，經無數形，澡練神明，乃致無生而得佛道」。[34]由此可見，前引文之善惡報應，含有佛教報應觀的元素，只是在三世因果中，特別注重「當今」的報應靈徵。

依據上述因果觀，《魏書》以〈靈徵志〉為主，旁配〈天文志〉為輔，進行天命靈異的記錄，而聚焦於北齊「嗣」魏正統之象徵，而且遵照高氏父子所追逐的佛教天命靈異（第九章），高洋用於禪代的佛教天命靈異（第十章），從表 17-3-1，把魏佛教史之佛教天命加以記錄，而其歸宿點，在於孝武帝永熙三年二月永寧寺塔靈異，並說靈異發生地點是「勃海，齊獻武王之本封也，神靈歸海」，以具體顯示，此一佛教天命靈異，實乃北齊高氏繼承魏政權之天命之瑞兆。表 17-3-2，則由星占及雜讖，一直顯示，宣武帝以後，魏天命便持續衰落，天命一直轉移至北齊高氏，以強化永寧寺塔靈異之高氏天命應驗的可信性、必然性。綜合起來，便是使北齊高氏從魏所發生的佛教天命靈異中，早已「嗣」魏正統了。

---

[33]《魏書》，卷 112 上，〈靈徵志上〉，頁 2893。
[34]《魏書》，卷 114，〈釋老志〉，頁 3026。

《魏書》〈釋老志〉，可能爲了強化前說，於述佛陀誕生時說：

> 釋迦生時，當周莊王九年。《春秋》魯莊公七年夏四月，恒星不見，夜明，是也。至魏武定八年，凡一千二百三十七年云。釋迦年三十成佛，導化群生，四十九載，乃於拘尸那城娑羅雙樹間，以二月十五日而入般涅槃。[35]

上文謂佛陀生年，是周莊王九年（前 688），是屬有誤。依據《春秋》魯莊公七年（前 687），當爲周莊王十年，是年「夏四月辛卯，夜，恒星不見。夜中，星隕如雨」。學者或認爲，此一天象，是發生於公元 687 年 3 月 16 日的流星雨，是世界最古之天琴座流星雨之記錄。[36]以此爲佛陀降生之瑞兆，是佛徒依照天命觀的天人感應加以附會的。[37]而〈釋老志〉以佛陀降生此年，則是依據三國時代吳人謝承《後漢書》所載：「佛以癸丑七月十五日，托生於淨住國摩耶夫人腹中，至周莊王十年（前687）甲寅四月八日始生」。[38]又〈釋老志〉以佛陀享壽 80 歲，則佛當滅於公元前 607 年，即周匡王六年。如此，佛陀生卒年代爲公元前 687-607 年。當然，這個年代，不必然正確，因佛陀年代，印度佛教本無明確記載，後世印度佛教徒說法不一。後來能超越傳統舊說，往新方向重新推斷的，是始於 19 世紀後半葉的西洋學者，到了 1920 年代，一般通用的佛滅年代，是公元前 483 年及公元前 477 年。[39]在日本佛教學界，陸續有突破傳統舊說之研究，如赤沼智善先生所證佛陀生卒年代約公元前 565-486 年。[40]林屋友次郎先生所證佛陀生卒年代約公元前 667-587 年。

---

[35] 《魏書》，卷 114，〈釋老志〉，頁 3027。

[36] 《春秋左傳注》，上冊，〈莊公七年〉，頁 170-171。

[37] 任繼愈主編，《中國佛教史》，第 1 卷（台北：谷風出版社，1987 年 4 月出版），頁 47。

[38] 謝承撰，汪文台輯，《後漢書》，頁 64-65。

[39] 宇井伯壽，〈佛滅年代論〉，收入氏著，《印度哲學史》，第二冊（東京市：岩波書店，1　年　月），頁　。

[40] 赤沼智善，〈釋尊年代考〉，收入氏著，《赤沼智善著作選集》，第一卷（京都市：法藏館，1981 年 5 月復刻一刷），頁 323-346。

[41]宇井伯壽先生所證佛陀生卒年代約公元前 466-386 年。[42]中村元先生所證佛陀生卒年代約公元前 463-383 年，[43]平川彰先生所證佛生卒年亦約公元前 463-383 年。[44]總之，佛陀生卒年代，具有很大的相對性，人人言殊，卻畢竟有個相對歷史時間。

　　無論如何，〈釋老志〉以佛陀當為周莊王十年（587），而至東魏孝靜帝武定八年（550），共計 1237 年。這個年代計算的意義，是以佛陀生辰年代，來搭配武定八年高洋禪代東魏政權，雖無明文說此做法的用意，卻很明顯欲透露，北齊之成功禪代東魏，有其佛教天命在焉，甚至就是佛教天命作用而使然，永寧寺佛天命靈異，就佛陀降誕後，歷史發展的的必然結果。

表 17-3-1《魏書》中北齊高氏的佛教天命靈異

時間	天命靈異	結果
文成帝太安五年（459）春三月	肥如城內大火，官私廬舍焚燒略盡，唯有東西二寺佛圖、像、舍，火獨不及。[45]	
文成帝和平三年（462）四月	河內人張超，於壞樓所城北故佛圖處，獲玉印以獻；印方二寸，其文曰：「富樂日昌，永保無疆，福祿日臻，長享萬年。」	百僚咸曰：「神明所授，非人為也。」詔天下大酺三日。[46]

---

[41] 林屋友次郎，〈佛滅年代私考〉，收入氏著，《佛教及佛教史の研究》（岡谷市：喜久屋書店，1　　年　月初版），頁　　。

[42] 宇井伯壽，〈佛滅年代論〉，收入氏著，《印度哲學史》，第二冊（東京市：岩波書店，1　　年　月），頁　111。

[43] 中村元，《ゴータマ・ブッダ》，第一冊，中村元選集決定版第十一卷（東京市：春秋社，1993 年 7 月初版第二刷），頁 108-112。

[44] 平川彰，《原始佛教とアビダルマ佛教》，收入平川彰著作集第二卷（東京市：春秋社，1　　1年　月初版），頁1　　。

[45] 《魏書》，卷 112 上，〈靈徵志上〉，頁 2912。

[46] 《魏書》，卷 112 下，〈靈徵志下〉，頁 2956。

孝文帝太和三年（479）七月丁卯	京師地震。	五年二月，沙門法秀謀反。[47]
孝文帝四年（480）正月丁未	月在畢，暈參兩肩、五車、東井。丁巳，月犯心。占曰「人伐其主」。	五年（481）二月，「沙門法秀謀反，伏誅。[48]
孝文帝太和八年（484）正月	上谷郡惠化寺醴泉湧。醴泉，水之精也，味甘美。	王者修治則出。[49]
太和十六年（492）十一月乙亥	高祖與沙門道登幸侍中省。日入六鼓，見一鬼衣黃褶褲，當戶欲入。帝以爲人，叱之而退。問諸左右，咸言不見，唯帝與道登見之。[50]	
太和十九年（495）六月	徐州表言丈八銅像汗流於地。[51]	
宣武帝永平元年（508）春正月庚寅	秦州地震。	三年二月，秦州沙門劉光秀謀反。[52]
延昌二年（513）閏月辛亥	日中有黑氣。占曰「內有逆謀」。	三年（514）十一月丁巳，幽州沙門劉僧紹聚眾反，自號淨居國明法王，州郡捕斬之。[53]
延昌三年（514）閏月戊午	月犯軒轅。占曰「女主之憂」。	神龜元（518）年九月，「皇太后高尼崩於瑤光寺」，[54]
延昌四年（515）七月	徐州上言，陽平戍豬生子，頭面似人，頂有肉髻（釋迦佛頭部特徵），體無毛。	靈太后、幼主傾覆之徵也。[55]

[47] 《魏書》，卷 112 上，〈靈徵志上〉，頁 2894。

[48] 《魏書》，卷 105-2，〈天象志二〉，頁 2362。

[49] 《魏書》，卷 112 下，〈靈徵志下〉，頁 2967。

[50] 《魏書》，卷 112 上，〈靈徵志上〉，頁 2916。

[51] 《魏書》，卷 112 上，〈靈徵志上〉，頁 2916。

[52] 《魏書》，卷 112 上，〈靈徵志上〉，頁 2896。

[53] 《魏書》，卷 105-1，〈天象志一〉，頁 2340。

[54] 《魏書》，卷 105-2，〈天象志二〉，頁 2376。

[55] 《魏書》，卷 112 上，〈靈徵志上〉，頁 2919。

孝明帝熙平二年（517）十一月己未	并州表送祁縣民韓僧真之女令姬，從母右脅而生（同釋迦從右脅生），靈太後令付掖庭。[56]	
正光三年（522）六月	并州靜林寺僧，在陽邑城西椽谷掘藥，得玉璧五，珪十，印一，玉柱一，玉蓋一，並以獻。[57]	
孝昌二年（526）十月	揚州刺史李憲表云，門下督周伏興七月十一日夜，「夢渡肥水，行至草堂寺南，遙見七人」，其人語興：「君可回，我是孝文皇帝中書舍人，遣語李憲，勿憂賊堰，此月破矣。」	「七月二十七日，堰破」。[58]
孝昌二年（526）五月丙寅	京師暴風，拔樹發屋，吹平昌門扉壞，永寧九層撥折。	於時天下所在兵亂。[59]
孝莊帝永安三年（530）二月	京師民家有二銅像，各長尺餘，一頤下生白毫四，一頰傍生黑毛一。[60]	
永安、普泰、永熙中	京師平等寺定光金像每流汗。[61]	國有事變，時咸畏異之
前廢帝普泰元年（531）夏	大風雨，吹普光寺門屋於地。[62]	
出帝永熙三年（534）二月	永寧寺九層佛圖災。既而時人咸言有人見佛圖飛入東海中。永寧佛圖，靈像所在，天意若曰：永寧見災，魏不寧矣。勃海，齊獻武王之本封也，神靈歸海。	則齊室將興之驗也。[63]
永熙三年三月	并州三級寺南門災。[64]	

---

[56] 《魏書》，卷112上，〈靈徵志上〉，頁2915-2916。
[57] 《魏書》，卷112下，〈靈徵志下〉，頁2957。
[58] 《魏書》，卷112下，〈靈徵志下〉，頁2956。
[59] 《魏書》，卷112上，〈靈徵志上〉，頁2901。
[60] 《魏書》，卷112上，〈靈徵志上〉，頁2916。
[61] 《魏書》，卷112上，〈靈徵志上〉，頁2916。
[62] 《魏書》，卷112上，〈靈徵志上〉，頁2902。
[63] 《魏書》，卷112上，〈靈徵志上〉，頁2913。

表 17-3-2《魏書》所載北齊高氏的星占及雜讖之天命靈異

時間	天命靈異	結果
宣武帝延昌三年八月辛巳	兗州上言：「泰山崩，頹石湧泉十七處。」泰山，帝王告成封禪之所也，而山崩泉湧，陽黜而陰盛，岱又齊地也。	天意若曰：當有繼齊而興，受禪讓者。齊代魏之徵也。[65]
莊帝建義二年三月乙卯	月入畢口。占曰「大兵起」。	壬戌，詔大將軍、上黨王天穆與齊獻武王討邢杲。[66]
前廢帝普泰元年秋	司徒府太倉前井並溢。占曰：民遷流之象。	永熙三年十月，（高歡主張）都遷於鄴。[67]
前廢帝普泰元年十月癸丑	月暈昴、觜、參、東井、五車三星。占曰「有赦」。	是月，齊獻武王推立後廢帝，大赦天下。[68]
出帝太昌元年五月	齊獻武王獲三足烏以獻。[69]	
出帝太昌元年十月辛酉朔	日從地下蝕出，虧從西南角起。占曰「有兵大行」。	永熙二年正月甲午，齊獻武王自晉陽出討尒朱兆。丁酉，大破之於赤洪嶺，兆遁走自殺。[70]
出帝永熙二年四月己未朔	日有蝕之，在丙，虧從正南起。占曰「君陰謀」。	三年五月辛卯，出帝為斛斯椿等諸佞關構，猜於齊獻武王，託討蕭衍，盛暑徵發河南諸州之兵，天下怪惡之。語在斛斯椿傳。[71]
東魏孝靜天平二年七月	齊獻武王獲白烏以獻。[72]	
元象元年六月	齊獻武王獲白鹿以獻。[73]	

[64] 《魏書》，卷 112 上，〈靈徵志上〉，頁 2913。

[65] 《魏書》，卷 112 上，〈靈徵志上〉，頁 2898-2899。

[66] 《魏書》，卷 105-2，〈天象志二〉，頁 2380。

[67] 《魏書》，卷 112 上，〈靈徵志上〉，頁 2904。

[68] 《魏書》，卷 105-2，〈天象志二〉，頁 2382。

[69] 《魏書》，卷 112 下，〈靈徵志下〉，頁 2934。

[70] 《魏書》，卷 105-1，〈天象志一〉，頁 2333。

[71] 《魏書》，卷 105-1，〈天象志一〉，頁 2333。

[72] 《魏書》，卷 112 下，〈靈徵志下〉，頁 2934。

元象元年六月	齊獻武王獲白兔以獻。[74]	
元象元年七月	齊獻武王獲白雀。[75]	
武定元年九月	齊獻武王上言并州木連理。[76]	
興和元年冬	西兗州濟陰郡宛句縣濮水南岸，有泉涌出，色清味甘，飲者愈疾，四遠奔湊。	齊獻武王令於泉所營立廬舍。尚書奏賞刺史粟千石，太守粟五百石，縣令粟二百石，以旌善政所感；先列言者依第出身。詔可。[77]
武定五年正月己亥朔	日有蝕之，從西南角起。占曰「不有崩喪，必有臣亡，天下改服」。	丙午，齊獻武王薨。[78]

---

[73] 《魏書》，卷 112 下，〈靈徵志下〉，頁 2931。
[74] 《魏書》，卷 112 下，〈靈徵志下〉，頁 2946。
[75] 《魏書》，卷 112 下，〈靈徵志下〉，頁 2951。
[76] 《魏書》，卷 112 下，〈靈徵志下〉，頁 2963。
[77] 《魏書》，卷 112 下，〈靈徵志下〉，頁 2967。
[78] 《魏書》，卷 105-1，〈天象志一〉，頁 2334。

第十八章 結論

上來各章，已完成了〈修史詔〉頒布原因的說明，詔書內容的分析，詔書內容形成原因的探討，以及詔書內容的具體實踐。此處，就來歸納整合全部結果，說明《魏書》〈釋老志〉撰述原因。

壹、齊的佛教天命之功能

從整體的角度來看，在《魏書》〈釋老志〉撰述原因中，最終極的原因，當推佛教天命，蓋佛教天命之功能，對齊王朝而言，有如下之重要性：

一、高氏之佛教天命：自東漢以降，南北方佛教都先後產生了佛教天命，後漸興起。南朝方面，在朝代政權遞嬗之際，自劉宋禪代東晉起，便將佛教天命運用於禪代；在平常之時，佛教天命用來以及王朝及帝王之吉凶；蕭齊、蕭梁無不如此。北魏王朝方面，佛教天命是構成王朝天命正統的支柱之一；同時，佛教天命揉合雜讖，經常引發沙門叛亂，使佛教天命傳播於社會民間，漸而出現魏王朝行將滅亡的佛讖預兆。在這背景下，高歡以有問鼎神器之野心，在崛起過程中，就展開了天命靈異的追逐，高澄、高洋亦緊跟其腳步，後來就以洛陽都城爲落腳點，約在孝武帝永熙元年至三年（532-534）十月，高家結緣於洛陽平等寺定光佛，因定光佛像最著名的事跡，是常顯靈預兆王朝天命之吉凶。接著，永熙三年二月洛陽永寧寺塔發生火災，延燒三個月，始告焚盡地基部分，焚毀之後，旋於五月間，復於東方海面靈異的浮現寺塔，高澄、高洋兄弟便將此事構作爲高氏天命的永寧寺塔靈異，象徵魏天命飛往「渤海」，王朝行將亡，「渤海」高氏將代之而興。

二、高洋禪代之佛教天命：東魏孝靜帝武定八年三月間，高洋於禪代之事尚有憂疑，便由高德政招集術士，製造新天命說，用意在把永寧寺塔靈異之「渤海」高氏天命，明確的定位到「高氏」之「高洋」身上

來。所以《魏書》、《北齊書》、《北史》，都一致的聲稱，永寧寺塔之天命靈異，是齊王朝創立的天命根源。

三、禪代後佛教天命之需求：高洋禪代後，對佛教天命依然維持著需求，因為禪代過程頗有阻礙，佛教天命的操作亦同樣不順利；在禪代後，高洋於天命正統仍多憂疑；另外，齊王朝對五行天命正統，並沒有依魏王朝屬水德，以水生木，公開頒布齊王朝繼之屬木德，五行天命正統不明確；加上當時西魏流行與佛教相關的黑讖天命，南方蕭梁武帝已長久使用佛教天命，在天命正統對峙上，對齊王朝來說，都構成了一種挑戰。

貳、佛教天命功能融於〈修史詔〉宗旨之嗣弘魏天命正統

前述齊王朝的佛教天命功能，合乎於〈修史詔〉的修史宗旨對「嗣弘」魏天命正統之需求，其理由如下：

一、就當時背景來說，詔書之頒布，係因高氏禪代魏政權，經過了一段曲折歷程，即高歡想禪愛而未逢時機，高澄將禪代而遇刺死亡，高洋進行禪代而有阻礙，遂於禪代後進行攏絡人心之系列措施，頒布〈修史詔〉是攏絡人心諸措施的一個環節；這樣的頒詔背景，實同於高洋禪代中及禪代以後的佛教天命之不順利。

二、〈修史詔〉宗旨在嗣弘魏天命正統，這個宗旨之觀念，是來自禪代過程中，高洋之「嗣弘」魏王朝政權，所依憑者乃是天命；而高洋禪代所用天命，正是佛教天命，即以北魏洛陽永寧寺塔焚毀後，寺塔靈異的浮現於東方海面，象徵魏王朝天命轉移至「渤海」高氏，正是高氏將嗣弘魏天命正統。以此可見，高洋禪代所用佛教天命之內容，合乎了修史宗旨嗣弘魏天命正統之需求。

三、就修史宗旨形成的原因來看，政治文化原因與佛教原因之間，

具有相輔相成的一致性。（1）在政治文化原因上，依照禪代慣例，禪代之本朝是繼承禪位之前朝的天命正統，本朝與前朝之間，天命正統綿密相銜延續。在佛教原因上，高洋禪代之佛教天命，同樣是由齊繼承魏天命，兩者綿密相銜。（2）面對齊境內部，在政治文化原因上，是要面對拓跋氏集團的勢力及鮮卑文化去攏絡，此點亦與佛教原因聯結起來。首先，從平城佛教漸興爲洛陽佛教，顯示了拓跋氏集團深染佛教文化，運用佛教拉攏拓跋氏集團，乃爲重要之事，所以到了東魏鄴都佛教，正值高氏專政期間，高歡、高澄，不僅於遷都鄴城之際，將絡陽佛教一起遷往鄴都，還在鄴都提倡佛教，主持佛典翻譯活動。其次，以當時環境來看，東晉、劉宋、蕭齊、蕭梁之禪代，有關天命正統之相銜，是用五行相生，依次衍生，而在禪代中，佛教天命依然運用，與五行相生並行不悖。縱使在非禪代取得政權的北魏王朝，其天命正統，同樣是五行土德或水德與佛教天命並存並用。這就是說，當時承認，天命正統之表達以及相承延續，佛教天命及五德終始，功能是完全相同的。如此一來，佛教天命，可以彌補齊王朝五行天命不明確的闕口，同時延續北魏佛教天命正統之傳統，讓拓跋氏集團能夠接受。（3）面對西魏，在政治文化原因上，西魏之「嗣弘」魏天命正統，是以元氏帝系及鮮卑文化制度爲基礎，這在齊境之內，亦有拓跋氏集團及鮮卑文化制度，以資抗衡。可是在佛教原因上，西魏流行與佛教相關的黑讖天命，在齊境之內，五行天命不明確，無法對抗西魏，故能與之抗衡者，大抵唯賴佛教天命。（4）面對蕭梁，在政治文化原因上，齊以嗣弘魏天命正統之國力優勢，爭取在蕭梁的利益；在佛教原因上，高洋禪代以後，齊之五行天命正統不明確，未得藉之來相抗，且梁武帝運作佛教天已數十年，齊所能提出抗衡及號召蕭梁者，大抵仍以佛教天命爲方便。

　　總之，從各方面來看，〈修史詔〉宗旨所欲嗣弘之魏天命正統，並非不明鵲的五行天命正統，而是高洋禪代所使用的佛教天命。所以，〈修

史詔〉在「嗣弘」魏天命正統之修史宗旨下，向「僧徒」詔集佛教史料以撰史，就是修史宗旨融合著佛教天命的意味。

參、佛教天命功能促使〈修史詔〉魏佛教史與魏王朝史聯繫起來

〈修史詔〉的實現宗旨之方式，是兼修魏、齊史，把魏、齊佛教載入魏、齊史。以魏王朝部分而言，這就促成魏佛教史與魏王朝史聯繫起來。其形成的原因有四：

一、〈修史詔〉以修史做為實現宗旨之方式，是基於高洋禪代的觀念：天命從魏王朝轉移至齊王朝之歷程，與高歡、高澄、高洋參與從北魏末到東魏的歷史演變過程，是一致的，故以修魏、齊史來承載嗣弘魏天命正統。

二、〈修史詔〉以修史做為實現宗旨之方式，還有另一個原因，即是為了抗衡當時的史學正統朝流，一是抗衡西魏修國史之嗣弘魏天命正統，二是為抗衡東晉南朝史書之斥魏正統。

三、〈修史詔〉之實現宗旨方式，所採用的「兼修」魏、齊史模式，有兩個淵源有：一是參照北魏官修本朝史而允許私修前朝史，即參考其官私「並修」模式。二是魏晉南朝之修史模式有兩種：一種是如同北魏的官私「並修」，一種是由官方統領「兼修」本朝及前朝史；〈修史詔〉亦以官方統領「兼修」，顯然模仿自後者。

四、在兼修魏、齊史模式下，加上〈修史詔〉規定須把魏、齊佛教史載於魏、齊王朝史，在魏王朝部分，就將魏佛教史與魏王朝史聯繫起來了。

肆、佛教天命功能促使〈修史詔〉於王朝史開闢書寫佛教之空間

〈修史詔〉的宗旨實現方式，既是兼修魏、齊史，把魏、齊佛教載入魏、齊史。以魏王朝部分而言，這個規定，就在魏王朝史書中，為魏佛教史開闢了書寫空間。其形成的原因有三：

一、如前所說，〈修史詔〉的嗣弘魏天命正統之宗旨，融合著佛教天命，所以為了實現宗旨，就必須把魏佛教史載入魏王朝史。

二、為了抗衡南朝佛教史書斥魏正統，最直接的方式，即撰述一部魏佛教史書，來呈現齊的佛教天命，以使齊王朝獲得「嗣」魏天命正統。那麼，〈修史詔〉為何捨此捷徑而不為呢？這個答案是：無論北魏、魏晉南朝官方，對王朝天命正統之呈現，都一致的以王朝史來承載。特別是魏晉南朝，多以並修或兼修本朝史及前朝史，以展現本朝天命正統（按：北魏之本朝史及前朝史之並修，無天命正統相續之關係和作用）。依照這個史學潮流，〈修史詔〉固將魏佛教史與魏王朝史聯繫起來了，卻非把兩者各自獨立區隔，所以魏佛教史並非獨立的，亦非要撰成一部魏佛教專史，而是要把魏佛教史載於魏王朝史，成為魏王朝史之部分內容，讓「嗣」魏天命正統以雙軌呈現：以魏王朝史本身來表達，並由魏王朝史內的魏佛教史來承載。

三，魏、齊佛教史載入魏、齊王朝史，不是〈修史詔〉所新創，而是模仿前例而來的。自東漢以來，經三國、兩晉、十六國、南朝、北魏間，王朝史籍之撰述，頗稱發達，業已紛紛開闢新的書寫空間，以記載佛教之史事。經此模仿，詔書就規定將魏、齊佛教載其王朝史，這個規定，不啻同樣在魏王朝史中，開闢了新的書寫空間，以備書寫魏佛教史事。

肆、為於魏佛教史承載齊之「嗣」魏天命正統，乃撰成〈釋老志〉釋部

〈修史詔〉的修史宗旨及實現宗旨之方式，在齊王朝積極運作下，確實完全實踐出來。此處只集中談〈釋老志〉釋部之撰述。依今本《魏書》來看，魏佛教史事之記載，既已遍布於紀、傳、志，卻又另成立〈釋老志〉釋部專篇，其原因有二：

一、照〈修旨詔〉之規定，僅命「僧徒」提供佛教史料，以載入《魏書》，並如前述，允許在魏王朝史中另開闢新的書寫空間，以撰述魏佛教史；而必須注意者，是詔書並無規定魏佛教史之撰述體裁。由此可知，〈釋老志〉之嶄新體裁，是在〈修史詔〉賦予新的書寫空間之基礎上，製訂出來的；否則，設若無此條件，魏收等人，在官修魏王朝史書中，豈敢隨意開設前例所無的書寫空間呢？不過，其詳情細節，還有待深入研究。

二、為了以魏佛教史來實現齊之「嗣」魏天命正統，首先，必須記載佛教天命之內容，而其多屬小篇幅的靈異事蹟，易於找到適合容納的書寫空間，所以魏收等人把它記載於傳統體裁內：〈天象志〉、〈靈徵志〉。其次，因齊王朝五行天命正統不明確，《魏書》對齊之「嗣」魏天命正統，未敢違犯禁忌，依照五德終始，私訂齊繼魏水德而為木德天命正統，唯只能模仿晉南朝史書之「受命之元」書法，以齊史的「起元」，定點於魏王朝史節閔帝普泰二年（532）高歡滅爾朱氏「四湖」，使魏、齊史一脈相承相續，以示魏、齊之間天命正統相承，即齊「嗣」魏天命正統。這個書法，若要同樣要使用於魏佛教史，以與佛教天命相輔相成，從佛教史完成齊「嗣」魏天命正統之宗旨的實現，則需要較寬廣的書寫空間，因受命之元書法，必須由完整的歷史演變脈絡來顯現，撰述完整的歷史演變脈絡，勢必佔用較廣闊的篇幅，故為達此目的，乃開闢了嶄新的〈釋老志〉釋部，將魏佛教史編載於釋部，一面環繞魏佛教史演變脈絡，體

顯高氏在魏佛教史上的受命之元；一面在魏佛教史記載佛教天命靈異，以呼應〈靈徵志〉、〈天象志〉裡的高氏天命靈異，以達成齊「嗣」魏天命正統之修史宗旨的實現。

　　總結以上的歸納，《魏書》〈釋老志〉釋部撰述原因，是以佛教天命功能爲核心所連續衍生的系列原因：高洋使用佛教天命行禪代，禪代後仍有佛教天命之需求→促使〈修史詔〉修史宗旨之嗣弘魏天命正統融合著佛教天命→遂於實現宗旨之方式規定，把魏佛教史與魏王朝史連繫起來→促使〈修史詔〉在魏王朝史中，開闢新的書寫空間，以備載入魏佛教史→於是有〈釋老志〉釋部之新體裁→承載魏佛教史以呈現齊之「嗣」魏天命正統。

　　簡而言之，《魏書》〈釋老志〉釋部撰述原因是：高洋以佛教天命行禪代，其後仍有佛教天命需求，遂將佛教天命融合於〈修史詔〉宗旨，規定魏佛教史載入魏王朝史，並開闢新的書寫空間，促使嶄新的〈釋老志〉體裁誕生，承載魏佛教史以呈現齊之「嗣」魏天命正統。

徵引文獻

一、考古報告

中國社會科學院考古研究所、河北省文物研究所編著,《磁縣灣漳北朝壁畫墓》,北京市:科學出版社,2003 年 3 月初版一刷。

中國社會科學院考古研究所編,《北魏洛陽永寧寺:1979-1994 年考古發掘報告》,北京市:中國大百科全書出版社,1996 年 11 月初版一刷。

中國科學院考古研究所洛陽工作隊,〈漢魏洛陽舊城初步勘查〉,收入洛陽文物與考古編輯委員會編,《漢魏洛陽故城研究》,北京:科學出版社,2000 年 9 月,初板一刷,頁 7-20。

中國科學院考古研究所洛陽漢魏城工作隊,〈北魏洛陽外郭城和水道的勘查〉,收入《漢魏洛陽故城研究》),北京:科學出版社,2000 年 9 月,初板一刷,頁 21-30。

石璋如,〈陝西耀縣的碑林與石窟〉,《中央研究院歷史語言研究所集刊》,第 24 本,1953 年,頁 145-172。

米文平,〈鄂倫春自治旗嘎仙洞遺址 1980 年清理簡報〉,收入氏著,《鮮卑史研究》,鄭州市:中州古籍出版社,2000 年 11 月初版一刷,頁 37-45。

二、古代典籍

內田吟風等著,余大鈞譯,《北方民族史與蒙古史譯文集》,昆明市:雲南人民出版社,2003 年 1 月初版一刷。

毛　亨(西漢)傳,鄭玄(東漢)箋,孔穎達(唐)疏,《毛詩注疏》,台北市:藝文印書館,1985 年 12 月,十三經注疏,阮元刊本。

王欽若(宋)等撰,《冊府元龜》,台北市:中華書局,1967 年初版,據明崇禎壬午年刊本影印。

王鳴盛（清）撰，《十七史商榷》，台北市：鼎文書局，1979 年 9 月初
　　　版，王鳴盛讀書筆記十七種本。

令狐德棻（唐）撰，《周書》，台北市：鼎文書局，1978 年 11 月再版，
　　　新校點本。

司馬光（宋）等撰，《資治通鑑》，台北市：建宏書局，1977 年，新校
　　　點本。

司馬遷（西漢）撰，《史記》，台北市：鼎文書局，1979 年 2 月再版，
　　　新校標點本。

朱　熹（南宋）撰，《四書集注》，台北市：漢京文化公司，1987 初版，
　　　新校點本。

朱謙之，《老子校釋》，北京市：中華書局，1984 年，新編諸子集成本。

李百藥（唐）撰，《北齊書》，台北市：鼎文書局，1978 年 11 月再版，
　　　新校點本。

李延壽（唐）撰，《北史》，台北市：鼎文書局，1979 年 3 月再版，新
　　　校點本。

李延壽（唐）撰，《南史》，台北市：鼎文書局，1985 年 3 月四版，新
　　　校點本。

李昉等（宋）編，《太平御覽》，河北石家莊市：河北教育出版社，2000
　　　年 3 月初版二刷，新校點本。

杜　預（西晉）注，孔穎達（唐）疏，《春秋左傳注疏》，台北市：藝
　　　文印書館，1985 年 12 月，十三經注疏，阮元刊本。

沈　約（南齊）撰，《宋書》，台北市：鼎文書局，1979 年 2 月再版，
　　　新校點本。

周秉鈞，《尚書易解》，長沙市：岳麓書社，1984 年 11 月初版一刷。

屈萬里，《尚書集釋》，台北市：聯經出版公司，1983 年 2 月初版。

房玄齡（唐）撰，《晉書》，台北市：鼎文書局，1979 年 2 月再版，新

校點本。

姚思廉（唐）撰，《梁書》，台北市：鼎文書局，1978 年 11 月再版，新
　　校點本。

姚思廉（唐）撰，《陳書》，台北市：鼎文書局，1986 年 10 月四版，新
　　校點本。

紀　昀（清）等撰，《四庫全書總目提要》，台北市：台灣商務印書館，
　　1983 年 3 月，據武英殿本影印。

范　曄（劉宋）撰，《後漢書》，台北市：鼎文書局，1979 年 11 月再版，
　　新校點本。

班　固（東漢）撰，《漢書》，台北市：鼎文書局，1979 年 11 月再版，
　　新校點本。

張　湛（晉）注，《列子》，台北市：世界書局，1972 年 10 月新一版，
　　新編諸子集成本。

許　慎（東漢）撰，段玉裁（清）注，《說文解字注》，台北市：天工書
　　局，1987 年 9 月再版，據經韻樓藏版影印。

陳　壽（晉）撰，《三國志》，台北市：鼎文書局，1979 年 11 月再版，
　　新校點本。

章學誠（清）撰，王利器校注，《文史通義校注》，台北縣：漢京文化事
　　業公司，1986 年 9 月初版，新校點本。

逯欽立輯，《先秦漢魏晉南北朝詩》，北京市：中華書局，1998 年 5 月
　　初版二刷。

楊伯峻撰，《春秋左傳注》，台北市：洪業文化公司，1993 年 5 月初版
　　一刷。

溫曰鑑（清）撰，《魏書地形志校錄》，二十五史補編第四冊，台北市：
　　開明書店，1959 年 6 月台一版，鉛印本。

萬斯同（清）撰，《北齊將相大臣年表》，收入二十五史補編，第四冊。

萬斯同（清）撰，《北齊異姓諸王世表》，收入二十五史補編，第四冊。

萬斯同（清）撰，《北齊諸王世表》，收入二十五史補編，台北市：開明
　　　書店，1959 年 6 月台一版，鉛印本，第四冊。

董　誥（清）編，《全唐文》，北京市：中華書局，1987 年 2 月初版二
　　　刷，據嘉慶本影印。

趙爾巽等（民國）撰，國史館校註，《清史稿校註》，台北縣：國史館，
　　　1986 年 2 月初版。

趙　翼（清）撰，《陔餘叢稿》，石家莊市：河北人民出版社，2003 年
　　　12 月初版二刷，新校點本。

趙　翼（清）撰，杜維運編，《廿二史劄記及補編》，台北市：鼎文書局，
　　　1975 年 3 月初版，點句本。

劉知幾（唐）唐撰，浦起龍（清）釋，《史通通釋》，台北市：九思出版
　　　公司，1978 年 10 月台一版，新校點本。

劉知幾（唐）撰，張振佩箋注，《史通箋注》，貴陽市：貴州人民出版社，
　　　1985 年 12 月初版一刷。

劉　煦（五代）撰，《舊唐書》，台北市：鼎文書局，1979 年 2 月再版，
　　　新校點本。

鄭　玄（東漢）注，孔穎達（唐）疏，《禮記注疏》，台北市：藝文印
　　　書館，1985 年 12 月，十三經注疏，阮元刊本。

鄭　玄（東漢）注，賈公彥等（唐）疏，《周禮注疏》，台北市：藝文
　　　印書館，1985 年 12 月，十三經注疏，阮元刊本。

蕭子顯（梁）撰，《南齊書》，台北市：鼎文書局，1978 年 11 月再版，
　　　新校點本。

蕭子顯，《南齊書》，台北：鼎文書局，1979 年 2 月再版，新校標點本。

錢大昕（清）撰，《廿二史考異》，台北市：鼎文書局，1979 年 9 月初
　　　版，錢大昕讀書筆記廿九種第一冊，點句本。

謝啓崑（清）輯，《西魏書》，台北：鼎文書局，1979 年 2 月二版，新
　　　校本魏書第四冊附，據清代刻本影印。

韓康伯（晉）注，孔穎達（唐）正義，《周易注疏》，台北市：藝文印書
　　　館，1985 年 12 月，十三經注疏，阮元刊本。

魏　收（北齊）撰，《魏書》，台北市：鼎文書局，1979 年 2 月再版，
　　　新校點本。

魏　徵（唐）撰，《隋書》，台北市：鼎文書局，1979 年 2 月再版，新
　　　校點本。

嚴可均（清）輯，《全上古三代秦漢三國六朝文》，北京：中華書局，1999
　　　年 6 月初版七刷，據光緒王玉藻校刻斷句本校訂影印。

顧炎武（清）撰，《原抄本日知錄》，台北市：文史哲出版社，1979 年
　　　4 月。

酈道元（北魏）撰，陳橋驛校釋，《水經注校釋》，杭州市：杭州大學出
　　　版社，1999 年 4 月初版一刷，新校點本。

酈道元（北魏）撰，楊守敬疏、熊會貞參疏，《水經注疏》，南京市：江
　　　蘇古籍出版社，1999 年 8 月初版二刷，新校點本。

三、輯佚書

王　隱（東晉）撰，湯球（清）輯，《晉書》，台北市：鼎文書局，1979
　　　年 2 月再版，新校本晉書第六冊附編）。

司馬彪（西晉）撰，汪文臺輯，《續漢書》，台北市：鼎文書局，1978
　　　年 11 月三版，新校點本後漢書第六冊。

丘　悅（唐）撰，杜德橋（Glen Dudbridg）、趙超輯校，《三國典略輯校》，
　　　台北市：東大圖書公司，1998 年 11 月初版。

田　融（後燕）撰，湯球輯，《趙書》，台北市：鼎文書局，1979 年 2
　　　月再版，新校本晉書第六冊附編。

何法盛（劉宋）撰，湯球（清）輯，《晉中興書》，台北市：鼎文書局，
　　1979 年 2 月再版，新校本晉書第六冊附編。

車頻等（後趙）撰，湯球輯，《秦書》，台北市：鼎文書局，1979 年 2
　　月再版，新校本晉書第六冊附編。

徐堅等（唐）撰，《初學記》，北京市：中華書局，2004 年 2 月再版，
　　新校點本。

崔　鴻（北魏）撰，湯球（清）輯，《十六國春秋輯補》，台北市：鼎文
　　書局，1979 年二月二版，新校本晉書第六冊附編，點句本。

虞　預（東晉）撰，湯球（清）輯，《晉書》，台北市：鼎文書局，1979
　　年 2 月再版，新校本晉書第六冊附編）。

臧榮緒（東晉）撰，湯球（清）輯，《晉書》，台北市：鼎文書局，1979
　　年 2 月再版，新校本晉書第六冊附編。

劉　珍（東漢）撰，姚之駰（清）輯，《東觀漢記》，台北市：鼎文書局，
　　1978 年 11 月三版，點句本，新校本後漢書附編第六冊。

劉緯毅，《漢唐方志輯佚》，北京：北京圖書館出版社，1997 年 12 月初
　　版一刷。

蕭子雲撰，湯球（清）輯，《晉書》，台北市：鼎文書局，1979 年 2 月
　　再版，新校本晉書第六冊附編。

謝　承（吳）撰，汪文台（清）輯，《後漢書》，台北市：鼎文書局，1978
　　年 11 月三版，點句本，新校本後漢書附編第六冊。

四、佛教典籍

支　謙（孫吳）譯，《月明菩薩經》，大正藏第三冊（新文豐版，以下皆
　同）。

支　謙（孫吳）譯，《佛說無量門微密持經》，大正藏第十九冊。

王　琰（蕭齊）撰，魯迅輯，《冥祥記》，香港：新藝出版社，1967 年，

　　　魯迅古小說鉤沉輯本。

世　　道（唐）撰，《法苑珠林》，卷 13，大正藏第五十三冊。

世　　親造，毘目智仙與瞿曇流支譯，《三具足經憂波提舍》，大正藏第二十六冊。

世　　親造，毘目智仙與瞿曇流支譯，《業成就論》，大正藏第三十一冊。

世　　親造，毘目智仙與瞿曇流支譯，《轉法輪經憂波提舍》，大正藏第二十六冊。

世　　親造，毘目智仙譯，《寶髻經四法憂波提舍》，大正藏第二十六冊。

弗若多羅（後秦）譯，《十誦律》，大正藏第二十三冊。

玄　　嶷（唐）撰，《甄正論》，大正藏第五十二冊。

西明寺釋氏（唐）撰，《大唐內典錄》，大正藏第五十五冊。

朱　　棣（明）撰，《神僧傳》，〈勒那漫提〉，大正藏第五十冊。

佛陀耶舍、竺佛念（後秦）譯，《四分律》，大正藏第二十二冊。

佚　　名（後秦）譯，《毘尼母經》，大正藏第二十四冊。

佚　　名譯，《大方便佛報恩經》，大正藏第三冊。

志　　磐（宋）譔，《佛祖統紀》，大正藏第四十九冊。

沈　　遼（宋）撰，《北山錄》，卷 7，大正藏第五十二冊。

延　　壽（宋）撰，《宗鏡錄》，大正藏第四十八冊。

念　　常（元）撰，《佛祖歷代通載》，大正藏第五十二冊。

明　　佺（清）等撰《大周刊定眾經目錄》，大正藏第五十五冊。

法　　琳（唐）撰，《辯正論》，卷 3，〈十代奉佛上篇〉，大正藏第五十二冊。

竺佛念（後秦）譯，《鼻奈耶》，大正藏第二十四冊。

竺法護（西晉）譯，《大寶積經》，大正藏第十一冊。

竺法護（西晉）譯，《佛說月光童子經》，大正藏第十四冊。

竺法護（西晉）譯，《佛說申日經》，大正藏第十四冊。

紀　蔭（清）撰，《宗統編年》，卍新纂續藏經第八十五冊。

神　清（唐）撰，《北山錄》，大正藏第五十二冊。

從　義（宋）撰，《金光明經文句新記》，卍新纂續藏經第二十冊。

從　義（宋）撰，《法華經三大部補注》，卍新纂續藏經第二十八冊。

張英商（宋）撰，《護法論》，大正藏第五十二冊。

智　昇（唐）撰，《開元釋教錄》，大正藏第五十五冊。

智　昇（唐）輯，《續集古今佛道論衡》，大正藏第五十一冊。

費長房（隋）撰，《歷代三寶紀》，大正藏第四十九冊。

圓　照（唐）撰，《貞元新定釋教目錄》，大正藏第五十五冊。

楊衒之（東魏）撰，《洛陽伽藍記》，大正藏第五十一冊。

楊衒之（東魏）撰，范祥雍注，《洛陽伽藍記校注》，台北市：華正書局，
　　　1980 年 4 月。

楊衒之（東魏）撰，楊勇校箋，《洛陽伽藍記校箋》，台北：正文書局，
　　　1971 年 9 月初版。

道　宣（唐）撰，《釋迦方志》，大正藏第五十一冊。

道　宣（唐）撰，《續高僧傳》，大正藏第五十冊。

道　宣（唐）輯，《集古今佛道論衡》，大正藏第五十二冊。

道　宣（唐）輯，《集神州三寶感通錄》，大正藏第五十二冊。

道　宣（唐）輯，《道宣律師感通錄》，大正藏第五十二冊。

道　宣（唐）輯，《廣弘明集》，大正藏第五十二冊。

道　宣（唐）輯，《釋迦方志》，大正藏第五十一冊。

靖邁撰，《古今譯經圖紀》，大正藏第五十五冊。

僧一然（高麗）撰，《三國遺事》，大正藏第四十九冊。

僧　祐（梁）輯，《出三藏記集》，大正藏第五十五冊。

僧　肇（東晉）撰，《肇論》，大正藏第四十五冊。

僧　肇（東晉）撰，文才疏，《肇論新疏》，大正藏第四十五冊。

僧　肇（東晉）撰，遵式注，《注肇論疏》，卍新纂續藏第五十四冊。

實　錄（元）撰，《辯偽錄》，大正藏第五十二冊。

慧　皎（梁）撰，《高僧傳》，大正藏第五十冊。

慧　覺（北魏）譯，《賢愚經》，大正藏第四冊。

靜　泰（唐）撰，《眾經目錄》，大正藏第五十五冊。

龍　樹造，毘目智仙與瞿曇流支譯，《迴諍論》，大正藏第三十二冊。

瞿曇般若流支（東魏）譯，《正法念處經》，大正藏第十七冊。

瞿曇般若流支（東魏）譯，《金色王經》，大正藏第三冊。

瞿曇般若流支（東魏）譯，《毘耶娑問經》，大正藏第十二冊，

瞿曇般若流支（東魏）譯，《毘耶娑問經》，大正藏第十二冊。

瞿曇般若流支（東魏）譯，《奮迅王問經》，大正藏第十三冊。

瞿曇般若流支譯，《不必定入定入印經》，大正藏第十五冊。

瞿曇般若流支譯，《第一義法勝經》，大正藏第十七冊。

瞿曇般若流支譯，《順中論》，大正藏第三十冊。

瞿曇僧伽提婆（東晉）譯，《增壹阿含經》，大正藏第二冊。

聶道真（西晉）譯，《菩薩受齋經》，大正藏第二十四冊。

懷　信輯，《釋門自鏡錄》，大正藏第五十一冊。

寶　亮（梁）撰，《名僧傳抄》，卍新纂續藏經第七十七冊。

覺　岸（元）撰《釋氏稽古略》，大正藏第四十九冊。

五、專書著作

中村元等著，余萬居譯，《中國佛教發展史》，台北市：天華出版公司，
　　1984 年 5 月。

文源書局編輯部，《中西萬年曆兩千年對照表》，台北：文源書局，1995
　　年 9 月初版。

方立天，《魏晉南北朝佛教史》，方立天文集第一卷，北京市：中國人民

大學出版社，2006 年 10 月初版一刷。

王仲犖，《魏晉南北朝史》，台灣影印本，未刊出版資料。

王樹民，《史部要籍解題》，台北市：木鐸出版社，1983 年 9 月。

世界書局編輯部，《廿五史述要》，台北市：世界書局，1977 年 4 月五
　　版。

史念海、顧頡剛，《中國疆域沿革史》，台灣影印本，未刊出版資料。

史惟樂編，《中國歷史地名大辭典》，北京市：中國社會科學出版社，2005
　　年 3 月初版一刷。

白壽彝主編，瞿林東著，《中國史學史（三）：魏晉南北朝隋唐時期》，
　　上海市：上海人民出版社，2006 年 12 月初版一刷。

任繼愈主編，《中國佛教史》，第一卷，台北縣：谷風出版社，1987 年 4
　　月。

任繼愈主編，《中國佛教史》，第二卷，北京市：中國社會科學出版社，
　　1985 年 11 月初版一刷。

任繼愈主編，《中國佛教史》，第三卷，北京市：中國社會科學出版社，
　　1997 年 12 月初版二刷。

米文平，《鮮卑石室尋訪記》，濟南市：山東畫報出版社，1999 年 3 月
　　初版二刷。

呂一飛，《北朝鮮卑文化之歷史作用》，合肥市：黃山書社，1992 年 4
　　月初版一刷。

呂思勉，《呂思勉讀史札記》，上海市：上海古籍出版社，2005 年 12 月
　　初版一刷。

呂思勉，《兩晉南北朝史》，台北市：開明書店，1977 年 6 月台五版。

呂春盛，《北齊政治史研究：北齊衰亡原因之考察》，台北市：台灣大學
　　出版委員會，1987 年。

呂春盛，《關隴集團的權力結構演變：西魏北周政治史研究》，台北市：

稻鄉出版社，2002 年 3 月初版。

李　憑，《北魏平城時代》，北京市：社會科學文獻出版社，2000 年 1
　　月初版一刷。

李　杜，《中西哲學思想中的天道與上帝》，台北市：聯經出版公司，1978
　　年 11 月初版。

李治亭主編，《東北通史》，鄭州市：中州古籍出版社，2003 年 1 月初
　版一刷。

李書吉，《北朝禮制法系研究》，北京市：人民出版社，2002 年 3 月初
　版一刷。

李書吉，《北朝禮制法系研究》，北京市：人民出版社，2002 年 3 月初
　　版一刷。米文平，《鮮卑石室尋訪記》，濟南市：山東畫報出版社，
　　1999 年 3 月初版二刷。

李萬生，《侯景之亂與北朝政局》，北京市：中國社會科學出版社，2003
　　年 10 月初版一刷。

李漢三，《先秦兩漢之陰陽五行學說》，台北市：維新書局，1981 年 4
　　月再版。

杜維運，《中國史學史》，第二冊，台北市：三民書局，1998 年 1 月初
　　版。

周一良，《周一良集卷二：魏晉南北朝史扎記》，瀋陽市：遼寧教育出版
　　社，1998 年 8 月初版一刷。

阮忠仁，《魏書釋老志論拓跋氏佛教溯源西域的研究》，台北市：蘭臺出
　　版社，2007 年 2 月初版。

周建江，《太和十五年：北魏政治文化變革研究》，肇慶市：廣東人民出
　　版社，2001 年 7 月初版一刷。

尚都著：《王莽篡漢》，石家莊市：河北人民出版社，1984 年 6 初版一
　　刷。

金春峰，《周官之成書及其反映的文化與時代新考》，台北市：東大圖書
　　　公司，1993 年 11 月初版。

金毓黻，《中國史學史》，台北市：商務印書館，1972 年 5 月台四版。

侯旭東，《五、六世紀北方民眾佛教信仰》，北京市：中國社會科學出版
　　　社，1998 年 10 月初版一刷。

前田正名著，李憑譯，《平城歷史地理學研究》，北京市：書目文獻出版
　　　社，1994 年 12 月。

姚薇元，《北朝胡姓考》，北京市：中華書局，1962 年 10 月新一版一刷。

柳詒徵，《國史要義》，台北市：台灣中華書局，1979 年 11 月七版。

胡阿祥，《六朝疆域與政區研究》，北京市：學苑出版社，2005 年 12 月
　　　初版一刷。

胡寶國，《漢唐間史學的發展》，北京市：商務印書館，2003 年 11 月初
　　　版一刷。

孫　危，《鮮卑考古學文化研究》，北京市：科學出版社，2007 年 1 月
　　　初版一刷。

孫廣德，《先秦兩漢陰陽五行說的政治思想》，台北市：商務印書館，1993
　　　年 6 月初版一刷。

徐中舒，《甲古字典》，成都市：四川辭書出版社，1990 年 9 月初版一
　　　刷。

徐復觀，《中國經學史的基礎》，台北市：學生書局，1982 年 5 月初版。

徐復觀，《周官成立之時代及其思性格》，台北：學生書局，1980 年 5
　　　月初版。

馬長壽，《烏桓與鮮卑》，桂林市：廣西師範大學出版社，2006 年 6 月
　　　初版一刷。

馬　新、齊　濤，《中國遠古社會史論》，北京市：科學出版社，2003
　　　年 9 月初版一刷。

高　亨、董治安，《古字通假會典》，濟南市：齊魯書社，1997 年 7 月初版二刷。

康　樂，《從西郊到南郊：國家祀典與北魏政治》，台北縣：稻禾出版社，1995 年 1 月初版。

張承宗、魏向東，《中國風俗通史：魏晉南北朝卷》，上海市：上海文藝出版社，2001 年 11 月第一版第一刷。

張舜徽，《史學三書評議》，台灣影印本，未刊出版資料。

張舜徽主編，《中國史學名著解題》，北京市：中國青年出版社，1992 年 2 月初版八刷。

張繼昊，《從拓跋到北魏：北魏王朝創建歷史的考察》，台北市：稻鄉出版社，2003 年 12 月出版。

曹士邦，《中國沙門外學的研究：漢末至五代》，台北市：東初出版社，1995 年 5 月初版二刷。

許順湛，《五帝時代研究》，鄭州市：中州古籍出版社，2005 年 2 月初版一刷。

陳　垣，《中國佛教史籍概論》，台北市：九思出版社，1977 年 7 月台一版。

陳　垣，《釋氏疑年錄》，台北市：鼎文書局，1977 年 3 月初版。

陳金鳳，《魏晉南北朝中間地帶研究》，天津市：天津古籍出版社，2005 年 5 月初版一刷。

陳國戍，《中國禮制史：魏晉南北朝卷》，長沙市：湖南教育出版社，2002 年 2 月二版二刷。

陳寅恪，《唐代政治史述論稿》，台北市：里仁書局，1982 年 9 月。

陳寅恪，《隋唐制度淵源略論稿》，台北市：里仁書局，1982 年 9 月。

陳寅恪述、萬繩楠整理，《陳寅恪魏晉南北朝史講演錄》，台北縣：雲龍出版社，1995 年 2 月。

陳清泉等編,《中國史學家評傳》,鄭州市:中州古籍出版社,1985 年 3
　　　月初版一刷。

陳夢家,《殷墟卜辭綜述》,北京市:中華書局,2004 年 4 月初版二
　　　刷。

傅佩榮,《儒道天論發微》,台北市:學生書局,1988 年 8 月初版二刷。

湯用彤,《漢魏晉南北朝佛教史》,台北市:鼎文書局,1976 年 12 月再
　　　版。

程妮娜主編,《東北史》,長春市:吉林大學出版社,2001 年 3 月初版
　　　一刷。

黃永年,《六至九世紀中國政治史》,上海市:上海書店出版社,2004
　　　年 7 月初版一刷。

楊　寬,《中國歷代尺度考》,台北市:商務印書館,1968 年二月臺一
　　　版。

楊　寬,《中國古代都城制度史》,上海市:上海人民出版社,2003 年 6
　　　月初版一刷。

楊　寬,《戰國史》,台北縣:谷楓出版社,1986 年 9 月。

楊際平,《北朝隋唐均田制新探》,長沙市:岳麓書社,2003 年 10 月初
　　　版一刷。

趙以武,《梁武帝及其時代》,南京市:鳳凰出版社,2006 年 4 月初版
　　　一刷。

趙雲田主編,《北疆通史》,鄭州市:中州古籍出版社,2003 年 1 月初
　　　版一刷。

趙　誠,《甲古文簡明詞典》,北京市:中華書局,1999 年 11 月初版四
　　　刷。

劉　節,《中國史學史稿》,台灣影印本,未刊出版資料。

劉起釪等,《經史說略:二十五史說略》,北京市:北京燕山出版社,2002

年 10 月初版一刷。

潘德深,《中國史學史》,台北市:五南圖書公司,1994 年 5 月初版一
　　刷。

鄭欽仁,《北魏中書省考》,台北市:國立台灣大學文學院 1965 年 2 月
　　初版。

鄭欽仁等,《魏晉南北朝史》,台北縣:國立空中大學出版社,1998 年 8
　　月初版。

閻文儒、常青,《龍門石窟研究》,北京市:書目文獻出版社,1995 年 8
　　月初版一刷。

謝重光、白文固,《中國僧官制度史》,西寧市:青海人民出版社,1990
　　年 8 月初版一刷。

錢　穆,《兩漢經學今古文評議》,台北市:東大圖書公司,1978 年 7
　　月臺再版。

韓復智等編著,《秦漢史》,台北縣:國立空中大學出版社,1998 年 1
　　月初版二刷。

簡修煒主編,《北朝五史辭典》,濟南市:山東教育出版社,2000 年 3
　　月初版一刷。

魏嵩山主編,《中國歷史地名大辭典》,廣州市:廣東教育出版社,1995
　　年 5 月初版一刷。

鎌田茂雄著,鄭彭年譯,《簡明中國佛教史》,台北縣:谷風出版社,1987
　　年 7 月。

鎌田茂雄著,關世謙譯,《中國佛教通史》,第一卷,高雄市:佛光出版
　　社,1985 年 9 月初版。

鎌田茂雄著,關世謙譯,《中國佛教通史》,第二卷,高雄市:佛光出版
　　社,1986 年 4 月初版。

鎌田茂雄著,關世謙譯,《中國佛教通史》,第三卷,高雄市:佛光出版

社，1986 年 12 月初版。

鎌田茂雄著，關世謙譯，《中國佛教通史》第四卷，新竹市：獅子吼雜
　　誌社，1991 年 8 月初版。

譚其襄主編，《中國歷史地圖集》，北京市：中國地圖出版社，1996 年 6
　　月初版三刷。

辭源編輯小組，《辭源》，台北市：遠流出版公司，1988 年 11 月台灣二
　　版。

嚴耀中，《漢傳密教》，上海市：學林出版社，1999 年 11 月初版一刷。

饒宗頤，《中國史學上之正統論》，台北市：宗青出版公司，1979 年 10
　　月初版。

顧頡剛，《中國上古史講義》，台北市：洪葉文化事業公司，1994 年 10
　　月初版一刷。

顧頡剛，《秦漢的方士與儒生》，台北市：里仁書局，1995 年 2 月初版
　　三刷。

六、專書論文

毛漢光，〈中古核心區核心集團之轉移：陳寅恪先生「關隴」理論之拓
　　展〉，收入氏著，《中國中古政治史論》，上海市：上海書店出版
　　社，2002 年 12 月初版一刷，頁 1-28。

毛漢光，〈中古核心區核心集團之轉移〉，收入氏著，《中國中古政治史
　　論》，上海市：上海書店出版社，2002 年 12 月初版一刷，頁 1-28。

毛漢光，〈北魏東魏北齊之核心集團與核心地區〉，收入氏著，《中國中
　　古政治史論》，上海市：上海書店出版社，2002 年 12 月初版一刷，
　　頁 29-104。

毛漢光，〈西魏府兵史論〉，收入氏著，《中國中古政治史論》，上海市：
　　上海書店出版社，2002 年 12 月初版一刷，頁 188-305。

田餘慶，〈代北地區拓跋與烏桓的共生關係：魏書序紀有關史實解析〉，收入氏著，《拓跋史探》，北京市：三聯書店，2003 年 3 月初版一刷，頁 108-216。

田餘慶，〈北魏後宮子貴母死之制的形成和演變〉，收入氏著，《拓跋史探》，北京市：三聯書店，2003 年 3 月初版一刷，頁 15-17。

田餘慶，〈賀蘭部落離散問題：北魏「離散部落」個案考察之一〉，收入氏著，《拓跋史探》，北京市：三聯書店，2003 年 3 月初版一刷，頁 62-76。

田餘慶，〈獨孤部落離散問題：北魏「離散部落」個案考察之二〉，收入氏著，《拓跋史探》，北京市：三聯書店，2003 年 3 月初版一刷，頁 77-107。

朱希祖，〈西魏賜姓源流考〉，收入氏著，《朱希祖先生全集》，台北市：九思出版公司，1979 年 6 月台一版，第三冊，頁 415-507。

朱希祖，〈改國史館爲國史院議〉，收入氏著，《朱希祖先生文集》，台北市：九思出版公司，1979 年 6 月台一版，第二冊，頁 1030-1037。

朱希祖，〈駁史通元魏著作局及修史局說〉，收入氏著，《朱希祖先生文集》，台北市：九思出版公司，1979 年 6 月台一版，第二冊，頁 1054-1059。

朱希祖，〈蕭梁舊史考〉，收入氏著，《朱希祖先生文集》，台北市：九思出版公司，1979 年 6 月台一版，第二冊，頁 857-933。

米文平，〈拓跋鮮卑文化發展述要〉，收入氏著，《鮮卑史研究》，鄭州市：中州古籍出版社，2000 年 11 月初版一刷，頁 100-114。

米文平，〈拓跋鮮卑文化發展模式〉，收入氏著，《鮮卑史研究》，鄭州市：中州古籍出版社，2000 年 11 月初版一刷，頁 115-129。

米文平，〈拓跋鮮卑的兩次南遷考實〉，收入氏著，《鮮卑史研究》，鄭州市：中州古籍出版社，2000 年 11 月初版一刷，頁 58-62。

米文平,〈拓跋鮮卑與慕容鮮卑同源的考古學研究〉,收入氏著,《鮮卑史研究》,鄭州市:中州古籍出版社,2000 年 11 月初版一刷,頁446-452。

米文平,〈嘎仙洞北魏石刻祝文考釋〉,收入氏著,《鮮卑史研究》,鄭州市:中州古籍出版社,2000 年 11 月初版一刷,頁 46-53。

米文平,〈鮮卑石室的發現與初步研究〉,收入氏著,《鮮卑史研究》,鄭州市:中州古籍出版社,2000 年 11 月初版一刷,頁 29-45。

西嶋定生,〈中國古代統一國家的特質:皇帝統治之出現〉,收入杜正勝編,《中國上古史論文選集》,台北市:華世出版社,1979 年 11 月初版,上冊,頁 732-733。

余嘉錫,〈衛元嵩事蹟考〉,收入氏著,《余嘉錫論學雜著》,台北市:河洛出版社,1976 年 3 月台影印初版,頁 235-264。

吳　焯,〈漢明帝與佛教初傳:對於中國佛教史一段歷史公案的剖析〉,收入中國社會科學院歷史研究所編,《古史文存:秦漢魏晉南北朝卷》,北京市:社會科學文獻出版社,2004 年 11 月初版一刷,頁 357-373。

呂思勉,〈三皇五帝考〉,收入《古史辨》,台灣影印本,未刊出版資料,第 7 冊中編,頁 337-380。

李治國、丁明夷,〈雲岡石窟開鑿歷程〉,收入雲岡石窟文物研究所編,《雲岡百年論文選集》,北京市:文物出版社,2005 年 7 月初版一刷,第二冊,頁 125-140。

李逸友,〈扎賚諾爾古墓爲拓跋鮮卑遺迹論〉,收入氏著,《北方考古研究》,鄭州市:中州古籍出版社,2000 年 11 月初版一刷,頁163-166。

李萬生,〈梁魏通和及侯景亂梁原因別解〉,收入中國社會科學院歷史研究所編,《古史文存:秦漢魏晉南北朝卷》,北京市:社會科學文

獻出版社，2004 年 11 月初版一刷，頁 493-500。

谷川道雄，〈北魏末的內亂與城民〉，收入劉俊文主編，《日本學者研
　　　究中國論著選譯》，北京市：中華書局，1993 年 8 月一版二刷，
　　　第四卷，頁 134-171。

阮忠仁，〈北魏孝文帝之洛陽佛寺營造規制考〉，收入國立嘉義大學史地
　　　學系編，《歷史、地理與變遷學術研討會論文集》，嘉義縣：國立
　　　嘉義大學史地學系，2004 年 6 月初版，頁 101-116。

周一良，〈略論南北朝史學之異同〉，收入氏著，《周一良集》，瀋陽市：
　　　遼寧教育出版社，1998 年 8 月初版一刷，第一卷，頁 508-519。

周一良，〈領民酋長與六州都督〉，收入氏著，《周一良集》，瀋陽市：遼
　　　寧教育出版社，1998 年 8 月初版一刷，第一卷，頁 224-250。

周一良，〈魏收之史學〉，收入氏著，《周一良集》，瀋陽市：遼寧教育出
　　　版社，1998 年 8 月初版一刷，第一卷，頁 300-345。

周一良，〈魏晉南北朝史學發展的特點〉，收入氏著，《周一良集》，瀋陽
　　　市：遼寧教育出版社，1998 年 8 月初版一刷，第一卷，頁 466-490。

周一良，〈魏晉南北朝史學著作的幾個問題〉，收入氏著，《周一良集》，
　　　瀋陽市：遼寧教育出版社，1998 年 8 月初版一刷，第一卷，頁
　　　491-519。

周一良，〈魏晉南北朝史學與王朝禪代〉，收入氏著，《周一良集》，瀋陽
　　　市：遼寧教育出版社，1998 年 8 月初版一刷，第一卷，頁 520-533。

林　澐，〈鮮卑的金、銅馬形牌飾〉，收入吉林大學邊疆考古研究中心編，
　　　《邊疆考古研究》，第三輯，北京市：科學出版社，2005 年 3 月
　　　初版一刷，頁 147-151。

段鵬琦，〈洛陽平等寺碑與平等寺〉，收入杜金鵬、錢國祥編，《漢魏洛
　　　陽城遺址研究》，北京市：科學出版社，2007 年 1 月初板一刷，
　　　頁 186-193。

段鵬琦,〈漢魏洛陽與自然河流的開發和利用〉,收入洛陽文物與考古編
　　輯委員會編,《漢魏洛陽故城研究》,北京:科學出版社,2000 年
　　9 月初板一刷,頁 473-482。

唐長孺,〈北朝的彌勒信仰及其衰〉,收入氏著,《魏晉南北朝史論拾遺》,
　　台灣影印本,未刊出版資料,頁 196-207。

唐長孺,〈拓跋國家的建立及其封建化〉,收入氏著,《魏晉南北朝史論
　　叢》,台灣影印本,未刊出版資料,頁 193-249。

唐長孺,〈晉代北境各族變亂的性質及五胡政權在中國的統治〉,收入氏
　　著,《魏晉南北朝史論叢》,台灣影印本,未刊出版資料,頁
　　127-192。

孫　危、魏　堅,〈內蒙古地區鮮卑墓葬的初步研究〉,收入魏堅主編,
　　《內蒙古地區鮮卑墓葬的發現與研究》,北京市:科學出版社,
　　2004 年 6 月初版一刷,頁 211-225。

孫　筱,〈孝的觀念與漢代新的社會統治秩序〉,收入中國社會科學院歷
　　史研究所編,《古史文存:秦漢魏晉南北朝卷》,北京市:社會科
　　學文獻出版社,2004 年 11 月初版一刷,頁 199-214。

徐金星,〈關於漢魏洛陽故城的幾個問題〉,收入《漢魏洛陽故城研究》,
　　北京市:科學出版社,2000 年 9 月,初板一刷,頁 483-491。

徐復觀,〈中國孝道思想的形成、演變及其在歷史中的諸問題〉,收入氏
　　著,
《中國思想史論集》,台北市:學生書局,1975 年 5 月四版,頁 155-200。

馬伯樂(Maspero,Henri)著,馮承鈞譯,〈漢明帝感夢求經事的考證〉,
　　收入馮承鈞譯,《西域南海史地考證譯叢》,北京市:商務印書館,
　　1995 年 5 月影印第二刷,頁 19-51。

張　華,〈雲岡石窟洞窟形制的特徵與布局〉,收入雲岡石窟文物研究所
　　編,《雲岡百年論文選集》,北京市:文物出版社,2005 年 7 月初

版一刷，第二冊，頁 209-213。

張博泉，〈嘎仙洞刻石與對拓跋鮮卑文化起源的研究〉，收入黃鳳岐、朝魯主編，《東北亞文化研究》，鄭州市：中州古籍出版社，1995 年 10 月初版一刷，頁 265-271。

梁啓超，〈陰陽五行的來歷〉，收入顧頡剛主編，《古史辨》，台灣影印本，未刊出版資料，第五冊下編，頁 343-378。

梁滿倉，〈魏晉南北朝秘學文化透視〉，收入中國社會科學院歷史研究所編，《古史文存：秦漢魏晉南北朝卷》，北京市：社會科學文獻出版社，2004 年 11 月初版一刷，頁 444-461。

陳屹峰、員海瑞，〈雲岡石窟開創問題新探〉，收入雲岡石窟文物研究所編，《雲岡百年論文選集》，北京市：文物出版社，2005 年 7 月初版一刷，第一冊，頁 251-254。

勞　榦，〈北魏後期的重要都邑與北魏政治的關係〉，收入中央研究院歷史語言研究所編，《慶祝董作賓先生六十五歲論文集(上冊)》，台北市：中央研究院歷史語言研究所，1960 年 7 月，頁 229-269。

童書業，〈國與都邑〉，收入氏著，《童書業歷史地理論集》，北京市：中華書局，2004 年 9 月初版一刷，頁 330-332。

童書業，〈都、邑之別：附論鄉、遂〉，收入氏著，《童書業歷史地理論集》，北京市：中華書局，2004 年 9 月初版一刷，頁 333-334。

馮友蘭，〈中國政治哲學與中國歷史中之實際政治〉，收入《古史辨》，台灣影印本，未刊出版資料，第七冊下編，頁 296-310。

逯耀東，〈北魏與南朝對峙期間的外交關係〉，收入《從平城到洛陽》，台北市：聯經出版公司，1979 年 3 月初版，頁 237-272。

楊希牧，〈再論堯舜禪讓傳說〉，收入氏著，《先秦文化史論集》，北京市：中國社會科學出版社，1995 年 8 月初版一刷，頁 838-852。

楊　寬，〈中國上古史導論〉，收入《古史辨》，台灣影印本，未刊出版

資料，第 7 冊上編，頁 130-135。

楊　寬，〈讀禪讓傳說起於墨家考〉，收入《古史辨》，台灣影印本，未
　　　刊出版資料，第七冊下編，頁 110-117。

蒙文通、繆鳳林，〈三皇五帝探源〉，收入《古史辨》，第 7 冊中編，頁
　　　314-336。

劉盼遂，〈六朝稱揚州（今之南京）爲神州考〉，收入氏著，《劉盼遂文
　　　集》，北京市：北京師範大學出版社，2002 年 4 月初版一刷，頁
　　　671-672。

劉淑芬，〈五至六世紀華北鄉村的佛教信仰〉，《中央研究院歷史語言研
　　　究所集刊》，第六十三本第三分，1993 年，頁 497-544。

劉　節，〈洪範疏證〉，收入顧頡剛主編，《古史辨》，台灣影印本，未刊
　　　出版資料，第五冊下編，頁 388-403。

鄭　欣，〈北朝均田制度散論〉，收入氏著，《魏晉南北朝史探索》，濟南
　　　市：山東大學出版社，2004 年 8 月初版四刷，頁 166-191。

鄭　欣，〈淝水之戰東晉獲勝的經濟原因〉，收入氏著，《魏晉南北朝史
　　　探索》，濟南市：山東大學出版社，2004 年 8 月初版四刷，頁
　　　241-264。

鄭欽仁，〈宋魏交聘表〉，收入大陸雜誌社編，《三代秦漢魏晉史研究論
　　　集》，台北市：大陸雜誌社，1967 年初版，頁 200-205。

黎　虎，〈東晉時期北方旱田作物的南移〉，收入氏著，《魏晉南北朝史
　　　論》，北京市：學苑出版社，1999 年 7 月初版一刷，頁 91-107。

黎　虎，〈崔浩軍事思想述論〉，收入氏著，《魏晉南北朝史論》，北京市：
　　　學苑出版社，1999 年 7 月初版一刷，頁 556-581。

黎　虎，〈鄭羲使宋述略〉，收入氏著，《魏晉南北朝史論》，北京市：學
　　　苑出版社，1999 年 7 月初版一刷，頁 501-508。

黎　虎，〈魏晉南北朝時期的農業〉，收入氏著，《魏晉南北朝史論》，北

京市：學苑出版社，1999 年 7 月初版一刷，頁 1-75。

錢　穆，〈周公與中國文化〉，收入氏著，《中國學術思想史論叢》，第一
　　　冊，台北市：東大圖書公司，1976 年 6 月初版，頁 83-98。

錢　穆，〈唐虞禪讓說釋疑〉，收入《古史辨》，台灣影印本，未刊出版
　　　資料，第七冊下編，頁 292-295。

繆　鉞，〈北朝之鮮卑語〉，收入氏著，《繆鉞全集》，石家莊市：河北教
　　　育出版社，2004 年 7 月初版一刷，第一卷上冊，頁 264-287。

繆　鉞，〈東魏北齊政治上漢人與鮮卑之衝突〉，收入氏著，《繆鉞全集》，
　　　石家莊市：河北教育出版社，2004 年 7 月初版一刷，第一卷上，
　　　頁 288-302。

繆　鉞，〈魏收年譜〉，收入氏著，《繆鉞全集》，石家莊市：2004 年 7
　　　月初版一刷，第一卷下，頁 500-540。

羅根澤，〈古代政治學中之皇、帝、王、霸〉，收入氏著，《管子探源》，
　　　台北市：里仁書局，1981 年 11 月，頁 247-272。

關增建，〈日蝕觀念與古代中國社會述要〉，收入鄭州大學歷史研究所
　　　編，《高敏先生七十華誕紀念文集》，鄭州市：中州古籍出版社，
　　　2001 年 1 月初版一刷，頁 100-116。

顧頡剛，〈禪讓傳說起於墨家考〉，收入《古史辨》，台灣影印本，未刊
　　　出版資料，第七冊下編，頁 30-109。

顧頡剛、楊向奎，〈三皇考〉，收入《古史辨》，台灣影印本，未刊出版
　　　資料，第 7 冊中編，頁 52-53。

七、期刊論文

丁　山，〈由陳侯因銘黃帝論五帝〉，《中央研究院歷史語言研究所集
　　　刊》，第三本第四分，1933，頁 517-535。

丁萬錄，〈匈奴休屠王祭天金人研究管窺〉，《西北第二民族學院學報（哲

學社會科學版)》,2005 年第 4 期,頁 70-74。

孔　毅,〈北朝後期六鎮鮮卑群體心態的演變〉,《重慶師範大學學報(哲學社會科學版)》,1999 年第 2 期,頁 13-20。

牛潤珍,〈北齊史館考辨〉,《南開學報》,1995 年第 4 期,頁 26-30。

王　恒,〈魏書釋老志與雲岡石窟〉,《敦煌研究》,2001 年第 3 期,頁 54-65。

王永平,〈略論北魏後期的奢侈風氣〉,《北朝研究》,1993 年 1 期,頁 28-40。

王仲堯,〈論佛圖澄及其社會政治實踐:兼及佛教在中國的政治適應性問題〉,《法音》,1994 年第 4 期,頁 22-29。

王光松,〈篡漢與禪讓之間的緊張:關於王莽代漢及其歷史評價的研究〉,《廣東教育學院學報》,2009 年第 1 期,頁 81-85。

王守春,〈釋道安與西域志〉,《西域研究》,2006 年第 4 期,頁 30-33。

王江武、陳向鴻,〈道安的般若思想毗曇:理解佛教中國化的一個維度〉,《江西社會科學》,2003 年第 11 期,頁 34-36。

王奇偉,〈由禪讓制度論及堯舜時代我國已進入中國早期國家階段〉,《安徽史學》,2008 年第 6 期,頁 20-24+14。

王尚達,〈匈奴與拓跋鮮卑歷史發展不同及其原因〉,《社科縱橫》,1997 年第 1 期,頁 69-72;

王延武,〈北魏末的文化模式與爾朱榮的敗亡〉,《中南民族大學學報(人文社會科學版)》,2003 年第 6 期,頁 105-109。

王朝峰,〈交流與融合中的犧牲:淺談崔浩之死〉,《唐山師範學院學報》,2008 年第 3 期,頁 111-112。

王夢鷗,〈陰陽五行家與星曆占卜〉,《中央研究院歷史語言研究所集刊》,第四十九本第三分(1978 年 9 月),頁 489-532。

王曉毅、丁金龍,〈從陶寺遺址的考古新發現看堯舜禪讓〉,《山西師大

學報(社會科學版)》，2004 年第 3 期，頁 87-91。

付希亮，〈中國禪讓制度是母系社會高辛女皇擇婿制度〉，《理論界》，2009
　　　年第 1 期，頁 133-137。

史建剛，〈漢新禪代與厭漢興論〉，《南都學壇》，2007 年第 4 期，頁 19-21。

白勁松，〈從考古發現看拓跋鮮卑的發展壯大〉，《內蒙古社會科學（漢
　　　文版）》，1993 年第 2 期，頁 89-91。

石松日奈子著，姜捷譯，〈雲岡中期石窟新論：沙門統曇曜的地位喪失
　　　和胡服供養人像的出現〉，《考古與文物》，2004 年第 5 期，頁 81-92。

石柱君、趙雅習，〈從《天問》管窺禪讓說〉，《衡水學院學報》，2009
　　　年第 3 期，頁 34-35。

朱子彥，〈九錫制度與漢魏禪代：兼論九錫在三國時期的特殊功能〉，《人
　　　文雜志》，2007 年第 1 期，頁 106-110。

朱鳳瀚，〈衛簋和伯□諸器〉，《南開學報（哲學社會科學版）》，2008 年
　　　第 6 期，頁 1-7+141。

江　湄，〈正統論的興起與歷史觀的變化〉，《史學月刊》，2004 年第 9
　　　期，頁 16-18。

江達煌，〈鄴城與北魏先公先王〉，《殷都學刊》，1999 年第 4 期，頁 39-40。

何德章，〈北魏初年的漢化制度與天賜二年的倒退〉，《中國史研究》，第
　　　2 期，頁 29-38。

何德章，〈北魏國號與正統問題〉，《歷史研究》，1992 年第 3 期，頁
　　　113-125。

何德章，〈高澄之死臆說〉，《魏晉南北朝隋唐史資料》，1998 年刊，頁
　　　50-56。

何德章，〈北魏末帝位異動與東西魏的政治走向〉，《魏晉南北朝隋唐史
　　　資料》，2001 年刊，頁 105-109。

吳　平，〈論《出三藏記集》的目錄學價值的矛盾〉，《法音》，2002 年

第 5 期，頁 17-20。

吳明月，〈西漢時期漢人入居匈奴及其影響〉，《內蒙古師大學報（哲學社會科學版）》，1995 年第 4 期，頁 87-91。

宋妍娟，〈拓跋氏援晉與北魏正統問題〉，《滄桑》，2004 年 Z1 期，頁 58-59。

李小樹，〈班固受賄寫史辨疑〉，《史學月刊》，2005 年第 3 期，頁 12-16。

李文才、王婷琳，〈爾朱氏興衰的政治與文化考察〉，《南京曉莊學院學報》，2007 年第 4 期，頁 25-34。

李永康，〈試論北魏後期的吏治腐敗與社會腐敗〉，《北朝研究》，1997年 2 期，頁 49-53。

李宏復，〈中國北方民族樺樹皮器物的造型藝術〉，《中央民族大學學報（哲學社會科學版）》2003 年第 5 期，頁 45-46。

李建棟、陳希榮，〈魏收生年補證〉，《開封大學學報》，2003 年第 1 期，頁 21-22。

李振宏，〈禪讓說思潮何以在戰國時代勃興：兼及中國原始民主思想之盛衰〉，《學術月刊》，2009 年第 12 期，頁 111-120。

李春祥，〈拓跋燾誅殺崔浩原因再探討〉，《通化師範學院學報》，1999年第 6 期，頁 27-31。

李素潔，〈道安錄二十六部疑經略考〉，《法音》，2007 年第 6 期，頁 29-33。

李萬生，〈侯景的氏族及相關問題〉，《北京大學學報（哲學社會科學版）》，2000 年第 5 期，頁 149-151。

李萬生，〈論侯景叛東魏的原因及結果〉，《中國文化研究》，2000 年夏之卷，頁 59-64。

李學勤，〈伯□青銅器與西周典祀〉，《古文字與古代史》，第一輯，2007，頁 179-190。

汪中柱，〈矜才負能的代價：崔浩心態悲劇的剖析〉，《福建論壇（人文社會科學版）》，2003 年第 4 期，頁 53-57。

車軍社，〈略探北魏末年各族人民大起義對民族融合的促進作用〉，《北朝研究》，1993 年 3 期，頁 19-20。

阮忠仁，〈北魏孝文帝限建洛陽佛寺之原因〉，《中國中古史研究》，第 3 期（2004），1-57。

阮忠仁，〈北魏洛陽永寧寺始建及竣工年代之考證〉，《人文藝術學報》，創刊號（2002），頁 253-285。

阮忠仁，〈北魏道武帝天賜二年西郊祀天制度新釋〉，《中國中古史研究》，第 4-5 期合刊（2005），頁 77-110。

肥田路美著，牛源譯，〈涼州番禾縣瑞像故事及造型〉，《敦煌學輯刊》（蘭州市：蘭州大學敦煌學研究所），2006 年第 2 期，頁 165-180。

侯德仁，〈近三十年來的中國史學正統論研究綜述〉，《蘭州學刊》，2009 年第 7 期，頁 203-206。

姚大力，〈論拓跋鮮卑部的早期歷史：讀魏書序紀〉，《復旦學報(社會科學版)》2005 年第 2 期，頁 19-27。

柳春新，〈曹操霸府述論〉，《史學月刊》，2002 年第 8 期，頁 44-53。

柳春新，〈論魏晉禪代〉，《三峽大學學報（人文社會科學版)》，2007 年第 6 期，頁 54-57；李傳軍，〈魏晉禪代與鄭王之爭：政權更迭與儒學因應關系的一個歷史考察〉，《孔子研究》，2005 年第 2 期，頁 78-85。

范家偉，〈受禪與中興：魏蜀正統之爭與天象事驗〉，《自然辯證法通訊》，1996 年第 6 期，頁 40-47。

苗霖霖，〈北魏鮮卑婦女社會地位初探〉，《黑龍江民族叢刊》，2007 年第 4 期，頁 74-77。

夏廷德，〈由道安的五失本重新審視翻譯的本質〉，《外語與外語教學》，2003 年第 7 期，頁 47-49。

徐中舒，〈士、王、皇三字之探源〉，《中央研究院歷史語言研究所集刊》，

第 4 本第 4 分（1934），頁 441-446）。

徐中舒，〈陳侯四器考釋〉，《中央研究院歷史語言研究所集刊》，第三本
　　　　第四分（1933），頁 479-506。

高賢棟，〈北朝宗族譜牒述論〉，《北方論叢》，2007 年第 5 期，頁 83-86。

徐光冀，〈鄴城考古的新收穫〉，《文物春秋》，1995 年第 3 期，頁 1-16。

徐金星，〈關於洛陽白馬寺的幾個問題〉，《中原文物》，1996 年第 4 期，
　　　　頁 89-92。

徐海峰，〈三世紀至五世紀河套及大同地區鮮卑考古遺存述論〉，《文物
　　　　春秋》，2000 年第 1 期，頁 11-27。

殷　憲，〈雲岡石窟所反映的一些北魏政治社會狀況〉，收入殷憲主編，
　　　　《北朝史研究》（北京市：商務印書館，2005 年 9 月初版 2 刷），
　　　　頁 486-487。

秦永州，〈三國時期正統觀念簡論〉，《山東師大學報（社會科學版）》，
　　　　1999 年第 6 期，頁 38-40，

秦永州，〈東晉南北朝時期正統之爭與正統再造〉，《文史哲》，1998 年
　　　　第 1 期，頁 69-76。

郝金娥，〈南京博物院藏兩件北朝造像碑淺析〉，《東南文化》，1998 年
　　　　第 3 期，頁 118-121。

馬志冰，〈北魏頭號文字獄：崔浩國史案〉，《中國審判》，2008 年第 8
　　　　期，頁 92-93。

馬志強、李海，〈雲岡石窟歷代名稱考〉，《雁北師範學院學報》，1999
　　　　年第 6 期，頁 5-6。

馬興波、張燕，〈陳壽三國志成書過程中幾個問題的探討〉，《文教資料》，
　　　　2008 年第 15 期，頁 6-7。

宿　白，〈雲岡石窟分期試論〉，收入雲岡石窟文物研究所編，《雲岡百
　　　　年論文選集》，北京市：文物出版社，2005 年 7 月初版一刷，第

一冊，頁 147-160。

崔明德，〈李陵‧拓跋氏‧黠戛斯：兼論漢唐時期北方少數民族的尋根現象和認同心態〉，《煙台大學學報（哲學社會科學版）》，1995 年第 1 期，頁 63-71。

常　蕾，〈成實論中的二諦思想〉，《五臺山研究》，2006 年第 4 期，頁3-7。

常　蕾，〈成實論中滅三心的理論〉，《五臺山研究》，2006 年第 1 期，頁 20-25。

康　樂，〈代人集團的形成與發展：拓跋魏的國家基礎〉，《中央研究院歷史語言研究所集刊》，第 61 本第 3 分，1990 年，頁 575-691。

康　樂，〈孝道與北魏政治〉，《中央研究院歷史語言研究所集刊》，第六十四本第一分，1993 年，頁 51-84。

張　平，〈道安在中國佛教史上的貢獻及地位〉，《現代哲學》，2008 年第 3 期，頁 108-113。

張　軍，〈曹操霸府的制度淵源與軍事參謀機構考論：兼論漢末公府的幕府化過程〉，《石家莊學院學報》，2006 年第 5 期，頁 67-74。

張　軍，〈曹魏時期司馬氏霸府的形成與機構設置考論〉，《蘭州大學學報（社會科學版）》，2004 年第 4 期，頁 42-47。

張　華，〈淺議雲岡石窟中期洞窟形制反映的北魏佛寺〉，《文物世界》，2000 年第 6 期，頁 13-14。

張　焯，〈徐州高僧入主雲岡石窟〉，《文物世界》，2004 年第 5 期，頁8-14。

張久和，〈鮮卑興盛原因初探〉，《內蒙古社會科學（漢文版）》，2001 年第 6 期，頁 45-48。

張元城，〈西漢時期漢人流落匈奴及其影響〉，《中國邊疆史地研究》，2000年 6 月第 2 期，頁 23-28。

張德壽，〈拓拔鮮卑統治者的心態與崔浩國史之獄〉，《雲南師範大學學報（哲學社會科學版）》，2002 年第 2 期，頁 54-58。

曹小文，〈崔浩國史案原因探析〉，《廊坊師範學院學報》，2006 年第 4 期，頁 37-39。

曹永年，〈拓跋力微卒後「諸部離叛國內紛擾」考〉，《內蒙古師範大學學報（漢文版）》1988 年第 2 期，頁 19-22。

曹道衡，〈論崔浩的歷史地位及其死因〉，《陰山學刊》，1990 年第 1 期，頁 82-89。

梁韋弦，〈郭店簡、上博簡中的禪讓學說與中國古史上的禪讓制〉，《史學集刊》，2006 年第 3 期，頁 3-7。

陳可培，〈道安的直譯觀之我見：與梁啓超、馬祖毅等人的評斷商榷〉，《四川外語學院學報》，2006 年第 3 期，頁 115-118。

陳金鳳，〈北魏正統化運動論略〉，《黑龍江民族叢刊》，2008 年第 1 期，頁 95-103。

陳祚龍，〈劉薩河研究：敦煌佛教文獻解析之一〉，《華岡佛學學報》，第 3 期（1973），頁 33-56。

陳鳳山、白勁松，〈內蒙古扎賚諾爾鮮卑墓〉，《內蒙古文物考古》，1994 年第 2 期，頁 27-30。

陳漢平、陳漢玉，〈崔浩之誅與民族矛盾何干？〉，《民族研究》，1982 年第 5 期，頁 37-40。

陶賢都，〈高歡父子霸府述論〉，《青島大學師範學院學報》，2006 年第 1 期，頁 51-57。

陶賢都，〈曹操霸府與曹丕代漢〉，《唐都學刊》，2005 年第 6 期，頁 24-29。

陶賢都，〈霸府與南朝王朝更替〉，《青海社會科學》，2006 年第 5 期，頁 99-101。

勞　榦，〈北魏州郡志略〉，《中央研究院史語言研究所集刊》，第 32 本

　　　（1961），頁 181-238。

喬　梁、楊　晶，〈早期拓跋鮮卑遺存試析〉，《內蒙古文物考古》，2003
　　　年第 2 期，頁 51-58。

彭邦本，〈楚簡《唐虞之道》與古代禪讓傳說〉，《學術月刊》，2003 年
　　　第 1 期，頁 50-56。

彭邦本，〈儒墨舉賢禪讓觀平議：讀《郭店楚墓竹簡》〉，《四川大學學報
　　　(哲學社會科學版)》，2000 年第 5 期，頁 119-128。

彭裕商，〈禪讓說源流及學派興衰：以竹書《唐虞之道》、《子羔》、《容
　　　成氏》為中心〉，《歷史研究》，2009 年第 3 期，頁 4-15。

程　旭、林太仁，〈道安的涼土異經錄〉，《敦煌學輯刊》，2008 年第 2
　　　期，頁 93-98。

馮吾現，〈四件北朝造像碑介紹〉，《中原文物》，1994 年第 2 期，頁 17-18。

馮吾現，〈四件北朝造像碑介紹〉，《中原文物》，1994 年第 2 期，頁 17-18。

黃亞平，〈釋道安在佛典注釋上的貢獻〉，《西北師大學報（(社會科學
　　　版)》，1996 年第 2 期，頁 26-30。

黃夏年，〈成實論二題〉，《世界宗教研究》，1995 年第 2 期，頁 41-47。

黃夏年，〈道安本無思想初探〉，《中國文化》，1995 年第 2 期，頁 120-123。

單錦珩，〈崔浩死因探微：兼與張孟倫先生商榷〉，《浙江師範大學學報
　　　（社會科學版)》，1989 年第 1 期，頁 58-60。

楊永俊，〈拓跋鮮卑祭天禮俗探源〉，《尋根》，2002 年第 6 期，頁 53-60。

楊永俊，〈論北魏的西郊祭天制度〉，《蘭州大學學報（社會科學版)》，
　　　2002 年第 2 期，頁 56-62。

楊永俊，〈論拓跋鮮卑的西郊祭天〉，《民族研究》，2002 年第 2 期，頁
　　　44-53。

楊永俊，〈論拓跋鮮卑的原始祭天〉，《西北民族學院學報（哲學社會科
　　　學版)》，2002 年第 6 期，頁 28-38。

楊永俊,〈論堯舜禹禪讓的政治原則與歷史形態〉,《信陽師範學院學報
　　(哲學社會科學版)》,2005 年第 4 期,頁 109-113。

楊永俊,〈禪、讓釋義及其在先秦、秦漢典籍中的運用〉,《井岡山學院
　　學報》,2005 年第 2 期,頁 9-13。

楊效俊,〈東魏北齊墓的考古學研究〉,《考古與文物》,2000 年第 5 期,
　　頁 68-88。

溫玉成,〈關於「鄴城地區新發現的慧光法師資料」一文的意見〉,《中
　　原文物》,2006 年第 6 期,頁 17。

葛兆光,〈《魏書·釋老志》與初期中國佛教史的研究方法〉,《世界宗教》,
　　2009 年第 2 期,頁 25-38。

雷　戈,〈正朔、正統與正閏〉,《史學月刊》,2004 年第 6 期,頁 23-31。

管東貴,〈從秦皇到漢武歷史急劇震盪的深層含義:論中國皇帝制度的
　　生態〉,《燕京學報》,新 14 期(2003),頁 1-18。

齊思和,〈五行說之起源〉,《文史集林》,第 8 輯,1983 年 4 月,頁 1-10。

趙心瑞,〈北魏政治家崔浩死因再探〉,《大同職業技術學院學報》,2003
　　年第 3 期,頁 31-34。

趙立春,〈從文獻資料論響堂山石窟開鑿年代〉,《文物春秋》,2002 年
　　第 2 期,頁 27-30。

趙立春,〈鄴城地區新發現的慧光法師資料〉,《中原文物》,2006 年第 1
　　期,鄭州市:河南省博物館,2006 年 1 月,頁 69-76。

趙保安、李樹基,〈魏碑《元景造像題記》補文論要〉,《錦州師範學院
　　學報》,第 25 卷第 6 期(2003 年 11 月),頁 37-39。

劉　蔚,〈駁陳壽索米事兼論三國志史料價值〉,《山西煤炭管理幹部學
　　院學報》,2008 年第 2 期,頁 6-7。

劉　飆,〈《高僧傳》序錄所論四本書考〉,《中國文化研究》,2007 年第
　　1 期,頁 87-92。

劉也玲,〈道安的五失本、三不易說〉,《理工高教研究》,2004 年第 6
　　　期,頁 115-117。

劉孟驤,〈道安:從玄學二元論到般若反二元論〉,《山西師大學報(社
　　　會科學版)》,1999 年第 2 期,頁 5-9。

劉東光,〈響堂山拾遺〉,《文物春秋》,1999 年第 3 期,頁 14-15。

劉國石,〈近二十年來崔浩之死研究概觀〉,《中國史研究動態》,1998
　　　年第 9 期,頁 12-16。

劉寶才,〈《唐虞之道》的歷史與理念:兼論戰國中期的禪讓思潮〉,《人
　　　文雜志》,2000 年第 3 期,頁 106-110。

潘佳寧,〈道安翻譯思想新探〉,《瀋陽師範大學學報(社會科學版)》,
　　　2009 年第 2 期,頁 142-144。

蔣重躍,〈歷數和尚賢與禪讓說的興起〉,《管子學刊》,2006 年第 3 期,
　　　頁 78-83。

鄭麗慧、朱泓、陳靚,〈內蒙古七郎山魏晉時期鮮卑墓葬人骨研究〉,《內
　　　蒙古文物考古》2003 年第 1 期,頁 87-91。

鄧宏烈,〈道安佛經翻譯與注疏略述〉,《西藏民族學院學報(哲學社會
　　　科學版)》,2009 年第 4 期,頁 77-80。

鄧樂群,〈十六國胡族政權的正統意識與正統之爭〉,《南通師範學院學
　　　報(哲學社會科學版)》,2004 年第 4 期,頁 84-87。

鄧樂群。〈十六國胡族政權的正統意識與正統之爭〉,《南通師範學院學
　　　報》,2004 年第 4 期,頁 84-87。

錢耀鵬,〈堯舜禪讓故事的考古學研究〉,《中原文物》,2002 年第 4 期,
　　　頁 14-19。

韓國良,〈假玄立論以無為歸:釋道安佛學思想探微〉,《青島大學師范
　　　學院學報》,2007 年第 4 期,頁 38-43。

顏尚文,〈梁武帝「皇帝菩薩」的理念及政策之形成基礎〉,《國立臺灣

師範大學歷史學報》，17 期（1989），頁 1-58。

顏尚文，〈梁武帝「皇帝菩薩」理念形成的時代背景〉，釋聖嚴主編，《佛
　　教思想與文化》（台北市：法光出版社，1991 年 2 月初版一刷），
　　頁 123-164。

顏尚文，〈梁武帝的君權思想與菩薩性格初探：以「斷酒肉文」形成的
　　背景爲例〉，《國立臺灣師範大學歷史學報》，第 16 期（1988），
　　頁 1-36。

龐天佑，〈秦漢正統思想的形成及其對政治與史學的影響〉，《湛江師範
　　學院學報》，2002 年第 1 期，頁 72-82。

羅　新，〈十六國北朝的五德歷運問題〉，《中國史研究》，2004 年第 3
　　期，頁 47-56。

羅嗣宗，〈鮮卑拓跋族統一中國北方原因初探〉，《青海社會科學》，1996
　　年第 5 期，頁 84-88。

羅新慧，〈《容成氏》、《唐虞之道》與戰國時期禪讓學說〉，《齊魯學刊》，
　　2003 年第 6 期，頁 50-56。

蘇小華，〈試論爾朱氏集團的興亡〉，《晉陽學刊》，2005 年第 3 期，頁
　　67-70。

蘇小華，〈遷都洛陽後北魏六鎮的地域社會特徵〉，《古代文明》，2008
　　年第 2 期，頁 64-71。

顧滿林，〈《魏書·釋老志》與初期中國佛教史的研究方法〉，《宗教學研
　　究》，2005 年第 4 期，頁 144-154。

八、日文專書

山崎宏，《支那中世佛教の展開》，東京市：清水書店，1947 年 10 月再
　　版。

中村元，《ゴータマ・ブッダ》，第一冊，中村元選集決定版第十一卷，

　　　東京市：春秋社，1993 年 7 月初版第二刷。

平川彰，《原始佛教とアビダルマ佛教》，收入平川彰著作集第二卷，東
　　　京市：春秋社，1991 年　月初版。

平井俊榮，《中國般若思想史研究：吉藏と三論宗》，東京：春秋社，
　　1　　　年　月初版。

宇井伯壽，《釋道安研究》，東京市：岩波書店，1979 年 2 月再版。

坂本幸男，《法華經の中國的展開》，京都市：平樂寺書店，1972 年初
　　　版。

牧田諦亮，《中國佛教史研究（一）》，東京市：大東出版社，1981 年 5
　　　月初版，

服部克彥，《北魏洛陽の社會と文化》，京都市：ミネルヴァ書房，1965
　　　年 4 月。

服部克彥，《續北魏洛陽の社會と文化》，京都市：ミネルヴァ書房，1968
　　　年 1 月。

菅野博史，《中國法華思想の研究》，東京市：春秋社，1994 年 3 月初
　　　版。

塚本善隆，《中國佛教通史》，第一卷，東京市：鈴木學術財團，1968
　　　年 3 月初版。

塚本善隆，《魏書釋老の研究》，塚本善隆著作全集第一卷，東京市：岩
　　　波書店，1974 年 1 月。

道端良秀，《中國佛教通史》，收入氏著中國佛教史全集第一卷，東京：
　　　株式會社書苑，1985 年 11 月初版一刷。

道端良秀，《佛教と儒家倫理》，京都市：平樂寺書變店，1978 年 4 月
　　　第六刷。

福原亮嚴，《佛教諸派學說の批判：成實論の研究》，東京市：永田文昌
　　堂，1969 年 12 月初版。

九、日文專書論文

白鳥庫吉，〈匈奴の休屠王の領域と其の祭天の金人とに就いて〉，收入
　　氏著，《白鳥庫吉全集（五）：塞外民族史研究下》，東京市：岩
　　波書店，1970 年 9 月，頁 303-362。

白鳥庫吉，〈佛教東漸の傳說〉，收入氏著，《白鳥庫吉全集（五）：塞外
　　民族史研究下》，東京市：岩波書店，1970 年 9 月，頁 489-503。

白鳥庫吉，〈佛教東漸史上の難問題に就いて〉，收入氏著，《白鳥庫吉
　　全集（六）：西域史研究上》，東京市：岩波書店，1970 年 9 月，
　　頁 504-507。

宇井伯壽，〈佛滅年代論〉，收入氏著，《印度哲學史》，第二冊（東京市：
　　岩波書店，1965 年 8 月），頁 5-111。

村上嘉實，〈僧肇と老莊思想〉，收入塚本善隆編，《肇論研究》，京都：
　　法藏館，1955 年 9 月初版，頁 252-271。

村上嘉實，〈肇論における真〉，收入塚本善隆編，《肇論研究》，京都：
　　法藏館，1955 年 9 月初版，頁 238-251。

赤沼智善，〈釋尊年代考〉，收入氏著，《赤沼智善著作選集》，第一
　　卷（京都市：法藏館，1981 年 5 月復刻一刷），頁 323-346。

服部正明，〈肇論における中論の引用をめぐつて〉，收入塚本善隆編，
　　《肇論研究》，京都：法藏館，1955 年 9 月初版，頁 220-237。

林屋友次郎，〈佛教の中國東漸年代の研究〉，收入氏著，《佛教及佛教
　　史の研究》，岡谷市：喜久屋書店，1948 年 5 月初版，頁 93-189。

林屋友次郎，〈佛滅年代私考〉，收入氏著，《佛教及佛教史の研究》，岡
　　谷市：喜久屋書店，1948 年 5 月初版，頁 3-92。

牧田諦亮，〈北魏の庶民經典について〉，收入橫超慧日編，《北魏佛教
　　の研究》，京都市：平樂寺書店，1978 年 5 月二版，頁 394-398。

牧田諦亮，〈梁の武帝：その信佛と家庭の悲劇〉，收入氏著，《中國佛
　　　教史研究（一）》，東京市：大東出版社，1981 年 5 月初版，217-233。

宮下晴輝，〈成實論と說一切有部教學〉，收入荒牧典俊編，《北朝隋唐
　　　中國佛教思想史》，京都市：法藏館，2000 年 2 月初版一刷，頁
　　　505-538。

荒牧典俊，〈北朝後半期佛教思想史序說〉，收入氏編，《北朝隋唐中國
　　　佛教思想史》，京都市：法藏館，2000 年 2 月初版一刷，頁 13-85。

梶山雄一，〈僧肇における中觀哲學の形態〉，收入塚本善隆編，《肇論
　　　研究》，京都市：法藏館，1955 年 9 月初版，頁 201-219。

塚本善隆，〈中國の在家佛教特に庶民佛教の一經典：提謂波利經の歷
　　　史〉，收入氏著，《北朝佛教史研究》，塚本善隆著作集第二卷，
　　　東京市：大東出版社，1974 年 10 月初版，頁 97-140。

塚本善隆，〈北魏太武帝の毀佛釋〉，收入氏著，《北朝佛教史研究》，塚
　　　本善隆著作集第二卷，東京市：岩波書店，1974 年 10 月，頁 37-66。

塚本善隆，〈北魏の佛教匪〉，收入氏著，《北朝佛教史研究》，塚本善隆
　　　著作集第二卷，東京市：岩波書店，1974 年 10 月，頁 143-185。

塚本善隆，〈北周の廢佛〉，收入氏著，《北朝佛教史研究》，塚本善隆著
　　　作集第二卷，東京市：大東出版社，1974 年 1 月，頁 465-640。

塚本善隆，〈北魏建國時代の佛教政策と河北の佛教〉，收入氏著，《塚
　　　本善隆著作集第二卷：北朝佛教史研究》，東京市：大東出版社，
　　　1974 年 1 月，頁 1-36。

塚本善隆，〈佛教史上における肇論の意義〉，收入氏編，《肇論研究》，
　　　京都：法藏館，1955 年 9 月初版，頁 113-165。

福田琢，〈成實論の學派系統〉，收入荒牧典俊編，《北朝隋唐中國佛教
　　　思想史》，京都市：法藏館，2000 年 2 月初版一刷，頁 539-564。

諏訪義純，〈北齊帝室と佛教（一）：文宣帝と佛教信仰〉，收入氏著，《中

國中世佛教史研究》，東京市：大東出版社，1985 年 5 月初版，頁 223-248。

諏訪義純，〈東魏帝室と佛教（一）：高歡・高澄の奉佛事情と儒教道教への態度〉，收入氏著，《中國中世佛教史研究》，東京市：大東出版社，1985 年 5 月初版，頁 203-222。

諏訪義純，〈梁武帝佛の「酒肉を斷つ文」提唱の文化史的意義：南北朝隋唐の僧侶たちの動向から〉，收入氏著，《中國南朝佛教史の研究》，東京市：大東出版社，1985 年 5 月初版，頁 118-136。

諏訪義純，〈梁武帝佛教關係事蹟年譜考〉，收入氏著，《中國南朝佛教史の研究》，京都市：法藏館，1997 年 5 月初版一刷，頁 11-78。

稻本泰生，〈小南海中窟と僧稠禪師：北齊石窟研究序說〉，收入荒牧典俊編，《北朝隋唐中國佛教思想史》，京都市：法藏館，2000 年 2 月初版一刷，頁 270-307。

橫超慧日，〈北魏佛教の基本課題〉，收入氏編《北魏佛教の研究》頁 3-62。

鵜飼光昌，〈謝靈運と維摩經〉，收入荒牧典俊編，《北朝隋唐中國佛教思想史》，京都市：法藏館，2000 年 2 月初版一刷，頁 89-122。

十、日文期刊論文

小川貫式，〈大報父母恩重經の變文と變相〉，《印度學佛教學》，第 13 卷第 1 號（1965 年 1 月），頁 49-57。

川上光代，〈觀音の菩薩道〉，《印度學佛教學》，第 41 卷第 1 號，1992 年 12 月，頁 30-32。

川上光代，〈觀音の救濟〉，《印度學佛教學》，第 36 卷第 1 號，1987 年 12 月，頁 50-52。

大南龍升，〈三昧經典と文殊菩薩〉，《印度學佛教學》，第 22 卷第 2 號

（1974 年 3 月），頁 398-402。

內藤龍雄，〈梁の武帝の捨道の非史實性〉，《印度學佛教學》，第 5 卷第
　　2 號，1967 年 3 月，頁 162-163。

內藤龍雄，〈出三藏記集の撰集年次について〉，《印度學佛教學》，第 7
　　卷第 1 號（1958 年 12 月），頁 162-163。

平井宥慶，〈敦煌北朝期維摩經疏にあらわれた思想〉，《印度學佛教
　　學》，第 35 卷第 2 號，1987 年 3 月，頁 105-111。

平岡聰，〈佛陀觀の變遷：*Divyāvadāna* と *Mahāvastu* との比較〉，《印度
　　學佛教學》，第 46 卷第 1 號，1997 年 12 月，頁 391-387。

石橋成康，〈論語義疏と梁代佛教〉，《印度學佛教學》，第 37 卷第 2 號，
　　1989 年 3 月，頁 89-92。

佐藤達玄，〈中國佛教形成期における生活威儀について〉，《印度學佛
　　教學》，第 13 卷第 2 號，1965 年 3 月，頁 100-104。

杉山龍清，〈出三藏記集失譯雜經錄をあぐって〉，《印度學佛教學研
　　究》，第 42 卷第 3 號，1995 年 3 月，頁 46-48。

板野長八，〈東晉に於ける佛徒の禮敬問題〉，《東方學報》，東京第 11
　　冊，1940 年 7 月，頁 45-104。

牧田諦亮，〈高僧傳の成立（上）〉，《東方學報》，第 44 冊，1973 年 2
　　月，頁 101-125。

牧田諦亮，〈高僧傳の成立（下）〉，《東方學報》，第 48 冊，1975 年 12
　　月，頁 229-259。

的場慶雅，〈中國における法華經の信仰形態（三）：晉・秦・宋を中心
　　として〉，《印度學佛教學》，第 34 卷第 2 號，1986 年 3 月，頁
　　57-59。

門川徹真，〈佛教說話の變容：醉象調伏說話について〉，《印度學佛教
　　學》，第 14 卷第 1 號，1965 年 12 月，頁 146-147。

芳岡良音，〈釋迦牟尼佛と阿彌陀佛〉，《印度學佛教學》，第 14 卷第 1 號，1965 年 12 月，頁 166-169。

芳岡良音，〈觀世音菩薩の起原〉，《印度學佛教學》，第 12 卷第 1 號，1964 年 1 月，頁 182-183。

岡田行弘，〈八十種好再考〉，《印度學佛教學》，第 44 卷第 2 號，1996 年 3 月，頁 823-828。

岡田行弘，〈三十二大人相系統 III：賢劫經三十二大人相〉，《印度學佛教學》，第 41 卷第 2 號，1992 年 12 月，頁 412-417。

岡邦俊，〈大乘佛教に於ける釋尊の地位〉，《印度學佛教學》，第 14 卷第 1 號，1965 年 12 月，頁 153-156。

春日禮智，〈梁の三處士と盧山の東林寺〉，《印度學佛教學》，第 33 卷第 1 號，1984 年 12 月，頁 157-160。

神林隆淨，〈釋尊の成佛に就て〉，《印度學佛教學》，第 2 卷第 2 號，1954 年 3 月，頁 352-356。

海野靜熊，〈佛教の中國的展開〉，《印度學佛教學》，第 6 卷第 1 號，1958 年 1 月，頁 136-137。

朝山幸彥，〈維摩詰經に見られる中國的變容〉，《印度學佛教學》，第 34 卷第 2 號，1986 年 3 月，頁 826-829。

菅野龍清，〈僧祐撰法苑雜緣原始集について〉，《印度學佛教學》，第 44 卷第 2 號，1997 年 3 月，頁 59-62。

華房光壽，〈毘目智仙・瞿曇般若流支の譯經に關して（一）〉，《印度學佛教學》，第 39 卷第 2 號，1991 年 3 月，頁 93-95。

華房光壽，〈毘目智仙・瞿曇般若流支の譯經に關して（二）〉，《印度學佛教學》，第 40 卷第 2 號，1993 年 3 月，頁 64-67。

塚本善隆，〈雲岡石窟の佛教〉，《印度學佛教學》，第 2 卷第 2 號，1954 年 3 月，頁 2-3。

楊鴻飛，〈漢明求法說と朱士行傳の一考察〉，《印度學佛教學》，第 11
　　　　卷第 1 號，1963 年 1 月，頁 146-147。

橫井克信，〈北魏の帝室と佛教〉，《印度學佛教學》，第 48 卷第 1 號（1999
　　　　年 12 月），頁 224-228。

橫超慧日，〈北魏佛教の基本的課題〉，《印度學佛教學》，第 14 卷第 2
　　　　號，1966 年 3 月，頁 60-65。

鎌田茂雄，〈唐代佛教と鳩摩羅什：鳩摩羅什舍利塔をあぐつて〉，《印
　　　　度學佛教學》，第 7 卷第 1 號（1958 年 12 月），頁 198-201。

藤井教公〈天台智顗と維摩經：以維摩經文疏を中心に〉，《印度學佛教
　　　　學》，第 46 卷第 2 號，1999 年 3 月，頁 50-57。

十一、西文論文

Sangharakshita ,Bhikshu,"Buddhism", in A. L. Basham ed., *A Cultural
　　　　History of India.*Delhi: Oxford University Press, 1992, pp.83-99.

《魏書》〈釋老志〉
論拓跋氏佛教
　　溯源西域的研究

阮忠仁 著

蘭臺出版社

書系：魏晉南北朝史叢書 第一輯 1
書名：《魏書》〈釋老志〉論拓跋氏佛教溯源西域的研究
作者：阮忠仁
定價：800 元

國家圖書館出版品預行編目資料

《魏書》〈釋老志〉釋部撰述原因研究 ／阮忠仁著.
-- 初版. -- 臺北市：蘭臺, 2010.12
面；19*26 公分. --

　　ISBN 978-986-6231-16-2 （平裝）

　　1. 佛教史　2. 北朝史

228.2　　　　　　　　　　　　　　99024872

魏晉南北朝史叢書 第一輯 2

《魏書》〈釋老志〉釋部撰述原因研究

作　　者：阮忠仁
美　　編：林育雯
封面設計：林育雯
編　　輯：張加君
出 版 者：蘭臺出版社
發　　行：蘭臺出版社
地　　址：台北市中正區開封街 1 段 20 號 4 樓
電　　話：(02)2331-1675 或(02)2331-1691
傳　　真：(02)2382-6225
E—MAIL：books5w@yahoo.com.tw 或 books5w@gmail.com
網路書店：http://store.pchome.com.tw/yesbooks/
　　　　　http://www.5w.com.tw、華文網路書店、三民書局
總 經 銷：成信文化事業股份有限公司
劃撥戶名：蘭臺出版社　帳號：18995335
網路書店：博客來網路書店 http://www.books.com.tw
香港代理：香港聯合零售有限公司
地　　址：香港新界大蒲汀麗路 36 號中華商務印刷大樓
C&C Building, 36,Ting, Lai, Road, Tai,Po, New,Territories
電　　話：(852)2150-2100 傳真：(852)2356-0735
出版日期：2010 年 12 月 初版
定　　價：1000 元
ISBN　978-986-6231-16-2